HERZLICHEN GLÜCKWUNSCH

Und Dankeschön für den Kauf dieses Buches. Als besonderes Schmankerl* finden Sie unten Ihren persönlichen Code, mit dem Sie das Buch exklusiv und kostenlos als eBook erhalten.

Beachten Sie bitte die Systemvoraussetzungen auf der letzten Umschlagseite!

45ew6-p56r0-
18300-e0coo

Registrieren Sie sich einfach in nur zwei Schritten unter **www.hanser.de/ciando** und laden Sie Ihr eBook direkt auf Ihren Rechner.

* Bayrisch für eine leckere Kleinigkeit; ein Leckerbissen

Rupp/Queins/die SOPHISTen

UML2 glasklar

Chris Rupp,
Stefan Queins &
die SOPHISTen

UML2 glasklar

Praxiswissen für die UML-Modellierung

4., aktualisierte und erweiterte Auflage

HANSER

Dic Autoren:
Chris Rupp, Stefan Queins & die SOPHISTen, Nürnberg
www.sophist.de

Bibliografische Information der Deutschen Nationalbibliothek:
Die Deutsche Nationalbibliothek verzeichnet diese Publikation in der Deutschen Nationalbibliografie; detaillierte bibliografische Daten sind im Internet über http://dnb.d-nb.de abrufbar.

Lektorat: Margarete Metzger
Herstellung: Irene Weilhart
Layout: Manuela Treindl, Fürth
Umschlagdesign: Marc Müller-Bremer, www.rebranding.de, München
Umschlagrealisation: Stephan Rönigk
Datenbelichtung, Druck und Bindung: Kösel, Krugzell
Ausstattung patentrechtlich geschützt. Kösel FD 351, Patent-Nr. 0748702
Printed in Germany

print-ISBN: 978-3-446-43057-0
e-book-ISBN: 978-3-446-43197-3

Inhalt

Vorwort . . . XIII

Einleitung . . . XV
Liebe Leserin, lieber Leser, . . . XV
Wer dieses Buch aus welchem Grund lesen sollte . . . XVII
Ihre Meinung ist uns sehr wichtig . . . XVIII
Danksagungen . . . XVIII
Die Autoren . . . XIX

Teil I: Einführung . . . 1

1 UML 2 – Rückblick, Nabelschau und Ausblick . . . 3
1.1 Was ist die UML 4
1.2 ... und was will sie nicht sein? . . . 4
1.3 Entwicklungsgeschichtliches zur UML . . . 5
1.4 Diagrammsprachen der UML 2 . . . 7

2 Vorgehensempfehlungen . . . 9
2.1 Wissen explizieren . . . 10
2.2 Vorgehenstipps aus der UML-Praxis . . . 10

3 Grundkonzepte und -elemente der UML . . . 13
3.1 Grundkonzepte der UML . . . 14
3.1.1 Repräsentation von UML-Elementen . . . 14
3.1.2 Diagramm, Diagrammtyp & Sicht . . . 15
3.2 Grundelemente der UML . . . 21
3.2.1 Modell . . . 21
3.2.2 Kommentar . . . 22
3.2.3 Ausdruck . . . 23
3.2.4 Randbedingung . . . 24
3.2.5 Classifier . . . 25
3.2.6 Datentyp . . . 26
3.2.7 Primitiver Typ . . . 28
3.2.8 Aufzählungstyp . . . 29
3.2.9 Literal . . . 30
3.2.10 UML-Schlüsselwörter . . . 31

3.3 Strukturierung der Sprache UML 2 32
3.3.1 Einteilung in Language Units 32
3.3.2 Einteilung in Compliance Levels 32
3.4 Freiheitsgrade in der UML 34
3.4.1 Semantic Variation Points 34
3.4.2 Presentation Options 34
3.5 Die 4-Schichten-Architektur 35
3.5.1 M 0 – Die Laufzeitschicht 35
3.5.2 M 1 – Die Modellschicht 35
3.5.3 M 2 – Die Metamodellschicht 37
3.5.4 M 3 – Die Meta-Metamodellschicht 37

4 Analyse mit der UML 39
4.1 Einführung 40
4.1.1 Notwendige Festlegungen 40
4.1.2 Das Beispiel Zugtürsystem 42
4.2 Aufgaben der Analyse 44
4.3 Definieren der Systemgrenzen 45
4.4 Beschreiben der Funktionalitäten 47
4.4.1 Use-Cases identifizieren 47
4.4.2 Use-Cases verfeinern 48
4.5 Zustandsautomaten in der Analyse 54
4.6 Das Begriffsmodell 55
4.7 Verbindung zu natürlich-sprachlichen Anforderungen 56
4.8 Ausgewählte Modellierungsszenarien 58
4.8.1 Aufgaben von Systemschnittstellen 60
4.8.2 Modellierung der Use-Case-Auslöser 63
4.8.3 Modellierung von Interaktionen in Dialogen 65
4.8.4 Modellierung einer SOA 68
4.8.5 Weitere Tipps zur Modellierung von Anforderungen 72

5 Die UML in der Realisierung 77
5.1 Systemarchitektur 78
5.1.1 Aufgaben 78
5.1.2 Zerlegen des Systems 79
5.1.3 Verteilen der Verantwortlichkeiten 81
5.1.4 Beschreiben der Schnittstellen 82
5.1.5 Weitere Aspekte der Systemarchitektur 85
5.2 Softwareanalyse 89
5.2.1 Aufgaben 89
5.2.2 Beschreibung der Funktionalitäten 91
5.2.3 Detaillierte Modellierung des Verhaltens 92
5.2.4 Weitere Aspekte im Vergleich zur Systemanalyse 92
5.3 Softwarearchitektur 93
5.3.1 Aufgaben 93
5.3.2 Die Dekompositionssicht 93

5.3.3 Die Kompositionssicht ... 97
5.3.4 Weitere Aspekte der Softwarearchitektur ... 98
5.4 Feindesign ... 99
5.4.1 Aufgaben ... 99
5.4.2 Feindesign für eine objektorientierte Implementierung ... 99
5.4.3 Feindesign für eine nicht objektorientierte Implementierung ... 102

Teil II: Strukturdiagramme ... 105

6 Klassendiagramm ... 107
6.1 Überblick ... 108
6.1.1 Modellieren von Klassen ... 108
6.1.2 Grundgedanke der Klassenmodellierung ... 109
6.1.3 Klassen und Objekte ... 110
6.1.4 Klassen und Attribute ... 110
6.1.5 Woher kommen Klassen? ... 111
6.2 Anwendungsbeispiel ... 112
6.3 Anwendung im Projekt ... 113
6.3.1 Konzeptuell-analytische Modellierung ... 113
6.3.2 Logische, designorientierte Modellierung ... 114
6.4 Notationselemente ... 115
6.4.1 Klasse ... 115
6.4.2 Attribut ... 118
6.4.3 Operation ... 123
6.4.4 Schnittstelle ... 129
6.4.5 Parametrisierte Klasse ... 132
6.4.6 Generalisierung ... 135
6.4.7 Generalisierungsmenge ... 140
6.4.8 Assoziation ... 142
6.4.9 Assoziationsklasse ... 157
6.4.10 Abhängigkeitsbeziehung ... 159
6.4.11 Verwendungsbeziehung ... 161
6.4.12 Abstraktionsbeziehung ... 162
6.4.13 Realisierungsbeziehung ... 164
6.4.14 Substitutionsbeziehung ... 165
6.4.15 Informationsfluss ... 166
6.4.16 Informationseinheit ... 167

7 Paketdiagramm ... 171
7.1 Überblick ... 172
7.2 Anwendungsbeispiel ... 172
7.3 Anwendung im Projekt ... 173
7.3.1 Funktionale Gliederung ... 173
7.3.2 Definition von Schichten ... 174
7.4 Notationselemente ... 175

7.4.1 Paket . . . 175
7.4.2 Paket-Import / Element-Import . . . 176
7.4.3 Paket-Merge . . . 179

8 Objektdiagramm . . . 183
8.1 Überblick . . . 184
8.1.1 Die Inhalte eines Objektdiagramms . . . 184
8.1.2 Die Modellierung von Objektdiagrammen . . . 185
8.1.3 Vergleich: Klassen- und Objektdiagramm . . . 186
8.2 Anwendungsbeispiel . . . 187
8.3 Anwendung im Projekt . . . 187
8.4 Notationselemente . . . 188
8.4.1 Instanzbeschreibung / Objekt . . . 188
8.4.2 Werteangaben / Slots . . . 190
8.4.3 Link . . . 191

9 Kompositionsstrukturdiagramm . . . 193
9.1 Überblick . . . 194
9.1.1 Motivation und Hinführung . . . 196
9.1.2 Modellieren von Kollaborationen . . . 201
9.1.3 Kapselung durch Ports . . . 202
9.2 Anwendungsbeispiel . . . 203
9.3 Anwendung im Projekt . . . 203
9.3.1 Darstellung einer Architektur . . . 203
9.3.2 Struktur einer Use-Case-Realisierung . . . 204
9.3.3 Kennzeichnung und Visualisierung von Design-Pattern . . . 205
9.4 Notationselemente . . . 208
9.4.1 Part . . . 208
9.4.2 Konnektor . . . 209
9.4.3 Port . . . 211
9.4.4 Kollaboration . . . 212
9.4.5 Kollaborationsanwendung . . . 214

10 Komponentendiagramm . . . 215
10.1 Überblick . . . 216
10.2 Anwendungsbeispiel . . . 217
10.3 Anwendung im Projekt . . . 218
10.4 Notationselemente . . . 220
10.4.1 Komponente . . . 220
10.4.2 Artefakt . . . 223

11 Verteilungsdiagramm . . . 227
11.1 Überblick . . . 228
11.2 Anwendungsbeispiel . . . 229
11.3 Anwendung im Projekt . . . 229
11.3.1 Abgrenzung des Systemkontexts . . . 230

11.3.2 Dokumentation von Hardwarevorgaben. 231
11.4 Notationselemente 231
11.4.1 Knoten 231
11.4.2 Kommunikationspfad. 233
11.4.3 Verteilungsbeziehung 234
11.4.4 Einsatzspezifikation 236

Teil III: Verhaltensmodellierung 239

12 Use-Case-Diagramm 241
12.1 Überblick. 242
12.1.1 Die Use-Case-Analyse. 242
12.1.2 Ursprung von Use-Cases 243
12.2 Anwendungsbeispiel 244
12.3 Anwendung im Projekt 245
12.3.1 Typische Anwendungsbereiche. 245
12.3.2 Use-Cases und danach? 245
12.4 Notationselemente 246
12.4.1 Use-Case 246
12.4.2 System (Betrachtungsgegenstand) 249
12.4.3 Akteur 251
12.4.4 «include»-Beziehung. 256
12.4.5 «extend»-Beziehung 258

13 Aktivitätsdiagramm. 263
13.1 Überblick. 264
13.1.1 Modellieren von Aktivitäten 264
13.1.2 Das Token-Konzept. 265
13.1.3 Ursprung der Aktivitätsmodellierung 269
13.2 Anwendungsbeispiel 269
13.3 Anwendung im Projekt 271
13.3.1 Geschäftsprozessmodellierung. 271
13.3.2 Beschreibung von Use-Cases. 272
13.3.3 Implementierung einer Operation 273
13.4 Notationselemente 274
13.4.1 Aktion 274
13.4.2 Aktivität. 278
13.4.3 Objektknoten. 280
13.4.4 Kanten 287
13.4.5 Kontrollelemente 291
13.4.6 Startknoten 292
13.4.7 Endknoten. 293
13.4.8 Verzweigungs- und Verbindungsknoten 295
13.4.9 Synchronisations- und Parallelisierungsknoten 299
13.4.10 Parametersatz 302

13.4.11 Unterbrechungsbereich ... 304
13.4.12 Exception-Handler ... 306
13.4.13 Aktivitätsbereich ... 308
13.4.14 Strukturierte Knoten ... 311
13.4.15 Mengenverarbeitungsbereich ... 312
13.4.16 Schleifenknoten ... 317
13.4.17 Entscheidungsknoten ... 322

14 Zustandsautomat ... 329
14.1 Überblick ... 330
14.2 Anwendungsbeispiel ... 332
14.3 Anwendung im Projekt ... 333
14.3.1 Use-Cases und Zustandsautomaten ... 333
14.3.2 Klassen und Zustandsautomaten ... 334
14.3.3 Protokollzustandsautomaten ... 335
14.4 Notationselemente ... 337
14.4.1 Einfacher Zustand ... 337
14.4.2 Transition ... 340
14.4.3 Startzustand ... 346
14.4.4 Endzustand ... 348
14.4.5 Pseudozustände ... 349
14.4.6 Kreuzung ... 351
14.4.7 Entscheidung ... 353
14.4.8 Terminator ... 356
14.4.9 Zusammengesetzter Zustand ... 357
14.4.10 Gabelung und Vereinigung ... 363
14.4.11 Region ... 365
14.4.12 Ein- und Austrittspunkt ... 369
14.4.13 Unterzustandsautomatenzustände ... 371
14.4.14 Historie ... 374
14.4.15 Spezialisierung ... 378
14.4.16 Protokollzustandsautomat ... 381
14.5 Codeabbildung ... 384
14.5.1 Einleitung ... 384
14.5.2 Überblick ... 384
14.5.3 Einfache Zustandsautomaten ... 387
14.5.4 Erweiterungen der Zustandsautomaten ... 394
14.5.5 Zusammengesetzte Zustände ... 398

15 Sequenzdiagramm ... 401
15.1 Überblick ... 402
15.1.1 Modellierung von Interaktionen ... 403
15.1.2 Interaktionen im Sequenzdiagramm ... 408
15.1.3 Ursprung der Sequenzdiagramme ... 411
15.2 Anwendungsbeispiel ... 413
15.3 Anwendung im Projekt ... 414

15.3.1 Abgrenzung des Systemkontexts ... 415
15.3.2 Realisierung von Use-Cases ... 416
15.3.3 Spezifikation von Schnittstellen ... 417
15.3.4 Detailmodellierung im Feindesign ... 417
15.3.5 Test und Simulation ... 418
15.4 Notationselemente ... 419
15.4.1 Interaktion / Interaktionsrahmen ... 419
15.4.2 Lebenslinie ... 422
15.4.3 Nachricht ... 428
15.4.4 Zustandsinvariante ... 439
15.4.5 Kombiniertes Fragment ... 442
15.4.6 Ordnungsbeziehung ... 461
15.4.7 Interaktionsreferenz ... 462
15.4.8 Verknüpfungspunkt ... 465
15.4.9 Zerlegung von Lebenslinien ... 468

16 Kommunikationsdiagramm ... 473
16.1 Überblick ... 474
16.1.1 Interaktionen in Kommunikationsdiagrammen ... 474
16.1.2 Auswahlkriterien für das Kommunikationsdiagramm ... 475
16.2 Anwendungsbeispiel ... 475
16.3 Anwendung im Projekt ... 476
16.3.1 (Geschäftsprozess-)Analyse ... 476
16.3.2 Zusammenwirken von Classifiern ... 477
16.4 Notationselemente ... 477
16.4.1 Interaktion / Interaktionsrahmen ... 478
16.4.2 Lebenslinie ... 478
16.4.3 Nachricht ... 480

17 Timing-Diagramm ... 485
17.1 Überblick ... 486
17.1.1 Interaktionen in Timing-Diagrammen ... 486
17.1.2 Auswahlkriterien für das Timing-Diagramm ... 487
17.2 Anwendungsbeispiel ... 488
17.3 Anwendung im Projekt ... 489
17.4 Notationselemente ... 489
17.4.1 Interaktion / Interaktionsrahmen ... 490
17.4.2 Lebenslinie ... 491
17.4.3 Zeitverlaufslinie ... 493
17.4.4 Nachricht ... 496
17.4.5 Sprungmarke ... 496
17.4.6 Wertverlaufslinie ... 497
17.4.7 Ordnungsbeziehung ... 498

18 Interaktionsübersichtsdiagramm 501
18.1 Überblick 502
18.2 Anwendungsbeispiel 504
18.3 Anwendung im Projekt 505
18.4 Notationselemente 505
18.4.1 Interaktion/Interaktionsreferenz 505
18.4.2 Kontrollelemente 507

Teil IV: Weiterführendes 511

19 Tailoring – UML 2 Profile 513
19.1 Motivation 514
19.2 Einführung in Profile 516
19.3 Anwendungsbeispiel 517
19.4 Notationselemente 518
19.4.1 Stereotyp 518
19.4.2 Erweiterungsbeziehung 522
19.4.3 Profil 524
19.4.4 Profilanwendung 525
19.5 Varianten und Beispiele 529
19.6 Profile: Für & Wider 529
19.7 Erstellen von Profilen 530
19.8 Tools 530

20 SysML 533
20.1 Was ist SysML? 534
20.1.1 Die SysML in diesem Buch 534
20.2 SysML – UML 535
20.3 Diagramme der SysML 535
20.3.1 Rahmen für Diagramme 536
20.4 Strukturmodellierung 536
20.4.1 Block 537
20.4.2 Blockdefinitionsdiagramm 537
20.4.3 Internes Blockdiagramm 538
20.5 Verhaltensmodellierung 541
20.5.1 Aktivitätsdiagramm der SysML 541
20.6 Anforderungen und Traceability mit der SysML 543
20.6.1 Anforderungsdiagramm 543
20.6.2 Nachvollziehbarkeit 545

Literaturverzeichnis 547

Register 551

Vorwort

Das Buch, das Sie gerade in Händen halten, war eines der ersten – und ist immer noch eines der besten – Bücher, die erklären, wie Sie die Version 2 der Unified Modeling Language (UML 2) in realen Softwareprojekten praktisch anwenden. Seit der ersten Veröffentlichung von UML 2 glasklar im Jahr 2004 wurde die grundlegende Überarbeitung der UML 2 in den meisten kommerziellen und Open Source UML-Werkzeugen umgesetzt, und nach wie vor ist die UML 2 die Standardsprache zur Beschreibung der Architektur von softwareintensiven Anwendungen. Ihre Beliebtheit bei Softwareentwicklern greift rasch auf die Systemingenieure über, die jetzt den SysML (Systems Modeling Language)-Dialekt der UML 2 nutzen, um sowohl Hardwarekomponenten mit physikalischen Verbindungen als auch Softwarekomponenten und Informationsflüsse zu spezifizieren.

Wenn man den Erfolg einer künstlichen Sprache an ihrer Umsetzung und Verwendung misst, dann ist die UML 2 eindeutig erfolgreich. Wenn man allerdings den Erfolg der UML 2 an ihrer Anwendung in Softwareprojekten misst, die „in der Zeit und unter dem Budget" liegen, dann erzielt die UML 2 nur gemischte Resultate. Einerseits machen mir die zahlreichen Projekte Mut, die UML-2-Modellierungstechniken systematisch anwenden, um die Präzision und die Qualität ihrer Unternehmensarchitekturen und -prozesse zu verbessern. Andererseits bin ich entsetzt über die Vielzahl von Projekten, die sich mit „Use Case Abuse" (Use Case-Missbrauch), „Snake Oil Architecture" (Wunderarchitekturen) und anderen „Worst Practices" in der Modellierung herumschlagen. Leider gehört es für viele Softwareentwickler immer noch zum Alltag, gewaltige Mengen von lose verbundenen Kästchen-und-Linien-Zeichnungen zu erzeugen, anstatt präzise Architekturpläne zu erstellen.

Warum ist die UML 2 so schwer zu beherrschen und anzuwenden? Dafür gibt es zwei Hauptgründe. Erstens gehört zum Beherrschen jeder neuen Sprache, ob künstlich oder natürlich, eine steile Lernkurve. Es kostet viel Zeit und Mühe zu lernen, wie man mehrdeutige natürlichsprachige Anforderungen in präzise „Kästchen und Linien" übersetzt, die potenziell Softwarecode erzeugen können. Zweitens ist es weit schwieriger, die Strukturen und die Komplexität von Softwarearchitekturen zu beherrschen als die Sprache, mit der sie beschrieben werden. Das „Software-Paradox" kann es in Bezug auf die Dialektik mit dem Lügner-Paradox des ersten Jahrtausends v. Chr. aufnehmen, und die „Softwarekrise" kommt in Bezug auf die „Byzantinische Komplexität" der Finanzkrise des dritten Jahrtausends n. Chr. gleich. Softwareprojekte leiden weiter unter den seuchenartigen Antipattern „Requirements Creep & Churn" (Erschleichung weiterer Anforderungen) und „System Sprawl" (Systemzersiedelung), und Entwickler kämpfen weiterhin mit der Wahl zwischen anorektischen Agilen Prozessen und bulimischen strikten Prozessen.

Ist UML 2 eine Universallösung, um Softwarearchitekturen zu beherrschen? Natürlich nicht, aber sie ist ein Schlüsselelement einer umfassenderen modellbasierten Lösung, welche die synergistische Kombination von modellbasierten Sprachen, Prozessen, Frameworks und Werkzeugen benötigt. Wenn Sie also ein guter Softwarearchitekt sind oder werden wollen, ist Zeit, in der Sie die beste momentan verfügbare Sprache zur Beschreibung von Softwarearchitekturen erlernen, gut angelegt.

Ich lege Ihnen sehr ans Herz, Ihre Kenntnisse der UML 2 weiter zu vertiefen, um Ihre Unternehmensarchitekturen und -prozesse zu verbessern. Die Lernkurve für UML 2 ist zwar steil, dieses praxisorientierte Anwendungsbuch wird sie aber wesentlich verkleinern, so dass Sie den Lohn für Ihre Mühen bereits früh ernten können.

Cris Kobryn
Vorsitzender der Submission-Teams der UML-Partner, der UML2-Partner
und der SysML-Partner
Gründer & Geschäftsführer, PivotPoint Technology Corporation

Einleitung

Liebe Leserin, lieber Leser,

Es ist so weit, die neue, überarbeitete Auflage unseres Werkes liegt in Ihren Händen. Warum gibt es eine vierte Auflage? Im April 2005 hat die OMG den neuen Standard UML 2.0 offiziell verabschiedet und im August 2011 nun die Version 2.4 herausgegeben. Dieser Aktualisierung sind wir gefolgt und haben eine neue Auflage unseres Buches erstellt. Die damit einhergegangenen Änderungen stellen jedoch nur einen Teil der Neuerungen der vierten Auflage dar. Wir haben den praktischen Einsatz der UML weiter ausgebaut und uns stärker auf den Einsatz der UML in der Analysephase zur Formulierung von Anforderungen an Ihr System konzentriert. Überzeugen Sie sich aber selbst davon und lesen Sie weiter!

Allheilmittel UML

Bei der Komplexität heutiger Software-Systeme ist eine grundlegende Analyse- und Designphase nahezu unumgänglich. Doch was hilft die beste Planung ohne adäquate Möglichkeit, die Ergebnisse übersichtlich und dennoch präzise auszudrücken und darzustellen? Die Unified Modeling Language (UML) bietet eine solche Möglichkeit – und gewiss nicht die allerschlechteste, wie ihr schneller Erfolg beweist (*Kapitel 1*). Heute ist die UML als effektives Werkzeug aus der Software-Entwicklung nicht mehr wegzudenken. Eine ihrer größten Stärken besteht sicherlich in der breiten Einsatzmöglichkeit: Von der Analyse bis zum Test bietet sie jedem Projektbeteiligten eine Fülle an Notationselementen. Damit Sie bei dieser Vielfalt nicht den Überblick verlieren, können Sie in Abbildung 1 auf einen Blick erkennen, welche Aspekte der UML Sie in welchem Kapitel finden.

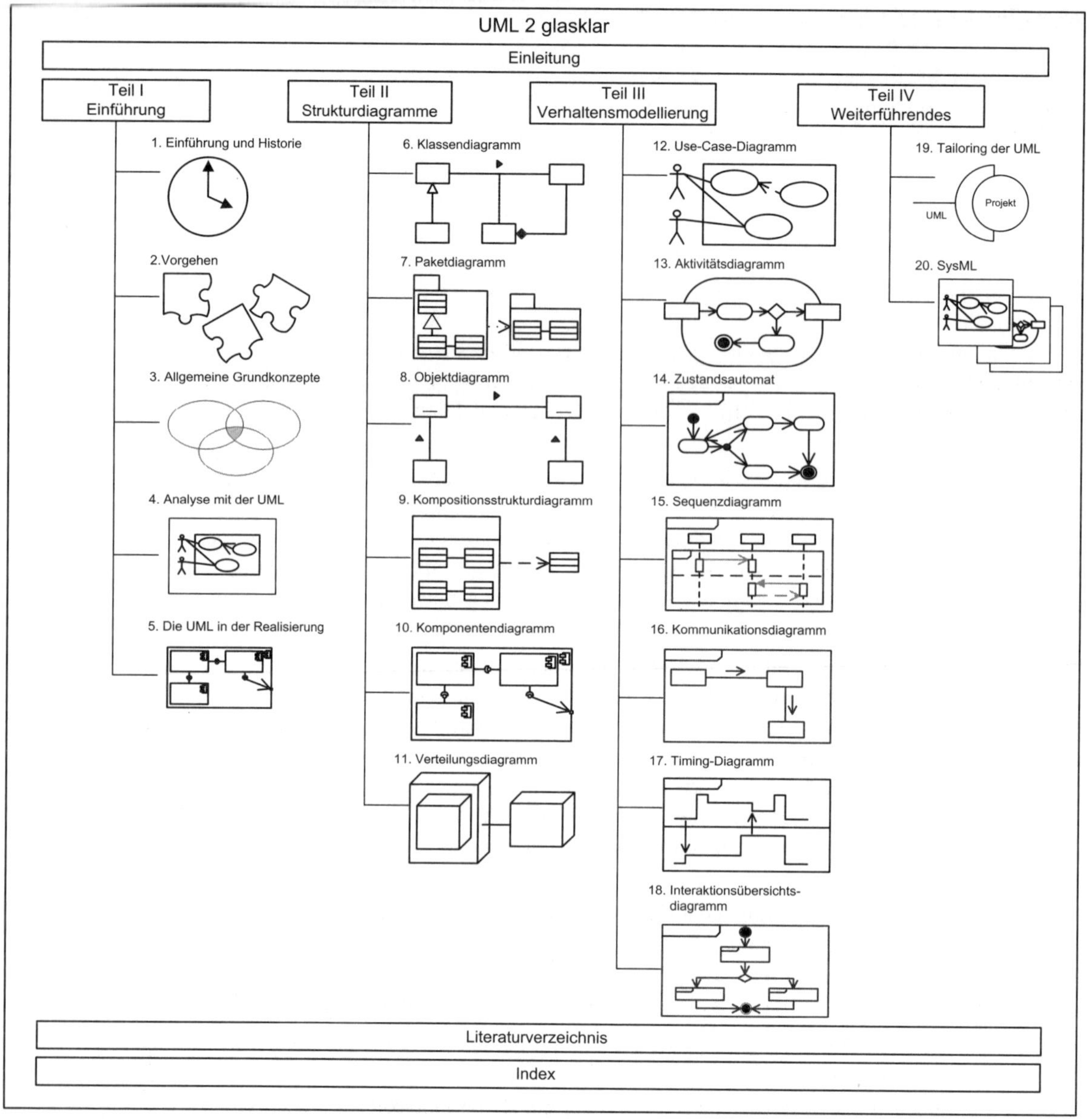

Gliederung des Buches

ABBILDUNG 1 Die Gliederung: Das Buch ist in vier große Abschnitte unterteilt, die jeweils unterschiedliche Teilaspekte der UML beleuchten:
(I) Allgemeine Einführung und Verwendung der UML,
(II) Beschreibung der Strukturdiagramme,
(III) Beschreibung von Diagrammen für die Verhaltensmodellierung und
(IV) Die Anpassungsmöglichkeiten der UML und die SysML.

Wer dieses Buch aus welchem Grund lesen sollte

Theorie & Best Practices

Warum sollten Sie Ihre wertvolle Zeit mit diesem Buch verbringen? Weil Sie hier viele Antworten und Beispiele finden, die erläutern, wie Sie die UML – auf dem aktuellsten Stand – erfolgreich in Ihren Projekten nutzen können.

Es vermittelt Ihnen fundierte Kenntnisse in der UML 2: zum einen natürlich Begriffe und Notation, zum anderen aber auch die Anwendungsmöglichkeiten im Projekt. Zu jedem Diagramm finden Sie Vorschläge für den sinnvollen praktischen Einsatz. Das Buch richtet sich gleichermaßen an den UML-Neuling, der eine schrittweise Einführung in die Basiselemente jenseits aller Versionierungen erwartet, wie an den erfahrenen UML-Anwender, dem vielleicht eher an einer übersichtlichen Darstellung der Notationsmittel der UML 2 als Nachschlagewerk gelegen ist. Ist die Zertifizierung UML Professional für Sie interessant, versäumen Sie es nicht, ergänzend zu den Inhalten in diesem Buch auf unseren Webseiten *www.uml-glasklar.com* die Erläuterungen, Übungsaufgaben und deren Lösung zur Prüfungsvorbereitung zu nutzen.

UML-Glossar

In der 1. Auflage hatten wir uns bemüht – soweit dies sinnvoll war –, für alle verwendeten Begriffe eine geeignete deutsche Übersetzung zu finden und sie anzuwenden. Durch die Veröffentlichung dieser Begriffe in einem kompakten Glossar auf der Webseite zu diesem Buch, *www.uml-glasklar.com,* haben sich unsere Übersetzungen mittlerweile im deutschsprachigen Raum als Standard durchgesetzt. Haben Sie dazu noch weitere oder andere Begriffsvorschläge, schreiben Sie uns eine Mail: *buch@uml-glasklar.com.*

Zum Aufbau der Kapitel in Teil II und Teil III: Zu Beginn jedes Kapitels wird Ihnen im *Überblick* das jeweilige Diagramm kurz vorstellt. Das *Anwendungsbeispiel* zeigt das Diagramm und dessen Notationselemente im Einsatz. Unter *Anwendung im Projekt* schildern wir sinnvolle Einsatzmöglichkeiten und geben Ihnen Tipps für die Praxis. Anschließend werden die einzelnen *Notationselemente* des Diagramms beschrieben und mit Hilfe von Beispielen erklärt. Dabei ziehen wir, sofern es uns sinnvoll erscheint, sofort Parallelen zur programmiersprachlichen Umsetzung, um die konkreten Auswirkungen der Modellierung zu verdeutlichen.

Wir haben uns bemüht, zusammengehörige Informationen auch kompakt darzustellen. Aufgrund der Komplexität des Themas ist es aber mitunter nötig, im Text andere Kapitel des Buches zu referenzieren. In diesem Fall verweist Sie ein Piktogramm mit einer Kapitelnummer an jene Stelle im Buch, an der Sie weiterführende oder Hintergrundinformationen finden.

⇨ 3.4.2

Wo es uns sinnvoll erschien, haben wir Ihnen Detailinformationen zu bestimmten Themen in einer Infobox zusammengestellt.

Zudem beschreiben einige Spezialisten in den so genannten Expertenboxen ihre spezifischen Erfahrungen mit der UML.

AL

Dieses Piktogramm weist auf fachliche Inhalte hin, die geeignet sind, sich für die Prüfung zum Certified Professional für Requirements Engineering – Advanced Level Requirements Modeling des International Requirements Engineering Boards (IREB) e. V. gezielt vorzubereiten. Den entsprechenden Lehrplan für dieses Zertifikat finden Sie auf der Webseite *http://www.certified-re.de/lehrplaene/advanced-level.html.* An der Ausarbeitung dieses Lehrplanes, der Prüfungsordnung und der Prüfungsfragen war Dr. Stefan Queins intensiv beteiligt. Die fachlichen Inhalte dieses Buches beziehen sich auf die aktuelle Lehrplanversion 1.0 vom 1. März 2011.

Die Rechte an diesem Advanced Level Lehrplan Requirements Modelling liegen in den Händen des IREB e. V.. Der Lehrplan kann im Zuge der nächsten Jahre geändert werden – daher sollten Sie für die Prüfungsvorbereitung immer die aktuellen Dokumentenstände des Lehrplanes und der Prüfungsordnung auf der IREB-Webseite studieren. Wir denken aber, mit diesem Buch – insbesondere mit den hervorgehobenen Stellen – einen wichtigen Beitrag für die Prüfungsvorbereitung leisten zu können. Auf Änderungen des Lehrplanes reagieren wir mit Hinweisen auf der Webseite *www.uml-glasklar.com.*

Inhalte, die nichts mit der UML zu tun haben, aber dennoch Lehrplanstoff des Advanced Level Requirements Modeling des IREB e. V. sind, versuchen wir durch Artikel in unserem Downloadbereich abzudecken. Die relevanten Informationen finden sie unter *www.uml-glasklar.com.*

Aktuelle Infos im Web

An einigen Stellen des Buches verweisen wir darauf, dass weiterführende Informationen auf unserer Web-Seite zu finden sind, und zwar dort, wo wir Ihnen ständig aktualisierte Informationen anbieten möchten, wo wir Ihnen das Abtippen von Texten ersparen wollen oder wo die Detailinformationen den Fokus oder Umfang des Buches gesprengt hätten. Die Verweise sind mit Linknummern versehen worden, die es Ihnen erleichtern, Informationen über spezielle Themen auf unserer Webseite wiederzufinden. Besuchen Sie uns doch einmal auf unserer Webseite *www.uml-glasklar.com.*

z. B. [3-2] für den 2ten Link in Kapitel 3

Ihre Meinung ist uns sehr wichtig

Wir wollen Feedback!

Nach monatelangem Wühlen in Spezifikationen, nächtelangen Diskussionen und dem Erfinden neuer Beispiele sind wir nun auf Ihre Reaktionen gespannt. Ihre Meinung zu unserem Buch ist uns sehr wichtig. Deshalb freuen wir uns auf Ihre Eindrücke und Verbesserungsvorschläge, Ihre Kritik – aber natürlich auch Ihr Lob. Unsere E-Mail-Adresse: *buch@uml-glasklar.com.*

Danksagungen

Danke, danke, danke, …

Die Liste der Kollegen und Freunde, die alle etwas zum Buch beigetragen haben (Kaffee kochen, Hand auflegen, Grafiken zurechtbiegen, Nerven beruhigen, für fachliche Diskussionen in schlaflosen Nächten zur Verfügung stehen), ist lang – zu lang, um sie alle namentlich zu nennen. Deshalb geht unser hier veröffentlichter Dank nur an einige besonders wichtige Menschen. Vor allem an unseren Ghostwriter und Beraterkollegen Carsten Pflug, der auch diesmal wieder viele wichtige Beiträge geleistet hat. Ohne dich wäre das Buch nur halb so gut! Und natürlich auch wieder an unsere Lektorin Margarete Metzger für die vielen wertvollen Hinweise und an Cris Kobryn für die freundlichen, einleitenden Worte.

Dank auch an die Kollegen, die uns wichtige Impulse gaben und mit den hier zitierten Beiträgen in den Expertenboxen das Themengebiet sehr gelungen abrunden. Unsere Zusammenarbeit mit Euch zeigt, dass ein Netzwerk viel mehr leisten kann als eine Einzelperson. Danke an: Branislav Selic (IBM), Michael Stal, Marko Boger (Gentleware) und Morgan Björkander (Telelogic).

Die Autoren

Nachruf für Mario Jeckle

An dieser Stelle möchten wir unseres Freundes, Weggefährten und Geschäftspartners Mario Jeckle gedenken. Bei dem Versuch, Unfallopfern zu helfen, ist Mario vor einigen Jahren zu Tode gekommen. Mario hatte noch viel vor – er war engagiert in der Forschung, für seine Studenten, plante zahlreiche Veröffentlichungen, Konferenzen und Interviews. Aber Mario hat auch beeindruckende Spuren hinterlassen, wie z. B. dieses Buch, dessen Idee bei einem Treffen zwischen ihm und Chris Rupp auf der OOP 2003 in München entstand. Der Erfolg der ersten Auflage hat uns ermutigt, weiterzumachen und dazu beizutragen, dass Marios visionäre Ideen weiterleben. Obwohl wir Mario aus rechtlichen Gründen nicht mehr als Autor dieses Buches nennen dürfen, sehen wir ihn doch immer noch als Teil dieses Werkes, da, obschon er nur an der ersten Auflage aktiv beteiligt war, wir immer noch seine Spuren in diesem Buch erkennen können.

Ein weiterer Dank geht an Barbara Rudolph. Auch sie hat die frühen Ausgaben dieses Werkes signifikant mitgestaltet. Ihr beruflich stressiger Alltag erlaubte es ihr leider irgendwann nicht mehr, so viel Zeit und Energie in ein Buchprojekt wie dieses zu investieren.

Chris Rupp *(chris.rupp@sophist.de),* OberSOPHISTin oder, formal ausgedrückt, geschäftsführende Gesellschafterin der SOPHIST GmbH und der SOPHIST Technologie GmbH. In 20 Jahren Berufstätigkeit sammelt sich so einiges an ... ein Unternehmen ... 6 Bücher ... 40 Mitarbeiter ... und unheimlich viel Erfahrung. Meine Leidenschaft für die Projektberatung ist vermutlich schuld daran, dass ich bis heute nicht „nur“ manage, verwalte und Menschen fördere, sondern auch ganz nah am Kunden dran bin, in Projekten maßgeblich mitarbeite, sie leite. Vielleicht rettet mich hier immer wieder das Talent, die richtigen Mitarbeiter um mich zu scharen.

Gute Ideen so umzusetzen, dass Entwickler, Vertragspartner, direkt und indirekt betroffene Anwender das Gefühl haben, ein intelligentes, durchdachtes und nutzbringendes Produkt vor sich zu haben, ist die Vision, die mich dabei antreibt. Private Vorlieben (zu viele für zu wenig Zeit): Menschen, Philosophie, Rotwein, Reisen, Sport und die Suche nach dem Sinn des Lebens.

Dr. Stefan Queins *(stefan.queins@sophist.de):* Während meiner Promotion in der Informatik in Kaiserslautern lernte ich Chris kennen, die mich dann nach meinem Abschluss nach Nürnberg zu den SOPHISTen lockte. Hätte ich vorher gewusst, was auf mich zukommt ... ich hätte mich nicht anders entschieden. Ob es sich bei meiner Arbeit um die Methodik der Systembeschreibung eines Infotainment-Systems oder um die Architektur einer Software zur Unterstützung der nächsten Bundestagswahl handelt: die Vielfalt meiner Aufgabenstellungen und Anwendungsbereiche macht für mich die Arbeit als Berater und Trainer so interessant.

Und nicht zuletzt die Komponente Mensch, die jedes Projekt speziell und einzigartig macht. Aber so ganz kann ich die Forschung auch nicht lassen. Bei SOPHIST bin ich verantwortlich für das Management von Innovationen, also die Entwicklung neuer, praxisbezogener Ideen und Verbesserungen interner Prozesse.

Neben meiner Arbeit komme ich zur Zeit leider nicht mehr zu meiner liebsten Freizeitbeschäftigung, dem Reiten. Dafür verbringe ich jetzt mehr Zeit mit Segeln und damit, gemütlich abends beim Essen zusammen zu sitzen. Und das mit einer guten Flasche Rotwein und netten Gesprächen über „Gott und die Welt".

Die SOPHISTen: Damit ein Buch wie dieses entsteht, müssen viele Kollegen an einer Idee mitwirken. Neben uns beiden Hauptautoren gab es helfende Hände und Köpfe, die Grafiken zauberten, Feedbacks gaben, Korrektur gelesen haben, Ideen geliefert haben und für Diskussionen zur Verfügung standen. Nicht zu vergessen sind auch all die Kollegen, die für die Vermarktung dieses Werkes, der Präsentation im Internet und der Bewältigung der Kommunikation mit den Lesern bereit stehen. Da es sich hier um SOPHISTen gehandelt hat, steht das Logo statt eines Fotos stellvertretend für all unsere Kollegen.

Teil I: Einführung

Im ersten Teil unseres Buches geben wir Ihnen – ob Anfänger oder erfahrener Anwender – einen sanften Einstieg in das Thema UML.

In Kapitel 1 erfahren Sie, welche Ziele die UML-Autoren verfolgt haben, was sie mit der UML erreichen wollten und was nicht. Lesen Sie hier die wichtigsten Informationen zur *Entwicklungsgeschichte*, den Machern und der bisherigen Versionsentwicklung nach. Die näheren Hintergründe, von den Schwächen der UML-Versionen 1.x über die Ziele der neuen Version bis hin zu einer Bewertung und konkreten Tipps für oder gegen einen Ein- oder Umstieg, finden Sie ebenfalls im ersten Kapitel beschrieben.

Die UML spezifiziert eine Notation und kein Vorgehen. Es steht Ihnen in den Projekten daher frei, wann Sie welches Notationselement und Diagramm wählen. Kapitel 2 unterstützt Sie bei der Auswahl. Sie finden dort neben Tipps zum Einsatz von *Vorgehensmodellen* auch eine Übersicht aller UML-2-Diagramme mit ihren Stärken und Schwächen.

Die UML beinhaltet *Grundkonzepte und -elemente*, die diagrammübergreifend gültig sind. Das sind z. B. die Begriffe Modell und Diagramm. Um eine häufige Wiederholung dieser Konzepte und Begriffe an vielen Stellen im Buch zu verhindern, haben wir sie in Kapitel 3 zusammengestellt. Darin wird auch das Compliance-Level-Konzept eingeführt, mit dem sich Tools auf ihre UML-2-Konformität bewerten lassen, und der Standardisierungsprozess von der Idee bis zum offiziellen OMG-Standard UML 2.4 im Jahr 2012 wird aufgezeigt.

Das Kapitel 4 beschäftigt sich mit der Anwendung der UML in der Analysephase, speziell zur Modellierung von Anforderungen. Dieser Teil richtet sich nach dem aktuellen Lehrplan zum Certified Professional for Requirements Engineer, Advanced Level Requirements Modeling, und stellt darüber hinaus zahlreiche Modellierungsszenarien vor, aus denen Sie sich für Ihre Problemstellungen bedienen können.

Darauf aufbauend möchten wir Ihnen in Kapitel 5 *eine methodische Anwendung* der UML im Rahmen der weiteren Systementwicklung vorstellen. Dabei werden wir die Phasen der Systemarchitektur sowie die Softwareentwicklung (Analyse, Architektur und Feindesign) betrachten und die wichtigsten Entwicklungsartefakte anhand eines durchgängigen Beispiels vorstellen.

1 UML 2 – Rückblick, Nabelschau und Ausblick

Eine komplexe Notationssprache

Die Unified Modeling Language (UML) ist heute die verbreitetste Notation, um Softwaresysteme zu analysieren und zu entwerfen. Nach jahrelanger Kontinuität in der Weiterentwicklung mit lediglich marginalen Veränderungen der Notation stand uns 2005 ein gewaltiger Evolutionsschritt bevor: die Unified Modeling Language 2. Wenn sich viele Hersteller und Interessensgruppen auf einen gemeinsamen Standard und große Veränderungen einigen sollen, dann fliegen gewöhnlich die Fetzen. So natürlich auch bei der Verabschiedung dieser neuen UML-Generation. Dennoch haben ihre Schöpfer ein Dokument zustande gebracht, das die Software-Entwicklung verändern wird. Sechs Jahre später, im Jahr 2011, ist die UML-Version 2.4.1 veröffentlicht, auf die wir uns in dieser vierten Auflage des Buches beziehen. Zeit für einen Rückblick, eine kritische Situationsanalyse und den Ausblick in die Zukunft.

1.1 Was ist die UML ...

Die Unified Modeling Language (UML) dient zur Modellierung, Dokumentation, Spezifizierung und Visualisierung komplexer Systeme, unabhängig von deren Fach- und Realisierungsgebiet. Sie liefert die Notationselemente gleichermaßen für die statischen und dynamischen Modelle von Analyse, Design und Architektur und unterstützt insbesondere objektorientierte Vorgehensweisen.

Erhebliche Unterstützung aus unterschiedlichsten Bereichen der Industrie gab der UML den notwendigen Rückhalt und ermöglichte den Weg zur Standardisierung. Die 1989 gegründete Object Management Group (OMG) – ein Gremium mit heute circa 800 Mitgliedern – ist Hüterin dieses Standards. Dass es sich bei Werken der OMG um herstellerneutrale Industriestandards handelt, gewährleistet die Teilnahme aller relevanten Marktvertreter (zum Beispiel Rational Software (IBM), Hewlett-Packard, DaimlerChrysler, I-Logix, Telelogic, Oracle, Microsoft, ...).

1.2 ... und was will sie nicht sein?

Eine eierlegende Wollmilchsau

Um es von vornherein klarzustellen: Die UML war, ist und wird mit Sicherheit nie vollständig und in sich stimmig werden. Dies verhindern unter anderem der schnelle Fortschritt und die hohe Komplexität der heutigen Systementwicklung. Trotzdem ist die UML besser als ihr Ruf. Viele Missverständnisse entstehen auch durch eine falsche Erwartungshaltung an diese Notationssprache. Ihnen sollte bei der Anwendung und auch beim Lesen dieses Buches bewusst werden, dass die UML

- nicht perfekt,
- nicht vollständig,
- keine Programmiersprache,
- keine rein formale Sprache,
- nicht spezialisiert auf ein Anwendungsgebiet,
- kein vollständiger Ersatz für Textbeschreibung und vor allem
- keine Methode oder kein Vorgehensmodell

ist und das alles auch nicht sein will.

1.3 Entwicklungsgeschichtliches zur UML

„Viele Köche verderben den Brei.“ Dieses Sprichwort traf die Wahrheit wohl selten besser als zur Zeit der „Methodenkriege der Softwareentwicklung“ in den frühen 90-er Jahren. Eine Vielzahl an objektorientierten Methoden und Modellierungsmöglichkeiten bevölkerten unsere Softwareentwicklungslandschaft: von Rumbaughs OMT über Boochs OOD bis hin zu Jacobsons OOSE oder der OOA&D von Martin/Odell (siehe hierzu Abbildung 1.1). Unterschiedlichste Darstellungsformen, Vorgehensansätze und Ziele und dazu eine erschreckende Widersprüchlichkeit und Inkompatibilität erschwerten die Kommunikation zwischen Systementwicklern. Jeder potenzielle Anwender einer objektorientierten Notation stand vor der Frage, welche der Notationen wohl die geeignete ist und welche zukünftig noch Bedeutung am Markt besitzen wird. Diese Unsicherheit hinderte viele Unternehmen an einem Umstieg von traditionellen Analyse- und Designmethoden auf objektorientierte Modellierungsansätze. 90-er ...

Durch die Vereinigung einiger Ansätze (und vor allem das Aussterben anderer) etablierte sich in den Jahren 1997 bis 1998 vor allem eine Modellierungssprache. Die UML in der Version 0.9 – entstanden aus der Unified Method 0.8 von Rumbaugh/Booch und dem Ansatz OOSE nach Jacobson et al. Zu diesem Zeitpunkt unterstützte vor allem das Unternehmen Rational als einer der großen Toolanbieter die UML, und die drei Initiatoren standen bereits auf der Payroll des Unternehmens. Los Amigos

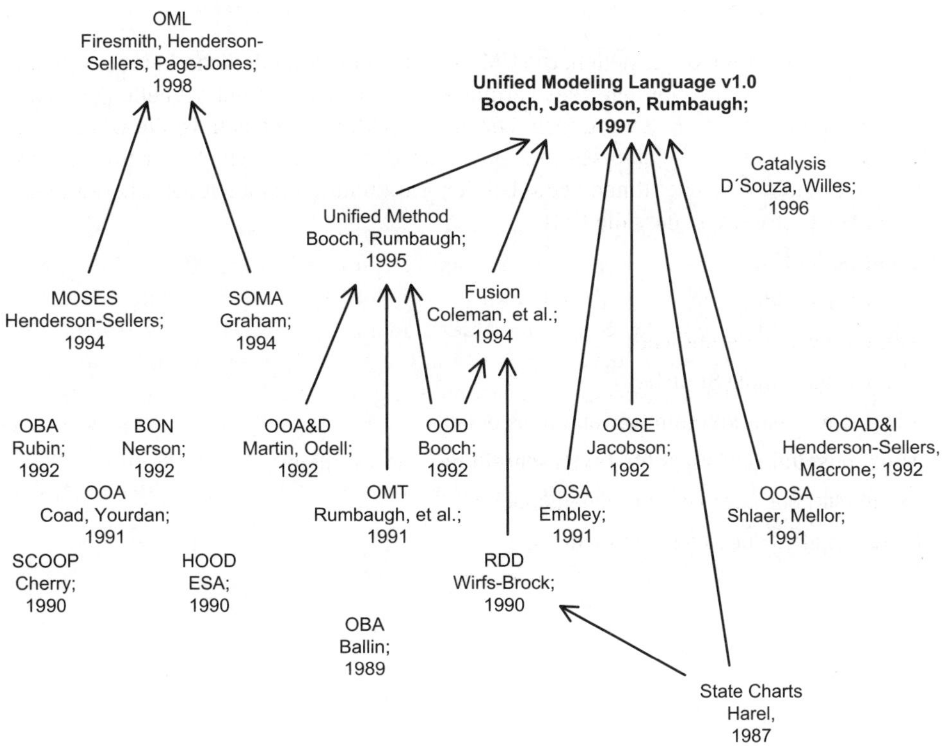

ABBILDUNG 1.1 Auf der Suche nach der „Lösung“ – der Methodenkrieg

Bis zur Version 1.0 unterlag die UML noch einem Vereinheitlichungsprozess der Ansätze der drei Sprachschöpfer (auch die „drei Amigos" genannt). In den folgenden Jahren durchlief die UML dann viele weitere Veränderungen, um sie für die Industrie wirklich einsetzbar zu machen.

Nachdem die Fassung der UML 1.0 ausschließlich durch die Autoren Booch, Rumbaugh und Jacobson beeinflusst war, wurde der Kreis der Autoren um einige Vertreter verschiedener Unternehmen erweitert, deren Anforderungen in die Erstellung der weiteren Versionen einflossen. So wurde durch das Engagement der IBM die formale Sprache Object Constraint Language zur Beschreibung von Konsistenz garantierenden Einschränkungen seit der UML-Version 1.1 [UML97] integriert. Gleichzeitig stellt diese Version die erste innerhalb des OMG-Prozesses [Wat02] erarbeitete dar und markiert damit den Übergang der UML zu einer standardisierten Modellierungssprache. Ein hervorzuhebender Übergang innerhalb des Entwicklungsverlaufes ist die Version 1.2 der UML, die niemals zur freien Verfügung gelangte. Mit ihr hätte die Übergabe der Urheberrechte von den drei Initialautoren und der sie beschäftigenden Firma auf das OMG-Konsortium vollzogen werden sollen. Juristische Auseinandersetzungen verzögerten die Freigabe dieser Version jedoch länger, als die Fertigstellung der Nachfolgeversion dauerte. Seit dieser Version ist das Akronym UML offiziell mit der Expansion OMG Unified Modeling Language belegt.

UML & XML

Mit der Integration von UML und dem auf der Extensible Markup Language (XML) basierenden XML Metadata Interchange Format (XMI) [Uni98] zur UML-Version 1.3 [UML99] wurde die zuvor ausschließlich graphische Elemente umfassende Modellierungssprache um eine textuelle Notation gleicher Mächtigkeit ergänzt. Die Erfahrungen im Einsatz der ersten UML-Versionen flossen in die 2005 verabschiedete Fassung der UML, der Version 2.0, mit ein. So wurden eine größere Überarbeitung und Erweiterung des Sprachkerns durchgeführt, die insbesondere den Abgleich des UML-Metamodells mit der Meta Object Facility sowie die semantische Präzisierung der vorhandenen Modellelemente betreffen. Noch während die Veröffentlichung der Version 2.0 im Gange war, wurde bereits an der Version 2.1 gefeilt, die im wesentlichen Korrekturen enthält und manche Semantikdefinitionen eindeutiger darstellt. Inhaltlich gibt somit keine größeren Änderungen zwischen der Version 2.0 und der Version 2.1, die seit Februar 2007 als Version 2.1.1 offiziell vorliegt Inzwischen hat die OMG weitere Versionen veröffentlicht und wartet zum Entstehungszeitpunkt dieser Ausgabe (Ende 2011) mit der Version 2.4.1 auf. Auch hier sind die Änderungen zwischen den UML-Versionen derart, dass einem modellierten UML-Diagramm die exakte UML-Version nicht anzusehen ist. Die Änderungen bewegen sich hauptsächlich auf der Metamodellebene und berühren die graphischen Elemente so gut wie gar nicht. Die wohl augenscheinlichste Änderung ist die Einführung eines Profildiagramms mit der UML 2.4. Hierbei ist aber lediglich der Diagrammtyp neu. Die Elemente, die verwendet werden, um Profile zu modellieren, sind überwiegend gleich geblieben.

1.4 Diagrammsprachen der UML 2

Die UML 2 besitzt, wie in Tabelle 1.1 dargestellt, 14 Diagrammtypen, von denen sieben für die Modellierung der Statik des Systems gedacht sind. Von den sieben Verhaltensdiagrammen ordnet man vier Diagramme den Interaktionsdiagrammen zu. Alle Interaktionsdiagramme der UML 2 können sowohl tabellarisch wie auch grafisch notiert werden.

UML 2:
14 verschiedene Diagramme

TABELLE 1.1 Diagramme der UML 2

Strukturdiagramme	Verhaltensdiagramme	
		Interaktionsdiagramme
Klassendiagramm	Use-Case-Diagramm	Sequenzdiagramm
Paketdiagramm	Aktivitätsdiagramm	Kommunikationsdiagramm
Objektdiagramm	Zustandsautomat	Timingdiagramm
Kompositionsstrukturdiagramm		Interaktionsübersichtsdiagramm
Komponentendiagramm		
Verteilungsdiagramm		
Profildiagramm		

2 Vorgehens-empfehlungen

Vorgehens-empfehlungen jenseits von Vorgehens-modellen

Rational Unified Process, Spiralmodell oder doch V-Modell, oder wie wäre es mit agilem Vorgehen? Für viele mag das eine wichtige Frage sein, für uns spielt sie in diesem Buch eher eine sekundäre Rolle. Über Vorgehensmodelle gibt es unendlich viele (gute, vor allem aber auch schlechte) Bücher. Der Sinn von Vorgehensmodellen wurde tausendfach gepriesen und immer wieder heftig verneint. Ohne Kenntnis Ihrer konkreten Situation erscheint es uns vermessen, Ihnen einen Vorschlag über ein optimales Vorgehen zu unterbreiten. Projekte unterscheiden sich bekanntlich bezüglich Größe, Laufzeit, Komplexität, Kritikalität, des fachlichen Inhalts und der angewandten Technologien – alles Faktoren, die vor allem Sie selbst in Ihrer konkreten Situation am besten einschätzen können. Aus diesem Grund werden wir Sie nicht mit einem komplexen Vorgehensmodell konfrontieren, sondern vor allem die Stärken und Einsatzmöglichkeiten der einzelnen UML-Diagrammtypen klarstellen, um Ihnen die Mittel an die Hand zu geben, Ihre Projektprobleme effektiv zu lösen.

2.1 Wissen explizieren

Dokumentation und Vermittlung von Wissen

Unabhängig von Vorgehensmodellen ist es immer sinnvoll, Konzepte, die Sie – Kunde, Architekt oder Entwickler – im Kopf haben, zu explizieren, also so zu Papier zu bringen, dass andere Menschen daran teilhaben können. Gleichzeitig verschafft der Prozess des Explizierens von Wissen auf Papier (auch wenn das Ergebnis in der Papiertonne landet) Ihnen selbst Klarheit über die eigene Idee und die Chance, diese zu reflektieren.

Da Projekte heutzutage selten von einer Person im Alleingang zum Erfolg geführt werden, ist es nötig, Ideen oder Konzepte so zu Papier (oder ins Tool) zu bringen, dass sich auch Personen mit anderen Sichtweisen und Absichten daran stoßen können. Genau über diese Reibung entsteht ein besseres Ergebnis. Deshalb konzentrieren wir uns hier auf die Frage: „Wie kann ich Ideen, Gedanken, Konzepte, Lösungen, ... zu Papier bringen, sie auf diese Weise meinen Mitmenschen näher bringen und so den essenziellen Diskussionsstoff liefern?"

Meist genügt es aber nicht, das Wissen über ein System einfach zu dokumentieren. Stakeholder lernen bei der Systemerstellung dazu, ändern ihre Meinung und wissen oft erst am Ende der Entwicklung, was nun genau realisiert werden soll. Nachbarsysteme entwickeln sich eigenständig weiter, und die reale Welt um Sie herum bleibt auch nicht stehen. Bei der Entwicklung von Systemen, deren Anforderungen sich ändern, ist ein Modell häufig das einzige Mittel, um die Auswirkungen der Änderungen leicht und systematisch festzustellen.

2.2 Vorgehenstipps aus der UML-Praxis

Um Sie allerdings nicht ohne jede Empfehlung bezüglich eines Vorgehens alleine zu lassen, haben wir uns bemüht, die Stärken eines jeden Diagrammtyps in Form einer Überblickstabelle (Tabelle 2.1) auf den Punkt zu bringen. Die Aufstellung soll Ihnen helfen, nicht wahllos jeden Diagrammtyp einzusetzen, sondern mit so wenig Aufwand wie möglich und den am besten geeigneten UML-Mitteln Ihre Projektprobleme in den Griff zu bekommen.

Ein sehr rudimentärer, doch erfahrungsgemäß wirksamer Tipp zur Vorgehensweise umfasst folgende drei Schritte:

1. Prüfen Sie, ob in Ihrem Unternehmen nicht schon ein Vorgehensmodell vorgeschrieben ist. Wenn ja, werden Sie dort auch die Anleitung finden, welches Artefakt Sie mit welcher Notation erstellen sollten.
2. Sollte kein Vorgehensmodell Ihre Entscheidungsfreiheit beschneiden oder Ihnen die Entscheidung abnehmen, sollten Sie als nächsten Filter für die Auswahl des geeigneten Diagrammtyps die Leser Ihrer Arbeitsergebnisse heranziehen. Da die Diagramme, die Sie erstellen, meist der Diskussion mit anderen Projektbeteiligten dient, sollten Sie deren Toleranz, Methodenkenntnis und -offenheit in Ihre Entscheidung mit einbeziehen. Nicht jeder Endanwender ist bereit, Stapel von Sequenzdiagrammen zu sichten, nicht jeder Projektleiter will seine Planung nur auf Use-Cases basieren lassen.

3. Sollten Sie auch hier freie Hand haben (Gratulation, ein seltener Fall!), dann reflektieren Sie, mit welchen Risiken Ihr Projekt gerade behaftet ist. Suchen Sie dann nach einem Diagrammtyp, der geeignet ist, dieses Problem grafisch auf den Punkt und das Problem einer Lösung näher zu bringen.

Welche Diagramme dies sein können, zeigt die nachfolgende Tabelle. Einen tieferen Einblick gewinnen Sie in den Kapiteln 4 und 5, in denen wir den Einsatz der UML-Elemente an einem durchgängigen Beispiel zeigen.

⇨ 4, 5

Die in dieser Tabelle dargestellten 13 Diagrammtypen helfen Ihnen, ein Modell zur Beschreibung der Analyse- und Designergebnisse zu erstellen. Darüber hinaus existiert ein weiterer Diagrammtyp, der nicht in der operativen Phase der Erstellung Ihrer Modelle eingesetzt wird: das Profil-Diagramm. In ihm bestimmen Sie vor der Erstellung der operativen Modelle die für Ihr Projekt benötigten Anpassungen der UML und definieren so ein projektspezifisches Profil. Mehr zu diesem wichtigen Schritt erfahren Sie in Kapitel 19.

⇨ Profile 19

TABELLE 2.1 Die Diagramme der UML 2 und ihre Anwendung

Diagrammtyp	Diese zentrale Frage beantwortet das Diagramm	Stärken
Klassendiagramm 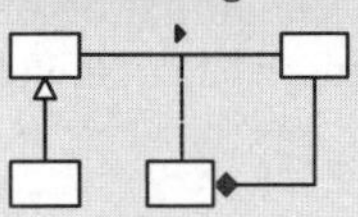	Aus welchen Klassen besteht mein System und wie stehen diese untereinander in Beziehung?	Beschreibt die statische Struktur des zu entwerfenden oder abzubildenden Systems. Enthält alle relevanten Strukturzusammenhänge und Datentypen. Bildet die Brücke zu den dynamischen Diagrammen.
Paketdiagramm 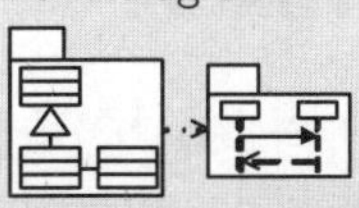	Wie kann ich mein Modell so schneiden, dass ich den Überblick bewahre?	Organisiert das Systemmodell in größere Einheiten durch logische Zusammenfassung von Modellelementen. Modellierung von Abhängigkeiten.
Objektdiagramm 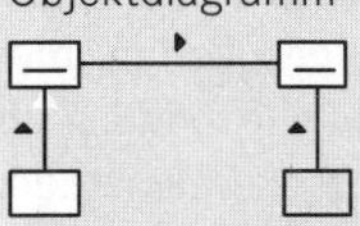	Welche innere Struktur besitzt mein System zu einem bestimmten Zeitpunkt zur Laufzeit (Klassendiagrammschnappschuss)	Zeigt Objekte und deren Attributbelegungen zu einem bestimmten Zeitpunkt. Wird nur beispielhaft zur Veranschaulichung verwendet. Detailniveau wie im Klassendiagramm. Sehr gute Darstellung von Mengenverhältnissen.
Kompositionsstrukturdiagramm 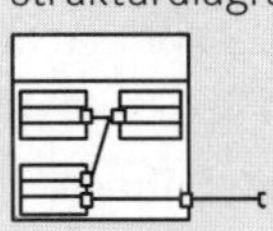	Wie sieht das Innenleben einer Klasse, einer Komponente, eines Systemteils aus?	Ideal für die Top-Down-Modellierung des Systems. Mittleres Detailniveau, zeigt Teile eines „Gesamtelements“ und deren Mengenverhältnisse.
Komponentendiagramm 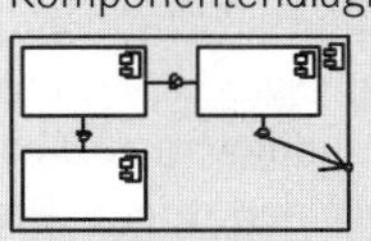	Wie werden meine Klassen zu wiederverwendbaren, verwaltbaren Komponenten zusammengefasst und wie stehen diese miteinander in Beziehung?	Zeigt Organisation und Abhängigkeiten einzelner technischer Systemkomponenten. Modellierung angebotener und benötigter Schnittstellen möglich.

Diagrammtyp	Diese zentrale Frage beantwortet das Diagramm	Stärken
Verteilungsdiagramm 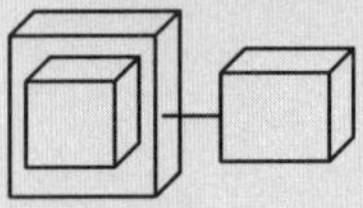	Wie sieht das Einsatzumfeld (Hardware, Server, Datenbanken, ...) des Systems aus? Wie werden die Komponenten zur Laufzeit wohin verteilt?	Zeigt das Laufzeitumfeld des Systems mit den „greifbaren“ Systemteilen (meist Hardware). Hohes Abstraktionsniveau, kaum Notationselemente.
Use-Case-Diagramm 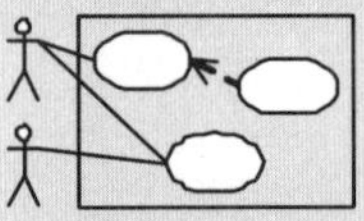	Was leistet mein System für seine Umwelt (Nachbarsysteme, Stakeholder)?	Präsentiert die Außensicht auf das System. Geeignet zur Kontextabgrenzung. Hohes Abstraktionsniveau, einfache Notationsmittel.
Aktivitätsdiagramm 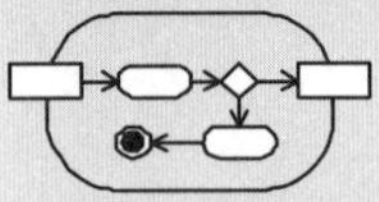	Wie läuft ein bestimmter flussorientierter Prozess oder ein Algorithmus ab?	Sehr detaillierte Visualisierung von Abläufen mit Bedingungen, Schleifen, Verwzeigungen. Parallelisierung und Synchronisation möglich.
Zustandsautomat 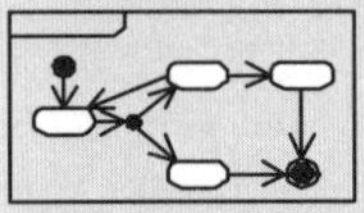	Welche Zustände kann ein Objekt, eine Schnittstelle, ein Use Case, ... bei welchen Ereignissen annehmen?	Präzise Abbildung eines Zustandsmodells mit Zuständen, Ereignissen, Nebenläufigkeiten, Bedingungen, Ein- und Austrittsaktionen. Schachtelung möglich.
Sequenzdiagramm 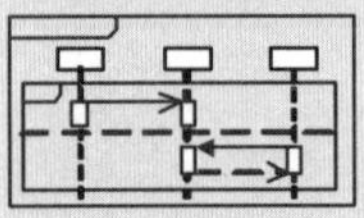	Wer tauscht mit wem welche Informationen in welcher Reihenfolge aus?	Stellt den zeitlichen Ablauf des Informationsaustausches zwischen Kommunikationspartnern dar. Schachtelung und Flusssteuerung (Bedingungen, Schleifen, Verzweigungen) möglich.
Kommunikationsdiagramm 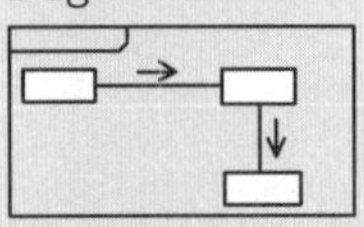	Wer kommuniziert mit wem? Wer „arbeitet“ im System zusammen?	Stellt den Informationsaustausch zwischen Kommunikationspartnern dar. Überblick steht im Vordergrund (Details und zeitliche Abfolge weniger wichtig).
Timingdiagramm 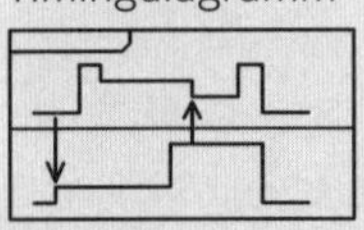	Wann befinden sich verschiedene Interaktionspartner in welchem Zustand?	Visualisiert das exakte zeitliche Verhalten von Klassen, Schnittstellen, ... Geeignet für Detailbetrachtungen, bei denen es überaus wichtig ist, dass ein Ereignis zum richtigen Zeitpunkt eintritt.
Interaktionsübersichtsdiagramm 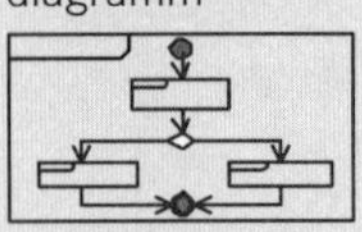	Wann läuft welche Interaktion ab?	Verbindet Interaktionsdiagramme (Sequenz-, Kommunikations- und Timingdiagramme) auf Top-Level-Ebene. Hohes Abstraktionsniveau. Gut geeignet als Strukturierung der Interaktionsdiagramme.

13 + 1 = 14

Wegen dieser besonderen Art dieses Diagrammtyps werden wir im Folgenden von 13 + 1 Diagrammtypen sprechen und die 13 operativ einsetzbaren Diagrammtypen in den Vordergrund stellen.

3 Grundkonzepte und -elemente der UML

In diesem Kapitel erfahren Sie mehr über die prinzipiellen Darstellungsmöglichkeiten von UML-Modellen. Zum einen lässt sich ein UML-Modell auch auf andere Weise als die bekannte grafische Notation darstellen, zum anderen erlaubt die UML auch die Betrachtung eines Modells aus verschiedenen Blickwinkeln heraus.

Anschließend möchten wir Sie mit den ersten UML-Elementen vertraut machen und stellen Ihnen jene Elemente vor, die Sie aufgrund ihres allgemeinen Charakters in den verschiedenen Diagrammen einsetzen können.

3.1 Grundkonzepte der UML

3.1.1 Repräsentation von UML-Elementen

UML-Element vs. Notationselement

Wie in Kapitel 2 beschrieben, ist die UML eine Sprache zur Beschreibung von Systemen und Dingen der realen oder vorstellbaren Welt. Die UML-Sprache besteht dabei aus Elementen unterschiedlicher Semantik und Größe. Der normale UML-Anwender kennt meist die grafische Repräsentation dieser Elemente (z. B. als Rechteckssymbol für eine Klasse), die er verwendet, wenn er seine Welt oder sein System grafisch mit einem Modellierungsprogramm darstellt.

Repräsentationsformen

Sprach- oder informationstheoretisch besitzen die UML-Elemente aber *keine feste Darstellung*, sondern müssen nur die Regeln des UML-Metamodells, d. h. die *abstrakte Syntax* des Elements erfüllen. Es sind auch andere Repräsentationen eines UML-Modells möglich (siehe Abbildung 3.1), in Form von XML-konformen Strukturen, als Codedatei (z. B. für Klassen), als abstrakter Syntaxbaum des UML-Metamodells oder in Form einer natürlichen Sprache (siehe [OMG04]).

Repository

Der Satz an UML-Elementen (z. B. die Inhalte eines Klassendiagramms), den Sie in einem Modell zusammenstellen, wird in einem Repository abgespeichert. Dabei handelt es sich meist um einen werkzeugabhängigen Speicher (z. B. eine Datenbank oder mehrere Dateien), der zusätzliche Verwaltungsdienstleistungen für Teamunterstützung, Validierungen, Tracing usw. anbietet. Als Standardanwender kommen Sie normalerweise nicht direkt mit dem Repository in Berührung. Im Projektalltag wird es meist einfach mit „Modell" bezeichnet.

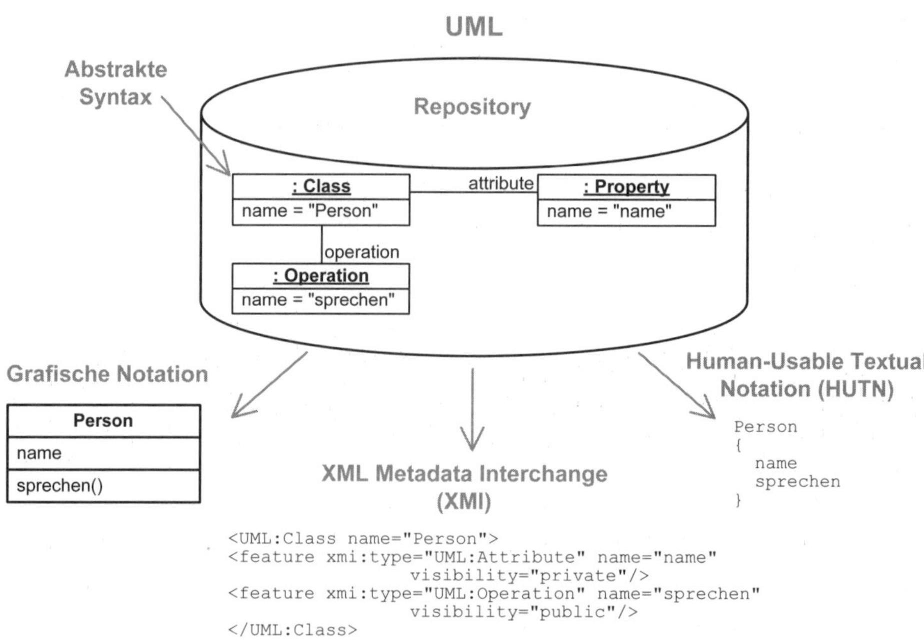

ABBILDUNG 3.1 UML-Elemente und beispielhafte Repräsentationen

3.1.2 Diagramm, Diagrammtyp & Sicht

AL

Für die Praxis ist die Darstellung in Form von grafischen Notationselementen wichtig. Dabei stellen unterschiedliche Elemente oder Elementgruppen bestimmte Aspekte dar. So bildet beispielsweise der Verbund von Klassen, Attributen, Operationen und Assoziationen die statische Grundklassenstruktur oder Zustände, kombiniert mit Transitionen und Ereignissen, die Zustandsübergänge eines Systems.

Diagrammtyp vs. Diagramm

Um derartige zusammenhängende Elemente *zu gruppieren*, gibt es in der UML 2 dreizehn vorgefertigte Diagrammtypen (siehe Tabelle 3.1). Als Anwender erstellen Sie in aller Regel mehrere Diagramme (Zeichenflächen) *eines* bestimmten Diagrammtyps. Selbst bei kleineren Modellen benötigen Sie zum Beispiel mehrere Klassendiagramme – genauer: mehrere Diagramme des Typs „Klassendiagramm". Wir unterscheiden in diesem Buch normalerweise nicht zwischen Diagrammtyp und Diagramm, sondern verwenden – wie meist in der Praxis – nur den Begriff „Diagramm". Genau genommen ist aber ein Diagramm in einem konkreten Modell eine Instanz des Diagrammtyps.

Keine Zuordnung Diagramm – Notationselement

Der UML-Standard geht andererseits sehr locker mit Diagrammen um. Es ist nicht exakt festgelegt, welche Notationselemente in einem Diagramm gezeichnet werden dürfen, vielmehr sind beispielsweise in allen Strukturdiagrammen alle Strukturelemente erlaubt – also auch Komponenten oder Hardwareknoten in Klassendiagrammen. Dies ist aber nur sehr selten sinnvoll. Sie sollten sich genau überlegen, welche Notationselemente Sie in welchem Diagramm nutzen. In erster Linie können Sie sich an die Kapitelinhalte in diesem Buch halten. Wir haben die Notationselemente den Diagrammtypen zugeordnet, für die sie am sinnvollsten und wahrscheinlichsten eingesetzt werden.

Eigendefinierte Diagrammtypen

Da die UML hier keine Vorgaben macht, dürfen Sie auch Ihre eigenen Diagrammtypen definieren. Sie können dann empfehlen, welche Auswahl an Notationselementen in einem Diagramm Ihres eigendefinierten Typs dargestellt werden sollen.

TABELLE 3.1 Die 14 Diagrammtypen der UML 2

Deutsche Bezeichnung	Englische Bezeichnung
Klassendiagramm	Class Diagram
Paketdiagramm	Package Diagram
Objektdiagramm	Object Diagram
Kompositionsstrukturdiagramm	Composite Structure Diagram
Komponentendiagramm	Component Diagram
Verteilungsdiagramm	Deployment diagram
Use-Case-Diagramm	Use Case Diagram
Aktivitätsdiagramm	Activity Diagram
Zustandsautomat	State Machine Diagram
Sequenzdiagramm	Sequence Diagram
Kommunikationsdiagramm	Communication Diagram
Timingdiagramm	Timing Diagram
Interaktionsübersichtsdiagramm	Interaction Overview Diagram
Profildiagramm	Profile Diagram

Standardnotation

Kein Standardnotationselement für Diagramme

Es mag verwundern, aber die UML 2 sieht für Diagramme *kein explizites Notationselement* vor. In aller Regel wird in der Praxis diese Lücke werkzeugabhängig gelöst. Sehr häufig besteht ein Diagramm aus einem leeren Zeichenblatt, dem bei seiner Erstellung ein Name und Typ zugewiesen wird.

Optional und für bestimmte Fälle sieht die UML jedoch einen Rahmen (Frame) vor, der bestimmte Modellelemente umschließt (Abbildung 3.2). Dabei muss mindestens ein Name für die dargestellten Inhalte im Rahmenkopf (Heading), einem Fünfeck im Rahmen, stehen, daneben können optional der Typ und zusätzliche Parameter eingetragen werden.

ABBILDUNG 3.2 Notation eines Diagrammrahmens

Rahmenkopf

Die abstrakte Notation des Rahmenkopfs lautet:

<Rahmenkopf> ::= [<**Typ**> | <**Kürzel**>] <Name> [<(Parameter)>]

Dabei können Sie den Typ bzw. alternativ das Kürzel der Tabelle 3.2 entnehmen.

TABELLE 3.2 Rahmentypen und deren Kürzel

Typ	Kürzel
class	–
package	pkg
component	cmp
deployment	dep
use case	uc
activity	act
state machine	stm
interaction	sd

Verwendung des Rahmens

Um die gesamte Bezeichnung im Rahmenkopf zu verstehen, müssen wir zunächst die Fälle erläutern, in denen der Rahmen eingesetzt wird. Die UML 2 erlaubt den Aufbau von hierarchischen Modellstrukturen, das Auslagern und die Mehrfacheinbindung von Teilen eines Diagramms sowie die Bildung von Namensräumen (z. B. durch ein Paket) und Besitzstrukturen zwischen Elementen (z. B. eine Klasse besitzt ein Verhalten modelliert als Zustandsautomat).

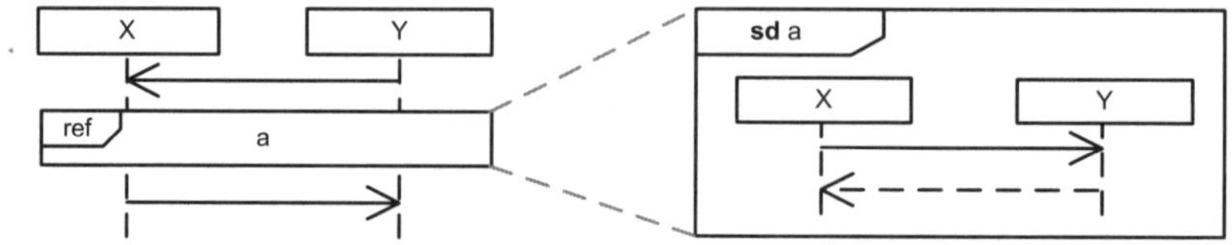

ABBILDUNG 3.3 Auslagern von Diagrammteilen

In Abbildung 3.3 ist z. B. das Auslagern einer Interaktion a in ein Diagramm „`sd a`“ dargestellt. Das Kürzel „`sd`“ im Modellkopf zeigt, dass hier eine Interaktion modelliert wird, alternativ könnten Sie auch „`interaction a`“ schreiben.

Abbildung 3.4 zeigt die Verwendung des Rahmens, um die Elemente des Pakets `P1` mittels eines Klassendiagramms darzustellen. Der Rahmenkopf verweist auf das Paket bzw. den Namensraum `P1`, dessen Inhalte dargestellt werden, und heißt daher `pkg P1`.

Rahmentyp vs. Diagrammtyp

Obwohl es sich im rechten Teil von Abbildung 3.4 um ein *Klassendiagramm* handelt, wird doch der Inhalt eines Pakets dargestellt, d. h. der Typ im Rahmenkopf weist nicht auf den Typ des Diagramms hin, sondern repräsentiert die Hülle bzw. den dargestellten Sachverhalt. Wenn Sie z. B. mit einem Kompositionsstrukturdiagramm das Innere einer Klasse K darstellen, würden Sie die Bezeichnung „`class K`“ eintragen. Ähnliches gilt, wenn Sie ein Aktivitätsdiagramm zur Verfeinerung eines Use-Case modellieren. Dann modellieren Sie zwar eine Aktivität, stellen aber den Use-Case dar.

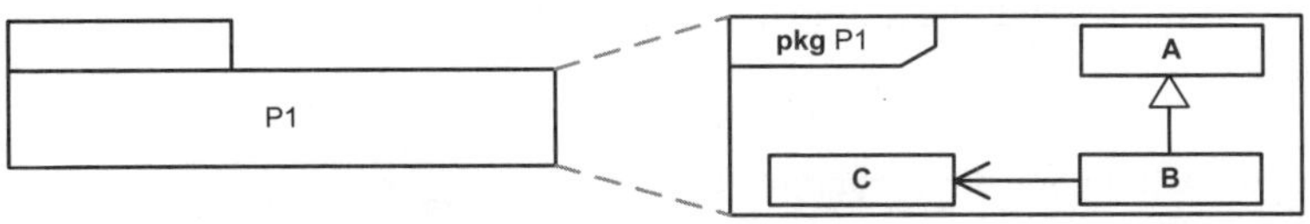

ABBILDUNG 3.4 Darstellung von Paketinhalten als Klassendiagramm

Da der Rahmen vor allem für Kompositionsstrukturen, Interaktionen und Verfeinerungen von Verhaltensdiagrammen verwendet wird, finden Sie in den späteren Kapiteln weitere Beispiele für die Verwendung des Rahmens. Betrachten Sie dazu die Abbildungen 12.8, 14.73, 15.27. Dort sehen Sie auch die Verwendung von Parametern als Übergabemöglichkeit für Interaktionen.

Sichten

Mehrfache Darstellung des gleichen Elements

Die UML-Spezifikation unterstützt bewusst ein Sichtenkonzept, das es ermöglicht, *ein und dasselbe* UML-Element, das genau einmal im Modell vorkommt, auf ganz unterschiedliche Weise für unterschiedliche Sichten und Lesergruppen mehrfach darzustellen. So zeigt Abbildung 3.5 die Klasse `KlasseA` einmal sehr detailreich (vielleicht nötig für das Design bzw. die Codegenerierung) und ein andermal ohne Details, reduziert auf das Wesentliche (für die Analyse).

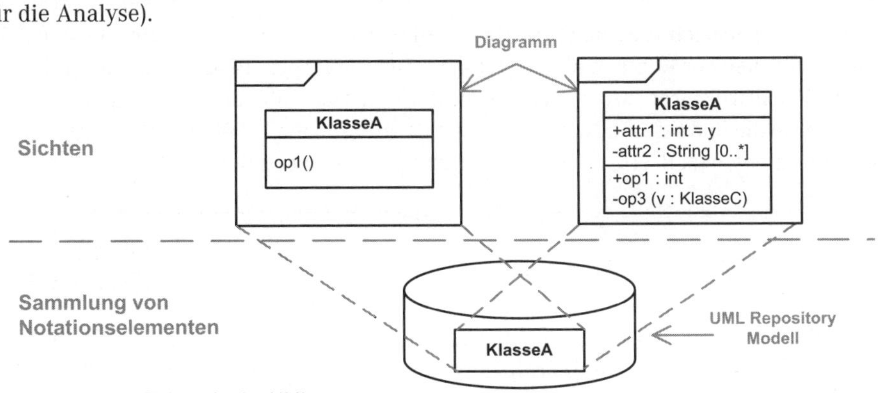

ABBILDUNG 3.5 Sichten in der UML

Tabellennotation

Verhaltensdiagramme können nicht nur grafisch, sondern optional auch in tabellarischer Form abgebildet werden. Im Folgenden erläutern wir eine tabellarische Darstellung für ein Sequenzdiagramm; diese lässt sich auch auf alle anderen Verhaltensdiagramme übertragen. Die verwendeten Begriffe und das zugrunde liegende Ereignismodell sind ausführlich in Kapitel 15 beschrieben.

Sequenzdiagramm
⇨ 15

Übertragen von Informationen

Bei der Übertragung eines Diagramms in eine Tabelle wird jede Information, die in diesem Diagramm steckt, in eine Tabellenspalte übertragen.

Bei der tabellarischen Darstellung eines Sequenzdiagramms liegt das Augenmerk auf den Ereignissen (Senden/Empfangen). Daher werden jeweils von oben nach unten in den einzelnen Zeilen die Ereignisse und in den Spalten die Informationen zu den Ereignissen notiert.

Abbildung 3.6 zeigt ein exemplarisches Sequenzdiagramm. Beachten Sie dabei, dass die Benennung der Ereignisse (e1o, e2i, ...) in dieser Abbildung nicht Teil des Standards ist, sondern hier nur der leichteren Nachvollziehbarkeit wegen eingefügt wurden.

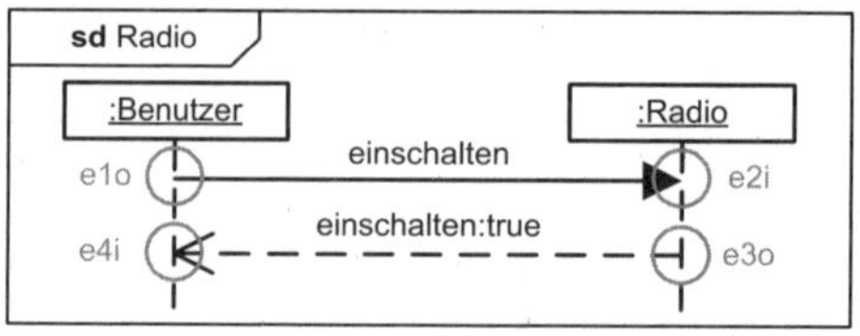

ABBILDUNG 3.6 Ein einfaches Sequenzdiagramm

Tabelle 3.3 zeigt Ihnen nun die Abbildung von `sd Radio` in tabellarischer Notation. Die Spalten, die aus Mangel an Informationen nicht gefüllt werden konnten (beispielsweise Instanznamen), wurden hier weggelassen.

TABELLE 3.3 Tabellarische Notation von `sd Radio`

Klasse der Lebenslinie	Senderklasse	Diagramm-ID	Ereignisreihenfolge	Nachrichtenname	Rückgabetyp	Empfängerklasse	Anderes Ende
Benutzer	Benutzer	sd Radio	e1o	Einschalten		Radio	e2i
Radio	Benutzer	sd Radio	e2i	Einschalten		Radio	e1o
Radio	Radio	sd Radio	e3o	Einschalten	Boolean	Benutzer	e4i
Benutzer	Radio	sd Radio	e4i	Einschalten	Boolean	Benutzer	e3o

Betrachten wir zur Erläuterung die erste Zeile der Tabelle: Die Klasse der maßgeblichen Lebenslinie heißt `Benutzer`. Sie ist gleichzeitig auch die Senderklasse. Für die Diagramm-ID haben wir den Namen des Diagramms verwendet: `sd Radio`. Das hier betrachtete Ereignis ist das erste im Diagramm und ein Sendeereignis, daher wurde es `e1o` genannt. Die gesendete Nachricht trägt den Namen `einschalten` und besitzt keinen Rückgabetyp. Die Klasse der Empfängerinstanz heißt `Radio`, und das Ereignis am anderen Ende der Nachricht ist Ereignis `e2i`. Eine Zeile beschreibt also den Auftritt eines Ereignisses an einer Lebenslinie (Spalte 1). Die restlichen Zeilen ergeben sich analog.

Diagram Interchange für UML 2

Von Marko Boger, CEO Gentleware AG, www.gentleware.com

Eigentlich sollte es selbstverständlich sein, dass Dokumente, die nach einem Standard erstellt wurden, zwischen Tools, die diesem Standard folgen, austauschbar, also von einem Tool auf ein anderes übertragbar wären. Doch die UML ist ein beeindruckendes Beispiel dafür, dass dem nicht so ist.

Nun ist der Datenaustausch ein uraltes Problem der Informatik. Einer der größten Durchbrüche auf diesem Gebiet war die Schaffung des ASCII-Standards im Jahre 1963. Davor war selbst der einfachste Datenaustausch zwischen verschiedenen Computerfabrikaten ein Abenteuer.

Für die UML sollte ein solcher Durchbruch eigentlich durch die Einführung einer speziellen Variante von XML, dem so genannten XMI (XML Metadata Interchange) gelingen, und dies schon für die Version 1 von UML. Leider ist dieser erste Versuch weitgehend gescheitert.

Hier ein kleines Beispiel: Kürzlich erreichte mich eine Studie von einer Studentin aus Schweden, die eindrucksvoll bestätigt, was viele aus eigener Erfahrung im Umgang mit UML-Tools wissen. Die besagte Studentin untersuchte die Möglichkeiten, ein sehr einfaches Klassendiagramm von einem UML-Tool A in ein Tool B zu übertragen. Das Ergebnis war erschütternd. Aus 7 Tools mit 49 Kombinationsmöglichkeiten fand sie (neben den 7 Kombinationen mit sich selbst) nur 5 Tupel, bei denen ein Austausch über XMI überhaupt möglich war. Hinzu kommt, dass in diesen Fällen ohnehin nur die semantische Information, nicht aber die Information über das Layout der einzelnen Diagramme transportiert wurde.

Obwohl fast alle UML-Toolhersteller einen XMI-Import und -Export unterstützen, funktioniert der Austausch nicht. Woran liegt das? Nun, zunächst sind dabei mehrere Standards involviert (UML, MOF und XMI), die alle mehrere Versionen durchlebt haben und damit eine Kombinationsvielfalt ergeben, die allein schon einen erfolgreichen Austausch unwahrscheinlich machen. Darüber hinaus waren diese jeweils die erste Generation ihrer selbst und ließen Fragen offen, die unterschiedliche Hersteller unterschiedlich beantworteten. Dazu kommen schlichte Fehler in der Implementierung, die mangels Interesse nicht gefixt wurden – wer ermöglicht seinem Kunden schon gern, zu einem anderen Toolhersteller zu wechseln (nachdem er auf den Claim der Austauschbarkeit des Marketings hereingefallen ist). Das viel größere Problem allerdings ist: selbst wenn ein Austausch gelingt, so ist – nach UML 1 – noch nicht viel gewonnen. Denn selbst wenn alle Versionen der involvierten Standards und deren Interpretation übereinstimmen und fehlerfrei sind, so wird doch immer noch nur ein Teil der nötigen Information überhaupt übertragen, nämlich nur das semantische Modell (welche Modellelemente gibt es?) aber nicht die Layoutinformation (wie sind diese in einem Diagramm angeordnet?). Dies ist ausreichend für die Übertragung des Modells in einen Codegenerator, nicht aber in ein anderes UML-Tool.

Bei der Entwicklung der UML 2 sollte dieser Missstand behoben werden. Die OMG schrieb als eines von vier Arbeitspaketen der UML 2 die Schaffung eines Diagram Interchange aus. Auf diesen Ruf antworteten drei Konsortien mit jeweils einem Vorschlag, die schließlich in einen gemeinsam getragenen Entwurf mündeten.

Das Konzept dieses Vorschlages ist einfach: es basiert auf der Graphentheorie und verwendet Knoten und Kanten zur Beschreibung von Diagrammen. Hinzu kommt Information für die Beschriftung, für Pfade und für die Schachtelung von Diagrammelementen. Eine Referenz zum semantischen Modellelement wird auch für die Bestimmung der konkreten Darstellung verwendet. So wird eine Klasse als Rechteck, ein Use-Case als Oval gerendert. All dies ist in einem MOF-Modell formuliert, woraus ein Format für XMI ableitbar ist. Somit lassen sich in einer XMI-Datei in einem Teilbaum das semantische Modell und in jeweils einem weiteren Teilbaum je ein Diagramm abspeichern.

Das Datenformat ist so konzipiert, dass sogar mit einfachen Mitteln wie einem XSLT-Skript das Diagramm vollständig reproduziert werden kann und zum Beispiel eine Transformation nach SVG (ein Standard für Vektorgraphiken, speziell für das Internet konzipiert) möglich ist. Das Projekt UML2SVG, ein Open-Source-Projekt (www.uml2svg.org), bestätigt dies eindrucksvoll.

Die Umsetzung dieses Standards läuft jedoch schleppend. Das erste auf dem Markt befindliche UML-Tool mit einer vollständigen Umsetzung des Diagram Interchange ist das Tool Poseidon for UML von Gentleware. Das Produkt Teresa von Beto Software setzt den Standard ebenfalls um, behandelt derzeit aber nur Klassendiagramme. Einige weitere Tools können das Format zumindest einlesen. Mit fortschreitender Unterstützung der UML 2 ist zu hoffen, dass die Hersteller zum einen zueinander kompatible Standardversionen verwenden und zum anderen die Diagramminformation gemäß Diagramm Interchange implementieren.

Dr. Marko Boger ist Gründer und Leiter der Gentleware AG, einer der weltweit führenden Anbieter von UML-Tools. Davor war er einer der führenden Köpfe im Open-Source Projekt ArgoUML. Bei der Entwicklung von UML 2.0 war er Leiter der Taskforce „Diagram Interchange".

■

3.2 Grundelemente der UML

3.2.1 Modell

AL

Definition

A **model** captures a view of a system. It is an abstraction of the system, with a certain purpose. This purpose determines what is to be included in the model and what is irrelevant. Thus the model completely describes those aspects of the system that are relevant to the purpose of the model, at the appropriate level of detail.

Notation

Ein Modell wird durch das Paketsymbol dargestellt und durch das Schlüsselwort «model» oder alternativ durch ein Dreieck als Modell gekennzeichnet.

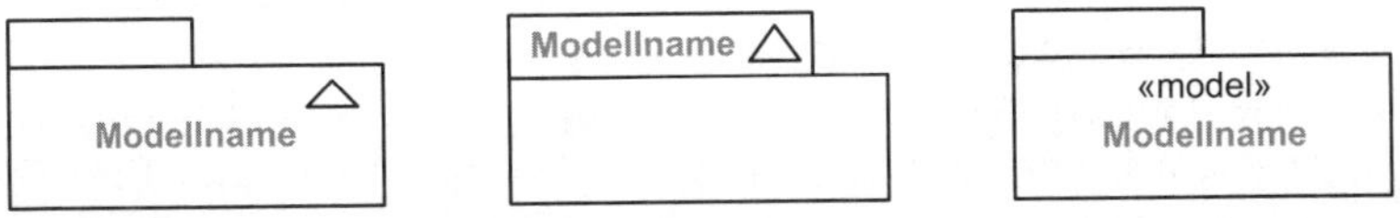

ABBILDUNG 3.7 Drei Möglichkeiten der Darstellung eines Modells als spezielles Paket

Beschreibung

Die UML dient in erster Linie der Beschreibung von Systemen. Jedes Mal, wenn Sie ein System mit Hilfe der UML beschreiben, erstellen Sie auf abstrakter Ebene ein Modell des Systems.

Die UML stellt dafür explizit mit dem *Modell* (Model) ein spezielles Element bereit. Es ist im Wesentlichen ein spezielles Paket, das verschiedene Elemente beinhaltet, die in ihrer Gesamtheit das zu modellierende System vollständig beschreiben, aber nur aus einer gewissen Sicht (z. B. Analyse/Design oder statisch/dynamisch oder In/Out oder Präsentation/Verarbeitung/Datenhaltung).

Paket ⇨ 7.4.1

Die wichtigsten Eigenschaften eines Modells sind:

Vollständige Beschreibung

- Ein Modell versammelt eine hierarchisch strukturierte Menge von Elementen.
- Die Menge von Elementen beschreibt auf einer abstrakten Ebene das System zu einem bestimmten Zweck, es zeigt nur eine Sicht auf das System.
- Das Modell beschreibt das System aus dieser Sicht vollständig.

Anwendung

In Abbildung 3.8 sind zwei Modelle für ein und dasselbe physikalische System abgebildet, nämlich `StatischeStruktur` und `DynamischesVerhalten`.

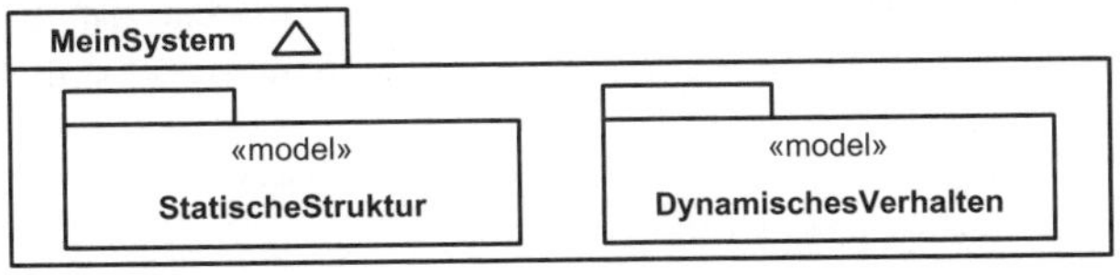

ABBILDUNG 3.8 Sichten auf ein System

AL

3.2.2 Kommentar

Definition

A **comment** is a textual annotation that can be attached to a set of elements.

Notation

Ein Kommentar wird durch ein Rechteck mit umgeknickter rechter oberer Ecke (Eselsohr) repräsentiert (Abbildung 3.9). Der Kommentartext selbst befindet sich innerhalb des Rechtecks. Der Kommentar ist durch eine gestrichelte Linie mit dem annotierten Element verbunden. Diese Linie kann auch weggelassen werden, wenn die Verbindung mit dem Element aus dem Zusammenhang klar ersichtlich ist.

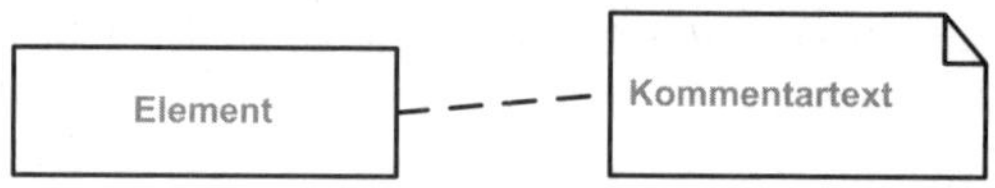

ABBILDUNG 3.9 Darstellung eines Kommentars zu einem beliebigen Element

Beschreibung

An beliebige Modellelemente anheftbar

Mit Hilfe eines Kommentars (Comment) können Sie beliebige Informationen, die für Sie relevant sind, an ein Modellelement anbringen. Der Kommentar selbst beeinflusst die Semantik des Modells nicht, er dient lediglich dazu, ein beliebiges Modellelement zu erläutern. Der Kommentar darf *an jedem beliebigen* Modellelement (auch an mehreren gleichzeitig!) angebracht werden. Der Inhalt eines Kommentars kann ein beliebig strukturierter Text in natürlicher Sprache sein oder auch ein semiformaler Ausdruck.

Anwendung

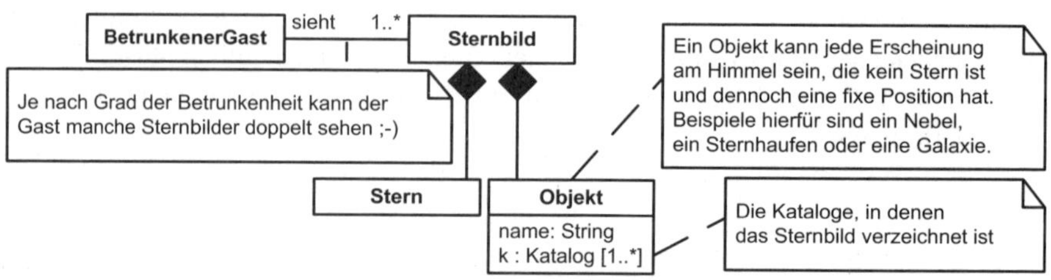

ABBILDUNG 3.10 Kommentare für verschiedene Modellelemente

Verwenden Sie einen Kommentar, wenn Sie zu einem Modellelement Informationen anbringen wollen, die keine Aussagen zum modellierten System treffen, aber zum Verständnis des Modells wichtig sind (beispielsweise Erläuterungen zum Modellelement, Programmcode etc.). Abbildung 3.10 verdeutlicht den Einsatz von Kommentaren für die Modellelemente Klasse, Assoziation und Attribut.

3.2.3 Ausdruck

Definition

An **expression** is a structured tree of symbols that denotes a (possibly empty) set of values when evaluated in a context. An *opaque expression* is an uninterpreted textual statement that denotes a (possibly empty) set of values when evaluated in a context.

Notation

Enthält mindestens ein Symbol

Ein Ausdruck wird mindestens durch ein Symbol notiert. Optional kann er auch Operanden enthalten. Als Standardnotation sieht die UML die Notation des Symbols, gefolgt von in runden Klammern eingeschlossenen Operanden (Präfix-Notation), vor, erlaubt aber auch die Infix-Notation mit dem Symbol zwischen den Operanden. Die Operanden können auch weggelassen werden, dann besteht der Ausdruck nur aus dem Symbol. Die abstrakte Notation in Präfix-Notation lautet:

<Ausdruck> ::= <Symbol> [(<Ausdruck> [, <Operand>])]

Das Beispiel in Abbildung 3.11 zeigt einen verschachtelten Ausdruck in beiden möglichen Notationen.

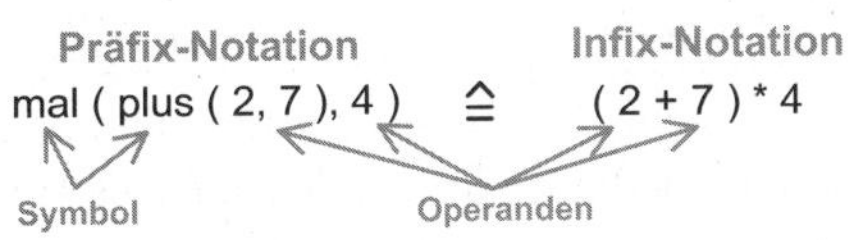

ABBILDUNG 3.11 Ein verschachtelter Ausdruck

Beschreibung

Baum

Formal stellt ein *Ausdruck* (expression) einen Knoten in einem Baum mit Ausdrücken dar, der durch ein Symbol repräsentiert wird. Abbildung 3.12 zeigt einen solchen Baum mit Operanden und Symbolen als Knoten anhand des Notationsbeispiels mal(plus(2, 7), 4). Dieser Ausdruck enthält übrigens selbst wieder einen Ausdruck, nämlich plus(2, 7). Dieser stellt wiederum aus Sicht des übergeordneten Ausdrucks einen Operanden dar, neben dem zweiten Operanden 4.

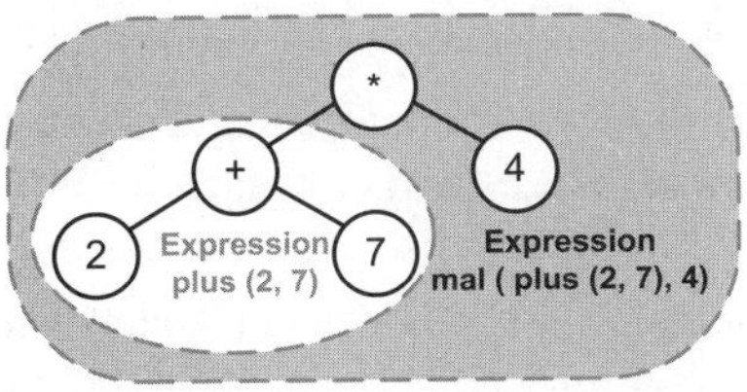

ABBILDUNG 3.12 Ein Ausdruck als Baum

OpaqueExpression

Sprachabhängiger Ausdruck

Neben dem sehr strukturierten (Baum-)Ausdruck erlaubt die UML auch textuelle Ausdrücke in einer wählbaren Sprache beziehungsweise Notation in Form eines *sprachabhängigen Ausdrucks* (OpaqueExpression). Ein solcher sprachabhängiger Ausdruck ist nur an die Form gebunden, die die gewählte Sprache vorgibt, beispielsweise die Object Constraint Language [OMG03], eine Programmiersprache oder natürliche Sprache. Dabei empfiehlt es sich, die verwendete Sprache in geschweiften Klammern vor dem Ausdruck anzugeben. Es ist zudem möglich, mehrere Sprachen oder den gleichen Text in mehreren Sprachen zu notieren.

Beispiel: {{Deutsch, English} „Das ist ein Ausdruck“, „This is an expression“}

Anwendung

⇨ 3.2.4

Abbildung 3.13 zeigt einen sprachabhängigen Ausdruck in einer Randbedingung (siehe Abschnitt 3.2.4) für das Attribut `att1` von `ClassA`, nämlich `self.size > att2`. Das vorangestellte {OCL} markiert diesen Ausdruck als OCL-Ausdruck. Daneben werden zwei Ausdrücke dargestellt, `xor` in einer Randbedingung für die Assoziationen zwischen ClassA und ClassB sowie `att1+1`.

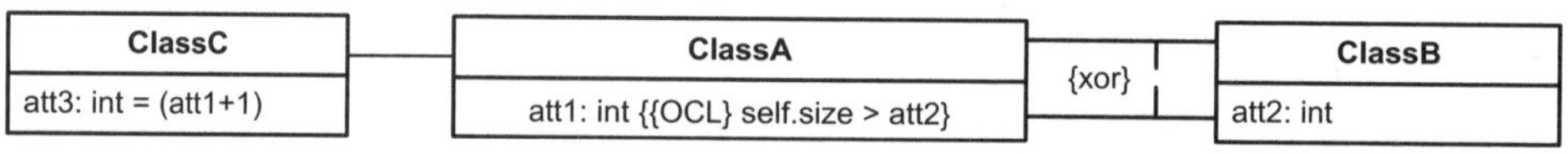

ABBILDUNG 3.13 Ausdrücke und sprachabhängige Ausdrücke in der UML

3.2.4 Randbedingung

Definition

A **constraint** is a condition or restriction expressed in natural language text or in a machine readable language for the purpose of declaring some of the semantics of an element.

Notation

Die abstrakte Notation für eine Randbedingung lässt sich wie folgt darstellen:

<constraint> ::= '{' [<name> ':'] <Boolean-expression> ' }'

⇨ 3.2.2

Eine Randbedingung wird üblicherweise direkt am zugehörigen Modellelement, zur Verbindung mehrerer Elemente mit einer gestrichelten Linie oder als Notizzettel (siehe Abschnitt 3.2.2) notiert und steht in geschweiften Klammern.

Beschreibung

Boolescher Ausdruck

Eine *Randbedingung* (Constraint) bzw. Zusicherung ist immer ein *Boolescher Ausdruck*, der zur Präzisierung der Semantik eines oder mehrerer Modellelemente dient. Eine Randbedingung ist erfüllt, wenn der Ausdruck als „true“ ausgewertet wird bzw. die definierte Bedingung muss zur Laufzeit erfüllt sein. Wann die Auswertung erfolgt, definiert das Element, das die Bedingung besitzt. Die UML kennt einige vordefinierte Constraints, wie beispielsweise {xor} für Assoziationen.

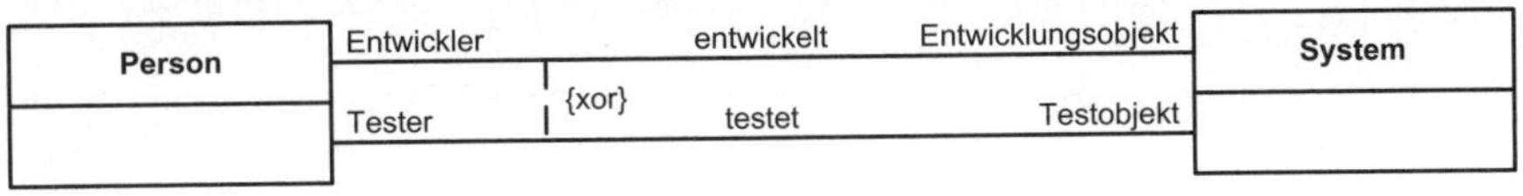

ABBILDUNG 3.14 Abbildung von xor-Constraints

In Abbildung 3.14 sorgt die xor-Einschränkung dafür, dass eine Person entweder als Entwickler ein System entwickelt oder das System testet, aber nie beides gleichzeitig tun kann.

Daneben steht es dem Anwender frei, selbstdefinierte Randbedingungen zu verwenden. Constraints lassen sich in natürlicher Sprache, in einer semiformalen Notation wie der Object Constraint Language [OMG03] oder einer Programmiersprache an jedes Modellelement der UML notieren. Mit anderen Worten: Sie dürfen Ausdrücke (siehe Abschnitt 3.2.3) als Randbedingungen einsetzen – sofern sich diese als wahr oder falsch auswerten lassen. Randbedingungen beziehen sich immer auf den Namensraum (siehe Abschnitt 7.4.1), für den sie definiert sind, d. h. z. B. eine Randbedingung, die für eine Operation (ein Namensraum) definiert wurde, gilt nur innerhalb der Operation. Randbedingungen können somit auch auf Pakete (siehe Abschnitt 7.4.1) oder Profile (siehe Abschnitt 19.4.3) begrenzt werden.

⇨ 3.2.3

⇨ 7.4.1, 19.4.3

Anwendung

In Abbildung 3.15 werden zwei Randbedingungen dargestellt. Die als Kommentar notierte Einschränkung legt den Start des Taskmanagers auf den Systemstart fest, während die zweite Randbedingung den Vorgabewert des Attributs `Priorität` der Klasse `SystemTask` auf „hoch“ setzt.

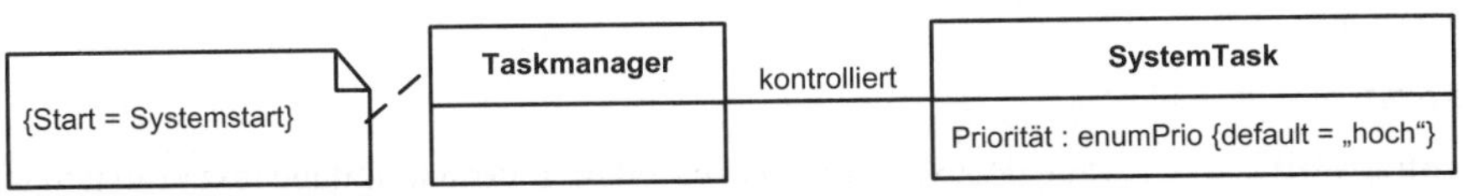

ABBILDUNG 3.15 Constraints bei der Tasksteuerung

3.2.5 Classifier

AL

Definition

A **classifier** is a classification of instances, it describes a set of instances that have features in common.

Notation

Als abstrakte Metaklasse hat der Classifier an sich keine Notation. Die Notation ist bei der jeweiligen Spezialisierung (z. B. Klasse, Akteur, etc.) des Classifier festgelegt. Allerdings gibt es eine default-Notation, die bei jedem Classifier verwendet werden kann. Diese Notation ist ein einfaches Rechteck mit dem Namen des Classifier. Die Eigenschaften des Classifiers können in zusätzlichen Compartments (Abschnitte) dem Classifier hinzugefügt werden. Deren Darstellung ist aber optional.

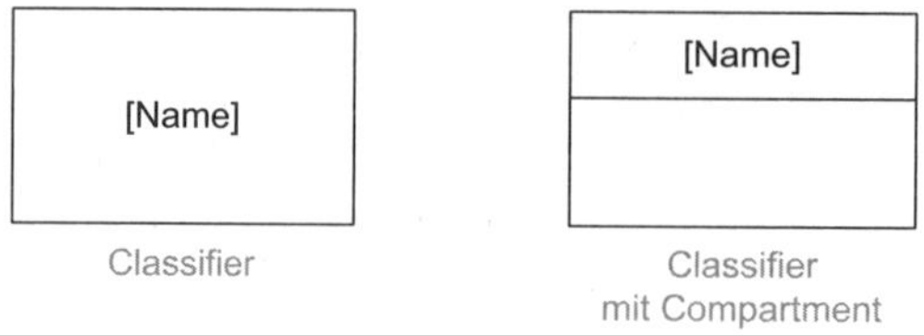

ABBILDUNG 3.16 Classifier ohne und mit Compartment

Beschreibung

Der Classifier ist kein Sprachelement, welches dem Modellierer direkt in einem UML-Diagramm zur Modellierung zur Verfügung steht, sondern der Classifier ist eine abstrakte Metaklasse, deren Instanzen modelliert werden.

Ein Classifier kann Eigenschaften haben, deren Erscheinungsbild in den jeweiligen Instanzen definiert ist. So hat eine Klasse, die eine Instanz eines Classifiers ist, Attribute. Eine Assoziation, auch ein Classifier, hat auch Eigenschaften, die darüber entscheiden, ob die Assoziation eine Aggregation, Komposition oder eine einfache Assoziation ist.

⇨ 12.4.3

Neben der Tatsache, dass alle Classifier Eigenschaften haben können, können Classifier auch Teil einer Generalisierungshierarchie sein. Akteure aus dem Use-Case-Diagramm sind Classifier, daher kann es zwischen Akteuren Generalsierungen geben (Abschnitt 12.4.3).

Eine Übersicht, welche Elemente der UML vom Typ Classifier sind, finden Sie im Web auf *www.uml-glasklar.com* unter [3-1]

Anwendung

Abbildung 3.17 zeigt als Beispiel eines Classifiers die Klasse Fahrzeug mit den Attributen Farbe und Höchstgeschwindigkeit als Eigenschaften des Classifiers.

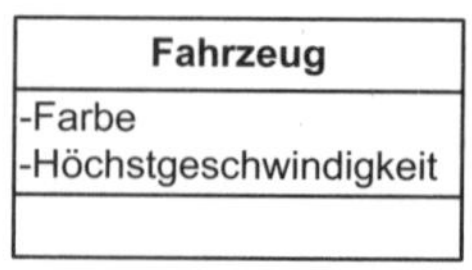

ABBILDUNG 3.17 Eine Klasse mit Attributen als Beispiel für einen Classifier

AL

3.2.6 Datentyp

Definition

A **data type** is a type whose instances are identified only by their value. A data type may contain attributes to support the modeling of structured data types.

Notation

⇨ 3.2.7, 3.2.8

Ein Datentyp wird durch das Rechteckssymbol mit dem ihn identifizierenden Schlüsselwort notiert, also «datatype» für einen Datentyp, «enumeration» oder «primitive» für die speziellen Datentypen „Primitiver Typ“ (siehe Abschnitt 3.2.7) und „Aufzählungstyp“ (siehe Abschnitt 3.2.8).

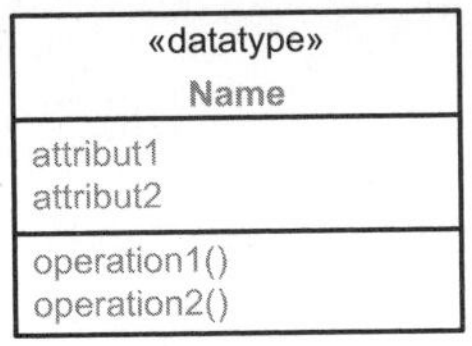

ABBILDUNG 3.18 Abstrakte Notation von Datentypen

Will man angeben, zu welchem Datentyp eine bestimmte Eigenschaft (beispielsweise ein Attribut) gehört, schreibt man: <eigenschaft> : <datentyp>

Zum Beispiel für die Eigenschaft Alter vom Typ Integer: alter : Integer oder für Operationen: getAlter() : Integer

Beschreibung

Eingrenzung von Wertebereichen

In der UML wird ein *Datentyp* (Datatype) verwendet, um mögliche Wertebereiche einzugrenzen. Die UML definiert einige wenige Typen, die selbst auch zur Modellierung des Metamodells verwendet werden. Dazu gehören der *Aufzählungstyp* (Enumeration) sowie der *Primitive Typ* (Primitive Type) mit seinen Subtypen. Daneben ist es natürlich möglich, in UML-Modellen andere bzw. selbstdefinierte Typen zu verwenden oder damit die eingebauten Typen (Built-In-Types) der verwendeten Programmiersprache (z. B. Float oder Double bei C++) nachzubilden.

Objekt vs. Datentyp

Wie eine Klasse kann ein Datentyp (mit Ausnahme des Primitiven Typs) Attribute und Operationen enthalten. Im Unterschied zu einem Objekt sind Datentypen allerdings identitätslos, das heißt, die Instanzen eines Datentyps sind gleich, wenn ihre Werte gleich sind. Instanzen einer Klasse, also Objekte, sind dagegen auch dann unterschiedlich, wenn sie für alle Attribute die gleichen Werte besitzen.

Anwendung

Abbildung 3.19 zeigt den Datentyp `KomplexeZahl` mit den Attributen `realteil` und `imaginärteil`, welche vom Typ `ReelleZahl` sind. Als Operationen wurden hier `addieren` und `subtrahieren` modelliert. `ReelleZahl` müsste wiederum als Datentyp definiert werden.

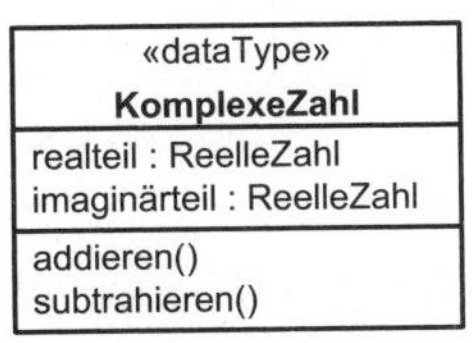

ABBILDUNG 3.19 Beispiel verschiedener Datentypen

3.2.7 Primitiver Typ

Definition

A **primitive type** defines a predefined data type, without any relevant substructure (i.e. it has no parts in the context of UML). A primitive datatype may have an algebra and operations defined outside of UML, for example, mathematically.

Notation

Keine Attribute oder Operationen

Da primitive Typen weder über Attribute noch über Operationen verfügen, können die entsprechenden Compartments (Abschnitte im Rechteck) von vornherein weggelassen werden. Im Übrigen werden sie notiert wie Datentypen (siehe Abschnitt 3.2.6).

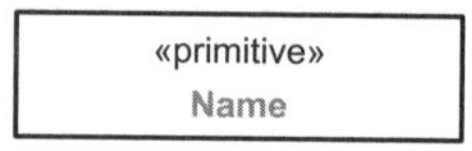

ABBILDUNG 3.20 Abstrakte Notation eines primitiven Typs

Beschreibung

Ein *primitiver Typ* (PrimitiveType) ist insofern ein besonderer Datentyp, als er weder Attribute noch Operationen bzw. allgemein keine Unterstruktur enthält. Typische Vertreter der primitiven Typen sind Zahlen, für die meist außerhalb der UML bereits Regeln (z. B. für Addition, Subtraktion, ...), d. h. eine Algebra, existieren.

Die UML definiert vier primitive Typen:

Boolescher Typ

- *Boolescher Typ:* Boolesche Typen werden für logische Ausdrücke verwendet. Einem solchen Typ wird der Wert „true" zugewiesen, wenn die Bedingung des Ausdrucks erfüllt ist, bzw. „false", wenn sie nicht erfüllt ist.

Integer

- *Integer:* Der Datentyp Integer repräsentiert einen Wert aus der Menge der ganzen Zahlen (...-2, -1, 0, 1, 2...).

String

- *String:* Ein String besteht aus einer Reihe von Zeichen. Die Instanz eines Strings modelliert ein Stück Text im Modell, beispielsweise einen Kommentar oder einen OCL-Ausdruck.

Natürliche Zahlen

- *UnlimitedNatural:* Dieser Typ repräsentiert die Menge der natürlichen Zahlen (0, 1, 2, ...). Will man ausdrücken, dass der Wert einer Instanz dieses Typs nicht begrenzt ist, notiert man ein Sternchen „*". Sie kennen diesen Typ meist von Multiplizitäten (1..* oder nur *) an einem Assoziationsende bzw. für mengenwertige Attribute. Zu sehen ist das z. B. in Abbildung 3.21.

Anwendung

Abbildung 3.21 zeigt die Verwendung von primitiven Typen als Typen der Attribute zweier Klassen. Das Attribut `anmeldungen` in der Klasse `Seminar` ist vom Typ Integer, während das Attribut `ort` den Typ String besitzt. Die Multiplizität * des Attributs `anmeldungen` erlaubt dabei einer Instanz von `Seminar` eine nicht begrenzte Anzahl von Anmeldungen. Als Beispiel für einen Booleschen Datentyp existiert in der Klasse `Kursteilnehmer` ein abgeleitetes Attribut `bestanden` mit dem Wert `true`.

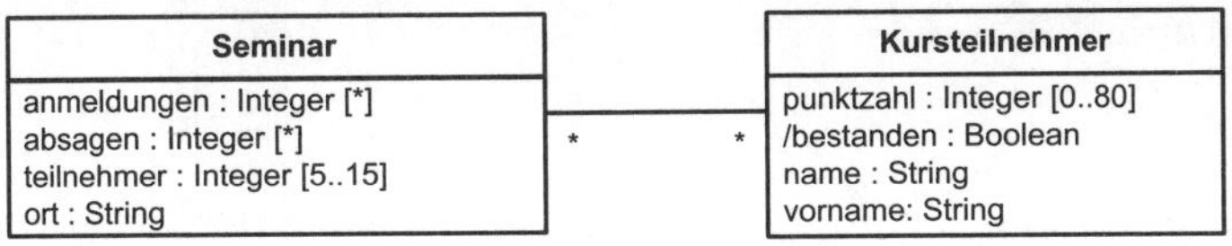

ABBILDUNG 3.21 Verwendung von primitiven Typen

3.2.8 Aufzählungstyp

AL

Definition

An **enumeration** is a data type whose values are enumerated in the model as enumeration literals. An enumeration literal is a user-defined data value for an enumeration.

Notation

Aufzählungstypen werden notiert wie Datentypen (siehe Abschnitt 3.2.6) und mit dem Schlüsselwort «enumeration» gekennzeichnet. Die Aufzählungswerte werden in einem Abschnitt unterhalb des Namens angegeben.

⇨ 3.2.6

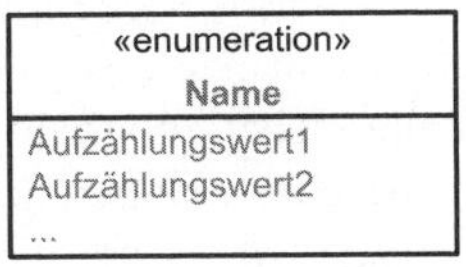

ABBILDUNG 3.22 Die abstrakte Notation eines Aufzählungstyps

Beschreibung

Aufzählungstypen sind spezielle Datentypen mit einer endlichen Menge benutzerdefinierter, diskreter Werte. Ein solcher Wert heißt *Aufzählungswert* (EnumerationLiteral) und spezifiziert einen Wert, den ein Element mit dem Aufzählungstyp zur Laufzeit annehmen darf.

Aufzählungswert

Anwendung

Abbildung 3.23 zeigt den Aufzählungstyp `Ampellicht`. Er definiert vier Aufzählungswerte (rot, gelb, grün, rot-gelb), welche in der Klasse `Ampel` dem Attribut `anzeige` zugewiesen werden dürfen. `anzeige` ist vom Typ `Ampellicht`.

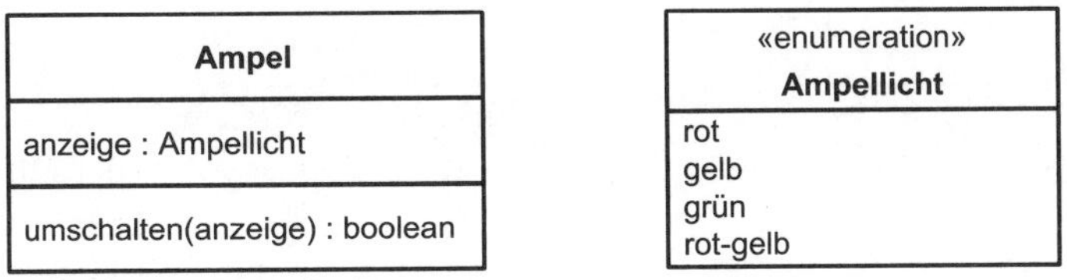

ABBILDUNG 3.23 Aufzählungstyp für Ampeln

AL

3.2.9 Literal

Definition

A **literal specification** identifies a literal constant being modeled. A *literal boolean* is a specification of a boolean value. A *literal integer* is a specification of an integer value. A *literal null* specifies the lack of a value. A literal real is a specification of a real value. A *literal string* is a specification of a string value. A *literal unlimited natural* is a specification of an unlimited natural number.

Notation

⇨ 3.2.6

Literale werden in Abhängigkeit der Werte bzw. der Datentypen (siehe Abschnitt 3.2.6) notiert, welche sie spezifizieren.

Beschreibung

Buchstabensymbole oder *Literale* (Literals) werden in der UML verwandt, um *Werte* zu notieren. Die UML definiert sechs verschiedene Typen von Literalen, korrespondierend zu den Datentypen aus Abschnitt 3.2.6:

- *Boolesche Literale:* Hier existieren nur zwei: true oder false
- *Integer-Literale:* Das sind die Wertangaben:{..., -2, -1, 0, 1, 2, ...}
- *Literale für Natürliche Zahlen:* Hierunter fallen alle ganzen positiven Zahlen {0, 1, 2, ..}. Anstelle einer Zahl kann auch ein Stern „*“ für einen beliebigen Wert notiert werden.
- *Literale für reelle Zahlen*: Hierunter fallen positive sowie negative Dezimalzahlen, die mittels e^x exponiert werden können (z. B. -1, 4.49, $3e^2$)
- *String Literale:* Das sind Zeichenketten, die in Anführungszeichen eingeschlossen werden. Der verwendete Zeichensatz ist dabei nicht spezifiziert und die Auswahl somit dem Anwender überlassen.
- *Null-Literale:* Die Angabe von „null“ drückt aus, dass an dieser Stelle kein Wert spezifiziert ist.

Literal vs. Datentyp

Bedenken Sie, dass Datentypen den Wertebereich vorgeben, während Literale den konkreten Wert repräsentieren.

Anwendung

Die Abbildung 3.24 zeigt die Modellierung von Literalen, hier am Beispiel von Attributwerten zweier Objekte korrespondierend zu Abbildung 3.21.

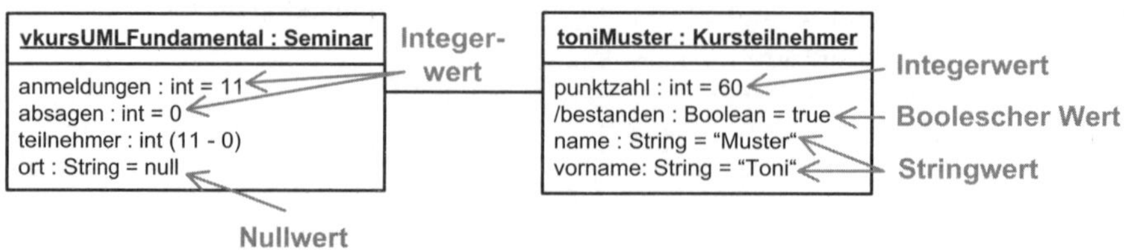

ABBILDUNG 3.24 Literale in der UML

3.2.10 UML-Schlüsselwörter

Vordefinierte Bezeichner

UML-Schlüsselwörter oder *Keywords* sind Bezeichner, die für die Grafikbeschreibung der UML reserviert sind und zwar als textueller Bestandteil der grafischen Notation. Daher dürfen anwenderdefinierte UML-Elemente nicht den Schlüsselworttext übernehmen, da sonst eine eindeutige semantische Interpretation verhindert wird. Dies ist vergleichbar mit Schlüsselwörtern in Programmiersprachen, die ebenfalls nicht zur Benennung eigener Konstrukte eingesetzt werden dürfen.

Stereotyp ⇨ 19.4.1

Um Schlüsselwörter im Modell als solche hervorzuheben, werden sie immer in französische Guillemets eingeschlossen: «schlüsselwort». Bitte verwechseln Sie diese nicht mit doppelten Kleiner- oder Größerzeichen << bzw. >>. Da Guillemets aber ebenso für die Notation von Stereotypen verwendet werden, repräsentiert nicht jeder Ausdruck in Guillemets zwangsläufig ein Schlüsselwort oder umgekehrt einen Stereotyp. Abbildung 3.25 erinnert noch einmal an die Darstellung eines Modells (siehe Abschnitt 3.2.1) als Beispiel für die Notation eines Schlüsselworts.

⇨ 3.2.1

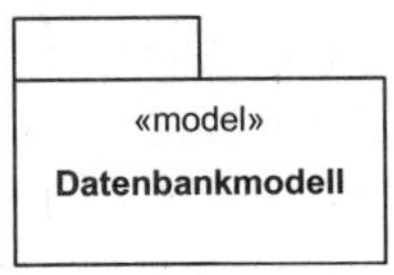

ABBILDUNG 3.25 Notation eines Schlüsselworts, hier model

Anwendung von Schlüsselwörtern

Schlüsselwörter haben verschiedene Funktionen innerhalb der UML:

- Unterscheidung von Modellelementen mit gleicher grafischer Repräsentation (beispielsweise für gestrichelte Pfeile: «use», «realize», «import», «include», «extend» usw.).
- Direkte Abbildung von Metaklassen und -beziehungen, z. B. «precondition» oder «postcondition».
- Abbildung von Werten eines Metaattributs, also Attributen der Metaklasse; zum Beispiel kennzeichnet das Schlüsselwort «after» den Wert des `isRelative`-Attributs eines TimeEvents als `"true"`.
- Identifikation von *Standardstereotypen* der UML; beispielsweise repräsentiert ein Artefakt mit dem Schlüsselwort «file» eine Datei.

Artefakt ⇨ 10.4.2

Falls zu demselben Modellelement mehrere Schlüsselwörter notiert werden müssen, dann gibt es zwei alternative Darstellungsformen:

- Alle Schlüsselwörter durch Kommas getrennt in einem Guillemetpaar eingeschlossen.
- Jedes Schlüsselwort wird durch ein eigenes Guillemetpaar eingeschlossen.

Eine vollständige Auflistung der Schlüsselwörter der UML finden Sie im Web auf *www.uml-glasklar.com* unter [3-2].

3.3 Strukturierung der Sprache UML 2

3.3.1 Einteilung in Language Units

Vertikale Zerlegung der UML

Die UML ist eine sehr mächtige, aber auch sehr komplexe Notation. Sie bietet die Möglichkeit, ein System aus einer Vielzahl von Sichten zu betrachten. In aller Regel ist es aber nicht nötig und aus Ressourcengründen im Projekt häufig nicht möglich, alle Sichten zu modellieren und sich UML-Kenntnisse in der vollen Bandbreite der Spezifikation anzueignen. Der modulare Aufbau der Spezifikation in einzelne Sprachpakete, so genannte *Language Units*, ermöglicht es dem Anwender, sich gezielt mit bestimmten Aspekten der Notation vertraut zu machen. Eine Language Unit enthält mehrere oft aufeinander aufbauende Modellierungskonzepte, denen ein bestimmtes Paradigma oder bestimmte formale Einschränkungen gemeinsam sind. Beispielsweise ermöglicht die Einheit Activities die Modellierung des Verhaltens eines Systems mittels Betrachtung der Abläufe. Ein Anwender, der das Verhalten des Systems auf Basis der einzelnen Abläufe modellieren möchte, muss daher im Idealfall nur Kenntnisse von dieser Einheit besitzen und nicht der gesamten UML. Die UML definiert folgende Sprachpakete, nach denen sich auch die Spezifikation untergliedert: Actions, Activities, Classes, Components, Deployments, General Behavior, Information Flows, Interactions, Models, Profiles, State Machines, Structures, UseCases, Templates.

3.3.2 Einteilung in Compliance Levels

Horizontale Zerlegung der UML

Sprachpakete zerlegen die UML in unterschiedliche Konzepte, das heißt, sie zerlegen die UML vertikal. Im Normalfall wird der Anwender aber eine horizontale Zerlegung bevorzugen, also die wichtigen Elemente von jedem Konzept. Diese Schichtung bzw. die Schichten werden als Compliance Levels bezeichnet. Der Grund dafür liegt in der angestrebten Austauschbarkeit von UML-Modellen zwischen verschiedenen Modellierungstools. Um Inkompatibilitäten zu verhindern, hat die OMG verschiedene Compliance Levels definiert, die darüber Auskunft geben, welche UML-Konzepte ein Tool beherrschen muss, damit es einen bestimmten Compliance Level unterstützt. Einfach ausgedrückt: Je höher der unterstützte Level, desto mehr „kann" das Tool.

Es gibt vier aufeinander aufbauende Compliance Levels, für die jeweils ein bestimmtes Subset an Modellelementen definiert ist. In Level 0 sind nur einige wenige Modellkonzepte definiert, während Level 3 die gesamte UML umfasst. Das Ziel der Compliance Level ist es, dass auch nur zu niedrigeren Levels konforme Tools einen gewissen Querschnitt aller Modellierungsparadigmen anbieten können. So beinhaltet beispielsweise Level 1 neben den grundlegenden Basiselementen aus Level 0 auch Elemente der Verhaltens-, Use-Case-, Interaktions- und Schnittstellenmodellierung.

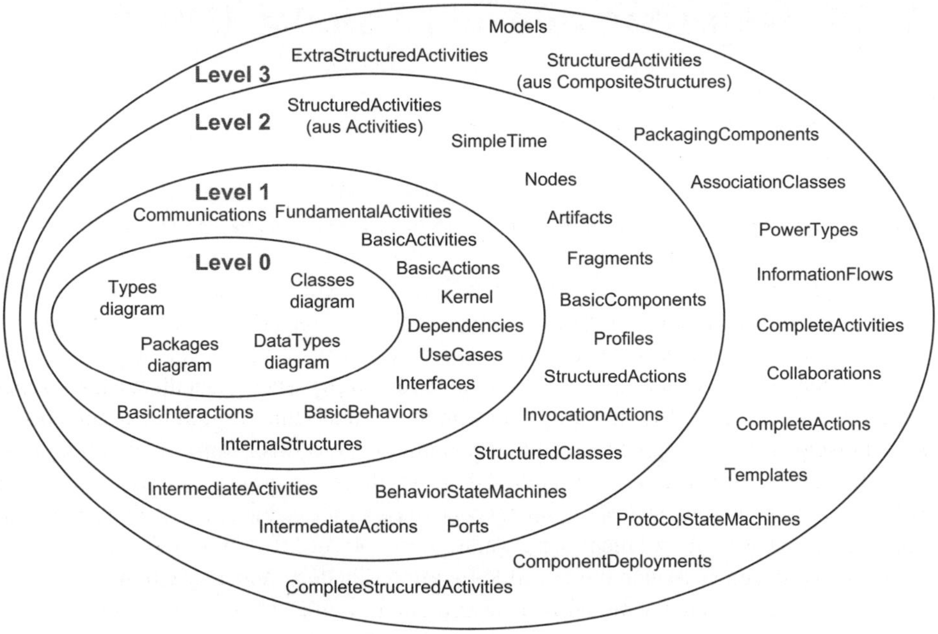

ABBILDUNG 3.26 Die Compliance Level der UML 2 und ihre Inhalte

Die einzelnen Compliance Levels beinhalten Folgendes:

- Level 0 (L0): Level 0 enthält lediglich eine „Kern-UML“, nämlich die notwendigsten Elemente für die Modellierung von Klassen und Paketen, beispielsweise die Metamodellklassen Element, Class, Package, DataType, Property und Operation. Es stellt daher einen kleinsten gemeinsamen Nenner für den Austausch von UML-Modellen dar.
- Level 1 (L1): Diese Ebene umfasst alle Inhalte von Level 0 sowie einige Basiselemente zur Modellierung von Use-Cases, Interaktionen, Strukturdiagrammen, Aktionen und Aktivitäten.
- Level 2 (L2): In L2 sind sämtliche Konzepte aus L1 definiert, und darüber hinaus Metamodellelemente für Verteilungsdiagramme, Zustandsautomaten und Profile.
- Level 3 (L3): Der höchste Level enthält alle Konzepte der UML 2, indem dem Notationsumfang von L2 zusätzliche Fähigkeiten zur Modellierung von InformationFlows, Templates und Modellen hinzugefügt werden.

In Abbildung 3.26 sehen Sie eine schematische (nicht UML-konforme) Darstellung der einzelnen Levels und ihrer Inhalte als Mengen.

Es steht den Herstellern natürlich frei, welche Konzepte der UML sie in ihren Produkten realisieren. Letztlich sind Compliance Levels nur ein mögliches Mittel, den Austausch von Modellen und Diagrammen zwischen Tools zu fördern. Die Umsetzung und die Akzeptanz dieses Mittels bleiben dem Markt überlassen. Dies umfasst auch die Umsetzung der Semantik, der konkreten Notation oder des Speicherformats.

3.4 Freiheitsgrade in der UML

3.4.1 Semantic Variation Points

Bewusste Freiheitsgrade in der Spezifikation

Mit *Semantic Variation Points* bezeichnet die UML die Stellen in der Spezifikation, die Freiräume für unterschiedliche Interpretationen beziehungsweise Verfeinerungen bieten. Solche anwendungs- oder modellspezifischen Verfeinerungen werden durch Stereotype, Profile oder anwenderspezifische Dokumentation ermöglicht.

⇨ 3.2.6

Ein Beispiel für einen Semantic Variation Point zeigt die Spezifikation eines Datentyps (`DataType`, siehe Abschnitt 3.2.6) in der UML. Sie enthält bewusst keine Beschränkungen, so dass die Verwendung selbstdefinierter oder sprachabhängiger Datentypen bei der Modellierung möglich ist. Auch schweigt sich der Standard im Bereich der Handhabung von Ereignissen aus, z. B. ist das Verhalten bei exakt gleichzeitig auftretenden Ereignissen auch der Definition des Anwenders überlassen. Gleiches gilt bei Entscheidungen, bei denen mehrere Lösungen denkbar wären. Auf unserer Homepage finden Sie auf *www.uml-glasklar.com* eine Liste der Semantic Variation Points unter [3-3].

3.4.2 Presentation Options

Für viele Modellelemente in der UML existieren verschiedene Darstellungsmöglichkeiten. Diese werden in der UML als *Presentation Options* gekennzeichnet. Da diese alternativen Visualisierungen auch potenzielle Inhalte der Zertifizierungsprüfungen zum Certified UML Professional darstellen, werden sie (sofern vorhanden) in diesem Buch auch für jedes Notationselement vorgestellt. In allen anderen Beispielen verwenden wir aber die gebräuchlichste Notation.

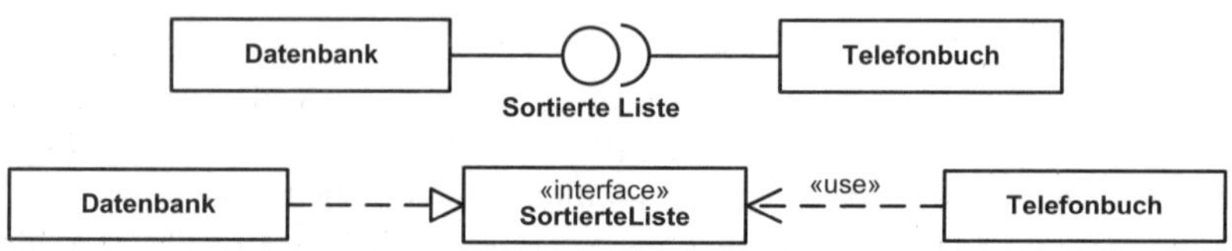

ABBILDUNG 3.27 Zwei Alternativen für die Darstellung einer Schnittstelle

Schnittstelle

⇨ 6.4.4

In Abbildung 3.27 sind zwei mögliche Varianten zur Darstellung einer Schnittstelle und ihrer Benutzung dargestellt. Die obere zeigt die gebräuchlichere „Lollipop-Notation". Der untere Teil zeigt eine Darstellung der Schnittstelle als Rechteck mit dem Schlüsselwort «interface» und einer Implementierungsbeziehung sowie einer Abhängigkeitsbeziehung. Beide Notationsvarianten sind aber absolut gleichwertig und besitzen die gleiche semantische Aussagekraft. Sofern Sie allerdings alternative Notationen für ein Modellelement nutzen, sollten Sie dies im Projekt durchgängig tun und das Wechseln zwischen verschiedenen Darstellungsmöglichkeiten vermeiden!

3.5 Die 4-Schichten-Architektur

Die Konzepte, die hinter der UML stehen, lassen sich durch ein 4 Schichten-Modell beschreiben, das auf den folgenden Grundsätzen basiert:

- Die obere Schicht beschreibt die direkt darunter liegende Schicht.
- Die untere Schicht ist eine Instanz der darüber liegenden Schicht.

Damit ist eigentlich alles gesagt J. Die Architektur eines Metamodells bildet einen wichtigen Beitrag zum Verständnis einer Modellierungssprache. Abbildung 3.28 zeigt, wie diese Konzepte mit der UML im Zusammenhang stehen.

Wir gehen Schritt für Schritt vor und sehen uns dieses 4-Schichten-Modell genauer an. Beginnen wir ganz unten mit der untersten Schicht, der Laufzeitschicht.

3.5.1 M 0 – Die Laufzeitschicht

Realität

Die Laufzeitschicht ist die unterste Schicht und stellt die *Realität* dar. Sie beschreibt die reale Basis von Modellen – oder umgekehrt: aus ihr werden Modelle erstellt.

So entspricht das Buch „UML 2 glasklar", das Sie gerade lesen, der Realität (Sie können es anfassen, riechen und Ihren Kollegen geben). Aber auch unsere Besprechung über die Kapitelstruktur dieses Buches gehört zur Realität.

Eine solche Realität finden wir auch in einer Software wieder. So sind die Objekte, die während der Laufzeit Ihres Programms existieren, oder auch die Prozesse, die tatsächlich ablaufen, Instanzen der betrachteten Realität.

3.5.2 M 1 – Die Modellschicht

Ihr Anwendermodell

Die „Realität" ist also das Fundament des Schichtenmodells. Diese Realität können und wollen wir im UML-Modell allerdings bewusst *abstrakt* darstellen, d. h. *ohne unnötige Details* und *auf das Wesentliche konzentriert*. Diese Darstellung – die Bildung des Modells – erfolgt z. B. im Klassendiagramm durch eine Klasse Buch. Sie repräsentiert im Modell (M1-Schicht) die Bücher der Realität (M0-Schicht). Unsere Besprechung der Kapitelstruktur können wir als abstrakten Vorgang mit Hilfe eines Use-Cases *modellieren*.

Natürlich hat ein Buch viele Eigenschaften und Beziehungen (wie Titel, Seitenzahl oder Autoren). Derartige Dinge sind durch Attribute oder Assoziationen im Modell dargestellt. In der Realität (M0) hat das Buch diese Dinge einfach, oder anders ausgedrückt: die Eigenschaften sind mit *konkreten Werten* (z. B. Titel „UML 2 glasklar") belegt.

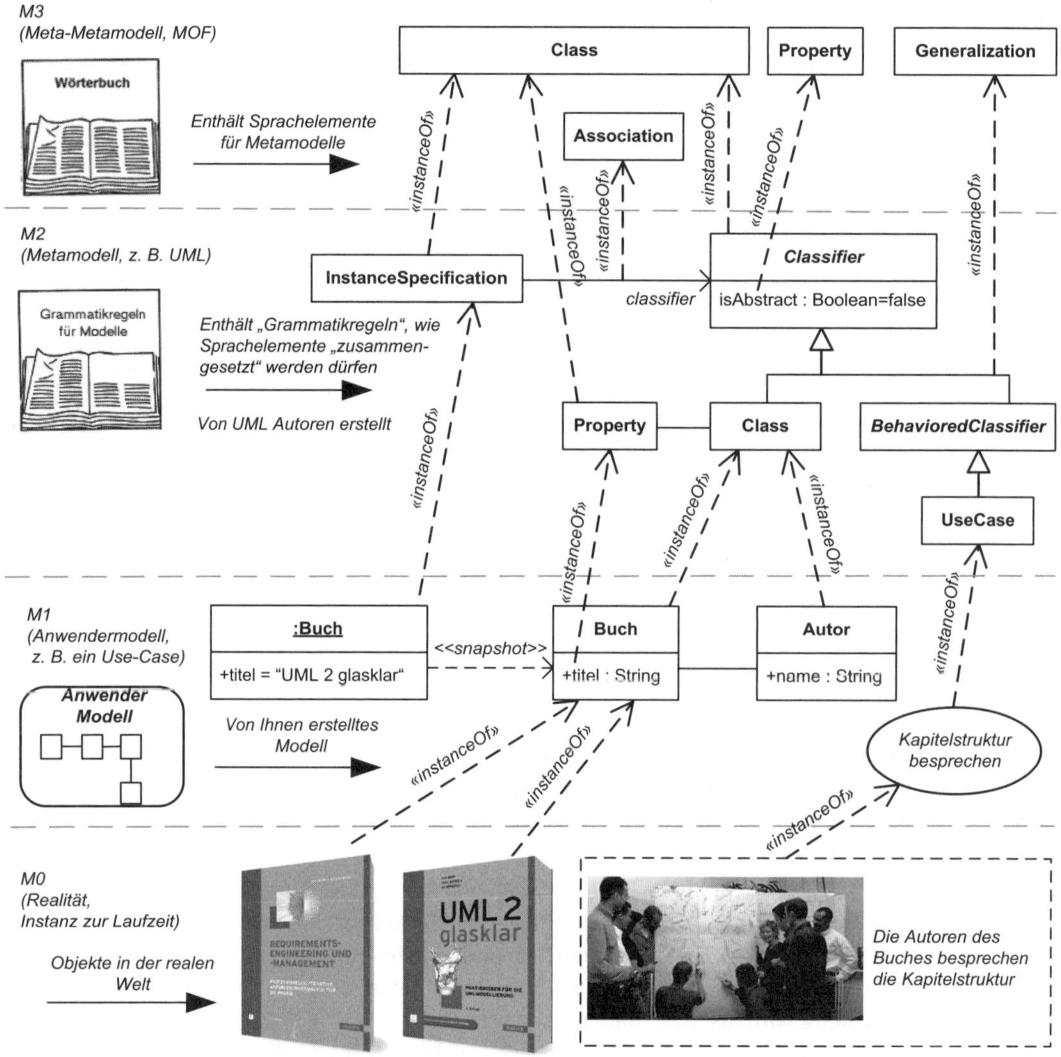

ABBILDUNG 3.28 Das 4-Schichten-Modell

3.5.3 M 2 – Die Metamodellschicht

Das Metamodell ist selbst ein UML-Modell

Was heißt das: ein Modell, das ein Modell beschreibt? Ganz einfach: Sie kennen das wahrscheinlich von der Schule, wo Ihr Lehrer Ihnen sagte, dass ein deutscher Satz nach bestimmten Regeln aufgebaut ist. Ähnlich gibt das *Metamodell* die Regeln für das *Modell* (M1-Schicht) vor.

Das Metamodell beschreibt zum Beispiel, dass Klassen beliebig viele Attribute und Operationen haben dürfen. Es gibt vor, wie viele ausgehende Kanten eine Aktivität haben darf oder was Sie alles an eine Nachricht im Sequenzdiagramm schreiben dürfen. Mit anderen Worten: Es beschreibt die Elemente oder Elementkombinationen, die Sie als UML-Modellersteller zur Verfügung haben.

3.5.4 M 3 – Die Meta-Metamodellschicht

Wie baue ich ein Metamodell?

Die Meta-Metamodellschicht ist die oberste Ebene im 4-Schichten-Modell der UML und bildet von oben die Grundlage der Metamodellebenen. Während der normale UML-Anwender mit der Metamodellschicht M2 noch teilweise in Berührung kam (sei es im UML-Training oder mit einem Modellierungswerkzeug), ist die Meta-Metamodellschicht in erster Linie nur für Werkzeughersteller, Metamodellbauer und (Code-)Generatorentwickler interessant. Denn diese Schicht beschreibt, was Sie alles verwenden dürfen, um ein Metamodell aufzubauen. Das Meta-Metamodell definiert dazu unter anderem einen Satz an Elementen, die für ein Metamodell zulässig sind. Dazu zählen insbesondere: Klassen (Class), Attribute (Property), Generalisierung (Generalization) und Assoziationen (Association). Es definiert im Falle der UML z. B. keine Zustandsautomaten oder Use-Cases. Sie werden also vergeblich Zustände oder Use-Cases im UML-Metamodell suchen, da dies die Regeln des Meta-Metamodells nicht zulassen.

MOF

Das im UML-Schichtensystem verwendete Meta-Metamodell wird als MOF bezeichnet. MOF steht für Meta Object Facility, frei übersetzt „Metaobjektmöglichkeiten“. MOF ist ein eigener, außerhalb der UML definierter Standard, der die Regeln und Elemente für Metamodelle allgemein vorgibt. Ein Metamodell, das diese MOF Regeln einhält und nur aus den definierten MOF-Elementen besteht, wird als MOF-konform bezeichnet.

4 Analyse mit der UML

In diesem und dem nächsten Kapitel möchten wir Ihnen die Anwendung der UML im Rahmen einer Gesamtentwicklung vorstellen. Dabei werden wir die Phasen der **System**entwicklung (Analyse und Architektur) sowie der **Software**entwicklung (Analyse, Architektur und Feindesign) betrachten. Wir werden ein durchgängiges Beispiel verwenden und die wichtigsten Entwicklungsartefakte beispielhaft vorstellen. Dabei geben wir Ihnen Empfehlungen für die Anwendung der UML, die wir in unseren Projekten in dieser oder in ähnlicher Form propagieren. Daneben existieren natürlich noch weitere Anwendungsmöglichkeiten, einen Anspruch auf Vollständigkeit erheben wir nicht. ⇨ 5

Die in diesem Kapitel vorgestellte methodische Anwendung der UML im Rahmen der Analysephase dient unter anderem zur Modellierung der Anforderungen an Ihren Betrachtungsgegenstand, im Folgenden als *System*[1] bezeichnet. Sie basiert unter anderem auf dem Lehrplan des „CPRE Advanced Level Requirements Modeling“ und deckt diesen in weiten Teilen ab. AL

[1] Da sich die Analyse eines Systems, das aus Hardware und Software besteht, kaum von der Analyse eines reinen Softwaresystems unterscheidet, werden wir in diesem Kapitel allgemein von System reden, und nur bei Bedarf eine explizite Unterscheidung zur Softwareanalyse machen.

4.1 Einführung

UML ist reine Notation

Die UML als Notation ist ein sehr mächtiges Werkzeug, um die verschiedenen Entwicklungsprodukte (oder Entwicklungsartefakte) zu beschreiben. Mehr ist die UML jedoch nicht. Sie beschreibt kein Entwicklungsvorgehen bzw. keine Entwicklungsmethode – davon haben sich die Macher der UML explizit distanziert.

Da Festlegungen bezüglich der Entwicklungsmethode aber eminent wichtig für einen erfolgreichen Einsatz der UML in Ihrem Projekt sind, werden wir in diesem Kapitel einige Empfehlungen geben, die wir in unseren Projekten immer wieder als Startpunkt verwenden. Als Startpunkt deswegen, da die hier vorgestellte Methode natürlich an die individuellen Rahmenbedingungen angepasst werden muss. Die wichtigsten Eigenschaften der Methode bleiben jedoch in jedem Projekt erhalten. Die hier vorgestellte Methode ist also eine Möglichkeit unter vielen!

Wir können in einem Buch natürlich nicht alle möglichen Arten von Projekten vorstellen. Wir gehen aber davon aus, dass sich viele der hier angesprochenen Probleme und Lösungen auch in Ihrem Projekt wiederfinden bzw. anwenden lassen.

4.1.1 Notwendige Festlegungen

Welche Festlegungen vor dem Projektstart durchzuführen sind, variiert natürlich von Projekt zu Projekt sehr stark. Wir werden hier einige Festlegungen vorstellen, die wir unter dem Begriff der *Methode* zusammenfassen.

Ausschnitt bilden

Wie Sie vielleicht schon aufgrund des Umfangs dieses Buches erahnen, werden Sie nicht alle der in der UML definierten Notationsmittel in Ihrem Projekt benötigen. Daher ist es notwendig, einen Ausschnitt mit den Notationsmitteln, die in Ihrem Projekt benötigt werden und eingesetzt werden sollen, zu bilden. Neben dieser wichtigen Aufgabe definiert eine Methode, für welche Zwecke die Elemente benutzt werden sollen.

Stereotypen definieren

Stereotyp
⇨ 19.4.1

In den meisten Fällen wird aber auch noch eine andere Form der Anpassung der UML für Ihr spezielles Anwendungsfeld wichtig sein. Häufig werden Sie den in der UML definierten Elementen zusätzliche Bedeutung geben wollen, um wiederkehrende Probleme so einfach wie möglich darzustellen. Dieses Hinzufügen von neuer Semantik wird in der UML durch die Stereotypisierung (vgl. Abschnitt 19.4.1) unterstützt. Eine weitere Aufgabe bei der Erstellung der Methode ist also die Definition der in Ihrem Projekt oder Anwendungsfeld benötigten Stereotypen.

Profile
⇨ 19

Diese beiden Schritte in der Definition einer Methode werden durch die UML selbst unterstützt. Die Festlegungen manifestieren sich in den sogenannten UML-Profilen, deren Wirkungsweise wir Ihnen in Kapitel 19 vorstellen.

Notationselemente einsetzen

Ein weiterer wichtiger Punkt für den durchgängigen Einsatz der UML in einem Projekt ist die Festlegung, welche Notationselemente (oder deren Stereotypen) in welchem Entwicklungsschritt zum Einsatz kommen sollen. Damit erreichen wir einen gewissen Grad an Durchgängigkeit und Einheitlichkeit in unseren Modellen: Ähnliche Problemstellungen werden mit den gleichen Notationsmitteln beschrieben.

Hier haben wir natürlich eine enge Verbindung zu der Definition eines Vorgehensmodells und zu der Anwendungsdomäne. Wir wollen aber in diesem Buch weder festlegen, welche Entwicklungsschritte durchgeführt werden müssen, noch wollen wir festlegen, in welcher Reihenfolge die Entwicklungsdokumente erzeugt werden sollen. Wir werden vielmehr die immer wiederkehrenden Aufgaben innerhalb der Gesamtentwicklung eines Systems betrachten.

Neben der Festlegung, welche Notationsmittel zu welchem Zweck eingesetzt werden sollen, werden wir in diesem Kapitel noch einen Schritt weitergehen. Wir werden Ihnen Modellierungsszenarien als Lösungen für häufig auftretende Problemstellungen vorstellen. Diese Modellierungsszenarien bewegen sich auf höherer Ebene als die z. B. in [GoF01] vorgestellten Entwurfsmuster, da wir abstraktere Problemstellungen wie z. B. die Modellierung von Benutzerinteraktionen in einem Aktivitätsdiagramm betrachten wollen. ⇨ 4.8

Verfolgbarkeit herstellen

Forderung nach Verfolgbarkeit

Der letzte Bestandteil der Definition einer Methode ist die Beschreibung, wie die verschiedenen Entwicklungsprodukte miteinander zusammenhängen sollen, also aus welchen Entwicklungsprodukten welche Nachfolgeprodukte entstehen sollen. Dies ist auch wichtig für eine Forderung aus vielen Vorgehensmodellen ([Kru00], [BKn02]) und Reifegradmodellen ([Kneu03], [HDH06]): die Herstellung von Verfolgbarkeit zwischen den Entwicklungsartefakten.

In diesem Kapitel gehen wir bei der Definition unserer Methode natürlich davon aus, dass die gewählte Beschreibungssprache die UML ist. Darüber hinaus werden wir als zusätzliche Notation die natürliche Sprache zulassen müssen. Wie Sie außerdem sehen werden, wird die Definition der Methode stark durch das Projekt oder Anwendungsfeld beeinflusst, in dem wir uns befinden. Neben weiteren für uns in diesem und dem nächsten Kapitel nicht so relevanten Einflussfaktoren wie die Zeit, die zur Verfügung steht, oder das Wissen und die Akzeptanz der Entwicklertruppe spielt bei der Definition der Methode das eingesetzte Modellierungstool eine entscheidende Rolle. Unterstützt es die in der Auswahl festgelegten Notationselemente? Ist die Stereotypisierung in der beabsichtigten Weise realisierbar? Und erlaubt es, Verbindungen zwischen den Entwicklungsprodukten zu ziehen?

Wenn Sie sich in der Situation befinden, dass für Ihr Projekt noch kein Modellierungstool gesetzt ist, haben Sie das typische Henne-Ei-Problem, da sich die verschiedenen Einflussfaktoren gegenseitig beeinflussen.

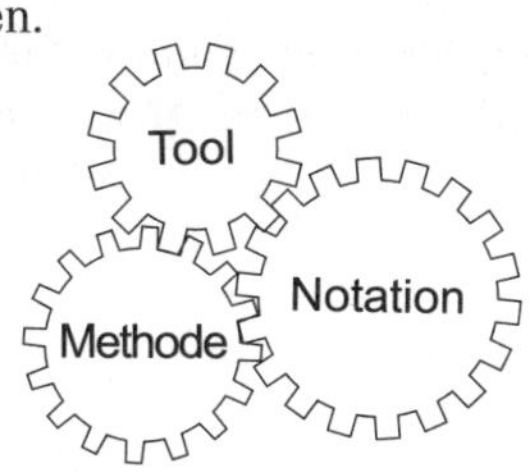

ABBILDUNG 4.1 Jeder hängt von jedem ab

Die Entscheidungen, die zu treffen sind, müssen also gemeinsam betrachtet werden, und ebenso müssen Entscheidungen, die schon gefallen sind, mit betrachtet werden.[2]

Zusammenfassend lässt sich also sagen, dass durch die Definition einer Methode die folgenden Fragen beantwortet werden:

Definition einer Methode

- Welcher Ausschnitt der UML ist für mein Projekt sinnvoll?
- Welche Stereotypen werden in meinem Projekt benötigt?
- Wie werden die einzelnen Entwicklungsschritte mit der UML unterstützt?
- Wie stehen die Entwicklungsprodukte miteinander in Verbindung?

Sobald Sie diese Fragen beantwortet und deren Antworten kommuniziert haben, haben Sie den Grundstein dafür gelegt, dass alle beteiligten Modellierer vergleichbare Modelle erzeugen können. Es gibt natürlich noch jede Menge anderer Vorgaben, die Sie vor dem Start Ihres Projekts machen können und müssen. Ein Beispiel hierfür ist die Definition von Patterns [Lar02]. Da diese aber weniger mit dem Einsatz der UML zu tun haben, werden wir hier nicht näher darauf eingehen.

4.1.2 Das Beispiel Zugtürsystem

Als Anwendungsbeispiel haben wir uns in den beiden methodischen Kapiteln für ein eher technisches System entschieden, da wir daran alle Ebenen der Entwicklung betrachten können. Wir werden ein Zugtürsystem sowohl auf der System- als auch auf der Software-Ebene betrachten. Dieses System hat die Aufgabe, den Zugang zu einem modernen Zug wie z. B. einem ICE zu ermöglichen.

Wir gehen hier nicht weiter auf die Beschreibung der reinen Hardware ein, da die UML hierfür nicht unbedingt geeignet ist. Sowohl für die elektronische als auch für die mechanische oder hydraulische Hardware existieren Beschreibungssprachen (technische Zeichnungen etc.), die sich seit Jahrzehnten bewährt haben.

Wir werden sowohl die System- als auch die Softwareebene betrachten, da hier die Haupteinsatzgebiete der UML liegen. Wir subsumieren dabei unter der Systemebene alle Entwicklungstätigkeiten, bei deren Durchführung keine explizite Unterscheidung gemacht wird, ob es sich um einen Software- oder Hardware-Anteil handelt.[3] Ein System besteht also aus Teilen (im Folgenden Komponenten) unterschiedlichster Arten.

Kundenanforderungen als Ausgangspunkt

Für unser Miniprojekt, das wir hier exemplarisch durchführen, gehen wir davon aus, dass wir als Ausgangspunkt eine grobe Beschreibung dessen haben, was das Gesamtsystem leisten soll. Diese Art der Stakeholder-Anforderungen (im Folgenden Kundenanforderungen) haben wir in einigen natürlich-sprachlichen Anforderungen beschrieben, die die typischen Defizite von Kundenanforderungen aufweisen (Die Leser dieses Buches, die als Kunden in Projekten auftreten, mögen uns diese Bemerkung verzeihen. ☺). Die Methode, die wir in den folgenden

[2] Eine ausführliche Betrachtung zu diesem Thema finden Sie in [Rup09] im Kapitel über Vertragsmanagement.

[3] Diese sehr grobe Definition werden wir in Abschnitt 5.2 genauer fassen.

Abschnitten vorstellen, soll uns unter anderem dabei helfen, diese Defizite methodisch zu finden, um die entsprechenden Klärungen mit dem Kunden durchführen zu können.

Betrachten wir nun die Kundenanforderungen an unser Zugtürsystem. Sie werden beim ersten Lesen vielleicht schon einige offene Punkte oder Inkonsistenzen feststellen. Des Weiteren wird Ihnen Ihre Erfahrung beim Zugfahren helfen, die Anforderungen sinnvoll zu interpretieren.

1. Der Zugführer soll seine Eingaben von zentraler Stelle (zentrales Steuerpult) aus machen können. Dort soll er ebenfalls die Statusmeldungen der einzelnen Türen sehen können.
2. Bei jeder Tür stehen Endkontakte zur Verfügung, die den Zustand der Tür (offen, geschlossen), den Zustand der Trittstufe (ausgefahren, eingefahren) und den Zustand der Rampen (ausgefahren, eingefahren) liefern.
3. Der Zug kann nicht fahren, solange die Endkontakte einer oder mehrerer Türen oder einer der Einstiegshilfen (Trittstufe oder Rampe) offen sind.
4. Mittels eines Überbrückungsschalters kann der Zugführer die Endkontakte der Türen und Einstiegshilfen schließen, damit der Zug trotz geöffneter Türen abfahrbereit ist.
5. Beim Öffnen der Türen wird automatisch die Trittstufe ausgefahren. Beim Schließen der Tür wird die Trittstufe automatisch eingefahren.
6. Der Zugführer kann die Türen über einen Leuchtdrucktaster für eine ausgewählte Zugseite zum Öffnen freigeben.
7. Der Zugführer kann die Türen über einen Leuchtdrucktaster schließen.
8. Das Schließen der Türen durch den Zugführer bedeutet gleichzeitig eine Rücknahme der Freigabe der Türen.
9. Nur wenn eine Tür freigegeben und nicht gesperrt ist, kann der Fahrgast die Tür von außen oder von innen über einen Leuchtdrucktaster „Tür öffnen" öffnen.
10. Solange eine oder mehrere Türen geöffnet sind oder eine oder mehrere Trittstufen oder Rampen ausgefahren sind, wird dies über den Leuchtmelder „Türen offen" dem Zugführer und an jeder Tür angezeigt.
11. Nur wenn eine Tür freigegeben und nicht gesperrt ist, kann der Fahrgast von außen oder von innen eine Rampe anfordern. Wenn eine Rampe angefordert wird, wird das Trittbrett an dieser Tür automatisch ein- und die Rampe ausgefahren. Beim Schließen der Tür wird die Rampe automatisch eingefahren.
12. Wenn die Tür geschlossen ist und die Rampe angefordert wird, wird die Tür automatisch geöffnet.
13. Über einen Schlüsselschalter kann der Zugbegleiter das Schließen einer Tür verhindern (Tür offen halten).
14. Wenn der Zug abfahrbereit ist, wird ein entsprechendes Signal an die zentrale Zugkontrolle gesandt.
15. Das System soll leicht wartbar sein.

Mit diesen Anforderungen werden wir nun die Systementwicklung starten. Damit die einzelnen Entwicklungsprodukte, die wir hier mit der UML darstellen, noch übersichtlich und nachvollziehbar bleiben, verzichten wir an einigen Stellen auf Vollständigkeit. Wir wollen hier ja die Anwendung der UML und nicht ein vollständiges Zugtürsystem vorstellen.

4.2 Aufgaben der Analyse

In einem konventionellen Auftraggeber-Auftragnehmer-Verhältnis besteht die Aufgabe des Auftraggebers darin, festzulegen, was der Auftragnehmer für ihn entwickeln soll. Dazu muss er seine Problemstellung analysieren und die so gewonnenen Ergebnisse als Anforderungen dokumentieren.

Auch der Auftragnehmer wird im Allgemeinen eine Analyse durchführen, die sich jedoch in zwei Arten unterscheiden lässt: Zum einen gilt es, die Anforderungen des Kunden zu untersuchen, um ihm zurückspiegeln zu können, was das System aus Sicht des Auftragnehmers leisten wird (im Folgenden Systemanforderungen). Auf der anderen Seite dient die Analyse dazu, tiefer gehende und detailliertere Vorgaben für die weitere Entwicklung zu machen.

⇨ 5.1, 5.3

In beiden Fällen kann der Betrachtungsgegenstand das Gesamtsystem sein. Wir nehmen in der Analyse noch keine Aufteilung des Betrachtungsgegenstands in einzelne Komponenten vor. Dies wird erst Aufgabe der System- oder der Softwarearchitektur sein.

Wenn eine solche Aufteilung allerdings schon vorgegeben ist und Sie daher die Aufgaben einer Komponente des Gesamtsystems betrachten wollen, so befinden Sie sich trotzdem noch immer im Kontext der Analyse. *Analyse* deswegen, weil wir dann die Aufgaben dieser Komponente betrachten, nicht aber deren Realisierung. Der Betrachtungsgegenstand hat sich vom System zur betrachteten Komponente hin verschoben. Typischerweise werden solche Analysen für die „großen" Komponenten eines Systems wie einzelne Steuergeräte oder einzelne Rechner, aus denen sich ein System zusammensetzt, durchgeführt. Prinzipiell ist es auch möglich, ein Wechselspiel zwischen Architektur- und Analyse-Tätigkeiten durchzuführen. Mehr dazu finden Sie in Abschnitt 5.1.5 unter „Wechselspiel der Tätigkeiten".

Die Aufgaben des Systems finden

In der Analyse geht es also darum, die Aufgaben des Betrachtungsgegenstands herauszufinden. Die Aufgaben können Sie auch mit Funktionalitäten gleichsetzen, die das System seiner Außenwelt zur Verfügung stellt. Deshalb müssen Sie auch diese Außenwelt explizit benennen und deren Kommunikation mit unserem System (die Schnittstellen) definieren. In der Analyse reden wir dabei von den Akteuren des Systems.

Während der Analyse werden wir diese Funktionalitäten finden[4] und bis in eine sehr detaillierte Ebene beschreiben. Die oberen Ebenen der dabei entstehenden Verfeinerungshierarchie können Sie als die funktionalen Anforderungen an das System interpretieren, die unteren Ebenen sind dann die Lösungen, wie diese Funktionalitäten durch das System realisiert werden. Dabei sollte jedoch nur das Wissen aus dem Anwendungsbereich, das Domänenwissen,

4 Auf das eigentliche Finden der Anforderungen werden wir hier nicht näher eingehen. Hierzu verweisen wir auf das Kapitel über Ermittlungstechniken in [Rup09], in dem verschiedene Techniken vorgestellt werden.

einfließen, und nicht das Wissen über die Strukturierung des Systems. Mehr dazu und über erlaubte bzw. gewünschte Abweichungen von dieser doch sehr strikten Betrachtungsweise finden Sie im Abschnitt 5.1.5 unter „Wechselspiel der Tätigkeiten".

Nicht-funktionale Anforderungen

Neben den Funktionalitäten spielen in der Analysephase auch die nicht-funktionalen Anforderungen an das System, speziell die Quality-of-Service-Anforderungen, eine wichtige Rolle. Da diese jedoch nur zu einem kleinen Teil mit Hilfe der UML dargestellt werden können,[5] werden wir diese nicht mit betrachten.

Zustandsautomaten

Eine weitere Sicht auf die funktionalen Anforderungen erhalten Sie, wenn Sie einen Zustandsautomaten bei der Modellierung der Anforderungen einsetzen. Gerade bei technisch orientierten Systemen ist diese Art der Modellierung eine Alternative zum Einsatz von Aktivitätsdiagrammen.

Begriffsmodell

Der letzte Teil, den wir hier der Analyse zuordnen möchten, ist die sogenannte Begriffsmodellierung. Sie stellt die in der Anwendung wichtigen Begriffe miteinander in Zusammenhang. Diese Aufgabe begleitet uns eigentlich während der gesamten Entwicklung, beginnt jedoch mit dem ersten Lesen der Kundenanforderungen.

Hauptaufgaben der Systemanalyse

- Definieren der Systemgrenzen und der Schnittstellen des Systems zu seiner Umwelt
- Herleiten und Beschreiben der Funktionalitäten, die das System zur Verfügung stellen soll
- Modellieren eines Begriffsmodells

4.3 Definieren der Systemgrenzen

Komponentendiagramm ⇨ 10

Für die Sicht von außen auf das System, die sogenannte Black-Box-Betrachtung des Systems, müssen zunächst die Akteure des Systems gefunden werden. Sie lassen sich beim sorgfältigen Lesen der Kundenanforderungen leicht identifizieren und können z. B. in einem Komponentendiagramm in Zusammenhang mit dem System gesetzt werden (Abbildung 4.2). Die im Diagramm definierten Schnittstellen sind zunächst Platzhalter, die noch detaillierter beschrieben werden müssen.

Aus der ersten Sichtung der Anforderungen folgen die nachfolgend aufgeführten Akteure zusammen mit den Anforderungen, an denen sie beteiligt sind:

[5] Hiermit beziehen wir uns im Wesentlichen auf die zeitlichen Anforderungen an das System bzw. an einzelne Funktionalitäten.

Akteure des Systems

- Zugführer: 1, 4, 6, 7, 8, 10
- Fahrgast: 9, 11
- Zugbegleiter: 13
- Zentrale Zugkontrolle: 14
- Wartungspersonal: 15

So entsteht das sogenannte Kontextdiagramm aus Abbildung 4.2, das mit Hilfe eines Komponentendiagramms dargestellt wird.

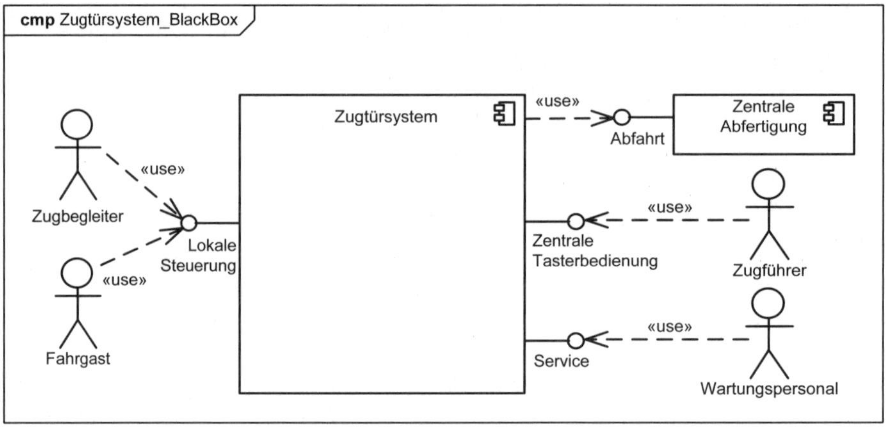

ABBILDUNG 4.2 Das System als Black-Box

In diesem Komponentendiagramm verwenden wir sowohl Komponenten (für das Zugtürsystem selbst und die Akteure, die durch technische Systeme realisiert sind) als auch Akteure in der Darstellung, wie sie aus den Use-Case-Diagrammen bekannt sind.[6]

Bei dieser Black-Box-Betrachtung stellt sich immer die Frage, wie detailliert die Schnittstellen zu technischen Nachbarsystemen schon beschrieben werden sollen. Unser Tipp: Modellieren Sie genau die Vorgaben, die aus den Kundenanforderungen folgen. Falls noch keine Schnittstellen vorgegeben sind, werden Sie zunächst eine eher informelle Art nutzen. In diesem Fall wird die nachfolgende Systemarchitektur die ausstehenden Entscheidungen liefern.

[6] Der Grund hierfür liegt darin, dass wir jedes Modellelement, mit dem wir eine Entität aus der Realität beschreiben, nur einmal in dem UML-Modell modellieren und mehrfach in verschiedenen Diagrammen verwenden.

4.4 Beschreiben der Funktionalitäten

Für das Identifizieren und das Beschreiben der Funktionalitäten nutzen wir in den meisten Fällen die Use-Case-Analyse. Neben dieser Art, die Anforderungen an das System herzuleiten, existieren natürlich noch andere wie eine feature-basierte Analyse, die Strukturierte Analyse [Raa93] oder eine Objektorientierte Analyse [Coa94], die wir hier jedoch nicht weiter betrachten.

4.4.1 Use-Cases identifizieren

Use-Case-Diagramm

⇨ 12

Die Use-Case-Analyse startet mit dem Identifizieren der Use-Cases des Systems und ihrer Dokumentation in einem Use-Case-Diagramm, was uns schon in mehrerer Hinsicht bei der Dokumentation der Anforderungen hilft. Zum Ersten stellt ein solches Use-Case-Diagramm dar, welche Benutzer (Akteure) mit dem System interagieren. Zum Zweiten bildet es die wichtigsten Funktionalitäten (in Form der Use-Cases) ab, die das System den Benutzern bieten soll. Zum Dritten gibt es durch die Zuordnung der Benutzer zu den Funktionalitäten eine Vorgabe für die Berechtigungen, die die Benutzer zur Anwendung des Systems benötigen.

Wenden wir uns wieder unserem Beispiel zu. Die Systemgrenze umschließt unser Zugtürsystem. Alle Akteure, die wir im vorherigen Abschnitt bereits identifiziert haben, stehen außerhalb dieser Grenze. Beim Ermitteln der Use-Cases ist es wichtig, sich nicht alleine auf die Kundenanforderungen zu verlassen, da sie selten vollständig sind. Bringen Sie Ihr Wissen aus der Anwendungsdomäne und auch eine gute Portion „gesunden Menschenverstand" mit ein. Mit Hilfe der Use-Case-Analyse kann man einige der Lücken aufdecken und dem Kunden zurückspiegeln, was das System über seine Anforderungen hinaus leisten können muss. Der Kunde sollte also in diese Tätigkeit unbedingt mit einbezogen werden. Aus unserer Erfahrung können auch „UML-Fremdlinge" nach einer kurzen Einführung Use-Case-Diagramme verstehen. Auch wenn der Aussagegehalt der Use-Case-Diagramme für sich nicht sonderlich groß ist, führt die plakative Darstellung der Benutzer und Funktionalitäten oft zur Aufdeckung und Klärung verborgener Probleme, Lücken und Missverständnisse.

Wie sieht dies auf unser Beispiel angewandt aus? Mit Hilfe einer pragmatischen Vorgehensweise konnten wir die Use-Cases aus Abbildung 4.3 ermitteln, die sich fast alle direkt aus den Kundenanforderungen ableiten lassen.

Include- und Extend-Beziehungen

In diesem Beispiel haben wir sowohl die «include»- als auch die «extend»-Beziehung verwendet. Jedoch verzichten wir in den meisten Fällen darauf, die Extension-Punkte mit ihren Bedingungen anzugeben. Dies würde zu sehr komplexen und unübersichtlichen Diagrammen führen. Der fehlende Inhalt des Diagramms wird später durch die Verfeinerung der Use-Cases einzeln beschrieben.

Stereotyp «provides parameter»

⇨ 19.4.1

Als weiterführenden Vorschlag möchten wir eine weitere Art der Beziehung zwischen Use-Cases erwähnen, die nicht Bestandteil der UML ist. Die «provides-parameter»-Beziehung drückt aus, dass ein Use-Case Eingaben für einen anderen Use-Case produziert. Wenn diese beiden Use-Cases aber nicht nacheinander oder ineinander verschachtelt ausgeführt werden sollen, wäre die Verwendung einer anderen Beziehung falsch. Deshalb stellen wir eine solche Beziehung zwischen den Use-Cases über den selbst definierten Stereotyp dar.

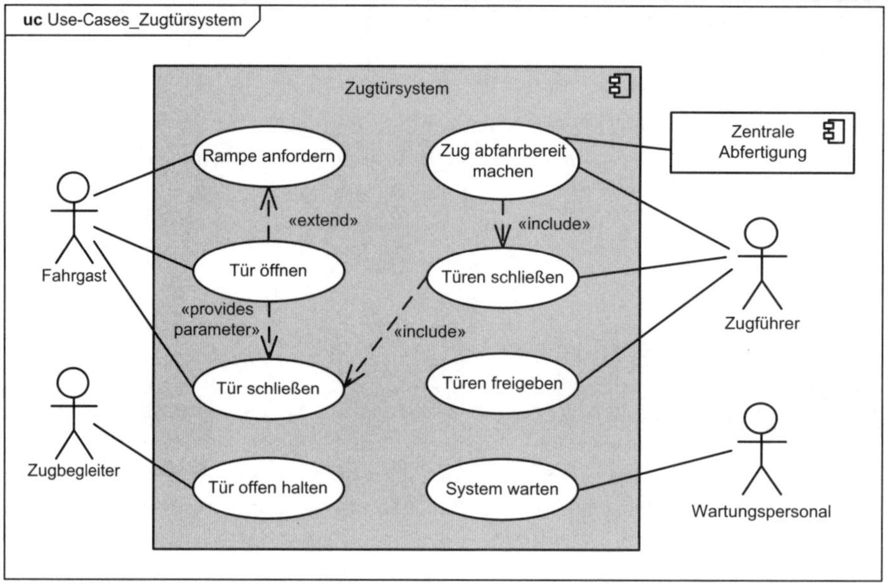

ABBILDUNG 4.3 Die Use-Cases des Zugtürsystems

Im Beispiel haben wir diese Art der Beziehung zwischen den Use-Cases `Tür öffnen` und `Tür schließen` verwendet, da die Tür nach dem Öffnen automatisch geschlossen werden soll. Das `Tür öffnen` muss somit dem `Tür schließen` die Information liefern, wann die Tür geöffnet wurde.

4.4.2 Use-Cases verfeinern

Nachdem wir die Use-Cases identifiziert und die beteiligten Akteure zugewiesen haben, betrachten wir nun jeden der Use-Cases einzeln.

Bislang hat jeder Use-Case lediglich einen Namen und eine Verbindung zu einem oder mehreren Akteuren. Diese Informationen genügen leider noch nicht, um mit der Realisierung unseres Systems zu starten. Wir müssen die Use-Cases also weiter verfeinern, um sie so genauer zu beschreiben. Dafür stellt uns die UML wieder mehrere Mittel zur Verfügung.

Mittel zur Verfeinerung eines Use-Cases

- Use-Case-Beschreibungen, um weitere Informationen festzuhalten
- Aktivitätsdiagramme, um den Ablauf eines Use-Cases zu beschreiben
- Zustandsautomaten, um die Zustände des Systems während des Use-Case-Verlaufes zu modellieren
- Sequenzdiagramme, um die Interaktionen zwischen den Benutzern und dem System darzustellen
- Use-Case-Diagramme

In diesem Abschnitt werden wir nicht auf alle Verfeinerungsarten für Use-Cases eingehen. Im Allgemeinen reichen eine Use-Case-Beschreibung und Aktivitätsdiagramme zur präzisen Beschreibung eines Use-Cases aus. Zustandsautomaten verwenden wir in der Analyse eher zur detaillierten Beschreibung von Objekten oder zur Modellierung der Vor- und Nachbedingungen der Use-Cases (siehe Abschnitt 4.5). Da die Sequenzdiagramme sehr schnell sehr unübersichtlich werden, verwenden wir diese nur zur exemplarischen Darstellung von Abläufen und nicht als Dokumentationsmittel von Anforderungen.

Use-Case-Beschreibungen

Die Use-Case-Beschreibung ist zwar nicht Teil der UML, wir wollen sie an dieser Stelle jedoch trotzdem kurz vorstellen. Wir wenden sie in unseren Projekten stets an, um weitere Informationen zu einem Use-Case zu erheben. Sie ist ein Formular, in dem verschiedene Aspekte des Use-Cases notiert werden.

Elemente der Use-Case-Beschreibung

- Der Name des Use-Cases
- Die Kurzbeschreibung
  (Die Erläuterung des Use-Cases in 1–2 Sätzen)
- Die Akteure
- Der fachliche Auslöser
  (Der Grund, warum der Benutzer den Use-Case ausführt)
- Der normale Ablauf
- Die alternativen Abläufe
- Die Vor- und Nachbedingungen

Neben diesen Elementen sind auch noch weitere denkbar. Welche Sie für die Beschreibung letztendlich benötigen, hängt von Ihrem Projekt ab. Wir werden an dieser Stelle nicht näher auf die Methodik der textuellen Beschreibung von Use-Cases eingehen und verweisen stattdessen auf [Coc98].

Als einfaches Beispiel ist in der folgenden Tabelle die Beschreibung des Use-Cases `Tür schließen` angegeben.

TABELLE 4.1 Beschreibung des Use-Cases `Tür schließen`

Name:	Tür schließen
Kurzbeschreibung:	Die Tür wird aufgrund einer direkten Aufforderung vom Fahrgast, durch den Zugführer oder nach einer gewissen Zeit nach dem Öffnen automatisch geschlossen. Dies beinhaltet das Einfahren der Einstiegshilfen und das eigentliche Schließen der Tür.
Akteure:	Fahrgast, Zugführer
Vorbedingung:	System ist betriebsbereit.

(Fortsetzung nächste Seite)

TABELLE 4.1 (Fortsetzung) Beschreibung des Use-Cases `Tür schließen`

Fachlicher Auslöser:	Die Tür soll geschlossen werden, damit der Waggon im Winter nicht auskühlt oder um den Zug abfahrbereit zu machen.
Normalablauf:	1. Der Fahrgast betätigt den Taster zum Schließen der Tür. 2. Das System fährt das Trittbrett ein. 3. Das System schließt die Tür. 4. Das System meldet den Status der Tür dem Zugführer. 5. Der Use-Case ist beendet.
Alternative Abläufe:	1a: Der Zugführer möchte alle Türen schließen. 1a1: Der Zugführer betätigt den Schalter zum Schließen der Türen. 1a2: Weiter mit 2. 1b: Nach dem Öffnen der Tür sind 20 Sekunden vergangen. 1b1: Weiter mit 2. 2a: Die Rampe war ausgefahren. 2a1: Das System fährt die Rampe ein. 2a2: Weiter mit 3. 2b, 2a1a: Die Einstiegshilfe kann nicht eingefahren werden. 2b1: Das System registriert den Fehler. 2b2: Der Use-Case ist beendet. 3a: Die Tür kann nicht geschlossen werden. 3a1: Das System registriert den Fehler. 3a2: Der Use-Case ist beendet.
Nachbedingung:	Minimalbedingung: System ist betriebsbereit. Normalbedingung: Tür ist geschlossen. Einstiegshilfen sind eingefahren.

Aktivitätsdiagramme

Aktivitätsdiagramm
⇨ 13

In der Use-Case-Beschreibung haben wir uns bereits Gedanken über die möglichen Abläufe des Use-Cases gemacht. Nun wollen wir mit Hilfe der Aktivitätsdiagramme diese Abläufe noch genauer festlegen. Wir modellieren Aktionen, die entweder vom System alleine, von einem Akteur alleine oder von einem Akteur und dem System gemeinsam durchgeführt werden. Um abzubilden, wer eine Aktion ausführt, kann man entweder auf die Aktivitätsbereiche zurückgreifen (was ab einer gewissen Anzahl von Akteuren schlecht darstellbar ist) oder man behilft sich mit der alternativen Schreibweise, die Akteure in Klammern über den Aktionsnamen zu setzen.

In einem Aktivitätsdiagramm beschreiben wir den Teil des Systemverhaltens, den der dazugehörige Use-Case umfasst. Alle Diagramme zusammengenommen sollten das Gesamtverhalten unseres Systems festlegen. Dadurch ist gewährleistet, dass keine Situation eintritt, in der die Reaktion des Systems nicht definiert und somit unvorhersehbar ist.

Vereinfachen der Diagramme

Häufig treten Konflikte auf, die aus dem Wunsch nach Vollständigkeit einerseits und dem nach Lesbarkeit andererseits resultieren. Lassen Sie Ihr Diagramm nicht zu komplex werden. Zur Vereinfachung eines Diagramms gibt es mehrere Möglichkeiten. Hier einige Beispiele:

- Reduzieren Sie die Anzahl an Aktionen, indem sie an bestimmten Stellen mit Hilfe der Schachtelung abstrahieren.
- Entfernen Sie Details wie Abbruchsituationen und Sprünge aus dem Diagramm, und beschreiben Sie sie mit Hilfe von natürlich-sprachlichen Anforderungen.
- Hinterlegen Sie Entscheidungstabellen für eine Vielzahl alternativer Aktionen anstelle unübersichtlicher Verzweigungen mit komplizierten Bedingungen.

Include- und Extend-Beziehungen in Aktivitätsdiagrammen

In unserem Beispiel haben wir die Use-Cases `Tür schließen` und `Türen schließen` mit Aktivitätsdiagrammen (Abbildung 4.4 und Abbildung 4.5) verfeinert, wobei `Tür schließen` als Aktion in dem Aktivitätsdiagramm aus Abbildung 4.5 auftaucht. Auf diese Weise haben wir also von der Verfeinerung von Aktionen Gebrauch gemacht. Dabei haben wir die «include»-Beziehung durch eine Aktion mit dem Namen des inkludierten Use-Cases (`Tür schließen`) in dem Aktivitätsdiagramm des darübergelagerten Use-Cases (`Türen schließen`) ausgedrückt. In der gleichen Weise modellieren wir in Aktivitätsdiagrammen die «extend»-Beziehungen.

Auf den ersten Blick erscheint die Modellierung in den beiden vorherigen Abbildungen stimmig. Jedoch ist in dem Aktivitätsdiagramm in Abbildung 4.4 kein Auslöser für diesen Ablauf modelliert. Würden wir diesen dort einführen, könnte die Aktivität nicht als Verfeinerung in Abbildung 4.5 auftauchen. Wie man mit diesem Problem umgeht, erläutern wir in Abschnitt 4.8.2.

⇨ 4.8.2

Hier noch einige abschließende Bemerkungen zur Verfeinerung mit Aktivitätsdiagrammen:

Verwenden von Kommentaren

Die erste Bemerkung ist als Regel zu verstehen: Erstellen Sie zu jeder Aktion eine kurze Beschreibung mit dem wichtigsten Inhalt - unabhängig davon, ob Sie diese Aktion durch ein weiteres Diagramm verfeinern oder nicht. Das hilft Ihnen, wenn Sie die Verfeinerung nicht direkt durchführen, und es hilft den Lesern zu entscheiden, ob sie die Verfeinerung betrachten müssen oder nicht.

Systemanforderungen versus -spezifikation

Als Zweites möchten wir Sie darauf aufmerksam machen, dass die Verfeinerungen, die entstehen, grob in zwei Teile eingeteilt werden können. Die oberen Ebenen der Verfeinerungen werden sich mit dem Verhalten des Systems nach außen beschäftigen. Die unteren Ebenen der Verfeinerungshierarchie werden die intern ablaufenden Aktionen genauer beschreiben. Wenn es also darum geht, aus den Modellen eine Anforderungsspezifikation für Ihren Kunden zu erzeugen, werden Sie die abstrakteren Ebenen nutzen können. Die unteren Ebenen sind meistens eher als Vorgaben für die weitere Realisierung zu sehen.

Und als Letztes möchten wir auf eine Möglichkeit hinweisen, eine engere Beziehung zwischen den Aktivitätsdiagrammen und der Use-Case-Beschreibung herzustellen. Ein wichtiger Bestandteil dieser Beschreibungen sind ja die dort definierten Normalabläufe. Eventuell besitzt die Information, welcher Ablauf im Normalfall durchlaufen wird, einen hohen Wert für die Leser der Diagramme. Dann sollte diese Information auch bei der Verfeinerung durch Aktivitätsdiagramme nicht verloren gehen. Hier bietet es sich an, einen Stereotyp für die Kontrollflusskanten der Aktivitätsdiagramme einzuführen, der gerade bei Entscheidungen die Kante auszeichnet, die den Normalablauf ausmacht. Die folgende Abbildung hat die Darstellung aus Abbildung 4.4 um eben einen solchen Stereotyp erweitert (dargestellt durch ein Kreuz).

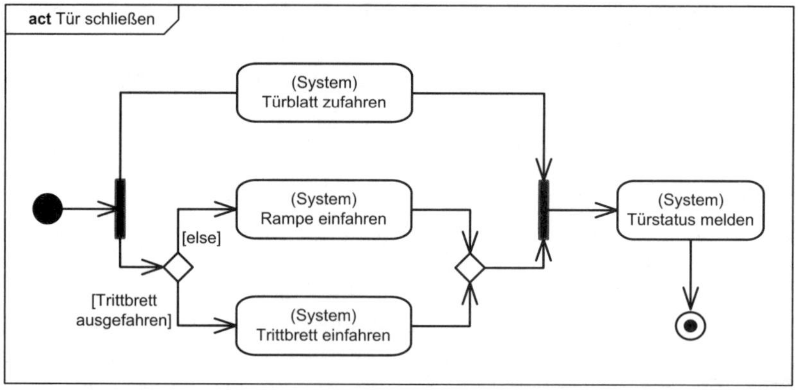

ABBILDUNG 4.4 Der Use-Case bzw. die Aktivität `Tür schließen`

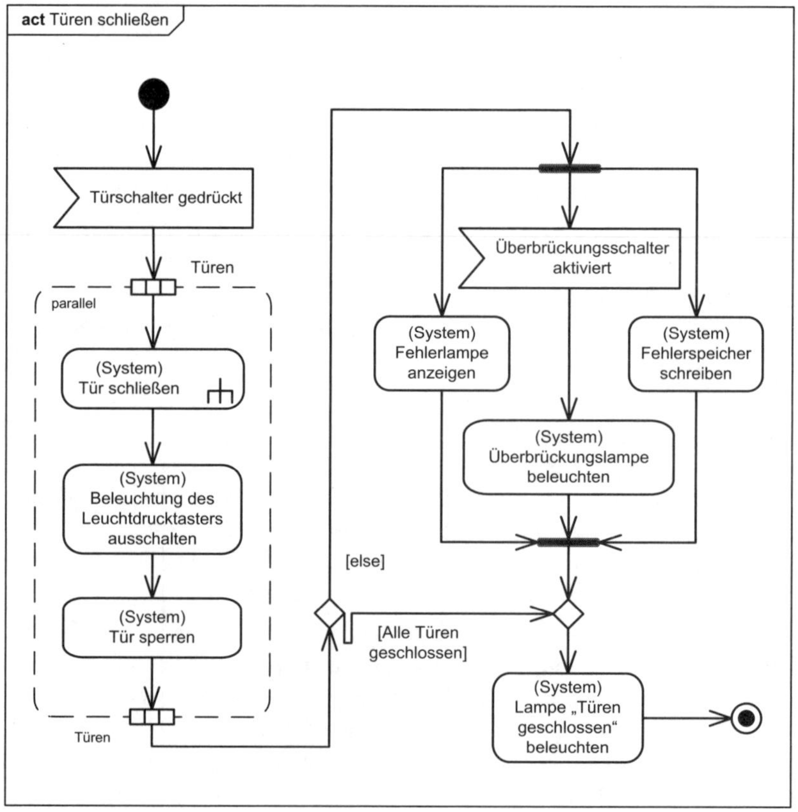

ABBILDUNG 4.5 Der Use-Case `Türen schließen`

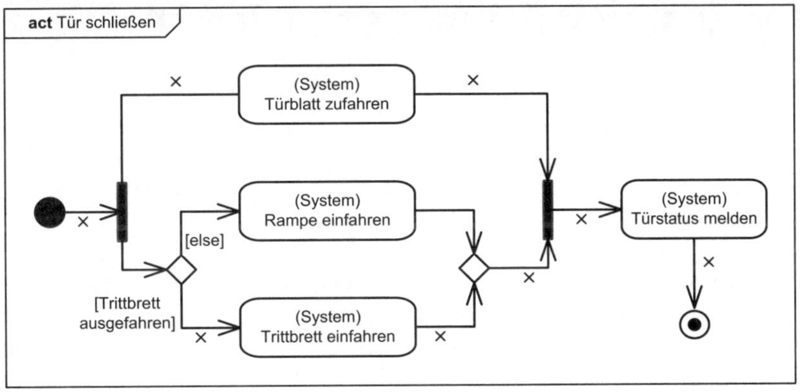

ABBILDUNG 4.6 Der Use-Case `Tür schließen` mit Normalablauf

Use-Case-Diagramme

Mit Hilfe von Use-Case-Diagrammen verfeinern wir eine ganz spezielle Art von Use-Cases, die nach der reinen Lehre eigentlich nicht als Use-Cases bezeichnet werden dürften.

Use-Case-Diagramm ⇨ 12

Als Beispiel für einen solchen Sonderfall nehmen wir den Use-Case `System warten`. In ihm wird eine Vielzahl von Funktionalitäten zusammengefasst, die wir aber nicht in eine zeitliche oder logische Abfolge setzen können. Daher bilden die Teilfunktionalitäten die eigentlichen Use-Cases des Systems. Würden diese jedoch auf der obersten Ebene der Beschreibung auftauchen, so hätten wir eventuell mehr Use-Cases in einem Diagramm, als es der Übersichtlichkeit dient. Um trotzdem ein solches Use-Case-Diagramm erzeugen zu können, fassen wir die Teilfunktionalitäten in einem Use-Case zusammen, den wir dann konsequenterweise durch ein eigenes Use-Case-Diagramm verfeinern (siehe Abbildung 4.7).

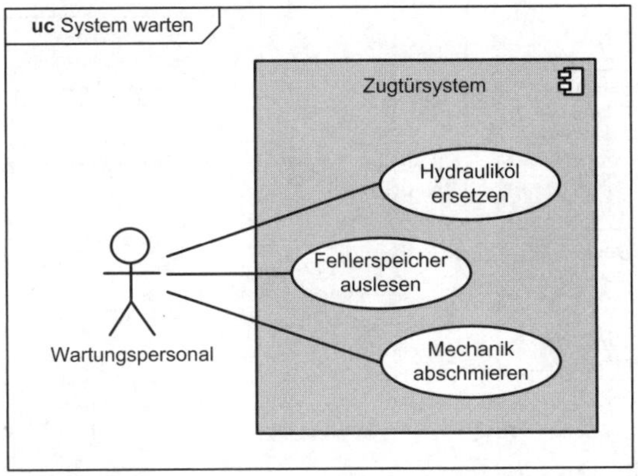

ABBILDUNG 4.7 Die Teilfunktionalität `System warten`

Zu beachten ist hierbei, dass wir uns noch immer mit dem gleichen Betrachtungsgegenstand wie in dem höher gelagerten Use-Case-Diagramm beschäftigen. Welcher Teil der Funktionalität Bestandteil des verfeinernden Diagramms ist, wird durch den Diagrammnamen ausgedrückt.

4.5 Zustandsautomaten in der Analyse

Zustandsautomat ⇨ 14

In der Literatur wird immer davon gesprochen, dass Use-Cases nicht nur mit Aktivitätsdiagrammen, sondern auch mit Zustandsautomaten verfeinert werden können. Dies ist richtig, jedoch setzen wir die Zustandsautomaten in leicht geänderter Form ein. Wenn die Komplexität es zulässt, versuchen wir das Gesamtverhalten des Systems (oder eines Ausschnitts davon) insgesamt durch einen Zustandsautomaten zu modellieren. Dies entspricht zwei aufeinanderfolgenden Schritten: Zunächst wird jeder Use-Case durch einen Zustandsautomaten beschrieben, anschließend werden die entstandenen Automaten miteinander kombiniert. Der entstehende Automat beschreibt dann vollständig das Verhalten des Systems für die betrachteten Use-Cases. Hierbei müssen Sie nicht jeden Use-Case getrennt durch einen Zustandsautomaten modellieren. Beginnen Sie mit einem zentralen Use-Case und erweitern Sie diesen sukzessive durch „Hinzunahme" weiterer Use-Cases.

Zustandsautomaten können Sie in der Analyse auch für die Modellierung von Systemzuständen einsetzen. Damit zeigen Sie, in welchen Systemzuständen den Akteuren welche Use-Cases zur Verfügung stehen. So beschreiben Sie die Vor- und Nachbedingungen der Use-Cases auf eine formale Art und Weise und setzen die Use-Cases miteinander in Beziehung.

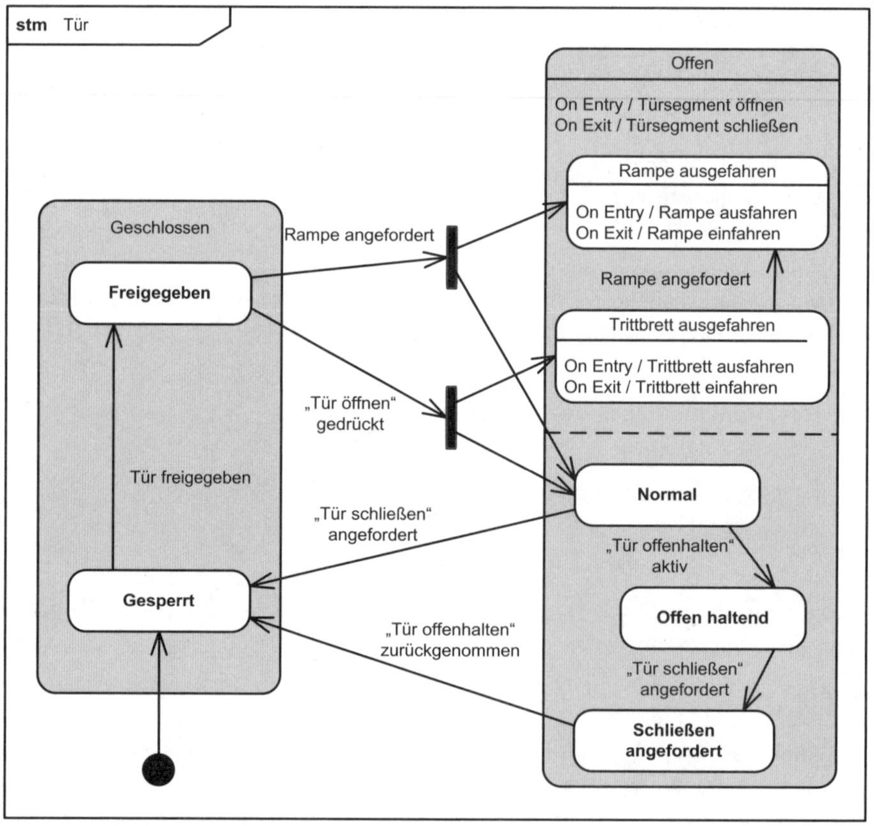

ABBILDUNG 4.8 Der Zustandsautomat der Tür

Eine dritte Art des Einsatzes von Zustandsautomaten in der Analyse beschäftigt sich mit der detaillierten Verhaltensbeschreibung einiger Objekte, die Bestandteil des Systems sind, wobei die so beschriebenen Objekte als Klassen in dem Begriffsmodell (siehe Abschnitt 4.6) auftauchen sollten.

Diese Art des Einsatzes dient in der Analysephase sehr häufig der Qualitätssicherung der im Rahmen der Use-Case-Analyse beschriebenen Ergebnisse. In der Use-Case-Analyse werden Sie Objekte benennen (z. B. die `Zugtür`), und aus den dort beschriebenen Funktionalitäten werden Zustände für diese Objekte folgen. Versuchen Sie, die so identfizierten Zustände in einem Zustandsautomaten zu modellieren, um eine andere Sicht auf die bisher beschriebenen Ergebnisse zu erhalten.

Ein Beispiel für einen solchen Zustandsautomaten finden Sie in Abbildung 4.8. In ihm können Sie überprüfen, ob weitere Zustände fehlen bzw. ob Übergänge noch nicht definiert sind. Dies würde auf fehlende Funktionalitäten in der Use-Case-Analyse hindeuten.

4.6 Das Begriffsmodell

Sie werden uns sicher zustimmen, wenn wir die Behauptung aufstellen, dass viele Probleme in der Kommunikation zwischen Auftraggeber und Auftragnehmer oder auch intern dadurch entstehen, dass die verwendeten Begriffe nicht einheitlich genutzt werden. Die Notwendigkeit, sich auf ein Glossar zu beziehen, ist also nachvollziehbar. Wird dieses Glossar jedoch rein textuell, alphabetisch geordnet, dargestellt, geht ein wichtiger Aspekt verloren: der Zusammenhang zwischen den einzelnen Begriffen.

Um diesen Zusammenhang darzustellen, setzen wir das Klassendiagramm ein. Hierbei verwenden wir natürlich nicht alle Möglichkeiten, die uns die UML bietet. Wir beschränken uns auf die folgenden Notationsmittel.

Klassendiagramm
⇨ 6

Notationselemente des Begriffsmodells

- Klassen mit Attributen
- Assoziationen und Aggregationen
- Generalisierung

Diese Notationsmittel reichen im Allgemeinen aus, um ein aussagekräftiges Modell zu erzeugen, das auch gleichzeitig leicht lesbar und verständlich ist. Darüber hinaus hilft uns dieses Modell bei den weiteren Tätigkeiten, speziell beim Entwurf der Architektur (Abschnitt 5.3) und dem Feindesign der Software (Abschnitt 5.4).

Abbildung 4.9 zeigt einen Ausschnitt aus dem Begriffsmodell zum Zugtürsystem, der sich hauptsächlich mit dem Begriff der Tür beschäftigt.

Bei der Modellierung des Begriffsmodells können Sie Entwurfsmuster [GOF01] anwenden. Viele dieser Muster lassen sich auch in dieser frühen Phase gut einsetzen, sofern sie sich

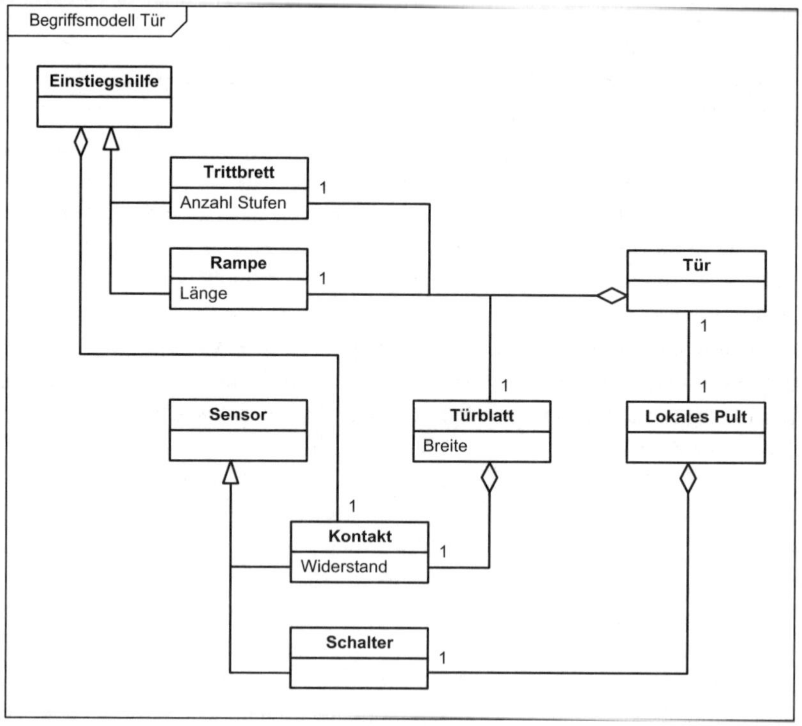

ABBILDUNG 4.9 Ein Ausschnitt aus dem Begriffsmodell `Tür`

auf die Modellierung von Klassendiagrammen beziehen. Jedoch gilt auch hier der Grundsatz, Zusammenhänge nicht zu kompliziert, sondern nachvollziehbar darzustellen. Schließlich müssen ja nicht nur die Entwickler das Begriffsmodell verstehen können, sondern auch die Stakeholder des Fachbereichs.

4.7 Verbindung zu natürlich-sprachlichen Anforderungen

In den Beispielen in den vorherigen Abschnitten haben Sie gesehen, dass die UML-Elemente nur mit sehr kurzen Namen benannt werden. Diese Art der Benennung birgt natürlich die Gefahr, dass die Elemente unterschiedlich interpretiert werden.

Kommentar
⇨ 3.2.2

Dieser Gefahr können Sie dadurch begegnen, dass Sie die jeweiligen Elemente detaillieren. Jedoch sollte dem Leser eines Diagramms erspart bleiben, die gesamte Verfeinerungshierarchie lesen zu müssen, um ein Diagramm auf oberer Ebene richtig zu verstehen. Deswegen raten wir, jedes UML-Element (Use-Case, Aktion, Zustand, etc.) mit einer kurzen Beschreibung zu hinterlegen. Die UML bietet dafür das Notationselement „Kommentar“ an.

Für die Elemente, die Sie nicht mehr durch eigene Diagramme verfeinern, sollten Sie die Beschreibung etwas formaler fassen. Formulieren Sie an dieser Stelle natürlich-sprachliche Anforderungen, um die Elemente zu beschreiben [Rup09]. Dazu müssen wir als verfeinernde Diagramme die Anforderungsdiagramme aus der SysML zulassen, in denen wir dann die verfeinernden natürlich-sprachlichen Anforderungen definieren. Als Alternative können Sie auch die natürlich-sprachlichen Anforderungen nicht in einem eigenen Diagramm definieren, sondern in dem Diagramm eine Ebene höher mit dem entsprechenden Modellelement über eine refine-Beziehung in Verbindung setzen.

Auf diese Weise entsteht eine Vielzahl von natürlich-sprachlichen Anforderungen, die zusammen mit den UML-Diagrammen dann die Spezifikation Ihres Systems darstellen. In dem entstehenden Dokument sollten Sie sinnvollerweise die Anforderungen nach der durch die UML-Diagramme vorgegebenen Struktur ordnen.

Die durch die UML-Diagramme gegebene Struktur können Sie aber auch für die Dokumentation vieler nicht-funktionaler Anforderungen nutzen. Haben Sie zum Beispiel eine Verfügbarkeitsanforderung für einen Use-Case, so wird diese Anforderung direkt bei dem entsprechenden Use-Case notiert. Setzen Sie hierzu, ähnlich zu dem Vorgehen oben, die benötigten Anforderungselemente mittels einer refine-Beziehung mit dem UML-Modellelement in Verbindung.

Nicht-funktionale Anforderungen

Die nicht-funktionalen Anforderungen, die sich nicht auf einzelne Funktionalitäten beziehen, notieren Sie am besten in einem eigenen Abschnitt in Ihrer Anforderungsspezifikation. Einen Strukturierungsvorschlag liefert Ihnen ebenfalls [Rup09].

Bei diesem Vorgehen müssen Sie jedoch beachten, dass die natürlich-sprachlichen Anforderungen für sich alleine nicht die Gesamtspezifikation des Systems darstellen. Zum Beispiel liefert der Inhalt eines Aktivitätsdiagramms zusätzliche wichtige Informationen über die Reihenfolge der Aktionen, die ebenfalls zur Spezifikation gehören. Hier bieten sich zwei Möglichkeiten an: Falls die UML Bestandteil einer vertragsrelevanten Beschreibung sein darf, sollten Sie die benötigten Diagramme an die entsprechende Stelle in der Struktur als Diagramm mit aufnehmen. Wird die UML jedoch nicht anerkannt, müssen Sie den Inhalt der Diagramme in natürliche Sprache überführen und als zusätzliche Anforderungen formuliert in die Struktur aufnehmen. Aber auch in diesem Fall wird Ihnen die Modellierung der Diagramme mit Hilfe der UML Vorteile sowohl bei der Herleitung als auch bei der internen Kommunikation bringen.

Verbindung zu einem RM-Tool

Beachten Sie bitte, dass wir hier von einer Voraussetzung ausgehen: die gute Integration des eingesetzten UML-Modellierungs-Tools mit einem Requirements-Management-Tool. Der Abgleich zwischen beiden Tools muss einfach und schnell möglich sein, um keine Inkonsistenzen zwischen beiden Inhalten entstehen zu lassen. Als sinnvoll hat sich auch herausgestellt, die UML-Modelle als „Master" anzusehen. Wenn also Änderungen benötigt werden, sollten diese zuerst in UML modelliert werden und dann im RM-Tool nachgezogen werden.

4.8 Ausgewählte Modellierungsszenarien

In diesem letzten Abschnitt zur Analyse möchten wir Ihnen einige sogenannte Modellierungsszenarien vorstellen. Sie beschreiben Lösungsmöglichkeiten für immer wieder auftretende Problemstellungen, mit denen bestimmt auch Sie bei der Anwendung der oben vorgestellten Analysetätigkeiten konfrontiert werden.

Unterstützung der Use-Case-Analyse

Die hier vorgestellten Modellierungsszenarien stehen in keiner Konkurrenz zu den z. B. in [GoF01] vorgestellten Entwicklungsmustern. Diejenigen Entwicklungsmuster, die im Bereich der Analyse eingesetzt werden können, beziehen sich hauptsächlich auf sehr lokale Aufgabenstellungen in der Modellierung des Begriffsmodells (Wie wird eine Komposition modelliert, wie wird ein Typ von einem Exemplar unterschieden?). Wir wollen hier eine abstraktere Ebene von Problemstellungen betrachten, die sich bei der Anwendung insbesondere der Use-Case-Analyse ergeben.

Mit den hier vorgestellten Modellierungsszenarien wollen wir zwei Qualitätskriterien von Anforderungen (siehe auch [PRu11]) unterstützen, die auch für Ihr Projekt interessant sein können.

Nachvollziehbarkeit

Zum einen ist die Nachvollziehbarkeit ein wichtiger Qualitätsaspekt eines Modells, besonders bei einem Modell, das Anforderungen beschreibt. Nachvollziehbarkeit erreichen Sie unter anderem dadurch, dass Sie Ihr Modell verständlich und formal korrekt modellieren und, nicht zuletzt, für ähnliche Problemstellungen ähnliche Lösungen verwenden.

Wartbarkeit

Zum anderen zeichnet sich ein gutes Modell durch Wartbarkeit aus. Sie müssen mit so wenig Aufwand wie möglich auf Änderungen und Erweiterungen reagieren können.[7] Ein großer Vorteil bei einer seriösen Anwendung der UML ist die Möglichkeit, ein Modellelement in verschiedenen Sichten, d. h. in verschiedenen Diagrammen, zu verwenden. Damit haben Sie die Möglichkeit, die Auswirkungen von Änderungen an Teilen Ihres Modells zu bewerten (Impact Analyse). Zum Beispiel werden Sie bei einer Änderung an einem fachlichen Begriff sofort die betroffenen Stellen in den fachlichen Abläufen finden, sofern Sie diesen Begriff, als Klasse modelliert, als Ein- oder Ausgabepin an Aktionen verwendet haben. Für einen anderen Aspekt der Änderbarkeit müssen Sie ein wenig mehr investieren: Wie erreichen Sie in Ihrem Modell, dass sich Änderungen nur lokal auswirken? Einige der hier vorgestellten Modellierungsszenarien erreichen dies durch eine lose Kopplung zwischen den verschiedenen Typen von Aufgaben, die das System übernehmen soll. Im Folgenden trennen wir dazu zwischen dem Senden und Empfangen von Nachrichten, dem Auslösen eines fachlichen Ablaufs und dem fachlichen Ablauf an sich (dem Ablauf eines Use-Cases). Hinzu kommen noch die Interaktionen eines Benutzers mit dem System im Rahmen eines fachlichen Ablaufs. Dies erreichen wir in den Modellierungsszenarien durch die Anwendung von zwei Prinzipien:

- Die Aufgaben werden als einzelne Aktivitäten modelliert.
- Der Zusammenhang wird im Wesentlichen durch den Austausch von Signalen modelliert.

Einen Überblick über die potenziellen Zusammenhänge gibt Abbildung 4.10.

[7] Dieses Prinzip ist aus der Software-Architektur als das „Offen-Geschlossen-Prinzip" bekannt: offen für Erweiterungen, geschlossen gegenüber Änderungen.

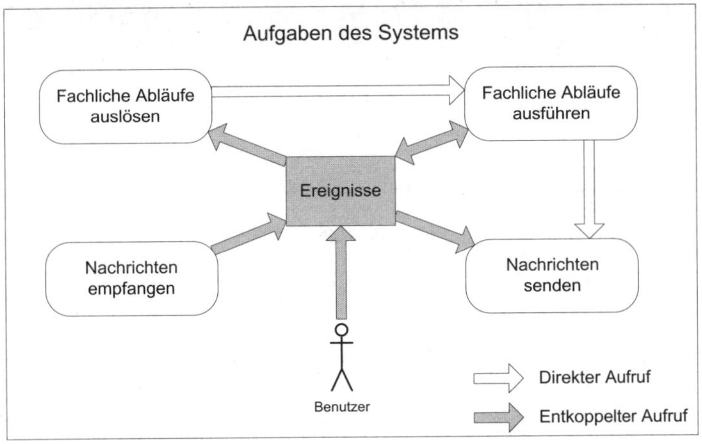

ABBILDUNG 4.10 Prinzipieller Zusammenhang zwischen Systemaufgaben

Somit ist es z. B. für das Auslösen eines fachlichen Ablaufs transparent, ob dieser aufgrund einer externen Nachricht, einer Benutzerinteraktion oder aus einem anderen fachlichen Ablauf heraus ausgelöst werden soll. Die Ereignisse, die für die Kommunikation zwischen den Aktivitäten sorgen, sind im Allgemeinen fachlich relevante Ereignisse. Wir werden sie im Weiteren mit dem Stereotyp `interne Ereignisse` modellieren, um anzuzeigen, dass diese Ereignisse in unserem System erzeugt wurden.

Nach den Modellierungsszenarien, die sich zum Einsatz im Rahmen einer Use-Case-Analyse eignen, wollen wir Ihnen eine Möglichkeit vorstellen, Services bzw. deren Operationen im Rahmen einer SOA zu modellieren. Zum Abschluss dieses Abschnitts geben wir Ihnen noch ein paar Tipps, die sich auf die gesamte Analysephase beziehen.

Unterstützung einer SOA

Eine letzte Bemerkung vorweg: Einige der hier vorgestellten Lösungen scheinen auf den ersten Blick sehr formal und mit viel Aufwand verbunden. Das ist auch richtig. Bitte beachten Sie, dass Sie bei der konsequenten Anwendung der hier vorgestellten Modellierungspatterns in Ihrem Modell mehr als reine Black-Box-Anforderungen an Ihr System beschreiben. Sie werden interne Abläufe und Zusammenhänge beschreiben, also mehr, als ein Auftraggeber als Anforderungen formulieren möchte. Auf Seiten des Auftragnehmers allerdings ist es wahrscheinlicher, dass er für seine Entwicklungsabteilung genau auf dieser Ebene Vorgaben machen möchte. Die Erfahrung zeigt, dass die hier vorgestellten Modellierungsszenarien sich nach Prinzipien richten, die auch in der Realisierung sinnvoll eingesetzt werden können. Somit könnte sich dann die Implementierung eng nach den hier modellierten Ergebnissen richten und damit eine gute Nachvollziehbarkeit in die Implementierung hinein gewährleistet werden.

Mehr als Black-Box-Anforderungen

Es liegt also an Ihnen zu entscheiden, welche dieser Lösungen Ihnen den Vorteil bringt, der den benötigten Aufwand rechtfertigt. Prinzipiell lässt sich aber sagen, dass Sie in der Rolle eines Auftragnehmers eher mehr als weniger Aufwand in die Dokumentation investieren sollten, da Sie in dieser Rolle auch mehr und detailliertere Vorgaben für die weitere Realisierung machen sollten.

Leider weist unser bisher eingesetztes Beispiel nicht alle Problemstellungen auf, die wir in diesem Abschnitt ansprechen. Deswegen werden wir bei Bedarf auf andere Systeme

⇨ 6, 13

übergehen oder die Lösungsansätze abstrakt darstellen. Dabei gehen wir von der Kenntnis der hier eingesetzten Diagrammtypen, speziell dem Aktivitätsdiagramm und dem Klassendiagramm, aus.

4.8.1 Aufgaben von Systemschnittstellen

Das erste Modellierungsszenario, das wir hier vorstellen, betrifft die Modellierung der Systemschnittstellen. Diese Modellierung ist oft nötig, da Systeme ja selten ganz ohne Nachbarsysteme agieren.

Wenn Sie an Systemschnittstellen denken, fallen Ihnen bestimmt einige Informationen ein, die für die Realisierung des „eigenen" Systems benötigt werden. Eine, vielleicht unvollständige, Aufzählung beinhaltet:

- Der Aufbau von Nachrichten bzw. das Aussehen und die Übergabeparameter bei einem externen Operationsaufruf
- Der fachliche Inhalt der übertragenen Informationen
- Die eventuelle Rückmeldung des externen Systems über den korrekten Empfang einer Nachricht (häufig auch als *Acknowledge* bezeichnet) bzw. die Rückgabewerte bei externen Operationsaufrufen

Für die Modellierung der Systemschnittstellen gilt auch der prinzipielle Ansatz, nur die Aspekte mit Hilfe der UML zu modellieren, die einen Vorteil gegenüber anderen Beschreibungstechniken bringen. So ergibt es unserer Meinung nach keinen Sinn, obwohl durchführbar, den bitgenauen Aufbau von Nachrichten mit Hilfe der UML zu spezifizieren. Sehr wohl kann es aber sinnvoll sein, die technische Rückmeldung eines externen Systems mit in das Modell einfließen zu lassen, wenn zum Beispiel eine ausbleibende positive Rückmeldung den fachlichen Ablauf beeinflussen soll.

Bevor wir eine mögliche Art der Modellierung angeben, lassen Sie uns noch einen anderen Aspekt von Schnittstellen betrachten. Für die Realisierung dieser Schnittstellen werden häufig zusätzlich nicht-funktionale Anforderungen bzgl. der Wiederherstellbarkeit und der losen Kopplung an das betrachtete System gestellt. Diese Anforderungen werden wir nicht nur in der Analysephase erheben, wir können sie auch schon zum Teil bei der Modellierung der Systemschnittstellen in der Analyse berücksichtigen.

Empfangende Schnittstelle

Für die empfangenden Schnittstellen bietet es sich an, das in Abbildung 4.11 dargestellte Muster zu verwenden.

In dieser Abbildung ist ein Ablauf prototypisch vorgegeben, der natürlich auf Ihre speziellen Schnittstellen angepasst werden muss. In ihm sind die aus unserer Sicht wichtigen Aufgaben modelliert, die einem solchen Schnittstellenprozess zugeordnet werden sollten.

Auslöser für Use-Cases ⇨ 4.8.2

Nach dem Empfang einer Nachricht werden zunächst mit den darin enthaltenen Nutzdaten die fachlichen Daten in der Struktur erzeugt, wie sie im Begriffsmodell definiert wurde. Diese Aufgabe kann eine fachliche Interpretation der empfangenen Daten oder auch einen Zugriff auf eine Datenbank bedeuten. Am Ende werden die fachlichen Daten in der Bedeu-

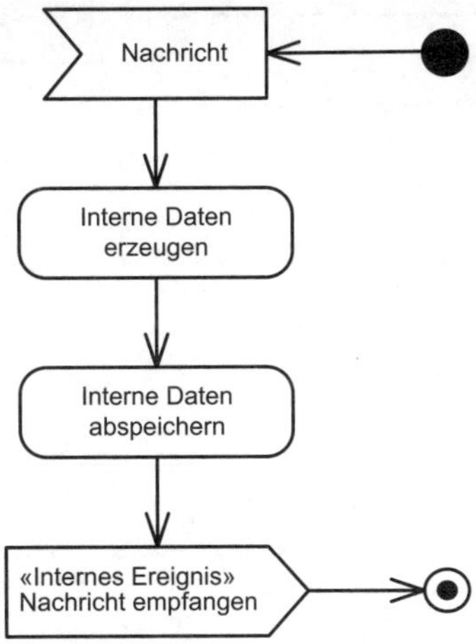

ABBILDUNG 4.11 Empfangen einer Nachricht

tung erzeugt, die innerhalb des betrachteten Systems Gültigkeit hat. Sie müssen dann den fachlichen Prozessen zur Verfügung gestellt werden, zum Beispiel durch eine Persistierung in einer systeminternen Datenbank. Zum Schluss wird das System über den Erhalt der externen Nachricht informiert. Hier bietet es sich an, ein Signal zu versenden, das dann als Auslöser für einen Use-Case dienen kann. Zur Unterscheidung von anderen Signalen haben wir dieses Signal stereotypisiert (`Internes Ereignis`).

Mit Hilfe dieses Musters für empfangende Schnittstellen haben wir primär eine lose Kopplung der Schnittstelle von den fachlichen Prozessen erreicht. Falls ein fachlicher Prozess durch andere Schnittstellensignale ausgelöst werden soll, verändert dies nur den entsprechenden Teil der Schnittstellenmodellierung und nicht den fachlichen Ablauf selbst. Weiterhin sind wir in den fachlichen Abläufen unabhängig davon, wie die Daten in der Schnittstelle übertragen werden. Dort greifen wir nur auf die im Begriffsmodell definierten Strukturen zu.

Sendende Schnittstelle

Bei den sendenden Schnittstellen wollen wir Ihnen zwei Alternativen anbieten.

Enge Kopplung

Die erste Alternative in Abbildung 4.12 stellt eine Möglichkeit dar, das Versenden einer Nachricht eng in den fachlichen Prozess einzubetten. Sie beschreibt eine Aktivität, die als Verhaltensaufruf in einem fachlichen Prozess genutzt werden kann. Hierbei kann dann der fachliche Prozess auf eventuelle Fehler beim Versenden reagieren.

In dem Vorschlag in Abbildung 4.12 wird die Nachricht vor dem Versenden zusammengestellt, das Pendant zur Aktion `Interne Daten erzeugen` aus Abbildung 4.11. Auch hier kann es notwendig sein, die zu versendenden Daten aus einer Datenbank zu lesen und daraus dann die Nachricht entsprechend des gewünschten Aufbaus zu erzeugen. Der verwendete Timeout soll andeuten, dass für eine bestimmte Zeit auf eine Bestätigung des externen Systems gewartet wird. Trifft diese Bestätigung innerhalb der angegebenen Zeit nicht ein, ist die Übertragung nicht erfolgreich gewesen.

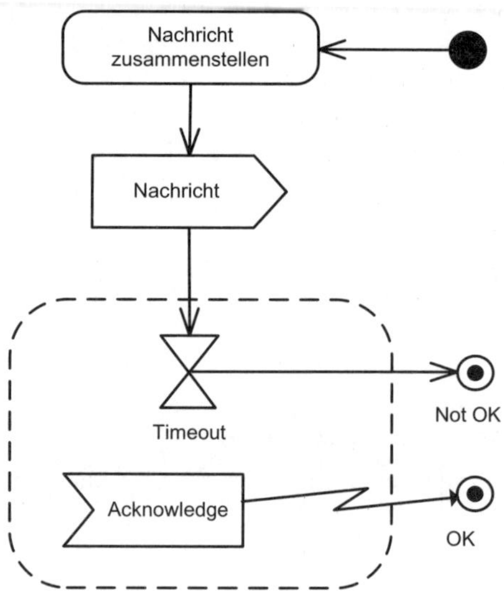

ABBILDUNG 4.12 Enge Kopplung beim Versenden

Lose Kopplung

Eine losere Kopplung zwischen der Schnittstelle und dem fachlichen Ablauf ist in Abbildung 4.13 beschrieben. Hier wird als Start für das Versenden auf ein Signal gewartet, das den weiter oben eingeführten Stereotyp `Internes Ereignis` besitzt.

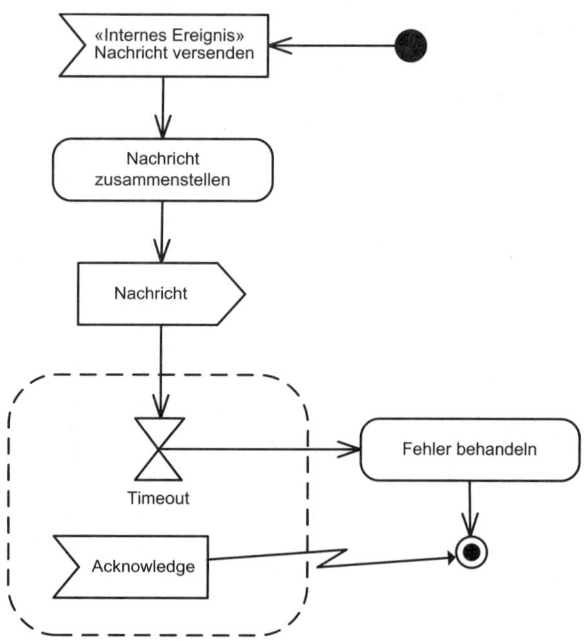

ABBILDUNG 4.13 Lose Kopplung beim Versenden

Die lose Kopplung in Abbildung 4.13 spiegelt sich auch darin wider, dass im Rahmen des Schnittstellenprozesses, und nicht im fachlichen Ablauf, eine Fehlerbehandlung durchgeführt wird.

4.8.2 Modellierung der Use-Case-Auslöser

Wie wir in Abschnitt 4.4.2 erläutert haben, wird der Ablauf eines Use-Cases durch einen Auslöser gestartet. Für die Modellierung dieses Auslösers existieren nun verschiedene Möglichkeiten.

Integration des Auslösers in den Ablauf

Bei dieser Art der Modellierung wird der Auslöser des fachlichen Ablaufs direkt in diesen fachlichen Ablauf integriert. Ein Beispiel dafür ist in Abbildung 4.5 dargestellt. Wie bereits an dieser Stelle beschrieben, weist der Ablauf in Abbildung 4.4 keinen solchen Auslöser auf. Wollen wir diesen nun in den Ablauf integrieren, so entsteht das in Abbildung 4.14 gezeigte Diagramm.

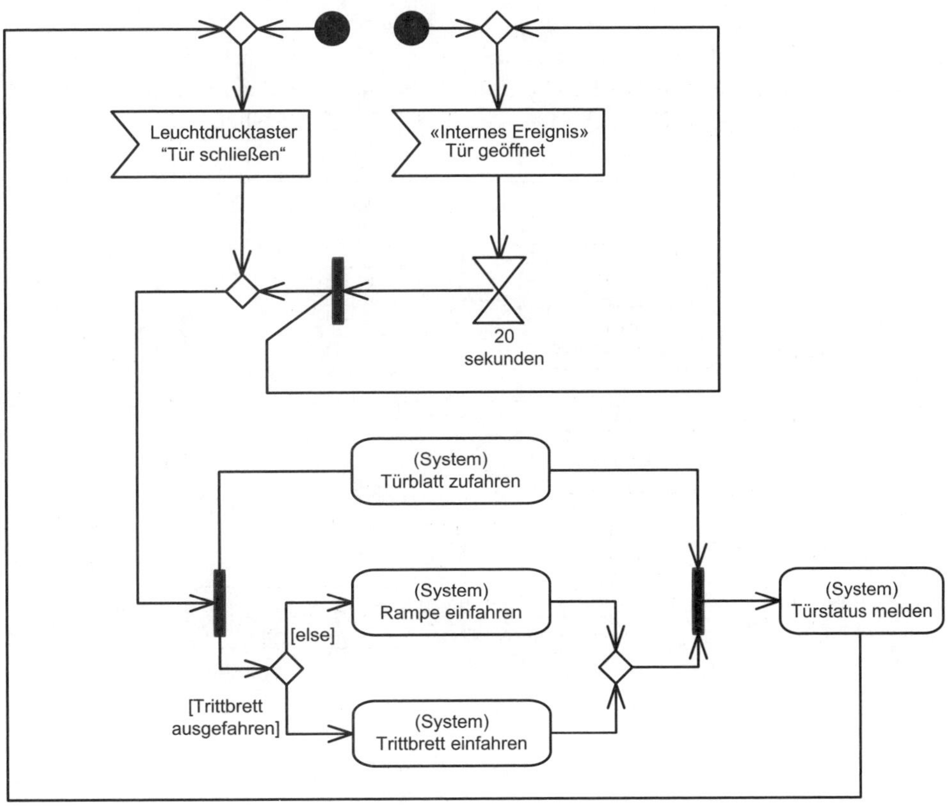

ABBILDUNG 4.14 Integration der Auslöser

Dabei gehen wir davon aus, dass eine Tür entweder durch die Betätigung eines Leuchtdrucktasters oder nach einer gewissen Zeit (`20 Sekunden`) automatisch schließt.

Bei dieser Art der Modellierung fallen zwei Dinge auf:

- Der Teil des Diagramms, der sich mit dem Auslöser beschäftigt, nimmt einen großen Teil des Ablaufs ein. Der Fokus liegt im Diagramm nicht auf dem Ablauf an sich.
- Diese Aktivität kann so nicht mehr als Verfeinerung der Aktion `Tür schließen` in der Verfeinerung des Use-Cases `Türen schließen` (Abbildung 4.5) genutzt werden.

Gerade wegen des zweiten Punkts bietet sich eher eine andere Art der Modellierung an, die Auslagerung der Auslöser.

Auslagerung der Auslöser

In der Regel verwenden wir diese Art der Modellierung der Auslöser, und zwar unabhängig davon, ob der beschriebene Use-Case als Verfeinerung in einem anderen Ablauf benötigt wird. Hierdurch werden unsere Modelle übersichtlicher und einfacher erweiterbar, wenn z. B. ein weiterer Auslöser hinzugenommen werden soll.

Damit ergibt sich als eigenständiger Auslöseprozess das Diagramm in Abbildung 4.15, in dem der eigentliche Ablauf als Verhaltensaufruf referenziert wird.

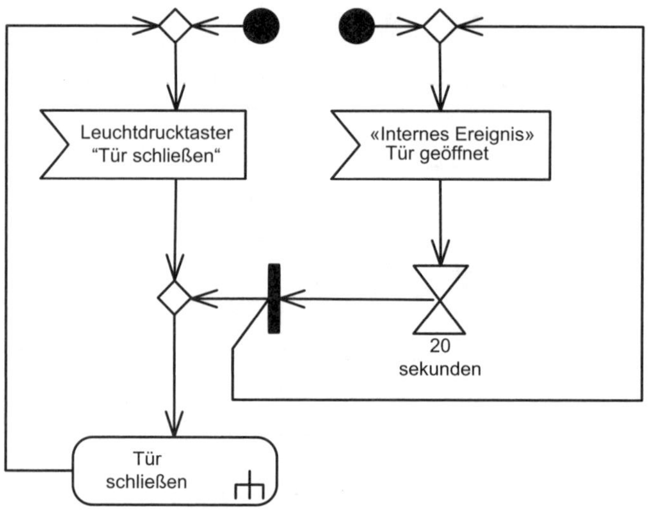

ABBILDUNG 4.15 Auslagerung der Auslöser

Auch in diesem Diagramm haben wir von einem internen Ereignis Gebrauch gemacht. Das Ereignis `Tür geöffnet` beschreibt eine Änderung in dem betrachteten System mit einer fachlichen Relevanz und muss von dem Use-Case `Tür öffnen` erzeugt werden.

4.8.3 Modellierung von Interaktionen in Dialogen

In sehr vielen Fällen werden die Systeme mit ihrer Umwelt, also externen Systemen oder einem Benutzer, interagieren. Die mehr technische Betrachtung der Schnittstellen zu externen Systemen haben wir in Abschnitt 4.8.1 vorgestellt. In diesem Abschnitt betrachten wir, wie diese Interaktionen in Zusammenhang mit einer Dialogdarstellung in einen fachlichen Ablauf eingebettet werden können.

Auch für dieses Problem existieren natürlich mehrere Möglichkeiten zur Modellierung. Wir stellen hier nur eine Modellierungsmöglichkeit vor, die universell einsetzbar ist, jedoch demnach auch an Ihr Problem adaptiert werden muss.

Dabei gehen wir von den in Abbildung 4.16 dargestellten allgemeinen Aufgaben aus, die Ihr System in dem Bereich der Benutzerinteraktionen leisten muss.

Innerhalb eines fachlichen Ablaufs wird Ihr System zunächst einige Aktionen durchführen, um die Daten, die dem Benutzer angezeigt werden sollen, zu sammeln oder zu erzeugen. Danach werden dann die Daten angezeigt und auf Interaktionen gewartet. Diese Interaktionen können nun unterschiedlicher Art sein:

- Der Benutzer hat einen angezeigten Wert geändert (in einem editierbaren Feld).
- Der Benutzer hat eine Aktion ausgelöst (z. B. durch Betätigung eines Buttons in der Oberfläche).
- Ein externes System oder das betrachtete System hat neue Daten geliefert.
- Ein externes System oder das betrachtete System hat ein Ereignis geliefert, woraufhin eine Aktion ausgelöst werden soll.

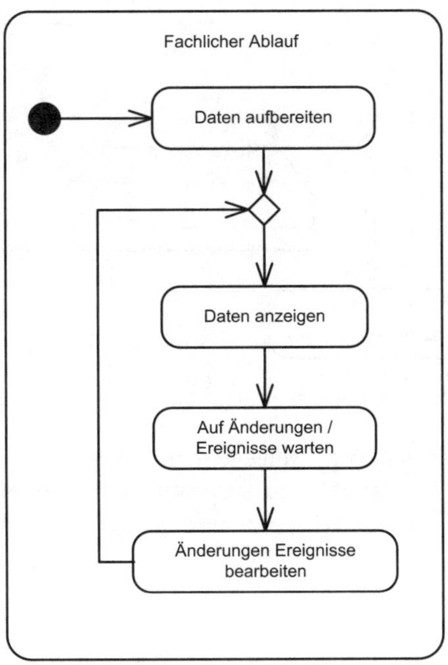

ABBILDUNG 4.16 Allgemeine Aufgaben bei Dialogen mit Interaktionen

In allen Fällen wird Ihr System die Eingaben verarbeiten und dann die Änderungen an der Oberfläche sichtbar machen müssen (in Abbildung 4.16 durch ein erneutes Anzeigen der Daten).

Für die Modellierung dieses Sachverhalts bietet sich das in Abbildung 4.17 dargestellte Muster an.

In Abbildung 4.17 haben wir als zentrales Notationselement einen Unterbrechungsbereich eingesetzt. Dieser erlaubt uns, die Aktion `Daten anzeigen` ohne ausgehende Kante zu modellieren. Sie läuft demnach unendlich lange, bzw. bis sie durch einen Signalempfang im Rahmen des Unterbrechungsbereichs unterbrochen wird. Die eigentliche Verarbeitung der Ereignisse kann dann ereignisspezifisch modelliert werden. Mit der in Abbildung 4.13 vorgestellten Separierung der Schnittstelle und der damit verbundenen Erzeugung eines internen Ereignisses ist in diesem Kontext nicht zwingend sichtbar, von wem das Ereignis E1 produziert wurde. Dem Ereignis `Abbruch` haben wir keinen expliziten Stereotyp gegeben, da wir nicht festlegen wollten, ob dieses Ereignis vom Benutzer oder durch ein System erzeugt wird.

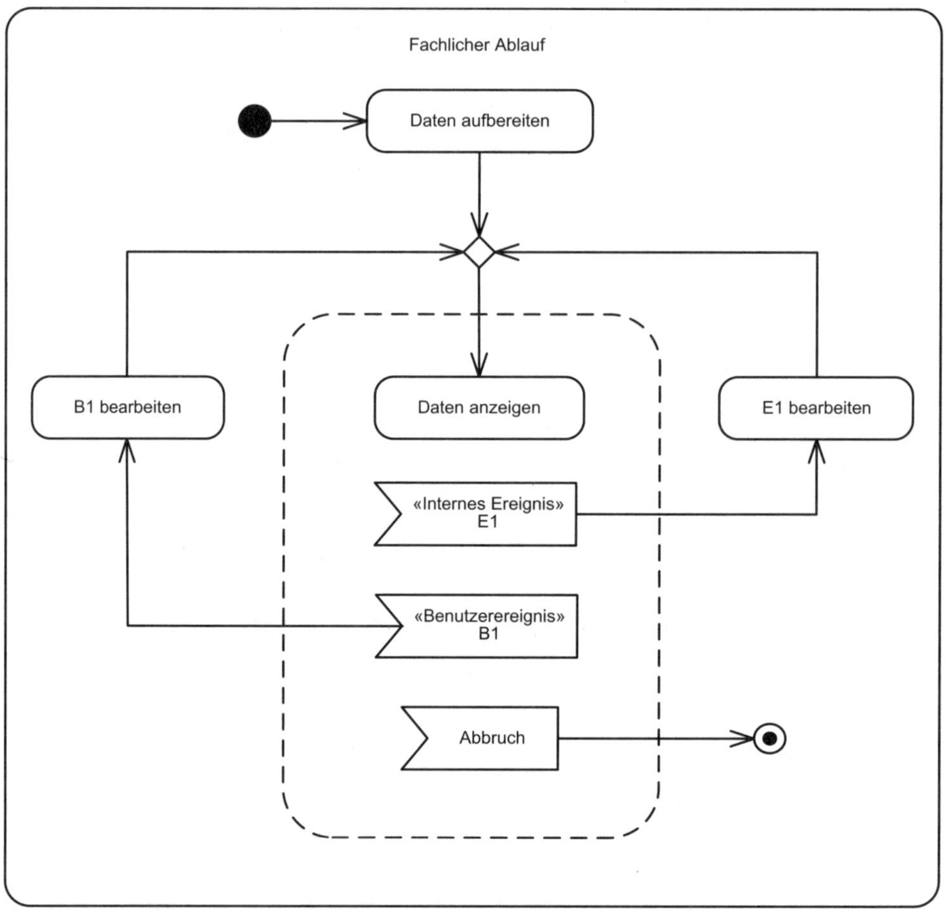

ABBILDUNG 4.17 Muster zur Modellierung von Interaktionen

Falls das so entstehende Diagramm zu komplex wird, können die Signalempfangsaktionen zusammen mit ihren Bearbeitungen auch in einer oder mehreren Aktionen zusammengefasst werden. Es ergeben sich dann die beiden folgenden Diagramme:

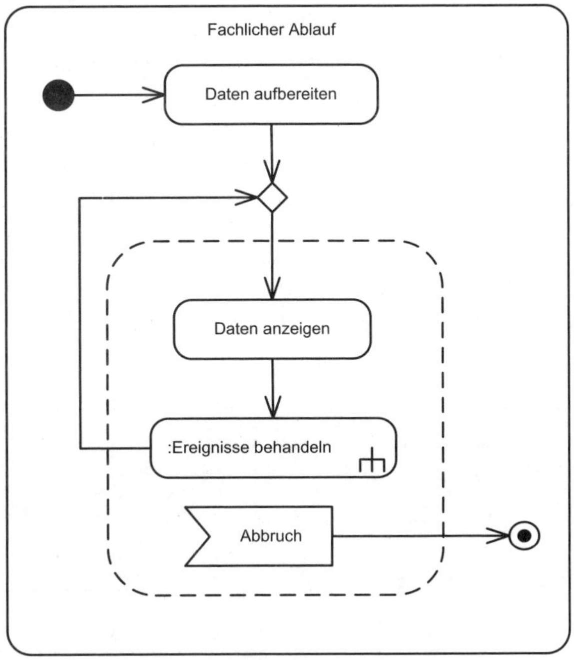

ABBILDUNG 4.18 Eine andere Art der Modellierung von Interaktionen

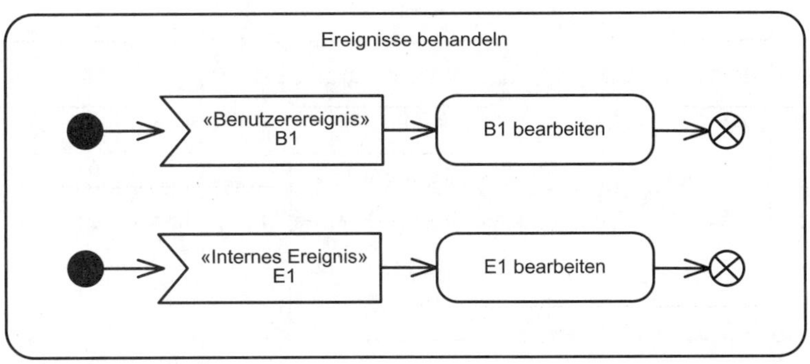

ABBILDUNG 4.19 Die Verfeinerung der Aktion `Ereignisse behandeln`

Beachten Sie, dass es hier zwingend erforderlich ist, die möglichen Beendigungen auf der oberen Ebene, also in dem Diagramm aus Abbildung 4.18, zu modellieren, da dieser Signalempfang Auswirkungen auf den Ablauf in dieser Ebene hat.

Der Teufel steckt im Detail

Dem erfahrenen UML-Modellierer wird auffallen, dass bei korrekter Anwendung des Token-Prinzips die in Abbildung 4.18 und Abbildung 4.19 dargestellte Art der Modellierung nicht semantisch äquivalent zu dem Diagramm in Abbildung 4.17 ist. So kann in dem Diagramm zum Beispiel während der Bearbeitung von B1 ein weiteres Signal E1 empfangen werden. Dies liegt daran, dass die Bearbeitungsaktionen indirekt innerhalb des Unterbrechungsbereichs angeordnet sind. Um diesen Missstand zu beseitigen, können Sie eine natürlich-sprachliche Anforderung spezifizieren, die dies verhindert. Wir haben in Abbildung 4.20 das Diagramm aus Abbildung 4.18 entsprechend erweitert.

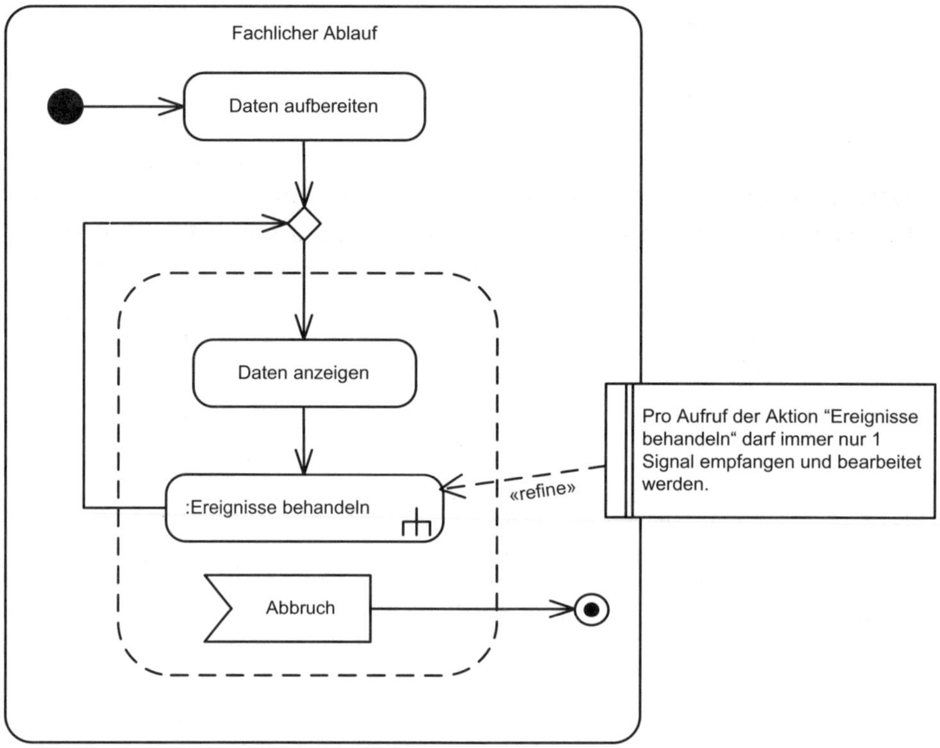

ABBILDUNG 4.20 Vollständige Modellierung des Musters zur Interaktion

⇨ 4.7

Wir haben hier, wie in Abschnitt 4.7 vorgestellt, die natürlich-sprachliche Anforderung mittels einer refine-Beziehung mit der entsprechenden Aktion verbunden.

4.8.4 Modellierung einer SOA

⇨ 10

Service-Orientierte Architekturen (SOA) sind ein Stichwort, das gerade in den letzten Jahren sehr viel an Bedeutung gewonnen hat (siehe auch die Expertenbox in Kapitel 10). Nun stellt sich natürlich als Erstes die Frage, wieso die Analysephase von der Modellierung einer speziellen Form der Architektur betroffen ist. Dies liegt in der Natur der SOA begründet, bei der sich die Geschäftsprozesse aus Services zusammensetzen. Um diese Services verwenden zu können, müssen sie adäquat beschrieben werden. Diese Aufgabenstellung entspricht aber genau der Aufgabe einer Analyse, bei der wir ja das Verhalten eines Gesamtsystems beschreiben wollen.

Leider ist es, wie schon weiter oben angedeutet, nicht nur mit einer einfachen Änderung des Betrachtungsgegenstands der Analyse getan. Durch die Paradigmen der SOA ist vorgegeben, was zu einem Service beschrieben werden sollte. Wir müssen in einer Methodik also mehr Vorgaben machen, welche Diagramme zu welchem Zweck eingesetzt werden sollten.

Bei der Analyse eines Services werden Sie im Allgemeinen mit zahlreichen Begriffen konfrontiert, die miteinander in engem Zusammenhang stehen. Die Begriffe, für die wir Ihnen in diesem Abschnitt Modellierungsvorschläge geben, sind in der folgenden Aufzählung grob definiert.[8]

- *Service*: Ein Service bündelt eine Reihe von ähnlichen Diensten, die von ihm bereitgestellt werden. Er wird im Allgemeinen von einer Organisationseinheit verantwortet.
- *Serviceoperation*: Ein Dienst, der von einem Service zur Verfügung gestellt wird und von anderen Services oder Anwendungen genutzt werden kann.
- *Datentransferobjekt (DTO)*: Der Typ eines Ein- oder Ausgabeparameters einer Serviceoperation. Es wird zum Transport der benötigten Daten zwischen den Services genutzt.

Neben diesen Begriffen spielen bei der Definition von Services natürlich noch eine Menge weiterer Begriffe wie Rechte/Rollen, Versionierung, Konfiguration etc. eine entscheidende Rolle. Da wir diese in diesem Abschnitt jedoch nicht betrachten, überlassen wir die Integration dieser Begriffe in ein übergreifendes Konzept zur Behandlung von Services dem geneigten Leser.

Modellierung der Services

Services als Komponenten modellieren

Da die Services eine Menge von Diensten, sprich Serviceoperationen, zusammenfassen und demnach für sich betrachtet keine Funktionalität repräsentieren, bietet es sich an, die Services mit einer Komponente zu modellieren. Um sie von anderen Komponenten in dem Modell zu unterscheiden, verwenden wir auch hier wieder einen Stereotyp: «Service».

SLA als natürlich-sprachliche Anforderungen

Mit dem Service haben wir so den Betrachtungsgegenstand der weiteren Beschreibung festgelegt. Er besitzt die Serviceoperationen, die im nachfolgenden Abschnitt beschrieben werden. Weiterhin kann er mit natürlich-sprachlichen Anforderungen angereichert werden, die die Eigenschaften der Services beschreiben, also nicht-funktionale Anforderungen. Sie sind die Basis für die Nutzungsvereinbarungen (SLA = Service Level Agreement), die zwischen dem Service-Anbieter und seinen Nutzern geschlossen werden.

Zusätzlich können Sie die Verbindung verschiedener Services, ähnlich wie in einer funktionalen Sicht der Architektur, in einem Diagramm beschreiben.

Abbildung 4.21 zeigt die Zusammenarbeit dreier Services aus einem System, das dem Kauf und der Reservierung von Fahrkarten für registrierte Benutzer dienen könnte. Die dazu benötigten Funktionalitäten werden von den Services in Form von Schnittstellen zur Verfügung gestellt; sie werden im folgenden Abschnitt beschrieben.

[8] Für die hier vorgestellten Begriffe existieren in der Literatur zahlreiche unterschiedliche Definitionen. Wir haben hier die Definitionen gewählt, die unserer Meinung nach den besten Überblick über den Einsatz einer SOA auf Realisierungsebene geben.

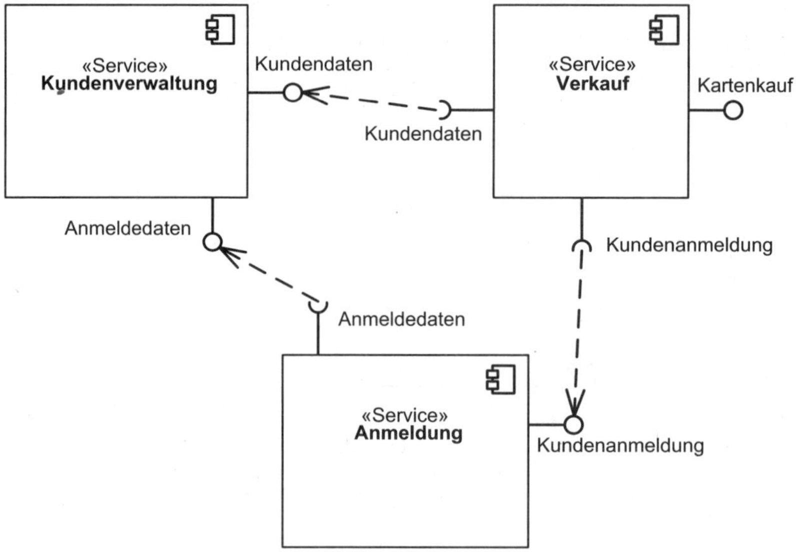

ABBILDUNG 4.21 Zusammenarbeit verschiedener Services

Modellierung der Serviceoperationen

Für die Modellierung der Serviceoperationen bieten sich unterschiedliche Arten an. Wir stellen hier zwei Arten vor, da wir auf der einen Seite das Verhalten dieser Operationen und auf der anderen Seite die Verwendung dieser Services beschreiben wollen.

Serviceoperationen als Aktivitäten modellieren

Zur Beschreibung des Verhaltens bieten sich, wie in der Use-Case-Analyse, Aktivitätsdiagramme an. Eine Serviceoperation wird dabei durch eine Aktivität modelliert, die dann durch ein Aktivitätsdiagramm beschrieben wird. Dabei kommen alle weiter oben eingeführten Prinzipien zum Tragen. Achten Sie hierbei jedoch darauf, wirklich nur das Verhalten zu modellieren, das für die Nutzer der Serviceoperation interessant ist. Diese werden sich nicht für die Interna der Serviceoperationen interessieren.

Serviceoperationen sind Schnittstellenoperationen

Eine andere Art, die Serviceoperationen zu definieren, ist schon indirekt in Abbildung 4.21 eingeführt: Definieren Sie die Serviceoperationen als Schnittstellenoperationen der Komponente, die diese Dienste anbietet. Damit werden diese Operationen automatisch zu Operationen der realisierenden Komponente, und somit wird eine solche Operation durch eine Aktivität repräsentiert.

Mit dieser Art der Darstellung haben Sie auch die Möglichkeit, das dynamische Zusammenspiel der Serviceoperationen in einem Sequenzdiagramm formal korrekt zu beschreiben. Die Interaktionspartner dabei sind dann die Services, die ihre Serviceoperationen gegenseitig nutzen.

In Abbildung 4.23 haben wir nur den Ausnahmefall betrachtet, dass die Anmeldung fehlschlägt. Um das Diagramm zu vervollständigen, müssten die anderen Ausnahmefälle natürlich noch mit betrachtet werden. Weiterhin haben wir den Kunden, der den Ablauf startet, mit in das Diagramm aufgenommen, um einen definierten Auslöser als Startpunkt zu beschreiben.

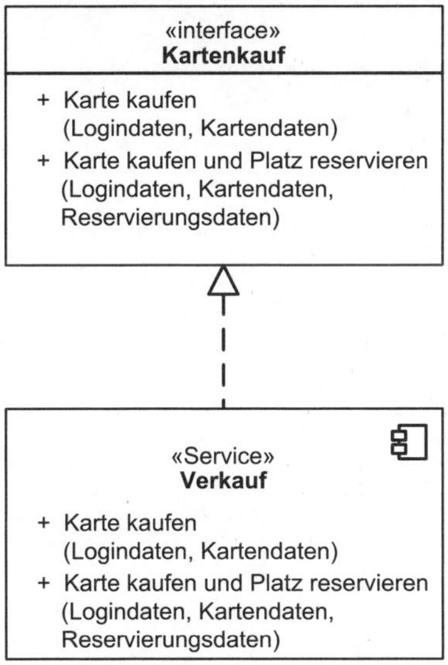

ABBILDUNG 4.22 Serviceoperationen als Schnittstellenoperationen

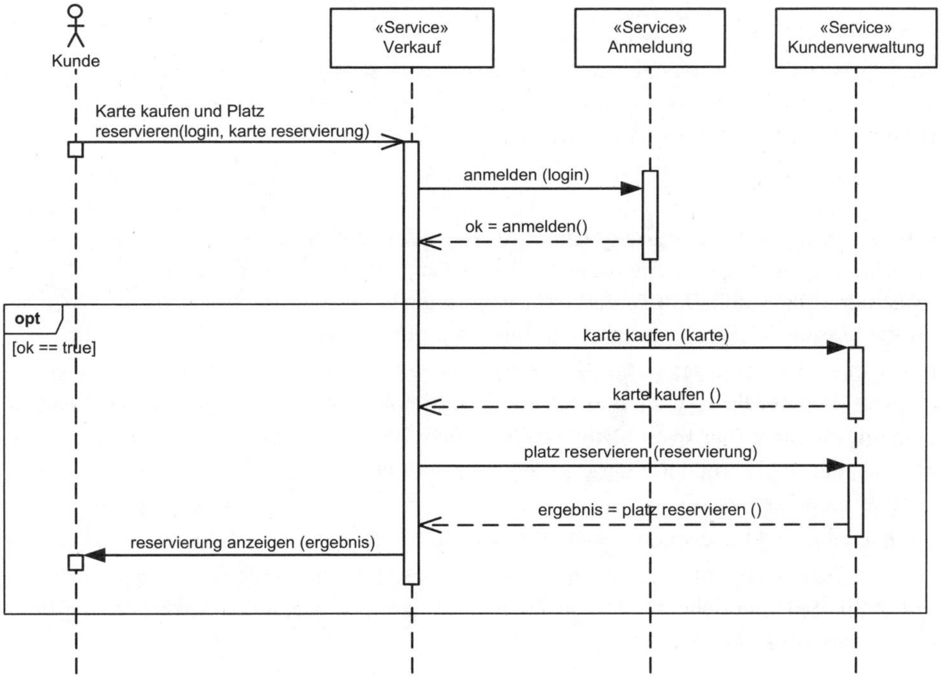

ABBILDUNG 4.23 Dynamisches Zusammenspiel der Services

Modellierung der DTOs

Auch bei der Modellierung einer SOA werden die Klassendiagramme eine wichtige Rolle spielen. Wie weiter oben beschrieben, wollen wir in diesen Diagrammen die fachlich relevanten Begriffe definieren. Im Rahmen einer SOA-Beschreibung werden jedoch zusätzlich die Daten relevant, die zwischen den Services ausgetauscht werden. Sie tauchen ja als Parameter bei den Serviceoperationen auf (siehe Abbildung 4.22).

Achten Sie darauf, diese Transferobjekte als solche zu kennzeichnen. Dies erreichen Sie wieder am leichtesten über die Verwendung eines Stereotyps. Damit erhalten Sie Klassendefinitionen, wie in Abbildung 4.24 angedeutet.

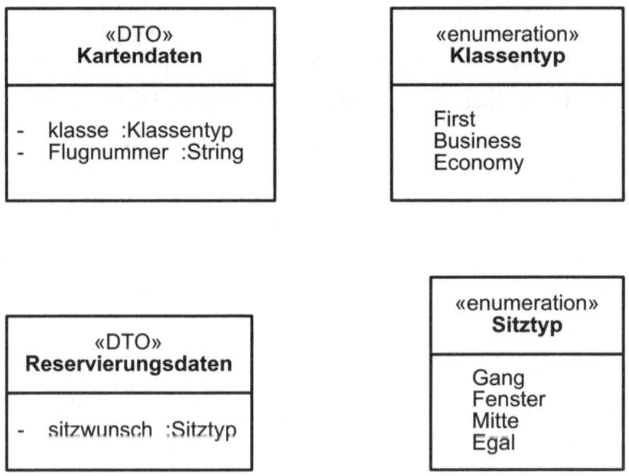

ABBILDUNG 4.24 Definition der Transferobjekte

4.8.5 Weitere Tipps zur Modellierung von Anforderungen

Detaillierungstiefe in der Analyse

An dieser Stelle möchten wir Ihnen noch ein paar Tipps geben, wie weit Sie die Detaillierung in der Use-Case-orientierten Analyse treiben sollten. Denn es besteht die Gefahr, dass Sie in Ihrem Projekt sehr viel Zeit und Aufwand in Arbeiten investieren und Vorgaben machen, die später während der Realisierung doch wieder revidiert werden müssen.

Als erster wichtiger Punkt ist hier natürlich die Kapazität zu nennen, die Ihnen zur Verfügung steht. Wenn wir davon ausgehen, dass diese nicht der beschränkende Faktor ist, so können wir zwei allgemeine Regeln angeben, die die Detaillierungstiefe bestimmen.

Maximale Detaillierungstiefe

Für die maximale Detaillierungstiefe gibt es eine relativ einfache Regel: Gehen Sie maximal so tief, bis Sie eine Aktion aus dem Aktivitätsdiagramm genau einer Komponente Ihres Systems zuordnen können.

Dies bedeutet natürlich, dass Sie während der Analyse Wissen über die Komponenten Ihres Systems besitzen müssen. Obwohl dies eigentlich nicht in der Analyse betrachtet werden sollte, werden Sie trotzdem wenigstens die groben Komponenten Ihres Systems schon zu einer frühen Phase der Entwicklung kennen. Zudem werden die Analyse- und Architekturschritte ja nicht wasserfallartig durchgeführt. Sie werden an diesen beiden Tätigkeiten im Allgemeinen parallel oder im Wechselspiel arbeiten.

Vorgaben für die Realisierung

Eine etwas anders gelagerte Art von Regel besagt, dass Sie so weit detaillieren sollten, bis Ihnen jede Art der Realisierung der entsprechenden Aktion recht ist. Wenn es Ihnen zum Beispiel wichtig ist, in welcher Reihenfolge verschiedene Daten eingegeben werden müssen, sollten Sie die Aktion „persönliche Daten eingeben“ mit einem Aktivitätsdiagramm verfeinern.

Ansonsten brauchen Sie nur anzugeben, welche Daten eingegeben werden sollen. Dies würden Sie wahrscheinlich über natürlich-sprachliche Anforderungen angeben, womit die Verfeinerungshierarchie an dieser Stelle beendet wäre (oder über eine Verbindung zum Begriffsmodell, siehe Abschnitt „Inhalte des Begriffsmodells“ am Ende dieses Kapitels). Oder anders formuliert: Detaillieren Sie so tief, bis Sie all Ihre Anforderungen formulieren konnten.

Vollständigkeit der Anforderungen

Ein gerade in konventionellen Auftraggeber-Auftragnehmer-Verhältnissen wichtiges Qualitätskriterium ist die Vollständigkeit von Anforderungen. Durch die Verwendung der UML wird dieser Aspekt von Haus aus schon unterstützt. So werden Sie z. B. relativ klar darauf hingewiesen, bei einer Entscheidung alle möglichen Fälle zu betrachten. Aber es gibt noch ein paar weitere Tricks, die Ihnen helfen, Ihre Anforderungen vollständig zu modellieren.

Eine sehr einfache Möglichkeit besteht darin, in Aktivitätsdiagrammen vor einer Entscheidung eine Aktion einzuführen, um die Kriterien, nach denen nach der Entscheidung verzweigt wird, zu überprüfen. Es hat sich als sinnvoll herausgestellt, solche Prüfaktionen methodisch zu fordern, wenn sich die Entscheidung auf mehr als einen Vergleich eines Attributwertes bezieht. Weiterhin haben Sie hier einen Anknüpfungspunkt für die sogenannten Geschäftsregeln, die viele dieser fachlichen Entscheidungen beeinflussen werden.

Aufwändiger, aber auch erfolgreicher wird die Prüfung auf Vollständigkeit der Anforderungen, wenn Sie für kritische Aspekte verschiedene Sichten auf Ihr System modellieren. Zur Erläuterung nehmen wir als Beispiel unser oben eingeführtes Zugtürsteuerungssystem.

Die Anforderungen an eine Tür werden eine zentrale Rolle im Rahmen der Anforderungsanalyse spielen. Deswegen sollten wir diese Tür aus verschiedenen Sichten heraus betrachten. Die erste Sicht ist in Abschnitt 4.4 vorgestellt: eine funktionale Sicht, nach Use-Cases strukturiert, die die Funktionen des Systems (und im Speziellen der Tür) in den Mittelpunkt rückt.

⇨ 4.4

Aktivitätsdiagramme bleiben führend

Neben den dort erstellten Aktivitätsdiagrammen können Sie auch Sequenzdiagramme einsetzen, um die Benutzerinteraktionen mit der Tür in einen Ablauf zu setzen. Hierdurch legen Sie den Fokus auf die Betrachtung der Kommunikation zwischen Benutzer und System. Überprüfen Sie Ihre Diagramme, indem Sie die Abläufe aus den Sequenzdiagrammen in den Aktivitätsdiagrammen nachvollziehen. So erkennen Sie, ob Änderungen oder Erweiterungen in den Aktivitätsdiagrammen notwendig sind.

⇨ 4.5

Eine dritte Sicht auf die Anforderungen an die Tür ist in Abschnitt 4.5 beschrieben. Mit einem Zustandsautomaten „bündeln“ Sie die Teile aus verschiedenen Aktivitätsdiagrammen, die sich auf einen Betrachtungsgegenstand beziehen. Erstellen Sie einen Zustandsautomaten für die Tür, indem Sie die Aktionen in den Aktivitätsdiagrammen betrachten, die den Zustand einer Tür ändern. Danach muss der entstandene Zustandsautomat bewertet werden, um z. B. neue Zustände oder weitere Übergänge zu finden. Entspricht der Automat Ihren Erwartungen, können Sie wiederum einen Abgleich mit den Aktivitätsdiagrammen durchführen.

Gerade bei dieser Sichten-Bildung ist es erforderlich, die Möglichkeiten der UML bezüglich der Verbindungen zwischen den Diagrammen auszunutzen (siehe nachfolgenden Abschnitt).

Die verschiedenen Sichten auf ein Objekt führen zu einem sehr starken Zusammenhang zwischen den verschiedenen Diagrammen, der sich auf jeden Fall in Ihrem Modell widerspiegeln sollte.

Verbindungen zwischen Diagrammen

Die konsequente Verwendung der UML bietet einen entscheidenden Vorteil gegenüber der Verwendung von Bildern, die Sie vielleicht in PowerPoint erstellt haben: Wir modellieren alle Diagramme in einem gemeinsamen Modell. Damit haben Sie die Möglichkeit, ein Modellelement in verschiedenen Diagrammen mehrfach zu verwenden, und schaffen so einen Weg, um einen Zusammenhang zwischen den Diagrammen im Modell herzustellen. Diesen Zusammenhang können Sie dann z. B. bei einer Impact-Analyse ausnutzen, indem Sie schnell (über die mehrfache Verwendung eines Modellelements) zu den von einer Änderung betroffenen Teilen des Modells navigieren können.

Die verschiedenen Verbindungsmöglichkeiten zwischen zwei Diagrammen eines Typs sind größtenteils schon durch die UML vorgegeben. So kann ein Signal in einem Aktivitätsdiagramm erzeugt und in einem anderen Aktivitätsdiagramm konsumiert werden. Aber es werden darüber hinaus noch methodisch sinnvolle Verbindungen zwischen Diagrammen unterschiedlichen Typs existieren. Hier gilt: Wann immer Sie ein und dasselbe „Ding" (ein fachliches Objekt, eine fachliche Tätigkeit etc.) in mehreren Diagrammen verwenden wollen, sollte dieses „Ding" nur einmal in Ihrem Modell als Modellelement auftauchen. Als Beispiel betrachten wir nun zwei Elemente eines Aktivitätsdiagrammes.

Die wohl offensichtlichste Verwendung „fremder" Modellelemente in einem Aktivitätsdiagramm ist die Verwendung von Klassen bzw. Attributen von Klassen, die in einem Klassendiagramm erstellt wurden. In der Analyse modellieren wir so die fachlichen Begriffe, die sinnvollerweise einen Bezug zu den fachlichen Abläufen haben. Sie können die Klassen im Aktivitätsdiagramm als Objektknoten und damit auch als Ein- und Ausgabepins von Aktionen bzw. als Aktivitätsparameter verwenden. So drücken Sie aus, welche fachlichen Daten von einer Aktion erzeugt bzw. konsumiert werden.

Aktionen ⇨ 13.4.1

Weiterhin besteht eventuell auch in Ihrem Werkzeug die Möglichkeit, Signalsende- bzw. Signalempfangsaktionen mit Klassen zu verbinden. Gerade wenn diese Ereignisse einen fachlich relevanten Inhalt besitzen, sollten sie auch im Begriffsmodell als eigene Klassen modelliert werden.

Bitte beachten Sie: Wir gehen bei dieser mehrfachen Verwendung eines Modellelements davon aus, dass Ihr UML-Werkzeug dies auch ermöglicht. Das könnte an manchen Stellen schwierig werden, besonders da wir an einigen Stellen die UML etwas interpretieren. Dies ist unserer Meinung nach aber sinnvoll, da wir größtmöglichen Nutzen aus der Anwendung der UML ziehen wollen.

Das Begriffsmodell ⇨ 4.6

Inhalte des Begriffsmodells

Wie schon zu Beginn des Abschnitts 4.8 erwähnt, werden Sie bei der Anwendung der hier vorgestellten Modellierungsszenarien vor die Frage gestellt, wie viel von dem rein internen Systemverhalten Sie schon in der Analyse modellieren wollen. Während diese Entscheidung bei den Aktivitätsdiagrammen relativ einfach zu treffen ist, fällt dies bei der Modellierung der Begriffsmodelle im Allgemeinen schwerer. Wir wollen diese Problematik mit dem Synonym „fachliche Begriffe versus interne Daten" beschreiben.

In erster Instanz dient das Begriffsmodell dazu, die fachlich relevanten Begriffe zu definieren bzw. in Zusammenhang zu setzen. Dies schließt zunächst z. B. die Betrachtung von Daten, die in einer Datenbank persistent gemacht werden sollen, aus. Jedoch werden auch diese eventuell von einem gewissen Interesse für Ihren Auftraggeber sein. Zumindest dann, wenn diese Daten auch im Rahmen einer Auswertung zur Verfügung stehen sollen.

Der in diesem Abschnitt eingeführte Vorschlag der Verwendung von *Internen Ereignissen* weist eine ähnliche Grauzone auf. Auf der einen Seite dienen diese der Entkopplung der einzelnen Funktionalitäten, auf der anderen Seite beschreiben sie aber auch fachlich relevante Ereignisse in Ihrem System.

Was also tun? Die Lösung für dieses Problem liegt wie so oft im Transparent-Machen des Problems. Mit anderen Worten: Kennzeichnen Sie im Klassendiagramm, von welchem Typ der entsprechende Begriff ist. In der UML bietet sich dafür die Verwendung von Stereotypen an. Den Stereotyp *Internes Ereignis* haben wir ja schon weiter oben informell eingeführt. Weiterhin bietet es sich an, die Stereotypen *fachlich relevant* und *intern* einzuführen, um die Relevanz der Begriffe für den Auftraggeber oder Fachbereich zu kennzeichnen.

Eine andere (oder ergänzende) Möglichkeit bietet Ihnen die bereits vorgestellte Sichten-Bildung. Erstellen Sie unterschiedliche Diagramme, in denen die jeweils relevanten Begriffe auftauchen. So entstehen dann eine Anzahl von Diagrammen, die vom Fachbereich gelesen werden sollten, und parallel dazu Diagramme, die für die weitere Entwicklung Relevanz haben. Dabei sollten Sie aber beachten, dass die Begriffe, die Sie zum Beispiel als Ein-/Ausgabepins in den Aktivitätsdiagrammen verwendet haben, allen Lesern dieser Aktivitätsdiagramme zugänglich sein müssen.

5 Die UML in der Realisierung

Nachdem wir in Kapitel 4 den Einsatz der UML im Rahmen der Analysetätigkeiten vorgestellt haben, möchten wir Ihnen in diesem Kapitel die Anwendung der UML in den weiteren Phasen der modellgetriebenen Entwicklung vorstellen.

Im Anschluss an eine Systemanalyse, die ja unser Beispiel in Kapitel 4 war, beschäftigen wir uns mit der Systemarchitektur, also der Zerlegung unseres Zugtürsystems in unterschiedliche Komponenten. In diesem Schritt werden die Bestandteile des Systems gefunden, unter anderem die Software, die potenziell in dem System enthalten ist. Deren Aufgaben werden dann in der Softwareanalyse genauer beschrieben und im Rahmen der Entwicklung einer Softwarearchitektur realisierungstechnisch betrachtet. Den Abschluss der modellgetriebenen Entwicklung bildet das Feindesign, das die nachfolgende Programmierung vorbereitet.

In diesem Kapitel werden nicht auf die Generierung der Software eingehen. Natürlich wird die Modellierung der Software dadurch beeinflusst, jedoch sind dabei soviele Eigenschaften der Generatoren zu berücksichtigen, dass wir uns dadurch zu sehr einschränken würden.

Prinzipiell gilt aber auch in diesem Kapitel, dass wir nur eine unter vielen möglichen Methoden vorstellen. Und auch diese gilt es, an Ihre Projektbedürfnisse anzupassen (vergleiche auch Abschnitt 4.1).

Methodische Anwendung der UML

⇨ 4.1

5.1 Systemarchitektur

5.1.1 Aufgaben

Aufgabe: System zerlegen

Haben wir in der Systemanalyse das System bisher noch als Ganzes betrachtet, so dient die Systemarchitektur dazu, die Einheiten festzulegen, aus denen das System besteht. Für das Gesamtsystem wechseln wir nun von der Black-Box-Sicht zur White-Box-Sicht. Hierzu wird das System in eine Vielzahl kleiner Einheiten unterteilt, die als Gesamtheit das System repräsentieren. Die Unterteilung dient nicht nur der Übersichtlichkeit und Vereinfachung für die Implementierung, sondern vor allem dazu, die Hardware- und Softwareeinheiten des Systems zu bestimmen. Auch für den Fall, dass die Systementwicklung nicht komplett von Ihnen oder Ihren Kollegen durchgeführt wird, sondern Teile des Systems von Zulieferern realisiert werden, ist die Unterteilung des Systems in kleinere Einheiten ein sehr wichtiger Schritt.

Bei der Systemzerlegung müssen mehrere Abstraktionsebenen gebildet werden. Diese können von sehr abstrakt bis zu sehr detailliert reichen. Ziel dieser Ebenen ist es, unabhängig davon, wie tief die Architektur verfeinert werden muss, die Übersichtlichkeit eines jeden Diagramms zu bewahren.

Aufgabe: Verteilen der Verantwortlichkeiten

Eine weitere Aufgabe der Systemarchitektur ist zu bestimmen, für welche Aufgaben eine Komponente im Gesamtsystem verantwortlich ist. Die Aufgaben selber resultieren aus den in der Systemanalyse beschriebenen Funktionalitäten. Allerdings sind diese Funktionalitäten nicht mit den Aufgaben der Komponenten gleichzusetzen. Vielmehr setzen sie sich aus vielen kleineren Aufgaben zusammen, die verschiedenen Komponenten zugeordnet werden können. Beim Zerlegen der Systemfunktionalitäten ist es von Vorteil, die Ergebnisse der Systemanalyse zu nutzen, da dort die Funktionalitäten bereits detailliert in kleinere Aufgaben aufgeteilt wurden.

Aufgabe: Schnittstellen definieren

Die Komponenten mit den ihnen zugewiesenen Aufgaben werden nicht alleine die jeweiligen Funktionalitäten des Systems erfüllen können. Dafür wird es nötig sein, dass die Komponenten im System zusammenarbeiten. Dieses Teamwork der Komponenten ist nur durch Kommunikation der Komponenten untereinander möglich. Dadurch ergibt sich für die Systemarchitektur eine weitere Aufgabe, nämlich die Definition der Kommunikation zwischen den Komponenten. Diese Aufgabe erfüllt der Architekt, indem er die Schnittstellen der Komponenten definiert, welche die Kommunikationsmöglichkeiten zwischen den Komponenten beschreiben.

In der Systemarchitektur haben wir also drei Hauptaufgaben.

Hauptaufgaben der Systemarchitektur

- Zerlegen des Systems
- Verteilen von Verantwortlichkeiten
- Beschreiben der Schnittstellen

Obwohl wir in diesem Abschnitt die drei Tätigkeiten getrennt voneinander betrachten, werden sie in der Praxis nicht getrennt voneinander durchgeführt. Vielmehr beeinflussen sich die Tätigkeiten gegenseitig. Zum Beispiel hat die Verteilung der Verantwortlichkeiten Einfluss auf die Zerlegung des Systems und bedingt die Schnittstellen der Komponenten.

Tätigkeiten sind voneinander abhängig

Der Architekt sieht sich üblicherweise mit mehr Tätigkeiten als den hier beschriebenen konfrontiert. So wird er auch Risikomamangement, Aufwandsabschätzungen und andere Aufgaben zur Unterstützung des Projektmanagements leisten müssen. Da diese im Allgemeinen aber nicht mit der UML beschrieben werden, werden sie in diesem Kapitel nicht weiter behandelt.

5.1.2 Zerlegen des Systems

Eine der wichtigsten Aufgaben der Systemarchitektur ist, das System in kleinere und übersichtliche Einheiten zu zerlegen und diese in eine hierarchische Struktur zu bringen. Diese Struktur macht es uns möglich, das System (oder Teile des Systems) auf unterschiedlichen Abstraktionsebenen zu betrachten.

Wir stellen die Zerlegung des Systems mit dem Komponentendiagramm dar. Bei der Zerlegung gehen wir schrittweise vor. Zuerst definieren wir die Komponenten auf der obersten Ebene und dann gehen wir Schritt für Schritt in die Tiefe.

Komponentendiagramm ⇨ 10

Doch wie finden wir unsere Komponenten? Auf oberster Ebene werden wir wohl kaum nach Hardware und Software unterscheiden können. Das bedeutet, wir werden uns nach anderen Gesichtspunkten richten. Hauptkriterien sind hier die funktionale Zusammengehörigkeit oder eine mögliche räumliche Zusammengehörigkeit, die wir in unserem Beispiel der Zugtürsteuerung angewandt haben. Auf oberster Ebene haben wir unser `Zugtürsystem` in `Tür` und `Zentrales Pult` zerlegt.

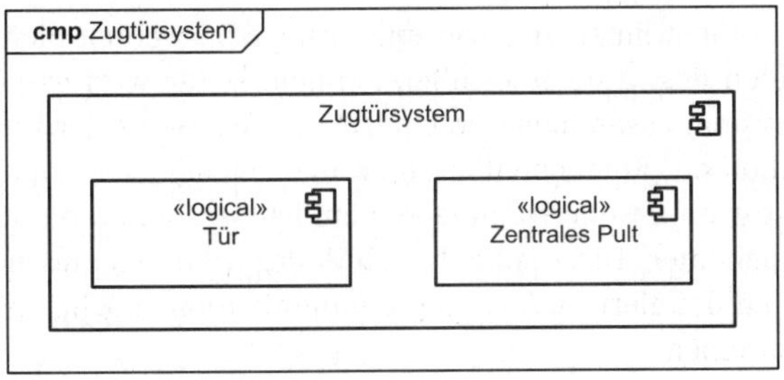

ABBILDUNG 5.1 Komponenten der oberen Ebene

Im Weiteren werden nun diese Komponenten weiter verfeinert. Dabei erhalten die Komponenten jeweils einen passenden Stereotyp, damit wir die Art der Komponenten jeweils unterscheiden können. Die Stereotypen und deren Einsatz erläutern wir im folgenden Abschnitt. Das Ergebnis dieser hierarchischen Zerlegung der Komponente `Taster` zeigen wir in Abbildung 5.2. Die Einordnung dieser Komponente sehen Sie in der Übersicht aus Abbildung 5.10.

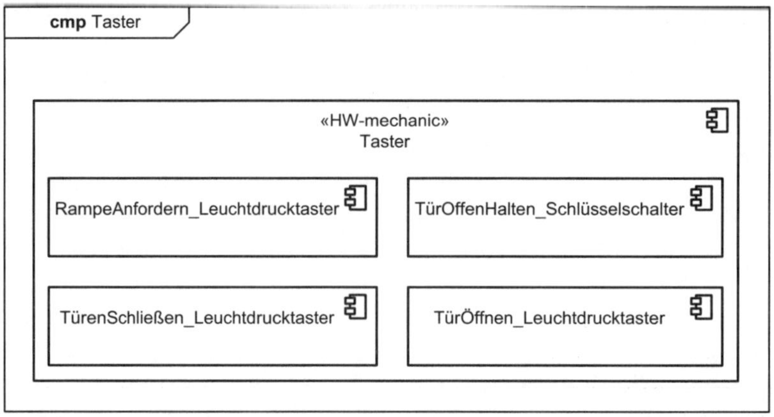

ABBILDUNG 5.2 Sub-Komponenten der Komponente `Taster`

Die so entstehenden Diagramme sind noch sehr einfach. Sie werden im Abschnitt „Beschreiben der Schnittstellen" wieder aufgegriffen und um zusätzliche Modellelemente angereichert.

Top-down-Vorgehen bei der Zerlegung

Das hier beschriebene Vorgehen ist ein sehr straffes Top-down-Vorgehen. Natürlich lässt sich die Systemarchitektur auch mit einem Bottom-up- oder Middle-out-Vorgehen erstellen.

Weiterhin werden wir im Abschnitt „Wechselspiel der Tätigkeiten" ein eher praxisorientiertes Wechselspiel zwischen dem Zerlegen des Systems und dem Verteilen der Verantwortlichkeiten vorstellen.

Einsatz von Stereotypen

Bei jedem Zerlegungsschritt ist es wichtig zu unterscheiden, welche Arten von Einheiten entstehen. Handelt es sich um reine Software- oder Hardwareeinheiten? Oder ist diese Unterscheidung auf dieser Ebene noch gar nicht sichtbar, so dass es sich um Mischformen handelt?

Zur Kennzeichnung der Art der Einheiten werden Stereotypen verwendet, die den jeweiligen Komponenten zugewiesen werden. Die zu verwendenden Stereotypen werden zu Beginn der Architektur bewusst festgelegt und definiert. Je nach Vorgehen nach einem bestimmten Modell (z. B. V-Modell XT) können die Bezeichnungen, die Stereotypen, bereits vorgegeben sein. Im V-Modell gibt es die Unterteilung System, Segment, HW- und SW-Einheit, HW- und SW-Komponente und als kleinste Einheit die HW- und SW-Module. Allerdings sind die SW-Komponenten und -Module aus dem V-Modell eher für die Softwarearchitektur interessant, so dass sie im Allgemeinen in der Systemarchitektur nicht auftauchen werden.

Stereotypen «logical», «executable», «HW-electronic», «HW-mechanic»

Wir haben in unseren Beispielen die Stereotypen «logical» für die Mischformen, «executable» für die Softwarekomponenten und «HW-electronic» bzw. «HW-mechanic» für die reinen Hardwarekomponenten gewählt.

Prozessoren und die Software, die auf ihnen läuft

Stereotyp «is executed on»

Wenn wir bei der internen Struktur zwischen Software und dem Prozessor, auf dem diese läuft, unterscheiden, dann weisen wir den Komponenten die entsprechenden Stereotypen zu («HW-electronic» und «executable») und bringen die beiden miteinander in Beziehung.

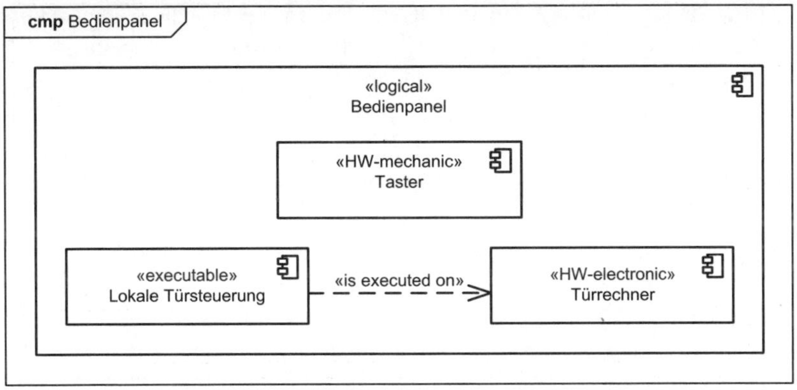

ABBILDUNG 5.3 Modellierung eines Prozessors mit der auf ihm laufenden Software

Dafür nutzten wir Abhängigkeitsbeziehungen. Diese erhält den Stereotyp «is executed on». So können wir in der Systemarchitektur festlegen, welche Softwarekomponente auf welchem Rechner laufen soll. Diese Art der Beziehung zwischen der Software und dem Rechner hat eine ganz besondere Bedeutung für die Schnittstellen, die wir weiter unten in dem entsprechenden Kapitel ansprechen werden. Diese Softwarekomponenten werden wir im Abschnitt 5.3, „Softwarearchitektur" nochmals aufgreifen.

5.1.3 Verteilen der Verantwortlichkeiten

Wenn die interne Struktur des Systems definiert ist, müssen wir die Verantwortlichkeiten unter den Einheiten, also den Komponenten, verteilen. Hier wird die Frage geklärt, welche Komponente welchen Anteil der Systemanforderungen realisiert. Die Zuordnung der Aufgaben zu den Komponenten wird nicht vollkommen losgelöst von der Systemzerlegung durchgeführt. Vielmehr wird die Zerlegung des Systems auch abhängig sein von den Aufgaben, die die Komponenten übernehmen müssen.

Use-Cases betrachten

Zur Verteilung der Verantwortlichkeiten werden die Ergebnisse der Analyse, also die Use-Cases mit ihren Verfeinerungen, verwendet. Wir müssen uns also Gedanken machen, in welcher Art und Weise die Komponenten an der Abarbeitung eines Use-Cases[1] beteiligt sind. Hierbei können uns die Aktivitätsdiagramme aus der Analyse helfen. Sehr häufig können wir deren Aktionen (auf einer detaillierten Ebene) insgesamt einzelnen Komponenten zuweisen. Falls an der Abarbeitung einer Aktion auf der untersten Verfeinerungsebene mehr als eine Komponente beteiligt ist, müssen wir diese Aktion weiter verfeinern, oder die Komponentenzerlegung nochmals überdenken.

Sequenzdiagramm ⇨ 15

Für die Darstellung der Verteilung verwenden wir häufig Sequenzdiagramme, in denen als Kommunikationspartner die an diesem Use-Case beteiligten internen Komponenten und die beteiligten Akteure auftauchen.

[1] Falls ein Use-Case zu komplex ist, können Sie diese Überlegungen auch für einzelne Aktionen aus dem Ablauf dieses Use-Cases durchführen.

Als Nachrichten in diesem Diagramm tauchen dann die Verantwortlichkeiten der einzelnen Komponenten auf. Diese werden auch später noch durch Schnittstellenoperationen definiert (siehe Abschnitt „Beschreiben der Schnittstellen").

In der folgenden Abbildung ist dargestellt, wie die Komponenten `Leuchtdrucktaster`, `Lokale Türsteuerung` und `HWTür` im Use-Case `Rampe anfordern` miteinander kommunizieren. Daraus resultieren dann die Aufgaben dieser drei Komponenten für diesen Use-Case.

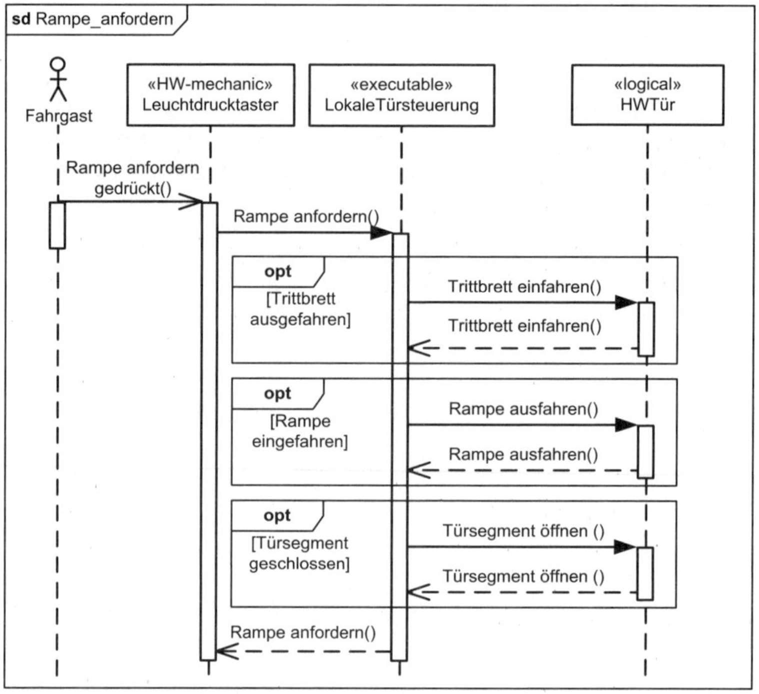

ABBILDUNG 5.4 Ausschnitt aus dem Sequenzdiagramm `Rampe_anfordern`

Wenn wir dieses Verfahren für alle Komponentenebenen anwenden, erhalten wir also eine Beschreibung der Aufgaben der Komponenten und stellen ihr Zusammenspiel dar. Wegen ihrer Komplexität werden diese Diagramme selten vollständig sein. Sie sollten jedoch ausreichen, um jede Funktionalität einer Komponente in den Ablauf einer Systemfunktionalität einzuordnen und so die Realisierung der Komponenten zu unterstützen.

5.1.4 Beschreiben der Schnittstellen

Die Definition der Schnittstellen ist sehr eng mit dem Verteilen der Verantwortlichkeiten verknüpft und wird in der Praxis auch häufig zusammen mit dem Verteilen durchgeführt. Zu der Beschreibung der Schnittstellen gehört deren Definition, die Zuordnung zu den Komponenten, die die Schnittstellen realisieren, und die Definition der Ports, über die die Kommunikation laufen soll.

Einsatz von Ports

Ports (vgl. Abschnitt 9.4.3) beschreiben einen Kanal, über den die Kommunikation durchgeführt werden soll. In der hier vorgestellten Methodik zur Systemarchitektur verstehen wir darunter die physikalische Verbindung zwischen den Einheiten (zum Beispiel: Infrarot, Twisted Pair-Kabel etc.)

Ports
⇨ 9.4.3
Port = physikalische Verbindung

Wenn wir uns mit dieser Semantik eines Ports noch mal die Betrachtungen bezüglich Software- und Hardwarekomponenten aus dem Abschnitt „Zerlegen des Systems" ins Gedächtnis rufen, dann wird sehr schnell klar, dass Ports nur an Hardwarekomponenten existieren können. Schließlich können wir an Software keine Kabel anschließen. Gesetzt den Fall, dass wir die Zerlegung nicht so weit vorangetrieben haben, dass wir zwischen Hardware- und Softwarekomponenten unterscheiden, sondern nur ein logische Komponente vorliegen haben, dann kann diese jedoch auch einen Port haben. Wir haben auf dieser Ebene dann nicht definiert, welcher Subkomponente dieser Port zugeordnet ist, sondern wir wissen nur, dass innerhalb dieser logischen Komponente eine Hardwarekomponente für diesen Port vorhanden ist.

Ports nur an Komponenten mit Hardware

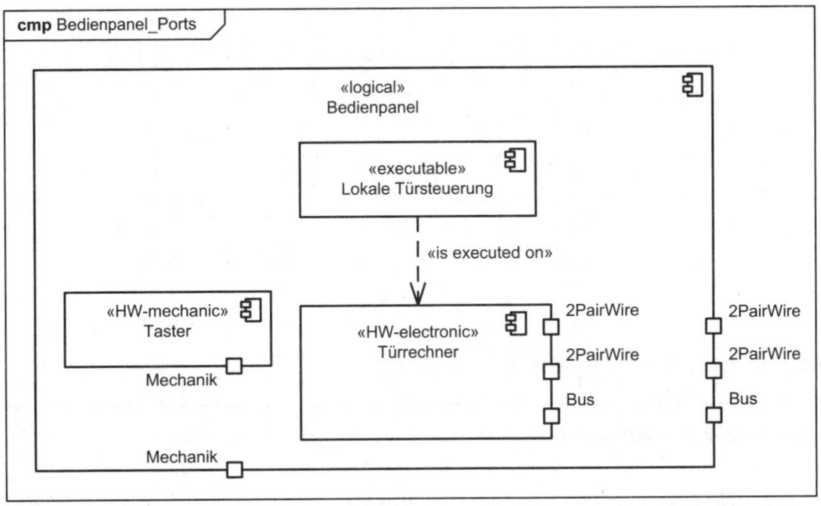

ABBILDUNG 5.5 HW-Komponenten des `Bedienpanel` mit Ports

Einsatz von Schnittstellen

Schnittstellen beschreiben die Daten, die ausgetauscht werden oder die Operationen, die an dieser Komponente aufgerufen werden können. Schnittstellen haben also nichts mit der physikalischen, sondern mit der logischen Verbindung zu tun. Schnittstellen werden sich daher an Softwarekomponenten und nicht an Hardwarekomponenten wieder finden. Falls wir allerdings eine logische Komponente vorliegen haben, so haben wir auch da Schnittstellen, denn schließlich kann sich in der logischen Komponente auch Software befinden.

Schnittstellen
⇨ 6.4.4

Zunächst müssen wir die Schnittstellen definieren. Dafür wird die Dastellung in Klassennotation verwendet. Als Operationen notieren wir alle Dienste, die diese Komponente anbietet. Um diese Operationen herauszufinden, bedienen wir uns der Sequenzdiagramme, die wir im Abschnitt „Verteilen der Verantwortlichkeiten" erstellt haben.

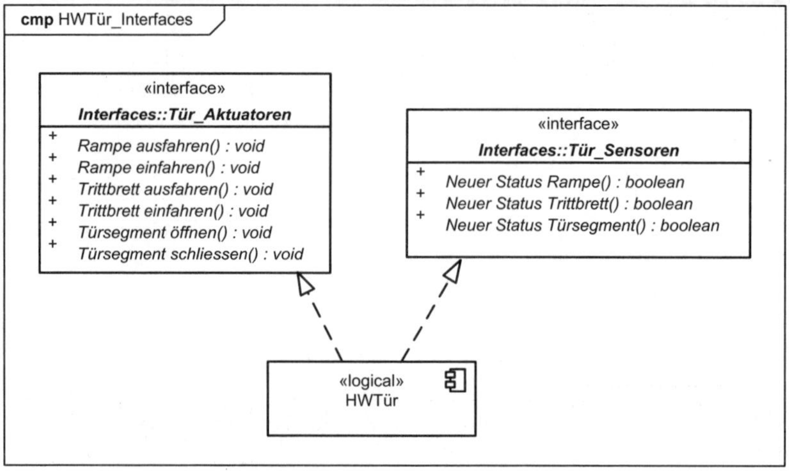

ABBILDUNG 5.6 Realisierung der Schnittstellen `Tür_Aktuatoren` und `Tür_Sensoren` durch die Komponente `HWTür`

Realisierungsbeziehung ⇨ 6.4.13

Die definierte Schnittstelle muss nun der Komponente zugeordnet werden, die diese Schnittstelle realisiert. Dafür benötigen wir die Realisierungsbeziehung. Die Schnittstelle wird mit dieser Beziehung an die unterste mögliche Komponente gehängt, die diese Schnittstelle realisiert. Das können Software- oder logische Komponenten sein.

Die Modellierung der Schnittstellen an den übergeordneten Komponenten wird mit der Lollipop-Notation vorgenommen. Wir verwenden die Realisierungsbeziehung nicht auf jeder Ebene, sondern tatsächlich nur auf der untersten Ebene der Komponente, bei der die Zuordnung zwischen Schnittstelle und Komponente gemacht werden kann.

Schnittstellen, Ports und deren Delegation

Realisierung der Schnittstellen

Gerade wenn wir uns in der Architektur noch auf einem sehr abstrakten Level befinden, können zwar die Schnittstellen von Komponenten schon bestimmt werden, aber wir treffen noch keine Aussage darüber, welcher Teil der Komponente diese Schnittstelle realisiert. Wenn wir dann das Innenleben der Komponente betrachten, erkennen wir, wer die Schnittstelle realisieren soll. Dabei kann es sich um eine oder mehrere interne Komponenten handeln. Nun haben wir eine Schnittstelle nach außen und wissen, welcher Teil dafür verantwortlich ist. In unserer Architektur, dem Komponentendiagramm, machen wir diesen Sachverhalt durch die Delegation der Schnittstellen nach außen hin sichtbar.

Wenn wir innerhalb der Komponente eine Aufteilung nach Software und dem Prozessor, auf dem die Software läuft, gemacht haben, dann wird die Schnittstelle mit dem Port nur von der Hardwarekomponente nach außen hin delegiert. Die Zugehörigkeit der Softwarekomponente (mit der Schnittstelle) ist bereits durch die «is executed on»-Beziehung zwischen der Hardware- und Softwarekomponente definiert.

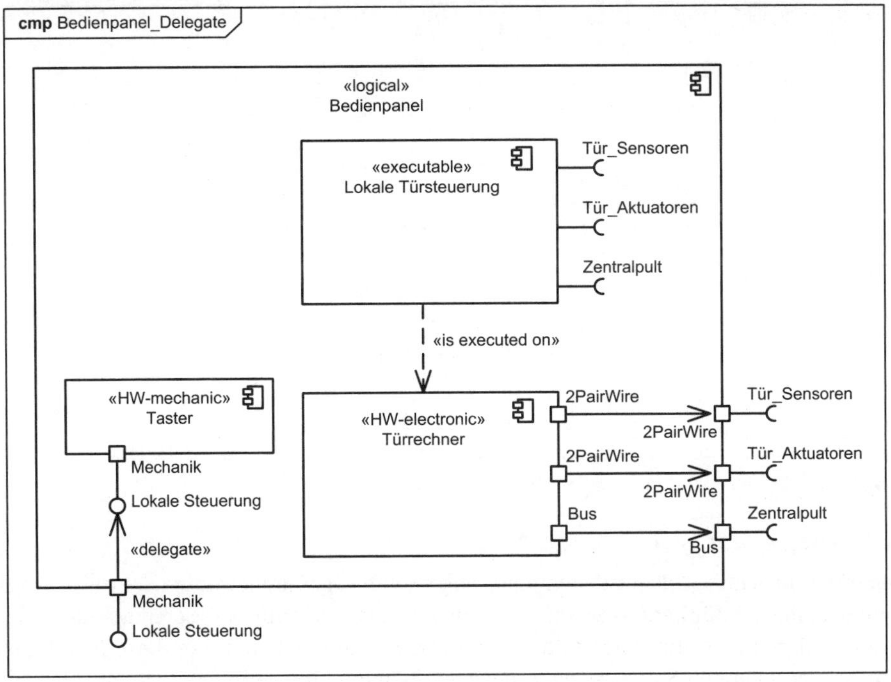

ABBILDUNG 5.7 Delegation der Schnittstellen der Komponente `Bedienpanel`

5.1.5 Weitere Aspekte der Systemarchitektur

Übersicht behalten – Black-Box und White-Box

Wenn in den Komponentendiagrammen der Architektur mehrere Komponenten, mit ihren Ports, Schnittstellen und Abhängigkeiten dargestellt werden, dann besteht sehr leicht die Gefahr, dass das Diagramm unübersichtlich wird. Aber bei all den Diagrammen sollte besonders auf Übersichtlichkeit geachtet werden, denn das ist einer der größten Vorteile, die ein Diagramm gegenüber einem Prosatext hat. Um die Anzahl der Elemente, die in einem Diagramm dargestellt werden, möglichst gering zu halten, bedienen wir uns zweier Sichtweisen auf unsere Komponenten: die Black-Box-Sicht und die White-Box-Sicht.

In der Black-Box-Sicht (Abbildung 5.8) interessiert es uns nicht, wie es im Inneren unserer Komponente aussieht. Wir modellieren lediglich die Komponente selbst und ihre Schnittstellen zu ihrer Umgebung. Dadurch haben wir uns die internen Komponenten mit deren Schnittstellen bei dieser Sichtweise erspart.

In der White-Box-Sicht liegt der Fokus der Betrachtung auf den internen Komponenten und Schnittstellen. Es werden keine Komponenten der Umgebung mehr modelliert, sondern die Komponenten und ihre Schnittstellen, die innerhalb der betrachteten Komponente liegen. Die White-Box Sicht der Komponente `Bedienpanel` sehen Sie in Abbildung 5.7.

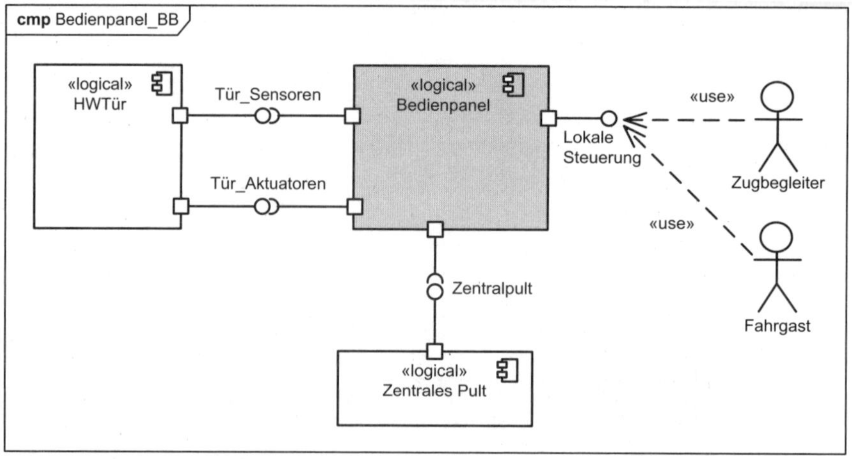

ABBILDUNG 5.8 Blackbox-Sicht der Komponente `Bedienpanel`

Wechselspiel der Tätigkeiten

Bisher haben wir implizit angenommen, dass Sie die Zerlegung bis zu der gewünschten Detaillierung durchführen können, ohne auf dem Weg dorthin andere Tätigkeiten durchzuführen. Und dass Sie im Anschluss daran die Use-Cases des Systems auf die kleinsten Komponenten abbilden, d. h. die Verantwortlichkeiten dieser Komponenten bestimmen.

Zwischenschritte notwendig

Bei komplexen Systemen wird dies aber nicht immer der geeignete Weg sein. In der Praxis werden Sie die Zerlegung bis zu einer gewissen Ebene durchführen und dann für die gefundenen Komponenten die Verantwortlichkeiten festlegen. Wenn Sie danach die gefundenen Aufgaben der Komponenten getrennt voneinander analysieren, haben Sie eine optimale Ausgangsbasis für die weitere Zerlegungen der Komponenten, da diese Ausgangsbasis vergleichbar ist mit derjenigen, mit der Sie die Systemzerlegung auf der obersten Ebene gestartet haben.

Es existieren also mehrere Möglichkeiten, in welcher Reihenfolge Sie die beiden Tätigkeiten des Zerlegens und Verteilens der Verantwortlichkeiten durchführen können.

Bis zu welcher Ebene Sie zunächst die Zerlegung vornehmen, bevor Sie die Verantwortlichkeiten verteilen, hängt von mehreren Kriterien ab.

Wann sind Zwischenschritte sinnvoll?

Sie sollten einen solchen Zwischenschritt einfügen, falls Sie sich nicht sicher sind, wie Sie eine Komponente sinnvoll weiter zerlegen können. Mit dem Zwischenschritt haben Sie die Möglichkeit, diese schwierige Komponente losgelöst von den anderen Komponenten des Systems zu betrachten.

Ein weiterer Grund für einen Zwischenschritt kann eine eigene Spezifikation einer Komponente sein. Vielleicht hat Ihnen Ihr Kunde dies auferlegt, oder Sie möchten diese Komponente als Gesamtes wiederverwendbar beschreiben. Auch dann bietet sich ein solcher Zwischenschritt an, da ja dadurch ein wichtiger Bestandteil dieser Spezifikation (die Aufgaben der Komponente) erstellt wird.

Bitte beachten Sie, dass diese beiden Kriterien nur für das Durchführen eines Zwischenschritts gelten. Wann Sie mit der Zerlegung Ihres Systems eine genügende Detaillierung erreicht haben, beschreiben wir im nachfolgenden Abschnitt.

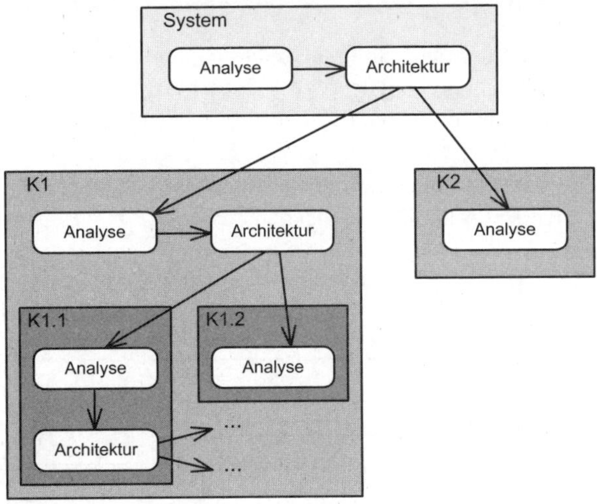

ABBILDUNG 5.9 Wechselspiel der Tätigkeiten

Detaillierungstiefe in der Systemarchitektur

Häufig stellt sich die Frage: Wie detailliert muss ich in der Systemarchitektur meine Komponenten definieren? Wann höre ich auf, das System weiter zu zerlegen? Wie Sie bereits vermuten werden, gibt es **keine** pauschale Antwort wie: „Zerlegen Sie Ihr System immer genau drei Ebenen tief." Aber es gibt doch einige Anhaltspunkte, die Ihnen zeigen, wann Sie nicht weiter ins Detail gehen müssen.

Reine Hardware oder Software

In den meisten Fällen kann der Systemarchitekt seine Aufgabe beenden, wenn er reine Hardware- oder Softwarekomponenten gefunden hat. Die Entwicklung dieser Komponenten benötigt sehr häufig Spezialwissen, das über das reine Systemverständnis hinaus geht.

Zukaufkomponenten

Offensichtlich ist eine andere Regel: Sie benötigen keine weitere Zerlegung Ihrer Komponente, wenn diese durch eine zugekaufte Komponente realisiert wird, oder wenn sie deren Realisierung extern vergeben möchten.

Ganz allgemein kann man sagen, dass Sie so tief in der Systemarchitektur detaillieren müssen, bis Sie alle Ihre Vorgaben sinnvoll in den Diagrammen unterbringen können.

Weitere Sichten der Architektur

Definition einer Sicht

Mit einer Sicht auf ein UML-Modell bezeichnen wir die Zusammenfassung aller Diagramme, die die modellierten Elemente nach einem bestimmten Kriterium zusammenfassen. Bisher haben wir unser Beispielmodell nach einer logischen, größtenteils räumlichen Struktur gegliedert, wir haben also eine *logische Sicht* auf unser System modelliert.

In der Systemarchitektur können neben der logischen Sicht weitere Sichten auf das System sinnvoll sein. Im Folgenden werden wir einige mögliche Sichten kurz vorstellen. Welche davon für Ihr Projekt sinnvoll sind, müssen Sie jedoch selbst entscheiden.

Der Ausgang ist die logische Sicht

In jeder der folgenden Sichten werden prinzipiell die Blätter der Komponentenhierarchie aus der logischen Sicht dargestellt, jedoch nach anderen Kriterien zusammengefasst. Dadurch können neue, gruppierende Komponenten auftreten, die nicht in der logischen Sicht definiert sind. Sie bekommen als Typ einen neuen Stereotyp, der sich nach der jeweiligen Sicht richtet.

Überblickssicht

In der Überblickssicht können alle Komponenten der logischen Sicht dargestellt werden. Im Unterschied zur logischen Sicht werden jedoch einige Informationen weggelassen (Schnittstellen, Ports, Verbindungen zwischen den Komponenten). Während wir in der logischen Sicht in einem Diagramm im Grunde nur zwei Ebenen darstellen, können wir in der Überblickssicht, je nach Komplexität des Systems, drei bis vier Ebenen darstellen, um die Struktur des Systems anschaulich zu machen.

Als ein Beispiel für diese Sicht haben wir in Abbildung 5.10 alle Komponenten unseres Zugtürsystems dargestellt.

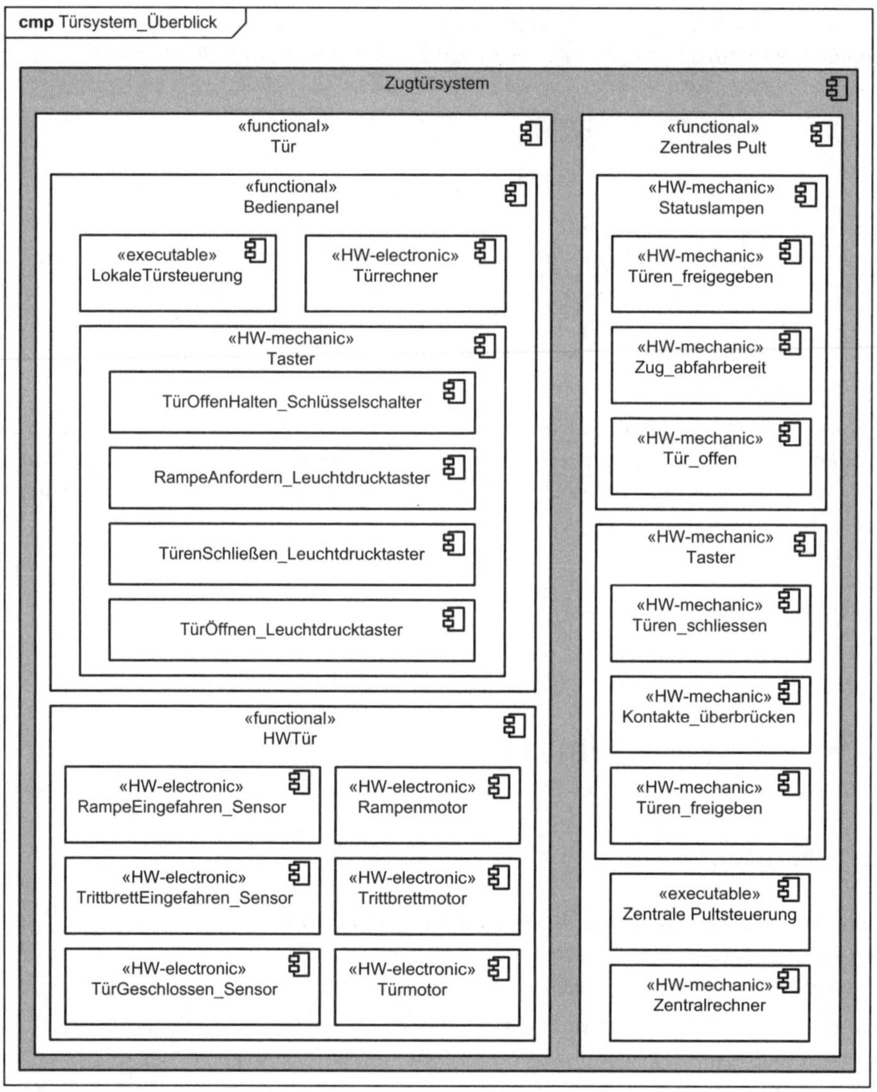

ABBILDUNG 5.10 Überblick über alle Systemkomponenten

Hardware-Sicht

Hier werden ausschließlich die Hardwarekomponenten (eventuell mit ihren Ports und Verbindungen) des Systems dargestellt. Gerade bei Systemen mit hohen Stückzahlen bestimmt die Hardware einen großen Teil der Produktkosten, weswegen an Hand dieser Sicht sehr viele Diskussionen durchgeführt werden.

Innerhalb dieser Sicht definieren wir dann verschiedene Diagramme, die zum Beispiel alle Hardwarekomponenten zeigen, die an einem gemeinsamen Bus angeschlossen sind.

Software-Sicht

Im Gegensatz zur Hardware-Sicht werden hier nur die Softwarekomponenten, wiederum mit ihrem Zusammenspiel, dargestellt. Diese Sicht ist für die Software-Entwickler dieser Komponenten sinnvoll, da sie hier leichter die Einordnung einer Softwarekomponente in das Gesamtsystem und deren Zusammenspiel sehen.

Funktionale Sicht

In der funktionalen Sicht definieren Sie große Komponenten für Funktionalitäten Ihres Systems (z. B. für Use-Cases). Diese funktionalen Komponenten fassen diejenigen Komponenten aus der logischen Sicht zusammen, die an der Realisierung der jeweiligen Funktionalität beteiligt sind. So können Sie die Verteilung dieser Funktionalitäten aus einem anderen Blickwinkel bewerten (siehe „Verteilen der Verantwortlichkeiten"). Sie betrachten die statische Zusammenarbeit der Komponenten, während Sie durch die Modellierung mit Sequenzdiagrammen eine dynamische Sicht darstellen.

Mehrfaches Vorkommen birgt auch Gefahren

Bitte beachten Sie: Die funktionale Sicht ersetzt nicht die logische Sicht. Während in der logischen Sicht eine Komponente nur genau einmal in der Hierarchie auftaucht, kann eine Komponente Bestandteil mehrerer funktionaler Komponenten sein. Dieses wiederholte Vorkommen könnte zu einer mehrfachen Betrachtung ein und derselben Komponente führen.

5.2 Softwareanalyse

5.2.1 Aufgaben

Ähnliche Aufgaben wie in der Systemanalyse

Analog zur Systemanalyse hat die Softwareanalyse die Aufgabe zu untersuchen, was die Software leisten soll. Wir können also an dieser Stelle dieselben Aussagen wie in Kapitel 4 treffen, jedoch mit einem veränderten Betrachtungsgegenstand.

Unser Betrachtungsgegenstand soll die Software unseres Systems sein, muss jedoch nicht die gesamte Software des Systems beinhalten. Wenn wir in der Systemarchitektur Komponenten gefunden haben, die extern entwickelt oder zugekauft werden und zusätzlich Software beinhalten, so werden diese Anteile nicht Bestandteil unserer Analyse sein.

Somit definiert sich der Betrachtungsgegenstand der Softwareanalyse als der Anteil des Systems, der von uns in Software realisiert werden soll.[2]

Verschiedene Betrachtungsgegenstände

Diese Definition des Betrachtungsgegenstandes ist jedoch nur eine Möglichkeit. Sie impliziert, dass wir alle Aufgaben, die wir als Softwareaufgaben in Form von unterschiedlichen «executable»-Komponenten in der Systemarchitektur definiert haben, gemeinsam betrachten und untersuchen. Eine andere Möglichkeit besteht prinzipiell darin, die *Executables* bzw. deren Aufgaben in der Softwareanalyse getrennt voneinander zu analysieren. Wir erhalten dadurch dann mehrere Softwareanalysen für unterschiedliche Betrachtungsgegenstände, die getrennt voneinander durchgeführt werden können.

Aufgaben mehrfach beschreiben

Das Problem dabei: Es besteht die Gefahr, dass gleiche Aufgaben mehrfach beschrieben werden müssen. Dieses Problem ergibt sich zwar prinzipiell auch bei einer gemeinsamen Betrachtung, besonders dann, wenn wir eine gewisse Detaillierungsstufe erreichen. Es wird jedoch abgeschwächt, da wir uns dann in einem gemeinsamen Projekt bewegen. Die Zusammenarbeit der Analytiker wird hier einfacher und effizienter sein als bei getrennt durchgeführten Analysen. Für ein gemeinsames Projekt sprechen daher folgende Aspekte:

Gründe für gemeinsames Projekt

- Einfachere Möglichkeit zur Abstimmung
- Gemeinsames Projektziel
- Möglichkeit zur Dokumentation der Ergebnisse in einem Modell
- Gemeinsames Vorgehen

Demgegenüber stehen Argumente, die Sie eventuell dazu veranlassen, die Analysen für die verschiedenen *Executables* getrennt voneinander durchzuführen:

Gründe für getrennte Projekte

- Sehr unterschiedliche Aufgaben mit wenig Überlappung
- Eine inkrementelle Entwicklung richtet sich nach den Executables
- Räumlich getrennte Verantwortlichkeiten für die einzelnen Executables

Versuchen Sie, die Vor- und Nachteile für diese Entscheidung sorgfältig gegeneinander abzuwägen. Ergreifen Sie Maßnahmen, um die Nachteile von vorneherein abzuschwächen.

Im Folgenden werden wir der Einfachheit halber von der *Software* reden, wohl wissend, dass dieser Begriff unseren Betrachtungsgegenstand nicht ganz korrekt beschreibt.

Auch bei der Durchführung der Softwareanalyse ergeben sich wenig Unterschiede zur Systemanalyse. Wir verwenden dieselben Diagrammtypen in ähnlicher Art und Weise. Einige kleine Unterschiede existieren jedoch.

[2] Auch reine Software-Entwicklungsprojekte haben sehr häufig einen Anteil, der sich mit dem System beschäftigen muss. In solchen Projekten wird dieser Anteil jedoch häufig in der Software-Architektur im Rahmen der Kompositionssicht (Abschnitt 5.3.3, „Die Kompositionssicht“) bearbeitet.

Zum Einen können viele Ergebnisse der Systemanalyse in der Softwareanalyse genutzt werden. Wie viele Änderungen an diesen Produkten erfolgen müssen, hängt davon ab, welchen Anteil die reine Software an der Funktionalität besitzt. Je höher dieser ist, desto weniger Änderungen werden notwendig sein.

Wiederverwendung der Ergebnisse

Zum Anderen setzen wir in der Softwareanalyse vermehrt Zustandsautomaten ein, um die fachliche Verantwortlichkeit von Klassen aus dem Software-Begriffsmodell festzulegen. Diese bilden einen sehr guten Startpunkt zur feineren Beschreibung der Klassen im Feindesign.

Zustandsautomat

Beim Inhalt des Begriffsmodells werden sich nicht viele Unterschiede zu Systemanalyse ergeben, da ja in diesem Diagramm hauptsächlich fachliche Begriffe auftauchen. Und die Fachlichkeit, also das Anwendungsfeld, wird für das System und die Software identisch sein.

Begriffsmodell

5.2.2 Beschreibung der Funktionalitäten

Betrachten wir nun zunächst die Use-Cases der Software. Wie wir in Abschnitt 4.3 gesehen haben, ist die Festlegung des Betrachtungsgegenstands eine wichtige Entscheidung in der Analyse. Demnach werden sich je nach Betrachtungsgegenstand auch die Use-Case-Diagramme unterscheiden.

Use-Case-Diagramm ⇨ 12

Das Use-Case-Diagramm für die Gesamtsoftware wird im Wesentlichen dem Diagramm auf Systemebene aus Abbildung 4.3 ähneln, da fast alle dort auftretenden Funktionalitäten mit Hilfe von Software gelöst werden. Jedoch werden hier bei stringenter Anwendung andere Akteure eine Rolle spielen. Zum Beispiel wird für den Use-Case `Tür öffnen` die Komponente `Tür-Öffnen-Taster` aus der Systemarchitektur als Akteur agieren.

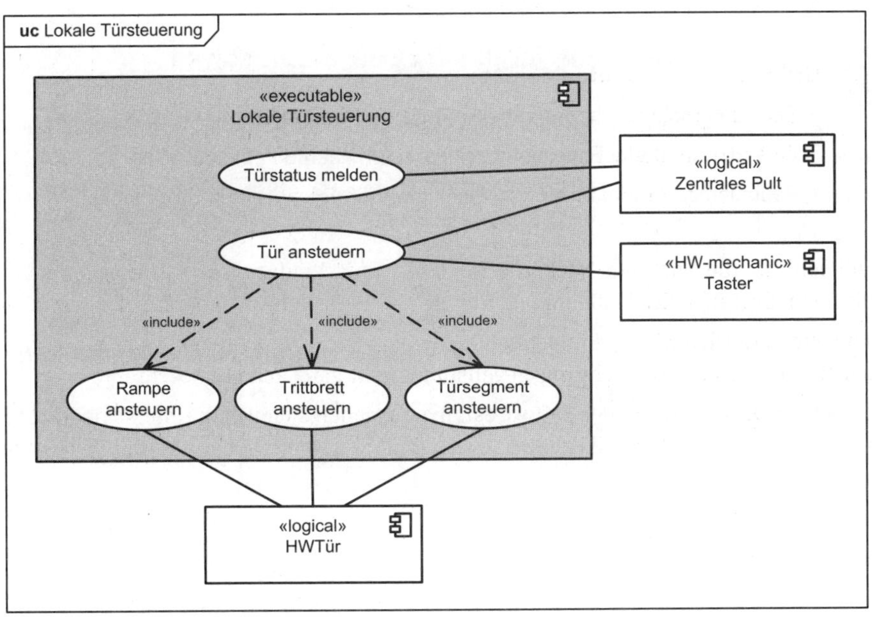

ABBILDUNG 5.11 Die Use-Cases der `Lokalen Türsteuerung`

Wählen wir als Betrachtungsgegenstand jedoch ein *Executable*, wie es aus der Systemarchitektur folgt, so ergibt sich zum Beispiel für die Software, die lokal an einer Tür eingesetzt werden soll, das Diagramm aus Abbildung 5.11.

Um die Übersichtlichkeit zu gewährleisten, haben wir hier nicht die in der Komponentenhierarchie untersten Komponenten als Akteure gewählt.

Für die weitere Verfeinerung der Use-Cases gelten die Aussagen, die wir im Abschnitt über die Systemanalyse bezüglich der Verwendung von Aktivitätsdiagrammen und natürlichsprachlichen Anforderungen getroffen haben.

5.2.3 Detaillierte Modellierung des Verhaltens

Zustandsautomaten

⇨ 14

Wie eingangs beschrieben, setzen wir Zustandsautomaten ein, um für einige ausgewählte Klassen aus dem Begriffsmodell das Verhalten detailliert zu beschreiben.

Die Auswahl richtet sich dabei nach der Wichtigkeit für die Analyse. Wenn zu einer Klasse viel an Wissen dokumentiert werden muss, ist eine detaillierte Modellierung ihres Verhaltens sinnvoll.

Bitte beachten Sie, dass im Zustandsautomat im Rahmen der Softwareanalyse noch keine Zustände auftauchen sollten, die aus der Realisierung resultieren. Dies könnten zum Beispiel Zustände sein, in denen ein Objekt auf den Abschluss einer langandauernden Aktion wartet.

Für unser Beispiel der `Tür` wird sich kein Unterschied zu dem in Abbildung 4.8 modellierten Zustandsautomaten ergeben, da wir dort nur die Funktionalitäten der `Tür` betrachtet haben, die auch in Software gelöst werden sollen.

5.2.4 Weitere Aspekte im Vergleich zur Systemanalyse

Natürlichsprachliche Anforderungen

Die zusätzlichen Bemerkungen über die Verbindung zwischen dem UML-Modell und den natürlich-sprachlichen Anforderungen und über die Detaillierungstiefe aus Abschnitt 4.4.2 für die Systemanalyse, lassen sich auch für die Softwareanalyse unverändert übernehmen.

Nutzen für die Implementierung

Prinzipiell zeigt die Erfahrung einen weiteren Punkt: Nachdem Ihre Software-Entwicklermannschaft den Schritt der Software-Analyse einmal durchgeführt und ihren Nutzen erkannt hat, werden die Diagramme in der Software-Analyse formaler und detaillierter als die Diagramme der Systemanalyse werden. Dies liegt daran, dass die Diagramme einen direkteren Bezug zur Umsetzung haben und sie daher einen größeren Nutzen für die Implementierung bieten.

In der Softwareanalyse werden die gleichen Diagramme eingesetzt, wie wir sie im Systemanalyse-Kapitel 4 vorgestellt haben, z. B. das Klassendiagramm als Begriffsmodell. Auch die Erweiterung zu einer objektorientierten Analyse, auf die wir hier nicht näher eingehen, findet bei den Softwareentwicklern größere Akzeptanz, da viele der Überlegungen als Ausgangspunkt für das spätere Feindesign dienen können (siehe Abschnitt 5.4).

5.3 Softwarearchitektur

5.3.1 Aufgaben

Die Softwarearchitektur hat, ähnlich wie die Systemarchitektur, die Aufgabe, den Betrachtungsgegenstand in kleinere Teile zu zerlegen. Das Ziel bei der Softwarearchitektur ist es, die Software so zu zerlegen, dass ihre Teile im Weiteren größtenteils unabhängig voneinander entwickelt werden können.

Software strukturieren

Neben der rein strukturellen Zerlegung müssen, wiederum wie in der Systemarchitektur, die Aufgaben, die Verantwortlichkeiten der Komponenten und deren Kommunikation festgelegt werden.

Funktionalitäten verteilen und Schnittstellen definieren

Sie sehen, die Softwarearchitektur verhält sich zur Systemarchitektur wie die Softwareanalyse zur Systemanalyse: im Wesentlichen die gleichen Aufgaben, aber mit einem anderen Betrachtungsgegenstand.

In der Softwarearchitektur kommt jedoch eine weitere Aufgabe hinzu: Während wir in der Systemarchitektur das System „nur" zerlegt haben, müssen wir in der Softwarearchitektur zusätzlich festlegen, wie sich die einzelnen Komponenten später wieder zu lauffähigen Softwareprozessen zusammensetzen.

Prozesse zusammenbauen

Wir unterscheiden deswegen zwei prinzipielle Sichten auf die Software: Die Dekompositionssicht und die Kompositionssicht. Mehr dazu finden Sie im nachfolgenden Abschnitt.

Bei der Durchführung der Architekturtätigkeiten werden Sie im Normalfall Rücksicht auf die einzusetzenden Technologien nehmen müssen. Wir wollen hier auf die Verwendung von Frameworks wie .NET oder JAVA-Umgebungen und auf die Spezialisierung auf eine Programmiersprache verzichten, da diese nicht die Darstellung, sondern hauptsächlich die inhaltlichen Festlegungen (wie genau sieht meine Architektur aus?) beeinflussen.

Keine Einschränkungen durch Technologien

5.3.2 Die Dekompositionssicht

Die Zerlegung der Software in einzelne Komponenten beschreiben wir in der sogenannten Dekompositionssicht mit Komponentendiagrammen. Das Ziel ist es hierbei, jegliche Funktionalität, die implementiert werden muss, genau einer Komponente dieser Sicht zuzuweisen, um nicht denselben Code zweimal implementieren zu müssen. Sie werden dabei eine Hierarchie von Komponenten erzeugen, ähnlich wie wir es in der Systemarchitektur (Abschnitt 5.1.2) beschrieben haben.

Code nur einmal schreiben

Einteilung in Schichten

Die wohl häufigste Einteilung einer Software auf der obersten Hiearchieebene ergibt sich aus der Nutzung des *Layer-Patterns* [Lar02]. Die Komponenten der Software werden dabei verschiedenen Schichten zugeordnet. Dies hat den Vorteil, dass das Wissen, das zur Realisierung der Komponente benötigt wird, in verschiedene Bereiche eingeteilt werden und den Schichten zugeordnet werden kann. Ein Entwickler, der sich mit der Entwicklung einer Oberfläche beschäftigt, sollte nicht auch das Wissen besitzen müssen, wie die Anbindung einer Hardware über Register realisiert werden kann.

Layer sind Schichten

Stereotyp «Layer»

Wir modellieren die Schichten mit Hilfe von UML-Komponenten, jedoch mit dem eigens dafür eingeführten Stereotyp «Layer».

Für unser Zugtürsteuerungsbeispiel haben wir zunächst drei Schichten definiert, die in der folgenden Abbildung dargestellt sind. Wir haben dazu die in dem originalen Layer-Pattern definierten Schichten sehr stark angepasst, was zur normalen Aufgabe bei der Anwendung dieses Patterns gehört.

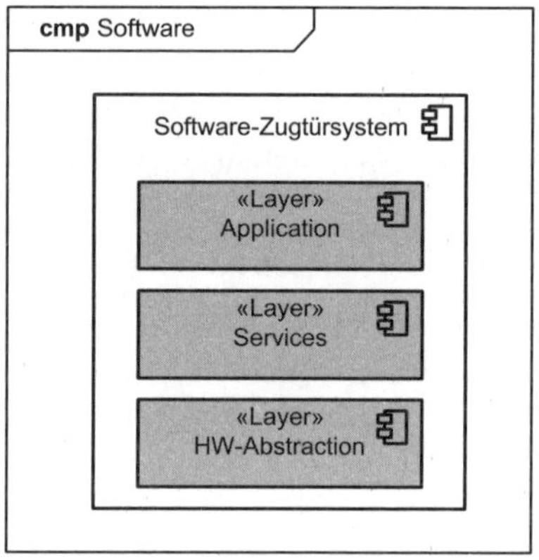

ABBILDUNG 5.12 Eine einfache Schichtenstruktur

Ein Tipp dazu: Halten Sie sich gerade zu Beginn nicht zu lange mit der Definition der benötigten Schichten auf. Im Verlauf der Arbeiten an der Softwarearchitektur werden Sie hier noch Änderungen mit einem vertretbaren Aufwand machen können (neue Schichten einführen oder bereits gefundene Komponenten anderen Schichten zuordnen). Jegliche Funktionalität, die zu implementieren ist, sollte eindeutig einer dieser Schichten zugeordnet werden können.

Definition der Komponenten

Die nun folgende Aufgabe, die Definition der Komponenten, dient dazu, jegliche Funktionalität, die zu implementieren ist, einer Komponente zuzuordnen. Sie umfasst die drei in der Systemarchitektur bereits beschriebenen Aufgaben der Zerlegung, der Verteilung der Verantwortlichkeiten und der Definition der Schnittstellen. Da viele der dort getroffenen Aussagen auch für die Softwarearchitektur gelten, wollen wir hier nur auf die Unterschiede bzw. Erweiterungen eingehen.

Für das Finden der Komponenten der Software, speziell der Komponenten der Applikationsschicht, gibt es im Wesentlichen zwei Vorgehensweisen: Entweder Sie orientieren sich dabei an den Use-Cases, oder Sie richten sich primär nach dem Begriffsmodell.

Zerlegen nach Use-Cases

Bei dem Use-Case-orientierten Ansatz machen Sie davon Gebrauch, dass jeder Use-Case aus der Softwareanalyse einen gewissen Anteil von Applikationslogik benötigt. Dieser Anteil ergibt dann jeweils eine eigene Komponente. Beachten Sie dabei, dass Sie anstelle der Use-Cases auch verfeinerte Aktionen zur Definition der Komponenten nutzen können.

Zerlegen nach dem Begriffsmodell

Die andere Vorgehensweise resultiert aus der Tatsache, dass sich im Begriffsmodell häufig einzelne Bereiche eng zusammenhängender Klassen erkennen lassen. Jeder Bereich könnte dann eine Komponente in der Applikationsschicht ergeben.

In beiden Fällen bleibt die Frage nach den Komponenten der anderen Schichten offen. Diese ergeben sich durch die vollständige Betrachtung der Use-Case-Abläufe, ähnlich wie wir es in Abschnitt 5.1.3. unter „Verteilen von Verantwortlichkeiten" beschrieben haben. Gehen Sie hierbei iterativ vor: Betrachten Sie zunächst einen Use-Case, und überlegen Sie sich zum Beispiel, welche Services von der Applikationslogik benötigt werden. Nachdem Sie so einen Use-Case betrachtet und die resultierenden Komponenten notiert haben, können Sie bei der Betrachtung des zweiten Use-Cases diese Komponenten erweitern oder neue Komponenten definieren, falls die geforderten Funktionalitäten nicht zu den bestehenden Komponenten passen.

Nachdem Sie so die Komponenten der Dekompositionssicht gefunden und gleichzeitig die Verteilung der Verantwortlichkeiten durchgeführt haben, bleibt noch die Aufgabe der Definition der Schnittstellen. Diese ergeben sich, genauso wie in Abschnitt 5.1.4 beschrieben, aus den zuvor definierten Sequenzdiagrammen.

Stereotypen «logical», «SW-Group» und «SW-Module»

Für die Komponenten der Dekompositionssicht verwenden wir auch unterschiedliche Stereotypen. Die Komponenten der untersten Hierarchieebene der Softwarearchitektur bezeichnen wir mit dem Stereotyp «SW-Module». Bei den Komponenten in den mittleren Ebenen unterscheiden wir die Komponenten, die eigene Funktionalitäten und damit auch eine Schnittstelle implementieren («logical»), und die Komponenten, die eine lose Gruppierung von Unterkomponenten bilden. Diese bezeichnen wir mit «SW-Group».

Überblicks-diagramm

Damit entsteht für den Teil unserer Zugtürsteuerung, der sich mit der Komponente `Lokale Türsteuerung` beschäftigt, das Übersichtsbild aus Abbildung 5.13. Dieses muss natürlich noch um die Komponenten erweitert werden, die wir für die Realisierung der «executable»-Komponente `Zentrale Pultsteuerung` benötigen.

Stereotyp «derive»

In diesem Diagramm sehen Sie auch einen weiteren Stereotyp, den wir häufig in der Softwarearchitektur einsetzen. Ein «derive» soll anzeigen, dass Klassen aus der abgeleiteten Komponente (z. B. `Taster-Zugriff`) von Klassen der übergeordneten Komponente (`Registersatz`) spezialisiert werden. Wir haben an dieser Stelle also die benötigten Oberklassen in einer eigenen Komponente definiert, um Mehrfachimplementierungen zu vermeiden.

Verbindungen realisieren

Dies ist aber nur eine Art der Verbindung zwischen Komponenten. Klassen zwischen Komponenten können auch durch Assoziationen verbunden sein, oder sie stellen eigene Dienste zur Verfügung, die von anderen Komponenten angesprochen werden. Im letzten Fall werden wir zusätzlich einen eigenen Prozess definieren müssen, der genau diesen Dienst dann zur Verfügung stellt (siehe Abschnitt „Die Kompositionssicht").

White- und Black-Box-Darstellungen

Wie Sie in Abbildung 5.13 sehen, machen wir auch in der Softwarearchitektur Gebrauch von der in Abschnitt 5.1.5 eingeführten Überblickssicht. Aber auch die Aufteilung in Black- und White-Box-Darstellungen der Komponenten (ebenfalls Abschnitt 5.1.5) verwenden wir in der selben Art und Weise in der Softwarearchitektur, um die Schnittstellen zu den Nachbarkomponenten vollständig darzustellen.[3]

[3] In der Softwarearchitektur verwenden wir Ports mit einer geänderten Semantik, da wir hier ja keine physikalischen Verbindungen wie Stecker usw. beschreiben müssen. Hier beschreibt ein Port die Aufteilung von einer Schnittstelle einer Komponente auf mehrere kleinere Schnittstellen der Subkomponenten.

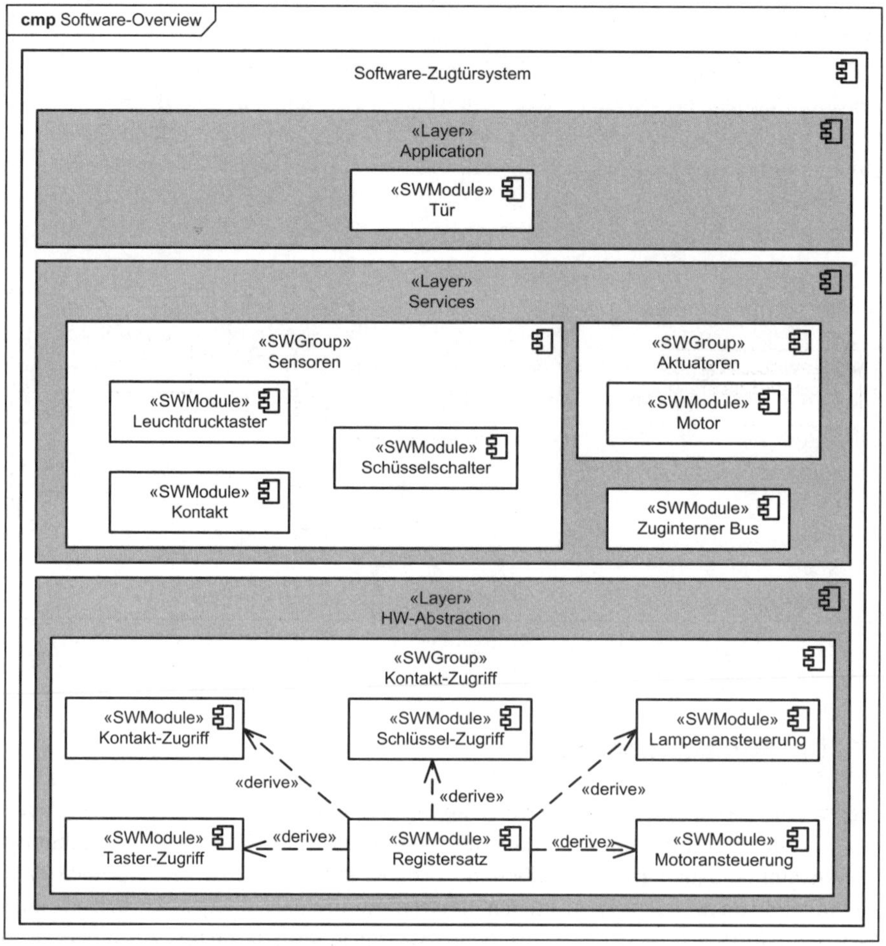

ABBILDUNG 5.13 Übersicht über die Softwarearchitektur

Abbildung 5.14 zeigt die Komponente `Tür` mit all ihren Nachbarkomponenten und der Schnittstelle, die sie realisieren muss. An dieser Stelle bietet es sich an, diese Schnittstelle explizit in das Diagramm aufzunehmen, da dort dann die zu realisierenden Schnittstellenoperationen angezeigt werden.

Abschließend möchten wir noch eine Bemerkung zu der Anzahl der Komponenten machen. In Abbildung 5.13 haben wir bewusst sehr kleine Komponenten gewählt, um in unserem kleinen Beispiel eine ausreichende Komplexität zu erreichen. In realen Projekten würden Sie natürlich mehrere SW-Module zu einer größeren Komponente zusammenfassen und die weitere Aufteilung dem Feindesign überlassen.

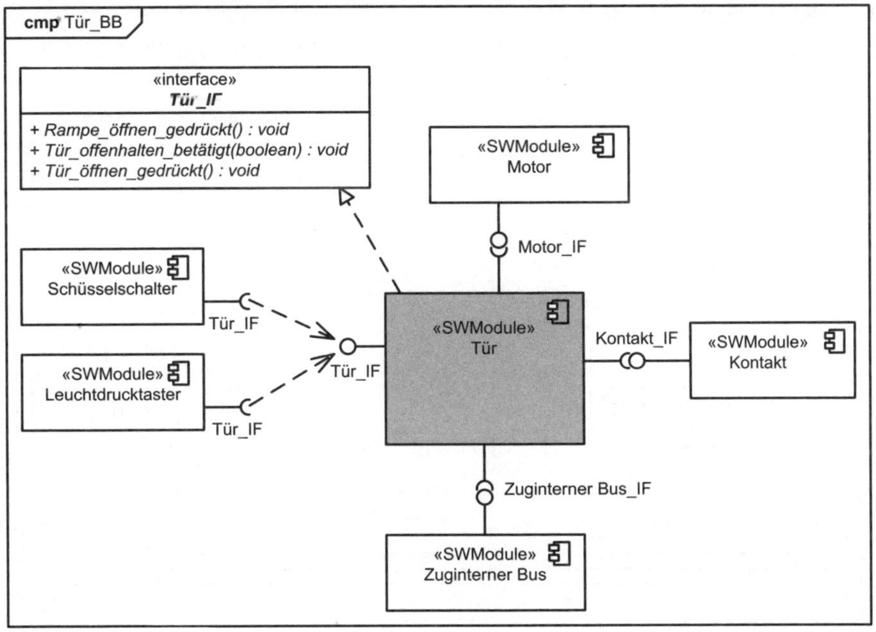

ABBILDUNG 5.14 Black-Box-Darstellung der Tür

5.3.3 Die Kompositionssicht

Nachdem wir unsere Software erfolgreich so in Komponenten zerlegt haben, dass wir jegliche Funktionalität nur einmal implementieren müssen, müssen wir nun unsere Software wieder zusammenbauen. Die Komponenten, die dabei entstehen, unterscheiden sich von den zuvor eingeführten Komponenten auf den höheren Hierarchieebenen, da wir in der Kompositionssicht ausführbare Teile unseres Softwaresystems identifizieren und zusammenführen.

In dieser Sicht definieren wir also die Prozesse unseres Systems, die von einem Betriebssystem ausgeführt werden können. Zusätzlich müssen wir beschreiben, welche Komponenten aus der Dekompositionssicht in diesen Prozessen ablaufen.

Bei dieser Zuordnung müssen wir uns nicht nur auf die SW-Module beschränken. Je nach der Struktur der Aufteilung können wir an dieser Stelle auch «logical»- oder «SW-Group»-Komponenten verwenden.

Prozesse definieren

Bei der Identifikation der ablauffähigen Prozesse ergeben sich unterschiedliche Vorgehensweisen. Haben wir, wie in unserem Beispiel, vorher eine Systemarchitektur durchgeführt, so folgen die benötigten Prozesse direkt aus den dort definierten «executables». Entweder es sind schon direkt die benötigten Prozesse, oder der Softwarearchitekt entscheidet sich für eine weitere Unterteilung.[4] Im Gegensatz dazu muss der Softwarearchitekt einer reinen Softwareentwicklung die Prozesse selbst definieren und zusätzlich die Verteilung dieser Prozesse auf die zur Verfügung stehenden Rechner vornehmen.

[4] An dieser Stelle können auch leichtgewichtige Prozesse (Threads) eine Rolle spielen. Wir werden der Einfachheit halber hier nicht weiter auf diese Unterteilung eingehen.

Stereotypen «process» und «consists of»

Für die Beschreibung der ablauffähigen Prozesse verwenden wir den Stereotyp «process» einer Komponente. Die Zuordnung der Komponenten aus der Dekompositionssicht beschreiben wir mit dem Stereotyp «consists of».

Komponentendiagramm

⇨ 10

Für unser Beispiel ergibt sich damit das Diagramm aus Abbildung 5.15, in dem die Zusammensetzung des *Executables* `Lokale Türsteuerung` beschrieben wird.

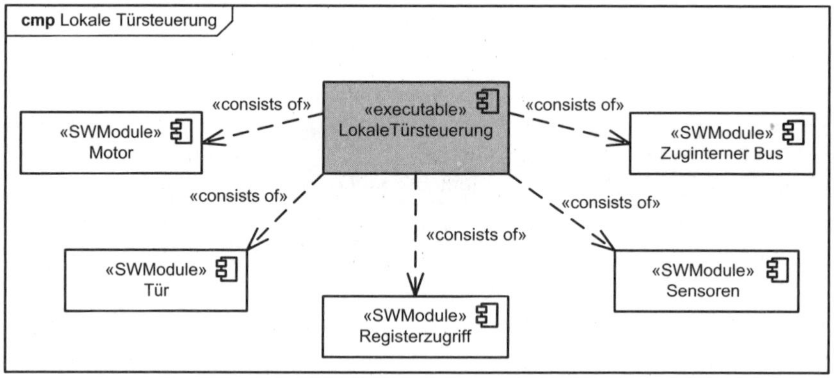

ABBILDUNG 5.15 Die Komposition der `Lokalen Türsteuerung`

Einige der Komponenten aus Abbildung 5.15 werden natürlich auch bei der Zusammensetzung des `Zentralen Pults` benötigt (Auch das `Zentrale Pult` muss z. B. Taster auswerten können). Hierdurch ergibt sich auch ein wesentlicher Motivator zur Unterscheidung der beiden Sichten: Während die Unterteilung in der Dekompositionssicht eindeutig ist, können in der Kompositionssicht zuvor definierte Komponenten mehrfach auftauchen. Damit beschreiben wir, dass in verschiedenen Prozessen dieselbe Funktionalität benötigt wird.

5.3.4 Weitere Aspekte der Softwarearchitektur

Weitere Sichten können sinnvoll sein

Ähnlich wie in der Systemarchitektur werden Sie neben den hier vorgestellten Sichten auf die Software in ihrem speziellen Projekt weitere Sichten definieren, um bestimmte Aspekte Ihrer Software im Zusammenhang darzustellen.

Wie in Abbildung 5.13 dargestellt, bietet sich auf jeden Fall eine Überblickssicht an. Aber auch eine funktionale Sicht, wie wir sie in Abschnitt 5.1.5 eingeführt haben, wird Ihnen die Darstellung der Zusammenhänge zwischen verschiedenen Komponenten erleichtern.

Gehen Sie an dieser Stelle auf die Bedürfnisse der Leser Ihres Modells ein. Wir wollen ja die UML unter Anderem einsetzen, um unsere Software zu dokumentieren und anderen Personen verständlich zu machen.

5.4 Feindesign

5.4.1 Aufgaben

Feindesign direkt vor der Codierung

Das Feindesign ist der letzte Schritt in einer modellbasierten Entwicklung, den wir mit der UML unterstützen. Als der Schritt direkt vor der Implementierung[5] hat er die Aufgabe, die Realisierung der in der Architektur gefundenen Komponenten so darzustellen, dass der Übergang zur Implementierung möglichst klein ist. Wir wollen also ein Abbild des Codes schaffen, das auf der einen Seite einen leichteren Einstieg zum Verstehen des Codes bietet. Auf der anderen Seite sollen im Rahmen des Feindesigns Entscheidungen getroffen werden, deren Bewertung bei einer direkten Codierung mehr Aufwand bedeuten würden.

Komponenten realisieren

Da wir an dieser Stelle von der Realisierung der Komponenten sprechen, ist die prinzipielle Aufgabenstellung im Feindesign mit der in der Softwarearchitektur vergleichbar. Auch dort wollen wir die Realisierung von Komponenten beschreiben, jedoch sind diese Komponenten größer bzw. komplexer und dementsprechend werden dort andere Techniken zum Einsatz kommen.

Beim Feindesign spielt die Programmiersprache, die Sie verwenden wollen bzw. müssen, eine entscheidende Rolle. Wir wollen Ihnen in diesem Abschnitt zwei Alternativen vorstellen. Das Feindesign wird sich grundlegend unterscheiden, je nachdem ob Sie eine objektorientierte oder eine nicht-objektorientierte Programmiersprache verwenden. Bitte beachten Sie: Alle bisher vorgestellten Tätigkeiten waren größtenteils unabhängig von dieser Randbedingung!

Kleinere Komponenten definieren

Generell gilt für das Feindesign: Falls die betrachtete Komponente zu komplex ist, um sie mit einer der nachfolgend vorgestellten Techniken zu beschreiben, können Sie die Komponente in einem ersten Schritt in kleinere Teile zerlegen. Dieser Schritt richtet sich nach den Prinzipien, die wir bei der Definition der Komponenten in der Softwarearchitektur angewandt haben (siehe Abschnitt 5.3).

Im Weiteren gehen wir von einer Komponente aus, die Sie nicht mehr weiter in Subkomponenten zerlegen müssen. Wir betrachten Komponenten, die wir direkt auf die Abbildung in Code vorbereiten wollen.

5.4.2 Feindesign für eine objektorientierte Implementierung

Erstellen eines Klassendiagramms

Klassendiagramm ⇨ 6

Die große Aufgabe bei dieser Art des Feindesigns besteht darin, ein Klassendiagramm zu erstellen, das alle benötigten Klassen, deren Relationen, Attribute und Operationen beinhaltet, die in der Implementierung benötigt werden. Weiterhin wollen wir die Realisierung der Operationen bei Bedarf mit Sequenzdiagrammen oder Aktivitätsdiagrammen beschreiben. Zusätzlich können wir für Klassen, deren Objekte ein komplexes Verhalten aufweisen sollen, auch Zustandsautomaten einsetzen.

[5] Wir verwenden den Begriff Implementierung synonym zu den Begriffen der Codierung bzw. Programmierung.

Analyseergebnisse sind wiederverwendbar

Bei einer objektorientierten Implementierung haben wir den Vorteil, dass wir Teile der in der Analyse erstellten Modelle nutzen können. Bei dem ersten Schritt, der Erstellung des Klassendiagramms, stellt sich natürlich die Frage, welche Klassen in der betrachteten Komponente auftauchen müssen. Gerade für die Komponenten aus der Applikationsschicht bietet das zuvor erstellte Begriffsmodell aus der System- oder Softwareanalyse einen guten Einstiegspunkt. Wählen Sie aus diesem Modell die Klassen aus, die einen Bezug zu den Funktionalitäten Ihrer Komponente haben. Die Funktionalitäten müssten in der Architektur zumindest durch die Schnittstellen der Komponente beschrieben sein. Übernehmen Sie die so gefundenen Klassen mit ihren Relationen, Attributen und gegebenenfalls den dort schon definierten Operationen.

Anpassen des Klassendiagramms

Der nächste Schritt besteht darin, das Klassendiagramm anzupassen.[6] Führen Sie zusätzliche Klassen ein, die z. B. eine effizientere Implementierung eines Problems erlauben. Als Beispiel sei hier eine Klasse genannt, die eine Zusammenfassung von Objekten mit bestimmten Eigenschaften (z. B. alle geöffneten Türen) darstellt. Bei der Änderung des Klassendiagramms werden Sie aber auch unter Umständen die aus der Analyse erhaltene Spezialisierungshierarchie aus implementierungstechnischen Gründen verändern. So kann es geschickt sein, eine solche Hierarchie durch die Einführung eines neuen Attributs aufzulösen (Attribut *Typ* bei der Klasse `Einstiegshilfe`). Einige neue Klassen werden auch dadurch entstehen, dass Sie andere Komponenten verwenden müssen und deren Anbindung im Klassendiagramm mit beschreiben müssen.

Attribute und Operationen vollständig definieren

Der wichtigste Schritt der Erweiterung des Klassendiagramms besteht aber in der Betrachtung der Attribute und Operationen. Neben der Einführung neuer Attribute und Operationen sollten Sie an dieser Stelle die Signaturen (Datentypen, Parameter etc.) so festlegen, wie Sie diese auch später in der Implementierung benötigen.

Schnittstellen sind der Ausgangspunkt

Sequenzdiagramm ⇨ 15

Achten sie hierbei auch darauf, dass Sie alle Schnittstellen der Komponente durch Klassen mit entsprechenden Operationen definieren. Diese „Ausgangsoperationen" müssen nun noch näher beschrieben werden. Es wird also die Frage beantwortet, wie die Objekte dieser Komponente (und deren Nachbarkomponenten) zusammenwirken, um die geforderte Schnittstellenoperation zu realisieren. Hier bieten sich Sequenzdiagramme zur Beschreibung an. Aus diesen Sequenzdiagrammen folgen nun wiederum Operationen für die dort betrachteten Objekte (bzw. deren Klassen). Bei Operationen, die ohne Kommunikation im Rahmen einer Klasse bearbeitet werden, bieten sich Aktivitätsdiagramme zur Definition an.

Als Ergebnis erhalten Sie also ein Klassendiagramm, das sich sehr nah an den implementierten Klassen befindet. Weiterhin haben Sie Sequenzdiagramme modelliert, die das Zusammenspiel der Objekte definieren und so die Operationen der Klassen beschreiben.

Die Ergebnisse dieser Schritte haben wir exemplarisch an einem Ausschnitt der Komponente `Tür` dargestellt. Abbildung 5.16 zeigt den Beginn des Ablaufs, wenn der Taster zum Öffnen der Tür gedrückt wird.

Interaktionsreferenz ⇨ 15.4.7

Da diese Diagramme sehr schnell sehr komplex werden, machen wir hier Gebrauch von Referenzen auf andere Diagramme (`Tür_öffnen_beenden`).

[6] An dieser Stelle führen wir nur exemplarisch ein paar mögliche Arten von Erweiterungen auf.

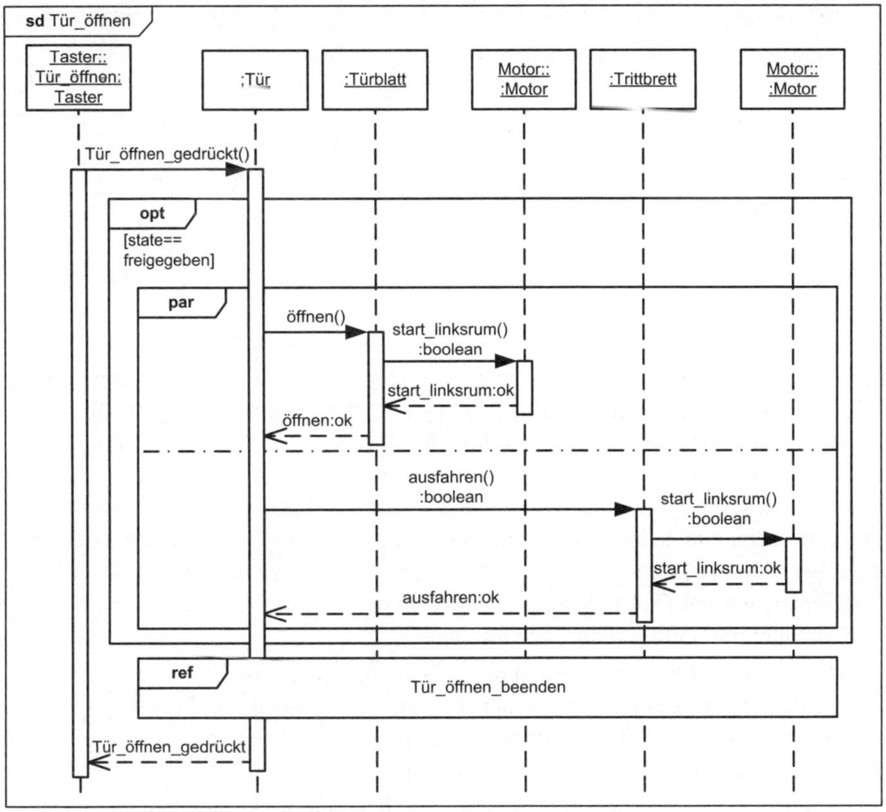

ABBILDUNG 5.16 Das Sequenzdiagramm zu `Tür öffnen`

Das Klassendiagramm der Komponente mit den ausschließlich aus Abbildung 5.16 resultierenden Operationen und Attributen sehen Sie in Abbildung 5.17. Wenn Sie dieses Diagramm mit dem Begriffsmodell aus Abbildung 4.9 vergleichen, erkennen Sie die Unterschiede, die wir aufgrund der Implementierung eingeführt haben.

Kommunikation über Assoziationen

In diesem Klassendiagramm sind sowohl alle Klassen, die in der Komponente definiert werden, als auch die Klassen aus Nachbarkomponenten dargestellt. Wir haben uns an dieser Stelle also dazu entschieden, die Kommunikation der Objekte über normale Assoziationen zu realisieren.

Anspassung der Zustandsautomaten

Auch bei dem Zustandsautomaten der Tür aus Abbildung 4.8 werden sich ein paar Änderungen ergeben. So bietet es sich an, Zwischenzustände einzuführen, die während des Öffnens oder Schließen der Tür eingenommen werden. Eventuell werden Sie sich auch dazu entscheiden, die Zustände des `Türblatts`, des `Trittbretts` und der `Rampe` in die entsprechenden Klassen auszulagern.

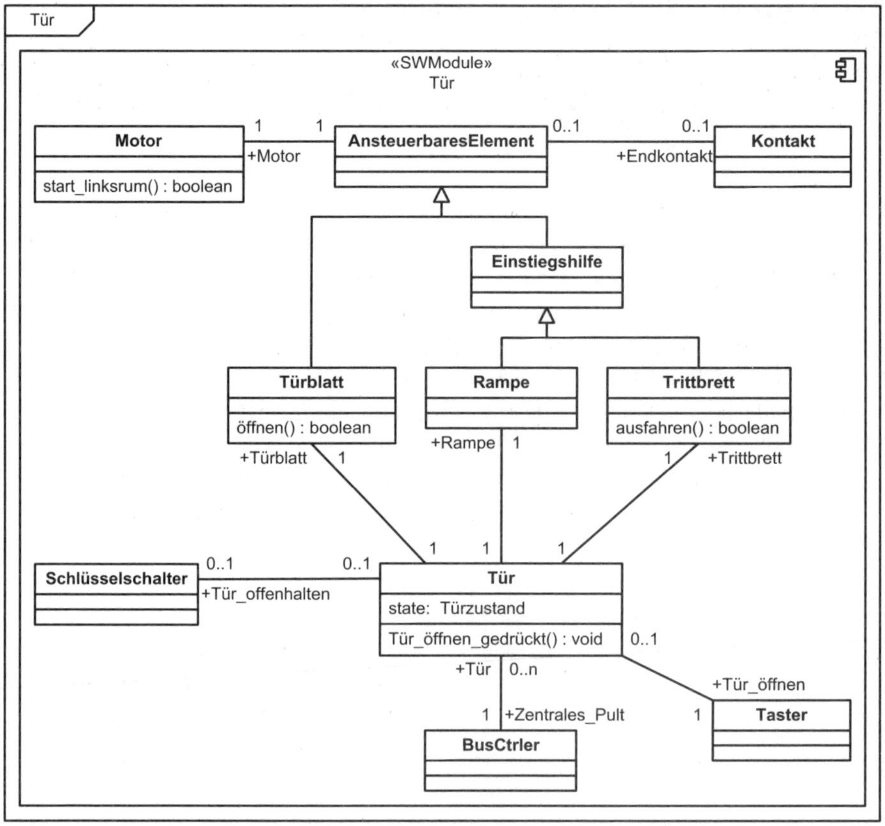

ABBILDUNG 5.17 Das Klassendiagramm der Komponente Tür

5.4.3 Feindesign für eine nicht objektorientierte Implementierung

Eine einfache Art des Feindesigns

Wenn die Realisierung der Komponenten nicht-objektorientiert implementiert werden soll, könnten Sie im Prinzip trotzdem so vorgehen, wie wir es gerade beschrieben haben. Wenn Sie dann ein objektorientiertes Feindesign erzeugt haben, besteht die Aufgabe der Codierung darin, diese Modelle nicht-objektorientiert zu implementieren. Der Nachteil dieses Vorgehens ist jedoch, dass die Lücke zwischen Feindesign und Code sehr groß wird. Sie können die Codierung aber trotzdem nachvollziehbar machen, indem Sie Regeln angeben, wie die Notationsmittel aus dem Feindesign in Code überführt werden sollen. Aber denken Sie daran: Auch wenn Sie sehr gute Regeln vorgeben, wird sich Ihre Codierung nicht unbedingt durch Effizienz auszeichnen, da die Regeln nicht alle Sonderfälle betrachten können, die eine andere Art der Umsetzung verlangen.

Aus diesem Grund gehen wir beim Feindesign für eine effiziente und nicht-objektorientierte Implementierung anders vor.

Auch hier betrachten wir wieder eine Komponente, die nicht weiter in Subkomponenten zerlegt werden soll, und wählen als Startpunkt wiederum die Schnittstellenfunktionen, die von der Komponente zur Verfügung gestellt werden sollen.

Nah an der Implementierung

Jede Schnittstellenfunktion beschreiben wir nun mit einem Aktivitätsdiagramm, wobei die darin enthaltenen Aktionen entweder direkt programmierbar oder als komponenteninterne oder Schnittstellen-Funktionsaufrufe angesehen werden können. Auf diese Weise sind wir mit der Modellierung sehr nah an einer prozeduralen Programmiersprache und damit sehr nah an dem daraus entstehenden Code.

Aktivitätsdiagramm

⇨ 13

Falls eine Aktion einen Funktionsaufruf darstellt, so muss diese entsprechend auch bei der Komponente als Funktion implementiert und als interne Operation modelliert werden. Diese Interpretation ist zulässig, da ja Komponenten als Spezialisierung einer Klasse auch Operationen besitzen dürfen.

Aktionen sind interne Operationen

Wenn wir wiederum die Komponente `Tür` betrachten, können wir die von der Komponente zur Verfügung gestellte Schnittstellenoperation `Tür_öffnen_gedrückt` mit dem Aktivitätsdiagramm aus Abbildung 5.18 beschreiben.

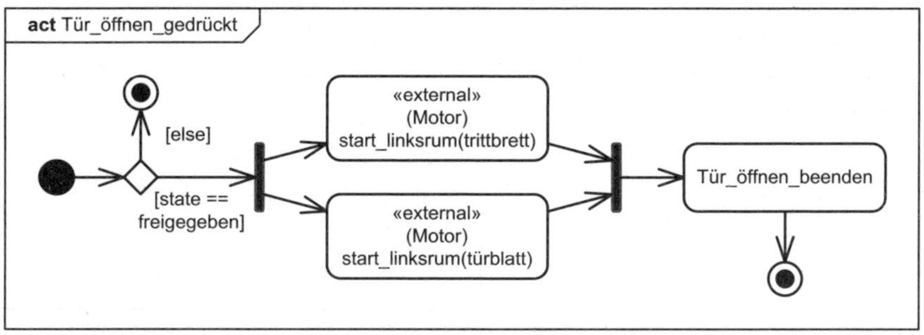

ABBILDUNG 5.18 Die Funktion `Tür_öffnen_gedrückt`

In diesem Diagramm haben wir die Zuordnung der Aktionen zu Partitionen genutzt. Mit dem zusätzlichen Schlüsselwort «external» drücken wir aus, dass die entsprechende Aktion von einer anderen Komponente (`Motor`) als Schnittstellenoperation zur Verfügung gestellt werden muss.

Aktivitätsbereich

⇨ 13.4.13

Das Diagramm aus Abbildung 5.18 sieht im Gegensatz zu dem Sequenzdiagramm aus Abbildung 5.16 sehr einfach aus. Eine Stärke der objektorientierten Lösung, die Zusammenfassung von Verantwortlichkeiten zu Objekten (bzw. Klassen), kommt erst dann zum Tragen, wenn Sie mehrere solcher Funktionalitäten bzw. komplexere Beispiele betrachten. Andernfalls ist eine nicht-objektorientierte Lösung klar im Vorteil.

Für die Komponente `Tür` aus unserem Beispiel ergibt sich somit die Darstellung aus Abbildung 5.19. Auch hier sind wir nicht vollständig und haben nur die Elemente betrachtet, die aus der Modellierung der Funktion `Tür_öffnen_gedrückt` folgen.

Wie Sie sehen, unterscheiden wir hier auch zwischen privaten und öffentlichen Operationen. Ansonsten sollte sich die Black-Box-Ansicht der Komponente nicht von der aus der Architektur vorgegebenen Komponente unterscheiden.

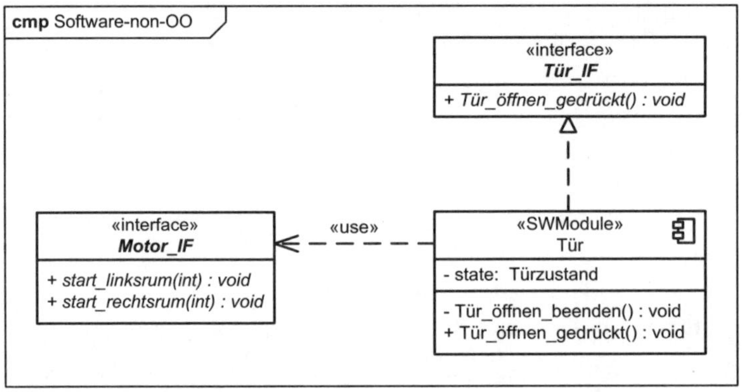

ABBILDUNG 5.19 Die Komponente Tür

Mit diesen Diagrammen haben wir das Feindesign einer Komponente in einer Art und Weise beschrieben, die den Code nachvollziehbar und damit verstehbar macht. Zudem sind wir damit so nah am Code, dass wir ihn prinzipiell aus diesem sehr detaillierten Modell generieren könnten.

Teil II: Strukturdiagramme

Der nun beginnende Teil II des Buches führt in die Strukturdiagramme der UML ein. Er ist für diejenigen Leser unter Ihnen bestimmt, die sich ein tiefer gehendes Wissen über die Modellierung der verschiedenen statischen Strukturaspekte eines Systems mit der UML aneignen möchten. Hierzu verfügt die Modellierungssprache über sechs Diagrammtypen, die Darstellungen erlauben, die von der Aufbaustruktur einer einzelnen Klasse bis hin zur Gliederung vollständiger Architekturen und Systeme reichen. Zusätzlich bieten die Strukturdiagramme Lösungen an, um Ausprägungen beispielhaft zu modellieren und den Einsatz der entwickelten Artefakte auf verteilt betriebenen Rechnern zu planen und zu dokumentieren.

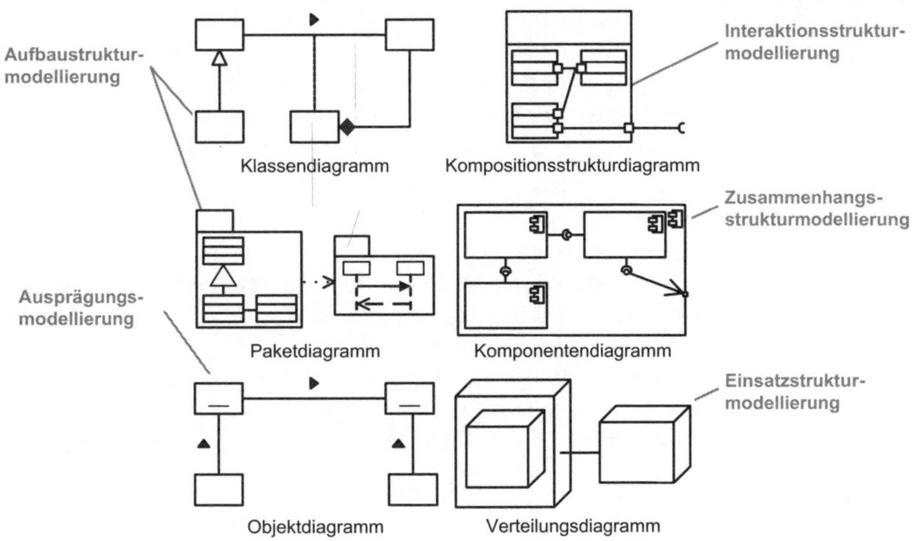

ABBILDUNG II.1 Die Strukturdiagramme der UML 2

Kapitel 6 wird mit dem *Klassendiagramm* eine der zentralen Modellsichten der UML einführen, die es erlaubt, den inneren Aufbau eines System darzustellen. Gleichzeitig mit der dort erfolgenden Definition der wichtigsten Grundbegriffe der Modellierungssprache (wie Klasse, Operation und Assoziation) ist in dieses Kapitel die Darstellung der Basisprinzipien der UML eingewoben und wird an einigen Beispielen veranschaulicht.

Wenn Sie mehr über die Möglichkeiten der logischen Strukturierung eines Systems erfahren möchten, sollten Sie sich das in Kapitel 7 vorgestellte *Paketdiagramm* näher ansehen. Mit ihm können Sie Klassen so gliedern, dass auch bei umfangreichen Projekten der Überblick erhalten bleibt.

Mit dem in Kapitel 8 besprochenen *Objektdiagramm* ist es möglich, die im Klassendiagramm modellierten abstrakten Strukturen um beispielhafte Ausprägungen zu bereichern und so einen Schnappschuss auf die Inhalte des Systems zu seiner Ausführungszeit festzuhalten.

Die Planung und Dokumentation von Architekturzusammenhängen können Sie mit dem in Kapitel 9 vorgestellten, in UML 2 neu eingeführten *Kompositionsstrukturdiagramm* erreichen. Es stellt neue Sprachmittel zur Verfügung, die im Zusammenwirken mit den aus dem Klassendiagramm bekannten Elementen Aufbau und Interaktion einzelner Systembestandteile näher beschreiben.

Wenn Sie die Struktur des Gesamtsystems zu seiner Ausführungszeit darstellen möchten und hierzu nicht auf die kleinteilige Sicht des Objektdiagramms zurückgreifen wollen, sondern die Darstellung der Systemzusammenhänge anhand seiner Komponenten bevorzugen, sollten Sie das in Kapitel 10 besprochene *Komponentendiagramm* verwenden.

Wird das zu entwickelnde System später verteilt auf mehrere Hardwareeinheiten (Rechner, Mobiltelefone, ...) eingesetzt, sollten Sie zur Veranschaulichung der entstehenden Kommunikationsbeziehungen und Abhängigkeiten auf die Darstellungsmöglichkeiten des *Verteilungsdiagramms* (Kapitel 11) zurückgreifen.

Prinzipiell können Sie in einem Projekt alle Strukturdiagramme – oder eine selbst getroffene Auswahl davon – verwenden, ohne eine vorgegebene Reihenfolge einhalten zu müssen. Daher müssen Sie beim Lesen dieses Buches die gewählte Kapitelreihenfolge nicht zwingend einhalten; vielmehr können Sie zunächst das lesen, was Sie derzeit am meisten interessiert, oder denjenigen Abschnitt separat herausgreifen, der Ihnen die größte Hilfestellung bietet.

Generell sollten Sie sich jedoch zunächst mit dem Klassendiagramm vertraut machen, da dieses nicht nur das Rückgrat des modellierten Systems bildet, sondern auch die zentralen Basisbegriffe und Sprachkonzepte der UML versammelt. Ausgehend von diesem können Sie sowohl mit der Abbildung von Beispielausprägungen der im Klassendiagramm modellierten Zusammenhänge durch das Objektdiagramm als auch mit der Detaillierung der statischen Strukturen hinsichtlich ihrer logischen Gruppierung und ihres Zusammenspiels durch das Paket-, Komponenten- oder Kompositionsstrukturdiagramm fortfahren. Der Einsatz des Verteilungsdiagramms bietet sich nach erfolgter Stabilisierung der statischen Systemkomponenten an, da dieser Diagrammtyp ausschließlich die Darstellung des Einsatzes der verschiedenen Systembestandteile auf den das System bildenden Recheneinheiten erlaubt.

6 Klassendiagramm

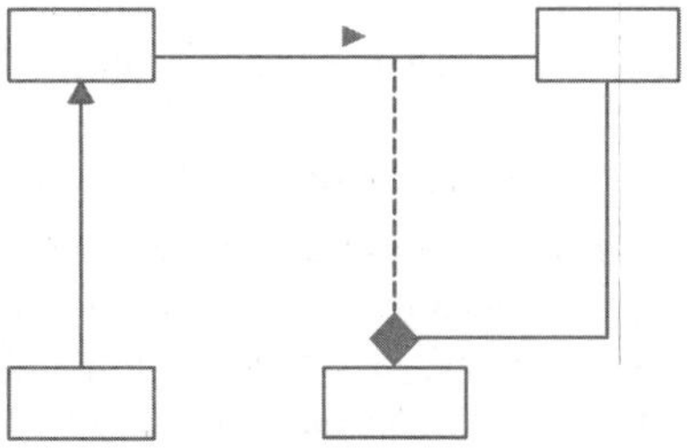

Das Klassendiagramm gibt Ihnen die Möglichkeit, die Struktur des zu entwerfenden oder abzubildenden Systems darzustellen. Es zeigt dessen wesentliche statische Eigenschaften sowie ihre Beziehungen zueinander. Da das Klassendiagramm die grundlegenden Modellierungskonstrukte der UML enthält und die wichtigsten grafischen Symbole und ihre Bedeutung einführt, repräsentiert es den Kern der gesamten Modellierungssprache. Ein Klassendiagramm gibt Ihnen die Antwort auf die Frage: **„Wie sind die Daten und das Verhalten meines Systems im Detail strukturiert?"**

6.1 Überblick

In diesem Kapitel lernen Sie das Klassendiagramm (engl. *class diagram*), seine einzelnen Bestandteile sowie deren Bedeutung kennen. Gleichzeitig werden grundlegende Konzepte und Mechanismen wie Generalisierung und Abhängigkeiten eingeführt, die Ihnen in den anderen Diagrammtypen wieder begegnen werden.

6.1.1 Modellieren von Klassen

Zentrales Konzept objektorientierter Modellierung sind – wie der Name vermuten lässt – die *Objekte* bzw. deren Abstraktion zu *Klassen*. Letztere werden mit Klassendiagrammen modelliert. Dieser Diagrammtyp stellt das „Innenleben" der Objekte, d. h. ihre Attribute und Operationen sowie ihre Beziehungen nach außen, d. h. Generalisierungs-, Assoziations- und Abhängigkeitsbeziehungen, dar.

Unter *Klasse* versteht die UML 2 eine Sammlung von Exemplaren, die über gemeinsame Eigenschaften, Einschränkungen und Semantik verfügen. Jede Klasse ist somit ein abstrahierter Sammelbegriff für eine Menge gleichartiger Dinge. Damit macht der Klassenbegriff nichts anderes als wir im täglichen Leben, wenn wir vereinfachend von „unseren Freunden" sprechen, die wir zu einer Party einladen. Nur in Sonderfällen würden wir sie einzeln aufzählen.

Ein Klassendiagramm enthält jedoch nicht nur Aussagen über die Existenz von Klassen, sondern gibt auch Auskunft über die einzelnen Eigenschaften, die bei den konkret betrachteten Exemplaren der Klasse mit konkreten Inhaltswerten belegt werden. Diese Eigenschaften werden als *Attribute* bezeichnet und beschreiben Charakteristika wie Häufigkeit, Datentyp und weitere Einschränkungen. Beispiele für Attribute der Klasse „Partyteilnehmer" wären etwa „Name", „Wohnort" oder „Geburtsdatum". Für deren Objekte wie z. B. den „Himbeer Toni" sind diese Attribute mit Werten belegt: „Georg Mayer" für „Name", „München" für Wohnort und „1970-12-12" als „Geburtsdatum". Die Darstellung konkreter Objekte ist jedoch für das Klassendiagramm weniger relevant, sondern typischerweise dem Objektdiagramm vorbehalten und wird in Kapitel 8 ausführlich behandelt.

Objektdiagramm ⇨ 8

Diagramm ⇨ 3.1.2

Obwohl die UML 2 ihre Verwendung nicht detailliert vorschreibt (siehe Abschnitt 3.1.2), werden folgende Notationselemente in einem Klassendiagramm in der Praxis dargestellt: Klassen, Attribute, Operationen, Assoziationen (mit den Sonderformen Aggregation und Komposition), Generalisierungs- und Abhängigkeitsbeziehungen und Schnittstellen (siehe Abbildung 6.1).

Die wichtigsten Notationselemente der UML

Klassendiagramm

Name	Notation	Erklärung	Ref.
Klasse	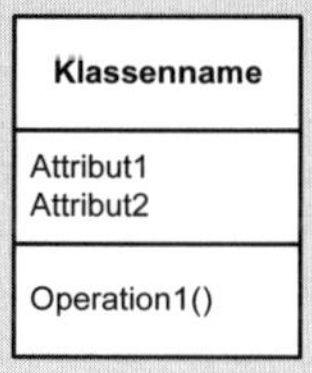	Beschreibt eine Menge von Objekten mit gemeinsamer Semantik, gemeinsamen Eigenschaften und gemeinsamem Verhalten	6.4.1
Attribut		Ein Attribut repräsentiert eine strukturelle Eigenschaft von Klassen	6.4.2
Operation		Eine Operation repräsentiert eine von der Klasse realisierte Funktionalität	
Generalisierung/ Spezialisierung		Setzt zwei Klassen so in Beziehung, dass die eine Klasse eine Verallgemeinerung der anderen darstellt	6.4.6
Assoziation		Beschreibt eine Menge gleichartiger Beziehungen zwischen Instanzen von Klassen	6.4.8
Aggregation		Definiert eine Teile-Ganzes-Beziehung zwischen Instanzen von Klassen	6.4.8
Schnittstelle		Beschreibt eine Menge von öffentlichen Operationen, Merkmalen und „Verpflichtungen“, die durch eine Klasse, die die Schnittstelle implementiert, zwingend bereitgestellt werden müssen	6.4.4
Abhängigkeitsbeziehung	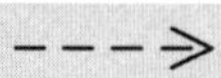	Drückt eine Abhängigkeit zwischen zwei Modellelementen aus	6.4.10

Paketdiagramm

Name	Notation	Erklärung	Ref.
Paket	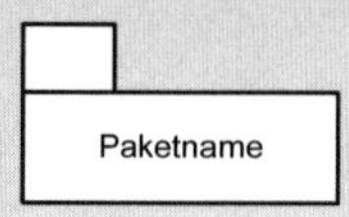	Fasst mehrere paketierbare Elemente zu einer größeren Einheit zusammen	7.4.1

Objektdiagramm

Name	Notation	Erklärung	Ref.
Instanzbeschreibung/ Objekt	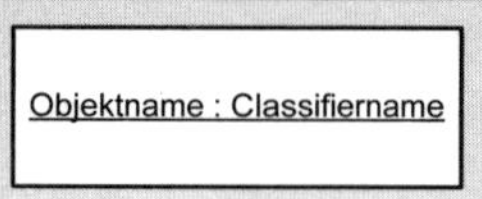	Beschreibt eine zur Laufzeit vorhandene Instanz im betrachteten System	8.4.1
Link	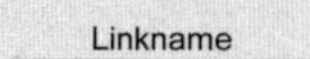	Stellt eine Instanz der Assoziation dar und setzt zwei Objekte miteinander in Beziehung	8.4.3

Beihefter zu „UML 2 glasklar“ von Chris Rupp, Stefan Queins, die SOPHISTen; © 2012 Carl Hanser Verlag München, ISBN 978-3-446-43057-0

Kompositionsstrukturdiagramm

Name	Notation	Erklärung	Ref.
Part	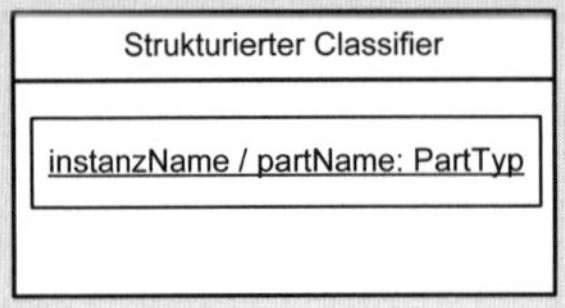	Ist Teil eines Classifiers, der bei dessen Instanziierung mit instanziiert wird und danach eine bestimmte Rolle einnimmt	9.4.1
Port	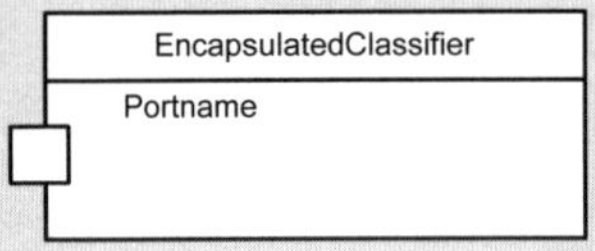	Repräsentiert einen Kommunikationspunkt zwischen einem Classifier oder einem Part und seiner Außenwelt	9.4.3
Kollaboration	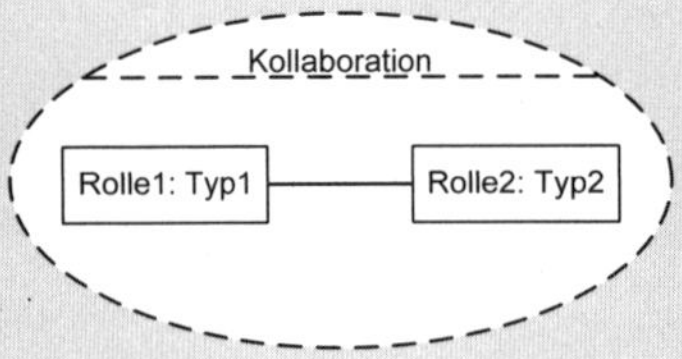	Stellt ein Zusammenspiel von verschiedenen Rollen dar, um z. B. ein Design Pattern zu definieren	9.4.4

Komponentendiagramm

Name	Notation	Erklärung	Ref.
Komponente	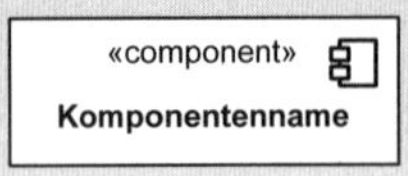	Ist ein modularer Systemteil, der seinen Inhalt transparent kapselt und so vor dem Nutzer der Komponente verbirgt	10.4.1
Artefakt	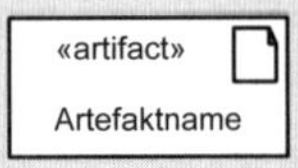	Stellt eine physische Informationseinheit dar	10.4.2

Verteilungsdiagramm

Name	Notation	Erklärung	Ref.
Knoten	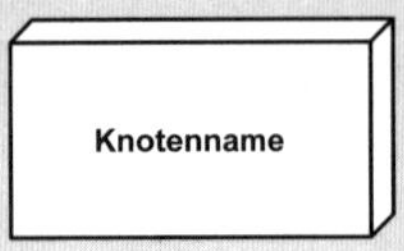	Repräsentiert eine Ressource, auf die Artefakte zur Ausführung verteilt werden können	11.4.1
Kommunikationspfad		Verbindet Knoten sowohl auf Typ- als auch auf Instanzebene miteinander, um Nachrichten auszutauschen	11.4.2

Use-Case-Diagramm

Name	Notation	Erklärung	Ref.
Use-Case	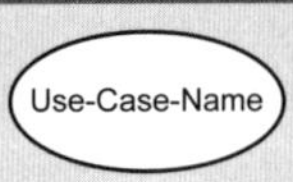	Beschreibt ein Verhalten des Systems, das einem Nutzer zur Verfügung gestellt wird	12.4.1
System (Betrachtungsgegenstand)	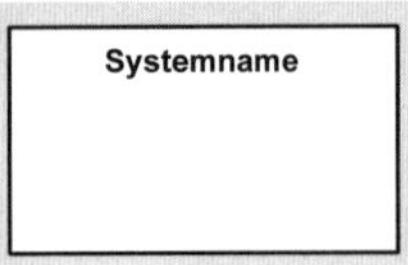	Ist die Einheit, die das Verhalten, das durch Use-Cases beschrieben werden, realisiert und anbietet	12.4.2
Akteur		Interagiert mit den Use-Cases des Systems und steht immer außerhalb davon	12.4.3

6.1.2 Grundgedanke der Klassenmodellierung

Das Klassendiagramm bildet mit seiner Darstellung der statischen Zusammenhänge den historisch ältesten Teil der UML und der Modellierungsbestrebungen für Softwaresysteme überhaupt. Die ersten Diagrammsprachen, die zur Abbildung der logischen Struktur eines Systems vorgeschlagen wurden, waren reine *Datenmodelle*. Sie berücksichtigten daher ausschließlich die im System verwalteten Datenanteile, ohne den darauf ablaufenden Funktionen und Prozessen größere Beachtung zu schenken. In diese Kategorie fallen die klassischen Ansätze zur Daten(-bank)modellierung wie das Entity-Relationship-Modell (ER) nach Chen und seine verschiedensten Erweiterungen ebenso wie die ersten objektorientierten Ansätze, welche die Vorläufer der UML bilden.

Statische Modellierung
Entity-Relationship-Modell

Letztlich hat sich das Klassendiagramm in seiner heutigen Form aus dem „Objektmodell" der Object Modeling Technique (OMT) [Rum93] entwickelt.

OMT

Zusätzlich schlägt die Klassenmodellierung die Brücke zur dynamischen Betrachtung des Systems, indem sie die auf den Objekten ausgeführten Operationen berücksichtigt. Jede Klasse kann wahlfrei Operationen definieren, im Verlauf der Implementierung können die einer Operation zugeordneten Methoden ein bestimmtes „Verhalten" auslösen, das heißt, eine bestimmte Zustandsänderung des Objekts oder eine definierte Reaktion herbeiführen.

Verbindung von Statik und Dynamik

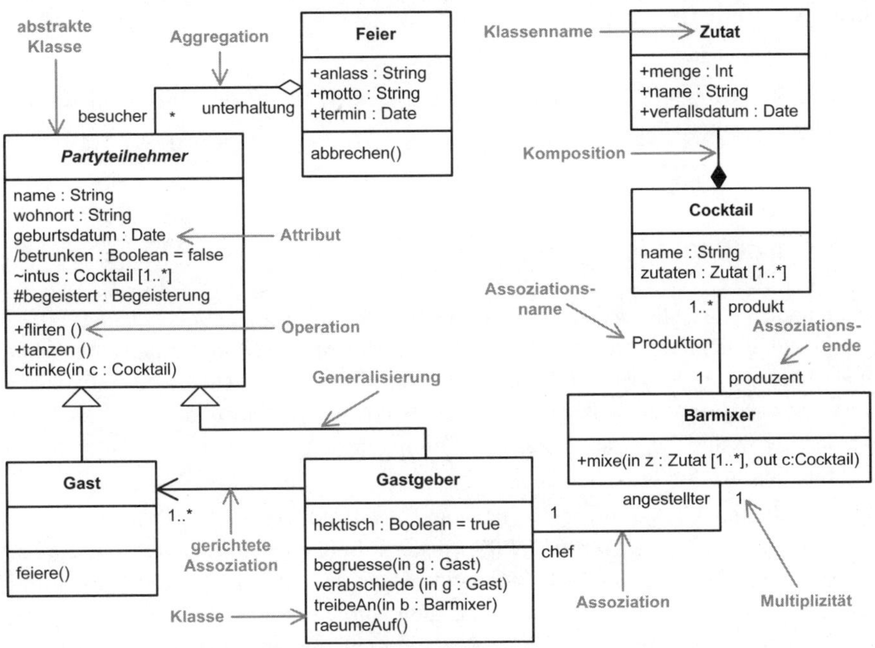

ABBILDUNG 6.1 Elemente des Klassendiagramms

6.1.3 Klassen und Objekte

Objektbegriff

Zentral für das Verständnis der objektorientierten Modellierung ist der Begriff des *Objekts*. Bereits dieser erste Grundbegriff führt zu hinreichend definitorischer Vielfalt und ansehnlichem Expertenstreit, dass sich damit ein eigenes Buch füllen ließe ... Aus diesem Grunde wollen wir die Betrachtung hier auf die durch die UML vertretene Definition beschränken.

Im Rahmen der UML wird eine *Klasse* als Typ interpretiert, dessen Ausprägungen *Objekte* heißen.

Mit *Ausprägung* ist die Zugehörigkeit eines Objekts zu einer Klasse gemeint, sofern es sich an die durch die Klasse formulierten strukturellen Gegebenheiten (Attribute und Beziehungen) hält. Das Objekt stellt also eine Ausprägung der durch die Klasse formulierten Schablone dar. Stellen wir uns beispielsweise einen Partyteilnehmer mit dem Kosenamen „Himbeer Toni“ vor, der durch ein Objekt repräsentiert wird, welches als Ausprägung der Klasse „Partyteilnehmer“ realisiert wird. Alle in der Klasse als Attribut vorgesehenen (Speicher-) Plätze (zum Beispiel Name, Adresse und Geburtsdatum) sind im Objekt mit konkreten Wertausprägungen („Georg Mayer“, „München“, „1970-12-12“) belegt. Im Deutschen hat es sich eingebürgert, den Begriff der *Instanz* synonym zu Objekt oder Ausprägung zu verwenden.

Typbegriff

Der *Typ* führt einen Mechanismus zur Eingrenzung gültiger Elemente aus der Menge aller Elemente ein. So wie beispielsweise die Menge (der Typ) der ganzen Zahlen eine Untermenge aller möglichen Zahlen darstellt, ist der Typ nichts anderes als die Summe der Eigenschaften einer Klasse, die gewisse Objekte zu ihr zugehörig sein lassen und andere ausgrenzen.

Fazit: Für die UML ist ein Objekt nichts anderes als die „Ausprägung einer Klasse“ und die Klasse der Typ eines Objekts.

6.1.4 Klassen und Attribute

Klassen liefern eine „Makrosicht“ auf das mit Hilfe der UML abgebildete System. Aus Sicht der im System zu verwaltenden Daten dienen sie der Bildung von Sinnzusammenhängen oder Fachkonzepten. So grenzt die Klassenbildung Daten unterschiedlicher Zugehörigkeit im System gegeneinander ab. Bezogen auf das Partybeispiel wird auf diesem Wege sichergestellt, dass der Name der Straße, in der die Veranstaltung stattfindet, nicht mit dem Namen des Veranstalters kollidiert.

Die innerhalb von Klassen organisierten *Attribute* strukturieren die Klassen und werden in Objekten mit konkreten Werten belegt. Sie vermitteln eine „Mikrosicht“ auf die im System verwalteten Gesamtdaten. Attribute sind physisch in die Objekte eingebettet und mit diesen untrennbar verbunden. Diese Einbettung von konkreten Eigenschaften in Klassen wird „Kapselung“ genannt. So ist es im Beispiel unmöglich, vom Datum „1970-12-12“ zu sprechen, ohne dabei auf das diese Eigenschaft beherbergende Objekt „Himbeer Toni“ vom Typ der Klasse „Partyteilnehmer“ zuzugreifen.

Kapselung

Wie Abbildung 6.2 beispielhaft zeigt, werden Klassen zu Objekten ausgeprägt, die für jedes in der Klasse definierte Attribut einen Wert enthalten. Die Struktur des Systems wird ausschließlich durch Klassen und ihre Beziehungen festgelegt. Attribute sind von denjenigen Objekten abhängig, die sie physisch enthalten. Die Ablage von Werten oder der Zugriff darauf ist daher ohne die Existenz eines Objektes nicht möglich. Eine Ausnahme hiervon bilden *Klassenattribute*, da diese Eigenschaften der Klasse und nicht des Objekts repräsentieren.

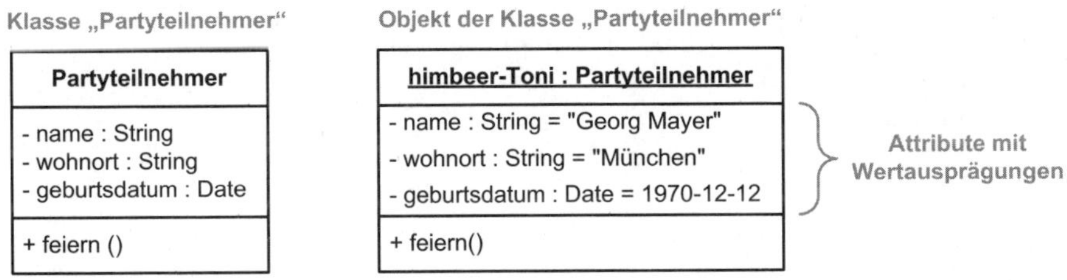

ABBILDUNG 6.2 Attribute in Klasse und Objekt

Vielfach ist es ein Streitpunkt, ob eine bestimmte Dateneinheit (z. B. ein Name, eine Autonummer oder die Sammlung von Büchern eines Autors) als eigenständige Klasse oder als darin eingebettetes Attribut modelliert werden soll. Diese Frage lässt sich kaum allgemeingültig beantworten und wird daher auch durch die UML offen gelassen. Sie sollten Attribute immer dann modellieren, wenn diese Eigenschaften eines umgesetzten Sachverhalts (einer Klasse) ausdrücken, die ausnahmslos immer im Zusammenhang mit Objekten genau dieser Klasse stehen, d. h. nicht auch Eigenschaften anderer Klassen darstellen, und deren eigene Betrachtung nicht sinnvoll erscheint. So würde beispielsweise die Darstellung des Namens oder des Geburtsdatums eines Partyteilnehmers durch eine eigene Klasse wenig Sinn ergeben, da diese Sachverhalte immer untrennbar mit einem Partyteilnehmer verbunden sind.

6.1.5 Woher kommen Klassen?

Der Klassenbegriff der UML bezeichnet eine Menge von *Objekten*, die über gleiche Eigenschaften, dasselbe Verhalten und dieselbe Semantik verfügen.

Aufgrund dieser „weichen" Definition einer Klasse hat sich bisher noch kein allgemeingültiges Vorgehen etablieren können, das beliebige Problemstellungen in Klassendiagramme überführt. Es existieren zwar eine Reihe von Heuristiken und Verfahren zum „Auffinden" von Klassen aus natürlichsprachlichen Anforderungsdokumenten oder der Erzeugung von Klassenentwürfen aus anderen Modellen, doch lässt sich keiner dieser Ansätze verallgemeinern.

Entwicklungsgeschichtliches zur UML ⇨ 1.3

Im Zusammenhang mit dem Entwurf objektorientierter Systeme rückt die Frage nach der Identifikation von Klassen in die Nähe von Vorgehensweisen und Prozessmodellen. So bieten viele Entwurfsmethoden Vorschläge in Form von Heuristiken oder Erfahrungswerten zum Auffinden von Klassen an. Diese werden jedoch aus der Unified Modeling Language – die eben ausschließlich eine Modellierungs*sprache* sein möchte – bewusst (seit der Version 0.9) ausgegrenzt.

6.2 Anwendungsbeispiel

Abbildung 6.3 zeigt ein Klassendiagramm, in welchem eine Buchhandlung modelliert wird. Es versammelt bereits eine Reihe von Elementen, die im Verlauf dieses Kapitels näher erläutert werden.

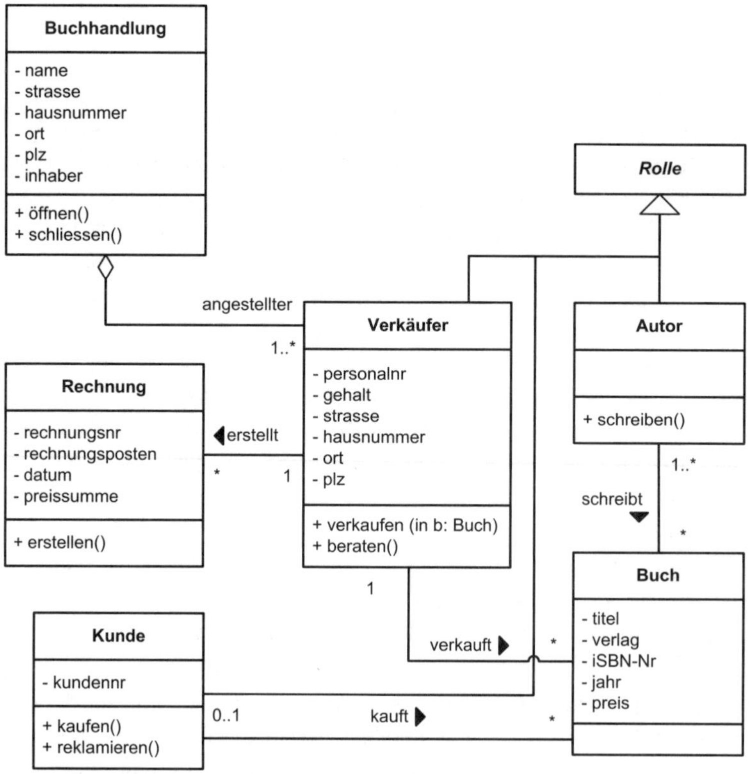

ABBILDUNG 6.3 Klassendiagramm Buchhandlung

6.3 Anwendung im Projekt

Wichtigstes UML-Diagramm

Klassendiagramme finden in allen Projektphasen Anwendung. Sie können Ihnen schon in den frühen Analyseschritten als erste Skizze von vorgefundenen Zusammenhängen dienen und Sie bis zur Codierung eines Softwaresystems begleiten.

Zwangsläufig verändern sich die eingesetzten Formen des Klassendiagramms während des Projektverlaufs, so dass eigentlich nicht von „dem Klassendiagramm“ gesprochen werden kann. Im Grunde bietet die UML mit den Diagrammelementen des Klassendiagramms eine Auswahl an Konstrukten an, die in allen Modellierungsphasen genutzt werden können.

Gleichzeitig variieren der Detaillierungsgrad und die eingesetzten Elemente des Klassendiagramms je nach Anwendungsfall und Zielsetzung des entstehenden Klassenentwurfs. Jedoch lassen sich mindestens zwei verschiedene „Arten“ von Klassendiagrammen unterscheiden: konzeptuell-analytisch orientierte und eher auf logisches Design ausgerichtete.

6.3.1 Konzeptuell-analytische Modellierung

Hoher Abstraktionsgrad

In den frühen Phasen der Systementwicklung, während der Analyse eines bestehenden Systems oder der Abbildung der Anwenderwünsche in ein UML-Modell, herrscht der konzeptuell-analytische Blickwinkel vor. Hierbei steht nicht die spätere technische Umsetzung des Modells und ein entsprechend hoher Detaillierungsgrad im Vordergrund, sondern die korrekte Erfassung der Zusammenhänge.

Aus diesem Grund können Sie in den frühen Phasen auf Details wie Attributdatentypen, die Angabe technischer Operationen (wie beispielsweise Datenbankzugriffe, Konstruktoren, get-/set-Operationen) oder technische Schnittstellen verzichten.

Vielmehr sollte das erste Klassendiagramm eines neuen Systems die grundlegenden Wesenseinheiten eines Systems (oder eines Anwendungsgebietes) und deren Beziehungen möglichst korrekt, vor allem aber verständlich widerspiegeln.

Die Detaillierung des Klassendiagramms und seine Anreicherung um technische Details ist Gegenstand der späteren Projektphasen und sollte auch erst dann erfolgen.

In dieser Anwendungsform hat sich das Klassendiagramm die Position erobert, die „früher“ das Entity-Relationship-Modell innehatte. Die in ihm modellierten Strukturen sind weniger die Schablone einer späteren Umsetzung als vielmehr eine erste korrekte, aber abstrahierte Sicht auf das spätere System, die dazu dient, einen Überblick festzuhalten. Diese Art der Klassendiagramme wird daher auch „konzeptuell“ genannt, weil sie die vorgefundenen (Fach-)Konzepte und deren Beziehungsverhältnisse abbildet. Abbildung 6.3. zeigt ein solches Konzeptklassendiagramm.

6.3.2 Logische, designorientierte Modellierung

Detailreichtum und Ausführbarkeit

Wird das Klassendiagramm als Vorbild einer technischen Umsetzung verwendet, vielleicht sogar mit dem Ziel, aus ihm direkt Quellcode einer Programmiersprache zu erzeugen, dann muss es mindestens alle hierfür notwendigen Informationen enthalten.

Klassendiagramme dieser Detailgenauigkeit werden typischerweise erst in den späteren Projektphasen benötigt, wenn die Entscheidung über die einzusetzenden Techniken gefallen ist. Dann müssen sie alle zur Umsetzung erforderlichen Einzelheiten wie Datentypen, technische Operationen und zu verwendende Schnittstellen enthalten. Diese Art der Klassenmodellierung verwendet die volle Bandbreite der möglichen Konstrukte. Klassendiagramme mit dieser Zielsetzung dienen als konkrete Implementierungsvorschrift, ähnlich wie bei einem Bauplan eines Hauses. Derartige Klassendiagramme entstehen auch bei der automatischen Generierung der Diagramme aus dem Quellcode, dem so genannten Reverse Engineering. Abbildung 6.4 zeigt einen Ausschnitt aus einem eher designorientierten Klassendiagramm mit typischen Notationselementen.

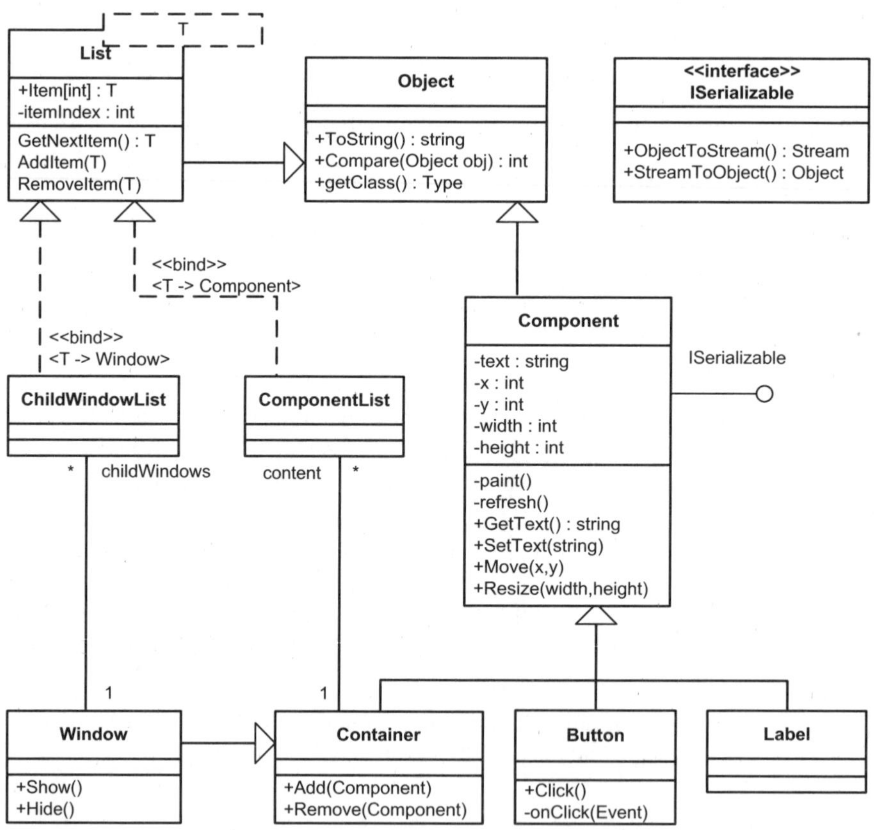

ABBILDUNG 6.4 Ausschnitt aus einem designorientierten Klassendiagramm

6.4 Notationselemente

Dieser Abschnitt beschreibt die für UML-2-Klassendiagramme wichtigen Notationselemente anhand von Beispielen. Den Abschluss bildet bei den relevanten Elementen die Vorstellung von Umsetzungsmöglichkeiten der einzelnen Bestandteile des Klassendiagramms in der Programmiersprache C#.

6.4.1 Klasse

Definition

A **class** describes a set of objects that share the same specifications of features, constraints, and semantics.

Notation

Eine Klasse wird durch ein Rechteck mit durchgezogener Linie dargestellt, der Name der Klasse steht, in **Fett**druck und mittig, innerhalb des Rechtecks. Er wird großgeschrieben. Der Name einer *abstrakten* Klasse wird *kursiv* gesetzt.

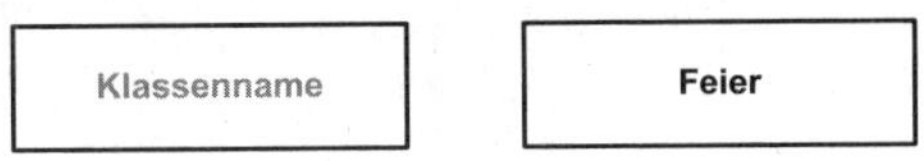

ABBILDUNG 6.5 Darstellung einer Klasse

Beschreibung

Klassen (Classes) sind das zentrale Element in einem Klassendiagramm. Eine Klasse beschreibt eine Menge von Objekten mit gemeinsamer Semantik, gemeinsamen Eigenschaften und gemeinsamem Verhalten. Die Eigenschaften werden durch Attribute und das Verhalten durch Operationen abgebildet. Diese beschreiben wir in ihrer Bedeutung, und zwar in separaten Abschnitten (6.4.2 und 6.4.3).

Klasse als tragendes Element

Klassen stellen die tragenden Elemente des zu entwerfenden Systems dar. Ausschließlich ihre Instanzen, die Objekte, können zur Laufzeit im System Daten ablegen. Ebenso wird das Verhalten eines Systems ausschließlich durch die Implementierungen der im Klassendiagramm angegebenen Operationen festgelegt, da die UML weder globale Variablen noch globale Funktionen kennt.

Classifier ⇨ 3.2.5

Die Klasse ist der bekannteste aller Classifier und grenzt sich von vielen anderen Classifiern vor allem durch das Vorhandensein von Operationen ab.

Abstrakte Klasse

Oftmals ergibt sich der Bedarf, innerhalb der Modellierung Elemente einzuführen, die lediglich der Strukturierung und Vereinfachung dienen. Ein solches Element ist die „abstrakte" Klasse. So könnten beispielsweise die konkreten, d. h. instanziierbaren Klassen „Autofahrer", „Käufer", „Ernährer" und „Ehemann" zur abstrakten Klasse „Rolle" verallgemeinert werden.

Es ist einfacher und geht schneller von der Hand, von einer Rolle zu sprechen, als alle konkreten Rollen immer wieder aufzuzählen. Durch diese Abstraktion werden Modelle, Diskussionen und Konzepte einfacher.

Nicht instanziierbar!

Abstrakte Klassen sind unvollständig und nicht instanziierbar. Sie dienen nur als Strukturierungsmerkmal, ohne die *vollständige* Form von Objekten vorzugeben. Um eine abstrakte Klasse als solche kenntlich zu machen, wird entweder der Klassenname kursiv gesetzt oder das Schlüsselwort *abstract* in geschweiften Klammern unterhalb des Klassennamens angegeben (siehe Abbildung 6.6).

ABBILDUNG 6.6 Darstellungsoptionen für abstrakte Klassen

Wenn Sie Ihr Diagramm an der Tafel oder am Flipchart erstellen, bietet es sich an, die zweite Darstellungsform zu wählen, da kursive (und vor allem als solche wieder erkennbare!) Druckbuchstaben handschriftlich nur schwer gelingen. ☺

Aktive Klasse

Das hinter der Objektmodellierung stehende Paradigma unterscheidet zwischen aktiven und passiven Objekten. Aktive Objekte sind in der Lage, Dinge selbstständig auszuführen, das heißt, Attribute zu manipulieren, Operationen aufzurufen bzw. andere Objekte zu erzeugen oder zu zerstören. (Um es implementierungsnah zu erklären: Aktive Objekte besitzen den Thread oder den ausführenden Prozess/Task.) Mit passiven Objekten wird etwas getan, d. h. sie werden manipuliert, bei ihnen werden Operationen aufgerufen, die ablaufen und wieder zum aktiven Aufrufer zurückkehren. Aktive Objekte werden durch so genannte aktive Klassen modelliert. Falls Sie bewusst die aktive Klasse kennzeichnen möchten, können Sie dies durch zwei senkrechte Balken, wie in Abbildung 6.7. zu sehen ist, optional kennzeichnen. Dort sehen Sie drei aktive Klassen und eine passive Klasse (`Speicher`) im Einsatz.

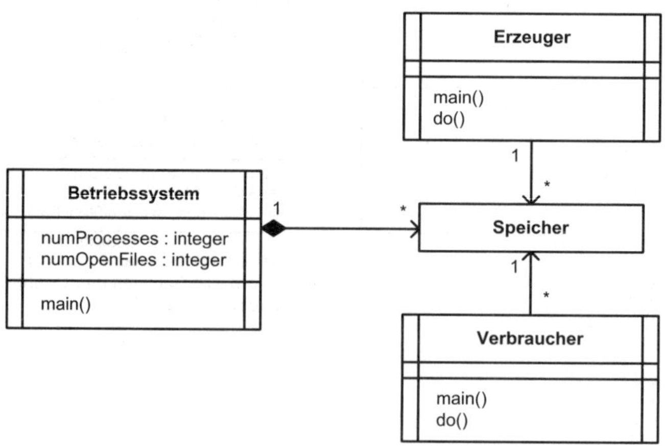

ABBILDUNG 6.7 Verwendung von aktiven Klassen

Abschnitte / Compartments

Um Attribute (siehe Abschnitt 6.4.2) und/oder Operationen (6.4.3) einer Klasse darzustellen, wird das Rechteck unterhalb des Klassennamens durch horizontale Linien in je einen weiteren Abschnitt (engl. Compartment) abgeteilt, wobei typischerweise der zweite Abschnitt die Attribute und der dritte Abschnitt die Operationen enthält.

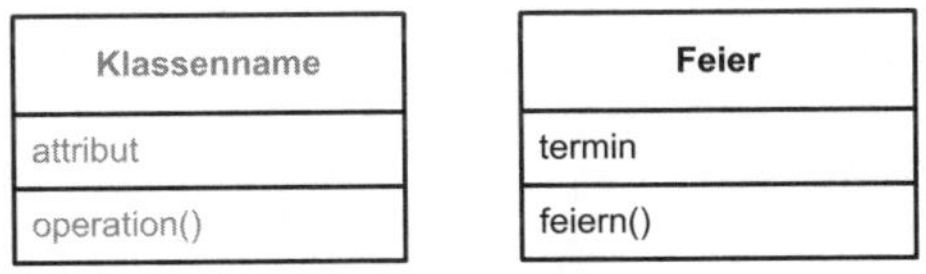

ABBILDUNG 6.8 Klasse mit Attribut und Operation

Eine Klasse kann in zusätzliche Abschnitte aufgeteilt werden, mit deren Hilfe Sie weitere Eigenschaften der Klasse darstellen können. Grundsätzlich sind jedoch weder Anzahl noch Inhalt der Rechteckselemente beschränkt. Mit einer Ausnahme: Das oberste Element muss den Klassennamen enthalten. So haben Sie durchaus die Möglichkeit, je nach Ihren Erfordernissen zusätzliche Angaben, wie Einschränkungen, Bedingungen oder dokumentierende Angaben, im Klassensymbol unterzubringen. Ein Beispiel hierfür wäre etwa die nähere Spezifizierung von Attributen oder Operationen, die einem bestimmten Zweck dienen, der von den Aufgaben der anderen abgrenzbar ist (siehe Abbildung 6.9).

Im Beispiel sind die Operationen der Klasse `Partygast` hinsichtlich ihrer Semantik (trink- oder essensbezogen) gruppiert und in eigenen Darstellungselementen untergebracht. Die Klasse `Partyteilnehmer` zeigt eine eher technisch orientierte Anwendung des Gruppierungsmechanismus, um Attribute und Operationen verschiedener Anwendungsdomänen zu separieren. Zur Benennung der einzelnen Gruppierungen sollten Sie *eigendefinierte* Schlüsselwörter einsetzen, die an oberster Stelle des Rechteckselements notiert werden.

Schlüsselwörter ⇨ 3.2.10

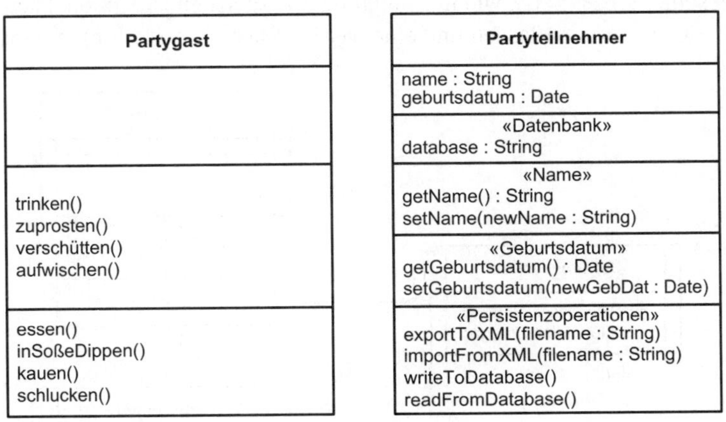

ABBILDUNG 6.9 Gruppierungsmöglichkeit für Attribute und Operationen

Namensraum

Ein Namensraum beschreibt einen Modellbereich, in dem die Bezeichnungen/Namen eindeutig sein müssen. In Bezug auf die Klasse bedeutet dies, dass der Klassenname innerhalb eines Pakets eindeutig gewählt sein muss. Die Klasse selbst definiert einen Namensraum, d. h. Sie müssen die Attribute bzw. Operationen der gleichen Klasse unterschiedlich benennen. Zwei unterschiedliche Klassen dürfen aber durchaus gleichnamige Attribute oder Operationen definieren.

Paket ⇨ 7.4.1

Hinsichtlich der Benennung definiert die UML keine Einschränkungen. So sind alle auf der Tastatur verfügbaren Zeichen, einschließlich Sonder- und Leerzeichen sowie Umlaute, zugelassen.

Anwendung

Anwendungen von Klassen sehen Sie insbesondere in den Abbildungen 6.3 und 6.4.

Umsetzung in C#

C# unterstützt die Klassendefinition in Form des Schlüsselwortes `class`. Alle Eigenschaften der Klasse werden auch hier in geschweifte Klammern eingeschlossen.

```
class Feier {
      System.DateTime termin;
      void feiern(){
      //...
      }
}
```

Weitere Codebeispiele in den Programmiersprachen C++ und Java finden Sie auf *www.uml-glasklar.com* unter [6-1].

AL

6.4.2 Attribut

Definition

A **property** is a structural feature. A property related to a classifier by ownedAttribute represents an attribute. It relates an instance of the class to a value or collection of values of the type of the attribute.

Notation

Attribute werden üblicherweise im zweiten Abschnitt/Rechteckelement des Klassensymbols linksbündig untereinander angeordnet. Attributnamen werden kleingeschrieben und Klassenattribute unterstrichen.

Aus Gründen der Übersichtlichkeit können Sie alle Angaben (siehe weiter unten) zu einem Attribut in der grafischen Darstellung ausblenden, alle außer dem identifizierenden Namen selbst.

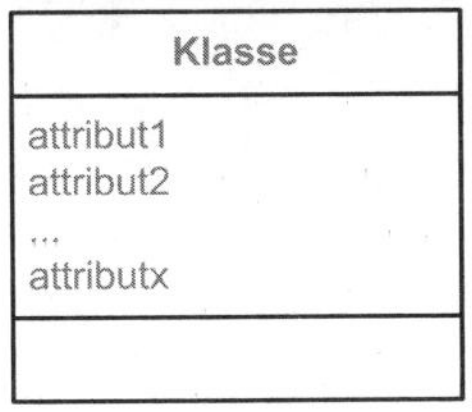

ABBILDUNG 6.10 Notation einer Klasse mit Attributen

Beschreibung

Attribute (Attributes) repräsentieren die strukturellen Eigenschaften von Klassen. Sie bilden somit das Datengerüst von Klassen. Jedem Attribut wird zur Laufzeit, d. h. im Objekt der Klasse, ein entsprechender Wert zugewiesen – es wird befüllt.

Wir beschreiben im Folgenden die wesentlichen Eigenschaften eines Attributs, so wie Sie es in der *gängigen* Modellierungspraxis benötigen. Die UML definiert Attribute sehr ausführlich mit zahlreichen ergänzenden Eigenschaften, die Sie wahrscheinlich nur bei der Metamodellierung oder bei sehr formal spezifizierten Modellen benötigen. Für die Praxis genügt es in aller Regel diesen vorliegenden Abschnitt zu kennen. Falls Sie jedoch das Attribut vollständig erfassen möchten, lesen Sie zusätzlich [6-2] auf *www.uml-glasklar.com.*

Attributdeklaration

Ein Attribut muss gemäß UML *nur* durch seinen Namen spezifiziert werden. Der Name muss innerhalb der Klasse eindeutig sein. Darüber hinaus können Sie die Attribute noch weiter spezifizieren, so dass die allgemeine Syntax der Attributdeklaration wie folgt lautet:

```
[sichtbarkeit] [/] name [: Typ] [[Multiplizität]]
[= Vorgabewert] [{eigenschaftswert [, eigenschaftswert]*}]
```

Die einzelnen Syntaxteile beschreiben die Charakteristika eines Attributs:

- `sichtbarkeit`: definiert, welchen Sichtbarkeits- und Zugriffsrestriktionen ein Attribut unterworfen ist, d. h. welche anderen Systemteile das Attribut „sehen" können beziehungsweise seinen Wert lesen und schreiben dürfen. Vier verschiedene Sichtbarkeitsmodi werden unterschieden (in Klammern steht die jeweilige Kurznotation): Sichtbarkeiten
  - `public(+)`: Jedes andere Element hat *uneingeschränkten Zugriff.*
  - `private(-)`: Nur Instanzen der Klasse, die das Attribut definiert, dürfen zugreifen.
  - `protected(#)`: Nur Instanzen der Klasse, die das Attribut definiert, und Instanzen *abgeleiteter* Klassen dürfen zugreifen.
  - `package(~)`: Das Attribut ist für alle Elemente, die sich im *selben* Paket wie die definierende Klasse befinden, sicht- und zugreifbar.
- / bedeutet, dass es sich um ein sog. „abgeleitetes Attribut" handelt, dessen Inhalt aus anderen im System vorliegenden Daten *zur Laufzeit berechnet werden kann.* Ein Beispiel dafür ist die Berechnung des Lebensalters aus dem Geburtsdatum und unter Zugriff auf die Systemuhr. Auch Klassen die reine Sichten bilden, bestehen meist nur aus abgeleiteten Attributen. Abgeleitete Attribute benötigen in aller Regel keinen Speicherplatz in einem *Objekt.* Abgeleitetes Attribut

- `name`: der (kleingeschriebene) Attributname selbst, der in einem beliebigen Zeichensatz frei von jeglichen Beschränkungen gewählt werden kann. Leer- und Sonderzeichen sind auch zuglassen, wenngleich Sie diese vermeiden sollten.

⇨ 3.2.6

- `Typ`: der Datentyp eines Attributs. Innerhalb eines Klassendiagramms können Sie zur Typisierung der Attribute alle Datentypen und insbesondere durch Klassen eigendefinierte Typen verwenden.

Multiplizität

- `Multiplizität`: Die Multiplizität legt die Unter- und Obergrenze der Anzahl der unter einem Attributnamen ablegbaren Instanzen fest. Die Multiplizität eines Attributs wird in eckigen Klammern notiert. Jede Multiplizitätsangabe besitzt eine Untergrenze, die `0` oder eine beliebige natürliche Zahl sein kann, sowie eine durch zwei Punkte „..“ abgetrennte Obergrenze, die entweder eine beliebige natürliche Zahl größer oder gleich der Untergrenze sein kann oder das Symbol „`*`“ für eine nach oben nicht festgelegte Anzahl. Wenn Sie für ein Attribut keine Multiplizität angeben, so wird 1..1 als Vorgabewert angenommen. Häufig verwendete Multiplizitäten und ihre Bedeutung:
  - `0..1`: optionales Attribut, d. h. im Objekt ist für das Attribut höchstens ein Wert angegeben.
  - `1..1` bzw. alternativ `1`: zwingendes Attribut, d. h. im Objekt wird genau ein Wert angegeben.
  - `0..*`: optional beliebig, d. h. beliebig viele, Elementanzahl kann auch null sein. Als abkürzende Schreibweise ist der Stern („`*`“) üblich.
  - `1..*`: beliebig viele Werte, aber mindestens einer.
  - `n..m`: fixiert, d. h. mindestens n, aber höchstens m Elemente. Die Multiplizitätsgrenzen werden hierbei durch beliebige natürliche Zahlen, die Ziffer `0` oder das Sternsymbol ausgedrückt.
    Für den Sonderfall, dass für `n` und `m` dieselbe Zahl gewählt wird, darf auch abkürzend diese allein angegeben werden. So kann beispielsweise „`5..5`“ auch als „`5`“ dargestellt werden.

Ausdruck

⇨ 3.2.3

- `Vorgabewert`: erlaubt die Angabe eines festen oder berechenbaren *Ausdrucks* mit einem Wert, der für das entsprechende Attribut bei Erzeugung des Objekts der Klasse automatisch gesetzt wird. Es sind die in Abschnitt 3.2.3 beschriebenen Ausdrücke modellierbar.
- `Eigenschaftswert`: Mit dieser *in geschweifte Klammern* eingeschlossenen Angabe können Sie besondere Charakteristika des Attributs benennen. Neben selbst definierten Randbedingungen (siehe Abschnitt 3.2.4) sieht die Spezifikation folgende Angaben vor:

Konstanten
Randbedingung

⇨ 3.2.4

  - `readOnly`: für Attribute, deren Wert nicht verändert werden darf (Konstanten), z. B. `pi : Real = 3.1415 {readOnly}`.
  - `ordered`: legt fest, dass die Inhalte eines Attributs in geordneter Reihenfolge auftreten, z. B.: {1, 1, 3, 5, 6, 6, 9, 24 }
  - `unique`: legt fest, dass die Inhalte eines Attributs duplikatfrei auftreten, z. B. {3, 1, 500, 4, 2, 16, 89, 24 }
  - `id`: legt fest, dass das Attribut Teil des Identifiers der Klasse ist

Sie dürfen zudem die Eigenschaftswerte: union, subsets, redefines verwenden. Diese sind unter [6-3] auf *www.uml-glasklar.com* erläutert.

Klassenattribut

Klassenattribute werden unterstrichen

Im Regelfall wird innerhalb eines Objekts für jedes Attribut Speicherplatz reserviert. Für den Sonderfall, dass sich alle Objekte einer Klasse denselben Attributwert teilen sollen, d. h. dieses Attribut ist eher der Klasse als dem Objekt zugehörig, werden diese *Klassenattribute* durch Unterstreichung hervorgehoben. In einigen Programmiersprachen heißen diese besonderen Attribute „statisch" (engl. *static*). Ein Beispiel für ein solches Attribut ist die Anzahl der Objekte.

Beispiele für die Syntaxbestandteile finden Sie im nächsten Anwendungsabschnitt. Die UML lässt dabei einige Freiheitsgrade zu, die Sie vielleicht aus der Programmierpraxis nicht gewohnt sind. Wir stellen in den Tabellen 6.1 und 6.2 derartige Fälle gegenüber. Konkret bedeutet dies, dass die nachfolgenden Angaben als Attributspezifikationen in der UML syntaktisch zulässig sind.

TABELLE 6.1 Syntaktisch zulässige Attributangaben

Attributdeklaration	Anmerkung
public zähler : Int	Umlaute sind nicht verboten.
/ alter	Datentyp muss nicht zwingend angegeben werden.
private adressen : String [1..*]	Menge von Zeichenketten (Strings)
protected bruder : Person	Datentyp kann auch eine andere Klasse, eine Schnittstelle oder ein selbstdefinierter Typ sein.

TABELLE 6.2 Syntaktisch unzulässige Attributangaben

Attributdeklaration	Anmerkung
String	Name des Attributs fehlt.
private, public name : String	Mehr als eine Sichtbarkeitsdefinition.
public / Int	Auch hier fehtl der Attributname.
private dateiname : String = "temp" lock=exclusive	Bedingung (lock) nicht in geschweiften Klammern.

Anwendung

Abbildung 6.11 stellt beispielhaft eine Klasse mit verschiedensten Attributeigenschaften zusammen.

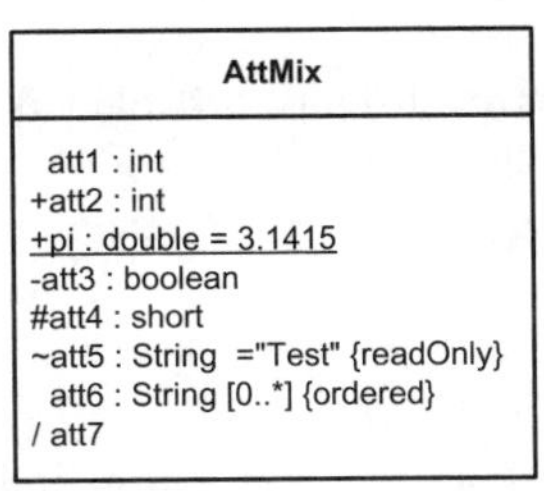

ABBILDUNG 6.11 Eine Klasse mit Attributen

Zunächst zeigt att1 ein Attribut vom Datentyp int mit *unspezifizierter* Sichtbarkeit. Für att2 wurde ebenfalls der Datentyp int angegeben. Zusätzlich ist die Sichtbarkeit dieses Attributs auf public mit dem Symbol „+“ gesetzt. Das Attribut pi illustriert die Verwendung eines Klassenattributs (unterstrichen), welches zusätzlich mit einem Vorgabewert (hier 3.1415) versehen ist. Die Sichtbarkeit dieses Attributs ist ebenfalls als public definiert.

Das Attribut att3 ist hingegen private (mit dem Symbol „-“) gesetzt und zusätzlich mit dem Datentyp boolean versehen. Attribut att4 zeigt ein mit short typisiertes Attribut, dem die Sichtbarkeit protected („#“)zugewiesen wurde. Das mit att5 benannte Attribut vom Datentyp String ist für alle Mitglieder des Paketes sicht- und zugreifbar, in dem sich die Klasse AttMix befindet; es besitzt also die Sichtbarkeit package („~“). Zusätzlich ist dieses Attribut mit der in geschweiften Klammern wiedergegebenen Eigenschaft readOnly versehen. Aufgrund dieser Einschränkung kann der Attributwert „Test“ nur gelesen, aber nicht verändert werden (Konstanteneigenschaft).

Das Attribut att6 illustriert die Verwendung der Multiplizitätsangabe, die dieses Attribut als eine möglicherweise leere Menge von String-Werten definiert, wobei die Anzahl der verwalteten String-Werte nicht beschränkt ist. Darüber hinaus ist att6 mit der Eigenschaft ordered versehen, d. h. die einzelnen Strings sind aufsteigend (nach Unicode/ASCII) sortiert.

Das mit keiner Sichtbarkeitseinschränkung versehene Attribut att7 ist durch Voranstellung des „/“-Symbols als abgeleitet gekennzeichnet.

Umsetzung in C#

Wir betrachten in diesem Abschnitt eine mögliche Umsetzung der Klasse aus Abbildung 6.11 in der Programmiersprache C#:

```
class AttMix {
      int att1;
      public int att2;
      public static double pi = 3.1415;
      private bool att3;
      protected short att4;
      internal const string att5 = "Test";

      System.Collections.Specialized.StringCollection
                  att6;
      Object att7 {
            //Berechne Wert für att7
            get{return wert;}
      }
}
```

In C# werden die Sichtbarkeitseinschränkungen den Attributnamen vorangestellt. Als hervorzuhebende Besonderheit definiert diese Sprache mit internal eine Variante der paketinternen Sichtbarkeit, die auf das C#-Paketkonzept der „Assemblies“ abgestimmt ist. Da bei att1 keine Sichtbarkeit spezifiziert wurde, gilt in solchen Fällen implizit private als Vorgabe. Das mit att2 benannte Attribut ist öffentlich zugreifbar und vom Typ int. Mit pi wird ein Attribut etabliert, dessen Wert auf jeder Ausprägung der Klasse AttMix und der Klasse selbst gleich ist. Zusätzlich wird dieses Attribut mit dem Vorgabewert 3.1415 initialisiert. Der im Klassendiagramm (Abbildung 6.11) angegebene Datentyp boolean des

Attributs `att3` wird zur Implementierung in C# in den durch .NET angebotenen Typ bool umgesetzt, der über dieselbe Ausdrucksmächtigkeit verfügt.

C# -Schlüsselwort `internal`

Ähnlich wird für `att5` verfahren, welches als Ausprägung der Standardklasse `string` realisiert wird. Dieses Attribut zeigt zusätzlich die Darstellung des UML-Schlüsselwortes `package` durch das C#-Äquivalent `internal`. Ferner wird durch Angabe des Schlüsselwortes `const` erzwungen, dass Schreibversuche dieses Attributs als Fehler betrachtet werden. (Anmerkung: Mit dem C#-Schlüsselwort `readonly` könnte hier dasselbe Ziel erreicht werden. In diesem Anwendungsfall unterscheidet sich die Semantik nicht.)

Die geordnete Aufzählung von Zeichenketten des Attributs `att6` ist durch den Typ `StringCollection` realisiert, der sowohl die von der UML-Eigenschaft `ordered` geforderte Anordnungseigenschaft als auch die Typkonformität der verwalteten Ausprägungen sicherstellt.

Properties

Abgeleitete Attribute, wie im Beispiel `att7` lassen sich in C# sinnvollerweise durch Klasseneigenschaften (*Properties*) ausdrücken. Dieses Konstrukt stellt sicher, dass die eigentliche Abwicklung des Zugriffs mittels einer Methode vor dem zugreifenden Code verborgen wird, da diesem eine attributidentische Schnittstelle geboten wird. Weil im Klassendiagramm keine Typisierung erfolgte, wurde für die Umsetzung in C#-Code die Belegung `Object` gewählt. Sie gestattet die Darstellung beliebiger C#-Werte und -Objekte. Weitere Codebeispiele in den Programmiersprachen C++ und Java finden Sie im Internet auf *www.uml-glasklar.com* unter der Linknummer [6-4].

6.4.3 Operation

Definition

An **operation** is a behavioral feature of a classifier that specifies the name, type, parameters, and constraints for invoking an associated behavior.

Notation

Eine Operation wird immer durch mindestens ihren Namen sowie weitere Angaben spezifiziert. Mehrere Operationen werden dabei vertikal untereinander linksbündig typischerweise im dritten Abschnitt/Rechteckelement des Klassensymbols angeschrieben. Abstrakte Operationen sind kursiv gesetzt; Klassenoperationen werden unterstrichen. Der Name der Operation wir im Allgemeinen klein gesetzt.

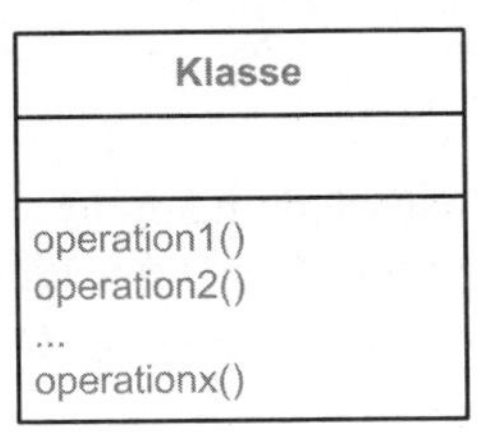

ABBILDUNG 6.12 Allgemeine Notation einer Klasse mit Operationen

Beschreibung

Operationen werden eingesetzt, um das Verhalten von Objekten zu beschreiben. Alle Operationen einer Klasse zusammengenommen, definieren die Möglichkeiten zur Interaktion mit Objekten dieser Klasse. Gleichzeitig stellen Operationen die einzige Möglichkeit dar, Zustandsänderungen eines Objekts herbeizuführen.

Signatur & Methode

Eine *Operation* beschreibt die *Signatur* (gebildet aus dem Operationsnamen sowie den Über- und Rückgabeparametern) einer sie implementierenden *Methode*.

Eine *Methode* ist die *Implementierung* (Algorithmus bzw. Rumpf) der Operation. Operationen werden auf Instanzen von Klassen (häufig) oder der Klasse selbst (selten) ausgeführt. Eine Operation darf durchaus mehrere Methoden haben. Dies ist sehr häufig bei polymorphen Operationen im Zusammenhang mit der Generalisierung der Fall (siehe Abschnitt 6.4.6).

6.4.6

Die Ausführung einer Methode kann vielfältige Auswirkungen haben. Zunächst können während der Ausführung Attributwerte des Objektes der Methode (man spricht hier vom Ausführen einer Methode „auf" dem Objekt) oder eines anderen zugreifbaren Objektes verändert werden. Hierfür muss lediglich die Navigierbarkeit zu diesem Objekt gewährleistet sein. Eine Operation kann überdies Rückgabewerte definieren, die nach Beendigung der Methodenausführung an den Aufrufer übermittelt werden. Ebenso ist es möglich, durch Methoden andere Objekte zu erzeugen oder zu zerstören.

Botschaften

Nach einer gängigen abstrakten Sichtweise kommunizieren die Objekte eines Systems miteinander, indem sie Botschaften austauschen, die dann zum Ablauf des in einer Methode abgelegten Codes führen. In Programmiersprachen wie Java oder C++ werden jedoch keine Botschaften versandt, sondern die Methoden auf den Objekten direkt aufgerufen. Der Compiler prüft hierbei bereits zum Übersetzungszeitpunkt die Existenz aufgerufener Operationen und meldet Aufrufversuche in den meisten Fällen bereits dann als Fehler. In Smalltalk hingegen führen Botschaften, zu denen keine Operation existiert, nicht direkt zu einem Fehler, sondern zum Aufruf der `doesNot-Understand`-Methode durch das Laufzeitsystem.

Operationsdeklaration

Eine Operation muss gemäß UML 2 *nur* durch ihren Namen spezifiziert werden. Der Name muss innerhalb der Klasse eindeutig sein. Darüber hinaus können Sie Operationen noch weiter spezifizieren, so dass die allgemeine Syntax der Operationsdeklaration wie folgt lautet:

Syntax einer Operation

```
<Operationsname> ::=
[Sichtbarkeit] name ([Parameterliste]) [: [Rückgabetyp] [[<Multiplizität>]]
{eigenschaftswert [, eigenschaftswert]*}]
<Parameterliste> ::= <Parameter> [,<Parameter>]*
<Parameter> ::= [Übergaberichtung] name : Typ <Ausdruck>
[[<Multiplizität>]][= Vorgabewert] [{eigenschaftswert[,eigenschaftswert]*}]
```

Konkret bedeutet dies, dass die aus Tabelle 6.3 ersichtlichen Angaben als Operationsspezifikationen in der UML syntaktisch zulässig sind. Nicht zugelassen sind hingegen die Angaben aus Tabelle 6.4.

TABELLE 6.3 Syntaktisch zulässige Operationsdeklarationen

Operationsdeklaration	Anmerkung
halloWelt()	Eine Operation ohne Übergabe- und Rückgabeparameter.
+add(summand1, summand2) : Int	Öffentlich zugreifbare Operation mit zwei Übergabe- und einem Rückgabeparameter; der Typ der Übergabeparameter ist nicht festgelegt.
-div(divident : Int, divisor : Int) : double	Private Operation mit zwei Übergabeparametern vom Typ int und einem Rückgabeparameter.
sub(in minuend : double, in subtrahend : double, out resultat : double)	Operation mit drei Übergabeparametern, wobei zwei lesend als Eingabe verarbeitet werden. Der dritte (mit out deklarierte) enthält das Ergebnis.
Inc(Inout wert)	Operation, deren Parameter im Rahmen der Ausführung verändert und an den Aufrufer zurückgegeben wird.
mult(summand : Matrix [2..*] {ordered}) : Matrix	Operation, die einen Übergabeparameter besitzt, der eine Menge von mindestens zwei Werten des Typs Matrix beherbergt. Die Angabe der Eigenschaft ordered bestimmt, dass die Elemente der Menge in der übergebenen Reihenfolge verarbeitet werden müssen. Die Rückgabe ist ebenfalls vom Typ Matrix.
setLstKl(lohnsteuerklasse : int = 1)	Die Operation definiert, dass, wenn der Parameter Lohnsteuerklasse keinen Wert besitzt, automatisch die Vorgabe 1 angenommen wird.

TABELLE 6.4 Syntaktisch unzulässige Operationsdeklarationen

Operationsdeklaration	Anmerkung
add(Int I, Int J)	Der Parametername muss vor dem Typ stehen und von ihm durch einen Doppelpunkt abgetrennt sein.
int : sub(i: int, j : int)	Der Rückgabetyp muss nach dem Operationsnamen platziert sein.
clear(foo) : vold	Das Schlüsselwort `void` gibt es in der UML nicht.
summe(i : int, ...)	Variable Parameterlisten existieren nicht.

Die einzelnen Komponenten besitzen dabei folgende Bedeutung:

- `Sichtbarkeit`: regelt mit der für Attribute (siehe Abschnitt 6.4.2) definierten Bedeutung die Sicht- und Zugreifbarkeit auf Operationen. „Zugriff" bedeutet in diesem Kontext jedoch nicht die Veränderung von Inhaltswerten, sondern die Ausführung der Operation. ⇨ 6.4.2
- `name`: die klassenweit eindeutige Benennung der Operation. Verwendet werden dafür Verben, die im Deutschen häufig im Infinitiv (Beispiel: `anzeigen()`) oder im Imperativ (Beispiel: `zeigeAn()`) stehen. Prinzipiell können Sie Operationsnamen nach Belieben festlegen. Existierende Programmiersprachen definieren jedoch in der Regel Restriktionen für die Namensgebung. So sind weder in Java noch C# Sonderzeichen wie $, % oder & als erster Buchstabe eines Operationsnamens zugelassen. Ebenso dürfen Ziffern erst nach mindestens einem einleitenden Buchstaben auftreten. Hinsichtlich der gültigen Buchsta-

ben akzeptieren moderne Programmiersprachen inzwischen problemlos auch Zeichen außerhalb des klassischen ASCII-Zeichensatzes wie die deutschen Umlaute.

- `Parameterliste`: Aufzählung der durch die Operation verarbeiteten Parameter, die beim Aufruf übergeben werden. Jeder der durch Kommata voneinander abgetrennten Einträge einer Parameterliste hat folgende Struktur:
  - `übergaberichtung`: Diese Angabe spezifiziert, ob eine Operation einen übergebenen Parameter nur ausliest (Angabe „`in`"), ihn nur schreibend verwendet, ohne seinen Inhalt vorher zu verarbeiten („`out`"), oder ihn liest, verarbeitet und neu schreibt („`inout`"). Mit der Sonderform „`return`" können Rückgabeparameter ausgezeichnet werden, die das Verarbeitungsergebnis einer Operation an den Aufrufer zurückliefern. Ohne Angabe wird „`in`" angenommen.
  - `name`: operationsweit eindeutig identifizierender Name des Parameters. Es können durchaus mehrere Operationen innerhalb einer Klasse existieren, die über Parameter desselben Namens verfügen. Innerhalb einer Operation müssen die Parameternamen jedoch eindeutig sein.
  - ⇨ 3.2.5 `Typ`: Datentyp des Parameters. Hier kann jeder beliebige Datentyp (skalar oder anwenderdefiniert, d. h. auch jede im Modell vorhandene Klasse) zum Einsatz kommen.
  - `Multiplizität`: legt fest, wie viele Inhaltswerte der Parameter umfasst, d. h. ob er mengenwertig ist. Vergleichen Sie hierzu die Multiplizität eines Attributs in Abschnitt 6.4.2. ⇨ 6.4.2
  - `Vorgabewert`: Ersatzwert, der im Falle des Fehlens eines Parameters bei Übergabe gesetzt wird.
  - `eigenschaftswert`: Mit dieser in geschweifte Klammern eingeschlossenen Angabe können besondere Charakteristika des Parameters benannt werden. Diese Eigenschaftswerte entsprechen den von Attributen (siehe Abschnitt 6.4.2). ⇨ 6.4.2
- *Rückgabetyp:* der Datentyp (skalarer Typ, etwa: int oder boolean) oder anwenderdefinierter Typ (etwa die Klassen Person oder Window) des Werts, der nach der Operationsausführung zurückgeliefert wird.
- *Eigenschaftswert:* Mit dieser in geschweifte Klammern eingeschlossenen Angabe können besondere Charakteristika der Operation benannt werden. Neben anwenderdefinierten Vor-, Nach- und Methodenbedingungen sind folgende Eigenschaftswerte vordefiniert:
  - `query`: kennzeichnet eine Operation als nur lesend (Konstanteneigenschaft). Die Operation verändert also keine Daten (Attribute ihres Objekts oder anderer Objekte).
  - `ordered`: kennzeichnet die Rückgabewerte der Operation als geordnet.
  - `unique`: definiert, dass nur verschiedene Rückgabewerte zurückgeliefert werden (duplikatfrei).
  - `redefines <Operationsname>`: zeigt an, dass die Operation die durch den Operationsnamen gekennzeichnete (geerbte) Operation überschreibt.

Klassenoperation

Klassenoperation

Üblicherweise werden Operationen durch Methoden implementiert, die auf den Objekten einer Klasse ausgeführt werden. Abweichend hiervon bieten die sog. *Klassenoperationen* die Möglichkeit an, Methoden direkt auf einer Klasse selbst auszuführen. In diesem Fall ist keine Objekterzeugung vor dem Methodenaufruf erforderlich.

Konzeptionell entsprechen Klassenoperationen den Klassenattributen, welche auch unmittelbar auf der Klasse wirken. Aus diesem Grund werden Klassenoperationen auch oftmals in Analogie zu den statischen Attributen als *statische Operationen* bezeichnet. Grafisch werden sie durch Unterstreichung des gesamten Operationseintrages dargestellt. Ein bekanntes Beispiel für eine Klassenoperation ist die Operation zum Erzeugen von Instanzen, die naheliegenderweise – mangels Instanzen – auf der Klasse ausgeführt werden muss. Sie wird meist als Konstruktor bezeichnet.

Anwendung

Das Diagramm in Abbildung 6.13 stellt die Definition einiger Operationen dar.

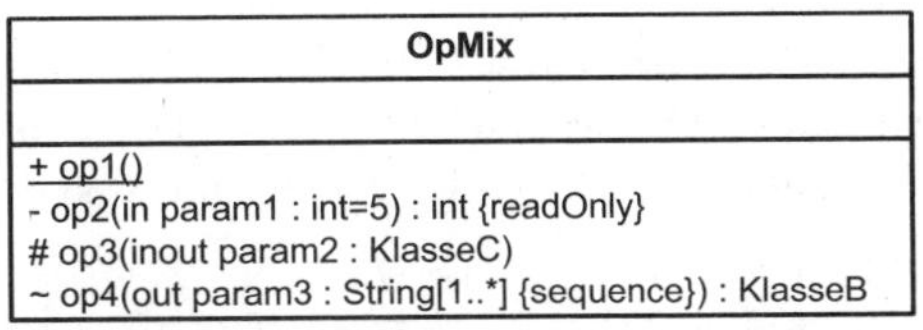

ABBILDUNG 6.13 Operationsbeispiele

Die Klasse `OpMix` definiert vier Operationen unterschiedlicher Sichtbarkeitstypen. Die *Klassenoperation* `op1` definiert weder Übergabe- noch Rückgabeparameter.

Die Operation `op2` definiert mit `param1` einen Übergabeparameter vom Typ `int` zur lesenden Verarbeitung. Wird dieser Parameter beim Aufruf nicht übergeben, so wird als Vorgabe die Belegung `5` angenommen. Ferner ist definiert, dass die Ausführung der Operationen einen Rückgabewert ebenfalls vom Typ `int` liefert. Zusätzlich ist die gesamte Operation mit der vordefinierten Eigenschaft `query` gekennzeichnet, die bestimmt, dass die Ausführung der Operation keine Daten verändert, also nur der Abfrage (query) dient.

Der der Operation `op3` übergebene Parameter `param2` vom Typ `KlasseC` darf im Verlauf der Operation gelesen und (möglicherweise verändert) neu geschrieben werden. Ein gesonderter Rückgabewert wird nicht festgelegt.

Die Operation `op4` liefert mit `param3` eine geordnete Menge von `String`-Instanzen und zusätzlich als Resultat eine Instanz der `KlasseB` zurück. Die lesende Verarbeitung des Parameters `param3` ist der Operation nicht gestattet (`out`).

Umsetzung in C#

Die Umsetzung in C# ist hinsichtlich der Definition der Sichtbarkeiten identisch zu der für Attribute beschriebenen. ⇨ 6.4.2

```
class OpMix {
	public static void op1() {
		//Implementierung
	}
	private int op21(int param1) {
		//Implementierung
		return wert;
	}
```

```
        private int op22(params object[] list) {
              //Implementierung
              return wert;
        }
        protected void op3(ref ClassC param3) {
              //Implementierung
        }
        internal int op4(out StringCollection param3) {
              //Implementierung
              return wert;
        }
}
```

C# fordert, dass für jede Methode ein Rückgabewert definiert wird, und stellt das Schlüsselwort `void` zum Ausdruck von Methoden ohne Rückgabetyp zur Verfügung. Deshalb wird die Methode `op1` aus Abbildung 6.13 als `void op1()` formuliert. Derartige *Klassenoperationen* werden durch das vorangestellte Schlüsselwort `static` gekennzeichnet.

Operation `op2`, die den Parameter `param1` nur lesend verarbeitet und im Falle, dass er nicht übergeben wurde, den Vorgabewert 5 annimmt, kann auf zwei Arten umgesetzt werden, da C# Vorgabeparameter für Operationen nicht unterstützt.

Zunächst die Umsetzung der Operation `op21`, die den Parameter `param1` in einen Übergabeparameter desselben Namens vom Typ `int`, wie im Klassendiagramm in Abbildung 6.13 spezifiziert, überführt. Diese Umsetzungsvariante gestattet jedoch nicht den parameterlosen Aufruf, für den dann der im Klassendiagramm angegebene Vorgabewert gesetzt wird. `op22` zeigt einen Weg, der den Aufruf mit oder ohne Angabe eines Parameterwertes zulässt. Die hier gewählte Variante der variablen Parameterliste, die aus einer Menge von Objekten des Typs `object` bestehen kann, erlaubt im Kern, eine beliebige Anzahl von Parametern zu übergeben. Bei dieser Umsetzungsalternative muss jedoch die Methode `op22` die Kontrolle der Korrektheit der Übergabe bieten und ggf. den Wert 5 generieren.

Mit den Mitteln von C# kann in beiden Fällen der ausschließlich lesende Zugriff auf den übergebenen Wert erzwungen werden. Dies muss der Programmierer nicht selbst sicherstellen.

Übergaberichtung

Die Operation `op3` illustriert die Realisierung einer Operation, die den übergebenen Parameter vom Typ `KlasseC` sowohl lesend als auch schreibend verarbeitet. Das dem Übergabetyp vorangestellte Schlüsselwort `ref` legt fest, dass alle Zugriffe dieser Methode auf den Übergabeparameter `param2` auf denselben Speicherplatz abgebildet werden, der auch außerhalb der Methode genutzt wird. Als Resultat hiervon sind alle modifizierenden Zugriffe im Rumpf der Methode auch nach Verlassen derselben sichtbar.

Abschließend zeigt `op4` mit `param3` die Implementierung eines Parameters, auf den ausschließlich schreibend zugegriffen wird. Das Schlüsselwort `out` veranlasst den Compiler, bereits zum Übersetzungszeitpunkt zu prüfen, ob im Rumpf der Methode eine Zuweisungsoperation an `param3` erfolgt. Fehlt sie oder wird versucht, den Wert dieses Parameters auszulesen, so wird ein Fehler gemeldet. Dieses Vorgehen greift dabei die bereits für das mengenwertige Attribut genutzte Standardklasse `StringCollection` aus dem .NET-Namensraum `System.Collections.Specialized` auf, um die durch die Multiplizität und die Eigenschaft `ordered` formulierten Einschränkungen korrekt umzusetzen.

Weitere Codebeispiele in den Programmiersprachen C++ und Java finden Sie im Internet auf *www.uml-glasklar.com* unter [6-5].

6.4.4 Schnittstelle

Definition

An **interface** is a kind of classifier that represents a declaration of a set of coherent public features and obligations. An interface specifies a contract; any instance of a classifier that realizes the interface must fulfill that contract.

An **interface realization** is a specialized realization relationship between a classifier and an interface. This relationship signifies that the realizing classifier conforms to the contract specified by the Interface.

Notation

In der Standardnotation wird die Schnittstelle mit einem Klassensymbol dargestellt, das mit dem Schlüsselwort `interface` versehen ist.

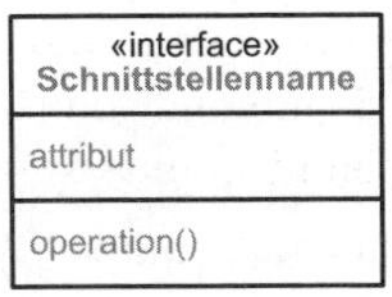

ABBILDUNG 6.14 Notation einer Schnittstelle als Rechteckssymbol

Ball / Socket

`Element1` aus Abbildung 6.15 definiert durch das große, nicht ausgefüllte Kreissymbol (in der UML als *Ball* bezeichnet), dass es eine gegebene Schnittstelle implementiert. Wegen ihres Aussehens wird diese Notation auch *Lollipop-Darstellung* genannt. Rechts daneben ist die gleichwertige Notation zu sehen, die die Pfeildarstellung für die Implementierungsbeziehung benutzt. Der Pfeil mit dem leeren Dreieck am Ende weist vom implementierenden Classifier auf die Schnittstelle.

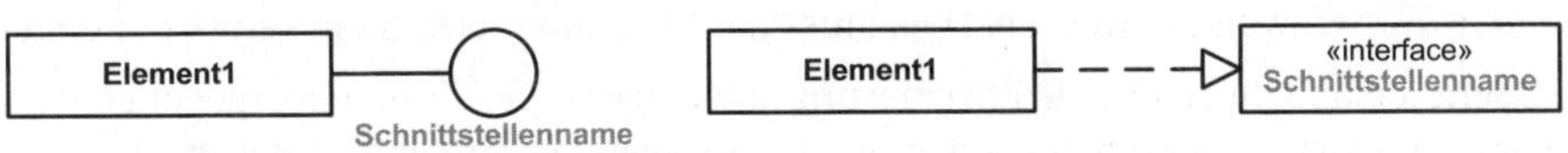

ABBILDUNG 6.15 Notationsvarianten einer implementierten (bereitgestellten) Schnittstelle

Elemente, die eine Schnittstelle anbieten dürfen

Als Elemente, die eine Schnittstelle realisieren dürfen, sieht die UML alle verhaltensspezifische Classifier (siehe Abschnitt 12.4.1) vor. Dazu zählen insbesondere Klassen und Komponenten.

`Element2` deutet durch das (*Socket* genannte) Halbkreissymbol an, dass dieser Classifier zur Erfüllung seiner Aufgabe die unterhalb des Sockets angegebene Schnittstelle benötigt. Rechts daneben findet sich die semantisch äquivalente Darstellungsvariante als Abhängigkeitsbeziehung (siehe Abschnitt 6.4.10).

⇨ 6.4.10

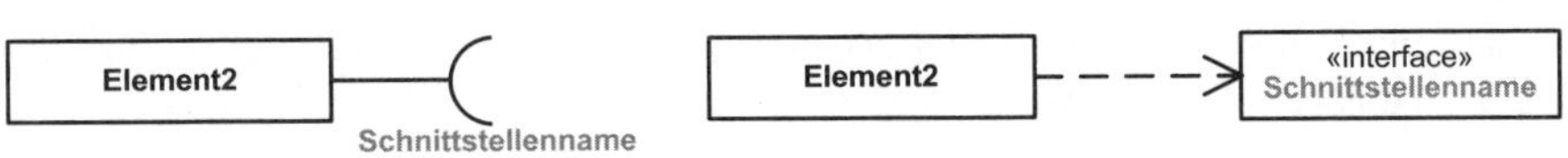

ABBILDUNG 6.16 Notation einer benötigten bzw. importierten Schnittstelle

Durch Kombination des Socket- und des Ball-Symbols lässt sich das technische Ineinandergreifen des Anbieters (`Element1`) und des zugehörigen Benutzers (`Element2`) einer Schnittstelle veranschaulichen:

ABBILDUNG 6.17 Über Schnittstellen verbundene Elemente

Beschreibung

Eine Schnittstelle (Interface) beschreibt eine Menge von öffentlichen Operationen, Merkmalen und „Verpflichtungen", die durch einen Classifier, der die Schnittstelle implementiert, zwingend bereitgestellt werden müssen.

Abgesehen von den Verpflichtungen sind Schnittstellen damit konzeptionell dem allgemeinen Klassenkonstrukt sehr ähnlich. Deshalb wird das Konzept der Schnittstelle in einigen Programmiersprachen (etwa Java und C#) häufig syntaktisch sehr ähnlich dem der Klasse umgesetzt, teilweise sogar intern identisch. Mit „Verpflichtung" sind operationalisierbare Einschränkungen wie Vor- und Nachbedingungen oder auch semantische Gegebenheiten gemeint, die mit der Schnittstelle assoziiert sind.

Abbildung 6.18 zeigt als konkrete Anwendung den Einsatz der Schnittstelle `SortierteListe`, die vom Classifier/der Klasse `Datenbank` bereitgestellt wird und für die Funktion von `Telefonbuch` erforderlich ist. Die Datenbank muss daher die Operationen `einfügen` und `löschen` samt ihrer Parameter realisieren. Im Gegenzug kann sich das `Telefonbuch` darauf verlassen, dass die `Datenbank` diese Operationen besitzt.

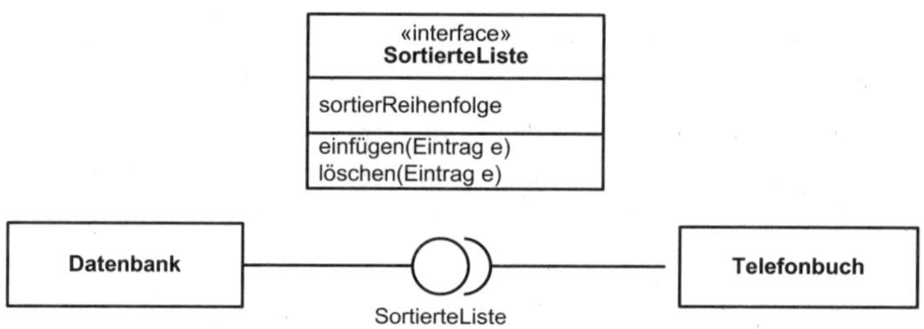

ABBILDUNG 6.18 Beispiel für eine Schnittstelle

Implementierungsbeziehung

Schnittstellen werden nicht instanziiert, sondern durch einen Classifier realisiert. Diese *Implementierungsbeziehung* (InterfaceRealization) erzwingt, so dass ein Classifier, der eine Schnittstelle realisiert, alle dort definierten Operationen umsetzen muss. Die als Attribute der Schnittstelle modellierten Eigenschaften können direkt als Eigenschaften des Classifiers umgesetzt oder so nachgebildet werden, dass sie sich für einen Aufrufer, der den Schnittstellen implementierenden Classifier nutzt, als solche darstellen. Werden so alle Attribute und Operationen der Schnittstelle im Classifier umgesetzt, sagt man auch, ein Classifier ist *konform* zu dieser Schnittstelle.

Die Implementierungsbeziehung stellt eine besondere Form der Spezialisierung einer *abstrakten* Klasse dar, wobei die Schnittstelle als abstrakte Klasse interpretiert wird.

Jedoch gilt hierbei die Einschränkung, dass diese keinerlei Methoden (konkret: Implementierungscode) für die definierten Operationen vorsehen darf.

Eine Schnittstelle kann gleichzeitig von verschiedenen Classifiern umgesetzt werden. Gleichzeitig kann ein Classifier beliebig viele Schnittstellen realisieren.

Eine Schnittstelle selbst kann weitere Schnittstellen enthalten und diese generalisieren oder spezialisieren. Verboten ist jedoch die Bildung einer Implementierungsbeziehung von Schnittstelle zu Schnittstelle. Dies wäre auch konzeptionell unmöglich, da eine schnittstellenimplementierende Schnittstelle ihrer Implementierungsverpflichtung nicht nachkommen könnte, da sie keine Instanzen bilden kann.

Attribute und Assoziationen

Wie Abbildung 6.18 auch zeigt, lässt die UML 2 auch Attribute in einer Schnittstelle zu – im Gegensatz zu vielen Programmiersprachen. Dies bedeutet nicht automatisch, dass die realisierenden Classifier diese Attribute auch besitzen müssen. Ihre Aufgabe ist es nur, die Eigenschaften – wie auch immer – abzubilden. Besitzt hingegen eine Schnittstelle bestimmte Assoziationen, so wird von den realisierenden Classifiern auch die Verbindung zu der Assoziation erwartet.

Schnittstellen werden zur Definition von abstrakten Eigenschaften verwendet, die beschrieben werden sollen, ohne eine Implementierung anzugeben. Weil eine Schnittstelle von einem Classifier implementiert wird, ist der Classifier konform zum Typ, den die Schnittstelle formuliert. Diese Eigenschaft können Sie für Fälle nützen, in denen Typkonformität zwar gewünscht ist, aber nicht durch Spezialisierung erreicht werden kann (beispielsweise in Programmiersprachen, in denen nur Einfachvererbung zugelassen ist und bereits eine Superklasse definiert wurde).

Des Weiteren abstrahieren Schnittstellen von ihren Bereitstellern. Für Nutzer einer Schnittstelle ist nur die Deklaration der Schnittstelle interessant, nicht der Classifier, der die Schnittstelle implementiert.

Anwendung

Abbildung 6.19 illustriert eine Liste als Spezialisierung einer Menge. Die Liste wird durch die Implementierung der Schnittstelle sortierbar. Die Liste ist sowohl vom Typ `Menge` als auch vom Typ `Sortierbar`, da sie von `Menge` erbt und die Schnittstelle `Sortierbar` implementiert.

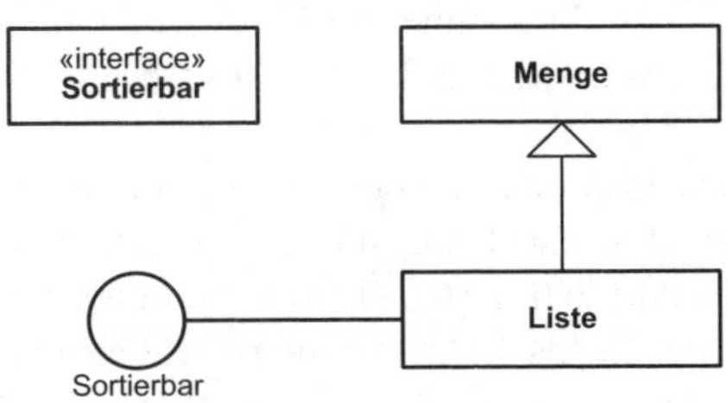

ABBILDUNG 6.19 Typkonformität durch Implementierung einer Schnittstelle

Umsetzung in C#

... und in C#

C# unterstützt das Schnittstellenkonzept durch ein eigenes Schlüsselwort (`interface`). Die Syntax entspricht der für die Klasse, abgesehen davon, dass in Schnittstellen nur Operationen, aber keine Attribute spezifiziert werden dürfen.

Methoden, die in einer Schnittstelle deklarierte Operationen implementieren, müssen mit der Sichtbarkeitseinschränkung `public` versehen sein. Die Operationen in der Schnittstelle selbst tragen hingegen keine Sichtbarkeitseinschränkung.

Eine Klasse erklärt ihre Bereitschaft, eine Schnittstelle zu implementieren, durch die Angabe der Schnittstellen nach einer möglichen Nennung der Elternklasse.

```
interface SortierteListe {
      void einfuegen(Eintrag e);
      void loeschen(Eintrag e);
}

class Datenbank : SortierteListe {
      public void einfuegen(Eintrag e) {}
      public void loeschen(Eintrag e) {}
}
```

Weitere Codebeispiele in den Programmiersprachen C++ und Java finden Sie im Internet unter *www.uml-glasklar.com* unter [6-6].

6.4.5 Parametrisierte Klasse

Definition

A **templateable element** is an element that can optionally be defined as a template and bound to other templates.

Notation

Parametrisierte Klassen werden durch das übliche Klassensymbol dargestellt, welches durch eine zusätzliche Rechtecksbox ergänzt wird. Dieses zusätzliche Element enthält die Parameter der Klasse und wird durch eine unterbrochene Linie begrenzt. Das zusätzliche Rechteck wird rechts oben im Klassensymbol platziert und überlappt dieses. Die abstrakte Notation innerhalb dieser Parameterliste lautet:

<Templateparameter> ::= <Parameter> [, <Parameter>]*

<Parameter> ::= <Parametername> [: <Parametertyp>]

Binden

Die Verwendung der parametrisierten Klasse wird durch ein Generalisierungssymbol mit unterbrochener Linienführung dargestellt. Zusätzlich ist an die Kante das Schlüsselwort «bind» notiert, auf den die Zuordnung der konkreten Typen und Werte zu den Parametern folgt. Diese Zuordnung wird in Form von Zuweisungspfeilen der Form `Parameter -> Typ/Wert` angegeben.

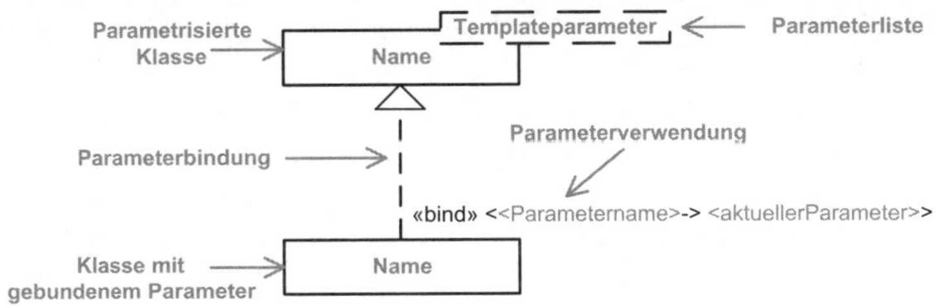

ABBILDUNG 6.20 Notation einer parametrisierten Klasse und ihrer Verwendung

Beschreibung

Parametrisierte Klassen transportieren das Konzept des Parameters, wie wir ihn bei den Operationen kennen gelernt haben, auf die Ebene der Klasse. Ähnlich wie die Übergabeparameter es bei Operationen ermöglichen, dieselbe Implementierung mit verschiedenen Übergabewerten unterschiedlich ablaufen zu lassen, können Parameter die Ausgestaltung einer Klasse zur Laufzeit beeinflussen. Klassen werden jedoch hinsichtlich ihrer Typinformation, also nicht konkreter Werte, üblicherweise parametrisiert.

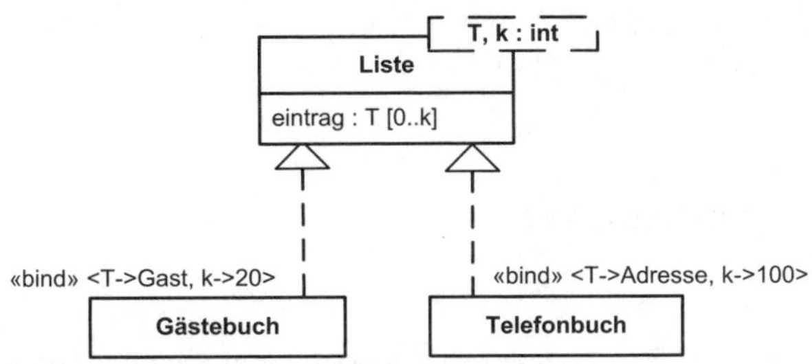

ABBILDUNG 6.21 Die parametrisierte Klasse `Liste` und ihre Anwendung

Das Beispiel in Abbildung 6.21 definiert die parametrisierte Klasse `Liste` mit dem Schablonen-Parameter `T`. Zur Verwendung als `Telefonbuch` wird der Parameter an die Klasse `Adresse` gebunden, zur Nutzung als `Gästebuch` erfolgt die Bindung an `Gast`. Auf diese Weise wird das `Telefonbuch` als Konkretisierung von `Liste` definiert, die ausschließlich Instanzen von `Adresse` enthält bzw. das `Gästebuch` ausschließlich Instanzen von `Gast`.

Im Beispiel wird zur Erzeugung des Telefonbuchs der Typparameter `T` an die (nicht dargestellte) Klasse Adresse gebunden und gleichzeitig `k` mit dem Wert 100 versehen. Als Resultat wird `Telefonbuch` so behandelt, als enthielte es die Attributdefinition `eintrag : Adresse [0..100]`. Entsprechend wird durch die Bindung von `T` an `Gast` und `k` an `20` im Gästebuch die Attributdefinition `eintrag: Gast [0..20]` erzeugt.

Ferner legt der Parameter `k` fest, dass in einem `Telefonbuch` bis zu 100 Einträge verwaltet werden können, die Kapazität des `Gästebuches` jedoch bereits bei 20 Einträgen erschöpft ist.

Parametrisierte Klassen sollten Sie immer dann einsetzen, wenn der Typ von Attributen oder Operationen gezielt bis zur Laufzeit offen gehalten werden soll. Hierzu sollten die parametrisierten Strukturen so allgemein gefasst sein, dass sie für eine Vielzahl verschiedener Inhaltstypen verwendet werden können. Auf diesem Wege können parametrisierte

Klassen den entstehenden Entwurf entscheidend vereinfachen und zur Wiederverwendung modellierter Strukturen beitragen.

Mehrstufige Parametrisierung

Innerhalb der parametrisierten Klasse können abhängig von den dargestellten Parametern weitere Strukturen definiert werden. Im Beispiel geschieht dies durch das Attribut `eintrag`. Anders als die „klassische" Definition der Attribute ist jedoch weder ein fester Attributtyp noch eine fixierte Multiplizität gewählt. Stattdessen wird das Aussehen von `eintrag` in Abhängigkeit von den beiden Parametern definiert. So kann `eintrag` ausschließlich Ausprägungen des Typs `T` aufnehmen, und zwar maximal so viele, wie der Parameter `k` angibt.

Obwohl die UML 2 das Binden für verschiedene Elemente erlaubt, insbesondere für alle Subklassen der Metaklasse `Class`, beschränken wir uns hier auf die Klasse. Die UML 2 geht sogar so weit, dass Sie insbesondere Pakete, Kollaborationen und Operationen parametrisieren können. Bei einer Operation werden die Parametertypen konfigurierbar festgelegt.

Anwendung

Abbildung 6.21 zeigt die Anwendung einer parametrisierten Klasse.

Umsetzung in C#

Ab der Version 2.0 des .NET-Frameworks lassen die so genannten Generics parametrisierte Typen und Operationen zu, mit deren Hilfe das Klassendiagramm aus Abbildung 6.21 umgesetzt würde zu:

```
class Liste<T> {
      T[] eintrag;
      public Liste(int k) {
            eintrag = new T[k];}
}
...
Liste<Gast> Gästebuch=new Liste<Gast>(20);
Liste<Adresse> Telefonbuch=new Liste<Adresse>(100);
```

Notation wie bei C++ und Java

C# greift mit der gewählten Notation der Winkelklammern die Darstellungsform für Parameter in C++ und Java auf.

C# erlaubt seit der Version 2.0 *Einschränkungen* bei der Definition der parametrisierten Klasse. Damit nur Klassen (Typen) als Parameter benutzt werden können, die bestimmte Interfaces realisieren oder von bestimmten Oberklassen abstammen, ist die Deklaration durch das `where`-Schlüsselwort zu erweitern. Für das nächste Beispiel wird vorausgesetzt, dass ein Interface `IGast` mit der Operation `Einladen()` definiert ist:

```
class GastListe<T> where T : IGast {
      T[] eintrag;
      public Liste(int k) {
            eintrag = new T[k];}
      public void AlleEinladen() {
            foreach (IGast g in eintrag)
                  g.Einladen();}
}
```

Somit können Sie auf Elementen der parametrisierten Klasse die Operationen ausführen, die in den Interfaces oder in Oberklassen definiert wurden.

Weitere Codebeispiele in den Programmiersprachen C++ und Java finden Sie im Internet auf *www.uml-glasklar.com* unter [6-7].

6.4.6 Generalisierung

AL

Definition

A **generalization** is a taxonomic relationship between a more general classifier and a more specific classifier. Each instance of the specific classifier is also an indirect instance of the general classifier. Thus, the specific classifier inherits the features of the more general classifier.

Notation

Generalisierung/ Spezialisierung

Die Generalisierungsbeziehung zwischen Classifiern wird mit einem Pfeil mit nicht ausgefüllter dreieckiger Pfeilspitze dargestellt. Er zeigt vom spezialisierten Classifier (Pfeilende) hin zum allgemeinen oder generalisierten Classifier (Pfeilspitze).

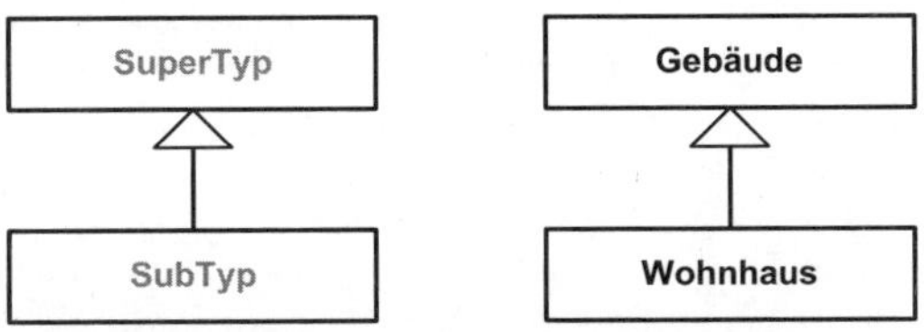

ABBILDUNG 6.22 Die Notation und Beispiel einer Generalisierungsbeziehung

⇨ 6.4.1

Die Generalisierung kann an allen Classifiern (siehe Abschnitt 6.4.1) angebracht werden und beschränkt sich damit nicht nur auf Klassen, sondern ist auch für andere Modellelemente, etwa für Assoziationen, Use-Cases, Komponenten, Aktivitäten usw., erlaubt.

Abbildung 6.23 zeigt beispielhaft die Notation der Generalisierung, im Besonderen die Möglichkeit der gemeinsamen Nutzung einer Generalisierung durch Vereinigung der Pfeilspitzen von `Partyneuling` und `Stammgast`.

Beschreibung

Die Generalisierung (Generalization) stellt ein zentrales Konzept objektorientierter Modellierung dar. Sie setzt zwei Klassen bzw. allgemeiner zwei Classifier so in Beziehung, dass der eine Classifier eine Verallgemeinerung des anderen darstellt. In Abbildung 6.23 ist die Klasse `Gast` eine Verallgemeinerung von `Partyneuling` bzw. `Stammgast`. Oder – umgekehrt – `Partyneuling` ist ein spezieller `Gast`. Die Umkehrung der Generalisierung ist die Spezialisierung. Die allgemeine Klasse wird häufig als Basis- oder Oberklasse einer spezialisierten (Unter-)Klasse bezeichnet.

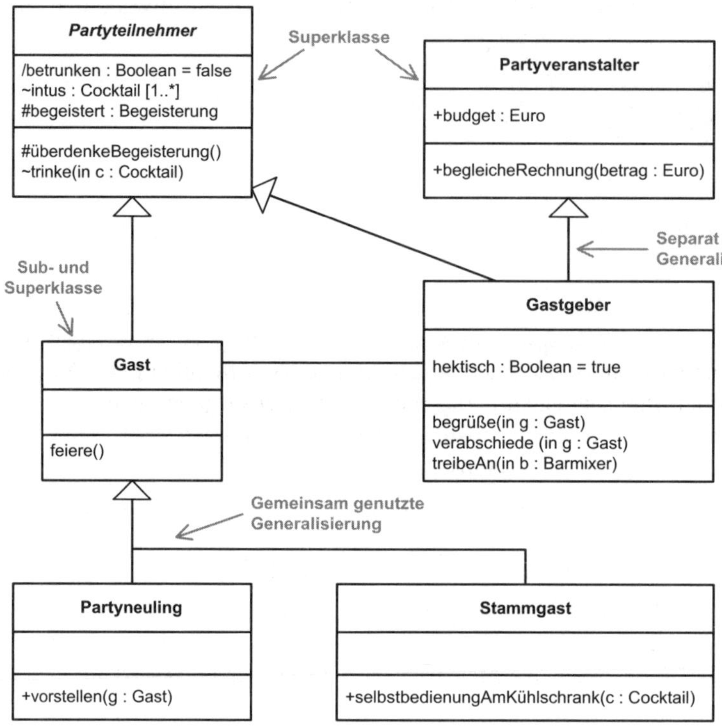

ABBILDUNG 6.23 Klassendiagramm mit Generalisierungsbeziehungen

Vererbung

Die Generalisierung steht insbesondere auch in vielen heute gängigen Programmiersprachen (wie C++, Java und C#) zur Verfügung und dient dort zur Codeabstraktion und zur Realisierung der Wiederverwendung. Trotz der Allgegenwart des Konzeptes existieren höchst unterschiedliche Auffassungen über seine Semantik und Anwendung. Eng verwandt mit der Generalisierung ist die *Polymorphie*[1], die teilweise fälschlich synonym verwendet wird. Diese bezeichnet unter anderem die Möglichkeit, dass ein Typ die Charakteristika (Attribute, Beziehungen etc.) eines anderen einschließt. Ein solcher Typ wird dann auch *Unter-* oder *Subtyp* genannt, da seine Eigenschaften auch immer eine Untermenge eines anderen – als *Ober-* oder *Supertyp* bezeichneten – Typs beinhalten. Neben den Eigenschaften des Supertyps kann der Subtyp darüber hinaus zusätzliche definieren oder die des Supertyps abändernd überschreiben. Die Übertragung von Eigenschaften vom Super- auf den oder die Subtypen wird als *Vererbung* bezeichnet.

Durch die Verwendung der Generalisierungsbeziehung entsteht eine Hierarchie, die von den allgemeinsten Konzepten über verschiedene Verallgemeinerungsstufen bis hin zu den abstraktesten Begriffen auf der obersten Ebene organisiert ist. Teilweise hat sich für diese Organisationsform der aus der Biologie und Linguistik entlehnte Begriff der *Taxonomie* (vom griechischen *táxis* – „Ordnung“, *nomos* – „Gesetz“) eingebürgert.

1 Setzt sich aus den altgriechischen Worten *polys* und *morphê* zusammen und bedeutet wörtlich „vielgestaltig“.

Die Einordnung eines Typs als Sub- oder Supertyp ist jedoch nicht absolut, sondern immer abhängig vom betrachteten Kontext zu sehen. So stellt zwar die Klasse `Partyteilnehmer` des Beispiels aus Abbildung 6.23 einen Supertyp und `Partyneuling` einen Subtyp dar, die Klasse Gast ist dagegen sowohl Subtyp von `Partyteilnehmer` als auch `Supertyp` von Partyneuling und Stammgast.

Weil alle Supertypeneigenschaften für die Subtypen zur Verfügung stehen, können die Instanzen von Subtypen auch als „Alternativen" von Supertypenausprägungen eingesetzt werden. So verfügt jede Instanz von `Stammgast` aus dem Beispiel in Abbildung 6.23 über alle Eigenschaften (z. B. die Operation `feiere`), die auch die Superklasse `Gast` anbietet.

So kann immer dann, wenn eine Instanz von `Gast` benötigt wird, etwa von der Operation abspülen(`g : Gast[1..3]`), auch eine Instanz von Stammgast herangezogen werden. Dieses Verhalten wird *Substitution* genannt. Teilweise hat sich daher auch der Begriff der *is-a*-Beziehung (auf Deutsch: ist-ein) eingebürgert. Die Substitutionsrichtung verläuft umgekehrt zur Vererbungsrichtung. Der Generalisierungspfeil legt fest, in welcher Richtung Subtypen ihre Supertypen ersetzen dürfen.

Grundsätzlich umfasst der Begriff der *Generalisierung* in der UML Vererbung und Substitution gebündelt. Die Wortwahl deutet hierbei bereits an, dass ein Obertyp als verallgemeinerte oder generalisierte Form seiner Untertypen aufgefasst wird. ⇨ 6.4.14

Für abstrakte Classifier definiert die UML keine Einschränkungen bei der Verwendung der Generalisierung. So können abstrakte Klassen sowohl als Generalisierung „normaler", das heißt instanziierbarer Klassen, als auch als Subklassen davon eingesetzt werden.

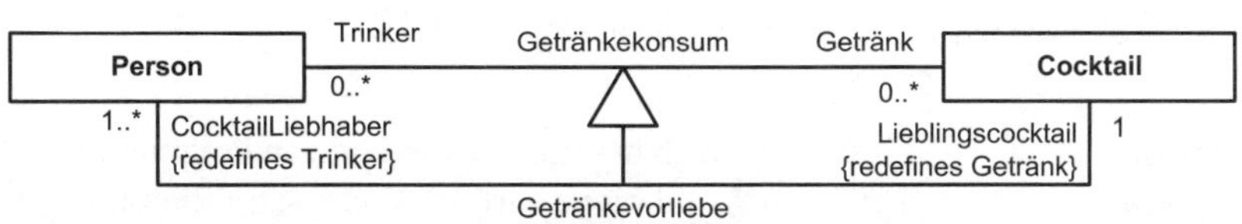

ABBILDUNG 6.24 Generalisierung zwischen Assoziationen

Die Generalisierung steht für alle Classifier-Formen zur Verfügung. Abbildung 6.24 zeigt die Anwendung der Generalisierung auf Assoziationen. `Getränkevorliebe` erbt als Subtyp von Getränkekonsum dessen Eigenschaften, das heißt, den Assoziationsnamen sowie die Multiplizitäten und Namen der Assoziationsenden. Genau genommen entspricht dabei das Ende `CocktailLiebhaber` der Assoziation `Getränkevorliebe` einer Redefinition des Endes `Trinker` der Assoziation `Getränkekonsum`. Dies gilt ebenso für die Enden `Lieblingscocktail` beziehungsweise `Getränk`. Die Redefinition darf in jedem Falle nur einschränkend verwendet werden, d. h. die Multiplizitäten werden herabgesetzt.

Generalisierung wird sinnvollerweise überall dort verwendet, wo die Notwendigkeiten des Einsatzes von Implementierungsvererbung und von Substituierbarkeit zusammentreffen. An diesen Stellen ist sie ein probates Mittel zur Strukturierung des Entwurfs und Vermeidung von Code-Redundanzen.

Sie sollten Generalisierung nicht in Fällen einsetzen, in denen es Ihnen nur um das Reduzieren des Schreibaufwands geht. In solchen Fällen wird zwar die Vererbung genutzt, die Substitution funktioniert aber nicht.

Keine Übergeneralisierung!

In der Frühzeit der objektorientierten Programmierung und Modellierung galt es als (heute wissen wir: falsch verstandenes) Qualitätsmerkmal, möglichst viele Generalisierungsbeziehungen in einem Entwurf zu platzieren. Heute stehen weitaus mächtigere Alternativen zur Verfügung, um unnötige und damit häufig fehlerträchtige Generalisierungen zu vermeiden. Eine dieser Techniken ist die Aggregation, die im Abschnitt 6.4.8 ausführlicher dargestellt wird.

⇨ 6.4.8

Mehrfachgeneralisierung

Beim Einsatz von Generalisierungen sollten Sie Mehrfachvererbung möglichst vermeiden, denn sie birgt die Gefahr des „wiederholten Erbens". Dies geschieht immer dann, wenn die Superklassen einer Klasse eine gemeinsame Superklasse besitzen. Abbildung 6.25 stellt diese wegen ihres Aussehens auch als diamantförmige Generalisierung bekannte Situation dar. In diesem Beispiel werden sowohl `Partyteilnehmer` als auch `Partyveranstalter` zu `Person` generalisiert. Gleichzeitig wird der `Gastgeber` zum `Partyteilnehmer` und `Partyveranstalter` generalisiert. Als Resultat können zwar die Ausprägungen aller Subklassen überall dort eingesetzt werden, wo eine Person erwartet wird. Jedoch erbt der `Gastgeber` alle Eigenschaften der `Person` doppelt, nämlich sowohl vom `Partyteilnehmer` als auch vom `Partyveranstalter`. Dies kann in der Praxis zu großen Schwierigkeiten führen, da das Verhalten der Mehrfachvererbung nicht allgemeingültig spezifiziert ist und übersetzerabhängig variieren kann.

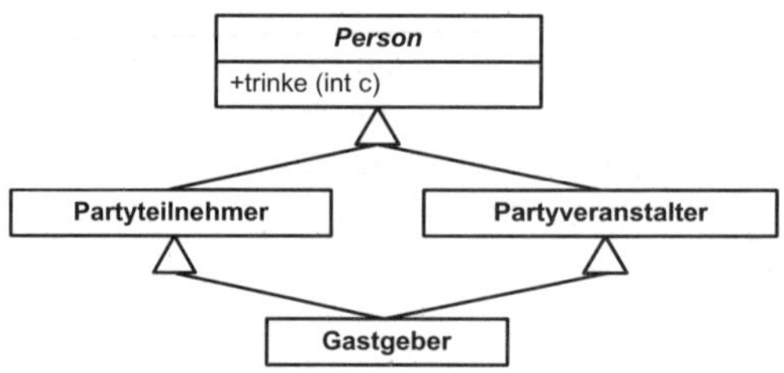

ABBILDUNG 6.25 Diamantförmige Generalisierung

Erhalt der Substitutionsfähigkeit

Überschreiben

Sie sollten den Mechanismus des Überschreibens von Supertypeigenschaften nur so einsetzen, dass keine Probleme bei einer späteren Substitution entstehen. Abbildung 6.26 zeigt ein Beispiel für eine korrekt substituierbare Generalisierung.

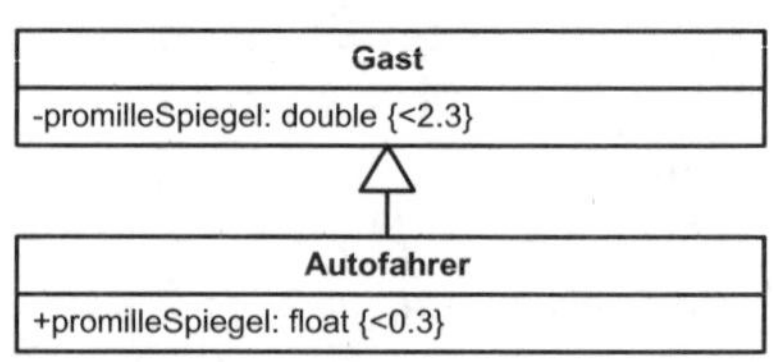

ABBILDUNG 6.26 Korrektes Überschreiben bei Generalisierungen

Randbedingung

⇨ 3.2.4

Das Beispiel definiert das private (das heißt nur durch Instanzen der Klasse selbst lesbare) Attribut `promilleSpiegel`, das im Rahmen des Lebenszyklus des Party-`Gast`es aktualisiert wird. Als Randbedingung (siehe Abschnitt 3.2.4) ist formuliert, dass der Wert `2.3` aus Rücksicht auf die Gesundheit des Gastes nicht überschritten werden soll.

Der `Autofahrer`, dessen Generalisierung der `Gast` ist, überschreibt die ererbte Eigenschaft. Um jedoch jeden `Autofahrer` auch wie einen `Partygast` behandeln zu können, darf er die Eigenschaft nur so überschreiben, dass sie bei einer späteren Substitution nicht zu Fehlern führt.

Deshalb schränken die angegebenen Charakteristika des Attributs `promilleSpiegel` die ererbten Angaben ein. So ist die Sichtbarkeit des Attributs zu `public` abgeändert, um im Falle einer Verkehrskontrolle das Auslesen des Wertes zu ermöglichen. Gleichzeitig ist die Messgenauigkeit, also der Datentyp des Attributs zu `float` vergröbert. Abschließend ist mit `0.3` auch die Grenze der zugelassenen Werte enger gefasst, als dies für den (nicht autofahrenden) `Gast` der Fall war.

Nur diese Vorgehensweise gewährleistet die Substituierbarkeit von `Autofahrer`-Objekten für alle Ausführungszeitpunkte, zu denen `Gast`-Ausprägungen erforderlich sind. Wäre allerdings eine der Angaben gegenüber dem Supertypen erweitert worden, also beispielsweise der Datentyp in String abgeändert, so könnten `Autofahrer`instanzen gebildet werden, die sich für `Gast`instanzen nicht stellvertretend einsetzen lassen.

Anwendung

Abbildung 6.23 zeigt die Anwendung der Generalisierungsbeziehung.

Umsetzung in C#

C# unterstützt das Generalisierungskonzept durch den Operator „:", dem genau eine Superklasse nachgestellt werden kann, da C# nur Einfachvererbung erlaubt. Daher kann die Klasse `Gastgeber` des Beispiels aus Abbildung 6.25 in der folgenden Code-Abbildung nicht formuliert werden. Überschreibende Methoden müssen durch das Schlüsselwort `override` gekennzeichnet werden. „:"

```
abstract class Person {
      //Eigenschaften
      public abstract void trinke(int c);
}
class Partyteilnehmer : Person {
      //Eigenschaften
      override public void trinke(int c) {
            //...}
}
class Partyveranstalter : Person {
      //Eigenschaften
      override public void trinke(int c) {
            //...}
}
class Gastgeber ... {
      //Mehrfachvererbung mit C# nicht darstellbar
}
```

Weitere Codebeispiele in den Programmiersprachen C++ und Java finden Sie im Internet unter *www.uml-glasklar.com* unter Link-Nr. [6-8].

6.4.7 Generalisierungsmenge

Definition

A **generalization set** is a packageable element whose instances define collections of subsets of generalization relationships.

Notation

Abbildung 6.27 zeigt die Notation zur Auszeichnung einer Generalisierungsmenge. Ihre Bezeichnung wird an der entsprechenden Generalisierungsbeziehung notiert und kann mit Eigenschaften in geschweiften Klammern versehen werden. Der `Supertyp` zerfällt in zwei Mengen: `{Subtyp1, Subtyp2}` und `{Subtyp3}`.

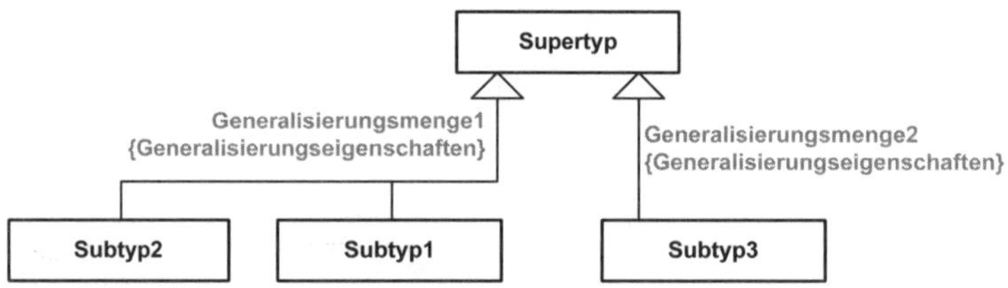

ABBILDUNG 6.27 Notation einer Generalisierungsmenge

Beschreibung

Partition
⇨ 6.4.6

Die Generalisierungsmenge (Generalization Set) fasst eine Menge von Subtypen einer Generalisierung (siehe Abschnitt 6.4.6) nach einem bestimmten Schema zusammen. Dem Schema liegt der Abstraktionsschritt der Generalisierung zugrunde. Abbildung 6.28 zeigt zwei Generalisierungsmengen: `Energiequelle` und `Steuerrelevante Haltung`. Beide spezialisieren (partitionieren) ein `Fahrzeug` nach unterschiedlichen Blickwinkeln. Die Subklassen `Solarfahrzeug` und `Dieselfahrzeug` bilden eine Generalisierungsmenge, da beide unter dem Aspekt der Energiequelle von Fahrzeug spezialisiert wurden. Die Bildung der Subtypen `Firmenwagen` und `Privatwagen` erfolgte dagegen nach dem Kontext steuerlicher Kriterien.

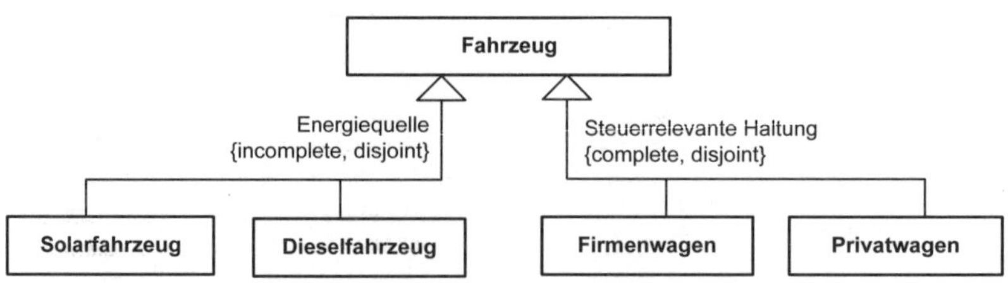

ABBILDUNG 6.28 Das `Fahrzeug` wird in zwei Generalisierungsmengen partitioniert

Die Generalisierungsmenge kann durch *Generalisierungseigenschaften* näher beschrieben werden. Die Eigenschaft `incomplete` besagt, dass es noch andere denkbare Subtypen dieser Generalisierungsmenge gibt, wie z. B. Benzinfahrzeug. Die Eigenschaft `disjoint` verbietet die Existenz von Instanzen, die Ausprägungen beider Subtypen sind. Es gibt also kein Fahrzeug, das gleichzeitig ein Firmen- und ein Privatwagen ist.

Insgesamt stehen für die Notation der Generalisierungseigenschaft vier vordefinierte Schlüsselworte zur Verfügung, die nach der UML-Spezifikation folgende Bedeutung haben:

Generalisierungseigenschaften

- `complete`: Die Elemente der Generalisierungsmenge stellen alle im Modellkontext sinnvoll denkbaren Spezialisierungen des allgemeinen Typs dar. Z. B. die Spezialisierung der Klasse Mensch in Mann und Frau.
- `incomplete`: Gegenteil von `complete`. Die im Modell notierten Subtypen umfassen nicht alle denkbaren und bekannten Verfeinerungen des Supertypen. Im Beispiel: Es gibt noch Fahrzeuge mit anderen Energiequellen, wie Fahrzeuge mit Gasantrieb oder dampfbetriebene Fahrzeuge.
- `disjoint`: Keine Instanz eines Subtypen ist gleichzeitig Instanz eines anderen Subtypen. Im Beispiel: Es gibt kein dieselgetriebenes Solarfahrzeug.
- `overlapping`: Gegenteil von `disjoint`. Es kann Instanzen geben, die Ausprägungen von mehr als einem Subtyp sind.

Bereits aus der Definition der Einschränkungen der Generalisierungsmengen wird deutlich, dass maximal zwei davon in Kombination verwendet werden können. So schließen sich `complete` und `incomplete` bzw. `overlapping` und `disjoint` naturgemäß gegenseitig aus.

Notationsvariante

Eine Notationsvariante ermöglicht die Kennzeichnung einer Generalisierungsmenge bei separaten Generalisierungsbeziehungen zwischen den einzelnen Subtypen und dem Supertyp mittels einer gestrichelten Linie (siehe Abbildung 6.29).

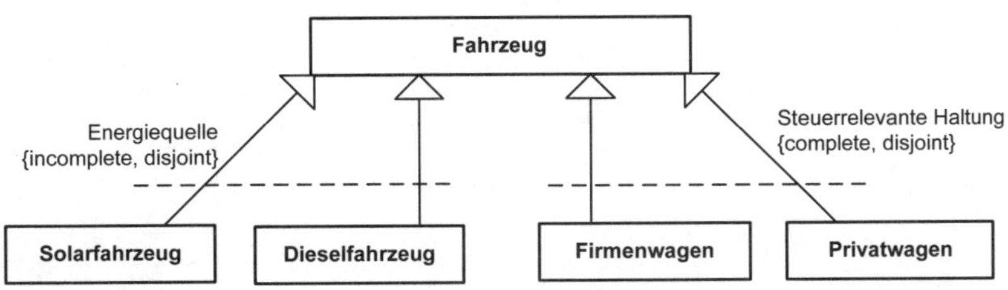

ABBILDUNG 6.29 Die Alternativnotation für Generalisierungsmengen

Powertypen

Eng verbunden mit dem Konzept der Generalisierungsmengen sind so genannte Powertypen. Darunter versteht die UML Klassen (bzw. allgemeiner Classifier), die sowohl Instanzen einer Klasse als auch Unterklassen (Subtypen) einer Klasse darstellen, also ein Zwitterverhalten zwischen Deklaration und Wert. Abbildung 6.30 zeigt Anwendung und Notation von Powertypen. Die Klasse `Person` wird spezialisiert in `Mann` und `Frau`, also in eine vollständige, disjunkte Aufteilung. `Geschlecht` stellt dabei den Powertyp hinsichtlich der `Person` dar. Denn sowohl `Mann` als auch `Frau` sind *zugleich Unterklassen* von `Person`, könnten aber auch *Instanzen* von `Geschlecht` sein. Der Powertyp wird mit einem einleitenden Doppelpunkt an die Generalisierung notiert.

Beachten Sie, dass das Powertypkonzept in vielen modernen Programmiersprachen nicht direkt umgesetzt wird. Sie bräuchten ein Konstrukt, das gleichzeitig eine Klasse und ein Objekt repräsentiert. Diese lässt sich mit Aufwand allerdings nachbilden. Nichtsdestotrotz haben Powertypen ihre Verwendung hauptsächlich in Analysemodellen und zur Veranschaulichung von fachlichen Zwitterproblemen.

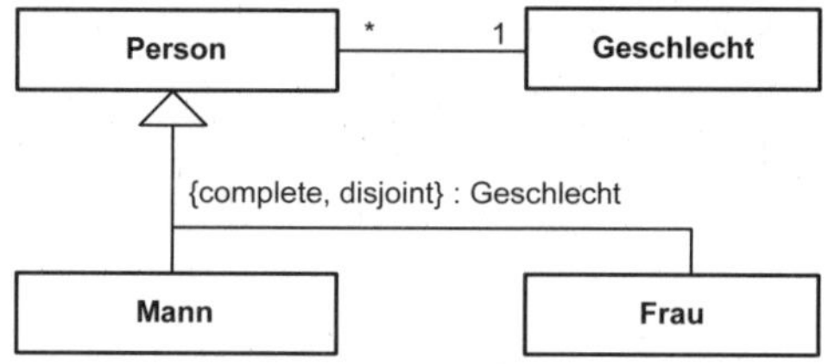

ABBILDUNG 6.30 Die Darstellung des Powertypen Geschlecht

Anwendung

Das Beispiel in Abbildung 6.31 zeigt die Generalisierungsmenge Anwendungsbereich mit den Subtypen `Textverarbeitung` und `Antivirensoftware`. Mit diesen beiden Klassen ist die Spezialisierung von `Software` anhand des `Anwendungsbereichs` aber noch nicht abgedeckt, da es noch verschiedene weitere Arten von Anwendungssoftware gibt, wie beispielsweise Software zum Erstellen von Präsentationen oder Webbrowser und viele andere mehr. Vermutlich gibt es auch keine Softwareprogramme, die gleichzeitig Textverarbeitung und Antivirensoftware sind, daher die `disjoint`-Angabe.

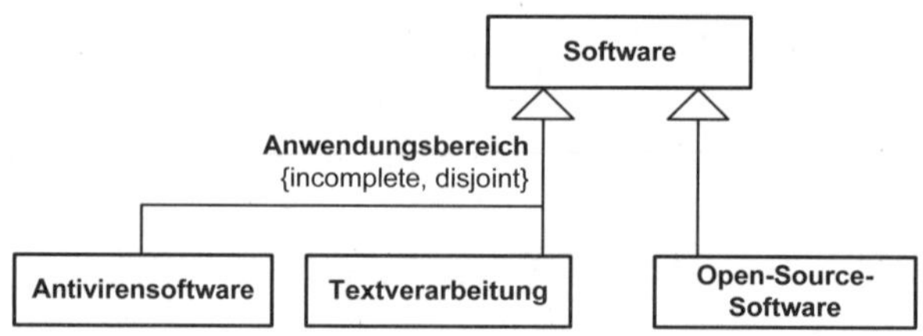

ABBILDUNG 6.31 Software und einige ihrer Erscheinungsformen

AL

6.4.8 Assoziation

Definition

An **association** describes a set of tuples whose values refer to typed instances. An instance of an association is called a link.

Notation

Im Klassendiagramm dient die Assoziation (naturgemäß) zur Darstellung von Beziehungen zwischen Klassen. Wie auch in den anderen UML-Diagrammen wird die *binäre* Assoziation durch eine durchgezogene Linie dargestellt, die die teilnehmenden Klassen verbindet. Diese kann sowohl durch textuelle Angaben als auch durch grafische Symbole weiter konkretisiert werden. Die wichtigsten Angaben einer Assoziation sind ihr Name und die Beschriftung der Enden mit deren Namen (meist in Form von Rollen) und der Multiplizität:

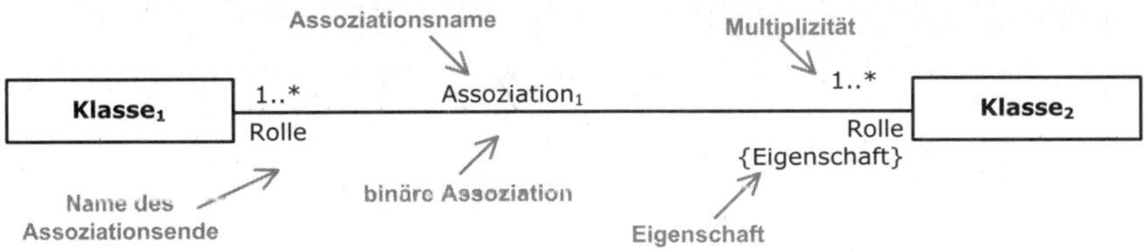

ABBILDUNG 6.32 Standardangaben an einer binären Assoziation

Die Definition der Navigationsrichtung einer Assoziation erfolgt durch einen Pfeil am Assoziationsende in der navigierbaren Richtung. Ein Kreuz weist explizit darauf hin, dass über dieses Ende nicht navigiert werden kann. Fehlt die explizite Angabe (Pfeil, Kreuz), so ist die Navigierbarkeit unspezifiziert. Sie können in einem solchen Fall global für das Modell festlegen, ob es navigierbar oder/und nicht navigierbar ist.

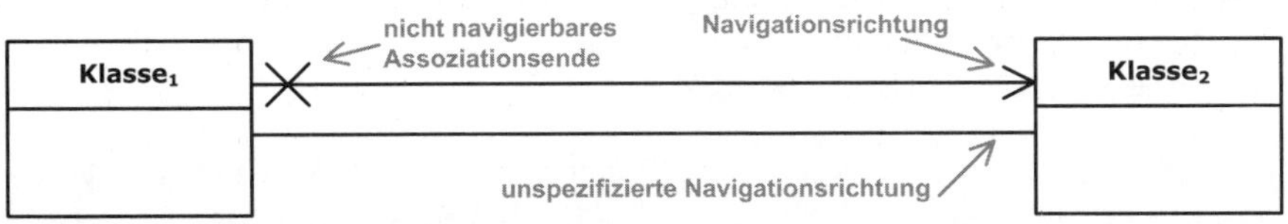

ABBILDUNG 6.33 Navigationsrichtung an Assoziationsenden

Zwischen Assoziationen können Einschränkungen formuliert werden, die als gestrichelte Linien dargestellt werden. An sie wird die einschränkende Bedingung (siehe Abschnitt 3.2.4) in geschweiften Klammern notiert. Des Weiteren werden Ganzes-Teile-Beziehungen durch Rauten am Ende des Ganzen gekennzeichnet:

Randbedingung

⇨ 3.2.4

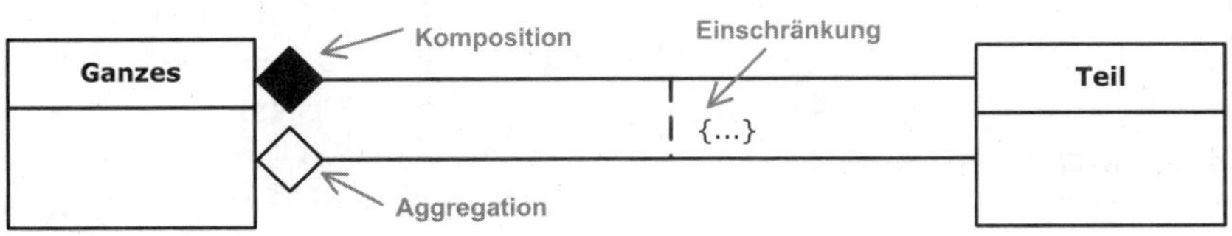

ABBILDUNG 6.34 Teile-/Ganzes-Beziehungen

Die Teile von n-ären Assoziationen, die für n>2 mehr als zwei Klassen verbinden, sind durch eine große Raute in der Mitte verknüpft. Diese Notation ist auch für binäre Assoziationen zulässig, aber sehr unüblich.

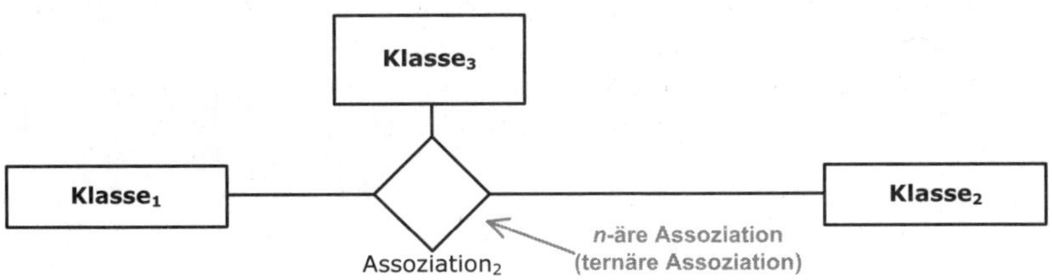

ABBILDUNG 6.35 Notation einer n-ären Beziehung

Beschreibung

Assoziationen als Netzwerk zwischen Klassen

Eine Assoziation beschreibt eine Menge *gleichartiger Beziehungen* zwischen Klassen. Dabei kann die Beziehung als Weg oder Kommunikationskanal verstanden werden. Die Assoziation definiert eine sehr enge Form der Beziehung zwischen Klassen, die das gegenseitige Zugreifen auf Elemente der Klasse (Attribute und Operationen) ermöglicht. Assoziationen bauen somit ein Netzwerk zwischen losen, vereinzelten Klassen auf. In dem einfachen Beispiel von Abbildung 6.36 verbindet die Assoziation `Arbeitsverhältnis` die beiden Klassen `Person` und `Firma`.

Die Angabe `1` am Assoziationsende (`Firma`) definiert, dass *eine* `Person` mit *genau einer* `Firma` im `Arbeitsverhältnis` steht. Umgekehrt stehen mit der `Firma` mindestens eine, aber auch beliebige viele `Person`en in einem `Arbeitsverhältnis`. Dies wird durch die Angabe `1..*` gefordert.

ABBILDUNG 6.36 Einfaches Beispiel einer Assoziation

⇨ 10.4.1, 11.4.1, 12.4.1

Assoziationen verbinden neben Klassen auch Komponenten (siehe Abschnitt 10.4.1), Knoten (Abschnitt 11.4.1) oder Akteure mit Use-Cases (Abschnitt 12.4.1).

Wie Sie bereits wissen, werden zur Laufzeit die Klassen in Form von Objekten instanziiert. In dem Beispiel könnten so drei Objekte der Klasse `Person` „Chris" und „Stefan" und das Objekt „SOPHIST" der Klasse `Firma` entstehen. Was aber passiert mit der Assoziation bei der Instanzbildung? Diese wird ebenfalls instanziiert, und zwar in diesem Fall genau zweimal: (Chris - SOPHIST) und (Stefan - SOPHIST). Zur Laufzeit ist somit das Objekt SOPHIST gleichzeitig mit zwei Personenobjekten verbunden.

Link ⇨ 8.4.3

Die Instanzen einer Assoziation werden als Links bezeichnet. Ein *Link* verknüpft somit Objektpaare (Tupel). Eine *Assoziation* beschreibt ihre Links, genau wie eine Klasse ihre Objekte beschreibt. Die Assoziation definiert dazu bestimmte Regeln hinsichtlich der Fragen, welche Objekte (Typen) an den Linkenden beteiligt sind und wie viele Links von einem Objekt ausgehen dürfen. Im Beispiel muss ein Objekt der Klasse `Person` mit genau einem Objekt der Klasse `Firma` über einen Link verbunden werden. Umgekehrt darf ein Objekt der Klasse `Firma` mit mindestens einem und maximal beliebig vielen (1..*) Objekten der Klasse `Person` in Beziehung stehen. In unserem Beispiel steht das Objekt SOPHIST mit zwei Objekten (Chris, Stefan) in Beziehung. Da die Anzahl der Objekte und damit auch die Anzahl der Links erst zur Laufzeit feststeht, kann eine Assoziation nur einen Rahmen, aber nicht die konkrete Angabe für die Mengenverhältnisse definieren.

Im Folgenden erklären wir sowohl das allgemeine Konzept der Assoziation als auch die konkrete Verwendung im Klassendiagramm.

Assoziationsname

Der Name einer Assoziation kann *optional* als Text an die Assoziationslinie angebracht werden. Hierbei müssen Sie lediglich beachten, den Namen nicht zu nahe an eines der Assoziationsenden zu setzen, um Verwechslungen mit den Namen der Assoziationsenden (Rollen) vorzubeugen. Weitere Einschränkungen existieren nicht. Assoziationen dürfen durch beliebige Zeichenketten benannt sein, die die Bedeutung der Assoziation ausdrücken.

Leserichtung

Oftmals ist der gewählte Assoziationsname nicht für beide Assoziationsrichtungen gleichermaßen treffend. Ist dies der Fall, so kann eine bevorzugte Leserichtung für eine Assoziation angegeben werden. Die bevorzugte Leserichtung wird durch ein ausgefülltes Dreieck dargestellt, das nach dem Assoziationsnamen platziert wird und dessen Spitze in die gewünschte Leserichtung weist. Abbildung 6.37 zeigt die Anwendung der Leserichtung. Es ist eben der Gastgeber, der einlädt, und nicht der Gast. Sie sehen an dem Beispiel auch, dass durchaus Verben (wie einladen) als Assoziationsnamen verwendet werden können.

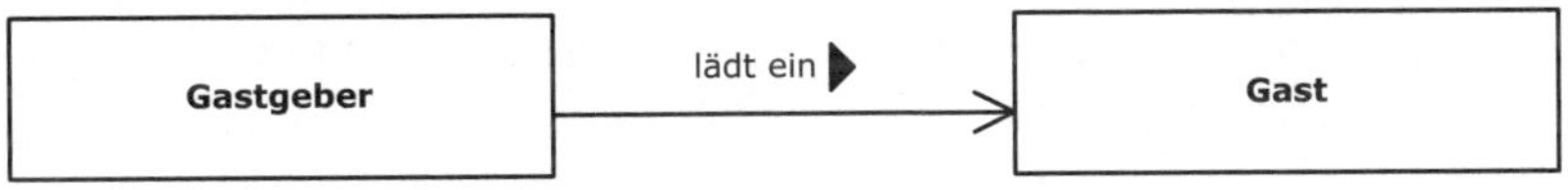

ABBILDUNG 6.37 Assoziation mit angegebener Leserichtung

Achten Sie bei der Angabe einer Leserichtung unbedingt darauf, dass die damit etablierte Interpretationsrichtung konsistent zu den modellierten Navigationsrichtungen (siehe weiter unten) verläuft. Eine Assoziation, die invers zur existierenden Navigationsrichtung gelesen werden müsste, deutet auf einen Modellierungsfehler hin und führt dazu, dass die assoziierten Ausprägungen unter Nutzung der bevorzugten Leserichtung nicht erreichbar sind.

Assoziationsenden

Die Enden einer Assoziation können zusätzlich mit beschreibenden Angaben, in Form von *Rollen (Name)*, *Multiplizitäten* und *Navigierbarkeiten*, versehen werden, wie in den Abbildungen 6.38 und 6.39 gezeigt. Diese Angaben erläutern die Semantik einer an der Assoziation teilnehmenden Klasse und die Form der Teilnahme näher.

Rolle

Rollen werden dabei in Form einer frei wählbaren Zeichenkette angetragen. In Abbildung 6.38 sind die Rollen `Konsument` und `Cocktailtrinker` für die Klasse `Person`, die Rollen `Nahrung` und `Bestandteil` für `Frucht` sowie `Weiterverarbeitung` und `Getränk` für `Cocktail` dargestellt. Zu lesen ist dies wie folgt: Für die Klasse `Frucht` agiert die Klasse `Person` als `Konsument`, für `Person` stellt der `Cocktail` ein `Getränk` dar.

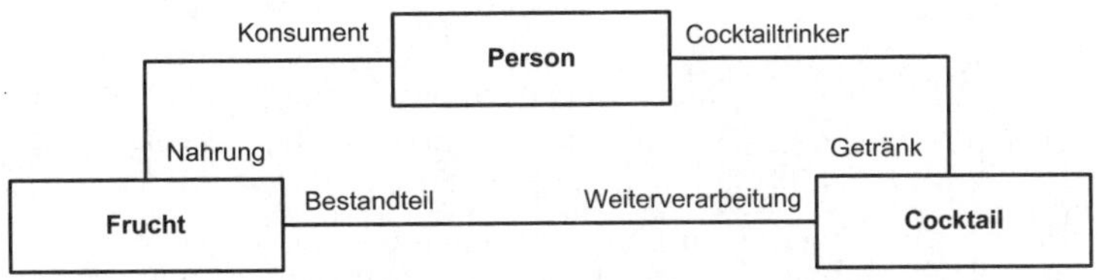

ABBILDUNG 6.38 Die verschiedenen Rollen von Klassen in Beziehungen

Mit Hilfe von Rollen kann die spezifische Verwendung einer Klasse näher beschrieben werden. Daher sollten Sie dieses Element der Assoziationsmodellierung intensiv einsetzen. Insbesondere dann, wenn Klassen durch mehrere verschiedenartige Assoziationen verbunden sind, stellen Rollen das einzige Mittel zur Unterscheidung der Einzelassoziationen dar.

Abbildung 6.39 zeigt, wie Sie Rollen einsetzen können. Innerhalb der beiden Assoziationen `Getränkeerzeugung` und `Getränkekonsum` tritt `Person` einmal in der Rolle des `Partygastes` und einmal in der des `Barmixers` auf. Analog wird der Cocktail einmal als `Getränk` und einmal als `Erzeugnis` angesehen.

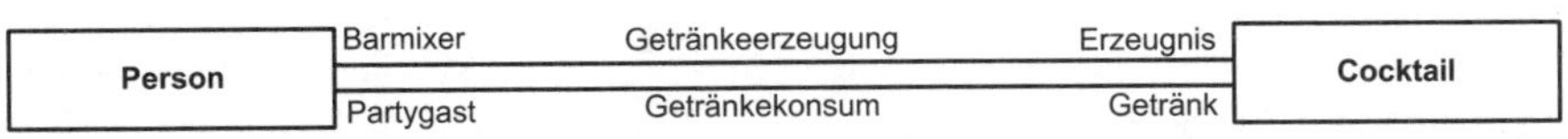

ABBILDUNG 6.39 Assoziationen mit Rollenangabe

Rollen stellen keine eigenständigen Daten wie Klassen dar, sondern beschreiben lediglich die Bedeutung konkreter Verwendungen einer Klasse näher. Eine Klasse schlüpft damit wie ein Schauspieler in eine bestimmte Rolle. Eigentlich war der Begriff der Rolle nur in den UML-Versionen 1.1 bis 1.3 erlaubt. Die offizielle Bezeichnung lautet „Name des Assoziationsendes" und findet sich auch nur so in der UML- Spezifikation wieder. Da wir aber den Begriff „Rolle" für treffender halten und der Name des Endes in der Praxis fast ausschließlich eine Rolle darstellt, haben wir uns gegen die offizielle Namensgebung entschieden.

Neben der Rolle können Sie an einem Assoziationsende die bereits von Attributen (Abschnitt 6.4.2) bekannte Multiplizität angeben. Dies beschreibt die Mengenverhältnisse zur Laufzeit (wie viele Links darf ein Objekt mit wem besitzen, siehe oben).

Die zu einer Rolle gehörende Multiplizitätsangabe wird am „gegenüberliegenden" Assoziationsende angetragen. Diese Darstellungsform entspricht auch der im Entity-Relationship-Modell gängigen Sichtweise (so genannte Far-Notation), die Anzahl der verbundenen Instanzen bei der zugehörigen Klasse darzustellen. Erweitert man so das Klassendiagramm in Abbildung 6.39 um die entsprechenden Multiplizitätsangaben, lassen sich folgende Aussagen grafisch darstellen (vgl. Abbildung 6.40):

- Jeder `Partygast` konsumiert mindestens einen `Cocktail`.
- Jeder `Cocktail` wird von mindestens einem `Partygast` konsumiert (manche Gäste teilen sich möglicherweise ein Glas, um einen neuen Cocktail zu probieren).
- Jeder `Barmixer` mixt mindestens einen `Cocktail`.
- Jeder `Cocktail` wird durch genau einen Barmixer `gemixt`.

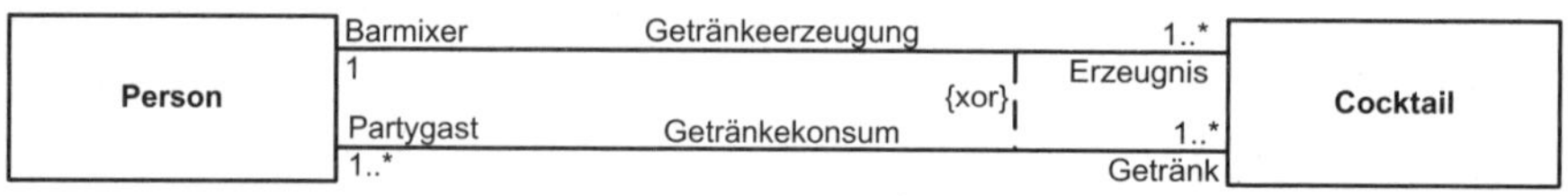

ABBILDUNG 6.40 Assoziationen mit Rollen- und Multiplizitätsangaben

Standard-multiplizität = 1

Wird eine Multiplizität wie im Beispiel von Abbildung 6.39 nicht explizit angegeben, so wird für die Untergrenze und Obergrenze des Intervalls der Wert 1 angenommen.

Einschränkungen

Zusätzlich zu den Multiplizitäten enthält 6.40 eine Einschränkung durch Angabe der Randbedingung `xor` (exklusives oder, d. h. entweder-oder), welche beide dargestellten Beziehungen betrifft. Die Semantik des Schlüsselwortes definiert, dass für jede Instanz der verbundenen Klassen nur eine der beiden Assoziationen bestehen darf. Das bedeutet, dass ein Objekt der Klasse `Person` *entweder* einen Link `Getränkeerzeugung` *oder* einen Link Getränkekonsum besitzt. Eine `Person` kann also nicht gleichzeitig als `Barmixer` und als `Partygast` auftreten. Gleiches gilt in diesem Modell aus Sicht des `Cocktails`, obwohl in der Realität der Cocktail durchaus ein `Erzeugnis` und ein `Getränk` darstellt.

Weiterführende Angaben

Die bisherigen Angaben (Assoziationsname, Rolle, Multiplizität) brauchen Sie in der Praxis am häufigsten. Sie sind zur vollständigen Notation eines Klassendiagramms fast zwingend. Im Folgenden stellen wir Ihnen weitere optionale Angaben zur Verfügung. Diese präzisieren die Semantik von Assoziationen (für interessierte Leser finden sich weitere theoretische Ausführungen zu Assoziationen auf *www.uml-glasklar.com* unter der Linknummer [6-9]).

Abgeleitete Assoziation

Steht zu Beginn des Namens einer Assoziation das Zeichen Slash („/"), so ist die Assoziation von einer anderen Assoziation *abgeleitet* (d. h. redundant oder berechenbar). Abbildung 6.41 zeigt die Ableitung der Assoziation `Früchtekonsum` aus den Modellzusammenhängen, die bereits durch die beiden anderen Assoziationen formuliert wurden. So wird gefordert, dass jede `Person` mindestens einen `Cocktail` trinkt. Über den `Cocktail` ist bekannt (anhand der Auswertung der nicht benannten Assoziation zu `Frucht`), dass jede Cocktailausprägung aus beliebig vielen Früchten bestehen kann, aber nicht muss.

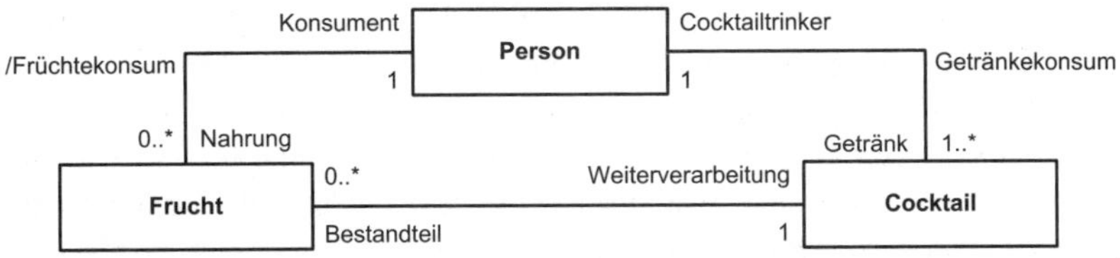

ABBILDUNG 6.41 Abgeleitete Assoziation `/Früchtekonsum`

Werden diese beiden Assoziationen zusammen betrachtet, so folgt daraus die durch die Assoziation `Früchtekonsum` dargestellte Beziehung, ohne dass diese dem Modell eine neue Aussage hinzufügt. Denn wenn jede `Person` mindestens einen `Cocktail` trinkt und dieser eine Menge von Früchten enthalten kann, so verzehrt jede `Person` durch den `Getränkekonsum` möglicherweise selbst eine Menge von Früchten. Ebenso lässt sich im Umkehrschluss die Beziehung der `Frucht` zur `Person` herleiten: Da jede `Frucht` in genau einem `Cocktail` enthalten ist und jeder `Cocktail` nur von genau einer `Person` getrunken wird, ergibt sich daraus, dass jede `Frucht` im Magen einer `Person` landet. Sie sehen also: Viele Wege führen nach Rom.

Abgeleitete Assoziationen treten insbesondere im Zusammenhang mit Spezialisierungen (Abbildung 6.42) auf. Besteht eine Assoziation zwischen Oberklassen, so wird sie durch Spezialisierung auf Unterklassen vererbt. Normalerweise wird diese Beziehung dann nicht mehr explizit modelliert, wenn doch, sollten Sie sie als abgeleitet kennzeichnen. In gleichem Maße leiten sich auch die Assoziationsenden ab, so dass die Rollennamen ebenfalls mit einem Slash („/") gekennzeichnet werden. Dabei kann der Name durchaus variieren, wie das Beispiel zeigt. Sie müssen dann per Text noch die Ableitungsregel `{WeiblichesMitglied.Freundinnen = Mitglied.Gemeinschaft}` definieren.

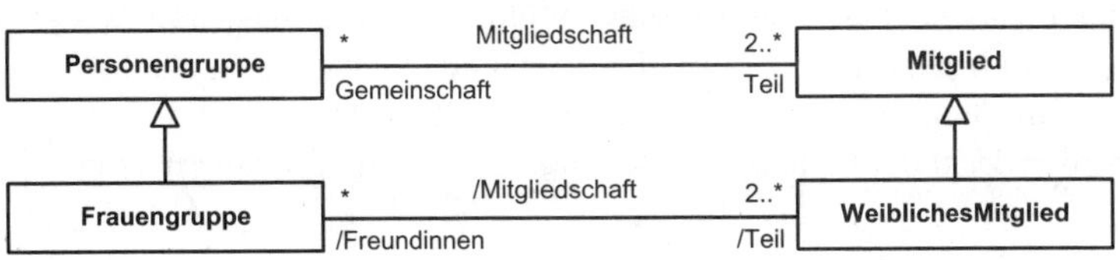

ABBILDUNG 6.42 Abgeleitete Assoziation und Assoziationsenden durch Spezialisierung

Vielleicht haben Sie bereits bemerkt, dass zwischen den Enden einer Assoziation und einem Attribut kaum Unterschiede bestehen. Beide haben Namen und Multiplizitäten und sind ableitbar.

⇨ 6.4.2

Neben der Formulierung von Einschränkungen *zwischen* verschiedenen Assoziationen können die einzelnen an einer Beziehung teilnehmenden Assoziationsenden auch separat mit Einschränkungen versehen werden. Hierzu können einzelne Assoziationsenden mit Eigenschaften versehen werden. Diese Eigenschaften ähneln in Aufbau und Bedeutung den Eigenschaften eines Attributes, doch ist ihre Interpretation auf die Anwendung auf Assoziationen zugeschnitten. Notiert werden die Eigenschaften, wie in Abbildung 6.43 gezeigt, in geschweiften Klammern, die nahe dem einzuschränkenden Assoziationsende platziert werden.

Im Einzelnen sieht die UML folgende Eigenschaften vor:

- `ordered`: Die zu einem so gekennzeichneten Assoziationsende beitragenden Objekte (bzw. die Linksammlung zu den Objekten) sind geordnet. Die in Abbildung 6.43 verwendete Rolle `Partygast` zeigt die Anwendung dieser Eigenschaft. Eine `Person` kann an einem Abend mehrere `Parties` besuchen, doch kann sie diese nur in einer Reihenfolge (und nicht gleichzeitig) besuchen. Leider definiert die UML kein explizites Mittel, das angibt, wonach geordnet wird.

ABBILDUNG 6.43 Anwendung der Einschränkung ordered

- `bag`: Ein Objekt kann mehrmals an derselben Assoziation teilnehmen, z. B. müssen dadurch in einer „zu 10"-Assoziation die Links nicht auf zehn *verschiedene* Objekte zeigen, sondern könnten im Extremfall auf ein Objekt deuten. Dieses würde dann zehn ankommende Links besitzen. Per Definition geht die UML aber immer von verschiedenen Objekten aus (so genannte `set`-Eigenschaft).
- `sequence` oder `seq`: Ein Objekt kann zwar mehrmals an derselben Assoziation teilnehmen, aber nur in einer bestimmten Reihenfolge. Diese Eigenschaft entspricht der Verknüpfung von `bag` und `ordered`.
- `redefined <Rolle>`: Definiert das so gekennzeichnete Assoziationsende als Redefinition des mit Rolle angegebenen anderen Assoziationsendes. Bei der Redefinition dürfen Sie ein Assoziationsende komplett neu definieren. Dies tritt häufig im Zusammenhang mit der Spezialisierung auf. Während in Abbildung 6.42 die Assoziationsenden durch Ableitung bis auf die Namensgebung unverändert blieben, wird im folgenden Beispiel das Assoziationsende `Teil` komplett überschrieben, das heißt, neben dem Rollennamen wird auch Multiplizität neu definiert. Wichtig: Durch die Redefinition wird ein Assoziationsende ersetzt und nicht ergänzt!

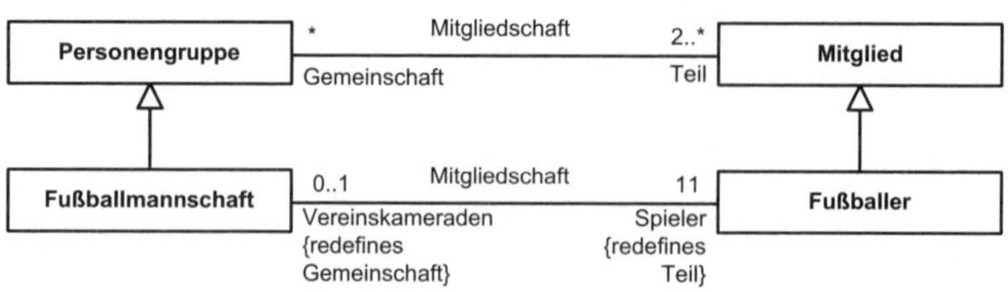

ABBILDUNG 6.44 Redefinition von Assoziationsenden

- subsets <Rolle>: Definiert die an der Assoziation teilnehmenden Objekte als Untermenge einer anderen Objektmenge. Diese Objektmenge wird durch die Rolle beschrieben. Abbildung 6.45 zeigt ein Anwendungsbeispiel mit drei Assoziationen. Eine Abteilung steht mit Personen in der Rolle Mitarbeiter in Beziehung. Ein Teil davon übernimmt die Rolle des Chefs und ein anderer Teil die der Praktikanten. Um diese Teile separat zu identifizieren, wurden eigene Assoziationen definiert. Auf Instanzebene teilt sich die Menge von Mitarbeiter-Links in Teilmengen (engl. subset) von Chef-Links und Praktikanten-Links. Beachten Sie zwei wichtige subset-Eigenschaften:
  - die subset-Unterteilung muss nicht vollständig sein, d. h. es könnte Mitarbeiter geben, die nicht Chef oder Praktikant sind.
  - subsets definiert womöglich eine unechte Teilmenge, d. h. ein Chef-Link muss nicht in der Menge Mitarbeiter-Links enthalten sein!
- union: Definiert, dass ein Assoziationsende alle Objekte vereinigt, die an einer Assoziation teilnehmen *und* mit der subsets-Eigenschaft versehen ist. Abbildung 6.45 zeigt die Rollen Chef und Praktikant. *Wenn die beiden genannten Rollen die beiden einzigen sind*, entsteht durch Vereinigung aller Chefs (Links) mit allen Praktikanten (Links) die Menge aller Mitarbeiter (Links): Menge der Mitarbeiter = Menge der Chefs + Menge der Praktikanten.

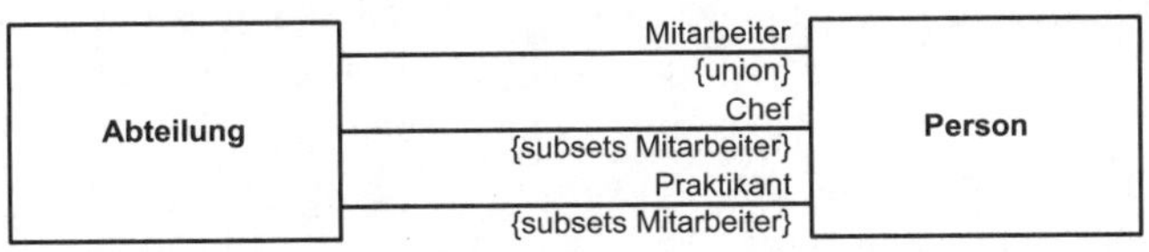

ABBILDUNG 6.45 Anwendung der Einschränkungen subsets und union

Sowohl die subsets- als auch die union-Eigenschaften treten insbesondere im Zusammenhang mit Spezialisierungen auf.

Da Einschränkungen nur jeweils auf das Assoziationsende wirken, an das sie annotiert wurden, muss für jedes Ende eine eigenständige Eigenschaft notiert werden.

Abbildung 6.46 zeigt als Beispiel die Assoziation begleiten, mit der eine Klasse mit sich selbst durch eine binäre Assoziation in Beziehung gesetzt wird. Gemäß dieser Assoziation kann eine Person eine Person mitbringen bzw. mitgebracht werden. Dieser Fall einer Beziehung, die eine Klasse mit sich verbindet, wird auch als *zirkulär reflexive Assoziation* bezeichnet (da sie gleichsam im Kreis wieder zu ihrem Ausgangspunkt zurückkehrt).

Zirkuläre Assoziation

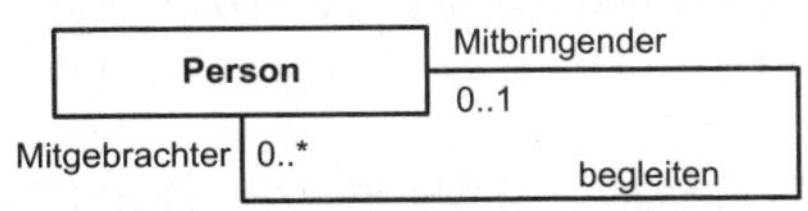

ABBILDUNG 6.46 Binäre (zirkuläre) Assoziation

Die UML 2 geht per Definition davon aus, dass *keine* Instanz der Assoziation begleiten exakt dieselben Personeninstanzen verbindet (niemand kann sich selbst zu einer Party als Begleitung mitbringen). Mit anderen Worten: Eine zirkuläre Assoziaton verbindet verschiedene Instanzen. Wenn Sie dies aufheben möchten, müssten Sie das oben definierte Schlüsselwort {baq} einsetzen.

Navigierbare Assoziation

Navigierbarkeit

Die Navigierbarkeit von Assoziationen wird durch eine Pfeilspitze am Ende einer Assoziation ausgedrückt. Die Pfeilrichtung zeigt an, dass die Instanzen der Klasse A die Instanzen der Klasse B *in Pfeilrichtung* „kennen“:

ABBILDUNG 6.47 Angabe der Navigationsrichtung von `KlasseA` nach `KlasseB`

Die Navigierbarkeitsangabe kann eingesetzt werden, um gerichtete Beziehungen, wie sie beispielsweise durch Speicherverweise (Pointer) realisiert werden, abzubilden. Die Angabe ermöglicht damit sowohl die Darstellung von einseitigen Beziehungen in der logischen Modellierung als auch die Abbildung von implementierungsnahen Konstrukten in der physischen Modellierung. Daher sollten Sie Navigierbarkeit immer dann modellieren, wenn eine Beziehung entweder nur in einer Richtung auftreten darf und soll oder wenn die Beziehungsrichtung durch die spätere physische Abbildung bereits feststeht.

Abhängig von der Anzahl der Pfeile wird die Navigationssemantik bestimmt.

Unspezifizierte Navigierbarkeit

So definiert die Assoziation `Veranstaltungsort` in Abbildung 6.48 eine Beziehung ohne nähere Angaben zu ihrer Navigierbarkeit. Gemäß der angetragenen Multiplizitäten ist einem Veranstalter genau ein Gebäude zugeordnet, und in jedem im System verwalteten Gebäude können mehrere Veranstaltungen abgehalten werden. Allerdings gibt es auch Gebäude, in denen keine Veranstaltungen stattfinden, daher das Multiplizitätsintervall `0..*`. Für die Assoziation ist keine Aussage über die Navigierbarkeit getroffen, d. h. sie wurde im UML-Modell nicht explizit festgelegt und kann zu einem späteren Zeitpunkt (etwa zur Implementierung in einer konkreten Programmiersprache) noch konkretisiert werden.

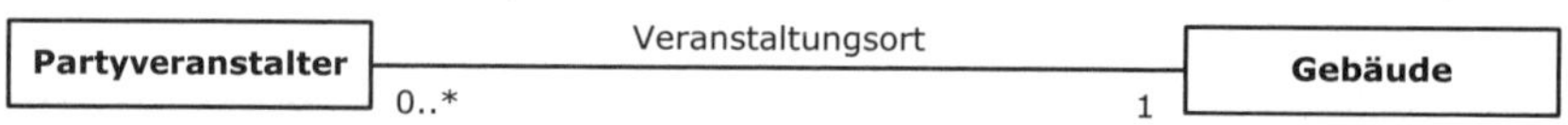

ABBILDUNG 6.48 Unspezifizierte Navigationsrichtung

Entsprechend der Navigierbarkeit wird zwischen unidirektionalen und bidirektionalen Assoziationen unterschieden. Bidirektionale Assoziationen können in beide Richtungen navigiert werden, unidirektionale hingegen nur in eine.

Unidirektionale Navigierbarkeit

Die Assoziation `Begleitung` (Abbildung 6.49) etabliert eine Beziehung zwischen einem `Partyteilnehmer` und seiner (möglichen) `Partybegleitung`. Die modellierte Navigationsrichtung zeigt an, dass zwar ein `Partyteilnehmer` ein Auge auf einen oder sogar mehrere (aus seiner Sicht mögliche) `Partybegleiter` geworfen haben kann. (Im UML-Formalismus: Instanzen der Klasse `Partyteilnehmer` kennen Instanzen von `Partybegleitung`.) Über die inverse Beziehungsrichtung (das heißt, ob die potenzielle `Partybegleitung` auch den `Partyteilnehmer` kennt) ist aber *nichts ausgesagt*. Daher ist diese Beziehungsrichtung auf „unspezifiziert“ gesetzt, das heißt, es ist keine Navigationsrichtung festgelegt. Es kann sogar vorkommen, dass `Partybegleitungen` ins Auge gefasst werden, die überhaupt keinen `Partyteilnehmer` kennen (daher die Minimalmultiplizität 0), das heißt, von der ihnen bevorstehenden Einladung zur Begleitung noch gar nichts wissen können.

Beachten Sie jedoch, dass in der Modellierungspraxis sehr häufig angenommen wird, dass die nicht spezifizierte Richtung auch *nicht navigierbar* ist. Mit anderen Worten: Die Partybegleitung kennt ihren Teilnehmer nicht. Die UML lässt dies bewusst offen!

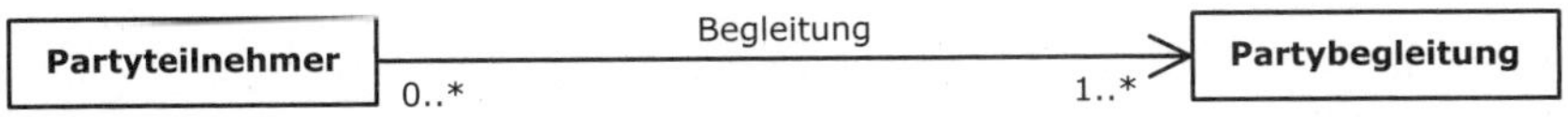

ABBILDUNG 6.49 Unidirektionale Navigationsrichtung

Bidirektionale Navigierbarkeit

Die Assoziation `Abendunterhaltung` (Abbildung 6.50) illustriert den in der Praxis am häufigsten anzutreffenden Fall. Sie verbindet zwei Klassen, deren Instanzen *gegenseitig* in Beziehung stehen. Als Beispiel dient das Verhältnis von `Partyveranstalter` und der durch ihn engagierten `Bands`. Gemäß der angetragenen Multiplizität von 1..* muss der Veranstalter mindestens eine Band aufbieten, er kann aber auch eine nach oben nicht beschränkte Menge von Bands engagieren. Eine auftrittswillige Band kann von beliebig vielen Veranstaltern engagiert werden oder im Extremfall noch auf ihren Durchbruch warten; daher die Multiplizität von 0..*. Beide Assoziationsenden sind mit Navigationspfeilen versehen, d. h. eine engagierte Band kennt (naturgemäß) den sie engagierenden `Partyveranstalter`, der ebenso hoffentlich Kenntnis über die von ihm angeworbenen Unterhaltungskünstler besitzt.

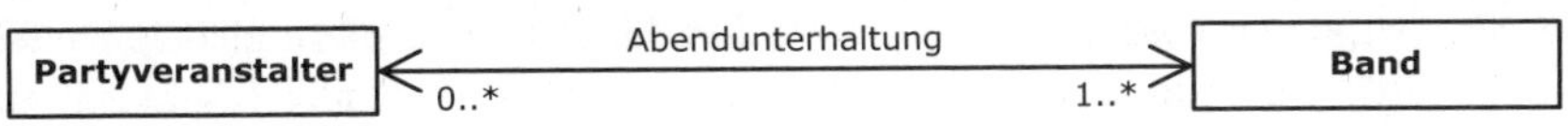

ABBILDUNG 6.50 Bidirektionale navigierbare Assoziation

Konzeptionell stellen in beide Richtungen navigierbare Assoziationen lediglich die Zusammenfassung zweier Einzelassoziationen mit unidirektionaler Navigierbarkeit dar. So ließe sich der durch `Abendunterhaltung` formulierte Zusammenhang auch durch zwei eigenständige Assoziationen (hier mit Rollen) modellieren, wie Abbildung 6.51 zeigt.

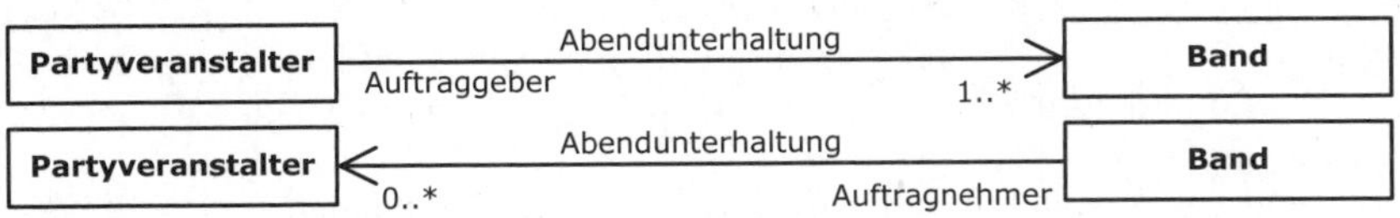

ABBILDUNG 6.51 Aufspaltung einer bidirektional navigierbaren Assoziation

Navigationsverbot

Als Verschärfung der nichtspezifizierten Navigierbarkeit, wie sie in den Beispielen Veranstaltungsort und Begleitung verwendet wurde, lässt die UML auch das Aussprechen eines expliziten Navigationsverbotes zu. In diesem Falle darf ein Objekt, das über ein mit Kreuz (Abbildung 6.52) gekennzeichnetes Assoziationsende angebunden ist, keinesfalls vom anderen aus erreichbar sein. Ein Beispiel hierfür zeigt die Assoziation `Getränkekauf`. Zwar besitzt der `Partyveranstalter` Kenntnis seiner `Getränkelieferanten` (es können auch mehrere sein, da das entsprechende Assoziationsende mit der Multiplizität 1..* versehen ist), da ihn eine navigierbare Assoziation mit diesen verbindet. Jedoch möchte der Lieferant keine Speicherung seiner möglichen Kundenbeziehungen (z. B. in einem Supermarkt) vornehmen. Aus diesem Grund ist das zu `Partyveranstalter` führende Assoziationsende auf nicht navigierbar gesetzt, was durch das Kreuzsymbol ausgedrückt wird.

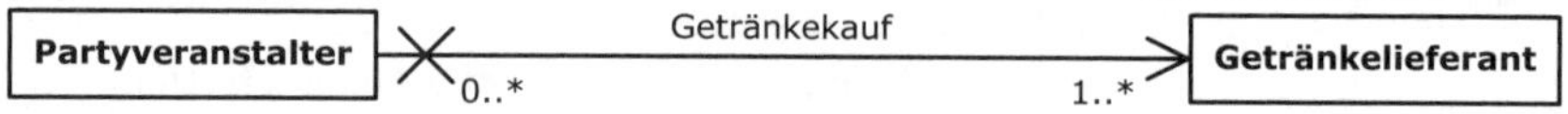

ABBILDUNG 6.52 Verbot der Navigierbarkeit durch Kreuzsymbol

Das letzte Beispiel (Abbildung 6.53) zeigt mit `Partybesuch` eine Assoziation, deren Teilnehmer zwar verbunden sind, jedoch über keine Navigationsmöglichkeit zueinander verfügen. So besucht zwar ein Partygast eine Menge von Veranstaltungen und jeder `Partyveranstalter` begrüßt eine nicht weiter beschränkte Anzahl von Gästen, jedoch werden Objekte dieser beiden Klassen einander niemals wiedererkennen, da keines der beiden Daten über das jeweils andere speichert. Sie können damit keine Aussagen über das mögliche Aufeinandertreffen auf einer früheren Party treffen. Diese Beziehungsform wird in der Praxis kaum genutzt. Letztlich stellt eine Assoziation, die ausschließlich über unnavigierbare Enden verfügt, keine auswertbaren Daten zur Verfügung.

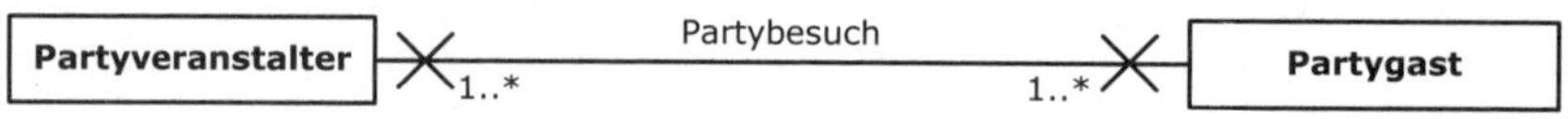

ABBILDUNG 6.53 Sehr selten: überhaupt nicht navigierbare Assoziation

Wie bereits angedeutet, werden in der praktischen Modellierung meist globale Modellkonventionen für die Navigationsrichtung vereinbart. Üblich sind z. B. folgende Konventionen:

- Es existiert kein Unterschied zwischen einer Linie und einer Linie mit zwei Pfeilen, d. h. die komplett unspezifizierte und die bidirektionale Assoziation werden nicht unterschieden.
- Es existiert kein Unterschied zwischen einer Linie mit einem Pfeil und einer Linie mit einem Kreuz und Pfeil, d. h. die unidirektionale Assoziation ist auch nur in Pfeilrichtung navigierbar und in Gegenrichtung nicht navigierbar.

Eigenschaften von navigierbaren Assoziationsenden

Auch an die Enden navigierbarer Assoziationen können die eingangs vorgestellten Eigenschaften annotiert werden. Zusätzlich können die Eigenschaften von Attributen (siehe Abschnitt 6.4.2) genutzt werden. So würde die Eigenschaft `readOnly` definieren, dass an der Assoziation teilnehmende Objekte nicht mehr gelöscht oder durch andere ersetzt werden könnten.

Diamantsymbol

Die UML sieht noch zwei weitere Symbole zur näheren Charakterisierung von Assoziationen vor, die jedoch üblicherweise nicht mit einer Navigationsrichtung modelliert werden. Die „kleinen Diamanten“ (in Abgrenzung zum vor allem für n-äre Assoziationen verwendeten „großen Diamanten“) am Ende einer Assoziation drücken verschiedene Typen des Zusammenhanges zwischen assoziierten Objekten aus: *Aggregation* und *Kompositionsaggregation* (oder kurz *Komposition*). Beide sind nur für die binäre (d. h. nicht n-äre mit n>2, siehe unten) Assoziation zulässig.

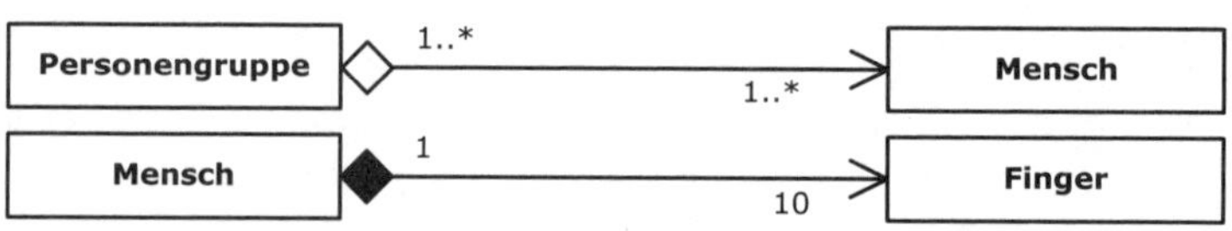

ABBILDUNG 6.54 Aggregation (offene Raute) und Komposition (gefüllte Raute)

Aggregation

AL

Eine Aggregation (im Beispiel die `Personengruppe`) drückt eine „Teile-Ganzes-Beziehung" aus. Die aggregierten Instanzen einer Klasse sind dabei Teil eines Ganzen, das durch die Klasse am anderen Beziehungsende repräsentiert wird.

Die UML-Spezifikation legt die Semantik einer Aggregation auf die Lesart „besteht aus" fest. Demnach ist die Aggregation zu lesen als „`Personengruppe` besteht aus `Menschen`". Dasjenige Assoziationsende, welches mit dem leeren kleinen Diamanten versehen ist, wird als „Ganzes" aufgefasst, seine „Teile" befinden sich als Klasse am anderen Assoziationsende.

Im Kern ist die Aggregationsbeziehung nichts anderes als eine abkürzende Schreibweise der Rollen „besteht aus" – für das Assoziationsende des Ganzen – und „ist Teil von" – für das Ende der Teile.

Lose Teile-Ganzes-Beziehung

Weitere Einschränkungen trifft die Modellierungssprache an dieser Stelle nicht. Insbesondere beschränkt sie nicht ausdrücklich, zu wie vielen verschiedenen „Ganzen" ein „Teil" gleichzeitig beitragen kann oder in welcher Reihenfolge die so verbundenen Objekte erzeugt und zerstört werden müssen. Einzig die gleichzeitige Angabe zur Navigierbarkeit am Assoziationsende des Ganzen ist ausgeschlossen. Dies liegt zum einen an der fehlenden grafischen Darstellungsmöglichkeit, da der Pfeil oder das Kreuzsymbol durch die Begrenzungslinien des Diamanten verdeckt werden würde als auch an der problematischen semantischen Interpretation, da kein Teil zu einem Ganzen gehören kann, ohne dieses zu kennen (bei Angabe eines Kreuzes). Am Assoziationsende des Teiles sollte jedoch ein Navigationspfeil gesetzt werden, um explizit auszudrücken, dass das Ganze Zugriff auf seine Teile besitzt.

Hinsichtlich der Multiplizitäten gilt für die Aggregation das Gleiche wie für die Assoziation allgemein: Sie können prinzipiell alle denkbaren Multiplizitäten angeben. Die Multiplizität sagt dann aus, ob das „Teil" zwischen verschiedenen „Ganzen" geteilt werden kann oder nicht. Ist die Obergrenze der Multiplizität größer 1, dann kann ein „Teil" in mehreren „Ganzen" auftreten.

Komposition

AL

Eine strengere Form des Zusammenhanges wird durch die Komposition definiert. Sie drückt im Gegensatz zur Aggregation die physische Inklusion der Teile im Ganzen aus. Teile und Ganzes bilden eine Einheit, deren Auflösung durchaus die Zerstörung des Ganzen zur Folge haben kann. Im Beispiel besitzt der `Mensch 10 Finger`, die zusammen eine Einheit bilden.

Deshalb gilt hier die verschärfende Einschränkung, dass ein Teil zu einem Zeitpunkt höchstens genau einem Ganzen zugeordnet sein darf. Andernfalls würde es zu wechselseitigen Abhängigkeiten zwischen verschiedenen Ganzen kommen, die die Zerstörung verschiedener Ganzer als Folge der Zerstörung eines gemeinsamen Teiles bedeuten könnten. (`1 Finger` ist genau einem `Menschen` zugeordnet.)

Enge Teile-Ganzes-Beziehung

Die Lebensdauer des Teils hängt von der des Ganzen ab. Wird das Ganze zerstört, so „sterben" die konstituierenden Teile mit dem Ganzen, es sei denn, das Teil wurde vor der Zerstörung vom Ganzen entfernt. Beim Erzeugen des Ganzen ist die Reihenfolge, in der die Teile erzeugt werden, nicht definiert.

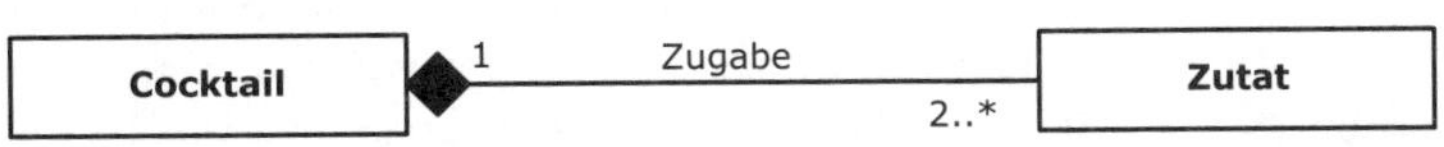

ABBILDUNG 6.55 Kompositionsaggregation

Abbildung 6.55 zeigt die Kompositionsaggregation `Zugabe`. Die hier dargestellte Beziehung bedeutet, dass ein `Cocktail` aus seinen `Zutaten` (mindestens zwei) besteht und erst durch diese zum `Cocktail` wird. Umgekehrt ist jede `Zutat`sausprägung in genau einem `Cocktail` physisch enthalten. Verlässt eine `Zutat` den `Cocktail`, so ist dieser kein `Cocktail` mehr. Man stelle sich als Beispiel eine Piña Colada nach Entfernung des Ananassaftes vor ...

Beschränkung der Multiplizität

Im Unterschied zur Aggregation ist für die Kompositionen die Auswahl der verwendbaren Multiplizitäten beschränkt. So darf zwar jedes Ganze über beliebige Teile verfügen, doch darf ein Teil lediglich zu genau einem Ganzen beitragen. (Derselbe Tropfen Ananassaft ist ja auch nicht gleichzeitig in zwei Cocktails enthalten.) Aus diesem Grund ist die am ausgefüllten kleinen Diamanten angetragene Multiplizität auf genau 0, 0..1 oder 1 fixiert und wird daher oft auch weggelassen, was automatisch zur Multiplizität 1 führt. 0 ergibt keinen Sinn und 0..1 bedeutet, dass die Teile zumindest für einen gewissen Zeitpunkt allein lebensfähig sind (der Ananassaft, solange er nicht mit den anderen Zutaten des Cocktails vermengt ist).

Qualifizierte Assoziation

Manchmal kommt es vor, dass eine mengenwertig existierende Assoziation, d. h. eine in der Realität anzutreffende Beziehung, die mehr als eine Instanz eines Typs referenziert, nicht als solche umgesetzt werden soll oder kann. Der Grund dafür können beispielsweise technische Faktoren sein wie die verwendete Programmiersprache, das zugrunde liegende Datenbankmanagementsystem oder auch der Wunsch nach einfachen – im Sinne von eindeutigen – Systemstrukturen.

Herabsetzung der Multiplizität

Qualifizierte Assoziationen werden dann eingesetzt, wenn durch sie die Vielfachheit einer Assoziation herabgesetzt werden kann. So kann jeder `Gast` sicherlich eine Reihe verschiedener `Cocktails` konsumieren; die Multiplizität ist daher 1..*. Gleichzeitig wird dasselbe Getränk zumeist nur von genau einem Gast genossen. Wird jedoch ein bestimmter `Cocktail`, etwa der Lieblingscocktail einer `Person`, herausgegriffen, so ändert sich die Multiplizität zu 1..1, da die Kombination aus konsumierender `Person` (identifiziert durch ihren `Namen`) und konsumiertem `Cocktail` eindeutig wird.

Für diese Anwendungsfälle sieht die UML die Erweiterung einer Assoziation um ein oder mehrere qualifizierende Attribute vor, die die referenzierte Instanzmenge in einzelne Partitionen zerteilen. Die Linkmenge wird hierbei vollständig und überlappungsfrei aufgeteilt, um sicherzustellen, dass jedes durch eine Assoziationsausprägung referenzierte Objekt nur genau einer Partition zugeordnet wird und dass zugleich keines bei der Zuordnung übergangen wird.

Zur Realisierung der qualifizierten Assoziation ist es notwendig, ein oder mehrere Attribut(e) der durch die Assoziation angebundenen Klasse auszuwählen, welches als klassifizierendes Merkmal der Assoziation dienen kann. Diese Attribute werden in einem eigenständigen Rechteckselement notiert, welches an demjenigen Assoziationsende platziert wird, an dem die Assoziation endet. Damit werden die qualifizierenden Attribute an der Klasse notiert, deren Assoziation durch diese im Wortsinne qualifiziert werden.

Zusätzlich wird durch die Anbringung der qualifizierenden Attribute der Charakter der Assoziation dahingehend verändert, dass sie nun keine Ausprägungsmenge mehr anbietet, sondern nur noch genau ein Objekt. Dieses Ziel lässt sich nur durch geeignete Zusammenstellung der Menge der qualifizierenden Attribute erreichen und ist von der Semantik des modellierten Problems abhängig.

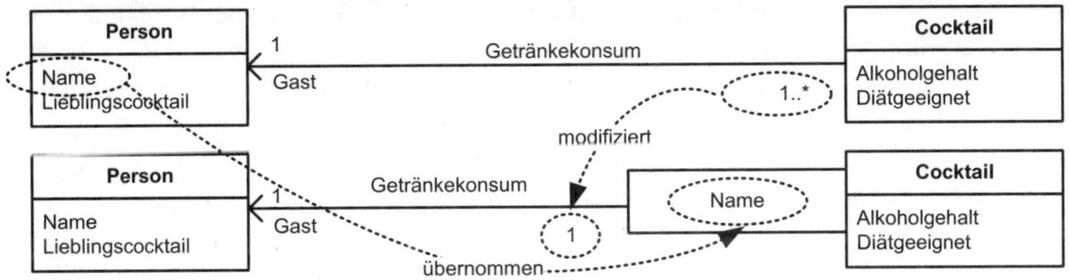

ABBILDUNG 6.56 Bildung einer qualifizierten Assoziation

Nur für binäre Assoziationsformen

Abbildung 6.56 zeigt die Modifikation der Assoziation `Getränkekonsum` zu einer qualifizierten Assoziation. Genaugenommen wird sogar nur die gerichtete Teilassoziation von `Person` zu `Cocktail` verändert, die der Rolle `Gast` eine nichtleere Menge von Cocktails zuordnet. Soll nun diese Menge so unterteilt werden, dass nur noch genau eine Cocktailinstanz referenziert wird, so kann das Attribut `Name` der Klasse `Person` zur Qualifizierung des `Cocktails` herangezogen werden. Die modifizierte Assoziation entspricht semantisch nicht mehr der ursprünglichen.

Unter Berücksichtigung dieses qualifizierenden Merkmals, d. h. unter Kenntnis des Gastes und seines (genau einen) Lieblingscocktails kann die Assoziation `Getränkekonsum` nun so verändert werden, dass der Person unter Einbezug des `Namens` nur noch genau ein `Cocktail` zugeordnet ist.

Qualifizierte Assoziationen können nur für binäre Assoziationsformen gebildet werden. Gleichzeitig sollte darauf geachtet werden, dass die Assoziation in ihrer Qualifikationsrichtung (das heißt in derjenigen Richtung, an deren Ende die qualifizierende Attributmenge annotiert ist) als navigierbar spezifiziert ist. Daher muss das gegenüberliegende Assoziationsende mit einer Pfeilspitze versehen sein.

Ferner sollte eine qualifizierte Assoziation nur dann gebildet werden, wenn die Multiplizität des zu qualifizierenden Endes nicht 1..1 ist, da in diesem Falle bereits eine eindeutige Zuordnung erfolgt ist und die Qualifizierung der Assoziation wirkungslos wäre.

Historisch gesehen versucht die qualifizierte Assoziation, die objektorientierte Entsprechung des relationalen Fremdschlüsselkonzepts zu definieren. Auch dieser Designansatz übernimmt Attribute einer Relation in eine verbundene Tabelle, um eine eindeutige Beziehung zu dieser definieren zu können. Zur Übernahme werden dabei die identifizierenden Primärschlüsselattribute derjenigen Relation ausgewählt, von der die Beziehung ausgeht. Auch diese Vorgehensweise deckt sich mit der für die UML empfohlenen, wenngleich der Begriff der identifizierenden Attribute in der objektorientierten Denkweise nicht existiert, da die eindeutige Identifikation von Instanzen durch die Objektidentität erreicht wird.

n-äre Assoziationen

Einsatz *n*-ärer Assoziationen

Assoziationen können in verschiedenen Ausprägungen auftreten, die anhand der Anzahl der durch die Assoziation verbundenen Klassen charakterisiert werden. *Binäre Assoziationen*, d. h. Assoziationen, die zwei Enden besitzen, werden grafisch durch eine Linie dargestellt. Assoziationen eines höheren Grades, d. h. solche, die mehr als eine Klasse verbinden, werden durch einen nicht ausgefüllten und unbeschrifteten Diamanten symbolisiert, von dem aus je eine Linie zu den miteinander verbundenen Klassen gezogen wird. Diese Form wird allgemein als *n*-äre Assoziation bezeichnet.

n-äre Assoziation

Der abstrakte Begriff *n-äre Assoziation* dient als Sammelbezeichnung aller Assoziationstypen mit *mehr als zwei* Enden. Die Anzahl der Enden wird dabei oftmals als *Grad der Assoziation* oder deren „Wertigkeit“ [HKa03] bezeichnet. *n* ist eine natürliche Zahl größer gleich 2, so dass sich die binäre Assoziation als Sonderform der *n*-ären betrachten lässt. Für Assoziationen, die mehr als 2 Enden besitzen, hat sich die lateinische Zählweise zur Benennung eingebürgert, so dass oftmals auch von „ternären“ (drei Enden), „quarternären“ (vier Enden), „quinären“ (fünf Enden), „sextinären“ (sechs Enden) usw. Assoziationen gesprochen wird. Teilweise sind auch die deutschen Begriffe „zweiwertige Assozation“ sowie „höherwertige Assoziation“ als allgemeine Bezeichnung der *n*-ären Ausprägungsform gebräuchlich.

Keine unären Assoziationen

Die UML unterstützt keine so genannten unären Assoziationen, die ausschließlich über ein Assoziationsende verfügen. Sie bleiben nicht nur unberücksichtigt; sondern sind sogar ausdrücklich verboten.

Grafisch werden Assoziationen eines Grades größer 2 durch ein in der Mitte der Assoziationskante platziertes Rautensymbol dargestellt (auch als „großer (hohler) Diamant“ bezeichnet, in Abgrenzung zum deutlich kleiner gezeichneten Aggregationssymbol). Mit dieser Notation entfällt die Möglichkeit, eine *n*-äre Assoziation zu benennen, da kein Raum mehr für den Assoziationsnamen vorgesehen ist.

Daneben gelten noch zwei wesentliche Einschränkungen gegenüber der binären Assoziation. Zum einen dürfen *n*-äre Assoziationen über keinerlei Navigationsangaben, -einschränkungen oder Qualifizierungen verfügen. Zum anderen wird die Interpretation der Multiplizitätsangabe den neuen strukturellen Gegebenheiten angepasst.

Immer navigierbar

Das Verbot der Navigationsangabe bedeutet jedoch nicht, dass die Navigierbarkeit generell unspezifiziert bleiben muss oder gar, dass keine Navigationsmöglichkeit besteht. Vielmehr besteht für diesen Assoziationstyp die Vorgabe, dass ausnahmslos alle Assoziationsenden navigierbar sind. Die Darstellung der Navigationspfeile unterbleibt lediglich, um die Übersichtlichkeit der Diagramme zu erhalten.

Multiplizitäten *n*-ärer Assoziationen

Die Bedeutung der Multiplizitäten *n*-ärer Assoziationen ist konsistent zur Bedeutung binärer Assoziationen gestaltet. Wie dort bezeichnet sie die Anzahl der durch eine Assoziationsausprägung (Link) verbundenen Objekte, jedoch wird der Begriff des „verbundenen Objekts“ nicht mehr auf Instanzen genau einer Klasse beschränkt, sondern auf eine beliebige Kombination von Instanzen der über eine *n*-äre Beziehung erreichbaren Klassen ausgedehnt. Das bedeutet, dass die angetragenen Einzelmultiplizitäten eines *n*-ären Assoziationstypen die Vielfachheit gegenüber einer Kombination von Instanzen der übrigen *n*-1 assoziierten Assoziationsenden bezeichnen. Konkret heißt dies im Beispiel aus Abbildung 6.57, dass einer *Kombination aus einem* `Jacke`n- und `Hemd`objekt 0..* `Hose`nobjekte gegenüberstehen (dies ist die bei `Hose` angetragene Multiplizität).

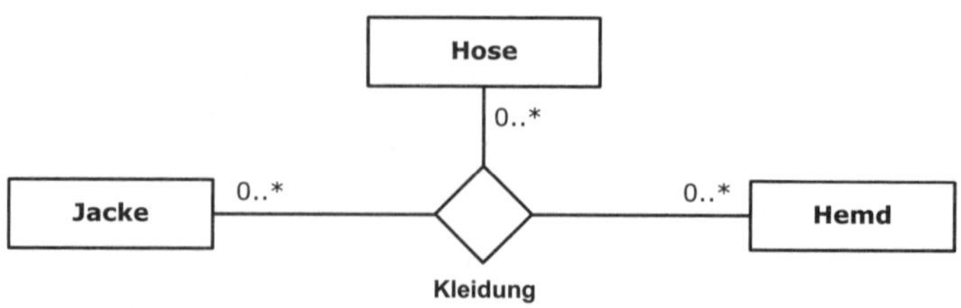

ABBILDUNG 6.57 Darstellung einer ternären Assoziation

Aus der Interpretation der Multiplizitäten folgt:

- Jede Ausprägung von `Jacke` ist mindestens einer Kombination von `Hosen`- und `Hemd`-ausprägungen zugeordnet.
- Jede Ausprägung von `Hose` ist mindestens einer Kombination von `Jacken`- und `Hemd`-ausprägungen zugeordnet.
- Jede Ausprägung von `Hemd` ist mindestens einer Kombination von `Hosen`- und `Jacken`-Ausprägungen zugeordnet.

Typische Multiplizitäten

Typischerweise wird für *n*-äre Assoziationen die Multiplizitätsangabe auf 0..* gesetzt, da eine Minimalmultiplizität von 1 bedeuten würde, dass jede Ausprägung einer diese Multiplizität spezifizierenden Klasse mit jeder denkbaren Kombination von Ausprägungen aller übrigen Assoziationsenden in Beziehung stehen müsste. In unserem Beispiel aus Abbildung 6.57 würde dies bedeuten, dass jede `Hose` zu jeder Kombination von `Jacke` und `Hemd` passt, was selten der Fall sein dürfte.

Multiplizitätsangaben wie „1..1" erscheinen ebenso wenig sinnvoll, da durch sie jedes Objekt nur genau einer einzigen Kombination aller anderen Objekte zugeordnet werden könnte. Da für diese jedoch wechselseitig dieselbe Einschränkung gelten würde, wären lediglich geschlossene Objektzusammenhänge zulässig. Angewendet auf das Beispiel der Abbildung würde dies bedeuten, dass zwar jede `Jacke` zu genau einer `Hose` und auch zu genau einem `Hemd` passt, jedoch kein Kleidungsstück mit anderen Kleidungsstücken kombinierbar wäre, die bereits in Beziehung stehen. Das Resultat wäre ein Kleiderschrank, in dem zwar alles vertreten ist, jedoch keinerlei flexible Kombinationsmöglichkeit existiert.

In der Praxis sind *n*-äre Assoziationen relativ selten wirklich erforderlich. Typischerweise treten sie nur auf, wenn eine Reihe verschiedener Merkmale (Assoziationsrollen) tatsächlich beliebig kombiniert werden kann, d. h. jedes rollenspielende Objekt mit potenziell jedem anderen rollenspielenden Objekt in Beziehung stehen kann und dies für alle Teilnehmer der Assoziation gilt. In aller Regel lassen sich derartige Situationen aber immer durch binäre Assoziationen auflösen.

Anwendung

Zugreifbarkeit nur durch Assoziationen

Sollen Klassenausprägungen sich zur Laufzeit gegenseitig „kennen", dann müssen Sie eine Assoziation zwischen ihnen definieren. Dies ist immer dann der Fall, wenn auf Attribute oder Methoden einer anderen Klasse zugegriffen werden soll.

Abbildung 6.1 zeigt Anwendungsbeispiele diverser Assoziationsformen.

6.4.9 Assoziationsklasse

AL

Definition

A model element that has both association and class properties. An **association class** can be seen as an association that also has class properties, or as a class that also has association properties. It not only connects a set of classifiers but also defines a set of features that belong to the relationship itself and not to any of the classifiers.

Notation

Die Assoziationsklasse wird als gewöhnliche Klasse modelliert, die über eine unterbrochene Linie mit einer Assoziation verbunden ist.

Assoziation und angebundene Assoziationsklasse tragen zwingend denselben Namen, der entweder nur an einem von beiden oder an beiden Elementen gleichzeitig angetragen wird.

Die Bildung von Assoziationsklassen ist für jede Art von Assoziationen (insbesondere auch *n*-äre) zulässig.

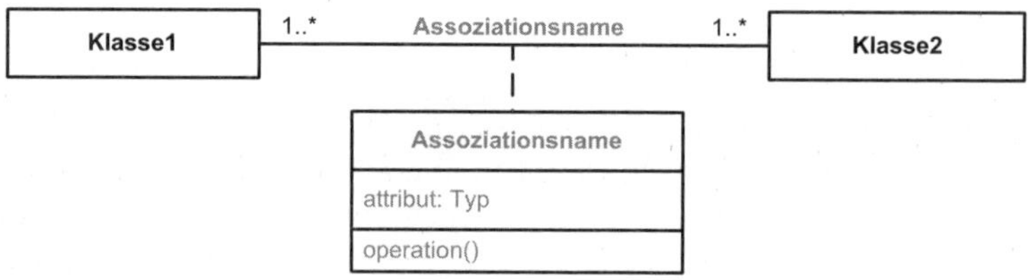

ABBILDUNG 6.58 Notation der Assoziationsklasse

Beschreibung

Zwitterstellung

Eine Assoziationsklasse (Association Class) ist ein eigenes Modellelement, das die Eigenschaften der Klasse und der Assoziation in sich vereint. Sie ist daher mit einer existierenden Assoziation verbunden.

Die Assoziationsklasse dient dazu, Eigenschaften näher zu beschreiben, die keinem der zur Assoziation beitragenden Classifier (im Klassendiagramm: Klassen) sinnvoll zugeordnet werden können.

⇨ 6.4.1

Es handelt sich dabei jedoch nicht „nur" um eine attributierte Assoziation, d. h. eine Assoziation, die eine Menge von Classifiern verbinden und über Attribute verfügen kann, sondern um eine vollständige Klasse mit all den in Abschnitt 6.4.1 eingeführten Eigenschaften. So kann sie etwa selbst Eigenschaften besitzen und in weitere Assoziationen eingebunden sein. Sie kann jedoch nicht selbst durch eine weitere Assoziationsklasse mit etwas anderem assoziiert werden. Auch die Regeln von Klassen und Assoziationen besitzen für die Assoziationsklasse Gültigkeit.

Ob Sie die Assoziationsklasse als Assoziation mit Klassenmerkmalen oder als Klasse mit Assoziationsmerkmalen betrachten, überlassen wir Ihnen. Beides ist korrekt. Bedenken Sie auch, dass eine Assoziationsklasse bzw. die zugehörige Assoziation immer durch *zwei separate* Assoziationen auflösbar ist. Bedenken Sie aber, dass eine Assoziationsklasse in aller Regel an einer Assoziation heftet, *die immer verschiedene Objekte* verbindet (unique-Eigenschaft der Assoziation). Beim Auflösen einer * zu * Assoziation ohne Angabe dieser Eigenschaft geht diese Semantik verloren.

Anwendung

Verwenden Sie eine Assoziationsklasse, wenn Sie eine Beziehung mit Information anreichern wollen, die keinem der beiden Classifier sinnvoll zuzuordnen ist. Dies ist dann der Fall, wenn die maximale Multiplizität an allen Enden der Assoziation den Wert „beliebig viele", also * beträgt.

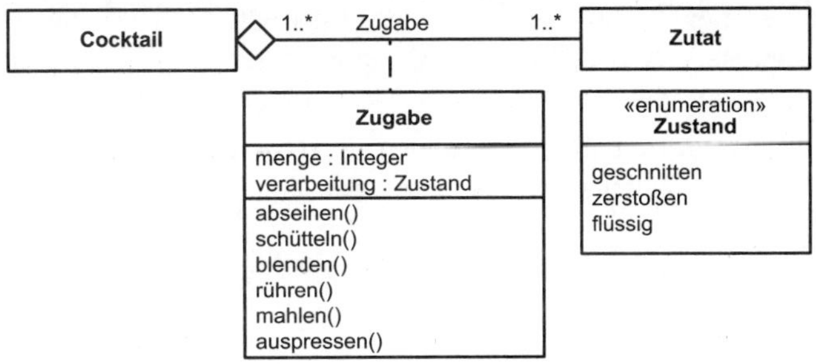

ABBILDUNG 6.59 Beispiel der Anwendung einer Assoziationsklasse

Die Assoziationklasse aus Abbildung 6.59 dient dazu, die Zutaten eines Cocktails hinsichtlich Menge und Verarbeitung näher zu beschreiben. Die Assoziation Zugabe drückt aus, dass derselbe Zutatentyp (etwa: Zitrone oder Salz) durchaus für mehr als einen Cocktailtyp (etwa: Tequila Sunrise oder Mai Tai) verwendet werden kann. Entsprechend kann ein Cocktailtyp durchaus mehrere Zutaten erfordern.

Da die Ausprägung der Assoziation (d. h. der Link) immer genau eine Ausprägung von Cocktail mit genau einem Exemplar von Zutat verbindet, bildet diese Beziehungsinstanz den idealen Ort zur Definition der konkreten Mischeigenschaften, da sie weder eindeutig der Zutat noch dem Cocktail selbst zugeordnet werden können.

Link ⇨ 8.4.3

6.4.10 Abhängigkeitsbeziehung

AL

Definition

A **dependency** is a relationship that signifies that a single or a set of model elements requires other model elements for their specification or implementation. This means that the complete semantics of the depending elements is either semantically or structurally dependent on the definition of the supplier element(s).

Notation

Eine Abhängigkeitsbeziehung wird in der UML durch einen gestrichelten Pfeil dargestellt. Der Pfeil zeigt *vom abhängigen auf das unabhängige Modellelement*. Sie können die Richtung des Pfeils als „wer kennt wen" interpretieren, das abhängige Element kennt das unabhängige Element - aber nicht umgekehrt. Die UML bezeichnet die Elemente mit Client und Supplier. Beachten Sie immer, dass der Pfeil vom Client zum Supplier zeigt und somit *nicht* die „Flussrichtung oder Lieferrichtung" anzeigt!

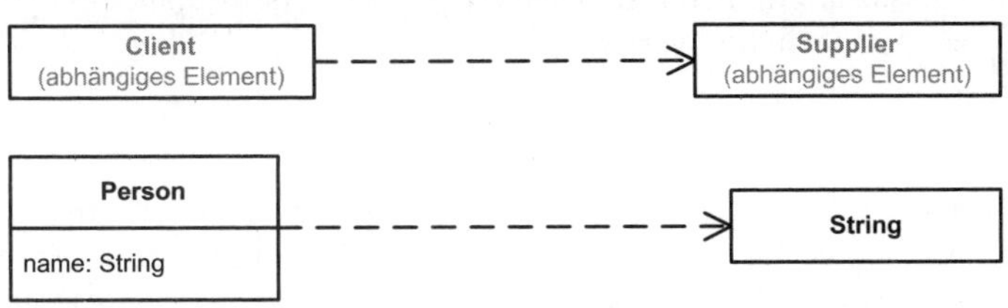

ABBILDUNG 6.60 Notation der Abhängigkeitsbeziehung zwischen zwei Elementen

Stereotyp ⇨ 19.4.1

In Abbildung 6.60 ist die Klasse `Person` von der Klasse `String` abhängig. Optional kann der Pfeil mit einem Stereotyp und/oder einem Namen beschriftet werden. Als Element darf jedes benannte Element in einem Modell eingesetzt werden.

Kommentar ⇨ 3.2.2

Die Abhängigkeit zwischen mehreren Elementen lässt sich darstellen, indem ein oder mehrere von den abhängigen Elementen ausgehende Pfeile auf ein Verbindungsstück (ein kleiner schwarzer Punkt) gerichtet werden und von dort weiter auf ein oder mehrere Modellelemente. Abbildung 6.61 zeigt zusätzlich die Kommentierung dieser Abhängigkeitsbeziehungen.

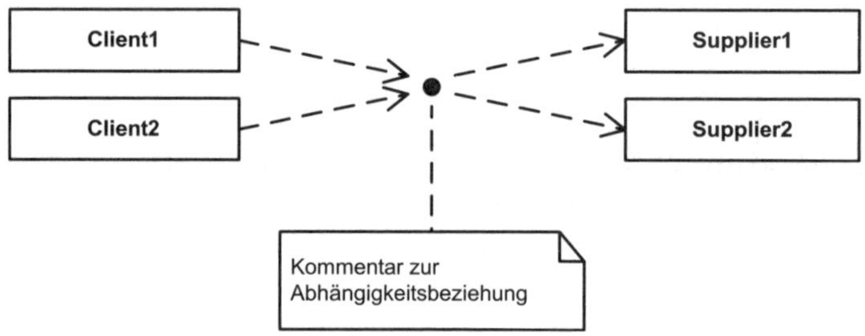

ABBILDUNG 6.61 Notation der Abhängigkeitsbeziehung mit mehr als zwei Elementen

Beschreibung

Die Abhängigkeitsbeziehung (dependency) drückt Abhängigkeiten zwischen verschiedenen Modellelementen aus. Sie drückt aus, dass ein oder mehrere Modellelemente strukturell oder semantisch von der Definition eines anderen Elementes abhängen. Dies bedeutet, dass für die Spezifikation oder Implementierung des Elementes selbst ein oder mehrere andere Modellelemente wie Klassen, Attribute oder Assoziationen benötigt werden. Das abhängige Modellelement ist ohne das Element, von dem es abhängt, semantisch unvollständig. Hieraus folgt, dass eine Modifikation des Elementes an der Pfeilspitze sich auf das abhängige Element auswirken kann.

Die Abhängigkeitsbeziehung wird auch als „Supplier-Client (Anbieter-Verbraucher)-Beziehung" interpretiert, in der das abhängige Element als Verbraucher, das andere Element als Anbieter fungiert.

Obwohl wir die Abhängigkeitsbeziehung im Kontext des Klassendiagramms erläutern, dürfen Sie beliebige benannte Elemente in Ihrem Modell in Abhängigkeit setzen, neben Klassen, Attributen, Operationen, Assoziationen insbesondere auch Use-Cases, Pakete und Komponenten.

Sie sollten eine Abhängigkeitsbeziehung dann verwenden, wenn Sie einen Zusammenhang zwischen verschiedenen Modellelementen dokumentieren wollen, der nicht durch eine Assoziation abgebildet werden soll. Diese Zusammenhänge sind häufig in der Form, dass ein Modellelement ein anderes zur Erfüllung seiner Funktion benötigt, ohne dass zur Laufzeit eine Beziehung zwischen ihnen besteht.

Anwendung

Wie man in Abbildung 6.62 sehen kann, kann die Abhängigkeitsbeziehung nicht nur Klassen, sondern auch andere Elemente der UML verbinden. Die Klasse `Fussgaengerampel` ist von Use-Case `AmpelUmschalten` abhängig und der Zustandsautomat `licht` von dem Attribut `licht` dieser Klasse.

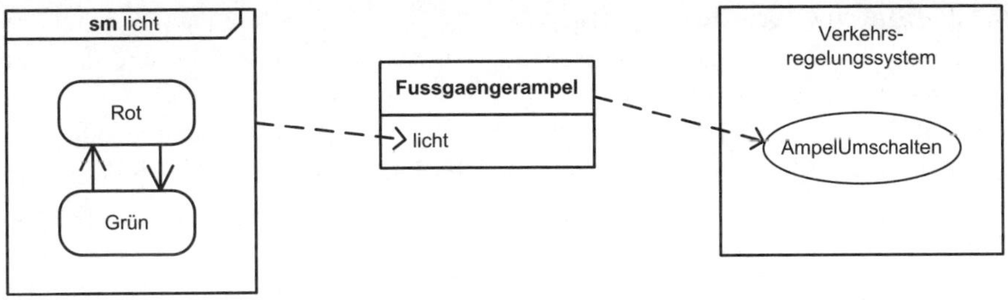

ABBILDUNG 6.62 Abhängigkeiten zwischen Elementen

6.4.11 Verwendungsbeziehung

Definition

A **usage** is a relationship in which one element requires another element (or set of elements) for its full implementation or operation. In the metamodel, a usage is a dependency in which the client requires the presence of the supplier.

Notation

Eine Usage-Beziehung wird als Abhängigkeitsbeziehung (siehe Abschnitt 6.4.10) mit dem Schlüsselwort «`use`» modelliert. Der Pfeil zeigt vom „unvollständigen“ Element auf das benötigte Element. Als Elemente dürfen wie bei der Abhängigkeitsbeziehung beliebige *benannte Elemente* des Modells verbunden werden. ⇨ 6.4.10

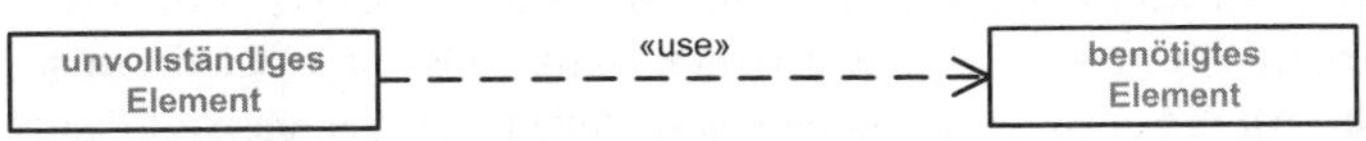

ABBILDUNG 6.63 Notation einer Usage-Beziehung

Beschreibung

Die Verwendungsbeziehung (Usage) verbindet ein oder mehrere *abhängige Modellelemente* mit einem oder mehreren Elementen, die für die korrekte Funktion oder technische Realisierung der abhängigen Modellelemente erforderlich sind. Einfach ausgedrückt: Modellelement A benötigt Modellelement B. Wie und für was A das Element B benötigt, ist dabei nicht spezifiziert. Zudem ist der Unterschied zur normalen Abhängigkeitsbeziehung äußerst gering, außer dass vielleicht durch die Angabe von „use“ die Abhängigkeitsaussage auf die tatsächliche Verwendung konkretisiert wird.

Anwendung

Abbildung 6.64 zeigt die Verwendungsbeziehung. Der gerichtete Abhängigkeitspfeil illustriert, dass die Klasse `Rechnung` zur Erfüllung ihrer Aufgaben (z. B. in ihren Operationen) die Klasse `Mehrwertsteuer` verwendet bzw. sogar zwingend verwenden muss.

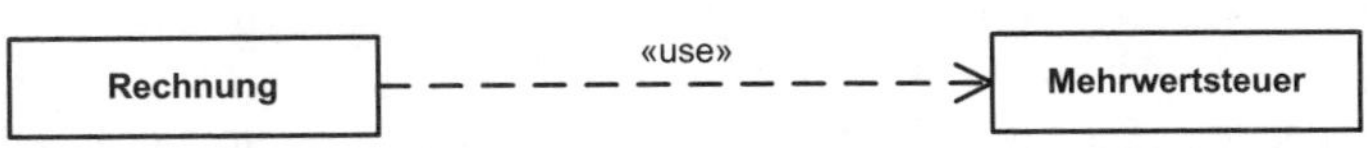

ABBILDUNG 6.64 Usage-Beziehung

6.4.12 Abstraktionsbeziehung

Definition

An **abstraction** is a relationship that relates two elements or sets of elements that represent the same concept at different levels of abstraction or from different viewpoints.

Notation

Abhängigkeitsbeziehung ⇨ 6.4.10

Eine Abstraktion wird als Abhängigkeitsbeziehung (siehe Abschnitt 6.4.10) mit dem Schlüsselwort `abstraction` oder einem näher beschreibenden Stereotyp dargestellt. Für Abstraktionsbeziehungen zwischen mehreren Elementen gibt es die gleichen Notationsmöglichkeiten wie für die Abhängigkeitsbeziehung. Auch hier dürfen Sie beliebig benannte Elemente in Beziehung setzen.

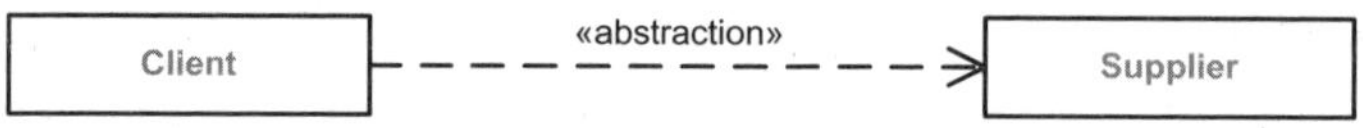

ABBILDUNG 6.65 Eine Abstraktionsbeziehung zwischen zwei Klassen

Beschreibung

Eine Abstraktionsbeziehung (Abstraction) verbindet zwei oder auch mehr Elemente, die sich auf unterschiedlichen Abstraktionsebenen befinden oder unterschiedliche Sichten darstellen. Die Art der Abstraktion wird mit einem Stereotyp genauer spezifiziert. In der UML 2 sind dazu folgende Stereotypen *vordefiniert*:

- «`derive`»: Der Stereotyp «`derive`» kennzeichnet eine Abstraktion, die aussagt, dass das Client-Element sich aus dem Supplier-Element berechnet. Das Client-Element leitet sich aus dem Supplier ab („derives") und ist daher in bestimmten Fällen redundant. Jedoch kann es aus Effizienzgründen sinnvoll sein, ein abgeleitetes Element zu modellieren und zu pflegen. Abbildung 6.66 zeigt die derive-Abhängigkeit, wobei sich hier die `BruttoSumme` aus der `NettoSumme` und dem `MwStSatz` ergibt. Die Attribute der Klasse `Rechnung` wurden hier als Klassen ausmodelliert. Des Weiteren sehen Sie die Angabe des formalen Ausdrucks im Notizzettel, der die Berechnungsvorschrift definiert.

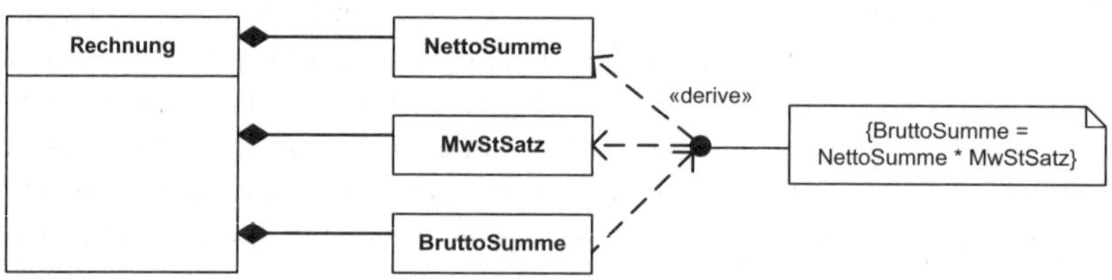

ABBILDUNG 6.66 «derive»-Abstraktion

- «`refine`»: Eine «`refine`»-Abstraktion drückt eine Verbindung zwischen Elementen aus, die sich hinsichtlich ihres inhaltlichen Detaillierungsgrades unterscheiden. Dabei stellt das Client-Element eine Verfeinerung des SupplierElements dar. Verfeinerungsbeziehungen mit «`refine`» erlauben eine Abbildung von Entwicklungsprozessen auf einzelne oder mehrere Elemente, etwa wenn die Weiterentwicklung von Klassen aus dem Analysemodell im Designmodell festgehalten werden soll. Abbildung 6.67 zeigt dies exemplarisch. Hier wird die Analyseklasse `Person` durch drei Designklassen verfeinert.

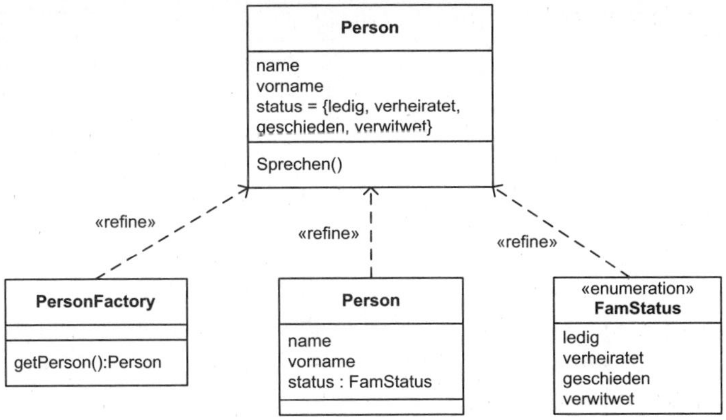

ABBILDUNG 6.67 «refine»-Abstraktion im Beispiel

- «trace»: Mit dem «trace»-Stereotyp auf der Abstraktionsbeziehung lassen sich Elemente verknüpfen, die denselben Aussagegehalt besitzen, aber jeweils in einem anderen Kontext oder unter einer anderen Sicht betrachtet werden. Trace-Beziehungen werden insbesondere zur Nachvollziehbarkeit eingesetzt, so z. B. um von Textanforderungen auf die zugehörigen Use-Cases und von dort auf Test-Cases zu verweisen (siehe Abbildung 6.68) oder zwischen Versionen des gleichen Elements. Dadurch lassen sich insbesondere Änderungen nachvollziehen, z. B. vom Code über das Design zum Analysemodell.

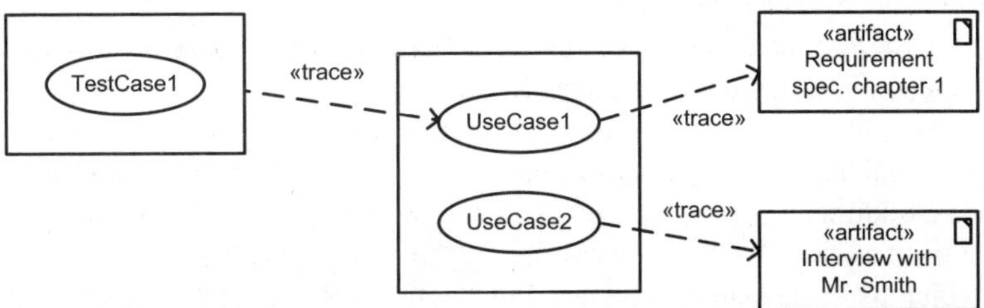

ABBILDUNG 6.68 «trace»-Abstraktion

Wie die Abhängigkeitsbeziehung dient auch die Abstraktion der besseren Verständlichkeit und dem Erstellen von Sinnzusammenhängen. Eine Abstraktionsbeziehung kann uni- oder bidirektional sein. Das widerstrebt zwar der strengen Definition einer gerichteten Beziehung, ist aber praxisrelevant. So möchte man z. B. bei einer refine-Beziehung sowohl Top-down als auch Bottom-up navigieren – vom Groben ins Feine und umgekehrt. Der Pfeil dient hier also der Kennzeichnung des Client- bzw. Supplier-Elements und nicht der Anzeige der Navigationsrichtung.

Abstraktionsbeziehungen können sowohl formal als auch informell sein. Formal bedeutet, dass die Beziehung sich exakt – mithilfe eines Ausdrucks – zwischen den Elementen definiert (siehe z. B. Abbildung 6.66).

Ausdruck ⇨ 3.2.3

Anwendung

Ein Beispiel für eine Verfeinerungsbeziehung zeigt Abbildung 6.69. Durch Abändern oder Hinzufügen von Layoutvorschriften, Formatierungseinstellungen oder Textbausteinen kann man sich eine eigene Mailvorlage basteln und dadurch die Vorlage verfeinern.

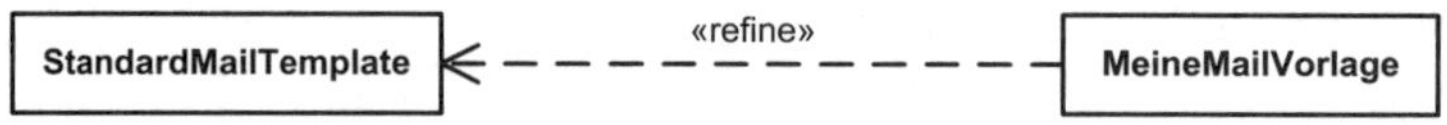

ABBILDUNG 6.69 Verfeinern einer Mailvorlage

6.4.13 Realisierungsbeziehung

Definition

Realization is a specialized abstraction relationship between two sets of model elements, one representing a specification (the supplier) and the other representing an implementation of the latter (the client).

Notation

⇨ 6.4.12

Obwohl es sich bei der Realization-Beziehung um eine spezielle Form der Abstraktionsbeziehung handelt, wird sie anders notiert. Statt mit einer offenen Pfeilspitze wird die Realization-Beziehung durch ein geschlossenes Dreieck am Ende der gestrichelten Linie gekennzeichnet. Das Dreieck zeigt auf die Spezifikation (Supplier), während der Fuß des Pfeils an der Implementierung haftet. Wie bei der Abstraktionsbeziehung dürfen Sie auch hier beliebig benannte Elemente verbinden.

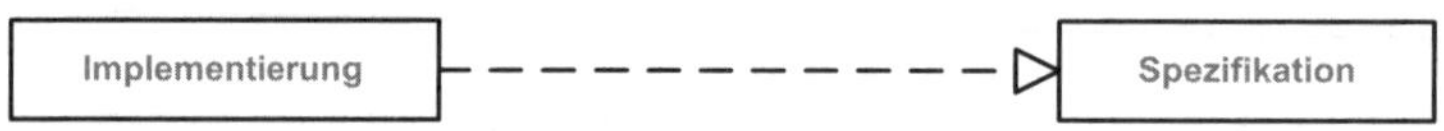

ABBILDUNG 6.70 Notation der Realization-Beziehung

Die UML 2 sieht die Alternative als gestrichelter Abhängigkeitspfeil mit dem Stereotyp „realize“ bewusst nicht mehr vor!

Beschreibung

Die Realisierungsbeziehung (Realization) ist eine spezielle Abstraktionsbeziehung zwischen einzelnen Elementen oder auch Mengen von Elementen. Dabei stehen sich die Supplier-Elemente (am Pfeil) als *Spezifikation* und die Client-Elemente als *Realisierung* der Spezifikation gegenüber. Realisierung heißt in diesem Zusammenhang aber nicht automatisch Code oder ausführbare Einheiten, sondern eine Umsetzung der Spezifikation.

⇨ 6.4.4

Eine spezielle und wichtige Realisierungsbeziehung ist die Implementierungsbeziehung, die wir in Abschnitt 6.4.4 beschreiben.

Anwendung

Abbildung 6.71 zeigt eine Realisierungsbeziehung zwischen zwei Artefakten, wobei das `Pflichtenheft` die Realisierung des `Lastenhefts` darstellt.

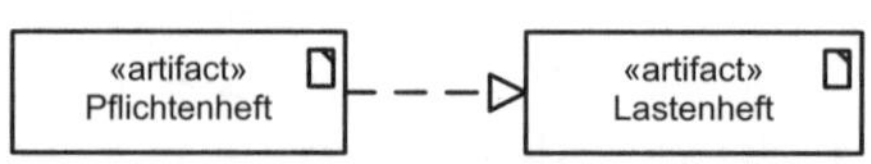

ABBILDUNG 6.71 „Realisieren“ eines Lastenhefts mittels eines Pflichtenhefts

6.4.14 Substitutionsbeziehung

Definition

A **substitution** is a relationship between two classifiers that signifies that the substituting classifier complies with the contract specified by the contract classifier. This implies that instances of the substituting classifier are runtime substitutable where instances of the contract classifier are expected.

Notation

Eine Substitutionbeziehung wird als Abstraktionsbeziehung mit dem Schlüsselwort «substitute» modelliert. Dabei weist die Richtung des Pfeils auf das Element, das ersetzt wird (auf das Supplier-Element). Im Gegensatz zu anderen Abstraktionsbeziehungen können Sie hier nur Classifier (z. B. Klassen, Komponenten, Use-Cases usw.) verbinden. Der Classifier, der ersetzt wird, wird als Supplier- oder Contract-Classifier bezeichnet. Er wird vom Client-Classifier ersetzt. ⇨ 6.4.12, 3.2.10

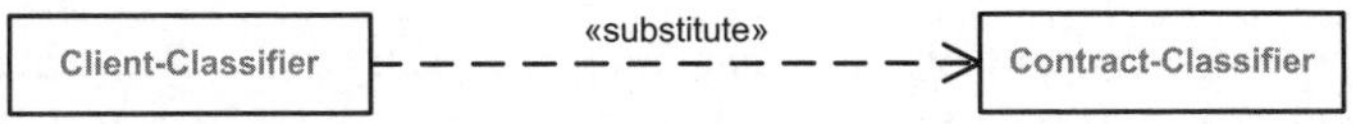

ABBILDUNG 6.72 Notation einer Substitution-Beziehung

Beschreibung

Eine Substitutionsbeziehung (Substitution) wird zwischen zwei Classifiern modelliert, um die mögliche Ersetzbarkeit eines Classifiers durch den anderen zu kennzeichnen. Dadurch sichert der Client-Classifier Verpflichtungen des Contract-Classifiers zu. Instanzen des Clients können damit zur Laufzeit an die Stelle von Instanzen des Suppliers treten. Anders als bei der Generalisierung müssen die beiden Classifier nicht in ihren Basisstrukturen übereinstimmen. Betrachten Sie die Substitutionsbeziehung als Ersatz für die Generalisierung, falls diese aufgrund von Umgebungsrestriktionen nicht möglich ist oder sich zwischen Elementen kein Sinn ergibt. ⇨ 6.4.6

Es müssen aber alle Verpflichtungen, die der Contract-Classifier anbietet, vom Client-Classifier übernommen werden. Das bedeutet

- Schnittstellen, die vom Contract-Classifier implementiert werden, müssen in gleicher oder spezialisierter Form auch vom Client-Classifier implementiert werden und ⇨ 6.4.4
- jeder Port des Contract-Classifiers muss entsprechend auch beim substituierenden Classifier vorhanden sein. ⇨ 9.4.3

Anwendung

In Abbildung 6.73 wird durch die Substitutionsbeziehung die Ersetzbarkeit von Instanzen der Klasse `GanzeZahl` durch Instanzen der Klasse `ReelleZahl` modelliert.

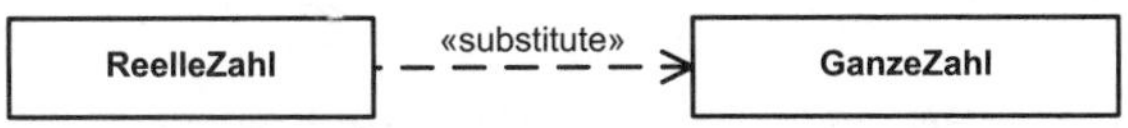

ABBILDUNG 6.73 Substituierung einer ganzen Zahl

6.4.15 Informationsfluss

Definition

An **information flow** specifies that one or more information items circulate from its sources to its targets. Information flows require some kind of "information channel" for transmitting information items.

Notation

Ein Informationsfluss wird als Abhängigkeitsbeziehung mit dem Schlüsselwort «flow» notiert. Der Pfeil zeigt von der Quelle zum Ziel der Informationsübertragung.

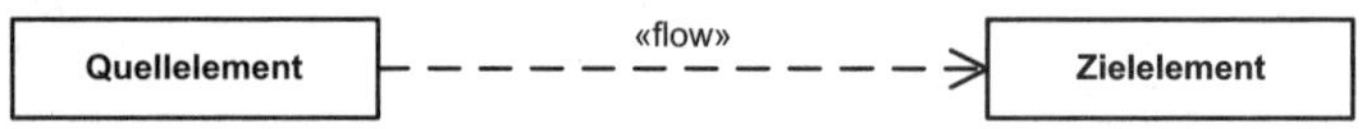

ABBILDUNG 6.74 Notation eines Informationsflusses

Die UML 2-Spezifikation nennt folgende Elemente, die als Quelle bzw. Ziel modelliert werden dürfen: Akteur (12.4.3), Aktion (13.4.1), Aktivitätsbereich (13.4.13), Artefakt (10.4.2), Objekt (8.4.1) (Instanzspezifikationen ohne Links), Klasse (6.4.1), Knoten (11.4.1), Komponente (10.4.1), Objektknoten (13.4.3), Paket (7.4.1), Port (9.4.3), Property (6.4.2), Schnittstelle (6.4.4) und Use-Case (12.4.1).

Beschreibung

Modellierung einfacher Datenkanäle

Ein Informationsfluss (Information Flow) modelliert einen *Kanal* für die Übertragung von Informationen zwischen einer Quelle und einem Ziel auf einer *sehr abstrakten* Ebene. Welche konkrete Realisierung des Kanals ein Informationsfluss tatsächlich repräsentiert, hängt von der Art der Quelle bzw. des Ziels ab. Werden Quelle und Ziel durch Klassen modelliert, kann der Informationsfluss durch eine Assoziation zwischen den Klassen realisiert werden, bei Objekten durch einen Link, zwischen Parts durch einen Konnektor usw. Die Elemente, die Quelle und Ziel des Informationsflusses modellieren, stehen dabei stellvertretend für alle ihre Instanzen, also beispielsweise repräsentiert eine Klasse alle ihre Instanzen, und ein Paket alle Instanzen der im Paket enthaltenen Classifier.

Für Ideenskizzen

Verwenden Sie Informationsflüsse immer dann, wenn Sie sehr komplexe Modelle vereinfachen wollen, oder für Ideenskizzen, wenn Details noch nicht von Interesse sind. Zum Beispiel im Rahmen der ersten Analysetätigkeiten, bei der oft Datenstrukturen, Klassen und Architekturentscheidungen noch nicht vorliegen und Sie nicht wissen wie die Elemente konkret Informationen übertragen (z. B. durch Operationsaufrufe, Signalübermittlung oder einen gemeinsamen Datenspeicher). Mit Informationsflüssen können ein oder mehrere Informationseinheiten (siehe Abschnitt 6.4.16) übertragen werden. Dadurch lassen sich Datenflüsse sehr einfach nachbilden.

Anwendung

Abbildung 6.75 zeigt die Darstellung von Informationsflüssen. Eine `Nutzer`anfrage wird über den `Browser` durch ein `System` bis zur `Datenbank` gelenkt.

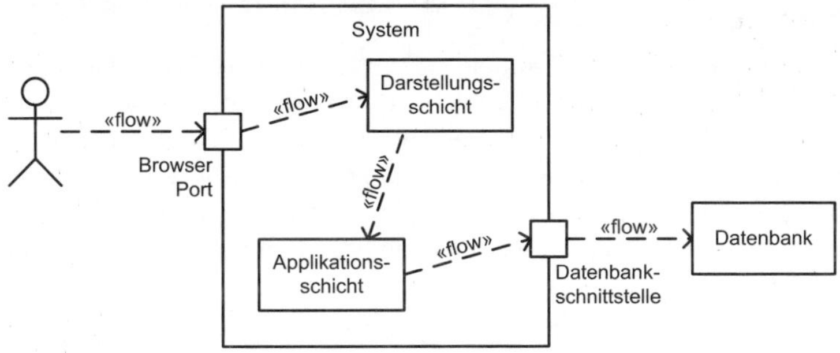

ABBILDUNG 6.75 Eine vereinfachte Darstellung einer oberflächenbasierten Anwendung

6.4.16 Informationseinheit

Definition

An **information item** is an abstraction of all kinds of information that can be exchanged between objects. It is a kind of classifier intended for representing information at a very abstract way, which cannot be instantiated.

Notation

Abbildung 6.76 zeigt die beiden Varianten zur *Definition einer Informationseinheit.* Links mit einem schwarzen Dreieck in der oberen rechten Ecke oder alternativ als Classifier mit dem Schlüsselwort «information» (rechtes Bild).

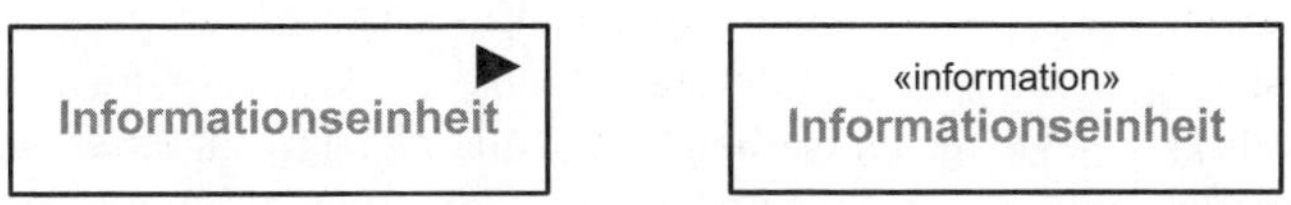

ABBILDUNG 6.76 Alternativdarstellungen zur Definition einer Informationseinheit

Informationseinheiten lassen sich an Informationsflüsse (Abschnitt 6.4.15) antragen:

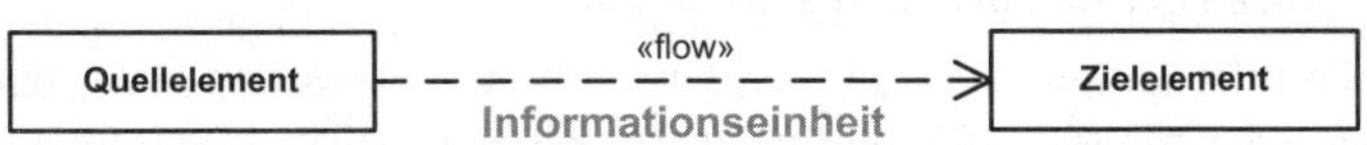

ABBILDUNG 6.77 Notation einer Informationseinheit an einem Informationsfluss

An Beziehungen (wie z. B. Assoziationen, Konnektoren, Links ...), die einen Informationsfluss realisieren können (die UML-Spezifikation spricht hier von „Informationskanal"), wird der Name der Informationseinheit auf die Beziehung modelliert. Ein schwarzes Dreieck gibt die Richtung an, in der die Information(seinheit) fließt:

ABBILDUNG 6.78 Notation einer Informationseinheit an einem Informationskanal

Beschreibung

Information ohne Struktur

Eine Informationseinheit (InformationItem) beschreibt ein „Stück“ Information – welcher Art auch immer – auf einer *sehr abstrakten* Ebene. Bei der Information kann es sich beispielsweise um alle möglichen Daten, Ereignisse oder Wissen handeln. Die Informationseinheit zeigt daher auch nur die Information an sich, aber keine tieferen Details wie deren Struktur, Typ oder Berechnungsvorschriften. Daher verfügen Informationseinheiten auch nicht über Attribute und stehen nicht über Assoziationen in Beziehung, sind nicht instanziierbar und nicht spezialisierbar.

Implementierung einer Informationseinheit

Informationseinheiten dienen der einfachen Modellierung, insbesondere für erste Ideenskizzen und einfache Analysemodelle. In späteren Modellierungsphasen können Sie dann die Informationseinheiten auf die detaillierten Modellierungselemente abbilden. Dazu sieht die UML eine spezielle Abhängigkeitsbeziehung mit dem Schlüsselwort «representation» vor. Abbildung 6.79 zeigt die Realisierung der Informationseinheit `Fahrzeug` auf (durch) die Klassen `Dreirad`, `PKW` und `LKW`.

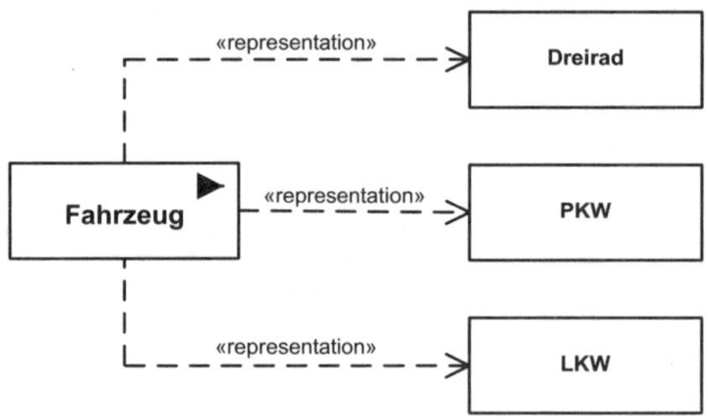

ABBILDUNG 6.79 Abbildung einer Informationseinheit auf ihre Realisierung

Sie dürfen dabei eine Informationseinheit auf folgende Elemente abbilden: Klasse, Schnittstelle, Signal, Komponente und Informationseinheit. Falls Sie eine Informationseinheit auf eine andere Informationseinheit abbilden, stellt dies eine Verfeinerung (Dekomposition) dar und kann für die Top-down-Modellierung genutzt werden.

⇨ 6.4.15

Informationseinheiten sind insbesondere im Zusammenhang mit Informationsflüssen sinnvoll (siehe Abschnitt 6.4.15). Durch diese Kombination können Sie Informationsflüsse und deren Realisierung (die Informationskanäle, z. B. Assoziationen oder Konnektoren) so kombinieren, dass folgende Aussage entsteht: Über diesen Informationsfluss oder konkret über diese Assoziation wird die Informationseinheit transportiert. Abbildung 6.80 zeigt die Möglichkeiten: Während zwischen Oberfläche und Verarbeitung ein Informationsfluss (gestrichelter Pfeil) modelliert wurde, sind Verarbeitung und Datenbank mit zwei Assoziationen (durchgezogene Linie) verbunden. In allen Fällen sind die Informationseinheiten notiert.

Durch diese Möglichkeit lassen sich auch sehr einfach die aus der strukturierten Analyse bekannten Kontextdiagramme nachbilden (siehe dazu Abbildung 12.22).

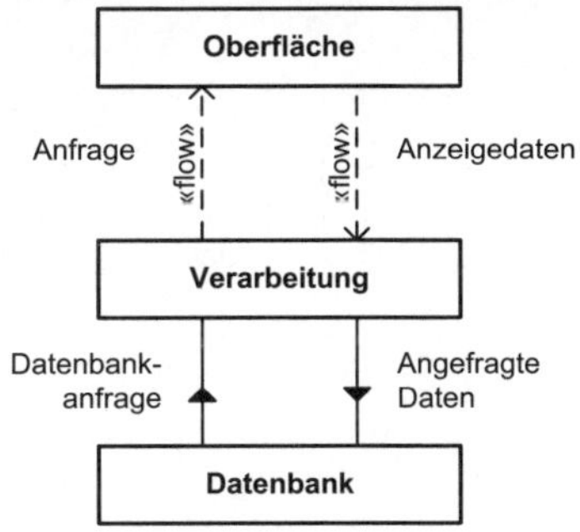

ABBILDUNG 6.80 Kombination von Informationsfluss und Informationseinheit

Anwendung

Abbildung 6.81 zeigt Informationsflüsse (siehe Abschnitt 6.4.15), die hier als Assoziationen (siehe Abschnitt 6.4.8) modelliert sind. Die Informationseinheiten `gehalt` und `wissen` sind an die Assoziationen annotiert, die Flussrichtung wird durch schwarze Dreiecke auf den Linien vorgegeben. Somit fließt `Gehalt` vom `Staat` zum `Lehrer`, und der `Lehrer` übermittelt das `Wissen` an den `Schüler`.

⇨ 6.4.8, 6.4.15

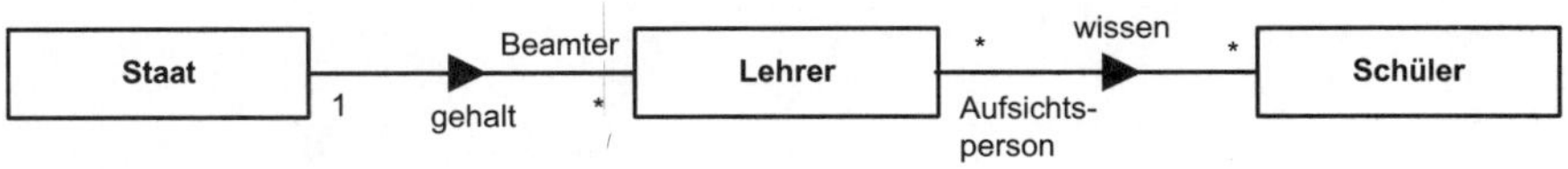

ABBILDUNG 6.81 Abbildung von InformationItems an einer Assoziation

7 Paketdiagramm

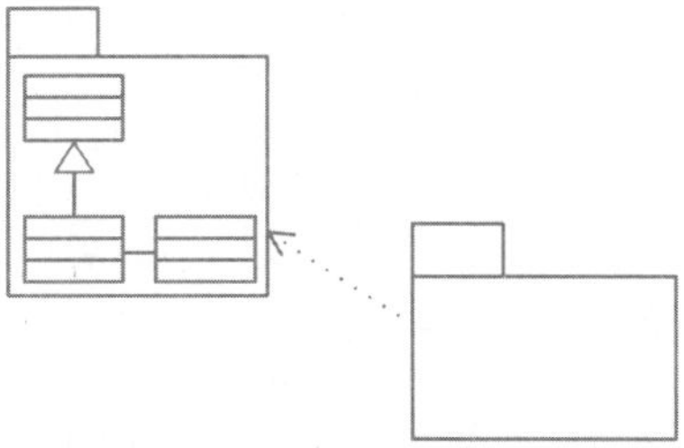

Das Paketdiagramm gibt Ihnen die Möglichkeit, die Struktur beliebiger Systeme zu gliedern und so Sichten in verschiedenen Abstraktionen auf Ihr System zu beschreiben. Ein Paketdiagramm gibt Ihnen somit die Antwort auf die Frage: **„Wie kann ich mein Modell so darstellen, dass ich den Überblick behalte?"**

7.1 Überblick

Anfänge der Strukturierung

Softwaresysteme in kleinere Einheiten zu strukturieren, wurde schon in den 70er Jahren mit der Definition von Modula2 eingeführt. Damals wurden Teile der Implementierung in Modulen zusammengefasst. Dieses Vorgehen wurde später auch für die Modelle der Systeme verwendet, da diese mit zunehmender Komplexität der Systeme natürlich ebenfalls komplexer wurden.

Der Einsatz der Strukturierung wird immer mehr als Notwendigkeit angesehen, denn ein Modell eines sehr großen Systems mit mehreren 100 Klassen lässt sich von einer Person nicht mehr überblicken. Es müssen Abstraktionen eingeführt werden, um sowohl eine Gesamtsicht auf das System als auch eine sehr detaillierte Sicht auf einzelne Teile davon zu ermöglichen.

Classifier ⇨ 6.4.1

Die UML bietet Ihnen als Lösung dazu das Paketdiagramm. In einem Paket werden Classifier (Abschnitt 6.4.1), die in einem Zusammenhang stehen, gebündelt. Betrachten Sie nun nicht mehr die einzelnen Classifier, sondern die Pakete, so erhalten Sie eine vereinfachte, abstrakte Sicht auf Ihr System. Um Ihnen eine beliebige Anzahl von Abstraktionsebenen zu ermöglichen, ist es in der UML erlaubt, die Pakete hierarchisch zu schachteln. Ein Paket kann aus anderen, detaillierteren Paketen bestehen.

Mit der Paketierung Ihrer Classifier können Sie auch die Wiederverwendung unterstützen. Wenn Sie Ihre Classifier funktional in Paketen zusammenfassen, so haben Sie die Möglichkeit, einen in sich abgeschlossenen Teil des Systems zu definieren, den Sie dann relativ leicht mehrfach in einem oder mehreren Projekten nutzen können. Oft bedeutet diese Nutzung aber auch, dass Sie die wiederverwendeten Teile an die neue Aufgabe anpassen müssen.

Generalisierung ⇨ 6.4.6

Hierzu wird das Prinzip der Generalisierung verwendet (siehe Abschnitt 6.4.6). Mittels einer speziellen Abhängigkeitsbeziehung zwischen Paketen werden Ihnen implizit spezialisierte Classifier zur Verfügung gestellt, die Sie dann ändern können.

7.2 Anwendungsbeispiel

Abbildung 7.1 zeigt einen Ausschnitt aus dem Metamodell der UML 2. Für verschiedene Diagrammtypen werden verschiedene Pakete definiert. Allerdings greifen mehrere Diagramme auch auf Elemente anderer Diagramme zurück. Nehmen wir beispielsweise das Paket `Verteilung`, in dem das Verteilungsdiagramm definiert ist. Dieses kann Elemente des Komponentendiagramms verwenden. Gewährleistet wird dies durch die Merge-Beziehung zum Paket `Komponenten`.

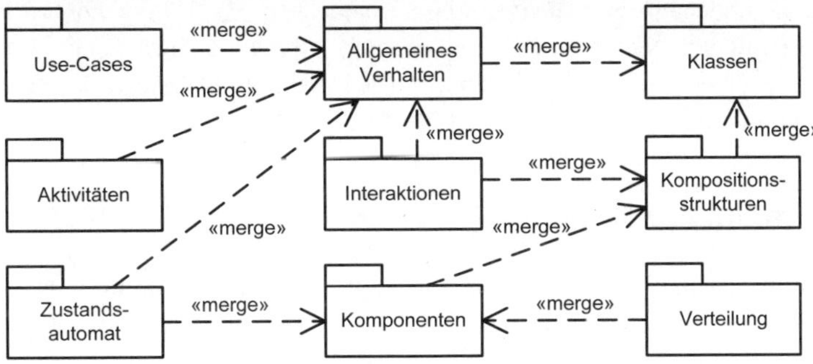

ABBILDUNG 7.1 Ausschnitt aus der Top-Level-Paketstruktur der UML Superstructure

7.3 Anwendung im Projekt

7.3.1 Funktionale Gliederung

Prinzipiell können Sie Pakete rein intuitiv finden, indem Sie sich überlegen, welche Classifier funktional oder logisch in sehr engem Zusammenhang stehen. Das heißt, dass alle Elemente, die einem ähnlichen Zweck dienen, in einem Paket zusammengefasst werden. Intuitive Gliederung

Existiert für das zu beschreibende System ein Klassendiagramm, das sehr umfangreich ist und durch ein Paketdiagramm gegliedert werden soll, können Sie sich auch an den Beziehungen zwischen den Klassen orientieren: Klassen mit vielen Beziehungen untereinander werden Sie meistens einem Paket zuordnen.

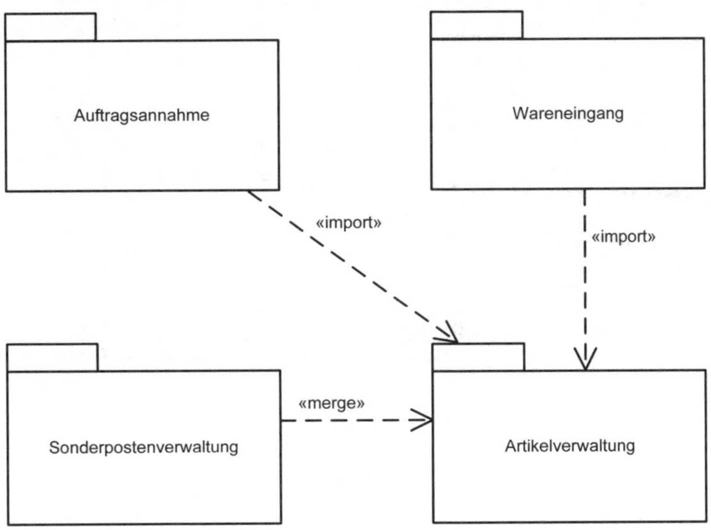

ABBILDUNG 7.2 Funktionale Gliederung einer Lagerverwaltung

Pakete als Vorlage der Planung

Die funktionale oder logische Gliederung des Systems wird häufig schon zu Beginn des Projektes angewendet. Denn aus dieser Gliederung ergeben sich meistens Einheiten, die zusammenhängend entwickelt werden können. Die Paketbildung kann also auch die Planung einer inkrementellen Entwicklung unterstützen.

7.3.2 Definition von Schichten

Schichtenarchitektur

Über die rein funktionale oder logische Gliederung des Systems hinaus können Sie mit dem Paketdiagramm auch die Struktur eines Systems nach anderen Kriterien beschreiben.

Softwaresysteme werden oft in einer Schichtenarchitektur realisiert. Die einzelnen Schichten können Sie in der UML durch Pakete definieren. Diese können dann weitere, nach funktionalen Gesichtspunkten gegliederte Pakete enthalten.

Abbildung 7.3 zeigt die möglichen Schichten einer Softwarearchitektur, wie sie in [Lar02] definiert werden.

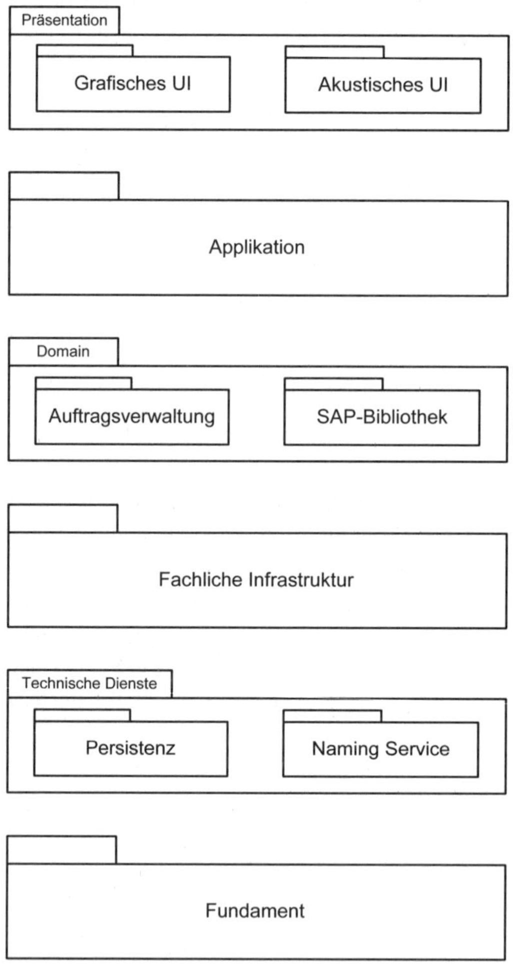

ABBILDUNG 7.3 Pakete zur Beschreibung von Schichten

7.4 Notationselemente

7.4.1 Paket

Definition

A **package** is used to group elements, and provides a namespace for the grouped elements.

Notation

Ein Paket wird durch ein Rechteck dargestellt, das den Bezeichner auf der Lasche oben links trägt. Der Bezeichner kann zusätzlich mit einem eindeutigen Identifizierer versehen werden, der URI (Uniform Ressource Identifier). Der Aufbau der URI ist nicht in der UML definiert, sondern hier wird ein „externer" Standard herangezogen [URI98]. Innerhalb des Rechtecks werden die zugehörigen Elemente eingetragen. Jedem Element kann eine Sichtbarkeit (- entspricht private, + entspricht public) mitgegeben werden.

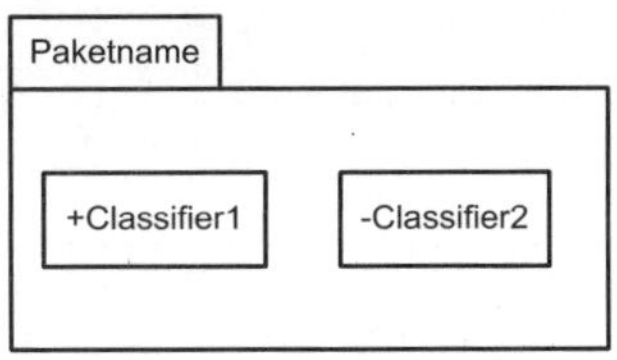

ABBILDUNG 7.4 Standardnotation eines Pakets

Beschreibung

Ein Paket (package) fasst mehrere paketierbare Elemente[1] (meist Classifier) zu einer größeren Einheit zusammen. Beachten Sie, dass jedes paketierbare Element nur in einem (oder keinem) Paket enthalten sein darf.

Neben den Klassen werden Sie häufig auch Pakete zu größeren Paketen zusammenfassen. Prinzipiell können Sie Pakete durch die Aggregation beliebiger Classifier definieren.

Durch ein Paket wird ein Namensraum[2] definiert, dem alle Mitglieder (oder Elemente) des Pakets angehören. Die UML unterscheidet zwischen einem qualifizierten und einem unqualifizierten Namen für ein Paketelement. Der unqualifizierte Name eines Classifiers beinhaltet nur den Namen des Classifiers, der qualifizierte Namen erweitert diesen noch um den Paketnamen und ein „::". Somit ergibt sich z. B. der qualifizierte Name des Classifiers A in einem Paket P zu P::A.

---

[1] Paketierbare Elemente sind alle Elemente, die unmittelbar von einem Paket besessen werden können. Eine Klasse kann direkt in einem Paket liegen, aber eine Operation nicht. Die Operation muss einer Klasse zugeordnet werden und liegt damit nicht unmittelbar in dem Paket und ist somit kein paketierbares Element. *www.uml-glasklar.com* [7-1].

[2] Ein Namensraum ist eine Sammelbox für beliebig viele benennbare Elemente. Innerhalb eines Namensraums müssen alle Elemente eindeutig durch ihren Namen identifizierbar sein (somit ist es nicht möglich mehrere Elemente mit dem gleichen Namen in einem Namensraum zu definieren). Beispiele für Namensräume sind Pakete, Klassen, Komponenten aber auch Zustände, Use-Cases und so weiter. *www.uml-glasklar.com* [7-2].

⇨ 7.4.2

Wenn Sie einen Classifier A in einem Paket P1 definieren, so steht dieser natürlich den anderen Classifiern in diesem Paket zur Verfügung. Ob Sie ihn jedoch in anderen Paketen z. B. durch die Verwendung der Import-Beziehung (siehe Abschnitt 7.4.2 Paket-Import) nutzen können, können Sie durch die Vergabe einer Sichtbarkeit bestimmen.

Private oder öffentliche Mitgliedschaft

Dazu wird dem Element, das Bestandteil des Pakets sein soll, ein Symbol mitgegeben, das vor den Namen des Elements gesetzt wird. Ein „-" bezeichnet eine private Mitgliedschaft in dem Paket. Dieses Element kann nicht von außen referenziert werden. Ein „+" bezeichnet hingegen eine öffentliche (public-) Mitgliedschaft des Elements. Sie können von jeder Stelle Ihres Modells aus auf dieses Element unter Verwendung des qualifizierten Namens zugreifen.

Alternativ zu der im Abschnitt Notation angegebenen Möglichkeit existiert eine weitere Darstellung für Pakete (siehe Abbildung 7.5).

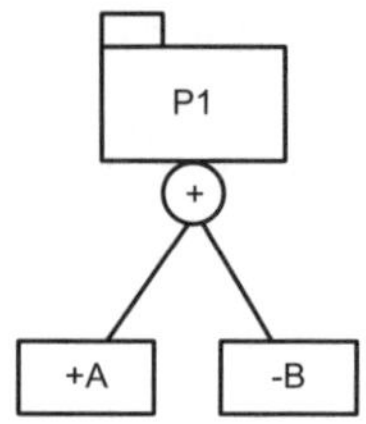

ABBILDUNG 7.5 Alternative Darstellung der Pakete

Anwendung

Abbildung 7.6 beschreibt die möglichen Pakete einer Steuerung. Die Elemente des Pakets `Steuerung` sind wiederum Pakete, welche die verschiedenen funktionalen Zuständigkeiten innerhalb des Pakets `Steuerung` beschreiben.

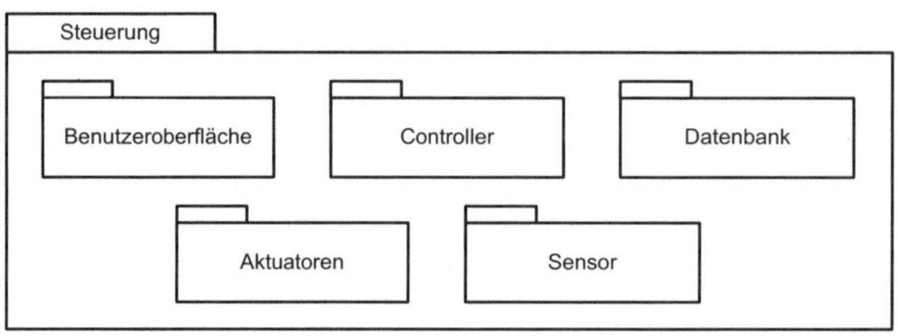

ABBILDUNG 7.6 Die Pakete einer `Steuerung`

7.4.2 Paket-Import / Element-Import

Definition

A **package import** is a relationship that allows the use of unqualified names to refer to package members from other namespaces.

An **element import** identifies an element in another package, and allows the element to be referenced using its name without a qualifier.

Notation

Ein Paket-Import/Element-Import wird durch einen gestrichelten Pfeil dargestellt. Das Schlüsselwort (siehe Abschnitt 4.2.9) oberhalb des Pfeils macht diesen als Importpfeil kenntlich. Das Schlüsselwort «import» beschreibt einen public-Import. Ein privater Import wird mit «access» bezeichnet.

Schlüsselwort
⇨ 4.2.9

ABBILDUNG 7.7 Notationen eines Paket-Imports/Element-Imports

Beschreibung

Ein Paket-Import (package import) wird durch eine gerichtete Beziehung zwischen zwei Paketen definiert. Ein Quellpaket möchte Zugriff auf die Elemente eines anderen Pakets, des Zielpakets, besitzen. Dabei soll der Zugriff auf die Elemente aus dem Zielpaket innerhalb des Quellpakets unqualifiziert erfolgen können.

Gerichtete Beziehung zwischen zwei Paketen

Eine gerichtete Beziehung zwischen einem Paket und einem Element definiert einen Element-Import (element import). Im Gegensatz zum Paket-Import wird nur das referenzierte Element und nicht der komplette Inhalt des Pakets importiert.

Eigentlich müssten wir anstelle eines Quellpakets von einem importierenden Namensraum sprechen. Da Sie jedoch einen Paket-Import vorwiegend auf Pakete anwenden werden, bleiben wir bei dieser vereinfachenden Sichtweise.

Der Unterschied zwischen einem Import und der Mitgliedschaft in einem Paket, also in dem Paket direkt definiert zu sein, besteht darin, dass durch das Löschen eines Pakets alle seine Mitglieder gelöscht werden, die durch einen Import referenzierten Mitglieder jedoch erhalten bleiben.

Import vs. Mitgliedschaft

Bei einem Import können Sie die Sichtbarkeit der importierten Classifier durch eine entsprechende Beschriftung der Abhängigkeit beeinflussen. Diese Sichtbarkeit bezieht sich jedoch nicht auf das Quellpaket selber (da sind die importierten Classifier natürlich sichtbar), sondern auf die weitere Verwendung des Quellpakets durch z. B. einen weiteren Import.

Die Beschriftung «access» an der Beziehung bedeutet, dass die importierten Classifier in dem Quellpaket als „private" definiert werden (in Abbildung 7.8 der Import von Paket P1 in P3). Deswegen dürfen Sie die importierten Classifier in Paket P4 nicht ohne weiteres nutzen.

«access»-Abhängigkeit

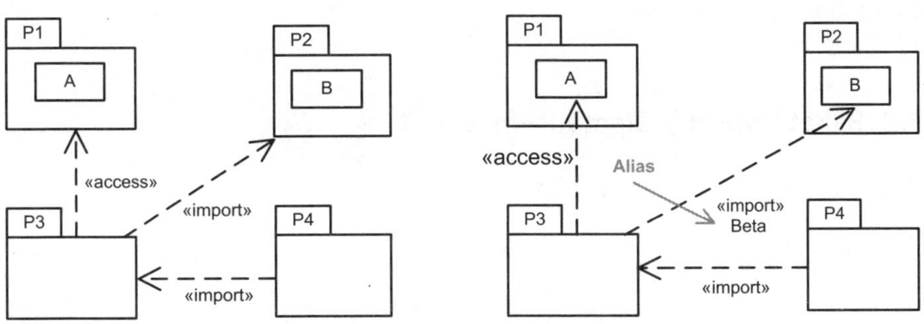

ABBILDUNG 7.8 Verschiedene Paket-Importe (links) und Element-Importe (rechts)

Wie immer können Sie aber trotz der access-Markierung auch in P4 auf die Classifier zugreifen, wenn Sie diese qualifiziert benennen und so die Import-Beziehung nicht ausnutzen. In unserem Beispiel wäre der Zugriff auf den Classifier A in P4 nicht erlaubt, auf P1::A jedoch definiert.

«import»-Abhängigkeit

Möchten Sie diese Beschränkung in Ihrem Modell nicht nutzen, so können Sie eine Import-Kante mit dem Schlüsselwort «import» bezeichnen (in Abbildung 7.8 die Kante von P3 auf P2). Dadurch werden die von dem Zielpaket importierten Classifier public und Sie können auch außerhalb auf die Classifier von P3, die von P1 importiert wurden, zugreifen. Also würde der Zugriff auf B in dem Paket P4 keinen Fehler bedeuten.

Wenn Sie einen Import unbeschriftet lassen, wird von einem public-Import, also «import», ausgegangen.

Randbedingung

⇨ 4.2.4

Als alternative Darstellung können Sie einen Import auch textuell als Randbedingung bei dem Namen des Quellpakets definieren (siehe Abschnitt 4.2.4). Die Benennung der Sichtbarkeit (import, access) ist dann jedoch Pflicht.

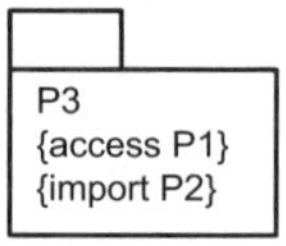

ABBILDUNG 7.9 Eine alternative Darstellung des Paket-Imports

Ein Element-Import kann auch mit einem Alias versehen werden (siehe Abbildung 7.8). Das importierte Element wird dann im Zielpaket nicht mit seinem qualifizierten Namen aufgeführt, sondern mit dem Alias. In Abbildung 7.8 hätte das Element P2::B im Paket P3 dann die Bezeichnung Beta.

Anwendung

Obiges Beispiel zeigt stark vereinfacht eine Möglichkeit für Paket-Importe. Das Paket, das alle Classifier für die Anwendung enthält (es könnte sich zum Beispiel um ein Tabellenkalkulationsprogramm handeln), macht sich einzelne Funktionen der anderen Pakete zunutze.

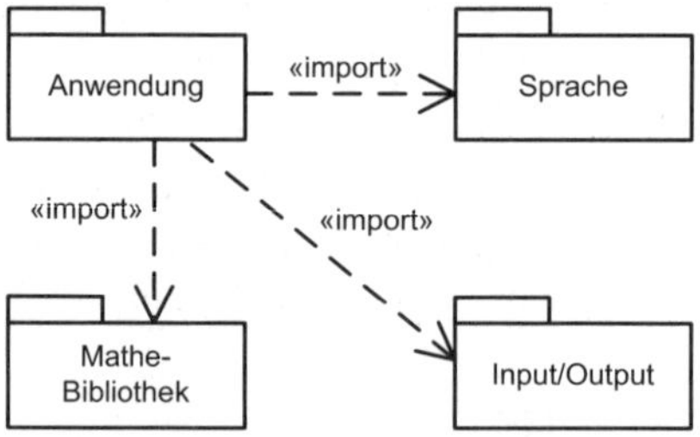

ABBILDUNG 7.10 Der Import von Paketen in eine Anwendung

7.4.3 Paket-Merge

Definition

A **package merge** defines how the contents of one package is extended by the contents of another package.

Notation

Ein Paket-Merge wird durch eine Abhängigkeitsnotation und das Stereotyp «merge» dargestellt.

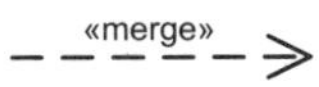

ABBILDUNG 7.11 Notation eines Paket-Merge

Beschreibung

Definition spezialisierter Classifier

Das Paket-Merge (engl. package merge) stellt eine Erweiterung des Paket-Imports dar. Während durch einen Import lediglich die entsprechenden Classifier verwendet werden dürfen (sichtbar sind), werden bei einem Paket-Merge implizit neue, spezialisierte Classifier angelegt, die Sie dann verändern können. Dadurch können Sie diese dem jeweiligen Einsatzzweck anpassen. Dies bedeutet, dass die gemergten Classifier direkt im Paket definiert und nicht nur – wie die importierten Classifier – sichtbar sind.

Deshalb müssen wir beim Paket-Merge nicht von Sichtbarkeit sprechen. Die implizit erzeugten Classifier sind natürlich innerhalb des Pakets sichtbar.

Auch in diesem Abschnitt werden wir das Paket, das ein anderes Paket benutzen möchte, als Quellpaket, und das Paket, das eingeblendet wird, als Zielpaket bezeichnen. Weiterhin gilt die vorgestellte Semantik ausschließlich für die Classifier, die im Zielpaket als public definiert sind. Nur solche Classifier werden im Quellpaket betrachtet. Auf die Classifier, die im Zielpaket als private definiert sind, kann im Quellpaket nicht zugegriffen werden.

Spezialisierung Schritt für Schritt

Die durch das Paket-Merge entstehende Spezialisierungshierarchie wollen wir Ihnen anhand von Beispielen vorstellen, die die Anwendungsmöglichkeiten von einfach bis komplex zeigen.

Beginnen wir mit einem Zielpaket `P2`, das einen Classifier A enthält (Abbildung 7.12). Wird dieses von einem Quellpaket `P1` referenziert, das keinen Classifier mit demselben Namen enthält, wird in `P1` ein solcher Classifier implizit definiert, der in einer Generalisierungsbeziehung zu dem Classifier aus `P2` (im Bild `P2::A`) steht.

Dieser Sachverhalt ist in Abbildung 7.12 dargestellt. Links sehen Sie einen Ausschnitt aus dem Modell. Rechts haben wir die sich implizit ergebenden Classifier mit ihren Beziehungen dargestellt, um Ihnen zu zeigen, welche Auswirkungen die Merge-Beziehung in Ihrem Modell hat.

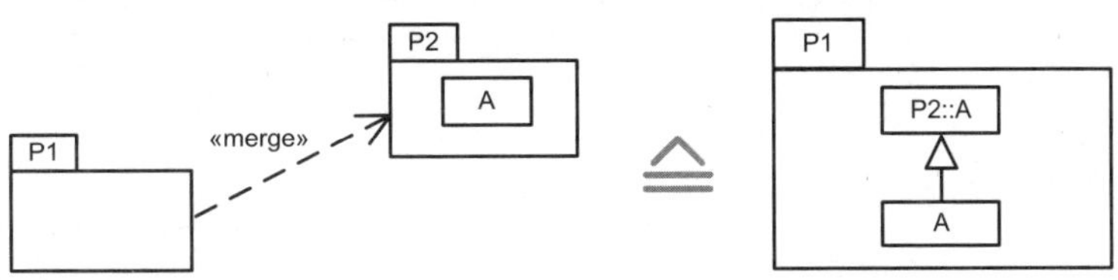

ABBILDUNG 7.12 Ein einfaches Merge

Wenn Sie in dem Quellpaket bereits einen Classifier definiert haben, der im Zielpaket vorkommt, wird durch die Merge-Beziehung ausschließlich die Generalisierungsbeziehung zwischen den beiden Classifiern eingefügt.

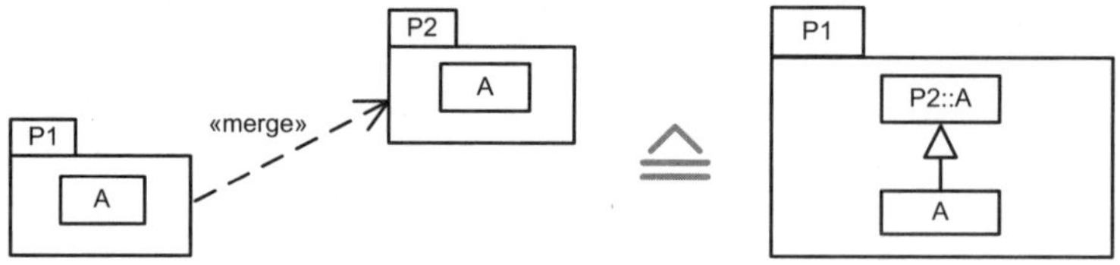

ABBILDUNG 7.13 Ein Merge mit bereits definiertem Classifier

Nun kann es natürlich vorkommen, dass Sie zwei Pakete referenzieren möchten und in beiden Paketen bereits Classifier mit demselben Namen definiert sind. Für das Quellpaket ergibt sich dann ein Classifier mit dem entsprechenden Namen, der von beiden referenzierten Classifiern die Eigenschaften erbt.

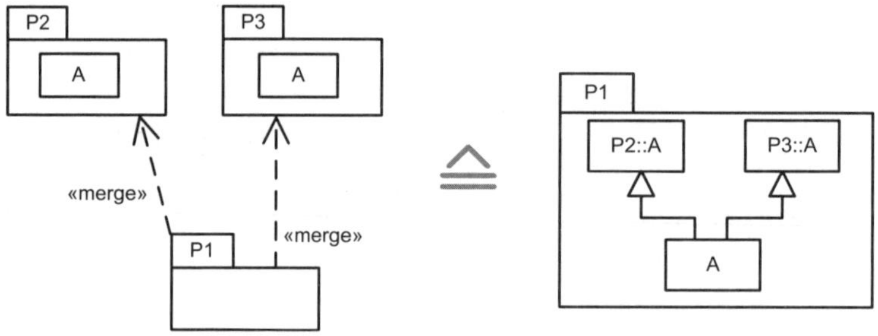

ABBILDUNG 7.14 Ein Merge von zwei Paketen

Spezialisierung einer Generalisierungshierarchie

Wenn Sie im Zielpaket bereits Generalisierung eingesetzt haben, taucht diese natürlich auch im Quellpaket auf. Sie müssen jedoch beachten, dass in diesem Paket die Generalisierung nun nicht mehr zwischen den Classifiern aus `P2` besteht (wie es bei einem Paket-Import der Fall wäre), sondern zwischen den abgeleiteten Classifiern in `P1`. Wäre dies nicht der Fall, so käme es bei einer Mehrfachgeneralisierung durch ein Referenzieren mehrerer Zielpakete zu einem Bruch in der Definition: Der Classifier `B` aus `P1` würde keine Eigenschaften von `P3::A` erben.

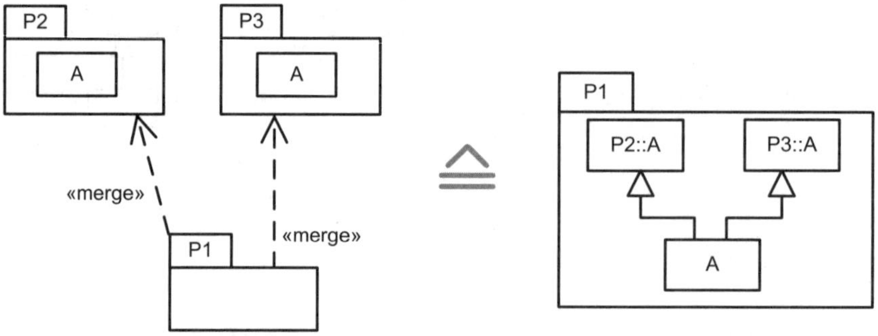

ABBILDUNG 7.15 Ein Merge von Generalisierungen

Was wir hier für die Generalisierungsbeziehung in einem Zielpaket beschrieben haben, gilt für die anderen Typen von Beziehungen genauso. Auch sie werden in dem Quellpaket zwischen den sich ergebenden Classifiern definiert.

Von unten nach oben

Wie wir eingangs erwähnten, dürfen Sie eine beliebig tiefe Hierarchie von Paket-Merges definieren. Ein Beispiel dafür zeigt Abbildung 7.16. Um den Inhalt des Pakets P5 zu bestimmen, müssen Sie in der Hierarchie Bottom-up die Inhalte der Pakete bestimmen, bis Sie bei P5 angelangt sind.

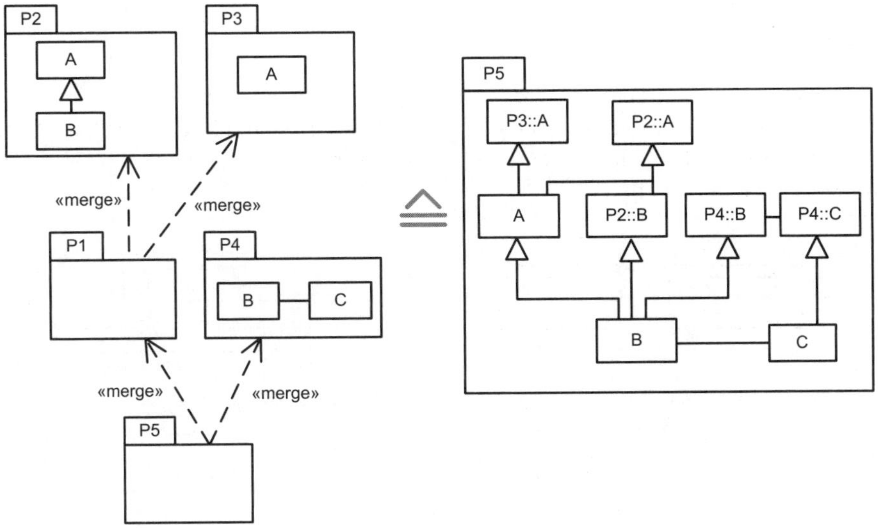

ABBILDUNG 7.16 Eine Merge-Hierarchie

Mergen einer «import»-Beziehung

Hat das Zielpaket einer Merge-Beziehung eine Import-Beziehung zu einem dritten Paket, wird die Import-Beziehung mit zu dem Quellpaket der Merge-Beziehung kopiert. Es gilt also, dass die Elemente des importierten Pakets für die Merge-Beziehung nicht betrachtet werden.

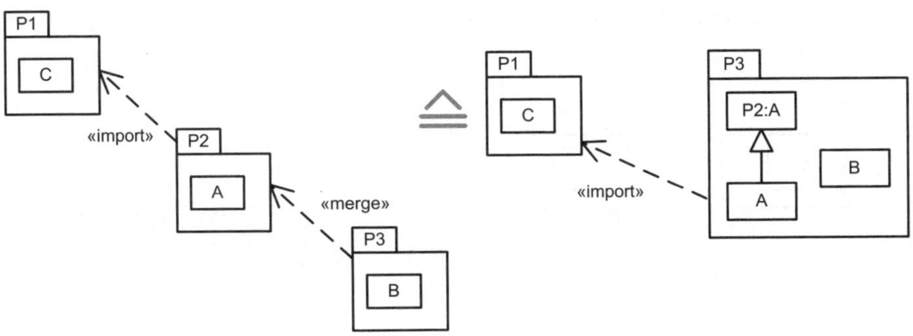

ABBILDUNG 7.17 Merge-Beziehung einer Import-Beziehung

Die Semantik der gemischten Anwendung haben wir in Abbildung 7.17 noch einmal dargestellt. Die Auflösung der Merge-Beziehung betrachtet nicht den Paket-Import von P2 nach P1.

Dieser wird unabhängig von dem Merge in dem sich ergebenden Paket betrachtet (Abbildung 7.17 rechts).

Nur mit Vorsicht zu genießen

Die Merge-Beziehung bietet Ihnen ein mächtiges Werkzeug bei der Modellierung, speziell für die Wiederverwendung einzelner Teile des Systems. Beachten Sie, dass diese Beziehung nur eine abkürzende Schreibweise ist. Sie können dieselbe Semantik auch dadurch in Ihr Modell bringen, dass Sie die implizit entstehenden Classifier und Generalisierungsbeziehungen explizit modellieren. Wir empfehlen die Anwendung der Merge-Beziehung nur, wenn Sie sich sicher sind, dass alle Beteiligten in der Verwendung geübt sind.

Anwendung

Mit einer Merge-Beziehung kann die Funktionalität einer `Mathematik`-Bibliothek spezialisiert werden. Im Paket `Mathematik` gibt es eine Klasse `Real`. Diese beschreibt die Attribute und Operationen der reellen Zahlen. Mit der Merge-Beziehung kann diese Klasse nun in einem neuen Paket überschrieben werden, um beispielsweise die Genauigkeit zu erhöhen und neue Methoden der Klasse einzuführen.

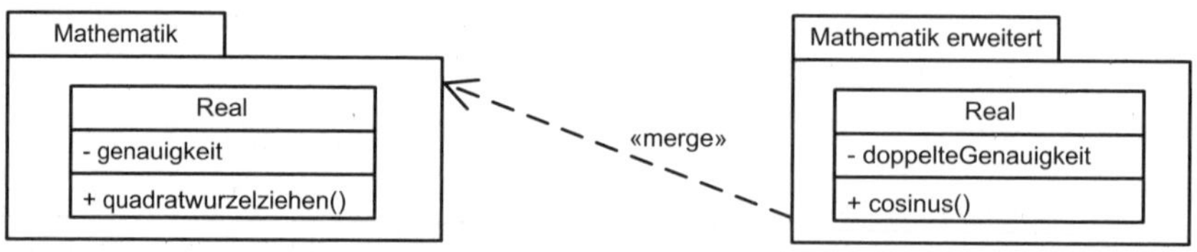

ABBILDUNG 7.18 Die Spezialisierung einer `Mathematik`-Bibliothek

8 Objektdiagramm

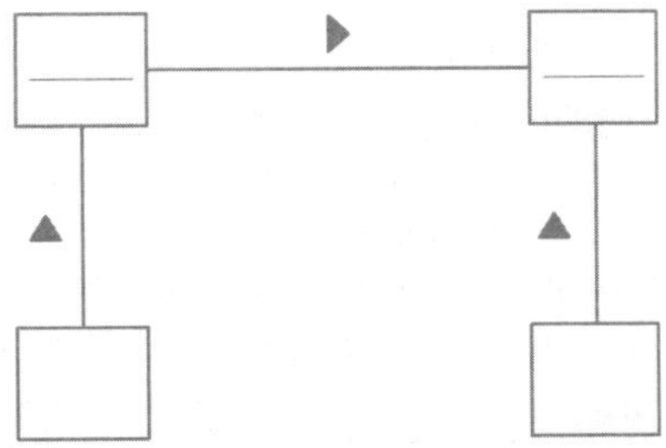

Das Objektdiagramm eröffnet Ihnen die Möglichkeit, Instanzen von Klassen, Komponenten, Knoten, Assoziationen und Attributen zu modellieren. Ein Objektdiagramm gibt Ihnen somit die Antwort auf die Frage **„Wie sieht ein Schnappschuss meines Systems zur Ausführungszeit aus?“**

8.1 Überblick

8.1.1 Die Inhalte eines Objektdiagramms

„Snapshot"

Das Objektdiagramm (engl. Object Diagram) stellt Ihr System in einer Art „Momentaufnahme", d. h. zu nur genau einem Zeitpunkt während der Ausführung, dar. Es beschreibt die Instanzen innerhalb eines Systems, entweder ganz oder in Teilen, die zu diesem Zeitpunkt von Interesse sind. Es kann Instanzen jedes beliebigen Classifiers aller Diagrammtypen enthalten. Am häufigsten wird es aber dafür verwendet, Instanzen von Klassen, sprich Objekte, und deren Attribute und Beziehungen zu beschreiben. Der häufig synonym verwandte Begriff des „Instanzendiagramms" weist darauf hin, dass dies jedoch nur ein Teil der Möglichkeiten ist. Wir beschränken uns hier nichtsdestotrotz auf die Instanzen von Elementen des Klassendiagramms.

Klassendiagramm ⇨ 6

Anders als das Klassendiagramm, das prinzipiell alle korrekten Zusammenhänge abstrakt darstellt, greift das Objektdiagramm genau eine konkrete Systemkonfiguration heraus und stellt diese anhand der zu diesem Zeitpunkt tatsächlich existierenden Instanzen der Elemente des Klassendiagramms dar. Es ist typisch für Objektdiagramme, dass die dargestellten Instanzen häufig nicht komplett sind, sondern nur die relevanten Elemente (Attribute) zeigen. Sie dürfen auch Instanzen von *abstrakten Klassen* (Classifiern) darstellen, obwohl diese in der Realität so nie existieren.

Instanzen

Die UML kennt im Wesentlichen drei Arten von Instanzen:

- das **Objekt** als Instanz einer Klasse (eines Classifiers),
- den **Link** als Instanz einer Assoziation und
- den **Wert** eines Attributs oder einfachen Objekts
  (d. h. eines Objekts, welches ausschließlich genau einen atomaren Wert enthält, z. B. die Klasse Integer und deren Objektwert „4").

Abbildung 8.1 zeigt die wesentlichen Elemente eines Objektdiagramms.

Sequenzdiagramm ⇨ 15

Instanzen von Operationen existieren nicht, da diese durch Methoden realisiert werden. Falls Sie den konkreten (instanziierten) Ablauf einer Methode modellieren wollen, empfiehlt sich ein Sequenzdiagramm auf Instanzebene.

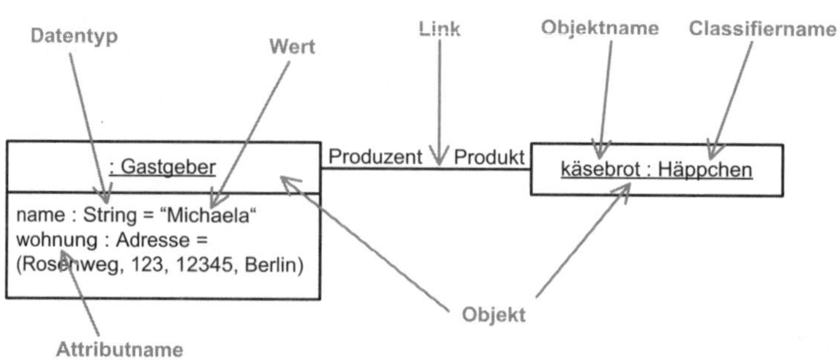

ABBILDUNG 8.1 Elemente des Objektdiagramms

Ein Objektdiagramm zeigt diese Instanzen zu einem bestimmten Zeitpunkt t, d. h., es modelliert einen *bestimmten Ausschnitt* einer Instanz. Es zeigt nicht die Instanz ihrer Vollständigkeit! Dazu müssten Sie entweder einen Film drehen oder bei jeder Änderung einer Instanz eine neue Instanz modellieren. Beachten Sie dazu auch die Erläuterungen in Kapitel 4. (Ein Objektdiagramm versammelt wie jedes andere UML-Diagramm Elemente der M1-Schicht.)

8.1.2 Die Modellierung von Objektdiagrammen

Um die Darstellung von Objekten oder allgemein Instanzen mit dem Objektdiagramm herzuleiten, betrachten wir zunächst die Typebene, das heißt, ein Klassendiagramm (Abbildung 8.2) mit drei normalen Klassen und einer Assoziationsklasse.

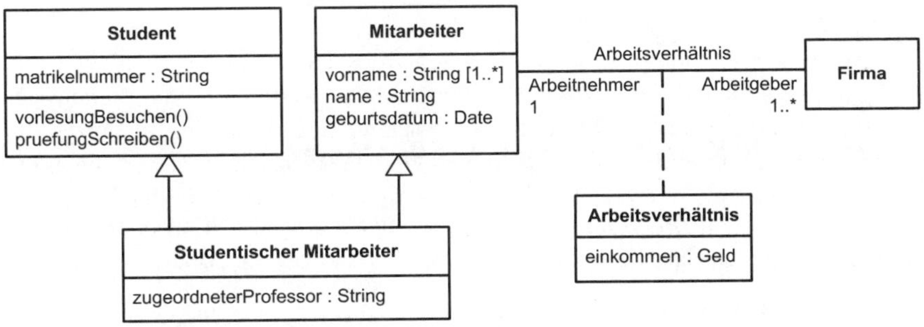

ABBILDUNG 8.2 Klassendiagramm der Zusammenhänge

Assoziationsklasse
⇨ 6.4.9

Ein mögliches[1] Objektdiagramm sehen Sie in Abbildung 8.3. Es stellt die Objekte `Himbeer-Toni`, `Wisch AG` und `Blank GmbH` dar. Die beiden Instanzen von `Firma` sind über jeweils einen Link mit dem `Himbeer-Toni`-Objekt verbunden. Dieses Objekt ist Instanz der Klasse `Studentischer Mitarbeiter`. Es erbt alle Attribute der Oberklassen `Mitarbeiter` und `Student`.

Die anonymen Objekte des Typs `Arbeitsverhältnis` sind Instanzen der Assoziationsklasse `Arbeitsverhältnis`, die zu dem Link gehört, der den Arbeitnehmer mit der Firma verbindet.

`Himbeer-Toni` verfügt außerdem über ein mengenwertiges Attribut `vorname`, welches mit den Werten `Anton` und `Hans` belegt ist. Zusätzlich ist der `name` durch die Zeichenkette `Huber` angegeben, die – wie alle Zeichenketten – in doppelte Hochkommata eingeschlossen ist. Das `geburtsdatum` als Instanz von `Date` kann direkt im Objektdiagramm auftreten. Seine `matrikelnummer` ist mit dem Wert 0793022 angegeben.

[1] Es gibt theoretisch unendlich viele zugehörige Objektdiagramme. Nicht nur die einzelnen Attributbelegungen können beliebig variieren, auch ein Mitarbeiter kann theoretisch mit mindestens einer, aber beliebig vielen Firmen ein Arbeitsverhältnis eingehen.

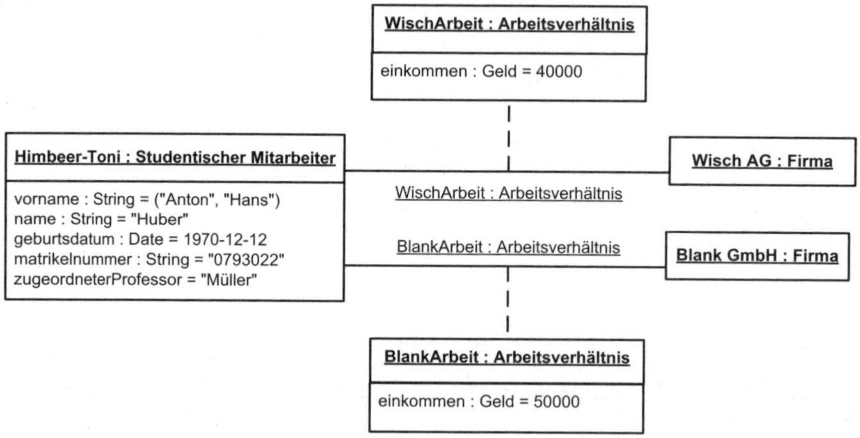

ABBILDUNG 8.3 Ein beispielhaftes Objektdiagramm

8.1.3 Vergleich: Klassen- und Objektdiagramm

Am Vergleich des Objektdiagramms aus Abbildung 8.3 und des Klassendiagramms aus Abbildung 8.2 lassen sich die Stärken und Schwächen der beiden „Diagrammgeschwister" gut ablesen.

Vom Abstrakten zum Konkreten ...

- Das Klassendiagramm zeigt Assoziationen nur in ihrer abstrahierten Form. Dagegen erlaubt das Objektdiagramm, konkrete Beziehungsinstanzen (Links) abzubilden. Hierbei können auch unterschiedliche Eigenschaften der Beziehung (abgebildet durch Assoziationsklassen) übersichtlich zugeordnet werden.
- Das Klassendiagramm stellt die Typen eines Modellelements (inklusive Elternklassen bzw. Schnittstellen) zwar übersichtlich, aber auch platzaufwändig dar. Das Objektdiagramm stellt hingegen die konkrete Instanz in den Vordergrund und notiert lediglich die Namen der Typen im Kopfelement des Objekts.
- Die Modellierung von Generalisierungsbeziehungen zwischen Objekten ist nicht zulässig und methodisch auch nur theoretisch sinnvoll.
- Das Klassendiagramm erlaubt keine Darstellung von Attributwerten, sondern nur von Standardwerten (Defaultwerte).
- Im Klassendiagramm können Multiplizitäten für Attribute oder Assoziationen dargestellt werden. Im Objektdiagramm können hierfür nur konkrete Wert- oder Beziehungs-Beispiele gegeben werden. Diese müssen zahlenmäßig konsistent zu den im Klassendiagramm getroffenen Aussagen sein. So könnten im Beispiel keine Mitarbeiterobjekte dargestellt werden, für die das Attribut `vorname` keinen Wert enthält, da die Multiplizität im Klassendiagramm das Minimum 1 aufweist. (Das Attribut könnte in der Darstellung allerdings auch vollständig weggelassen werden, da ein Objekt nur einen Teil einer Instanz wiedergeben muss. Sobald es aber dort vorhanden ist, muss es auch einen Wert enthalten.)

8.2 Anwendungsbeispiel

Abbildung 8.4 zeigt einige Instanzen eines Verteilungsdiagramms, das einen Ausschnitt aus einer Gerätesteuerung in einem Auto darstellt. Sowohl die `Steuerung` der `Frontscheibenwischer` als auch die der `BeheizungHeckscheibe` sind über ein nicht näher spezifiziertes `Bussystem` verbunden. Die beiden `Steuerungen` sind dann noch jeweils mit ihren dazugehörigen Interface-Knoten verknüpft.

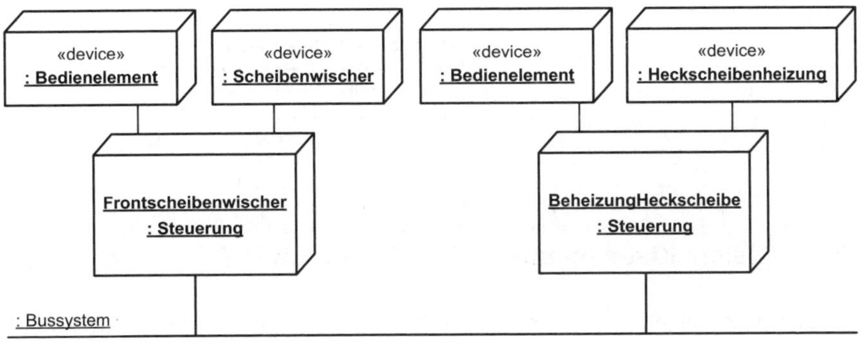

ABBILDUNG 8.4 Ein Verteilungsdiagramm auf Instanzebene

8.3 Anwendung im Projekt

Komplexe Beispiele illustrieren und festhalten

Illustrieren Sie mit dem Objektdiagramm komplexe Beispiele von Systemkonfigurationen zu genau einem Zeitpunkt. Dies ist in folgenden Fällen sinnvoll:

- Zur *Illustration rekursiver Strukturen*, da das Objektdiagramm die tatsächlichen Strukturen zwischen Instanzen *derselben* Klasse darstellt, die aus dem Klassendiagramm nicht ersichtlich sind.
- Zur *Prüfung der Korrektheit* eines Klassendiagramms anhand von Beispielen.
- Zum *Finden von Klassen* durch Modellierung von Objekten und Objektdiagrammen und spätere Abstraktion zu Klassen.
- Zur *Dokumentation von Architekturen*, in denen Objekte durch abstrakte oder generische Fabriken erzeugt werden.
- Zum *Visualisieren von Verteilungssituationen* (z. B. von ausführbaren Einheiten auf Rechnern oder Komponenten auf Servern bei einer Lastverteilung).
- Zur *Darstellung von Speicherinhalten* während des Debugging.
- Zur *Konfiguration*, falls die Konfigurationswerte dem Modell entnommen werden (z. B. für die Generierung von Code oder Konfigurationsdateien).

8.4 Notationselemente

8.4.1 Instanzbeschreibung / Objekt

Definition

An **instance specification** is a model element that represents an instance in a modeled system.

Notation

Classifier
⇨ 6.4.1
Knoten
⇨ 11.4.1

Für Instanzen sieht die UML kein eigenes Notationselement vor, sondern übernimmt die Notation des Classifiers der Instanz. Im Falle des *Objekts* also das Rechteck der Klasse oder im Falle einer *Knoteninstanz* eben den Quader:

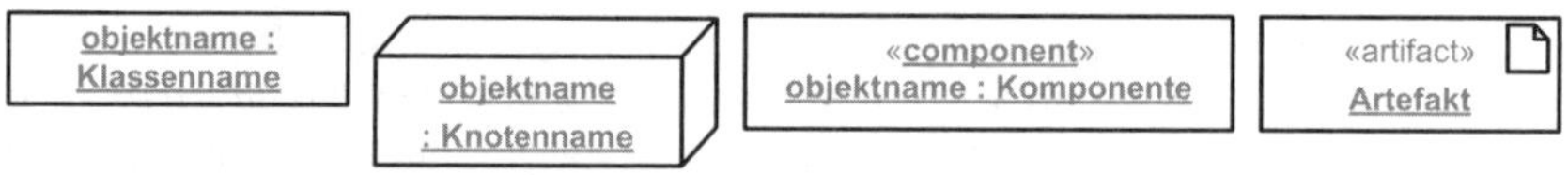

ABBILDUNG 8.5 Notation verschiedener Instanzenbeschreibungen

Um die Instanz von ihrem Typ zu unterscheiden, werden Instanzen in der UML *unterstrichen*. Dabei setzt sich die Bezeichnung wie folgt zusammen:

Instanzname : Classifiername, also z. B. Objektname : Klassenname.

Beschreibung

Instanz vs. Instanzbeschreibung

Eine *Instanz*, präziser eine *Instanzbeschreibung*, beschreibt eine zur Laufzeit vorhandene Einheit des modellierten Systems. In vielen Fällen handelt es sich bei Instanzbeschreibungen um Objekte, also Instanzen von Klassen. Die UML unterscheidet zwischen Instanz und Instanzbeschreibung, wobei erstere die zur Laufzeit in der Realität vorkommende Einheit darstellt, während zweitere das im Modell vorkommende Element repräsentiert. Streng genommen enthalten Objektdiagramme also keine Instanzen, sondern Instanzbeschreibungen; Instanzen gibt es nur in der Realität, z. B. als Bits & Bytes im Speicher des Rechners. Da dies aber eher theoretische Überlegungen sind, sprechen wir in diesem Buch von Instanz. In der Literatur finden sich auch die gleichbedeutenden Bezeichnungen *Exemplar*, *Ausprägung* und *Objekt*. Für spezielle Instanzen haben sich im allgemeinen Sprachgebrauch folgende Begriffe etabliert:

Verschiedene Instanzarten

- *Objekt* als Instanz einer Klasse
- *Link* als Instanz einer Assoziation
- *Szenario* als Instanz einer Interaktion
- *Execution* bzw. *Ablauf* als Instanz eines Verhaltens (z. B. einer Aktivität)
- *Occurrence* als Instanz eines Ereignisses

Die Instanzbeschreibungen der UML sind sehr flexibel. Sie erlauben einige Varianten, die in der Modellierungspraxis auftreten und sich in zahlreichen Darstellungsoptionen zeigen.

Abbildung 8.6 zeigt vier Varianten einer Instanzbeschreibung. Sowohl Instanzname als auch Classifiername sind optional.

a) Vollständige Angabe einer Instanz inklusive Instanzname und Classifiername

b) Angabe der Instanz ohne Classifiername (z. B. wenn kein Classifier existiert, also (noch) nicht modelliert ist, oder dieser im Kontext nicht relevant ist)

c) Die anonyme Instanz durch Angabe des Classifiernamens

d) Eine Instanz ohne Instanz- und Classifiername (dies tritt sehr selten auf, z. B. wenn der Classifier keinen Namen besitzt, und ist eher theoretischer Natur)

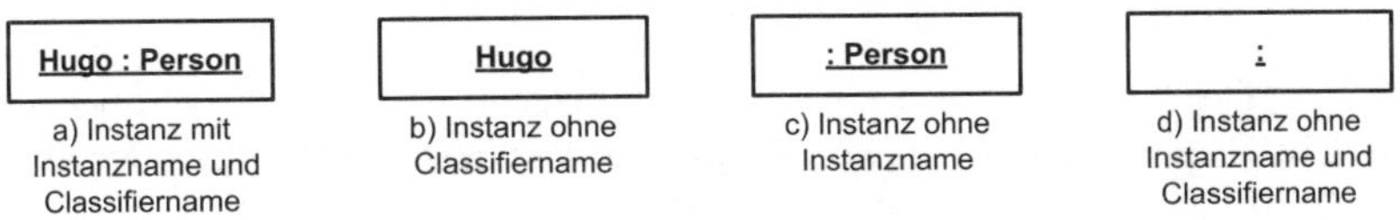

ABBILDUNG 8.6 Alternative Notationen für Objekte des Typs `Person`

Notationsvarianten von Instanzen

Die UML erlaubt es, mit nur einer Instanzbeschreibung die Instanzen *mehrerer* Classifier im Modell darzustellen. Die zugehörigen Classifier werden in einer mit Komma separierten Liste aufgereiht (vgl. Abbildung 8.7). Die Bedeutung dahinter ist folgende: Die dargestellte Instanz muss alle Regeln, die durch die Classifier definiert werden, befolgen, also z. B. alle Attribute der Classifier (Vereinigungsmenge) besitzen. Die UML sieht den Classifier als Typ der Instanz, und eine Instanz darf gleichzeitig eben mehrere Typen besitzen – sofern sich die aufgestellten Regeln nicht widersprechen. In modernen Programmiersprachen wie C++, C# oder Java gibt es dafür kein entsprechendes Konstrukt; dort ist eine Instanz genau einem Classifier zugeordnet – sprich: ein Objekt ist genau vom Typ einer einzigen Klasse.

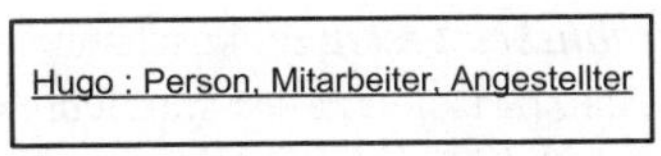

ABBILDUNG 8.7 Eine Beschreibung für mehrere Classifierinstanzen

Insbesondere Instanzen von primitiven oder einfach berechenbaren Werten (wie Boolean, Integer, String) können direkt einen Wert spezifizieren (z. B. 4, „Dies ist ein Text", oder „8*x"). In diesem Fall wird die Instanz wie in Abbildung 8.8 modelliert.

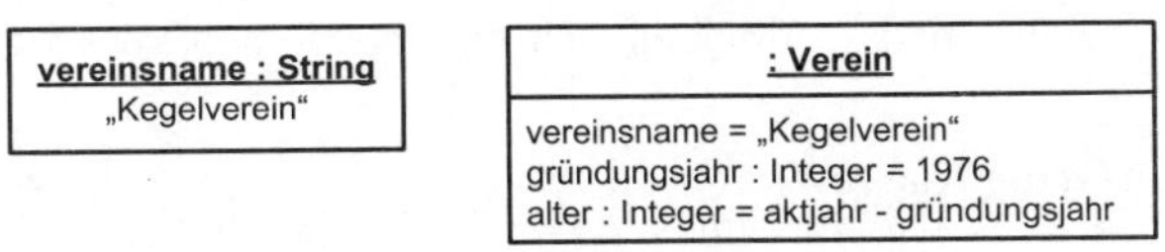

ABBILDUNG 8.8 Instanzen, die Werte beschreiben

Wie bereits angedeutet, zeigen die Instanzbeschreibungen dabei eine Instanz vollständig oder nur mit den relevanten Teilen. Handelt es sich beim zugeordneten Classifer um eine *abstrakte Klasse*, so wird die tatsächliche Instanz nicht vollständig spezifiziert. Dies ist bei *Schnittstellen* auch häufig der Fall. ⇨ 6.4.4

Dem aufmerksamen Leser fällt an dieser Stelle sicherlich auf, dass in Abschnitt 6.4.1 behauptet wurde, dass es von abstrakten Klassen keine Instanzen gibt. Das ist nach wie vor korrekt. Im Objektdiagramm haben Sie jedoch die Möglichkeit, diese trotzdem zu modellieren. Sie sagen damit aus, dass das Objekt der abstrakten Klasse eigentlich eine Instanz einer Subklasse der abstrakten Klasse ist. Es stellt jedoch nur diejenigen Eigenschaften dar, die in der abstrakten Superklasse definiert sind.

Auch in diesem Zusammenhang wird klar, dass Inhalte des Objektdiagramms keinen direkten Einfluss auf das zur Laufzeit vorhandene Bild der Instanzen haben. Hier gilt ebenfalls das Prinzip: Ein Modell ist die Abstraktion der Realität.

Anwendung

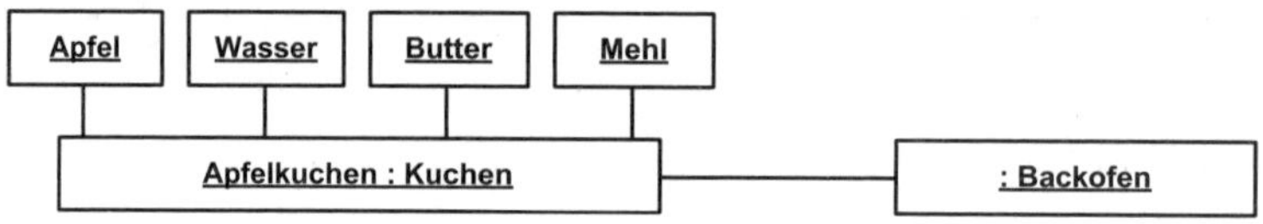

ABBILDUNG 8.9 Ein einfaches Objektdiagramm

8.4.2 Werteangaben / Slots

Definition

A **slot** specifies that an entity modeled by an instance specification has a value or values for a specific structural feature.

Notation

Ein Wert wird typischerweise in einer Instanzbeschreibung durch ein Gleichheitszeichen abgetrennt nach dem Namen des Attributs notiert (vgl. Abbildung 8.10). Auch die Notation über einen Link (siehe Abschnitt 8.4.3) ist möglich.

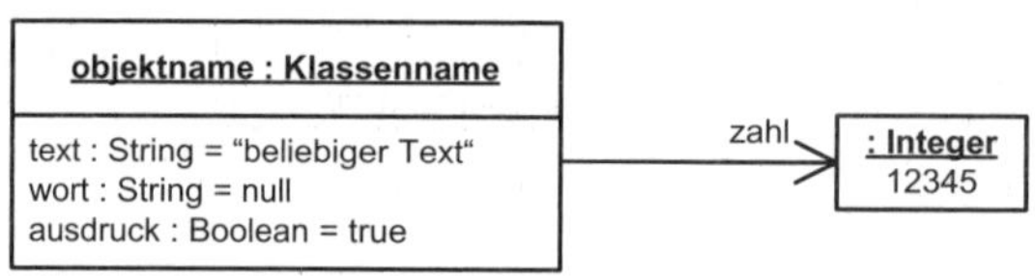

ABBILDUNG 8.10 Notationsvarianten von Wertangaben

Beschreibung

Typkonformität

Im Objektdiagramm ist es möglich, *Werte* von Strukturelementen einer Instanz zu einem bestimmten Zeitpunkt zu modellieren. Es handelt sich hierbei beispielsweise um Werte von Attributen einer Klasse. Zulässig sind jegliche Wertspezifikationen (ValueSpecification).[2] Die Wertspezifikation muss konform hinsichtlich des Typs und der Multiplizität sein. Einem String-Attribut dürfen Sie eben nur Strings zuweisen oder einem Feld von 3 Integerelementen keine 4 Integerwerte.

⇨ 4.2.3, 4.2.8

[2] Eine Wertespezifikation ist eine Oberklasse für Ausdruck und Literal aus den Abschnitten 4.2.3 und 4.2.8.

Wie bereits für die Instanz beschrieben, werden meistens nur diejenigen Werte modelliert, die für die jeweilige Betrachtung sinnvoll sind. Daher müssen die in einem Objektdiagramm angegebenen Attributbelegungen zahlenmäßig nicht mit den im Klassendiagramm spezifizierten Attributen übereinstimmen, sondern können auch nur einen Ausschnitt davon umfassen.

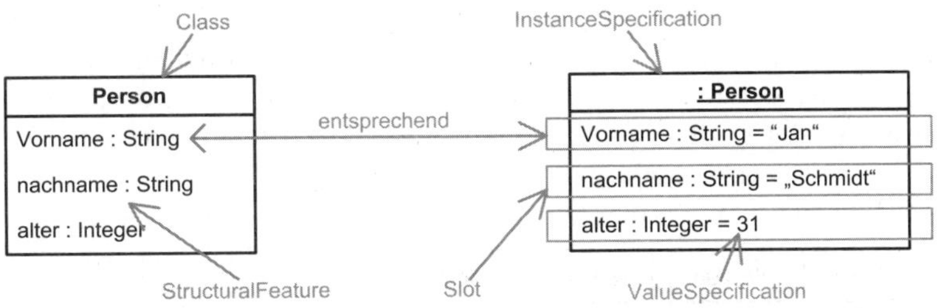

ABBILDUNG 8.11 Das Prinzip der Slots

Slot

Die UML bezeichnet eine Wertzuweisung zu einem Strukturelement, z. B. zu einem Attribut, auch als Slot (siehe Abbildung 8.11), frei übersetzt als Einschub, Schacht oder Schlitz. Das veranschaulicht, dass eine Instanz (ein Objekt) aus lauter Schächten besteht, in denen ein Wert oder Werte abgelegt werden können. Pro Attribut der zugehörigen Klasse existiert genau ein Schacht. Etwas allgemeiner gesehen: für jedes strukturelle Feature eines Classifiers existiert ein Slot, der bei Instanziierung des Classifiers bzw. Änderung des Features gefüllt wird.

Anwendung

Abbildung 8.12 zeigt, wie Werte in einem Objektdiagramm eingesetzt werden. Jedem Attribut wird ein Wert zugewiesen. Einen weiteren Slot belegt das Attribut `kontostand` vom Typ `Real`, hier in der Darstellungsform mit einem Link.

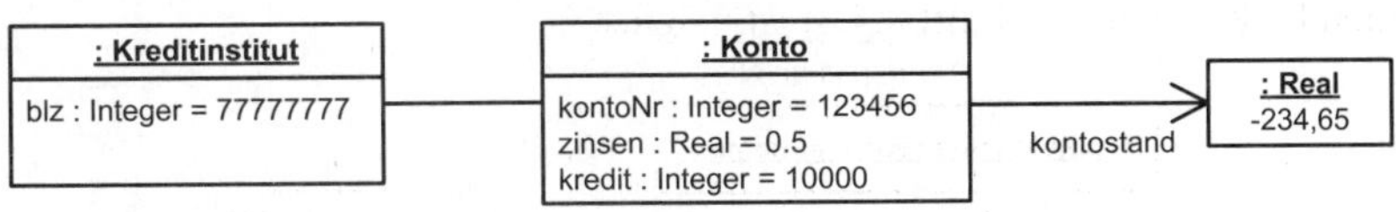

ABBILDUNG 8.12 Wertangaben in einem Objektdiagramm

8.4.3 Link

Definition

An instance of an association is called a **link**.

Notation

Assoziation ⇨ 6.4.8

Ein Link übernimmt weitestgehend die Notation der Assoziation. Alle Textangaben (Rollen und Linkname) sind optional. Geben Sie sie an, wenn dadurch die Eindeutigkeit steigt oder hergestellt wird!

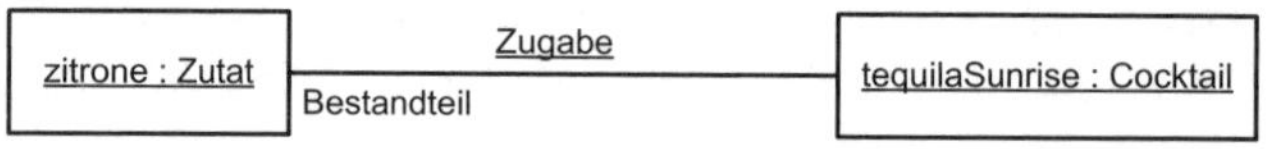

ABBILDUNG 8.13 Notation eines Links

Beschreibung

Der *Link* stellt eine Instanz der Assoziation dar. Für die UML existiert der Link eigentlich gar nicht als eigenes Modellelement, wir haben ihm aber wegen seiner Bedeutung einen eigenen Abschnitt gewidmet. Wenn Sie den Abschnitt 8.4.1 aufmerksam gelesen haben, wissen Sie auch, warum. Eine Assoziation ist nämlich ein Classifier und Instanzbeschreibungen beschreiben Instanzen von Classifiern. Ein Link ist somit nur eine Sonderform einer Instanz – genau wie ein Objekt, das eine Instanz einer Klasse beschreibt. Der Link wird als durchgezogene Linie modelliert, weil das die Standardnotation der Assoziation ist. Ansonsten gelten hier die gleichen Regeln wie für „allgemeine" Instanzbeschreibungen, so auch die Namenskonventionen.

Zu einer Assoziation können mehrere Links existieren. Die Anzahl der Links für ein Objekt richtet sich dabei nach der Multiplizität der Assoziation, deren Instanz der Link ist. Die Gesamtanzahl der Links hängt auch davon ab, wie beteiligte Instanzen in der Realität verbunden sind. Jeder Link muss der Assoziation strukturell entsprechen, das heißt, er muss diejenigen Instanzen verbinden, deren Classifier durch die Assoziation verbunden werden. Abbildung 8.14 verdeutlicht die Zusammenhänge.

Ebenso muss ein Link der Assoziation im Grade entsprechen, d. h. n-äre Assoziationen haben auch n-viele Links als Instanz. Die Multiplizität an den Enden eines Links ist folgerichtig auf genau 1 festgelegt und wird daher auch meist weggelassen. Ein Link darf nur Instanzbeschreibungen verbinden.

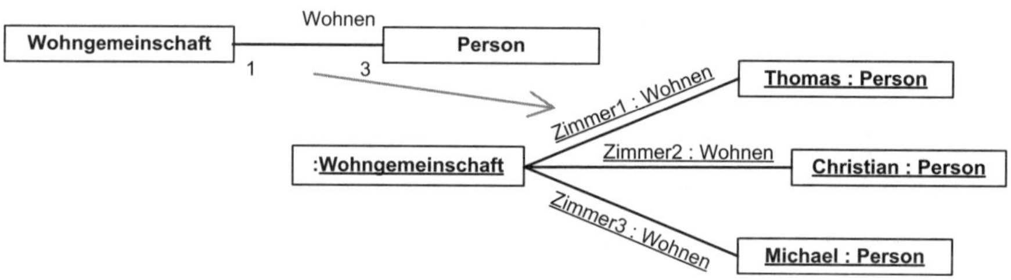

ABBILDUNG 8.14 Von der Assoziation zum Link

Anwendung

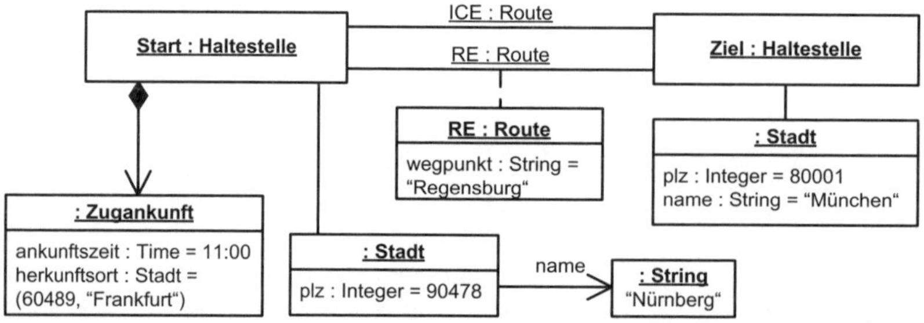

ABBILDUNG 8.15 Links in der Anwendung mit verschiedenen Notationen

9 Kompositionsstrukturdiagramm

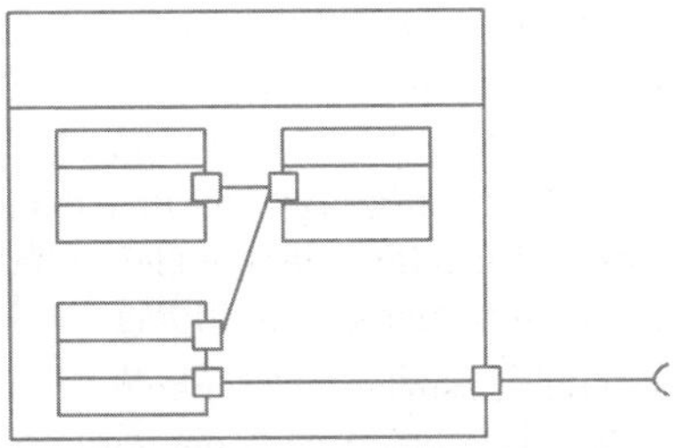

Ein Kompositionsstrukturdiagramm gibt Ihnen die Möglichkeit, die interne Struktur eines Classifiers (z. B. einer Klasse) sowie seine Interaktionsbeziehungen zu anderen Systembestandteilen zu beschreiben. Das Kompositionsstrukturdiagramm gibt Ihnen somit die Antwort auf die Frage: **„Wie sind die einzelnen Architekturkomponenten strukturiert und mit welchen Rollen spielen sie dabei zusammen?“**

9.1 Überblick

Was sind Kompositionsstrukturen?

Das Kompositionsstrukturdiagramm (Composite Structure Diagram) stellt Teile-Ganzes-Strukturen da. Um dies näher zu beleuchten, müssen wir zunächst klären, was solche Teile-Ganzes-Strukturen – auch Kompositionsstrukturen – genannt, überhaupt sind. Unsere Blickwinkel sind zum einen der *strukturell-statische* und zum anderen der *strukturell-dynamische*. Vereinfachend kürzen wir das Kompositionsstrukturdiagramm im Folgenden mit KSD ab.

Strukturell-statische Kompositionsstrukturen: Strukturierter Classifier

Stellen Sie sich unter solchen Strukturen z. B. ein System vor, das in Subsysteme zerlegt wird. Jedes Subsystem zerfällt wiederum in Komponenten und diese in Subkomponenten. Subkomponenten zerlegen sich in Klassen, die wiederum Attribute enthalten. Sie gewinnen dadurch eine klassische Top-down-Struktur, die Sie in baumartiger Form, z. B. als Klassendiagramm, darstellen können:

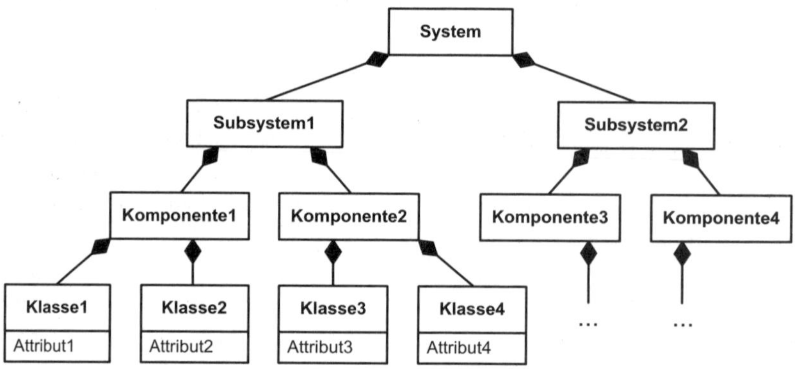

ABBILDUNG 9.1 Eine Kompositionsstruktur, die die statische Struktur des Systems zeigt

In der Praxis finden Sie derartige Strukturen bei sehr großen Anwendungen (denken Sie an ein Flugzeug oder an ein Schiff) bereits auf Systemebene (Hardware) oder auch rein in Software gegossen (z. B. bei einer GUI-Anwendung: Anwendung – Fenster – Menüleiste – Menüeintrag – Label).

Architekturdiagramm

Da diese Kompositionsstruktur die Grundarchitektur eines Systems widerspiegelt, wird das KSD ab und an auch *Architekturdiagramm* genannt.

Strukturell-dynamische Kompositionsstrukturen: Kollaboration

Hier stehen weniger die Gesamtstruktur und der Aufbau des Systems oder der Anwendung im Vordergrund, sondern vielmehr die *Funktion* und *welche Teile* des Systems zur Bearbeitung der Funktion nötig sind. Zur Realisierung einer Funktion oder eines Use-Cases sind in aller Regel mehrere Teile, z. B. Klassen, nötig. Die Objekte dieser Klassen arbeiten in gewisser Weise zusammen, rufen gegenseitig Funktionen auf, manipulieren Attribute, stehen irgendwie in Beziehung und realisieren somit die Funktion. Sie arbeiten zusammen (frz. collaboration) oder – in der UML/OO-Sprachwelt – bilden eine *Kollaboration*.

Bedenken Sie, dass eine Kollaboration aus der Menge aller Systembestandteile nur einzelne Teile herausgreift und hier auch nur bestimmte Attribute oder Beziehungen. Kollaborationen bilden also eine Art Sicht auf das System, so dass genau die Teile *in einer bestimmten Konfiguration* herausgegriffen werden, die zur Realisierung nötig sind.

Der methodische Ansatz bzw. die UML-Verwendung von Kollaborationen geht hier noch einen Abstraktionsschritt weiter: Anstatt die konkreten Systembestandteile zu nennen, definiert man zunächst die Aufgabe (den Use-Case) und modelliert die *Rollen,* die nötig sind, um diese Aufgabe zu erfüllen. Vergleichen Sie dies mit Ihrer Arbeit: in Ihrem Projekt muss eine bestimmte Aufgabe erledigt werden, dazu sind gewisse Schritte nötig, die von unterschiedlichen Rollen bearbeitet werden (z. B. brauchen Sie für die Erstellung eines Systems einen Analytiker, einen Designer, einen Programmierer und einen Tester). Wer letztendlich diese Rollen wahrnimmt, ob das Sie in einer One-Man-Show oder ein Team erledigen, wird durch diverse Faktoren bestimmt und kann von Projekt zu Projekt sehr unterschiedlich sein.

Kollaboration vs. Kollaborationsanwendung

Und genau so verhält es sich bei Kollaborationen: Sie definieren Rollen, die zusammenarbeiten und eine Aufgabe erfüllen. Welcher Systembestandteil, welche Klasse oder welche Operation die Rollen zur Laufzeit annehmen, kann variieren. Die UML unterscheidet also zwischen der Definition der Kollaboration (Engl. Collaboration) und ihrer Anwendung (Engl. CollaborationUse).

Was hat das aber mit Kompositionsstrukturen zu tun? Ganz einfach: Betrachten Sie die *Kollaboration als Ganzes* und die *Rollen als Teile.* Die Rollen sind in einer gewissen Konfiguration zusammengestellt (komponiert), um die Aufgabe zu lösen. Beachten Sie, dass es nur um die statische Zusammenstellung geht. Wie die Rollen wirklich zusammenarbeiten (Dynamik! Wer ruft wann was auf?), wird nicht dargestellt. Das bleibt dem Kommunikations- bzw. Sequenzdiagramm überlassen.

Sequenz-, Kommunikationsdiagramm ⇨ 15, 16

Um es konkret zu machen, betrachten Sie Abbildung 9.2, die sowohl die Definition einer Kollaboration `Arbeitsverhältnis` als auch deren Anwendung auf ein `Orchester` zeigt. Dabei wird dem `Dirigenten` die Rolle `Chef` und dem `Musiker` die Rolle `Mitarbeiter` zugewiesen. Die Symbolik erklären wir später.

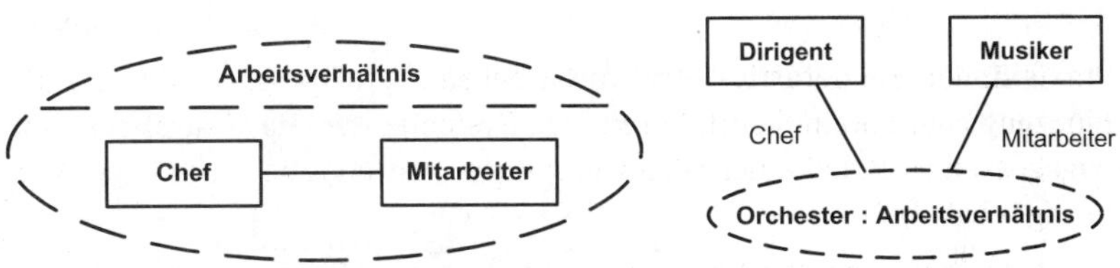

ABBILDUNG 9.2 Eine Kollaboration und ihre Anwendung

Warum brauche ich einen neuen Diagrammtyp?

Sie werden sich jetzt vielleicht die berechtigte Frage stellen, warum man für die Darstellung von derartigen Strukturen nicht ein Klassendiagramm nimmt und warum denn dazu mit dem Kompositionsstrukturdiagramm ein eigener Diagrammtyp notwendig ist. Warum das Klassendiagramm mitunter eine sehr schlechte und aufwändige Wahl ist, erklären wir im nächsten Abschnitt.

9.1.1 Motivation und Hinführung

Um die Notwendigkeit und den Einsatzzweck des KSDs zu verstehen, müssen wir etwas ausholen. Der Name lässt zunächst darauf schließen, dass es hier um die Darstellung von Kompositionen, also enge Teile-Ganzes-Beziehungen, geht. Wir haben diese spezielle Assoziation bereits im Klassendiagramm erläutert. Abbildung 9.3 zeigt nochmals deren Verwendung im Rahmen des Klassendiagramms.

ABBILDUNG 9.3 Die Komposition im Klassendiagramm

Schwächen der Kompositionsmodellierung

Wenn Sie sich intensiv mit der Modellierung solcher *Kompositionsstrukturen* beschäftigen, werden Sie feststellen, dass das Klassendiagramm hier deutliche Schwächen aufweist. Während die Modellierung einfacher Baumstrukturen wie in Abbildung 9.1 keine Probleme bereitet, führt die Einführung *von Assoziationen zwischen den Klassen* bereits zu einem nicht vertretbaren Aufwand. Zudem können einem Klassendiagramm unterschiedliche, korrekte, aber nicht gewünschte Laufzeitstrukturen entstehen. Aus diesem Grund wird die Komposition im KSD präziser gefasst. Abbildung 9.4 zeigt die zugehörige Notation.

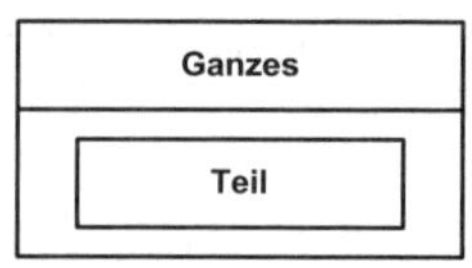

ABBILDUNG 9.4 Die Komposition im KSD

Unterschiedliche Semantik der Kompositionen

Beachten Sie! Die Komposition aus Abbildung 9.3 im Klassendiagramm und die Komposition in Abbildung 9.4 im KSD sind inhaltlich (semantisch) **NICHT** gleich. Es sind nicht nur Darstellungsvarianten! Warum das so ist, möchten wir Ihnen anhand der Probleme des Klassendiagramms im Umgang mit Kompositionen verdeutlichen. Das KSD löst diese Probleme durch implizite Annahmen und Regeln.

Problem 1

Problem 1: Im Klassendiagramm ist nicht sichergestellt, dass das Ganze genau *seine* Teile gruppiert.

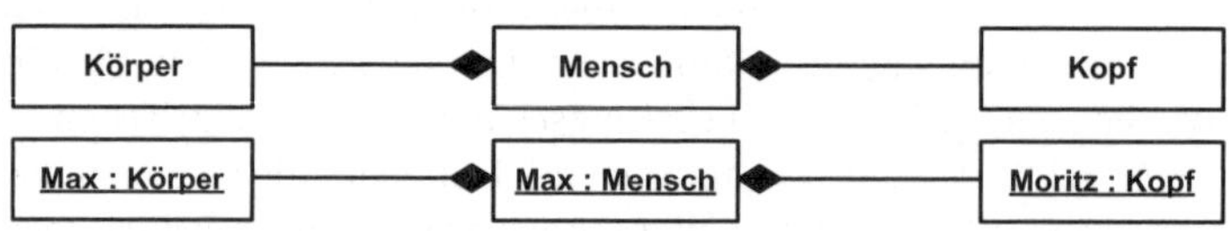

ABBILDUNG 9.5 Der Kopf von Moritz passt nicht zum Max

Abbildung 9.5 zeigt im oberen Teil ein Klassendiagramm, das die Zusammensetzung eines Menschen aus `Körper` und `Kopf` darstellt. Das darunter abgebildete Objektdiagramm ist konform zum Klassendiagramm, hat aber den Nachteil, dass der `Kopf` von `Moritz` zum `Max` gehört. Zur Laufzeit verklinkt das Objekt `Max` also nicht „seine" zugehörigen Objekte, sondern nur beliebige Objekte vom Typ `Körper` bzw. `Kopf`. Hier bleibt es also dem Programmierer überlassen, für eine korrekte Kombination zu sorgen. Das KSD der Abbildung 9.6

modelliert den gleichen Sachverhalt. Allerdings *erzwingt die Semantik* des KSDs, dass zum Erzeugungszeitpunkt des Mensch-Objekts auch automatisch die Instanzen von Körper und Kopf erstellt und untrennbar mit der Menschinstanz verbunden werden. Mit der Konsequenz, dass hier keine beliebigen Kombinationen erzeugt werden können und zur Laufzeit eine feste Strukturvorgabe entsteht. So sind die „Max"-Objekte in der gewünschten Weise gruppiert.

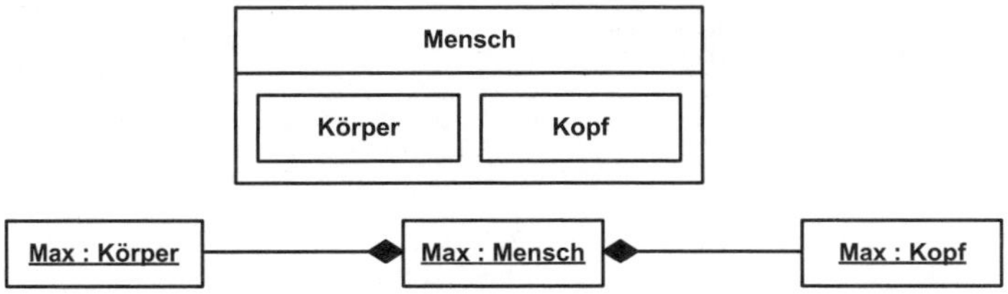

ABBILDUNG 9.6 Hier passt der Kopf zum Menschen

Part

Sie sehen den kleinen, aber feinen und wichtigen Unterschied zwischen beiden Diagrammen. Beachten Sie außerdem, dass `Körper` und `Kopf` in Abbildung 9.5 „normale" Klassen darstellen. Hingegen stehen sie in Abbildung 9.6 immer in Beziehung mit der Klasse `Mensch`, man sagt auch: sie sind Teil von Mensch. Sie werden mit der Klasse erzeugt und auch zerstört. Deswegen stellen `Körper` und `Kopf` in diesem Fall keine Klassen, sondern so genannte Parts (Teile) dar. Parts sind also immer in einem Kontext zu sehen.

Übrigens: Man hätte den gleichen Effekt wie in Abbildung 9.6 mit einem gewissen Aufwand auch im Klassendiagramm erzeugen können.

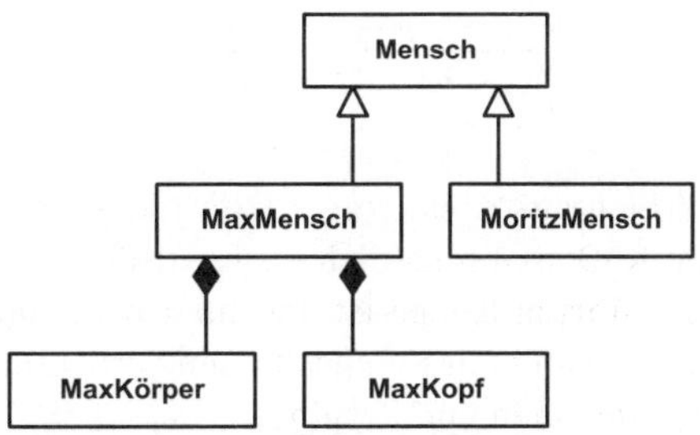

ABBILDUNG 9.7 Klassendiagramm, das auch einen kompletten Max liefert

Problem 2

Problem 2: Im Klassendiagramm ist nicht sichergestellt, dass die richtigen Teile in einem Ganzen korrekt verbunden sind. Abbildung 9.8 zeigt eine gängige Situation in einem Personenfahrzeug. Sie haben 4 Fenster und 2 Kippschalter für die elektrischen Fensterheber. Es sind bewusst nur 2 Kippschalter, da im Fond des Fahrzeugs die Personen noch (manuell) kurbeln müssen, während Fahrer und Beifahrer den Komfort einer elektrischen Bedienung genießen. Die Abbildung zeigt ein konformes Klassendiagramm, das leider wieder nicht das Gewünschte wiedergibt.

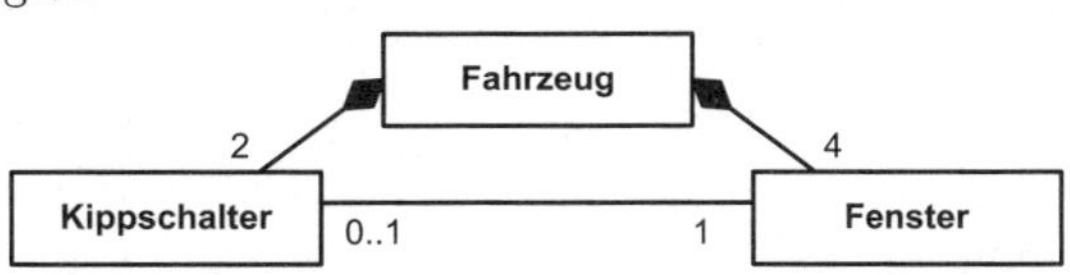

ABBILDUNG 9.8 Fahrzeug mit Kippschalter für elektrische Fensterheber

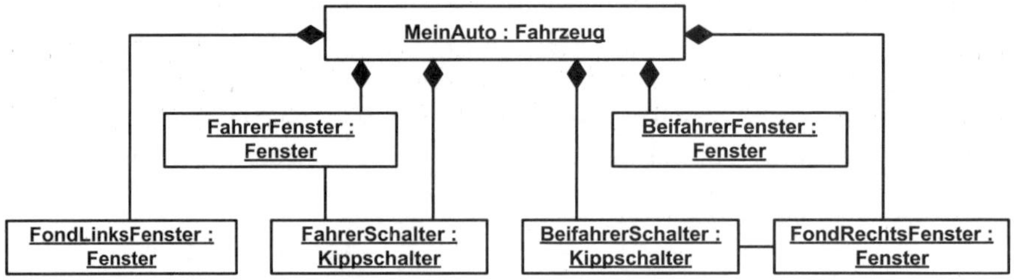

ABBILDUNG 9.9 Zu Abbildung 9.8 konformes, aber nicht gewünschtes Objektdiagramm

Im Objektdiagramm von Abbildung 9.9 sehen Sie das Problem: Während der `FahrerSchalter` noch mit dem richtigen, dem `FahrerFenster` verbunden ist, ist der `BeifahrerSchalter` mit dem falschen `Fenster` verbunden. Das Problem aus Abbildung 9.5 existiert hier ebenfalls: Wer garantiert, dass das Fahrzeug genau seine Schalter und Fenster verknüpft?

Zusammenfassend lassen sich Mengenverhältnisse (Assoziationen, Links) zwischen Instanzen, die in einer Komposition verbunden sind, mit einem Klassendiagramm nicht hinreichend genau beschreiben. Abhilfe schafft hier wiederum das KSD, das die Semantik enger fasst und in Abbildung 9.10 die Verhältnisse klarlegt.

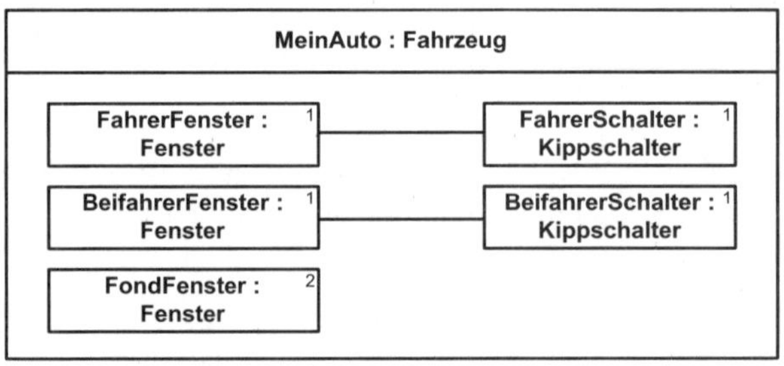

ABBILDUNG 9.10 Kompositionsstruktur zum Fensterheber

Abbildung 9.10 drückt implizit nämlich Folgendes aus:

1. Sobald eine Instanz von `Fahrzeug` erstellt wird, werden auch 4 Instanzen von `Fenster` und 2 Instanzen von `Kippschalter` erzeugt. Die `Fahrzeug`instanz steht mit diesen 6 Instanzen in Kompositionsbeziehung.
2. Eine `Fenster`instanz nimmt die Rolle `FahrerFenster` ein, eine `Fenster`instanz die Rolle `BeifahrerFenster`, *zwei* `Fenster`instanzen je die Rolle `FondFenster`, eine `Kippschalter`instanz die Rolle `FahrerSchalter` und eine `Kippschalter`instanz die Rolle `BeifahrerSchalter`. Jede Instanz spielt also ihren Part.
3. Die `Fenster`instanz, die die Rolle `FahrerFenster` einnimmt, ist mit der `Kippschalter`instanz, die den `FahrerSchalter` repräsentiert, verbunden. Die `Fenster`instanz, die die Rolle `BeifahrerFenster` einnimmt, ist mit der `Kippschalter`instanz, die den `BeifahrerSchalter` repräsentiert, verbunden. Die Verbindungen (Linien) werden Konnektoren genannt.

Mit diesen Regeln würde sich eindeutig das Objektdiagramm aus Abbildung 9.10 ergeben.

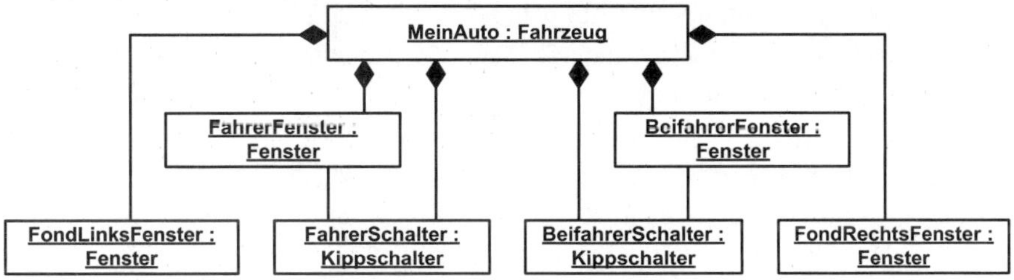

ABBILDUNG 9.11 Zu Abbildung 9.10 konformes Objektdiagramm

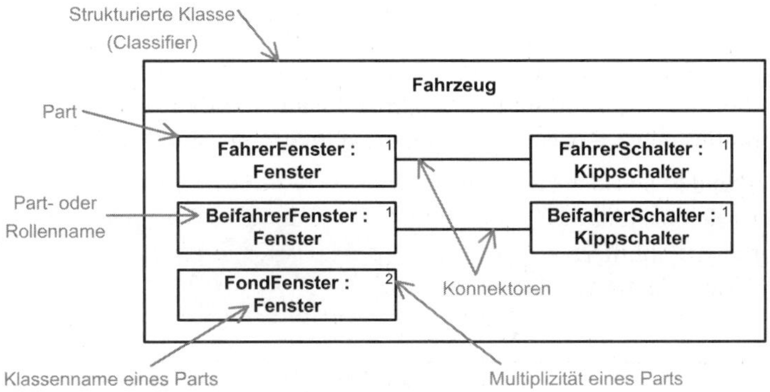

ABBILDUNG 9.12 Die wichtigsten Notationselemente im KSD

Hauptelemente eines KSD

Die Abbildung zeigt zudem alle wesentlichen Elemente eines KSDs. Die bereits bekannten Parts mit Partname und Klassenname und die so genannten Konnektoren (siehe Abbildung 9.12).

Dabei sind die Bestandteile wie folgt zu interpretieren:

Strukturierte Klasse (Classifier) ist die Klasse bzw. der Classifier, der sich aus einzelnen Teilen zusammensetzt (komponiert).

Part ist ein Teil eines umschließenden (strukturierten) Classifiers, z. B. ist das Fenster ein Teil des Fahrzeugs. Sie können einen Part vereinfacht auch als Attribut einer Klasse in einem bestimmten Kontext sehen.

Der *Part- oder Rollenname eines Parts* beschreibt die *spezifische* Nutzung eines Parts einer Einheit, d. h. zum Beispiel wird eine Instanz von Fenster als FahrerFenster und eine Instanz als BeifahrerFenster genutzt.

Der *Klassenname eines Parts* repräsentiert den Typ des Parts, d. h. zum Beispiel eine Instanz vom Part Fenster ist vom Typ der Klasse Fenster.

Die *Multiplizität eines Parts*, bestimmt, wie viele Instanzen dieses Parts in einer Instanz des strukturierten Classifiers enthalten sind.

Konnektoren sind die Verbindungen zwischen *Parts*, ähnlich wie Assoziationen die Verbindungen zwischen Klassen darstellen. Da aber Parts Klassen in einem bestimmten Kontext unter einer bestimmten Konfiguration mit einer übergeordneten Einheit darstellen, sind die Konnektoren auch eine Verbindung in einem bestimmten Kontext und unterscheiden sich daher von Assoziationen. Sehr vereinfacht ausgedrückt, lässt sich sagen: Konnektoren sind

Assoziationen, für die bestimmte Regeln gelten bzw. die nicht so viele Freiheitsgrade wie Assoziationen zulassen. So verbindet die Assoziation in Abbildung 9.8 einen Kippschalter mit einem Fenster. Der Konnektor in Abbildung 9.9 hingegen verbindet genau einen Kippschalter, der die Rolle FahrerSchalter hat, mit dem Fenster, das das FahrerFenster repräsentiert.

Das KSD ist somit ein eigenständiges Diagramm mit eigenen Notationselementen. Es weist jedoch eine sehr starke Verwandtschaft mit dem Klassendiagramm auf. Streng genommen lassen sich die Restriktionen für die Instanzbildung und -verknüpfung, die das KSD vorgibt – mit sehr viel Aufwand – auch in einem Klassendiagramm erreichen. Dabei wird reichlich von Spezialisierungen und Eigenschaftswerten an Assoziationsenden Gebrauch gemacht. Das Klassendiagramm hat den Nachteil, dass zumindest die Klassenzahl wächst. Auf der anderen Seite modelliert es die Sachverhalte *explizit*, die das KSD *implizit* annimmt.

Typ- vs. Instanzebene

Alle bisher dargestellten KSDe zeigen keine Instanzen, sondern Typen und geben nur Regeln und Grenzen für die Laufzeit vor. Das KSD lässt sich aber auch auf die Instanzebene „ziehen". Abbildung 9.13 zeigt das KSD von Abbildung 9.10 auf Instanzebene. Sie sehen die aus dem Objektdiagramm bekannte Unterstreichung und den sehr komplexen Namen, der sich wie folgt zusammensetzt:

`Objektname / Partname : Klassen(Classifer)name`

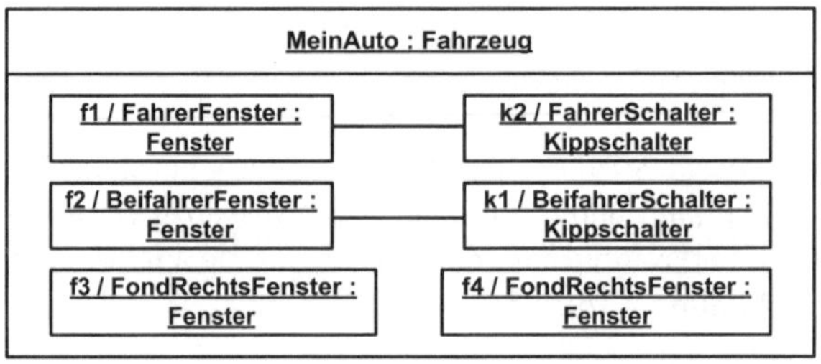

ABBILDUNG 9.13 Ein Kompositionsstrukturdiagramm auf Instanzebene

Problem 3

Problem 3: Es ist nicht ausgeschlossen, dass komplett falsche Instanzkonstellationen durch *gemeinsam genutzte* Klassen entstehen.

Wir ändern dazu das obenstehende Klassendiagramm und nutzen die Klasse Fenster auch im Rahmen einer Klasse Haus. Zusätzlich wird das Fenster mit einer Fensterbank assoziiert.

Probleme der Wiederverwendung

Es ist offensichtlich, dass hier folgende Probleme (neben den bereits erwähnten) entstehen: Ein Fahrzeug könnte ein Fenster mit einer Fensterbank bekommen. Umgekehrt könnten natürlich die Fenster im Haus plötzlich mit Kippschaltern versehen werden. Auch Kombinationen davon sind denkbar (Fenster mit Bank und Schalter). Viel schlimmer ist, dass die Objekte aufgrund der nötigen zu 0..-Beziehungen auch dauerhaft getrennt instanziierbar sind und dabei keine Verbindung (Link) besitzen.

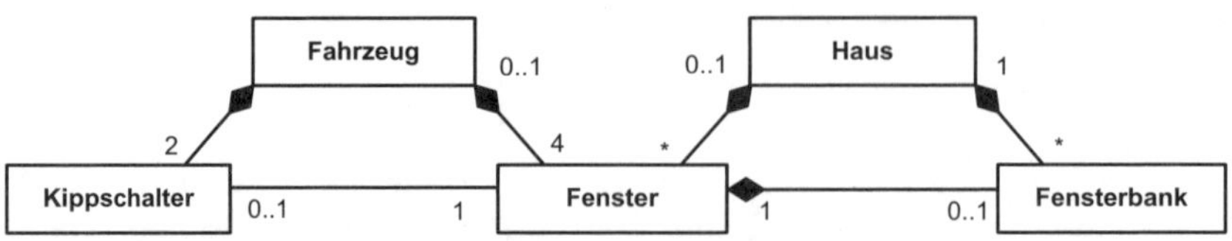

ABBILDUNG 9.14 Nutzung der Klasse `Fenster` in verschiedenen Anwendungen

Für die Lösung dieses Problems wie auch für alle anderen geschilderten Probleme brauchen Sie *zusätzlich* zum Klassendiagramm ein oder zwei Kompositionsstrukturdiagramme, um die Verhältnisse zur Laufzeit klar zu legen.

9.1.2 Modellieren von Kollaborationen

Komposition von Rollen

Nachdem wir in der Hinführung eher die strukturell-statischen Kompositionen betrachtetet haben, wollen wir uns jetzt kurz die strukturell-dynamischen betrachten. Bereits das Beispiel aus Abbildung 9.15 zeigt die Analogie zu den bisher behandelten Kompositionsstrukturen. Statt eines Rechtecks für das Ganze wird eine gestrichelte Ellipse verwendet, die den dynamischen (Use-Case-)Charakter hervorhebt.

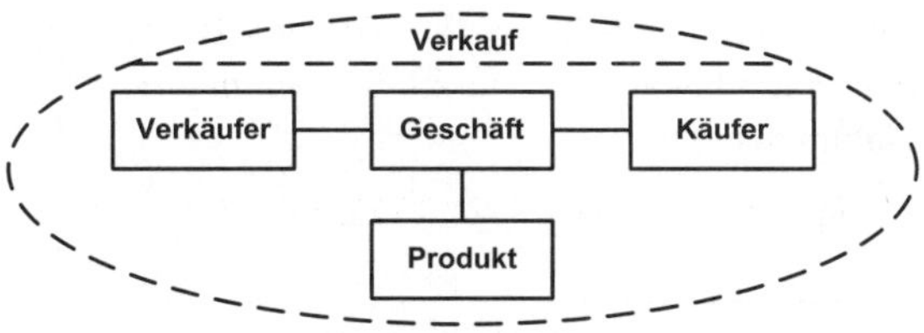

ABBILDUNG 9.15 Definition der Kollaboration `Verkauf`

Hier wird nicht die statische Struktur abgebildet, sondern das statische Zusammenwirken von Rollen. Diese Rollen sind nötig, um einen `Verkauf` abzuwickeln. Eine Kollaboration definiert sozusagen einen Prototyp oder ein Muster, das Sie auf die Elemente Ihres Anwendermodells legen (Abbildung 9.16).

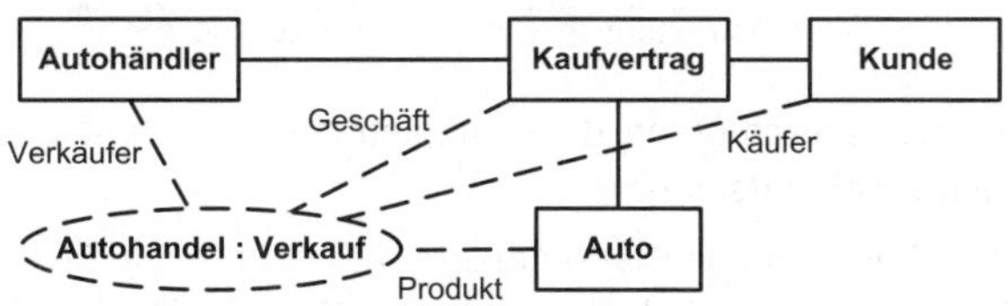

ABBILDUNG 9.16 Anwendung der Kollaboration `Verkauf`

Die Parts einer Kollaboration stellen den Rollengedanken noch stärker in den Vordergrund. Die Parts werden hier auch durch Konnektoren verbunden. Der wesentliche Unterschied zu statischen Kompositionsstrukturen ist die so genannte Kollaborationsanwendung, also das Anwenden einer Kollaboration, wie in Abbildung 9.16 gezeigt. Ansonsten kennt die UML keinen Unterschied zwischen einer Kollaboration und einer eher statischen Kompositionsstruktur, beide werden als so genannte „Strukturierte Classifier" bezeichnet. Beide repräsentieren Classifier und dürfen daher spezialisiert (Vererbung) werden. Dies ist in der Praxis aber eher unüblich. Zudem treten meist nur strukturierte Klassen und Komponenten und nicht alle Classifier auf.

Die an einer Kollaboration beteiligten Instanzen existieren bereits vorher und gehören somit nicht zur Kollaboration. Die Kollaboration sorgt lediglich dafür, dass die Instanzen zusammengebracht und miteinander verbunden werden. Sie zeigt also nur, welche Instanzen beteiligt sind, welche Rollen diese – die oft durch die Schnittstellen beschrieben werden, die sie bietet und nutzt – bekleiden und welche Aufgabe sie durchführen müssen. Sie trifft keine Aussage darüber, welche Classifier zur Spezifizierung der Instanzen herangezogen werden.

9.1.3 Kapselung durch Ports

Eng mit dem Partkonzept verbunden sind die so genannten Ports. Dies sind streng genommen nur spezielle Parts. Sie werden daher auch mit dem umgebenden Classifier (Klasse) erzeugt und dürfen einen Typen bzw. eine Rollenangabe besitzen. Ports werden aber anders eingesetzt als Parts. Sie dienen in erster Linie nicht der inneren Strukturierung eines Classifiers, sondern definieren Kommunikationsschnittstellen, die den strukturierten Classifier (die strukturierte Klasse) nach außen abschotten (abkapseln). Die UML spricht daher auch von einem gekapselten Classifier (Encapsulated Classifier), der eine Spezialisierung des strukturierten Classifiers darstellt. Abbildung 9.17 zeigt einen gekapselten Classifier mit Ports, die als kleine Quadrate auf die Kanten des Classifiers oder seiner Parts gesetzt werden.

Encapsulated Classifier

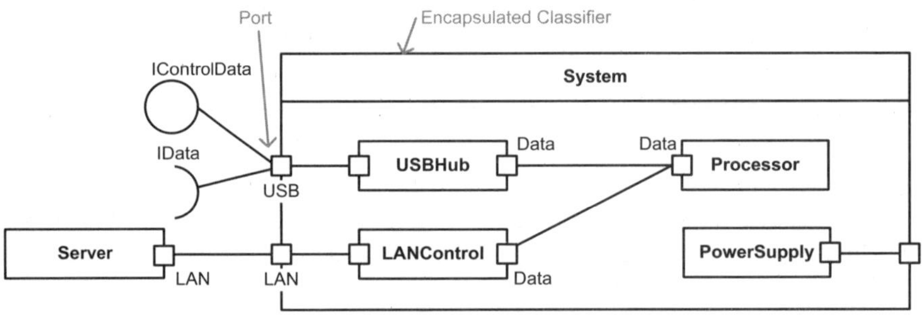

ABBILDUNG 9.17 Anwendung von Ports bei einem gekapselten Classifier

Mit Ports wird ein Classifier von seiner Umgebung getrennt indem man ihn mit einem Zugangspunkt ausstattet, der die Interaktionen zwischen den internen Strukturen und der Umgebung des Classifiers durchführt. Um verschiedene Interaktionen auszuführen, kann ein Classifier auch über mehrere Ports verfügen. Welche Aktionen gestartet werden, hängt also davon ab, auf welchem Port eine Nachricht eingetroffen ist. Durch diese Trennung ist es möglich, den Classifier entsprechend seiner durch die Ports definierten Einsatzfähigkeiten wieder zu verwenden. Je nach Implementierung kann man den Port als eigenständige Instanz sehen, die beim Erzeugen seines Eigentümers (Classifier, Part) automatisch mit erzeugt wird und die Aufrufschnittstelle des Eigentümers umleitet. Sämtliche Kommunikation läuft dann über den Port. Dieser wird daher in der Literatur manchmal mit einem Briefkasten verglichen.

9.2 Anwendungsbeispiel

Abbildung 9.18 zeigt die Beschreibung eines `Einkaufs` in Form eines Kollaborationstyps und seiner Teilnehmer. Ein `Einkauf` hat, wie im oberen Teil der Zeichnung dargestellt, zwei Beteiligte, den `Kunden` und den `Laden`. Im rechten Teil des Bildes ist die interne Struktur eines `Hauses` dargestellt.

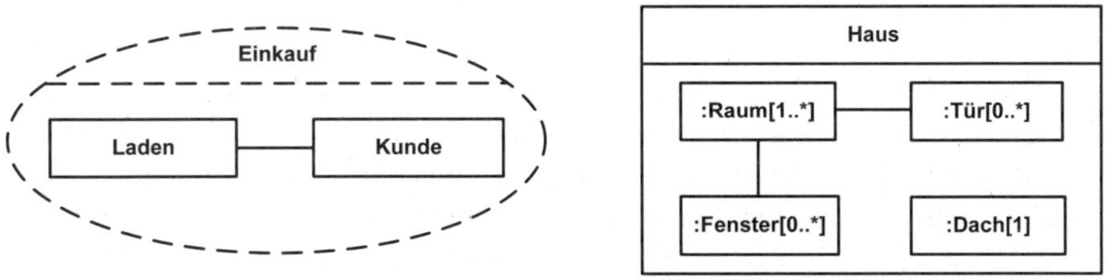

ABBILDUNG 9.18 Kollaborationstyp `Einkauf` und strukturierte Klasse `Haus`

9.3 Anwendung im Projekt

Innerhalb eines Projektes kann das Kompositionsstrukturdiagramm in verschiedenen Entwicklungsphasen eingesetzt werden. Zunächst findet es seinen Platz in den frühen Entwurfsphasen zur abstrakten Dokumentation des Zusammenwirkens der einzelnen Architekturkomponenten. Anschließend können die im Kompositionsstrukturdiagramm dargestellten Systembestandteile iterativ ausdetailliert werden. Hierzu lässt sich ihre interne Struktur schrittweise verfeinern. Kollaborationen werden insbesondere bei der Umsetzung bzw. dem Design von Use-Cases ausgelegt.

9.3.1 Darstellung einer Architektur

Das KSD eignet sich auch zur Darstellung von Top-down-Strukturen, wie sie im Grobentwurf der Soft- und Systemarchitektur benötigt werden. Abbildung 9.19 zeigt ein solches „Architekturdiagramm“. Sie sehen mehrfach geschachtelte Parts, die in diesem Fall größere Einheiten und Komponenten repräsentieren. Häufig stehen Parts auch für ganze Schichten eines Systems. Die gesamte Kopplung wird intern über Ports gekapselt und extern über Ports mit Schnittstellen definiert.

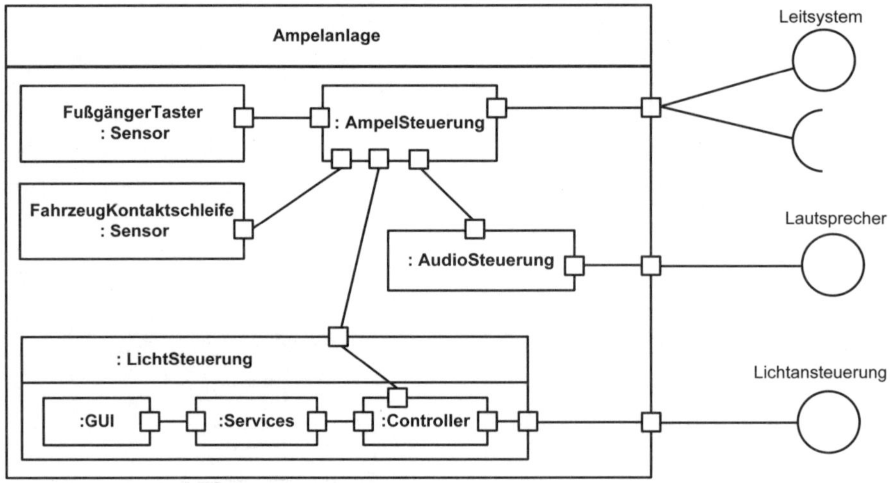

ABBILDUNG 9.19 Grobarchitektur einer Ampelanlage

9.3.2 Struktur einer Use-Case-Realisierung

Design für Use-Cases

Insbesondere im Umfeld des Vorgehensmodells „Rational Unified Process" ist der Begriff der Use-Case-Realisierung etabliert. Sie stellt den ersten Schritt im Design eines Systems dar, in dem der Designer oder Architekt einen Use-Case aus der Analyse realisiert. Das heißt, er versucht durch das Zusammenspiel von Komponenten bzw. Klassen den Ablauf des Use-Case nachzubilden. Typischerweise wird er dazu auch ein Sequenz- oder Kommunikationsdiagramm einsetzen. Allerdings wird er nie alle Elemente des Systems und die Elemente in verschiedenen Use-Case-Realisierungen auch in verschiedenen Rollen nutzen. Genau dies leistet eine Kollaboration, die bekanntlich einen speziellen Blick auf eine *statische Struktur* wirft. Abbildung 9.20 zeigt eine Kollaboration als „Verfeinerung" eines Use-Cases. Die Kollaboration könnte auch zur Architekturdokumentation sehr generisch ausgelegt werden, um die Rollen von Komponenten zu zeigen. Typischerweise werden zusätzlich relevante Operationen eingetragen oder die Kollaboration mit einem Verhaltensdiagramm zur Use-Case-Realisierung (Struktur und Dynamik) vervollständigt.

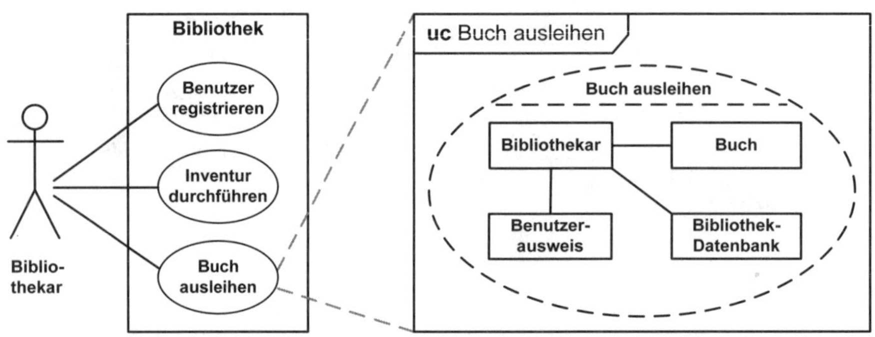

ABBILDUNG 9.20 Kollaboration `Buch ausleihen` zur Realisierung des Use Cases

9.3.3 Kennzeichnung und Visualisierung von Design-Pattern

Die z. B. aus [GOF01] bekannten Design Pattern stellen erprobte Lösungen zu Problemstellungen des Softwaredesigns dar. Die dort definierten Muster beschreiben, bewusst generisch in Rollenform das Zusammenspiel verschiedener Elemente (meist Klassen) zur Lösung einer bestimmten Aufgabe. Die Muster sind dadurch auf gleichartige Probleme wiederholt anwendbar. Genau diese Idee liegt auch den Kollaborationen zu Grunde, so dass diese häufig zur Definition von Mustern herangezogen werden. Die Anwendung eines Design Patterns kann und sollte in einem Modell dokumentiert werden. Dies lässt sich durch eine Kollaborationsanwendung mit UML-Mitteln elegant umsetzen. Abbildung 9.21 zeigt die Definition des ModelViewControllers und seine Anwendung im Modell in sehr vereinfachter Form.

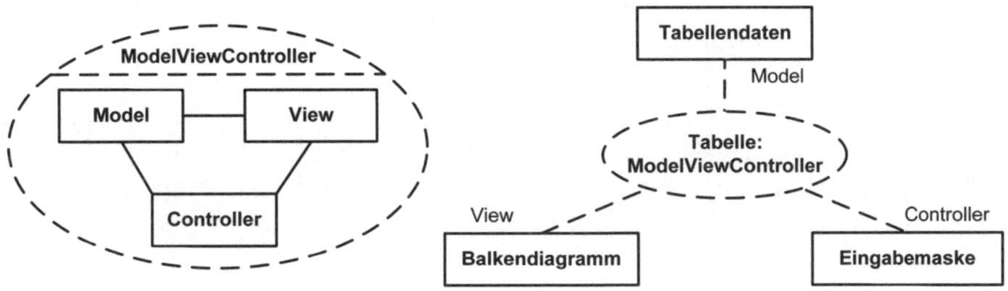

ABBILDUNG 9.21 Design-Pattern ModelViewController

Architectural Modeling Capabilities of UML 2

Bran Selic, Malina Software Corp, selic@acm.org

By analogy, the term "architecture" is applied quite commonly when referring to software systems - although other analogies may be more appropriate. It denotes the top-level structural and behavioral organization of a system and the corresponding key design principles and constraints that are behind them. The analogy, of course, stems from building design, in which an architect defines the general form and broad outlines of an edifice, leaving the more detailed aspects (e.g., plumbing, electrical systems, etc.) to be worked out by various domain experts. (Perhaps a more apt analogy lies in the legal domain, where a "software architecture" can be likened to a *constitution* - the set of overarching legal principles to which all specific laws of a country must comply.) Just like their more traditional engineering counterparts, software architects rely heavily on models.

The need to more directly support certain key design patterns that appear in software architecture was identified as a primary requirement for UML 2.0. The following two areas were the subject of particular focus:

- A more refined capability to represent certain role-based structural patterns (as opposed to the more generalized class-based patterns).
- An expanded capability to represent complex end-to-end interaction sequences at higher levels of abstraction.

Structure Modeling

For the structural part of architectural modeling, the primary sources for the new constructs came from three distinct sources:

- The ACME language of David Garland and colleagues at Carnegie-Mellon University [GMW97]. The intent of this effort was to capture, in a single metamodel, the basic architectural constructs defined in various architectural description languages (ADLs).
- The UML-RT profile, defined by Selic and Rumbaugh [SR98]. This was an ADL profile of UML originally intended for specifying large-scale real-time software systems.
- The ITU-T SDL standard [ITU02], a domain-specific language for defining telecommunications protocols.

The basic modeling concepts in all three of these were quite closely matched and were easily consolidated and merged with existing role-based modeling capabilities found in UML collaboration diagrams. The result is the general concept of a *structured classifier*. This represents a topology of collaborating objects, called *parts*, whose interconnections are explicitly identified by communication channels called *connectors*.

This general concept is then refined in two ways. One refinement is a slightly evolved version of the traditional UML collaboration concept in which the parts represent abstract roles. The other refinement is the new concept of a structured class. In essence, a structured class is a UML class that can have both an internal and an external structure. The internal structure of such a class can be viewed as an encapsulated collaboration, whose parts and connectors are automatically created when an instance of the structured class is created. Since the parts of this internal structure can themselves be instances of a structured class, it is possible to realize hierarchical structures to an arbitrary depth.

The external structure of a structured class is represented by a set of ports. A *port* is a distinct interaction point on a structured class that provides a means for a structured object to *distinguish* between two or more, possibly concurrent, external transactions. Like the pins on a hardware chip, ports are dedicated and specialized interaction points that also serve to *insulate* the internal parts from explicit knowledge of external collaborators. This decoupling effect is fundamental to realizing a true component-based approach characteristic of sound software architecture.

Note that, from a formal language perspective, a structured class in UML is not differentiated from a "simple" class. A structured class just happens to be a standard UML class with structural attributes such as ports, parts, etc. It is even possible, for example, for a structured class to have a superclass that is not structured. In addition to the extended basic class concept, UML 2 also supports the component construct. This is simply a slightly refined version of the basic (structured) class concept, with a few additional features provided for backward compatibility with earlier versions of UML. However, these differences are of no particular relevance to software architects, so that they can use either UML classes or UML components in their work with no difference in expressive power. (A widespread misunderstanding is that only UML components provide the structural modelling capabilities required by architects.)

Interaction Modeling

For modeling behaviour at higher levels of abstraction, the primary architects' tool is the concept of interactions. The primary source for this, was another ITU-T MSC standard for describing interactions in a system of collaborating components [ITU04]. The essential innovation here is the ability to define complex interactions by combining simpler interactions. This kind of hierarchical composition can be applied repeatedly to an arbitrary level. Clearly, this is analogous to the way that the parts of a structured class can be instances of other structured classes. The metamodel of interactions in UML 2 defines a number of common ways of combining interactions into more complex interactions, including parallel composition, alternatives composition, looping constructs, etc.

Conclusion

Interaction modeling is closely coupled to structure modeling and, in particular, to structured classifiers, since the participants in an interaction can be identified with the parts of a structured classifier. This combination provides a comprehensive and very powerful set of modeling tools for the software architect capable of describing sophisticated software architectures at many levels of abstraction.

Bran Selic retired from IBM as an IBM Distinguished Engineer in 2007 and is currently president of Malina Software Corp. He was one of the primary contributors to the original UML standard and also co-leader of the UML 2 design team. For five years (2003 - 2007), he was chair of the official UML 2 language task force at the OMG. He is still an active participant in this group as well as in the team working on a new simplified version of the standard. ■

9.4 Notationselemente

9.4.1 Part

Definition

A **part** references the properties specifying instances that the classifier owns by composition.

Notation

Ein Part wird als Rechteck (siehe Abbildung 9.22) innerhalb eines ihn umgebenden strukturierten Classifiers/einer Klasse gezeichnet. Die Syntax für die Partbezeichnung lautet: `Part(Rollen)name : Parttyp [Mulitplizität]`. Alternativ kann die Multiplizität auch ohne eckige Klammern oben rechts im Eck eingetragen werden (Bild Mitte). Das Rechteck wird gestrichelt gezeichnet, wenn die Partinstanz *nicht* mit der Classifierinstanz in Komposition steht, sondern einem anderen Classifier zugeordnet ist. Auf Instanzebene wird der Instanzname des Parts, mit einem Slash abgetrennt, dem Partnamen vorangestellt (Bild rechts).

Multiplizität ⇨ 6.4.2

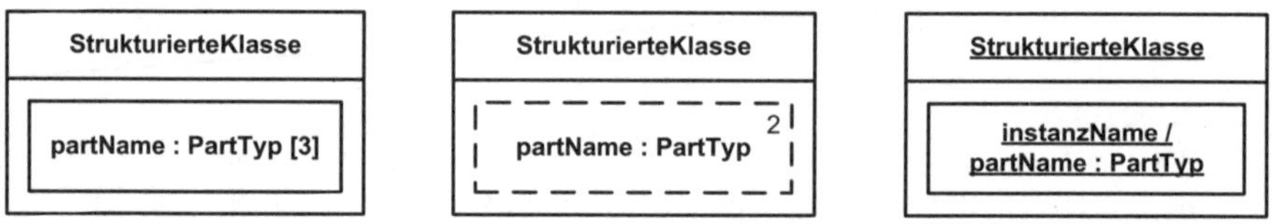

ABBILDUNG 9.22 Ein Part innerhalb einer Klasse

Beschreibung

Parts sind Teile eines Classifiers, die bei dessen Instanziierung mit instanziiert werden und danach eine bestimmte Rolle einnehmen. Sie strukturieren den Classifier und stehen mit ihm in Kompositionsbeziehung. Parts können durch Attribute oder andere Classifier gebildet werden. Für eine detaillierte Einleitung und die Regeln im Zusammenhang mit Parts lesen Sie bitte weiter oben Abschnitt 9.1.

⇨ 9.1

Parts sind insbesondere im Zusammenhang mit der Instanziierung/Destruktion des umschließenden Classifiers interessant. Sie werden in aller Regel mit dem Classifier oder kurz danach erzeugt und mit ihm zerstört. Die Menge der Partinstanzen richtet sich nach der Multiplizität des Parts. Durch Parts wird die Laufzeitkonfiguration eines strukturierten Classifiers definiert. So können auch feine Unterscheidungen zwischen den Rollen der Parts getroffen werden.

Anwendung

Abbildung 9.23 zeigt die typische Zerlegung einer strukturierten Klasse `Anwendungsfenster` in mehrere Teile (Engl. Parts). Die einzelnen Teile werden teilweise nochmals strukturiert. Für das Laufzeitverhalten würden bei Erzeugung eines Fensters automatisch seine Bestandteile mit erzeugt.

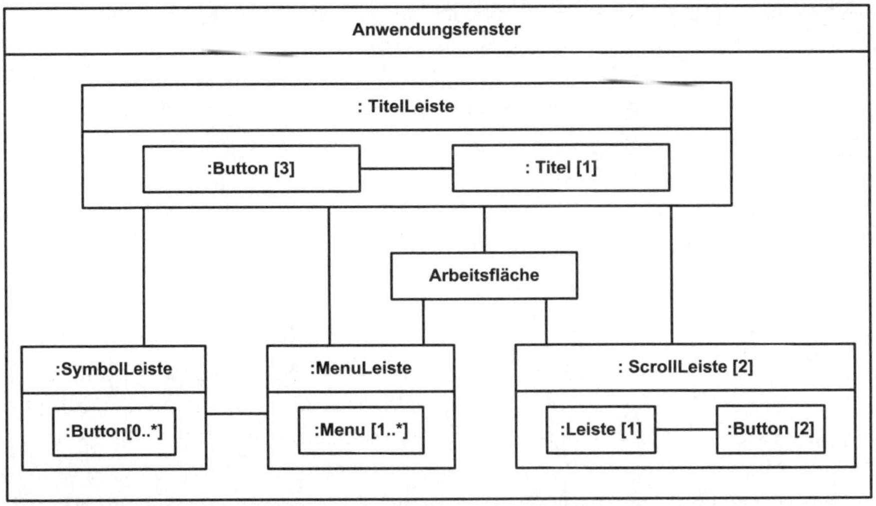

ABBILDUNG 9.23 Fenster einer Anwendung

9.4.2 Konnektor

Definition

Specifies a link that enables communication between two or more instances.

Notation

Ein Konnektor (connector) wird ähnlich wie eine Assoziation als einfache durchgezogene Linie dargestellt. Die Beschriftung `Konnektorname:Konnektortyp` ist optional. Die Enden des Konnektors können wie auch die Assoziation mit Namen und Multiplizitäten versehen werden.

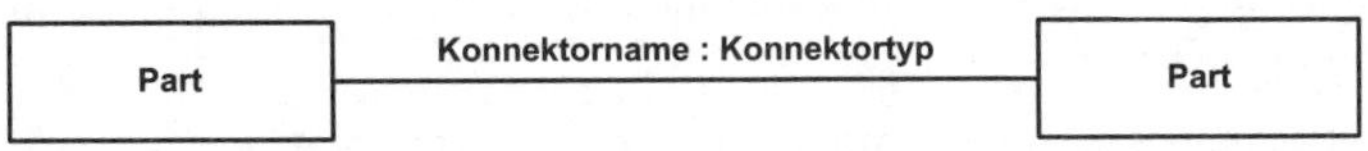

ABBILDUNG 9.24 Notation eines Konnektors zwischen zwei Parts

Beschreibung

Konnektor

Ein Konnektor spezifiziert eine Kommunikationsverbindung zwischen so genannten *verbindbaren Elementen (connectable elements)* und damit insbesondere zwischen Parts und Parts, Parts und Ports oder Ports und Ports bzw. genauer zwischen deren Instanzen. Der Unterschied zu einer Assoziation liegt in der Definition und Anwendung von Parts begründet (siehe dazu insbesondere Abschnitt 9.1). Parts sind Teile eines Classifiers, die bei Instanziierung eine *gewisse Rolle unter bestimmten Regeln* einnehmen. Ein Konnektor verbindet dabei genau Parts in einer bestimmten Rolle mit bestimmten Regeln. Eine Assoziation verbindet hingegen allgemeine Klassen, die in beliebigen Rollen agieren können. Denkbar wäre jedoch Folgendes:

⇨ 9.1

Zwei Klassen K1 und K2 bilden die Typen der Parts P1 und P2. Die Klassen sind durch die Assoziation A verbunden. Dann könnten die Parts P1/P2 durch einen Konnektor K *vom Typ* A verbunden sein. Eine Assoziation kann somit als Typ des Konnektors fungieren, denkbar wären aber auch Referenzen (Zeiger), Netzwerkverbindungen, Variablen usw.

Star-Connector-Pattern

Mit Multiplizitäten an den Konnektorenden werden die verbundenen Instanzmengen quantifiziert. Bei identischen Multiplizitäten und der Anzahl von Instanzen werden diese über das so genannte Star-Connector-Pattern verbunden. In Abbildung 9.25 ist jede Instanz a mit zwei Instanzen b verbunden und umgekehrt.

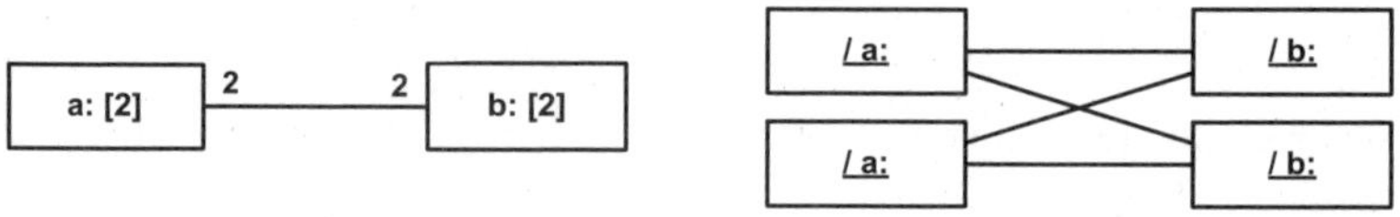

ABBILDUNG 9.25 Star-Connector-Pattern

Array-Connector-Pattern

Sollte die Multiplizität eines Parts größer als die am Konnektorende sein, ergibt sich das Array-Connector-Pattern aus Abbildung 9.26. Dabei ist jede Instanz a mit genau einer Instanz b verbunden und umgekehrt.

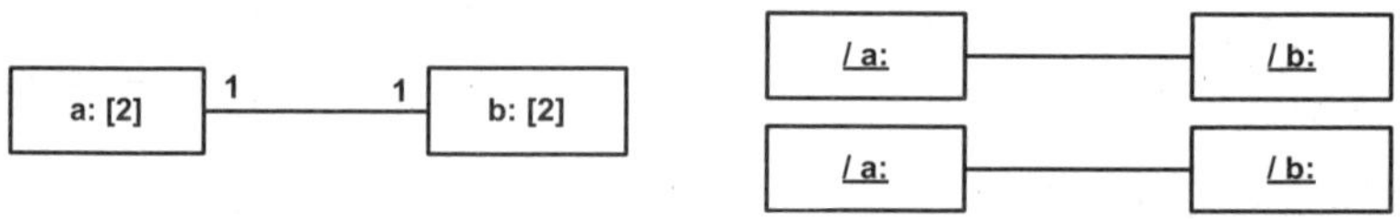

ABBILDUNG 9.26 Array-Connector-Pattern

Anwendung

Abbildung 9.27 zeigt die Teile einer `Telefonanlage`, die nur via Ports kommunizieren. Die Kommunikationskanäle sind durch unbeschriftete Konnektoren skizziert.

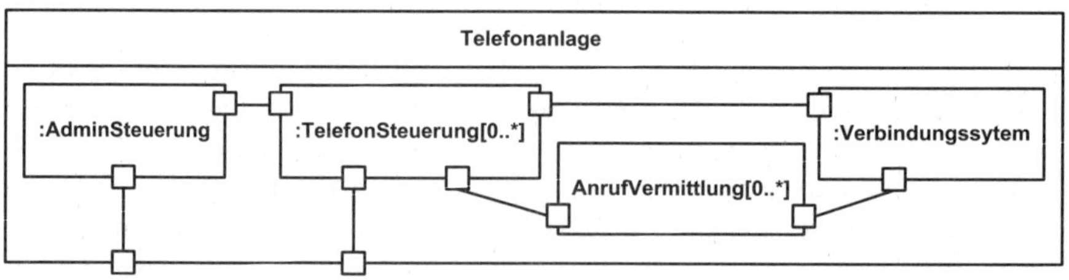

ABBILDUNG 9.27 Telefonanlage mit Konnektoren zwischen Ports

9.4.3 Port

Definition

A **port** is a property of a classifier that specifies a distinct interaction point between that classifier and its environment or between the (behavior of the) classifier and its internal parts.

Notation

Ein Port wird als kleines Quadrat notiert, das auf der Umrandung eines Classifiers bzw. Parts angebracht ist. Optional kann der Portname und sein Typ angegeben werden. Mehrere unbenannte Ports drücken immer *unterschiedliche* Ports aus.

Ports dürfen mit beiden Schnittstellenarten versehen werden. Zudem wird ein Verhaltensport mit einer Linie zur Ellipse symbolisiert.

Schnittstelle ⇨ 6.4.4

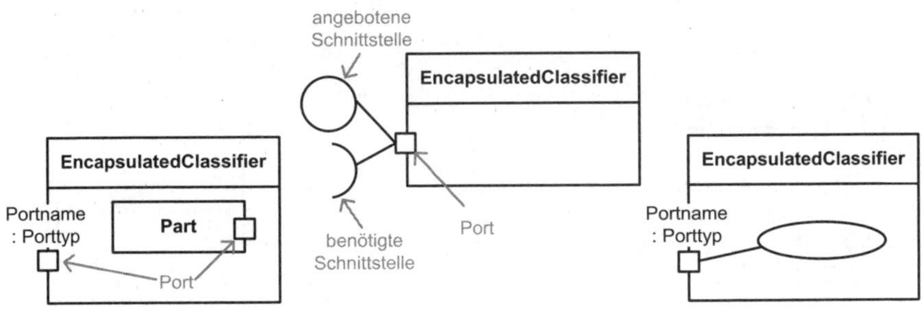

ABBILDUNG 9.28 Notationen eines Ports

Beschreibung

Ein Port ist ein Kommunikationspunkt zwischen einem Classifier (einer Klasse) oder einem Part und seiner Außenwelt. Der Begriff Kommunikationspunkt ist dabei sehr abstrakt gefasst und kann in der Implementierung vollkommen unterschiedlich abgebildet werden. Typischerweise wird ein Port durch eine Klasse mit öffentlichen Operationen umgesetzt. Anstatt mit dem eigentlichen Classifier zu kommunizieren, wird die Schnittstelle (die Operationen) der Portklasse genutzt. Man kapselt den Classifier durch Ports ab. Dies gilt übrigens auch umgekehrt, falls vom Inneren eines Classifiers Daten oder Aufrufe nach außen erfolgen. Die Idee der Ports kommt ursprünglich aus der objektorientierten Modellierung von eingebetteten und Echtzeit-Systemen [SGW94]. Ziel ist es, eine Klasse oder eine Komponente auf ihre Ports zu reduzieren. Sind die Ports definiert, könnte jede *beliebige* Klasse diese Ports realisieren, ohne dass sich für die Außenwelt etwas ändert. Ports können dabei diverse Zusatzaufgaben wie Filterung, Caching oder Protokollüberwachung übernehmen. Bei der letzten Aufgabe lassen sie sich hervorragend mit einem Protokollzustandsautomaten verknüpfen. Der Automat definiert dabei die Reihenfolge der Operationen, die an einem Port aufgerufen werden dürfen.

Kommunikationsschnittstelle

Ein Port kann einen Aufruf über einen Konnektor an einen internen Part weiterleiten. Auch die Weitergabe an den umschließenden (gekapselten) Classifier ist möglich. Dessen Verhalten lässt sich durch ein Verhaltensdiagramm (z. B. Zustandsautomat) beschreiben. Derartige Ports werden auch *Verhaltensports* genannt, da sie die eingehende Kommunikation (z. B. in

Protokollzustandsautomat ⇨ 14.4.16
Signale ⇨ 15.4.3

Form von Signalen) direkt auf das Verhalten des Classifiers umsetzen. Der Signalfluss lässt sich sehr gut mit Informationsflüssen modellieren (siehe Abbildung 9.29).

Ports dürfen mit Schnittstellen versehen werden, die die bereitgestellten und angebotenen Operationen eines Ports definieren. Der Typ des Ports (z. B. eine Klasse, die den Port implementiert) muss entsprechend die Schnittstellenvereinbarungen einhalten. Ein Port stellt einen besonderen Part dar, der immer per Komposition mit seinem Classifier(Part) verbunden ist. Wird ein Classifier zerstört, so auch seine Ports und daran angeschlossene Konnektoren. Ports lassen sich, falls der zugehörige Classifier spezialisiert wird, ebenfalls spezialisieren und neu definieren.

Anwendung

Informationsfluss ⇨ 6.4.15

Abbildung 9.29 zeigt einen DVD-Recorder, mit zahlreichen Ports (`VideoOut`, `USB`, ...) und Schnittstellen. Der Konnektor vom `AudioIn`-Port zum internen `A/D-Wandler` (Part) wurde mit einem Informationsfluss `Audiostream` versehen.

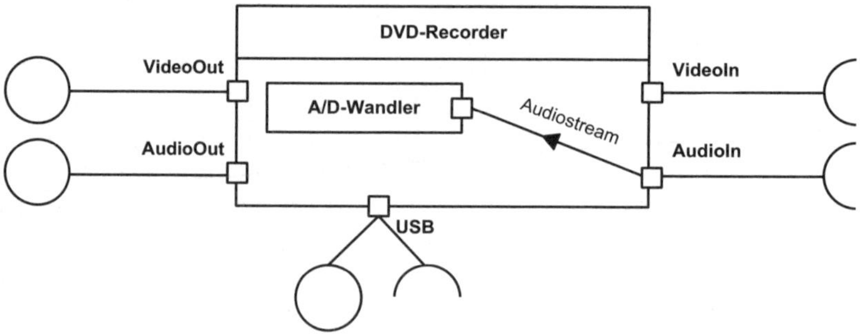

ABBILDUNG 9.29 Ports an einem DVD-Recorder

9.4.4 Kollaboration

Definition

A **collaboration** describes a structure of collaborating elements (roles), each performing a specialized function, collectively accomplishing some functionality.

Notation

Eine Kollaboration wird durch eine gestrichelte Ellipse dargestellt, die durch eine weitere gestrichelte Linie in zwei Abschnitte geteilt wird. Im oberen Abschnitt wird der Name der Kollaboration angegeben. Im unteren Abschnitt können Sie dann die Modellelemente, die in diesem Kollaborationstypen zusammenarbeiten, mit Hilfe von Rollen und Konnektoren anführen.

Die in Kollaboration abgebildeten Classifier sind Teile (Parts) dieses Kollaborationstypen und werden daher lediglich mit ihrer Rolle und ihrem Namen versehen, eine weitere Detaillierung (etwa die Auflistung von Operationen) ist denkbar. Dazu wird aber meist die Alternativnotation (rechtes Bild) herangezogen. Da die Rollenangaben Parts sind, gilt die entsprechende Namenssyntax von Abschnitt 9.4.1.

⇨ 9.4.1

ABBILDUNG 9.30 Notationen zur Definition einer Kollaboration

Beschreibung

Eine Kollaboration (Collaboration) ist ein Modellelement, das eine Sicht auf zusammenspielende Modellelemente darstellt. Diese arbeiten zusammen, um eine gemeinsame Aufgabe zu bewältigen. Die Kollaboration ist eine Sonderform des strukturierten Classifiers (siehe dazu Abschnitt 9.1). Eine Kollaboration ist als solche nicht instanziierbar, sondern wird durch die einzelnen Instanzen der enthaltenen Modellelemente in ihrer jeweiligen *Rolle* repräsentiert. ⇨ 9.1

Die in einer Kollaboration verwendeten Rollen beschreiben bestimmte Merkmale, die eine Instanz besitzen muss, um an einer Kollaboration teilnehmen zu können. Dies müssen aber nicht zwingend alle Merkmale einer Instanz sein, es kann sich hierbei auch um eine Untermenge davon handeln, beispielsweise wenn die Instanz eine Schnittstelle implementiert. Dann besitzt die Instanz mindestens die Eigenschaften der Schnittstelle, kann darüber hinaus aber noch weitere Eigenschaften besitzen oder gar weitere Schnittstellen implementieren.

Abstrakte Sichtenbildung

In einer Kollaboration werden nur die für die Erfüllung des Ziels notwendigen Informationen dargestellt. Details werden oft bewusst außer Acht gelassen. Es ist daher auch möglich, dass ein Modellelement gleichzeitig in mehreren Kollaborationstypen auftritt oder dass verschiedene Kollaborationen dieselbe Menge an Modellelementen nur jeweils aus einer anderen Sicht beschreiben.

Beispiele und die Hintergründe zu Kollaborationen finden Sie in Abschnitt 9.1. ⇨ 9.1

Anwendung

Die Abbildung zeigt die Definition der Kollaboration `Datensicherung` mit 4 Rollen. Die einzelnen Rollen (Parts) sind durch Konnektoren verbunden.

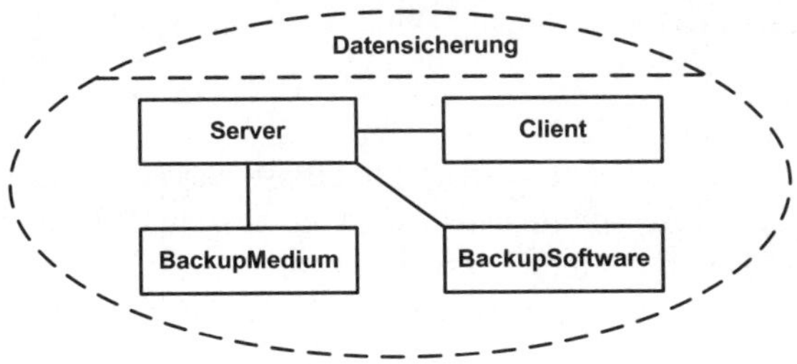

ABBILDUNG 9.31 Die Definition der Kollaboration `Datensicherung`

9.4.5 Kollaborationsanwendung

Definition

A **collaboration use** represents the application of the pattern described by a collaboration to a specific situation involving specific classes or instances playing the roles of the collaboration.

Notation

Die Anwendung einer Kollaboration wird als gestrichelte Ellipse mit folgender Bezeichnung dargestellt: `Name der Kollaborationsanwendung : Kollaboration`. Auf die Elemente, die die jeweiligen Rollen der Kollaboration einnehmen, zeigen gestrichelte Pfeile, die in der Nähe des Elements mit dem Rollennamen versehen werden.

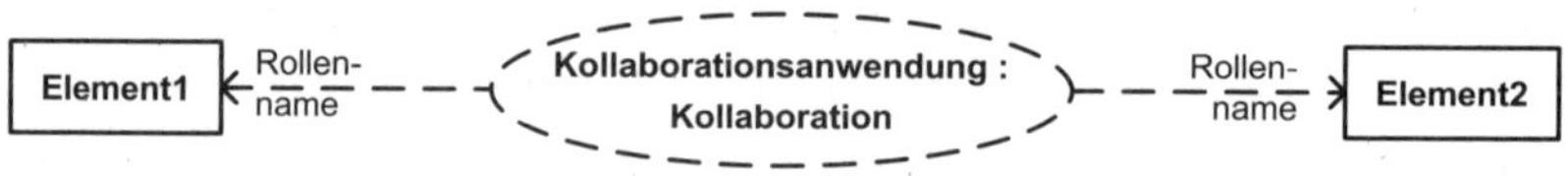

ABBILDUNG 9.32 Notation einer Kollaborationsanwendung

Beschreibung

⇨ 9.4.4

Die *Kollaborationsanwendung* (Collaboration Use) stellt die Anwendung des durch eine Kollaboration (siehe Abschnitt 9.4.4) definierten Musters (Rollenspiels) auf das Modell dar. Dadurch wird ersichtlich, welches Element welche Rolle spielt und damit seinen Beitrag zur Erfüllung der Gesamtaufgabe beiträgt.

Anwendung

In der Abbildung sehen wir die Definition einer Kollaboration `CompositePattern` siehe [GOF01] im linken Bild und rechts ihre Kollaborationsanwendung `Dateisystem`. Dabei werden den Elementen die einzelnen Rollen `Blatt (Datei)`, `Komponente (Dateisystemelement)` und `Kompositum (Verzeichnis)` zugewiesen.

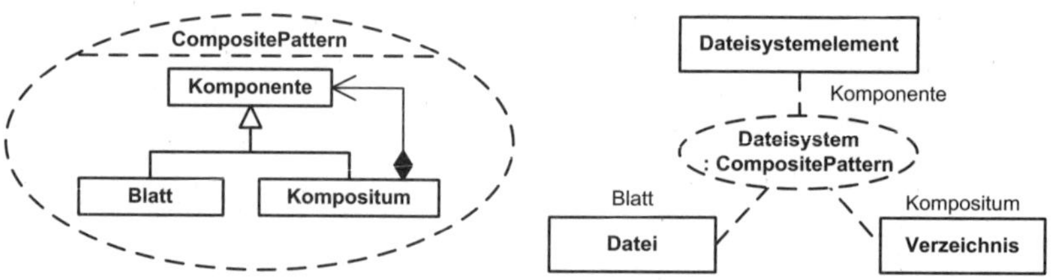

ABBILDUNG 9.33 Kollaboration CompositePattern (links) und ihre Anwendung (rechts)

10 Komponentendiagramm

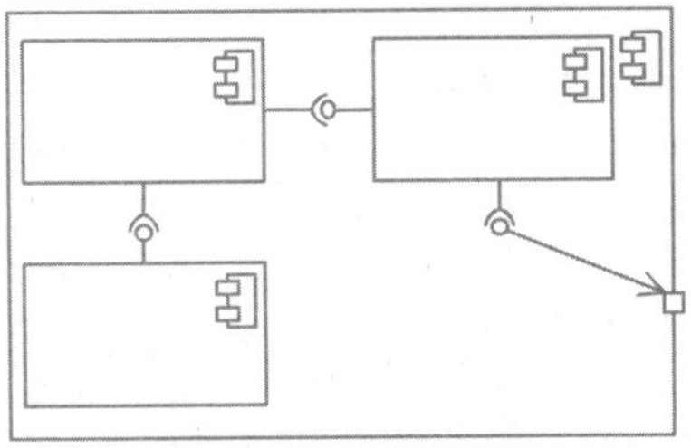

Mit dem Komponentendiagramm wird Ihnen die Möglichkeit gegeben, die Struktur eines Systems zur Laufzeit darzustellen. Die Darstellung orientiert sich dabei an der gewählten Komponentenstruktur. Ein Komponentendiagramm gibt Ihnen somit die Antwort auf die Frage: **„Wie ist mein System strukturiert und wie werden diese Strukturen erzeugt?"**

10.1 Überblick

Das Komponentendiagramm (engl. *component diagram*) stellt verschiedene Bestandteile eines Systems als *Komponenten* dar. Es zeigt die Komponenten, wie sie zur Laufzeit organisiert sind, und die sich daraus ergebenden Abhängigkeiten.

Komponenten stellen ein abgegrenztes und über klar definierte Schnittstellen zugreifbares Verhalten bereit. Die konkrete Realisierung einer Komponente kann dabei gegen andere Komponenten, die über dieselben Schnittstellen verfügen, ausgetauscht werden, ohne Änderungen am System vorzunehmen.

Betonung der ausführenden Sicht

Das Komponentendiagramm schlägt die Brücke von der Entwurfssicht des statischen Klassen- und Kompositionsstrukturdiagramms zu einer stärker auf die Ausführung orientierten Sichtweise. Es steht jedoch nicht das Innenleben der auszuführenden Methoden und Prozesse im Vordergrund, sondern die technischen Komponenten, die zum Ausführungszeitpunkt benötigt werden.

Dafür verwendet dieser Diagrammtyp die aus dem Klassen- und Objektdiagramm bekannten Modellelemente und gestattet zusätzlich die Definition von neuen *Sichten* auf diese. Diese Sichten sind Modelle, die nichts anderes tun, als bereits in anderen Modellen beschriebene Sachverhalte in einem neuen Kontext anzuordnen. Zusätzlich führt das Komponentendiagramm eigene neue Modellelemente ein.

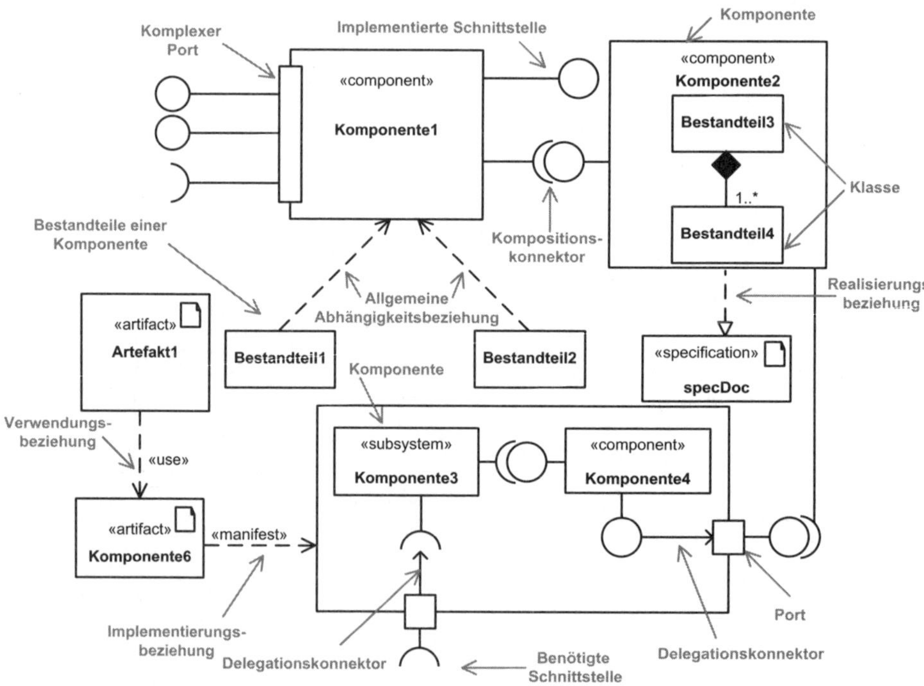

ABBILDUNG 10.1 Elemente des Komponentendiagramms

Abbildung 10.1 zeigt die verschiedenen Elemente des Komponentendiagramms:

- Komponente
- Schnittstelle
- Realisierungs-, Implementierungs- und Verwendungsbeziehung
- Klasse
- Artefakt
- Port

10.2 Anwendungsbeispiel

Abbildung 10.2 zeigt ein Komponentendiagramm, das die Bestandteile eines datenbankgestützten Systems zur Verwaltung von Teilnehmern, z. B. einer Schulungsveranstaltung, zusammenfasst.

Die Komponente `Teilnehmerverwaltung` bietet nach außen die Schnittstellen `Sortierter Zugriff` und `Wahlfreier Zugriff` zur Abfrage der verwalteten Teilnehmer an. Gleichzeitig benötigt diese Komponente zur Erfüllung ihrer Aufgaben ein `Speichermedium` zur physischen Speicherung der Teilnehmer.

Dieses wird bereitgestellt durch ein `Datenbankmanagementsystem`. Intern gliedert es sich in ein mit Ausgabeaufgaben betrautes Subsystem, das selbst aus (hier nicht dargestellten) weiteren Bestandteilen aufgebaut sein kann. Mit dem `Ausgabesystem`, welches zur Speicherung direkten `Hardwarezugriff` benötigt (auch dies wird durch eine Schnittstelle modelliert), interagiert eine als `XML-Schnittstelle` bezeichnete Komponente.

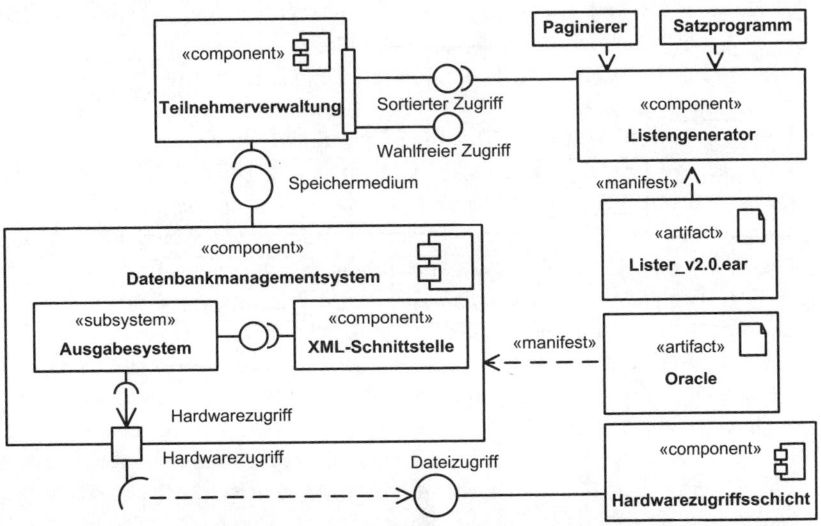

ABBILDUNG 10.2 Anwendung des Komponentendiagramms

Darüber hinaus existiert mit dem `Listengenerator` eine weitere eigenständige Komponente. Sie erzeugt mittels ihrer Unterkomponenten, dem `Paginierer` und dem `Satzprogramm`, eine geordnete Liste aller Teilnehmer. Zur Erfüllung ihrer Aufgaben verwendet die Komponente die von `Teilnehmerverwaltung` angebotene Schnittstelle `Sortierter Zugriff`.

Zusätzlich gibt das Beispiel Aufschluss über die Realisierung einzelner Komponenten. Hierzu sind die Artefakte `Lister_v2.0.ear` und `Oracle` in das Modell aufgenommen und mit den durch sie realisierten Komponenten durch eine Manifestationsbeziehung verbunden.

10.3 Anwendung im Projekt

Sie sollten Komponentendiagramme einsetzen, um die physische Struktur eines Systems und seine Bestandteile, die zur Realisierung gewählt wurden, darzustellen. Sie können damit sowohl die interne Struktur einer Komponente abbilden als auch die verschiedenen Wechselbeziehungen zwischen Komponenten.

Modellieren Sie Ihr System in Komponenten, wenn eine Reihe von Klassen zusammenwirkt, um ein gemeinsames Verhalten in Form von öffentlich zugänglichen Schnittstellen bereitzustellen.

Verwenden Sie Komponenten zusätzlich immer dann, wenn das durch sie angebotene Verhalten für andere Teile des Systems oder andere Systeme zur Wiederverwendung bereitgestellt werden soll.

Service-orientierte Architekturen und UML 2

Von Prof. Dr. Michael Stal, Siemens Corporate Research & Technology

Service-orientierte Architekturen (SOA) lassen sich zwar ressourcenbasiert mit Hilfe von RESTful oder eher methodenorientiert mittels Web Services umsetzen, stellen aber im Gegensatz zur landläufigen Meinung eine implementierungsunabhängige Interoperabilitätstechnologie dar. Zu den fundamentalen Eigenschaften des Paradigmas gehört die Tatsache, dass Anwendungen asynchron mit entfernten Diensten kommunizieren. Die Kommunikation erfolgt zustandslos über den Austausch von standardisierten Nachrichten innerhalb von Web Services oder durch Ressourcenzugriff in REST. Die Dienste liegen dabei als Singletons und die Dienstschnittstellen als technologieneutrale Entitäten vor. Weil bloße Kommunikation für unternehmenskritische Anwendungen nicht ausreicht, können Nachrichten neben den eigentlichen Nutzdaten zusätzlichen Kontext transportieren, der etwa sicherheits- oder transaktionsspezifische Informationen beinhaltet. Um Dienste bereitzustellen oder sie zu finden und zu lokalisieren, ergibt sich die Notwendigkeit zentraler Mechanismen wie zum Beispiel Repositorien oder dezentraler Ansätze wie zum Beispiel direkte Anbindung, etwa durch Peer-to-Peer-Protokolle. Für die prozessorientierte Komposition und Orchestrierung beziehungsweise Choreographie von Diensten bedarf es darüber hinaus semantischer Information, was dynamisch verfügbare Metainformationen und Ontologien leisten.

Schon aus diesem recht grobgranularen Überblick ergeben sich einige Aspekte für den Einsatz von UML als Modellierungssprache:

- Zur Modellierung der wichtigen Rollen, im Detail Dienstnutzer, Dienst und Dienstschnittstelle, lassen sich Klassen- und Objektdiagramme verwenden. Spezielle Stereotypes ermöglichen die optische Hervorhebung der dargestellten Rollen. Interaktions- und Kollaborationsdiagramme visualisieren die dynamische Interaktion der unterschiedlichen Akteure. Bis auf die charakteristischen Spezialitäten des SOA-Ansatzes hinsichtlich loser Kopplung bieten UML-Elemente wie Schnittstelle oder Komponente bereits die notwendige Ausdrucksstärke. Auch Deployment- und Verteilungsaspekte lassen sich in UML 2 problemlos modellieren, ebenso die in SOA inhärent vorhandenen Integrationsaspekte.
- Eine Dienstschnittstelle in Service-orientierten Umgebungen definiert nicht nur einen „Kreidehaufen", sondern einen impliziten oder expliziten semantischen Kontrakt. Die Repräsentation dieses Vertrags subsummiert Aspekte wie Vor- und Nachbedingungen oder Zustandsübergänge. Auch hierfür sind der UML bereits die notwendigen Mittel in die Wiege gelegt. Wenn in einer gewählten SOA-Implementierung Abstraktionsebenen vorhanden sind, die eine synchrone, methodenaufruforientierte Welt vorspiegeln, kann auch der Modellierer den Fokus auf diese Perspektive legen. Greifen Anwendungen hingegen direkt auf die asynchrone Kommunikationsebene zu, mutieren Nachrichten zu First-Class-Entitäten. In diesem Kontext erhält auch die Trennung von Verantwortlichkeiten einen höheren Stellenwert. Das alles gilt es bei der Modellierung entsprechend zu berücksichtigen.
- Hohe Komplexität impliziert ebenfalls die Darstellung von semantischer Information sowie der Kollaboration von verschiedenen Diensten im Rahmen vollständiger Geschäftsprozesse oder -workflows. Deklarative Sprachen wie BPEL (Business Process Execution Language) adressieren dieses Problem zwar partiell, erlauben aber nicht die Darstellung aller architektonisch relevanten Sichten. Gerade auf diesem Gebiet gibt es noch einiges zu erforschen, gerade was die Nutzung von UML 2 betrifft.
- Forschungsbedarf ist auch hinsichtlich der Modellierung verwandter Domänen wie Cloud Computing, Grid Computing oder P2P Computing zu sehen. Entsprechende UML-Profile könnten daher den Gegenstand zukünftiger Aktivitäten darstellen.

Anhand der Service-orientierten Ansätze ist ersichtlich, dass UML einerseits als Modellierungssprache die notwendige Mächtigkeit besitzt, um auch neuere Technologien geeignet abzubilden, dass aber auf der anderen Seite sowohl konkrete Profile als auch weitere Abstraktionsebenen sich für die tägliche Arbeit von Architekten und Entwicklern als notwendig erweisen. So könnte UML in diesem Zusammenhang als Basis für geeignete, domänenspezifische Sprachen dienen. Technologien wie modellgetriebene Ansätze lassen grüßen.

Was also ist der konkrete Nutzen von UML für die Modellierung Service-orientierter Anwendungen? Lassen Sie es mich unter Verfremdung eines bekannten Sprichworts ausdrücken. Auch bei SOA gilt: UML ist nicht alles, aber ohne UML ist alles nichts.

Prof. Dr. Michael Stal ist als Principal Engineer für Siemens Corporate Research and Technoloy tätig und berät Siemens-Sektoren in Hinblick auf Middleware und Software-Architektur. Des Weiteren ist er Professor an der Universität von Groningen, Moderator des Podcasts SoftwareArchitekTOUR, Chefredakteur der Zeitschrift JavaSPEKTRUM und Koautor der Buchserie „Pattern-Oriented Software Architecture".

10.4 Notationselemente

Das Komponentendiagramm definiert selbst lediglich die beiden Notationselemente Komponente und Artefakt sowie einige zusätzliche Stereotype.

Klassendiagramm ⇨ 6
Port ⇨ 9.4.3

Die anderen Elemente, die im Komponentendiagramm verwendet werden können, wie etwa die Schnittstelle, finden sich im Klassendiagramm (Kapitel 6) oder im Kompositionsstrukturdiagramm (siehe Abschnitt 9.4.3). Diese Elemente werden wir hier nicht mehr näher erläutern.

10.4.1 Komponente

Definition

A **component** represents a modular part of a system that encapsulates its contents and whose manifestation is replaceable within its environment.

A component defines its behaviour in terms of provided and required interfaces. As such, a component serves as a type, whose conformance is defined by these provided and required interfaces (encompassing both their static as well as dynamic semantics). One component may therefore be substituted by another only if the two are type conformant. Larger pieces of a system's functionality may be assembled by reusing components as parts in an encompassing component or assembly of components, and wiring together their required and provided interfaces.

A component is modelled throughout the development life cycle and successively refined into deployment and run-time. A component may be manifest by one or more artifacts, and in turn, that artifact may be deployed to its execution environment.

Notation

Klasse ⇨ 6.4.1

Komponenten werden (vgl. Abbildung 10.3) durch ein mit dem Schlüsselwort «component» versehenes Klassensymbol dargestellt.

Zusätzlich kann in der rechten oberen Ecke des Komponentensymbols ein Rechteck mit zwei kleinen parallelen Rechtecken dargestellt werden. Dieses kleine Symbol entspricht der Komponente aus UML 1.x.

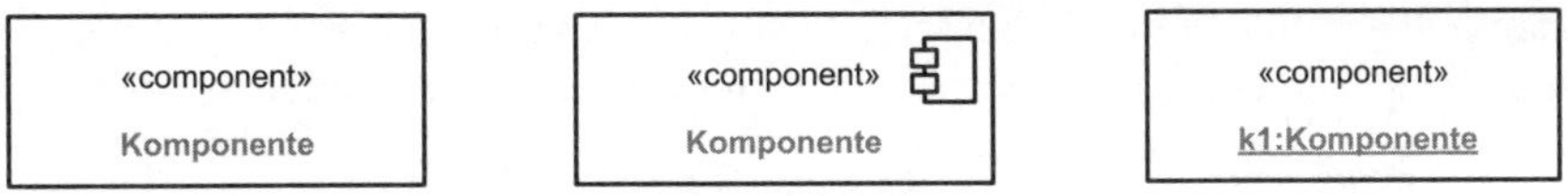

ABBILDUNG 10.3 Grafische Darstellung der Komponente

Einheiten großer Systeme können Sie alternativ zu «component» auch mit dem Stereotyp «subsystem» (vgl. Abbildung 10.1) kennzeichnen.

Sie können eine Komponente durch Angabe zusätzlicher Bereiche detaillierter darstellen. Wenn Sie nur die verwendeten Schnittstellen in einem Bereich angeben, so spricht man von der sog. *Black-box-Darstellung*, welche die interne Realisierung der Komponente nicht zeigt. Die Schnittstellen werden hierbei entweder mit dem Schlüsselwort «provided interface» gekennzeichnet, wenn sie durch die Komponente angeboten werden, oder mit dem Schlüsselwort «required interfaces»DEE, wenn sie von der Komponente benötigt werden (vgl. Abbildung 10.4).

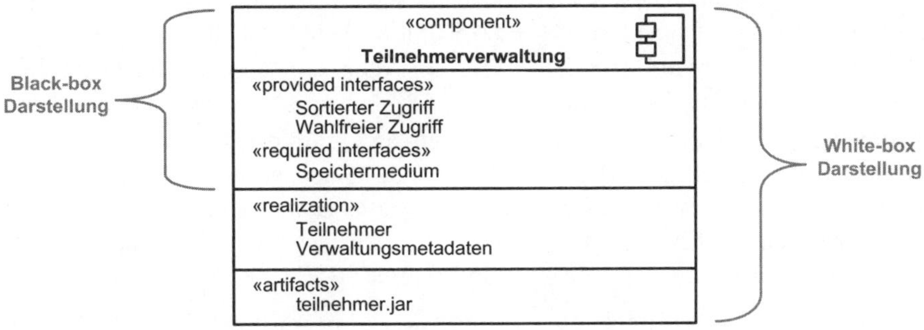

ABBILDUNG 10.4 White- und Black-box-Darstellung einer Komponente

Black- und White-box-Komponente

Neben der abstrahierten Black-box-Darstellung kann eine Komponente durch das Hinzufügen weiterer Bereiche detaillierter dargestellt werden (die sog. White-box-Darstellung). Dort finden sich dann Angaben über den internen Aufbau einer Komponente (Schlüsselwort «realization») sowie über die Artefakte, welche zur Realisierung (Manifestation) der Komponente dienen (Schlüsselwort «artifacts»).

Beschreibung

Unter einer *Komponente* versteht man einen modularen Systemteil, der seinen Inhalt transparent kapselt und so vor dem Nutzer verbirgt. Jede Komponente selbst besteht aus darin eingeschlossenen Modellelementen (Klassen oder wiederum Komponenten), die gemeinsam eine klar definierte Funktionalität anbieten. Die Komponente ist nicht nur ein Datenlieferant, sondern eine eigenständige Anwendung. Weiterführende Informationen zum Komponentenbegriff finden Sie in [NGT92] und [Str97].

Die Funktionalität einer Komponente wird über extern nutzbare Schnittstellen angeboten bzw. durch Nutzung von Schnittstellen, die durch andere Komponenten angeboten werden, erreicht. In beiden Fällen sind die angebotenen oder erforderlichen Schnittstellen der Komponente im Modell dargestellt.

Die Schnittstellen bilden die Voraussetzung zur Kombination von Einzelkomponenten zu größeren Komponenten. So lassen sich Komponenten untereinander, auf Basis der definierten Schnittstellen, universell kombinieren.

Subsystem

Zusätzlich sieht die UML mit dem Stereotyp «subsystem» die Möglichkeit vor, Komponenten zu kennzeichnen, die nicht direkt durch den Anwender angesprochen werden können. Das Beispiel in Abbildung 10.2 zeigt das `Ausgabesystem`, welches ausschließlich mit anderen (Teil-)Komponenten interagiert und somit als `Subsystem` klassifiziert wird.

Delegations-konnektor

Wird eine interne Schnittstelle einer eingebetteten Teilkomponente extern zur Verfügung gestellt, so wird sie durch das Konnektorensymbol (gerichteter Pfeil mit durchgezogener Linienführung) mit einem außen sichtbaren Port der umgebenden Komponente verbunden. Abbildung 10.2 zeigt dies für die Schnittstelle `Hardwarezugriff` des Subsystems `Ausgabesystem`, welche durch die Komponente `Datenbankmanagementsystem` nach außen angeboten wird. Dieser Konnektor wird als Delegationskonnektor (`delegation connector`) bezeichnet und leitet somit Aufrufe von Teilen zu Ports und Aufrufe an einem Port an einen entsprechenden Teil der Komponente weiter.

Kompositions-konnektor

In Abbildung 10.2 verbindet ein Kompositionskonnektor (`assembly connector`) die Komponente `Teilnehmerverwaltung`, die eine Schnittstelle bereitstellt, mit der Komponente `Listengenerator`, die eine Schnittstelle benötigt. Der Kompositionskonnektor wird durch die „Ball-and-Socket"-Notation dargestellt.

Substitutions-beziehung

⇨ 6.4.14

Komponenten sind generell gegen andere Komponenten, die dieselben Schnittstellen anbieten, austauschbar (substituierbar). Die substituierende Komponente kann auch Schnittstellen anbieten, die über das Ursprungsangebot der ersetzten Komponente hinausgehen. Diese werden jedoch durch die Nutzer nicht verwendet, da sie zum Zeitpunkt der Interaktion mit der Ursprungskomponente noch nicht bekannt waren.

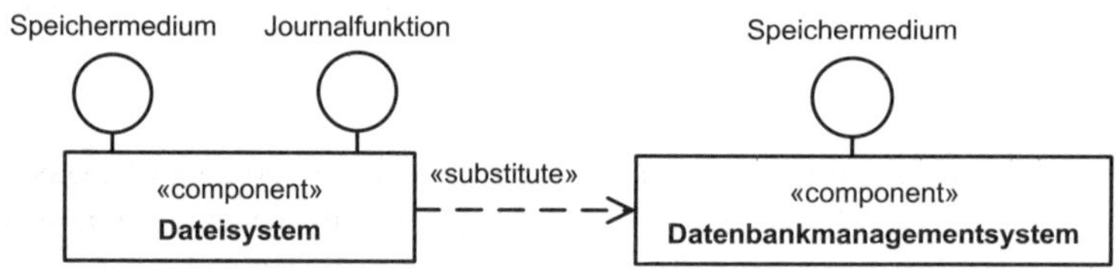

ABBILDUNG 10.5 Eine Komponente, die eine andere ersetzt

Der interne Aufbau einer Komponente lässt sich auf zwei Arten modellieren.

Eingebettete Komponente

Zum einen kann sie aus eingebetteten Komponenten bestehen. Diese werden direkt innerhalb einer Komponente gezeichnet (in Abbildung 10.2 besteht die Komponente `Datenbankmanagementsystem` aus den beiden Komponenten `Ausgabesystem` und `XML-Schnittstelle`).

Die andere Möglichkeit, Komponenten aufzubauen, besteht darin, in einem Kompositionsstrukturdiagramm die Verwendung anderer Komponenten zu modellieren.

Kompositions-strukturdiagramm

⇨ 9

In diesem Kapitel werden wir nur Typen von Komponenten betrachten. Da eine Komponente eine Spezialisierung einer Klasse darstellt, ist hier die Instanziierung einer Komponente natürlich auch erlaubt und wird wie gewohnt unterstrichen dargestellt.

Anwendung

Verwenden Sie Komponenten immer dann, wenn eine Reihe von interagierenden Klassen gemeinsam eine Aufgabe erfüllen und diese nach außen durch klar definierte Schnittstellen angeboten wird.

Komponenten erleichtern Ihnen den Überblick über die Struktur eines Systems durch Zusammenfassung physisch gruppierter Klassen. Insbesondere sollten Sie bei der Modellierung verteilter Systeme auf Komponenten zurückgreifen, um die an verschiedenen Standorten abgelegte Funktionalität mit einer einheitlichen Zugriffsschnittstelle auszustatten (z. B. CORBA, EJB).

Den Stereotyp «subsystem» sollten Sie ausschließlich auf Komponenten anwenden, die nicht „von außen", also z. B. durch den Anwender, angesprochen werden.

Im Gegensatz zu einem Paket (siehe Abschnitt 7.4.1) stellt eine Komponente eine physische Sicht dar, d. h. die Komponente ist auch in der technischen Umsetzung als solche erkennbar. Sie stellt damit einen Teil des Systems dar, der eine Anzahl von Classifiern (im Allgemeinen Klassen) realisiert. Eine Komponente wiederum wird in dem tatsächlichen System durch zumindest ein Artefakt realisiert (siehe Abschnitt 10.4.2).

Paket ⇨ 7.4.1

10.4.2 Artefakt

Definition

An **artifact** is the specification of a physical piece of information that is used or produced by a software development process, or by deployment and operation of a system. Examples of artifacts include model files, source files, scripts, and binary executable files, a table in a database system, a development deliverable, or a word-processing document, a mail message.

Notation

Ein Artefakt wird durch ein mit dem Schlüsselwort «artifact» versehenes Classifiersymbol dargestellt. Zusätzlich wird in der rechten oberen Ecke ein stilisiertes Dokument symbolisch platziert.

In Abbildung 10.6 ist neben der Darstellung eines Artefakttyps auch die Instanziierung eines Artefakts angegeben. Wie gewohnt wird der Name der Instanz unterstrichen.

ABBILDUNG 10.6 Grafische Darstellungsmöglichkeiten eines Artefakts

Beschreibung

Das Artefakt stellt eine physische Informationseinheit dar. Hierbei kann es sich um Modelle, Quellcode, Skripte, ausführbare Binärdateien, Tabellen innerhalb einer relationalen Datenbank, Dokumente einer Textverarbeitung, E-Mails oder andere Dinge handeln, die im Softwareentwicklungsprozess oder zur Laufzeit eines Systems produziert oder konsumiert werden.

Stereotyp
⇨ 19.4.1

Artefakte können zusätzlich durch Angabe von Stereotypen hinsichtlich ihres Charakters konkretisiert werden. Die UML sieht hierfür die folgenden Stereotypen vor:

- «file»: eine physische Datei innerhalb des Systems;
- «document»: Sonderform von «file», die weder Quell- noch ausführbaren Code enthält;
- «executable»: Sonderform von «file», die Anweisungen (übersetzter Maschinencode, Bytecode etc.) zur direkten Ausführung durch eine (virtuelle) Maschine enthält;
- «source»: Sonderform von «file», die übersetzten oder interpretierbaren Quellcode enthält;
- «library»: Sonderform von «file», die eine statisch oder dynamisch verwendbare Bibliothek enthält. Beispiele hierfür sind Shared Object (.so) oder DLL-Dateien.

Weitere Stereotypen oder Schlüsselwörter sieht die UML für die Spezialisierung von Artefakten zunächst nicht vor. Allerdings können Sie problemspezifische Profile verwenden und damit zusätzliche Stereotypen definieren, die sich an den Projekterfordernissen und verwendeten Techniken orientieren.

Profil
⇨ 19.4.3

So sind im *UML-Profil für Enterprise Java Beans* die Stereotypen «JavaSourceFile» und «JAR» als Spezialisierungen des allgemeinen «file» vorgesehen. Mit derselben Zielsetzung definiert das *COM Component Profile* die für die Microsoft Komponentenplattform relevanten Artefakte «COMTLB», «COMExe», «COMDLL», «MSI», «DLL», «EXE», «CCMPackage», und «CCMComponentDescriptor».

Das Artefakt ist eine Spezialisierung des allgemeinen Classifiers. Daher verfügt es auch über dessen Möglichkeiten zur Schachtelung und Angabe zusätzlicher beschreibender Eigenschaften.

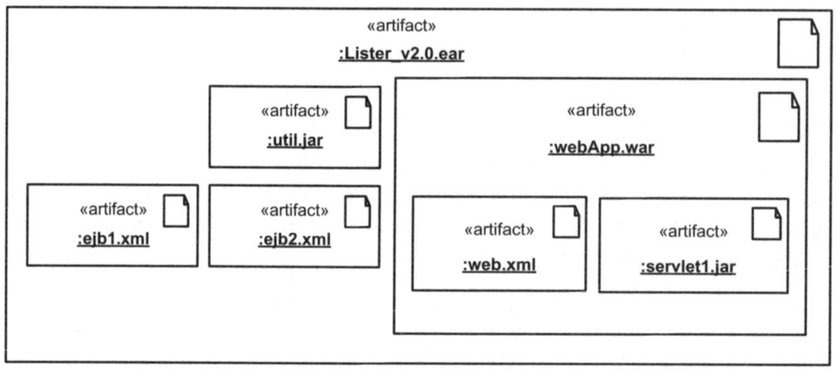

ABBILDUNG 10.7 Geschachtelte Artefakte

Das Beispiel von Abbildung 10.8 zeigt die Anwendung eines geschachtelten Artefakts zur Beschreibung einer Komponentenausprägung (Enterprise Archive – EAR) im Umfeld der Java 2 Enterprise Edition. Das (bereits aus Abbildung 10.2 bekannte) Artefakt `Lister_v2.0.ear` enthält fünf weitere Artefakte, darunter das selbst weitere Artefakte enthaltende `webApp.war`.

Innerhalb des Komponentendiagramms können Sie das Artefakt verwenden, um die Realisierung einer Komponente zu modellieren. Artefakte geben somit an, durch welche physikalischen Informationseinheiten eine Komponente repräsentiert wird.

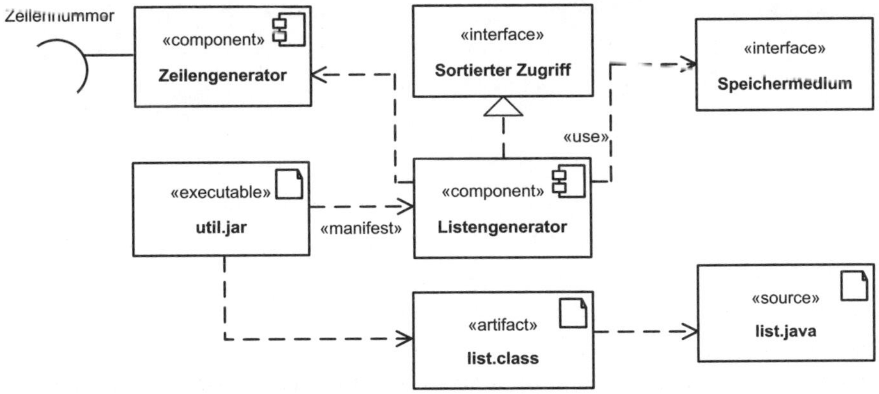

ABBILDUNG 10.8 Abhängigkeiten zwischen Komponenten und Artefakten

Die Verwendung von Artefakttyp oder Artefaktinstanz richtet sich hierbei danach, ob Sie die Realisierung eines Komponententyps oder einer Instanz einer Komponente darstellen möchten. Komponententypen werden Artefakttypen, und Instanzen von Komponenten werden Instanzen von Artefakten zugeordnet.

Die Verbindung zwischen den Komponenten und den Artefakten, welche die Komponenten realisieren, werden durch allgemeine oder stereotypisierte Abhängigkeitsbeziehungen modelliert. Die folgenden Stereotypen kommen in einem Komponentendiagramm zum Einsatz:

- Das Schlüsselwort «manifest» verbindet mindestens ein Artefakt mit der realisierenden Komponente. Eine Komponente kann dabei von mehr als ein Artefakt gleichzeitig manifestiert werden. Im Beispiel wird die Komponente `Listengenerator` durch das ausführbare Artefakt `util.jar` manifestiert.
- Das Schlüsselwort «use» (siehe Abschnitt 6.4.11) verbindet eine Komponente mit den von ihr benötigten und verwendeten Schnittstellen. Im Beispiel verwendet die Komponente `Listengenerator` die Schnittstelle `Speichermedium` (Abschnitt 6.4.4).
- Die ebenfalls aus dem Klassendiagramm übernommene Realisierungsbeziehung verbindet eine Komponente mit den durch sie umgesetzten und angebotenen Schnittstellen. Im Beispiel implementiert die Komponente `Listengenerator` die Schnittstelle `Sortierter Zugriff`.

⇨ 6.4.11
⇨ 6.4.4

Anwendung

Artefakte können zur Darstellung verschiedenster, am Entwicklungsprozess beteiligter Informationseinheiten verwendet werden. Ihre große Stärke liegt darin, beliebige Informationsarten einheitlich abzubilden. Gleichzeitig können Sie über die Stereotypen die in der UML vorgesehenen generischen Artefakte an die Erfordernisse Ihres Projektes anpassen.

Verwenden Sie Artefakte immer, um die relevanten Produkte des Entwicklungsprozesses in das Modell aufzunehmen – unabhängig davon, ob es sich dabei um technische Resultate wie Quellcode oder ein natürlichsprachliches Spezifikationsdokument handelt.

Gleichzeitig schlagen Artefakte die Brücke von der Designphase, mit ihrer stark logisch geprägten Sichtweise, in die Realisierungsphase mit ihren Konstrukten, die sich nach den verwendeten Programmiersprachen und Ausführungsumgebungen richten.

11 Verteilungsdiagramm

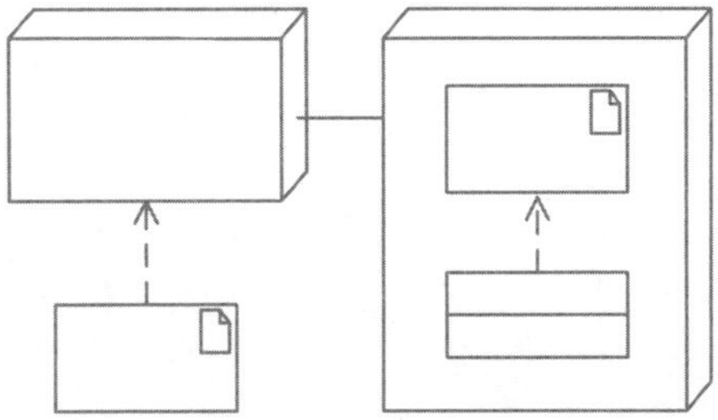

Ein Verteilungsdiagramm zeigt die Zuordnung von Artefakten (und damit u. a. von Software-Komponenten) auf Hardware-Einheiten, die als Knoten bezeichnet werden. Daneben stellt das Verteilungsdiagramm die Kommunikationsverbindungen und Abhängigkeiten zwischen diesen Knoten dar. Die zentrale Frage, die mit dem Einsatz dieses Diagramms beantwortet wird, lautet: **„Wie werden die Artefakte des Systems zur Laufzeit wohin verteilt?"**

11.1 Überblick

Das Verteilungsdiagramm (auch Einsatzdiagramm genannt, Engl. Deployment Diagram) betrachtet einerseits das Hardware-Umfeld (Hardware-Topologie) und andererseits die Verteilung der Software des Systems auf die Hardware. Die Verteilung kann dabei die Installation, Konfiguration, Bereitstellung oder Ausführung von Informationseinheiten (den so genannten Artefakten) umfassen. Daneben lassen sich in einem Verteilungsdiagramm Kommunikationsbeziehungen zwischen den Knoten (Rechnerressourcen wie beispielsweise Prozessoren) darstellen. Somit erweitert das Verteilungsdiagramm die Systemsicht um Hardware-Komponenten, die an der Ausführung des Systems beteiligt sind, und beschreibt die Architektur des Systems.

Notations-elemente

In einem Verteilungsdiagramm stehen Ihnen im Wesentlichen folgende Notationselemente zur Verfügung:

- Artefakte
- Knoten
- Einsatzspezifikationen
- Beziehungen zwischen den Knoten

Die UML eignet sich aber auch nach dem Update auf die Version 2 nur begrenzt zur Spezifikation von Hardware – sie stellt zur Beschreibung der Hardware nur die Mittel zur Verfügung, mit denen die Plattform für die Verteilung der Software spezifiziert werden kann.

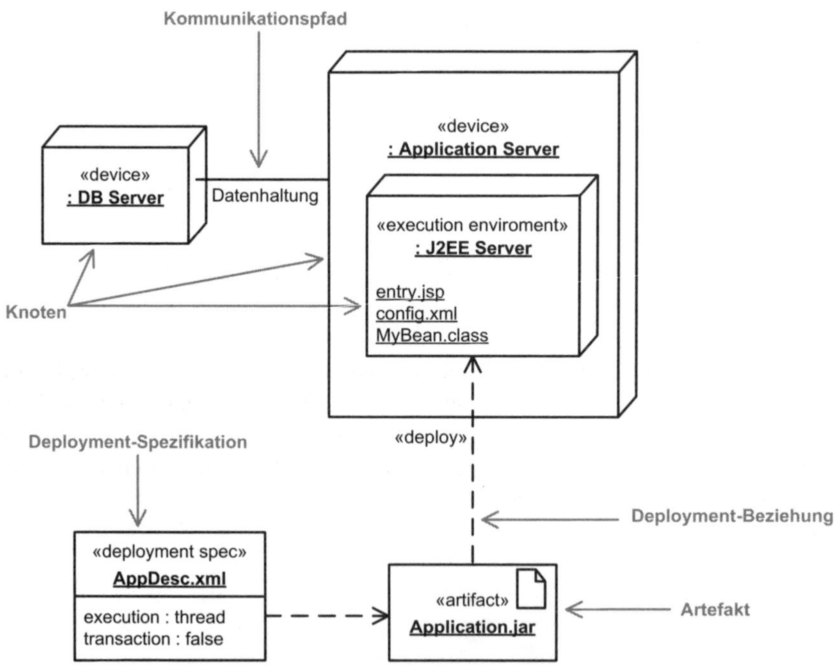

ABBILDUNG 11.1 Beispiel eines Verteilungsdiagramms

11.2 Anwendungsbeispiel

In Abbildung 11.2 haben wir die Aufgabe der Bilderstellung aus Daten eines Computertomographen auf einzelne Geräte verteilt. Der `Zentralprozessor` ist für die Taskvergabe an einen `Bildprozessor` und die Zusammensetzung der Bilder aus den Daten des Bildprozessors zuständig. In einer Einsatzspezifikation – der Datei `Bildaufbaubeschr.xml` – wurden zur Steuerung der Ausführung der Bildverarbeitung die Parameter `Taskverarbeitung` und `maxDauer` festgelegt. Die Daten für die Bildverarbeitung gewinnen Bildprozessoren durch die `Strahlberechnung` und anschließende `Bildberechnungen`. Die Übermittlung der Daten an den `Zentralprozessor` wird durch die Modellierung einer Kommunikationsbeziehung beschrieben. Ein `Host` ist schließlich für das Speichern und Bereitstellen der Daten zuständig.

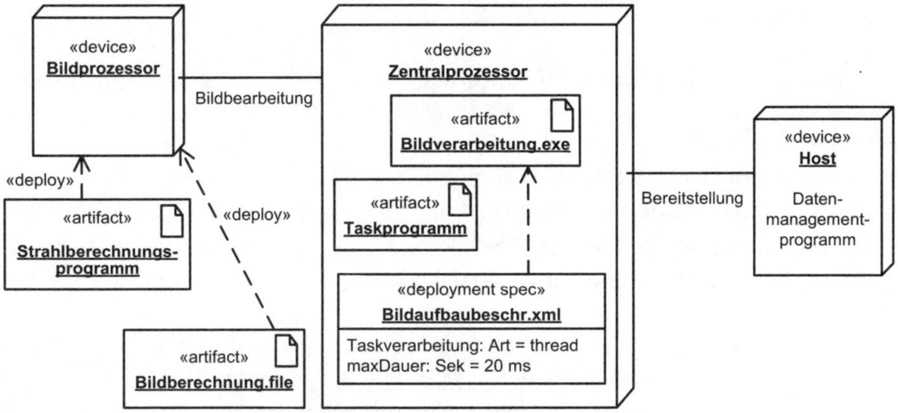

ABBILDUNG 11.2 Verteilung zur Bildverarbeitung für einen Computertomographen

11.3 Anwendung im Projekt

Verteilte Software

Es hängt von der Art Ihres Systems ab, ob die Modellierung eines Verteilungsdiagramms wirklich sinnvoll ist. Wenn die Software nur auf einem Rechner abläuft und nur über vom Betriebssystem verwaltete Standardschnittstellen mit der Umwelt kommuniziert, erübrigt sich die Erstellung eines Verteilungsdiagramms, da Sie ja nichts zu verteilen haben. Dagegen wirft die Entwicklung von Systemen, die auf mehr als einer Recheneinheit ablaufen sollen, im Laufe des Projekts eine Reihe von Fragen auf, die sich hauptsächlich mit der Verteilung der Software auf einzelne Hardwarekomponenten und die Kommunikation dieser Komponenten untereinander beschäftigt. Dabei kann es sich um ein Client-Server-System handeln, bei dem der Fokus auf der näheren Betrachtung der Verteilung von Verantwortlichkeiten zwischen der Benutzerschnittstelle auf dem Client und der Datenverarbeitung bzw. -haltung auf dem Server liegt.

Eine andere Einsatzvariante stellt die Entwicklung eines weiträumig verteilten komplexen Systems dar. Solche Systeme unterliegen ständigen Änderungen in ihrer Infrastruktur und Auslastung. Verteilungsdiagramme ermöglichen die Visualisierung der Systemtopologie, beispielsweise zur Spezifikation oder zur Dokumentation. Auch in der Entwicklung eingebetteter Systeme können Verteilungsdiagramme hilfreich sein, insbesondere für die Visualisierung der Geräte und Eingaben, welche die Umgebung des Systems bilden.

Eingebettete Systeme

Einsatz auf Typ- und Instanzebene

Prinzipiell können Verteilungsdiagramme sowohl auf der Typ- als auch auf der Instanzebene eingesetzt werden. Auf der Typebene ermöglichen Verteilungsdiagramme die Darstellung möglicher Hardware- und Softwarekonfigurationen. Meist werden Verteilungsdiagramme aber auf Ausprägungsebene eingesetzt. Diese beschreiben dann eine konkrete Konfiguration, die zur Laufzeit des Systems gelten soll.

11.3.1 Abgrenzung des Systemkontexts

Verteilungsdiagramme können auch zur physikalischen Kontextabgrenzung des Systems eingesetzt werden. Die meisten Systeme kommunizieren in irgendeiner Art und Weise mit Nachbarsystemen, empfangen beispielsweise Eingaben und Daten und senden Daten an Nachbarsysteme. Mit Hilfe von Verteilungsdiagrammen lassen sich die physikalischen Nachbarsysteme identifizieren und abgrenzen. Der Fokus des Interesses liegt dabei hauptsächlich auf der Kommunikation des Systems mit seinen Nachbarn: Mit welchen Nachbarsystemen kommuniziert das System und - vor allem - über welche Medien findet diese Kommunikation statt?

Systeme als Black-box

[HRu02] schlagen dabei die Modellierung des Gesamtsystems als zentralen Knoten vor, um den alle relevanten Nachbarsysteme als einzelne Knoten gruppiert werden. Da es hier vorrangig um das Festhalten von Modellierungsentscheidungen bezüglich der Kommunikation zwischen System und Nachbarsystemen geht, können Sie die Systeme als Black-box modellieren.

Das Beispiel aus Abbildung 11.3 zeigt als zentralen Knoten die Steuerungseinheit einer Alarmanlage und die Nachbarsysteme, mit denen sie kommuniziert. Sie wird vom Benutzer per `Fernbedienung` gesteuert und kommuniziert mit Nachbargeräten wie beispielsweise `Sensoren` per Funk.

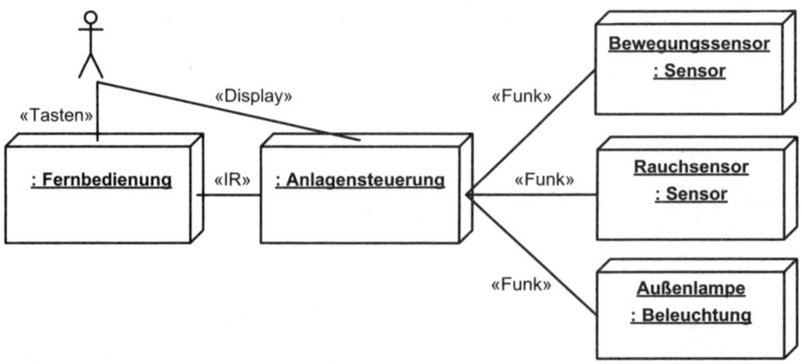

ABBILDUNG 11.3 Abgrenzung des physikalischen Kontexts einer `Alarmanlage`

11.3.2 Dokumentation von Hardwarevorgaben

Einprägsame Darstellung

Verteilungsdiagramme sind auch ein probates Mittel, Hardware-Vorgaben zu dokumentieren. Eine grafische Darstellung der Verteilung ist einprägsamer und besser geeignet als Diskussionsgrundlage und zeigt deutlicher vorhandene (Wissens-)Lücken als eine rein textuelle Dokumentation. Daneben ist der Modellierer beim Erstellen des Diagramms eher gezwungen, Entscheidungen bewusst zu überdenken und zu hinterfragen.

Bei der Verwendung des Verteilungsdiagramms zur Dokumentation in der Analysephase sollten Sie aber nur die Hardwareentscheidungen festhalten, die als Vorgaben bereits bestehen – beispielsweise als Vorgaben des Auftraggebers.

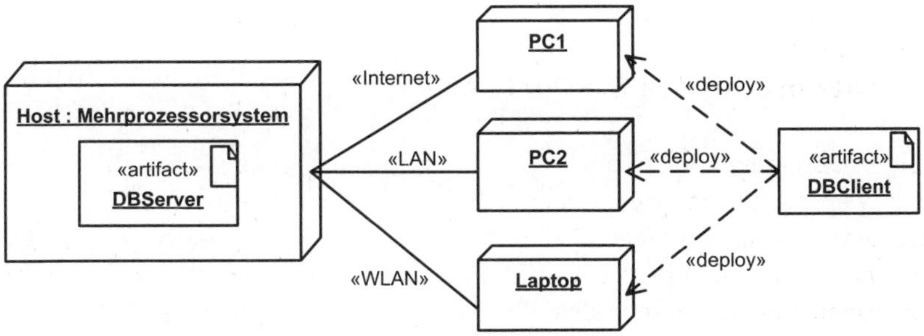

ABBILDUNG 11.4 Dokumentation von Hardware-Vorgaben

Gerade bei komplexen Hardware-Topologien gilt: Ein Diagramm sagt mehr als 1000 Worte! Die modellhafte Darstellung des physikalischen Kontexts ist eine sehr übersichtliche Form der Darstellung von Hardwarevorgaben. Selbst eine simple Struktur wie im obigen Beispiel erinnert den Modellierer an Schnittstellenvorgaben für die Kommunikation der verteilten Systeme.

11.4 Notationselemente

11.4.1 Knoten

Definition

A **node** is a computational resource upon which artifacts may be deployed for execution. Nodes may be interconnected through communication paths to define network structures.

A **device** is a physical computational resource with processing capability upon which artifacts may be deployed for execution. Devices may be complex, i.e. they may consist of other devices.

An **execution environment** is a node that offers an execution environment for specific types of components that are deployed on it in the form of executable artifacts.

Notation

Ein Knoten wird als Quader notiert, der den Namen des Knotens enthält. Knoteninstanzen werden wie üblich unterstrichen dargestellt.

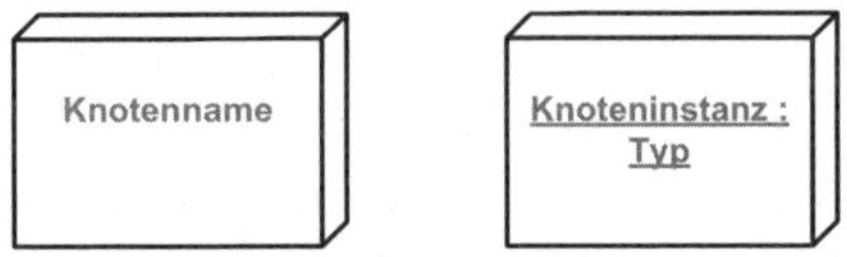

ABBILDUNG 11.5 Notation eines Knotens und einer Knoteninstanz

Beschreibung

⇨ 10.4.2
⇨ 9.4.1

Ein Knoten (node) repräsentiert eine Ressource, die z. B. zur Installation, Konfiguration, Bereitstellung und Ausführung von Artefakten genutzt werden kann. Der Begriff des Artefakts wird in Abschnitt 10.4.2 ausführlich vorgestellt. Da Knoten strukturierte Classifier sind (siehe Kapitel 9.4.1), lassen sie sich schachteln: Ein komplexer Knoten kann aus anderen, weniger komplexen Knoten aufgebaut sein. Damit gibt Ihnen die UML eine Möglichkeit zur Strukturierung Ihrer Systemressourcen.

Knoten können sowohl auf der Typ-Ebene als auch auf der Ausprägungs-Ebene definiert werden. Möchten Sie z. B. einen Client beschreiben, so werden Sie an dieser Stelle einen Typ verwenden, da ja im Allgemeinen nicht festgelegt ist, wie viele Clients in Ihrer Umgebung existieren.

Kennen Sie bereits die Anzahl der Knoten in Ihrem System, können Sie diese auch direkt als Instanzen eines entsprechenden Typs modellieren. Da die Verteilung von Artefakten auch auf Instanzen von Knoten möglich ist, besteht keine Notwendigkeit, zusätzlich auch die Typ-Ebene zu modellieren.

In der UML sind bereits zwei spezielle Arten von Knoten definiert: ein Gerät (Device) und eine Ausführungsumgebung (Execution Environment).

Gerät

Hardware

Ein Gerät ist eine physische Ressource mit eigener Rechenkapazität. Es repräsentiert die Hardware im Verteilungsdiagramm. Artefakte werden auf Geräte verteilt, damit sie ausgeführt werden können. Ein Gerät kann selbst wieder aus mehreren Geräten zusammengesetzt sein. In der UML wird ein Gerät als Knoten mit dem Schlüsselwort «device» dargestellt. Für eine eingängigere Darstellung bietet Ihnen die UML aber auch die Möglichkeit, frei definierte Symbole zu verwenden, beispielsweise die graphische Darstellung einer `Workstation`, eines `Lautsprechers`, eines `Sensors` usw.

ABBILDUNG 11.6 Verschiedene Typen von Geräten

Ausführungsumgebung

Software

Eine Ausführungsumgebung ist eine Software-Umgebung, in der bestimmte Software-Komponenten eines Systems ausgeführt werden können. Die Komponenten liegen dabei als ablauffähige Artefakte vor. Eine Ausführungsumgebung wird als Knoten mit dem Schlüsselwort «ExecutionEnvironment» dargestellt.

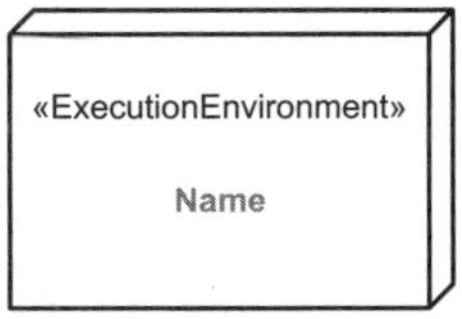

ABBILDUNG 11.7 Notation einer Ausführungsumgebung

In den meisten Fällen ist eine Ausführungsumgebung Teil eines größeren Knotens, der die Hardware repräsentiert, auf der die Ausführungsumgebung aufsetzt. Ausführungsumgebungen sind schachtelbar, das heißt, eine Ausführungsumgebung - beispielsweise eine Datenbank - kann in eine Ausführungsumgebung für ein Betriebssystem eingebettet sein.

Die Ausführungsumgebung stellt immer eine Anzahl von Diensten bereit, die die Komponenten zu ihrer Ausführung benötigen. Diese Dienste können für jede Komponente in einer Einsatzspezifikation festgelegt werden.

Anwendung

Das obige Beispiel führt das Anwendungsbeispiel in 11.2 fort und zeigt die verschiedenen Knoteninstanzen in einem Bildprozessor.

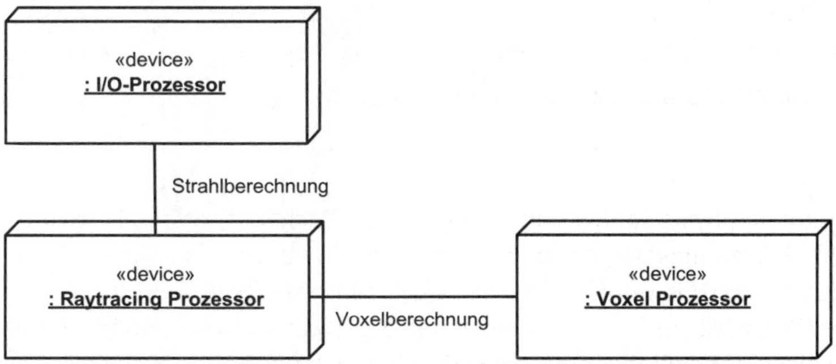

ABBILDUNG 11.8 Knoteninstanzen in einem Bildprozessor

11.4.2 Kommunikationspfad

Definition

A **communication path** is an association between two deployment targets, through which they are able to exchange signals and messages.

Notation

Assoziation ⇨ 6.4.8

Ein Kommunikationspfad ist eine spezielle Art der Assoziation. Die Notation entspricht daher der für Assoziationen, wie in Abschnitt 6.4.8 „Assoziation“ beschrieben.

ABBILDUNG 11.9 Ungerichteter und gerichteter Kommunikationspfad

Beschreibung

Nachricht ⇨ 15.4.3

Durch Kommunikationspfade (communication path) können Knoten sowohl auf Typ- als auch auf Instanz-Ebene miteinander verbunden werden, um Nachrichten (Signale oder Operationsaufrufe, siehe auch Abschnitt 15.4.3) auszutauschen. Sie ermöglichen die Modellierung komplexer Netzwerke.

Möchten Sie jedoch die Verbindung zwischen Knoteninstanzen darstellen, müssen Sie darauf achten, keine Multiplizitäten zu verwenden. Dies korrespondiert mit dem Unterschied zwischen Assoziationen auf Klassen-Ebene und Links auf Objekt-Ebene.

Auch bei den Kommunikationspfaden ist die Verwendung von benutzerdefinierten Stereotypen möglich, um die Art einer Kommunikationsbeziehung zu beschreiben.

Anwendung

Abbildung 11.10 zeigt die Kommunikationsverbindung zwischen einem Server und seinen Clients.

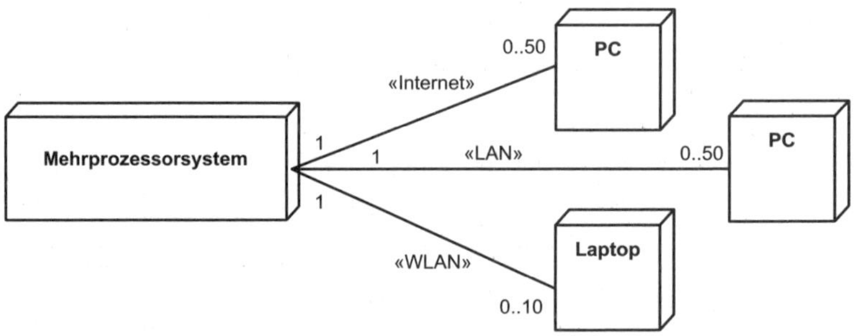

ABBILDUNG 11.10 Kommunikationspfade zwischen Knotentypen

11.4.3 Verteilungsbeziehung

Definition

A **deployment** is the allocation of an artifact or artifact instance to a deployment target.

Notation

ABBILDUNG 11.11 Notation einer Verteilungsbeziehung

Beschreibung

Beziehung zwischen Artefakt und Knoten

Die Verteilungsbeziehung (deployment) repräsentiert die Beziehung zwischen einem Artefakt und dem Knoten, auf den das Artefakt verteilt ist. Damit können Sie z. B. ausdrücken, welcher Teil Ihres Systems auf welcher Ausführungsumgebung ablaufen soll. Sie stellt eine spezielle Art der Abhängigkeitsbeziehung dar, wie sie in Abschnitt 6.4.10 eingeführt wurde.

⇨ 6.4.10

Im Allgemeinen können Sie diese Art von Beziehungen zwischen Artefakten (und ihren Ausprägungen) und Knoten (und ihren Ausprägungen) modellieren. Wir werden uns der Einfachheit halber ausschließlich auf Ausprägungen der beiden Notationselemente (Instanzlevel) beziehen, ohne dies im Weiteren explizit anzusprechen.

Abbildung 11.12 zeigt die Verteilung der beiden Artefakte (`Reservierung.jar` und `Ausleihe.jar`) zu einer Ausführungsumgebung (`Bibliotheksserver`). Die beiden Programme werden zur Laufzeit auf genau diesem Rechner ausgeführt.

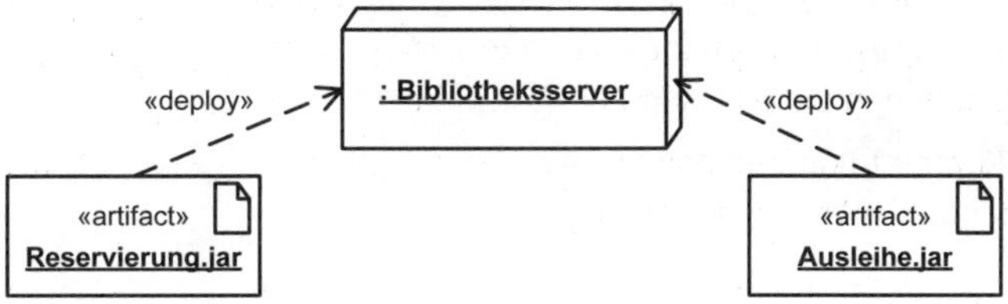

ABBILDUNG 11.12 Abbildung einer Verteilung mittels «deploy»-Beziehung

Als alternative Darstellungen für die Verteilung von Artefakten können Sie auch die folgenden wählen:

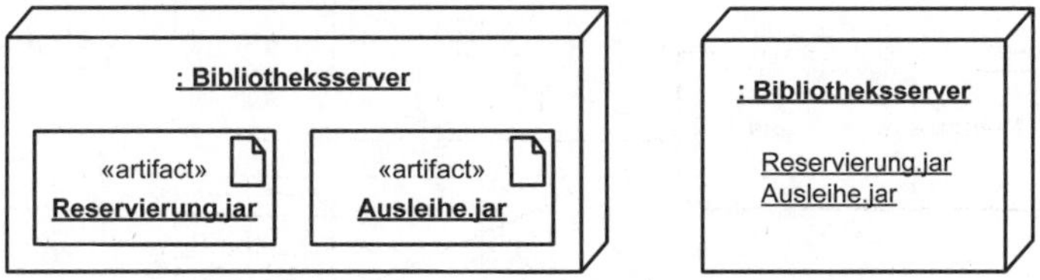

ABBILDUNG 11.13 Zwei weitere Möglichkeiten der Abbildung einer Verteilung

Beide Darstellungen aus Abbildung 11.13 zeigen dieselbe Verteilung wie Abbildung 11.12. Wir empfehlen Ihnen jedoch, nur eine der alternativen Darstellungen zu nutzen. Damit erhöhen Sie die Übersichtlichkeit und somit auch die Akzeptanz Ihrer Modelle.

Anwendung

Das Beispiel aus Abbildung 11.14 modelliert den Sachverhalt aus Abbildung 11.8 etwas detaillierter und zeigt nicht nur die Knoten, sondern auch die Verteilung verschiedener Artefakte auf diese Knoten. Eine `Bilddatei` kann dabei genauso als Artefakt modelliert werden wie ein ausführbares Programm. Die Verteilung eines Artefakts auf einem Knoten – beispielsweise der `Bilddatei` auf dem `I/O-Prozessor` – kann grafisch oder textuell dargestellt werden. Dies zeigt die Verteilung der Artefakte `Strahlenberechnungs-` und `Visualisierungsprogramm` auf den `Raytracing-Prozessor`.

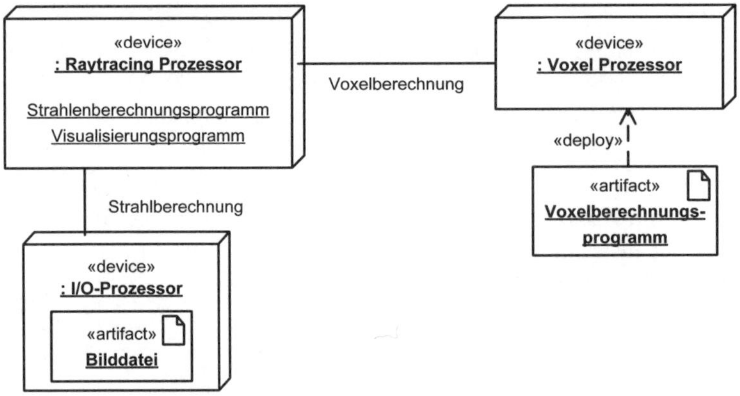

ABBILDUNG 11.14 Darstellung von Verteilung

11.4.4 Einsatzspezifikation

Definition

A **deployment specification** specifies a set of properties, which determine execution parameters of a component artifact that is deployed on a node. A deployment specification can be aimed at a specific type of container. An artifact that refines or implements deployment specification properties is a deployment descriptor.

Notation

Eine Einsatzspezifikation wird mit dem Classifier-Symbol und dem Schlüsselwort «deployment spec» abgebildet.

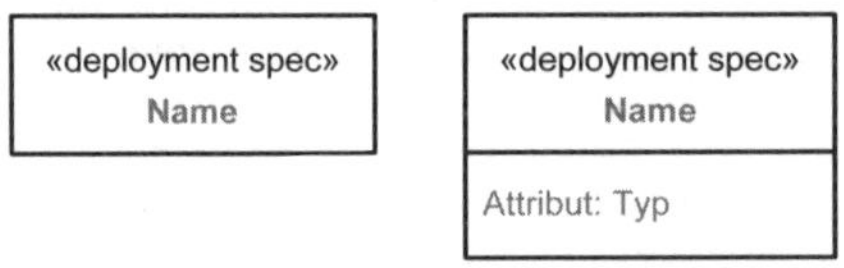

ABBILDUNG 11.15 Einsatzspezifikation ohne und mit Eigenschaften

Beschreibung

Eine Einsatzspezifikation (deployment specification) ist eine spezielle Art eines Artefakts. Sie beinhaltet eine Menge von Parametern, die durch Angabe von Werten die Verteilung eines Artefakts auf Knoten regelt. Darüber hinaus können Sie Parameter wie beispielsweise Maximaldauer der Abarbeitung oder Art der Task-Abarbeitung festlegen, um die Ausführung des Artefakts zu steuern.

Abhängigkeitsbeziehung ⇨ 6.4.10

Die Einsatzspezifikation ist über eine Abhängigkeitsbeziehung (siehe auch Abschnitt 6.4.10) mit dem zu spezifizierenden Artefakt (oder mehreren Artefakten) verbunden. Als alternative Notationsform können Sie die Parameter der Einsatzspezifikation auch direkt in geschweiften Klammern in das Artefakt, dessen Ausführung definiert werden soll, schreiben.

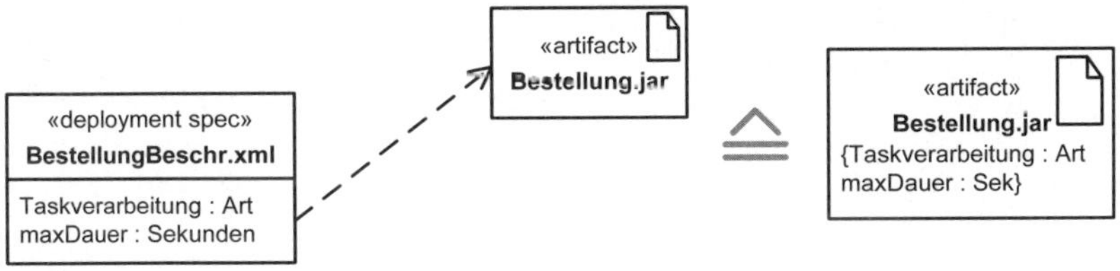

ABBILDUNG 11.16 Zwei Darstellungen der Zuordnung einer Einsatzspezifikation

Ausprägungen der Einsatzspezifikationen werden durch die bekannte Objektnotation (d. h. mittels unterstrichenem Namen) dargestellt. Die Parameter werden mit Werten belegt, die anstelle des Parameter-Typs notiert werden. Bei der Ausprägung einer Einsatzspezifikation spricht man auch von einer Einsatzbeschreibung (engl. Deployment Descriptor).

ABBILDUNG 11.17 Die Ausprägungen der Einsatzspezifikation aus Abbildung 11.16

Verwendung in Ausführungs-umgebungen

Einsatzspezifikationen werden inzwischen in vielen Ausführungsumgebungen (beispielsweise die der Java 2 Enterprise Familie oder auch Microsofts COM-Architektur) zur Steuerung des Verhaltens von darin ausgeführten Artefakten verwendet. Die benötigten Einsatzspezifikationen werden dazu in .xml-Dateien abgelegt, in denen die benötigten Eigenschaften der Ausführungsumgebung beschrieben sind.

Anwendung

In Abbildung 11.18 wird der Einsatz einer `Tiefkühlpizza` beschrieben. Wie sie zubereitet wird, steht in der Einsatzspezifikation `Zubereitungsanleitung`. Hierdurch wird festgelegt, dass bei der Ausführung, also beim Zubereiten, die `Garzeit` 15 Minuten sowie die `Temperatur` 200 °Celsius betragen muss.

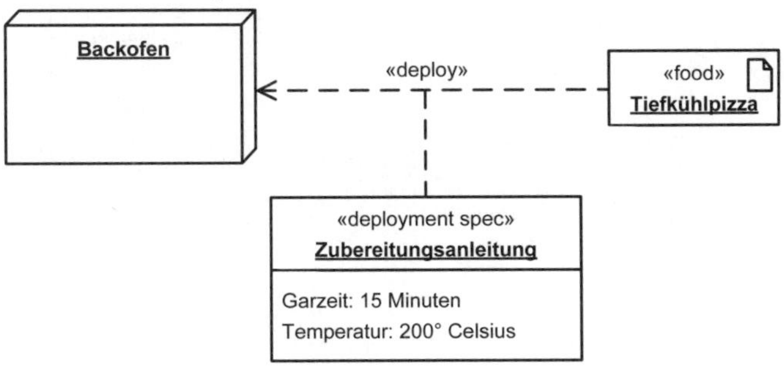

ABBILDUNG 11.18 Ein etwas anderes Einsatzdiagramm

Teil III: Verhaltensmodellierung

Dieser Teil führt in die Verhaltensdiagramme der UML ein. Es wendet sich an diejenigen Leser, die einen kompakten Überblick über die dynamischen Diagramme suchen. Die UML stellt zur Verhaltensmodellierung sieben Diagrammtypen bereit, welche verschiedene Sichten auf das zu spezifizierende Verhalten legen.

In Teil II dieses Buches haben Sie zunächst die Strukturelemente (wie Klassen, Objekte, Komponenten, Schnittstellen, Artefakte, ...) zur Modellierung der Statik, des Systemgerüsts kennen gelernt. Dass dies nur eine Seite der Medaille ist und das eigentliche System erst durch die Beschreibung der Dynamik, der internen Abläufe und des Zusammenspiels der Systemteile vollständig spezifiziert ist, liegt auf der Hand. Genauso wenig wie eine Firma ohne Geschäftsprozesse, eine Fußballmannschaft ohne Taktik oder ein Ameisenhaufen ohne Informationsfluss zusammenspielt, kann ein System ohne *festgelegte* Abläufe und Zustandsänderungen funktionieren.

⇨ Teil II

Derartige Veränderungen der Classifier eines Systems mit der Zeit werden in der UML durch eine *Verhaltensspezifikation*[1].

Verhaltensdiagramme stellen Verhaltensspezifikationen aus unterschiedlichen Blickwinkeln dar. Sie betonen oder vernachlässigen bestimmte Spezifikationsaspekte und ergänzen sich untereinander derart, dass in der Summe eine mehr oder weniger vollständige Beschreibung des Gesamtverhaltens dargestellt werden kann. Abbildung III.1 zeigt die UML-2-Verhaltensdiagramme. Beachten Sie, dass z. B. Interaktionen in vier Diagrammarten dargestellt werden.

Verhaltensdiagramme

⇨ Kapitel 12–18

Mit *Use-Case-Diagrammen* aus Kapitel 12 stellen Sie die potenziellen Fähigkeiten eines neuen Systems dar. Jeder Anwendungsfall zeigt dabei, wie das System mit Nutzern oder anderen Systemen interagiert, um ein bestimmtes Ziel zu erreichen. Use-Case-Diagramme bilden einen einfachen Einstieg in die Analyse eines noch zu entwickelnden Systems.

Haben Sie Ihre Anwendungsfälle gefunden, können Sie deren Abläufe durch *Aktivitätsdiagramme* (Kapitel 13) abbilden. Ebenfalls können Sie die Abarbeitung einer Operation verdeutlichen. Letztlich ermöglichen Aktivitätsdiagramme die Modellierung aller ablauforientierten Flüsse, Algorithmen und Prozesse eines Systems.

Eine weitere Möglichkeit, das Verhalten beliebiger Classifier zu spezifizieren, bietet Ihnen der in Kapitel 14 vorgestellte *Zustandsautomat*. Er zeigt, welche Zustände ein Classifier zur Laufzeit einnehmen kann und aufgrund welcher Ereignisse Zustandsübergänge stattfinden.

---

1 Im UML-Standard wird die Verhaltensspezifikation mit Behavior bezeichnet. Wir haben uns an dieser Stelle für Verhaltensspezifikation als beste deutsche Übersetzung entschieden. Die exakte Übersetzung „Verhalten" schien uns zu abstrakt im Sinne einer praxisnahen Beschreibung. Mehr zu Verhaltensspezifikationen finden Sie auf *www.uml-glasklar.com* unter [III-1].

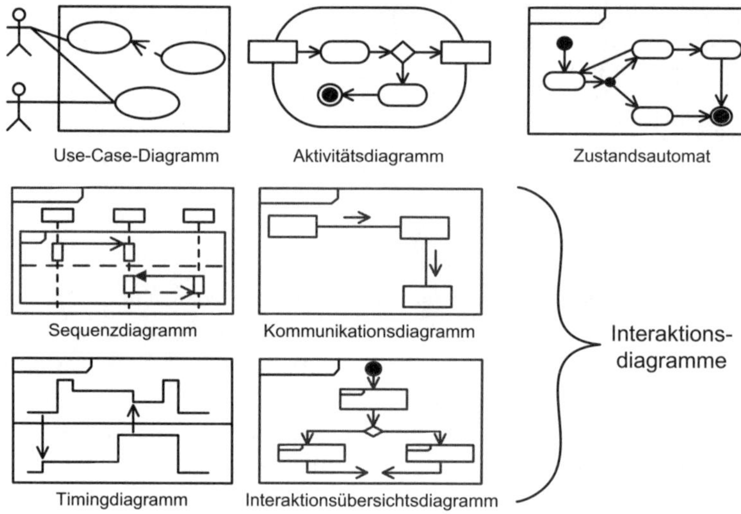

ABBILDUNG III.1 Die Verhaltensdiagramme der UML 2

Während Aktivitätsdiagramme und Zustandsautomaten alle Alternativen innerhalb eines Systemablaufs präsentieren, beschreibt das *Sequenzdiagramm* (Kapitel 15) ausgewählte Abläufe in einer exakten chronologischen Reihenfolge und zeigt dabei vor allem, wie die Kommunikation in einem System abläuft.

Im Mittelpunkt des *Kommunikationsdiagramms* aus Kapitel 16 steht die Lösung einer konkreten Aufgabe. Mit dem Kommunikationsdiagramm stellen Sie die Kommunikationspartner dar, die zusammen eine bestimmte Funktion erfüllen sollen.

Eine weitere Darstellungsform von Interaktionen bietet das *Timingdiagramm* aus Kapitel 17. Es zeigt, zu welchem präzisen Zeitpunkt einzelne Classifier sich in welchen Zuständen befinden und welche Nachrichten zu Zustandsänderungen führen.

Den Abschluss bildet eine Mischung aus Aktivitäts- und Sequenzdiagramm: das *Interaktionsübersichtsdiagramm* (Kapitel 18). Statt einzelner Aktionsschritte treten hier jedoch meist Referenzen auf komplexere Interaktionen auf, so dass es überblicksartig verschiedene Interaktionsdiagramme logisch in Zusammenhang setzt.

12 Use-Case-Diagramm

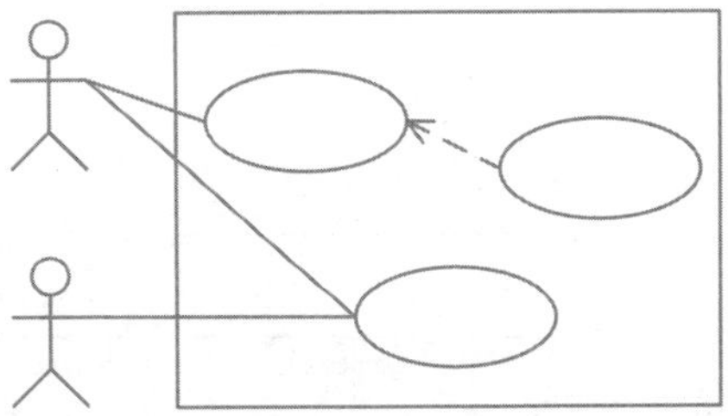

Die Frage **„Was soll mein geplantes System eigentlich leisten?“** sollte am Beginn jeder Systementwicklung stehen. Eine fundierte Beantwortung dieser Frage bewahrt Sie davor, im Detail zu versinken, bevor Sie wissen, was vom System überhaupt erwartet wird. Ein Use-Case-Diagramm (dt. Anwendungsfall-Diagramm) zeigt das externe Verhalten eines Systems aus der Sicht der Nutzer, indem es die Nutzer (im UML-Jargon „Akteure“ genannt), die Use-Cases und deren Beziehungen zueinander darstellt. Ein Nutzer kann eine Person, aber auch ein Nachbarsystem sein. Use-Cases bilden die Reaktion des Systems auf Ereignisse seiner Umwelt ab und fassen dabei Teile der Systemdienstleistung zusammen.

Die externe Nutzersicht

12.1 Überblick

12.1.1 Die Use-Case-Analyse

Systemdienstleistungen von außen betrachtet

Die im Rahmen einer Use-Case-Analyse erstellten Use-Case-Diagramme zeigen das nach außen sichtbare Verhalten eines Elements. Diese Elemente werden in der UML 2 formal als Gegenstand (subject) bezeichnet und stellen in der Regel komplette (Hardware- bzw. Software-)Systeme oder Subsysteme dar. Genauso gut können Sie damit aber auch das externe Verhalten von Klassen, Schnittstellen, Komponenten oder Knoten modellieren. Trotzdem verwenden wir im weiteren Verlauf des Kapitels den Begriff „System" und zeigen Beispiele für weitere mögliche Elemente, die externes Verhalten realisieren.[2]

Kapselung

Ein Use-Case (dt. Anwendungsfall) selbst kapselt eine in sich geschlossene Sammlung von Aktionen, die in einer spezifizierten Reihenfolge ablaufen. Er stellt somit seiner Umwelt eine Dienstleistung, sprich: ein Verhalten zur Verfügung. Denken Sie an einen Web-Browser. Dieses System bietet Ihnen als Dienstleistung (als Use-Case) die Möglichkeit, „eine Webseite anzuzeigen" oder „die Webseite zu drucken". Oder nehmen Sie als Beispiel für einen Knoten (Abschnitt 11.4.1) einen Fileserver, der die Use-Cases „Verzeichnis anzeigen", „Datei Up- und Download" oder „Nutzer authentifizieren" realisiert. Im Projekt sollten Sie das Verhalten eines Use-Cases mittels einer Use-Case-Beschreibung detaillieren. Da diese Use-Case-Beschreibung aber kein UML-Notationsmittel ist, sondern rein textuell erstellt wird, betrachten wir sie in diesem Kapitel nicht detaillierter. Informationen zu unterschiedlichen Schablonen für Use-Case-Beschreibungen finden Sie auf unseren Webseiten.

Knoten ⇨ 11.4.1

Was statt wie

Sehen wir uns das Beispiel Web-Browser und den Use-Case „Webseite anzeigen" näher an: Er umfasst den Auslöser (Initiator) des Use-Cases, die einzelnen Schritte (z. B. „Webadresse eingeben" oder „Serveranfrage starten", aber auch Sonder- und Fehlerfälle, z. B. die Eingabe einer unvollständigen Webadresse) und daran beteiligte externe Personen und Systeme, die so genannten Akteure. Ein Use-Case zeigt aber nicht, welche Klassen und Operationen an den Aktionen beteiligt sind. Er gibt auch keine Auskunft darüber, wie die Webseite für die Anzeige im Bildspeicher aufgebaut wird.

Akteure sind externe Kommunikationspartner

Der Akteur ist externer Kommunikationspartner des Use-Cases. Während des Ablaufs eines Use-Cases liefert oder empfängt der Akteur Signale bzw. Daten zum oder vom System, das den Use-Case realisiert. Typische Akteure unseres Web-Browsers sind der Internetsurfer bzw. das Betriebssystem als Schnittstelle für die Netzwerkübertragung oder zum Dateisystem.

Ein Use-Case-Ablauf ist ein zeitlich in sich abgeschlossener Vorgang mit einem Auslöser (Webseite angefordert) und einem Ergebnis (Webseite angezeigt). Ein Akteur initiiert einen Use-Case, der das Ergebnis entweder an den gleichen oder einen anderen Akteur liefert. Zur Ablaufzeit interagiert eine Instanz des Akteurs mit einer Instanz des Use-Cases.

Malen nach Zahlen?

Im Gegensatz zu vielen anderen UML-Diagrammen sind Use-Case-Diagramme – auch bedingt durch eine sehr begrenzte Anzahl an Notationselementen – eingängig und übersichtlich. Glücklicherweise wurde daran auch in der UML 2 nichts Signifikantes verändert. Use-Case-Modellierung mag auf den ersten Blick trivial, wie „Malen-nach-Zahlen", aussehen.

[2] Realisieren ist hier im allgemeinen Sinn der Zuordnung zu verstehen und nicht in der engeren Auslegung als „Realization"-Beziehung (Abschnitt 6.4.13).

In der Projektrealität trifft man häufig eine sehr einfache, skizzenhafte Verwendung von Use-Case-Diagrammen für erste Diskussionen mit den Stakeholdern an, die es Ihnen ermöglicht, Besprochenes in ein Bild zu fassen. Gerade im technischen Projektumfeld werden Use-Case-Diagramme aber auch etwas formaler zu einer ersten Kontextabgrenzung eingesetzt. Dort werden die einzelnen Ereignisse, die die Systemgrenze passieren, systematisch erhoben, notiert und ausgewertet. Erinnern Sie sich beim Einsatz von Use-Case-Diagrammen immer wieder daran, dass Sie ganz am Beginn einer Systementwicklung stehen und nicht jedes Detail in diesem Diagramm unterbringen müssen – die UML bietet Ihnen noch ein paar mehr Diagrammarten an.

Notationsmittel

Ein Use-Case-Diagramm enthält die grafische Darstellung

- des Systems,
- der Use-Cases,
- der Akteure außerhalb des Systems,
- der Beziehungen zwischen Akteur und Use-Case, oder Use-Cases untereinander sowie
- Generalisierungen von Akteuren.

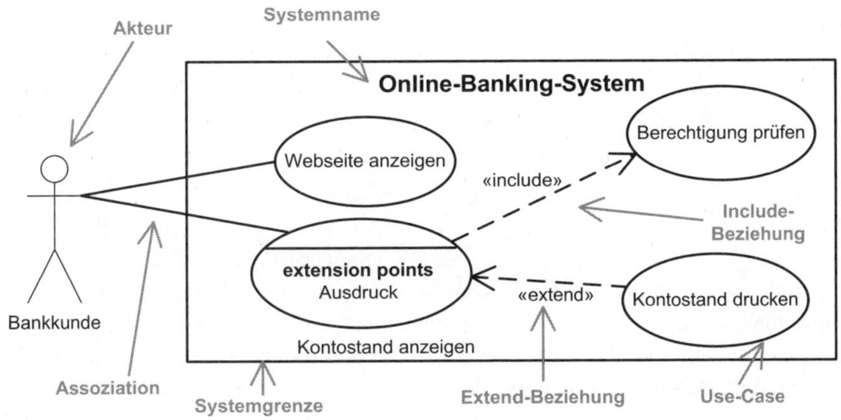

ABBILDUNG 12.1 Ein Use-Case-Diagramm und seine Bestandteile

12.1.2 Ursprung von Use-Cases

Use-Case-Väter

Die Idee der Use-Cases, nämlich die Beschreibung des funktionalen Verhaltens eines Systems von außen gesehen, geht bereits auf die späten 70er und frühen 80er Jahre zurück [MPa84]. Populär und letztendlich in die UML eingeführt wurden sie durch Ivar Jacobson, der die Use-Cases als eine Haupttechnik in der Systemanalyse nutzte [Jac92].

Seit Mitte der 90er Jahre etablierte sich diese Art der Analyse in abgewandelter Form als fester Bestandteil in zahlreichen Vorgehensmodellen (siehe zum Beispiel [Kru00]). Für den tieferen Einstieg in die allgemeine Methodik der Use-Case-Analyse empfehlen sich [Coc98] oder [Arm00], für die Anwendung bei der Entwicklung technischer Systeme [HRu02].

UML 2 Schönheitskorrekturen und Klarstellungen

Die UML ermöglicht die Use-Case-Modellierung seit der ersten Version. Außer einigen kleinen Schönheitskorrekturen hat sich auch in der UML 2 nichts an den Use-Case-Diagrammen geändert. Explizit herausgearbeitet wird im neuen Standard jedoch die Möglichkeit, dass beliebige Classifier (also auch explizit Klassen, Schnittstellen, Komponenten, ...) Use-Cases realisieren können. Obwohl dies auch in älteren Versionen nicht verboten war, wurde in der Praxis kaum Gebrauch davon gemacht. Meist wird die Use-Case-Analyse für die Beschreibung eines kompletten Systems verwendet. Abstrakt betrachtet ist ein Use-Case jedoch nur die Repräsentation eines Verhaltens, das einem Nutzer angeboten wird. Wer den Use-Case realisiert bzw. dieses Verhalten anbietet, ist in der Use-Case-Analyse nur zweitrangig. Seit dem Update auf UML 2 gehören Use-Case-Diagramme daher auch nicht mehr zu den (statischen) Strukturdiagrammen, sondern zu den (dynamischen) Verhaltensdiagrammen.

12.2 Anwendungsbeispiel

Das Anwendungsbeispiel zeigt, dass das System, das die Use-Cases realisiert, nicht zwangsläufig aus Hard- oder Software besteht. Die Modellierung der „realen Welt“ und von Geschäftsprozessen mittels Use-Cases ist ebenso möglich wie die Darstellung von technischen Systemprozessen in Echtzeitsystemen.

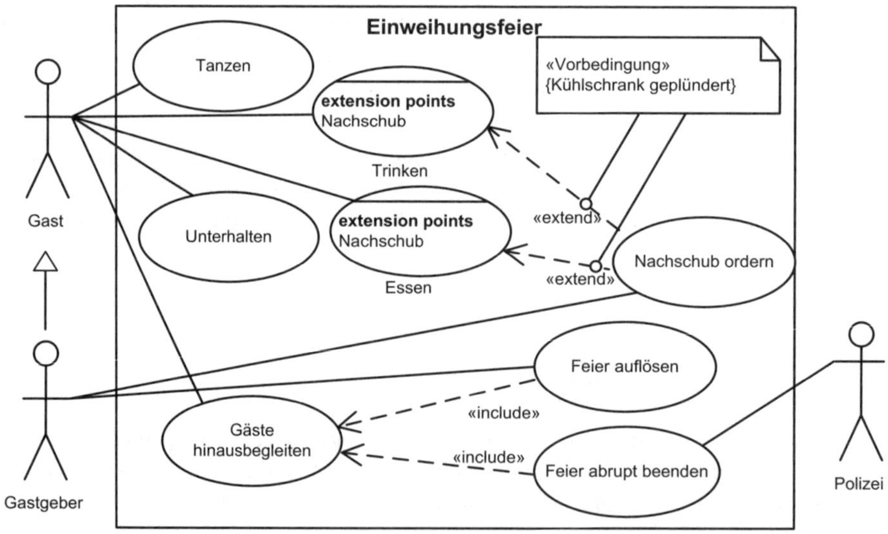

ABBILDUNG 12.2 Die wichtigsten Use-Cases einer Einweihungsfeier

12.3 Anwendung im Projekt

12.3.1 Typische Anwendungsbereiche

Fokus: „Black Box"-Sicht

Use-Case-Diagramme ermöglichen eine „Black Box"-Sicht auf das betrachtete System. Damit können Sie anwendernah und unabhängig von internen technischen Abläufen das System von seiner Umwelt abgrenzen und die elementaren Systemanforderungen finden. Modellieren Sie Use-Cases, wenn Sie

- die funktionalen Dienstleistungen eines Systems oder einer Komponente „auf einen Blick" zeigen wollen;
- Ihr System aus der Nutzersicht in handhabbare, logische Teile zerlegen wollen;
- die Außenschnittstellen und Kommunikationspartner des Systems modellieren möchten;
- komplexe Systeme leicht verständlich und auf hohem Abstraktionsniveau darstellen möchten oder
- planbare Einheiten, das heißt Inkremente, für Ihre Entwicklung benötigen.

Multitalent in der Anforderungsanalyse

Sie sollten Use-Case-Diagramme vor allem in der Anforderungsanalyse einsetzen. Weil sie leicht verständlich sind, bieten sie eine gute Grundlage für die Kommunikation zwischen Anwendern, Entwicklern und Analytikern. Sie verschaffen Ihnen einen Überblick über das System und seine Einbettung in einen größeren Kontext. Gerade die Darstellung der beteiligten Akteure und der Systemgrenzen liefert essenzielle Informationen für die weitere Systementwicklung. Sie bewahrt Sie vor bösen Überraschungen und legt von Anfang an fest, was zu Ihrem System gehört und was nicht, was Sie entwickeln (Kosten!) und welchen Schnittstellen Sie gerecht werden müssen (Anforderungen!).

Planung und Inkrementbildung

Use-Case-Diagramme bieten sich vor allem in frühen Phasen eines Projektes oder bei der Entwicklung neuer oder erweiterter Komponenten an. Mit Hilfe von Use-Cases können Sie die Entwicklung eines Systems oder einer Komponente planen. Dieses Use-Case-getriebene Vorgehen ist eine geeignete Basis für eine inkrementelle Systementwicklung. Ein Use-Case kann dabei einem Inkrement entsprechen, das der Reihe nach priorisiert, analysiert, entworfen, implementiert und getestet wird.

12.3.2 Use-Cases und danach?

Natürlich ist es nicht damit getan, ein Use-Case-Diagramm zu zeichnen (wobei der Aufwand für das Finden aller Akteure, das richtige Schneiden der Use-Cases und die Festlegung der Systemgrenzen nicht zu unterschätzen ist!). Use-Cases sind erst dann „vollständig", wenn die dahinter stehenden Abläufe beschrieben sind. Je nach deren Natur, dem Zweck der Dokumentation und dem Zielpublikum sollten Sie unterschiedliche Mittel zur Beschreibung der Use-Cases, genauer der Use-Case-Abläufe, einsetzen. Tabelle 12.1 gibt Ihnen hierfür eine Entscheidungsgrundlage.

Unabhängig von ihrer Art sollte eine Use-Case-Beschreibung den Namen des Use-Cases, die Ablaufbeschreibungen, zugehörige Akteure, Vorbedingungen, Nachbedingungen und

⇨ 13–16, 18

TABELLE 12.1 Beschreibungsmöglichkeiten für Use-Cases

Merkmale des Use-Case	Empfohlene Notation zur Use-Case-Beschreibung	Referenz
Kurze klare Abläufe, wenige Sonderfälle	(Strukturierter) Text	
Ablauf- oder schrittorientiert (1., 2., ...)	Aktivitätsdiagramm	Kapitel 13
Einfache daten- oder entitätsorientierte Abläufe (viele Entitäten)	Kommunikationsdiagramm	Kapitel 16
Komplexe daten- oder entitätsorientierte Abläufe (viele Entitäten)	Sequenzdiagramm	Kapitel 15
Kein „typischer" Ablauf, gleichwahrscheinliches Auftreten von Abfolgen und Ereignissen	Zustandsautomat	Kapitel 14
Use-Case bündelt viele Szenarien	Interaktionsübersichtsdiagramm	Kapitel 18

Ausnahmen enthalten. Ein Beispiel einer derartigen Use-Case-Beschreibung finden Sie auf unserer Homepage *www.uml-glasklar.com* [12-1]. [Coc98] diskutiert zudem unterschiedliche Möglichkeiten und Schablonen, natürlich-sprachlich beschriebene Use-Case-Abläufe zu strukturieren. Erweiterte Beschreibungsschablonen, die auch die nichtfunktionalen Aspekte des Systems berücksichtigen und daher auch für eher technisch orientierte Systeme geeignet sind, bieten [HRu02] und *www.sophist.de* an.

12.4 Notationselemente

AL

12.4.1 Use-Case

Definition

A **use case** is the specification of a set of actions performed by a system, which yields an observable result that is, typically, of value for one or more actors or other stakeholders of the system.

Notation

Notation

In aller Regel wird ein Use-Case durch eine Ellipse dargestellt. Der Name des Use-Cases wird dabei inner- oder unterhalb der Ellipse notiert.

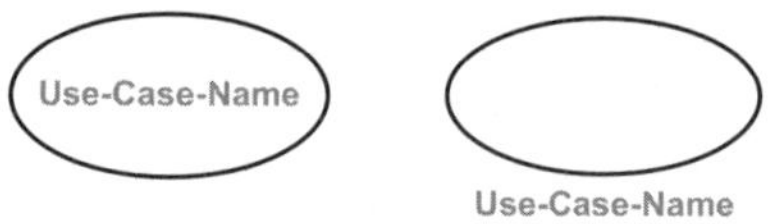

ABBILDUNG 12.3 Die Standardnotationen für einen Use-Case

Beschreibung

Ein Use-Case beschreibt eine Menge von Aktionen, die, schrittweise ausgeführt, ein spezielles Verhalten formen.

Use-Case = Hülle für Standard-, Sonder-, Fehlerfall

So umfasst z. B. der Use-Case „Datei speichern" alle Aktionen, die nötig sind, um eine Datei auf einem Medium abzulegen. Also etwa die Aktionen Menüpunkt anklicken, Verzeichnis auswählen, Dateiname vergeben und mit OK bestätigen. Ein Use-Case bildet eine Art Hülle, die auch Sonder- und Fehlerfallaktionen einschließen kann (denken Sie daran, dass der Speicherplatz erschöpft sein bzw. der vergebene Dateiname unzulässige Zeichen enthalten kann).

Ein Use-Case wird stets von einem Akteur ausgelöst bzw. instanziiert (Trigger: „Menüpunkt anklicken") und führt zu einem fachlichen Ergebnis (Datei auf dem Medium abgelegt). Die Bezeichnung des Use-Case spiegelt die Sicht des Akteurs wider (z. B. „Film ausleihen") und nicht die des Systems (müsste dann ja „Film verleihen" heißen).

Mehrfache Instanziierung

Ein Use-Case darf auch gleichzeitig mehrfach instanziiert werden (gleichzeitiges Abspeichern von mehreren Dateien). Unterschiedliche Use-Cases sind parallel instanziierbar (Datei speichern, Datei drucken, Datei kopieren, ...). D. h., auch wenn Sie in einem Diagramm nur fünf Use-Cases sehen, können Hunderte von realen Abläufen gleichzeitig durch das System abgewickelt werden.

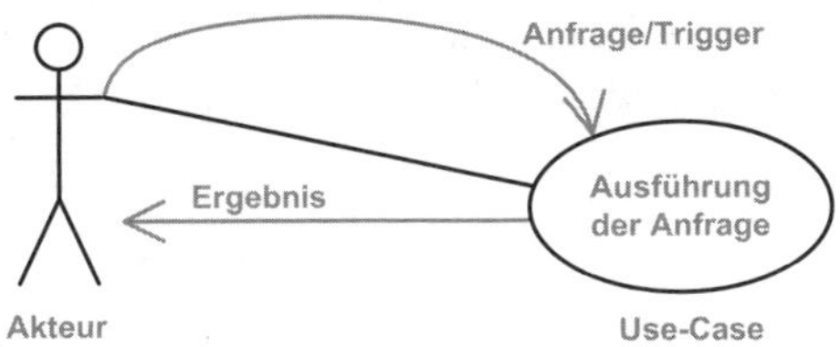

ABBILDUNG 12.4 Ausführung eines Use-Case

Betrachten Sie Use-Cases immer als abgeschlossene Einheiten, die ein funktionales Verhalten widerspiegeln und bei denen interne Strukturen irrelevant sind. Der Fokus liegt auf der an der Schnittstelle angebotenen Dienstleistung – welche Daten oder Zustände manipuliert werden, sieht der Nutzer eines Use-Cases nicht. Ihn interessiert nur der Auslöser eines Use-Case-Ablaufs, die Kommunikation (Interaktion oder Kollaboration, „Wer muss wann was liefern?") zwischen Akteuren und Use-Cases und das am Ende stehende Ergebnis. Ein Use-Case-Ablauf ist dann zu Ende, wenn keine Kommunikation zwischen Akteur und Use-Case mehr erfolgt – mit anderen Worten: wenn der Ablauf „zur Ruhe gekommen" ist.

Beziehungsgeflechte

Neben der Modellierung von einzelnen, autarken Use-Cases dürfen Sie Use-Cases auch in Beziehung zueinander setzen. Dadurch verknüpfen Sie die Abläufe der einzelnen Use-Cases zu *einem* Ablauf.

Generalisierung und Spezialisierung

Abbildung 12.5 zeigt den Basis-Use-Case `Standardauthentifizierung`, der eine Aktionsfolge mit der Texteingabe von `Benutzername` und `Passwort` vorsieht. Moderne Authentifizierungsverfahren ermöglichen aber auch technische Varianten dieses Ablaufs: Authentifizierung mittels `Fingerabdruck` oder per `Chipkarte`. Die zugehörigen Abläufe sind entsprechend in den spezialisierten Use-Cases überschrieben. Beachten Sie, dass sich zusätzlich zum Verhalten auch die Beziehungen zu Akteuren vererben.

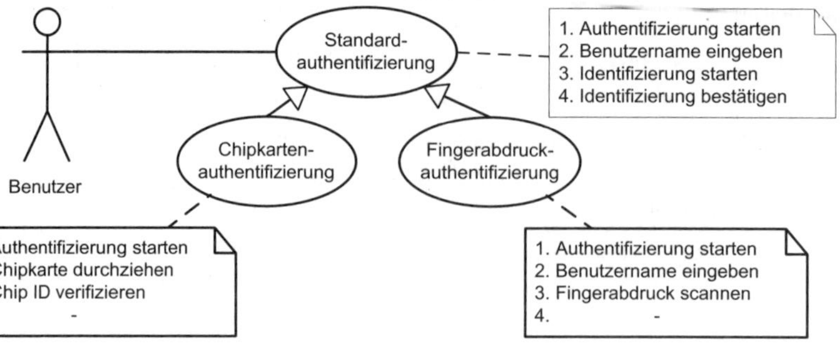

ABBILDUNG 12.5 Eine Generalisierungsbeziehung zwischen Use-Cases. Die Kommentare verdeutlichen die Einzelschritte.

⇨ 12.4.4, 12.4.5

Weitere Beziehungen zwischen Use-Cases beschreiben wir aufgrund ihres Umfangs in eigenen Unterkapiteln (Abschnitte 12.4.4, 12.4.5).

Die UML gewährt Ihnen bei der Notation von Use-Cases viel Freiraum. Die verbindlichste Vorschrift besteht darin, dass Sie einen Use-Case bezeichnen müssen. Für die Namensgebung bietet sich zur besseren Verständlichkeit die Form „Substantiv Verb" oder „substantiviertes Verb" an (zum Beispiel: „Raum buchen", „Raumbuchung").

Use-Case = verhaltensspezifischer Classifier

Da ein Use-Case im Metamodellsinne einen verhaltensspezifischen Classifier[3] darstellt, dürfen Sie statt der üblichen Ellipsennotation auch die von Klassen bekannte Rechtecksnotation verwenden (Abschnitt 6.4.1). Die Ellipse wird dann als kleines Icon in die rechte obere Ecke des Use-Cases gesetzt.

Klassennotation ⇨ 6.4.1

ABBILDUNG 12.6 Use-Case in Ellipsen- und Standard-Classifier-Notation

Stereotyp ⇨ 19.4.1

Die Vergabe eines Stereotyps ist ebenfalls optional möglich (Abbildung 12.7). Abschnitt 19.4.1 geht detaillierter auf die Stereotypisierung ein.

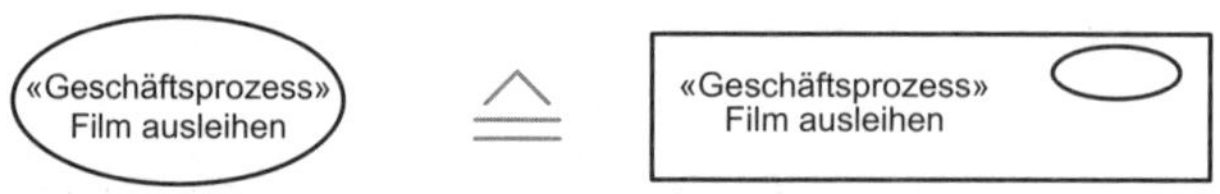

ABBILDUNG 12.7 Stereotypisierter Use-Case

Um die Verknüpfung (engl. traceability) zwischen einem Use-Case und seiner präzisieren Verhaltensbeschreibung herzustellen, können Sie einen einzelnen Use-Case als Diagramm darstellen. Das zugeordnete Aktivitätsdiagramm wird, wie Abbildung 12.8 zeigt, in das Use-Case-Diagramm geschachtelt eingezeichnet.

---

[3] Ein verhaltensspezifischer Classifier (Behaviored Classifier) ist ein Classifier (vgl. 3.2.5), der eine Spezifikation seines Verhaltens haben kann. Diese Spezifikation könnte zum Beispiel ein Aktivitätsdiagramm oder ein Zustandsautomat sein. Weitere Informationen zu den verhaltensspezifischen Classifiern finden Sie auf *www.uml-glasklar.com*, Linknummer [12-2].

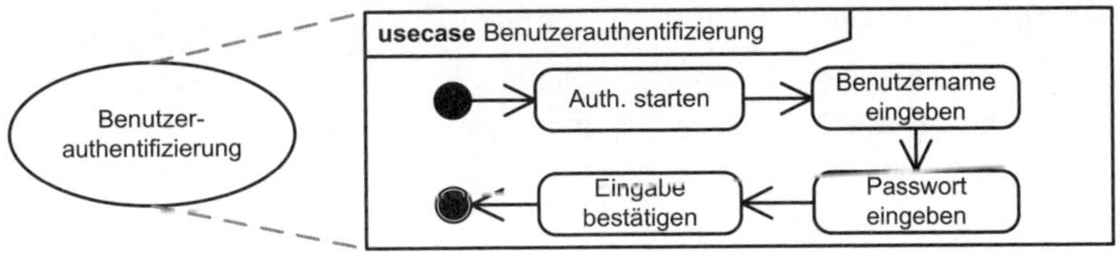

ABBILDUNG 12.8 Detaillierte Verhaltensbeschreibung eines Use-Case

Anwendung

Abbildung 12.9 zeigt die verschiedenen Notationsmöglichkeiten von Use-Cases.

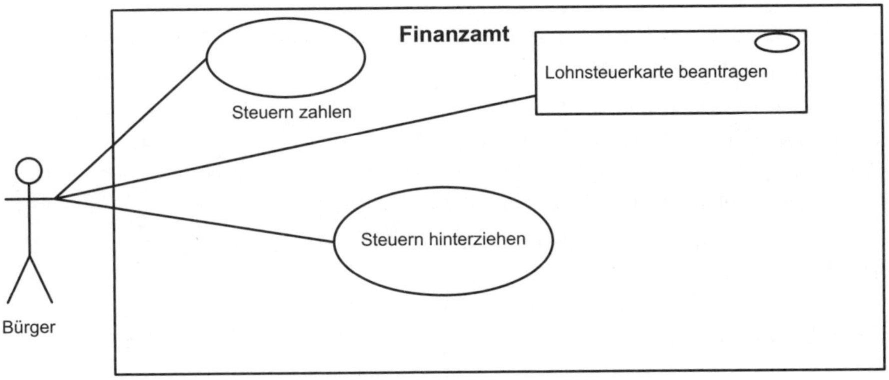

ABBILDUNG 12.9 Use-Cases im Rahmen eines Anwendungsbeispiels

12.4.2 System (Betrachtungsgegenstand)

AL

Definition

Subject: Extending a classifier with the capability to own use cases.

Notation

Das System wird als rechteckiger Kasten abgebildet, wobei die Kanten des Systems die Systemgrenzen darstellen. Der Name des Systems wird innerhalb des Kastens angegeben.

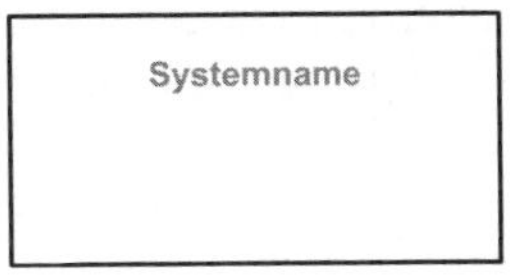

ABBILDUNG 12.10 Notation für das System

Beschreibung

System = Classifier

Das System ist diejenige Einheit, die das Verhalten, welches durch die Use-Cases beschrieben wird, realisiert und anbietet. Unter Umständen zergliedert sich das System und einzelne Bestandteile realisieren Teilaufgaben; insgesamt jedoch muss das Verhalten „nach außen" ganzheitlich angeboten werden.

⇨ 6.4.1, 6.4.4, 10

Wie bereits erwähnt, ist *ein System* nicht die einzige Einheit, die einen Use-Case realisieren kann. Gemäß der UML-Spezifikation kann jeder Classifier einen Use-Case realisieren. Das bedeutet konkret, dass Sie in Ihren Modellen Verhalten in Form von Use-Cases insbesondere auch Klassen (Abschnitt 6.4.1), Schnittstellen (Abschnitt 6.4.4), Komponenten oder Subsystemen (Kapitel 10) zuordnen können.

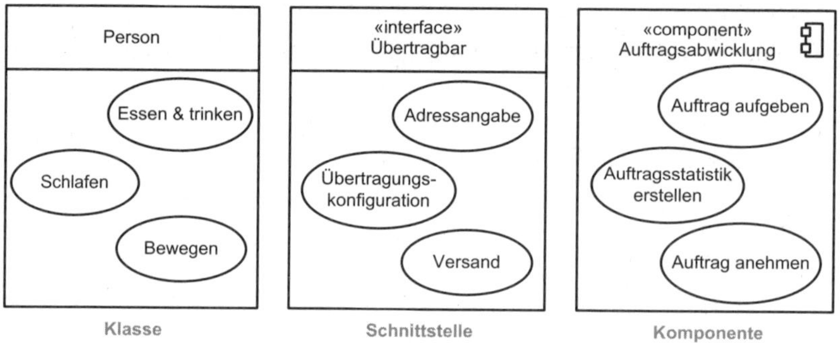

ABBILDUNG 12.11 Eine Auswahl von Classifiern, denen Sie Use-Cases zuordnen dürfen und die diese dann realisieren

⇨ 3.2.5, 10

Der in der Praxis am häufigsten verwendete Classifier „System" lässt sich als stereotypisierte Komponente mit dem Standardstereotyp «subsystem»[4] (Kapitel 10) auffassen.

Kurzform der Darstellung

Abbildung 12.12 verdeutlicht dies. Sie sehen im linken Diagramm die vollständig notierte Version eines Subsystems `Tretbootverleih`, während im rechten Diagramm die in der Praxis gängige Kurzform dargestellt wird.

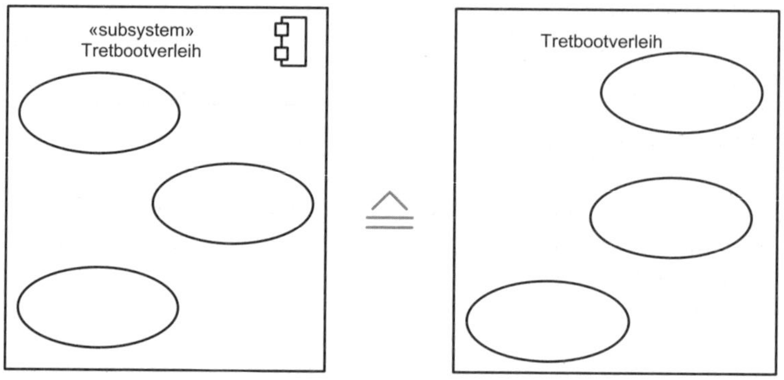

ABBILDUNG 12.12 Ein System in UML ist eigentlich ein «subsystem».

[4] In der UML wird das Gesamtsystem als Top-Level-Subsystem betrachtet.

Dieses Konzept ermöglicht die Zuordnung von Use-Cases zu beliebigen Classifiern als Einheiten, die Verhalten realisieren und anbieten können. In der UML-Spezifikation sind diese Einheiten mit dem englischen Wort *subject* (im Deutschen etwa Betrachtungsgegenstand) bezeichnet, um zu unterstreichen, dass ein System fast alles sein kann: von einem Teil der Umwelt, in der wir leben (zum Beispiel in der Geschäftsprozessanalyse: Kfz-Vermittlung, Supermarkt, ...), über technische Geräte und Systeme (Waschmaschine, Autopilot, Fahrzeug, ...) bis hin zu Teilsystemen oder Komponenten (Browsersoftware, Datenbank, ...).

Einsatzvarianten

Wir möchten Sie an dieser Stelle vor allzu extensiver Nutzung aller zulässigen Notationsmittel eines Use-Case-Diagramms warnen – auch wenn die Spezifikation dies formal zulässt. Ein Use-Case-Diagramm ist ein klassisches Analysediagramm, das den sanften Einstieg in die Systementwicklung ermöglicht, von vielen ohne tiefgreifendes UML-Wissen verstanden wird und daher vom Grundsatz her einfach gehalten werden soll.

Heimat Systemanalyse

Zur Beschreibung von Verhalten und Schnittstellen bieten sich je nach Interessensschwerpunkt bessere Notationsmittel an (Abschnitt 2.2).

UML Übersicht ⇨ 2.2

Es ist im Übrigen nicht zwingend notwendig, das System zu modellieren. Ein Use-Case-Diagramm ist auch ohne Angabe der Einheit, die den Use-Case realisiert, vollständig. So haben Sie die Möglichkeit, sich zunächst auf die Verhaltensdefinition zu beschränken und erst in einem späteren Schritt dieses Verhalten entsprechenden Einheiten zuzuweisen und damit Verantwortlichkeiten festzulegen.

Anwendung

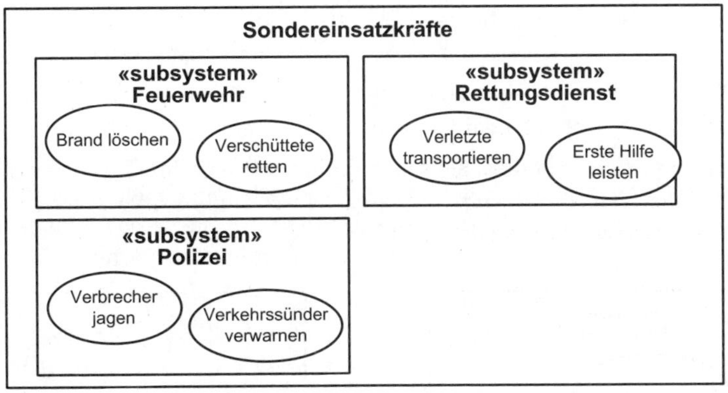

ABBILDUNG 12.13 System und Subsysteme, die die Use-Cases realisieren

Abbildung 12.13 zeigt exemplarisch eine Abgrenzung verschiedener Teilbereiche und ordnet beispielsweise Use-Cases wie `Brand löschen` und `Verschüttete retten` dem Subsystem `Feuerwehr` zu.

12.4.3 Akteur

AL

Definition

An **actor** specifies a role played by a user or any other system that interacts with the subject.

Notation

Die gebräuchlichste Notation für einen Akteur ist das Strichmännchen, mit dem Namen des Akteurs oberhalb oder unterhalb. Allerdings erlaubt Ihnen die UML, den Namen auch rechts oder links vom Strichmännchen zu notieren. Vorgeschrieben ist nur, dass der Name in der Umgebung des Strichmännchens stehen muss. Für weitere Notationsalternativen lesen Sie unter „Alternative Darstellungsformen und Zusatzinformationen" weiter unten.

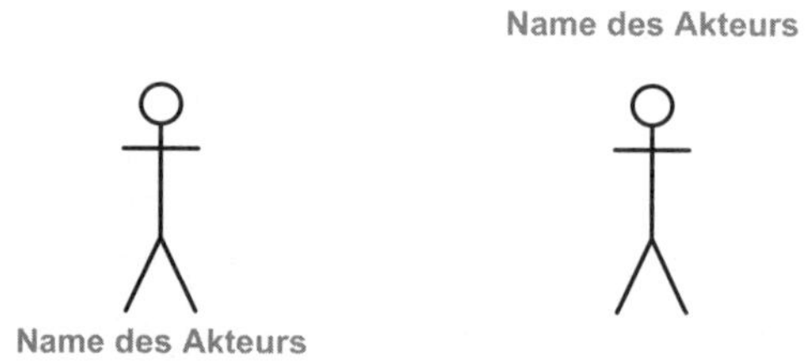

ABBILDUNG 12.14 Die gebräuchlichste Notation für einen Akteur – das Strichmännchen.

Beschreibung

Externe Interaktionspartner

Ein Akteur interagiert mit dem System, steht aber immer außerhalb davon. Beachten Sie zudem, dass ein Akteur lediglich eine Rolle darstellt, die mit dem System interagiert. Ein Akteur muss nicht zwangsläufig eine natürliche Person sein, sondern kann auch ein Sensor, ein Zeitereignis oder ein anderes Gerät sein. Weil der Akteur für eine Rolle steht, ist es zwingend erforderlich, dass er mit einem Namen versehen wird.

Die UML fasst den Begriff des Akteurs sehr weit und losgelöst von Use-Case-Diagrammen, wenngleich Akteure zumeist in diesen Diagrammen verwendet werden.

Akteure in Use-Case-Diagrammen

In einem Use-Case-Diagramm interagiert ein Akteur mit einem Use-Case, indem er dessen Ausführung anstößt oder an der Ausführung *aktiv oder passiv* beteiligt ist. Zwischen dem Use-Case und dem Akteur findet ein wechselseitiger Austausch von Signalen und Daten statt. Das „Drehbuch" dafür liefert die Verhaltensdefinition des internen Use-Case-Ablaufs.

Assoziation ⇨ 6.4.8

Die Beteiligung eines Akteurs an einem Use-Case-Ablauf wird durch eine Assoziation (Abschnitt 6.4.8) zwischen dem Akteur und dem Use-Case dargestellt. Die Assoziationen müssen binär sein, das bedeutet, dass an einer Assoziation genau zwei Partner beteiligt sind. Um den Ein- und Ausgabefluss darzustellen, dürfen die Assoziationen zudem gerichtet sein.

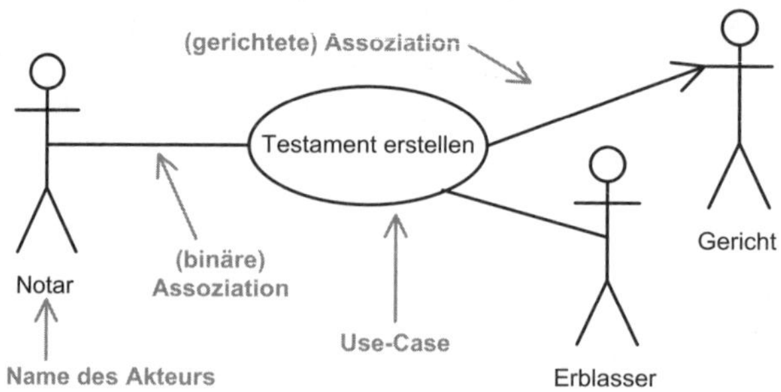

ABBILDUNG 12.15 Assoziationen zwischen Use-Case und Akteuren

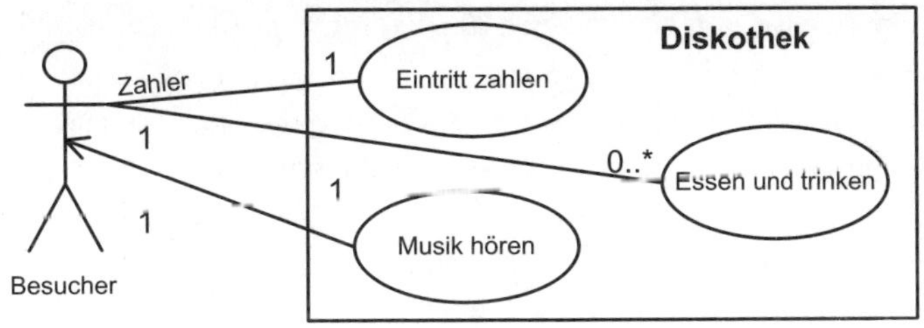

ABBILDUNG 12.16 Ausführliche Assoziationen zwischen Akteur und Use-Cases

Beschriftung der Assoziation

Die Beziehung lässt sich weiter mit den aus Klassendiagrammen bekannten Mitteln (Abschnitt 6.4.8) verfeinern. Sie können insbesondere Rollen, Assoziationsnamen und Multiplizitäten antragen.

Das Beispiel `Diskothek` zeigt verschiedene Notationen von Assoziationen zwischen Akteur und Use-Case. Die mittlere Assoziation zeigt, dass ein Akteur mehrmals den Anwendungsfall `Essen und Trinken` anstoßen kann, aber nicht muss. Dies hängt davon ab, wie groß der Hunger und der Durst und das Stehvermögen des Besuchers sind. Ein mehrmals aufgerufener Anwendungsfall kann entweder parallel oder zu unterschiedlichen Zeiten ausgeführt werden. Die Assoziation zwischen dem Besucher und dem Use-Case `Musik hören` ist eine gerichtete Assoziation, die zeigt, dass der Informationsfluss nur einseitig in Richtung Akteur verläuft.

Bei dem Use-Case `Eintritt zahlen` nimmt der Akteur die Rolle des Zahlers ein. Außerdem drückt die Assoziation zwischen dem Akteur und dem Use-Case aus, dass genau ein Zahler genau einmal den Use-Case `Eintritt zahlen` anstößt bzw. daran beteiligt ist.

Wenn Sie das System modellieren, müssen Sie die Akteure immer außerhalb der Systemgrenzen (Rahmen) anbringen.

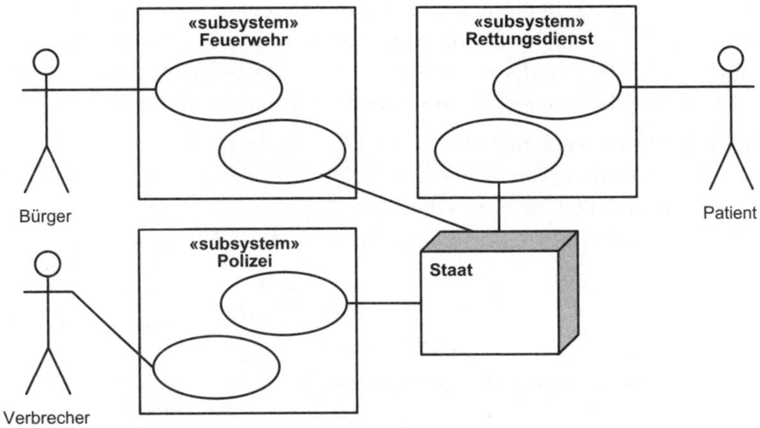

ABBILDUNG 12.17 Akteure stehen außerhalb des Systems.

Alternative Darstellungsformen und Zusatzinformationen

Akteur = spezialisierter Classifier

Ein Akteur im Sinne des UML-Metamodells ist ein spezialisierter verhaltensspezifischer Classifier, der einigen Beschränkungen unterliegt. So dürfen Sie zum Beispiel, wie bereits erwähnt, nur binäre Assoziationen an einen Akteur antragen. Zudem muss er sich außerhalb des Systems befinden.

⇨ 3.2.10

Dafür steht Ihnen aber das umfangreiche Repertoire eines verhaltensspezifischen Classifiers zur Verfügung. Sie können den Akteur mit einem Schlüsselwort (Abschnitt 3.2.10) versehen.

Aus der Spezialisierungsbeziehung ergibt sich auch die Rechtecksnotation, in der das Schlüsselwort «actor» anzeigt, dass es sich nicht um einen „normalen" Classifier, sondern um einen „spezialisierten" Classifier handelt.

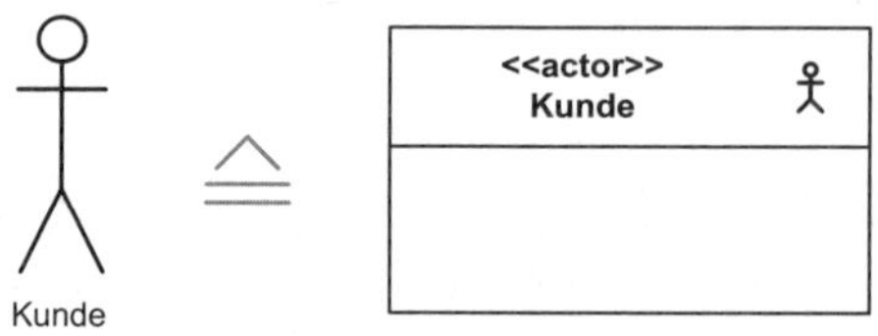

ABBILDUNG 12.18 Der Classifier „Kunde" – ein Akteur

Grafische Eigenkreationen

Zudem haben Sie die Möglichkeit, statt des Strichmännchens oder des Rechtecks eigene, definierte Symbole zu verwenden. Diese sind häufig eingängiger als ein Strichmännchen. Abbildung 12.19 zeigt einige typische Vertreter. Das Schlüsselwort «actor» können Sie optional angeben.

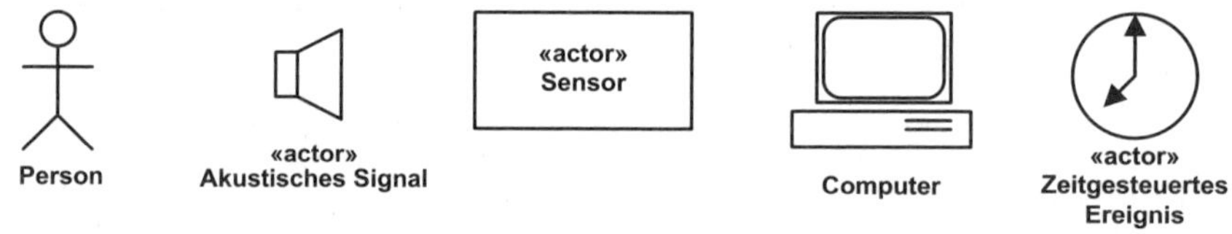

ABBILDUNG 12.19 Alle meine Akteure ...

Beziehungen zwischen Akteuren

Beziehungsgeflechte außerhalb Ihres Systems

Generalisierung

⇨ 6.4.6

Eine weitere Classifier-Eigenschaft, die Akteure besitzen, ist die Generalisierungs- und Spezialisierungsmöglichkeit (Abschnitt 6.4.6). Hierbei wird die Kommunikationsbeziehung zwischen Akteur und Use-Case weitervererbt: Der spezialisierte Akteur ist an den gleichen Use-Case-Abläufen beteiligt wie der vererbende Akteur.

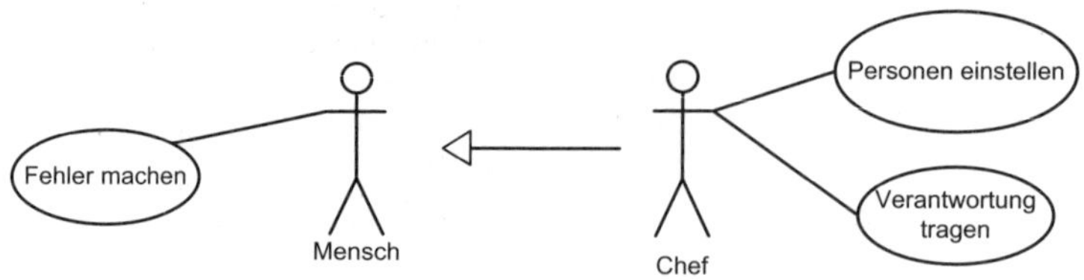

ABBILDUNG 12.20 Auch ein Chef ist ein Mensch und macht Fehler.

Akteure in weiteren UML-Diagrammen

Erlaubte Assoziationen eines Akteurs

Die UML erlaubt Akteuren nicht nur Beziehungen zu Use-Cases, sondern auch zu Komponenten (darunter auch Subsystemen) und Klassen (siehe Abbildung 12.21).

Ein Akteur darf dementsprechend auch in den Diagrammen modelliert werden, in denen diese Elemente abgebildet werden.

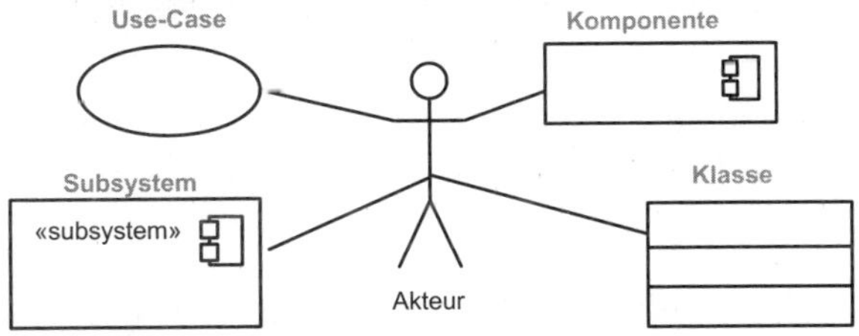

ABBILDUNG 12.21 Erlaubte Assoziationen eines Akteurs

Kontext-diagramme

Nebenbei bemerkt erlaubt dieser Freiheitsgrad, das aus der Strukturierten Analyse [DPl79] bekannte Kontextdiagramm mit UML-Notationsmitteln (Use-Case-Diagramm ohne Use-Cases als Basis) nachzubilden. Dieses Diagramm dient vorwiegend der Abgrenzung von Systemen zu Nachbarsystemen und zeigt den Ein- und Ausgangsfluss.

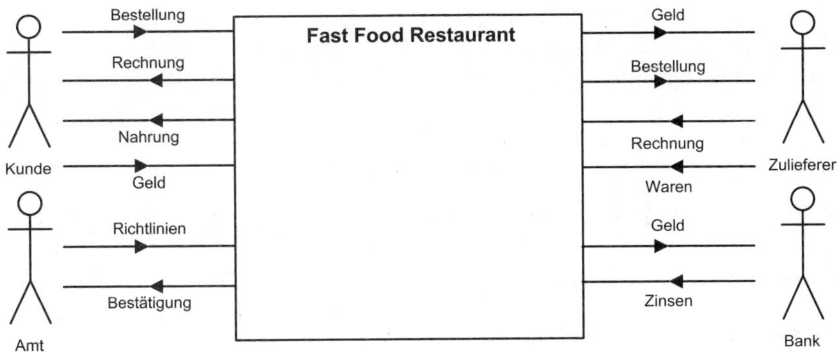

ABBILDUNG 12.22 Auch mit der UML kann man Kontextdiagramme modellieren.

Informationsfluss ⇨ 6.4.15

Die Assoziationen zwischen Akteur und System in Abbildung 12.22 wurden zusätzlich mit Informationsflüssen (siehe Abschnitt 6.4.15) versehen.

Anwendung

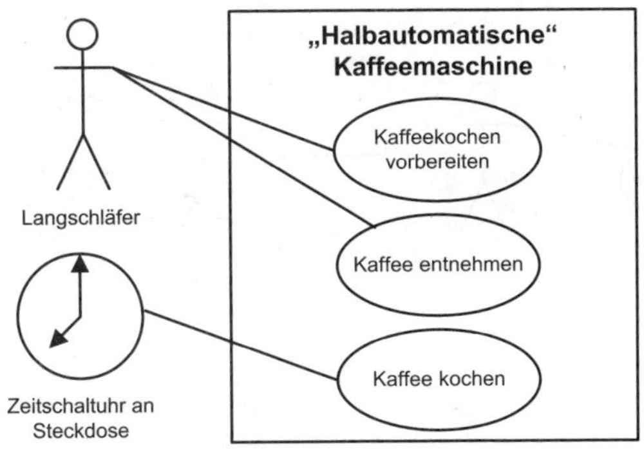

ABBILDUNG 12.23 Morgens endlich länger schlafen

Abbildung 12.23 zeigt die Anwendung verschiedener Darstellungen für Akteure. Einerseits wird hier ein Strichmännchen in der Rolle des `Langschläfers` als Akteur verwendet. Andererseits ist die Zeit in Form einer `Zeitschaltuhr` auch ein Akteur.

AL

12.4.4 «include»-Beziehung

Definition

An **include relationship** defines that a use case contains the behavior defined in another use case.

Notation

Abhängigkeitsbeziehung ⇨ 6.4.10

Die «include»-Beziehung wird durch eine unterbrochene gerichtete Kante mit dem Schlüsselwort «include» dargestellt. Nähere Informationen zur Abhängigkeitsbeziehung finden Sie im Abschnitt 6.4.10 „Abhängigkeitsbeziehung“.

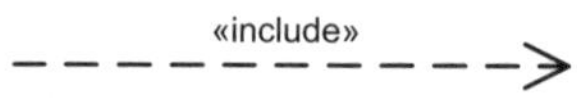

ABBILDUNG 12.24 Die «include»-Beziehung

Beschreibung

Verhaltensimport

Die «include»-Beziehung visualisiert, dass ein Use-Case A das Verhalten eines anderen Use-Case B importiert.

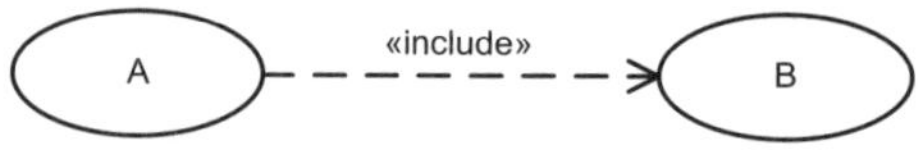

ABBILDUNG 12.25 Use-Case A inkludiert Use-Case B

So importiert der Use-Case `Kundendaten ändern` in Abbildung 12.26 den Use-Case `Berechtigung prüfen`. Das bedeutet, dass, während der Use-Case `Kundendaten ändern` instanziiert ist (abläuft), in einem Ablaufschritt der Use-Case `Berechtigung prüfen` aufgerufen wird, dann abläuft und sein Ergebnis in `Kundendaten ändern` genutzt wird.

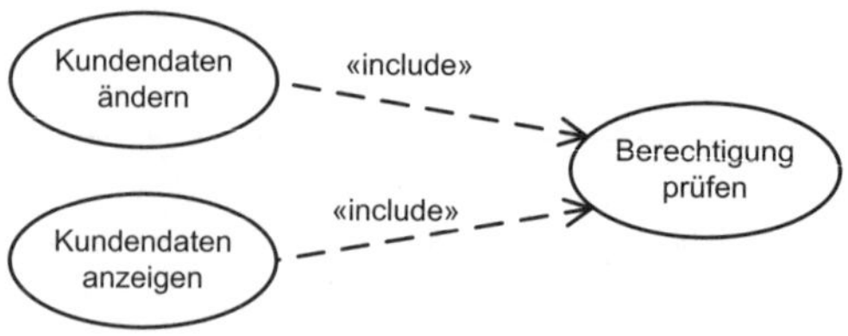

ABBILDUNG 12.26 Zentral beschriebenes Verhalten inkludieren

Mehrfache Inklusion

Beispiel 12.26 zeigt auch, dass ein Use-Case durch unterschiedliche Use-Cases mehrfach inkludiert werden darf. Dadurch können Sie mehrfach benötigtes Verhalten einmalig an zentraler Stelle beschreiben und beliebig oft nutzen. Formulieren Sie deshalb das ausgelagerte Verhalten so, dass es in beliebigen Use-Case-Abläufen nutzbar ist.

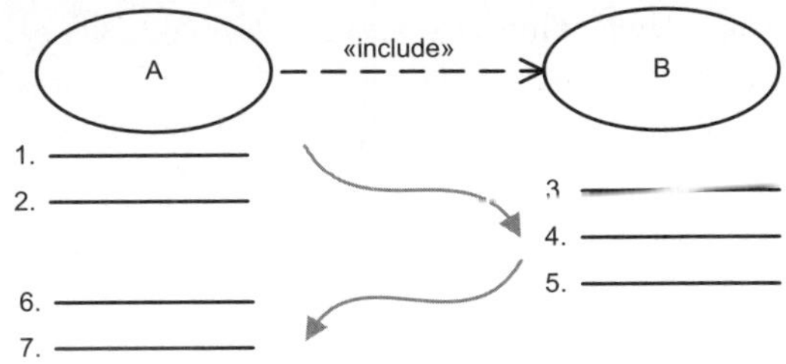

ABBILDUNG 12.27 Der Ablauf einer «include»-Beziehung

Ein Use-Case muss jedoch nicht zwingend das Verhalten eines anderen Use-Cases importieren, sondern kann auch nur von einem Ergebnis, welches der inkludierte Use-Case nach seiner Ausführung liefert, abhängig sein.

Eine «include»-Beziehung ist *nicht optional*; der inkludierte Use-Case ist immer für den aufrufenden Use-Case notwendig, um diesen korrekt ausführen zu können. Erst durch die Inklusion ergibt sich ein (sinnvolles) Gesamtverhalten. Der Use-Case, der das Verhalten einbindet, ist somit abhängig vom Use-Case, den er inkludiert. Deswegen wird die Notation vom abhängigen, importierenden zum unabhängigen, inkludierten Use-Case gerichtet.

Gemeinsames Gesamtverhalten

Abbildung 12.27 zeigt das Zusammenspiel der Use-Case-Abläufe. Nachdem zum Beispiel die beiden ersten Schritte von Use-Case A abgearbeitet sind, werden die inkludierten Schritte 3 bis 5 von Use-Case B durchlaufen, bevor 6 und 7 den Gesamtablauf komplettieren. Das Verhalten von Use-Case A setzt sich somit aus den Schritten 1-7 zusammen. Das Ergebnis von Use-Case B (Schritt 5) wird in den Schritten 6 und 7 von Use-Case A genutzt. Beachten Sie, dass hier keine Parallelität vorliegt; „nach außen" tritt *ein gemeinsames Gesamtverhalten* auf.

Verbot von Zyklen

Ein Use-Case darf sich weder selber inkludieren noch einen anderen Use-Case, der wiederum ihn selber inkludiert (Verbot zyklischer Abhängigkeiten). Dies bedeutet: Wenn Use-Case A den Use-Case B inkludiert, darf Use-Case B nicht Use-Case A inkludieren.

Keine zeitlichen Reihenfolgen

Entscheidend ist, dass durch «include»-Beziehungen bzw. die Anordnung der Use-Cases im Diagramm keine zeitlichen Reihenfolgen vorgegeben sind. Nur die Verhaltensbeschreibung des Use-Case legt fest, in welcher Reihenfolge inkludiert wird.

Anwendung

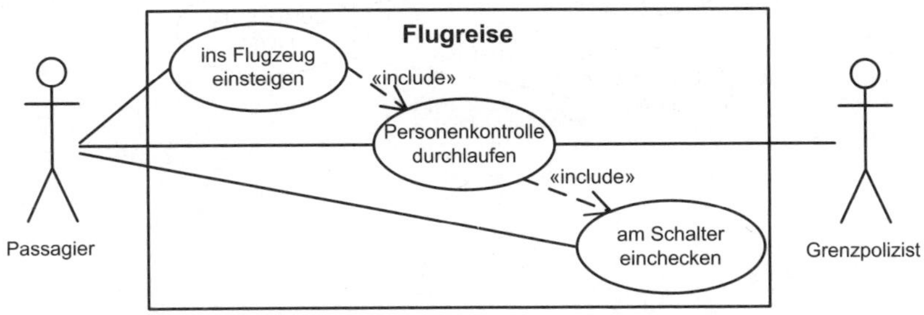

ABBILDUNG 12.28 «include»-Beziehungen in der Anwendung

In dem Anwendungsbeispiel einer Flugreise wird der Use-Case ins Flugzeug einsteigen hierarchisch zerlegt. Dadurch wird ausgedrückt, dass der Use-Case am Schalter einchecken komplett im Use-Case Personenkontrolle durchlaufen enthalten ist. Dieser wiederum wird vollständig im Use-Case ins Flugzeug einsteigen durchlaufen.

AL

12.4.5 «extend»-Beziehung

Definition

Extend: A relationship from an extending use case to an extended use case that specifies how and when the behavior defined in the extending use case can be inserted into the behavior defined in the extended use case.

Extension Point: An extension point identifies a point in the behavior of a use case where that behavior can be extended by the behavior of some other (extending) use case, as specified by an extend relationship.

Notation

Eine «extend»-Beziehung ist eine unterbrochene gerichtete Kante mit der Bezeichnung «extend» vom erweiternden Use-Case zum erweiterten Use-Case. Auch diese Beziehung ist ein Spezialfall der Abhängigkeitsbeziehung.

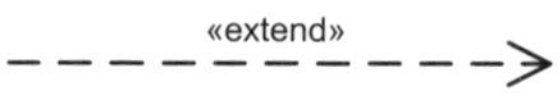

ABBILDUNG 12.29 Die «extend»-Beziehung

Beschreibung

Verhaltens-erweiterung

Die «extend»-Beziehung zeigt an, dass das Verhalten eines Use-Case (A) durch einen anderen Use-Case (B) erweitert werden kann, aber nicht muss.

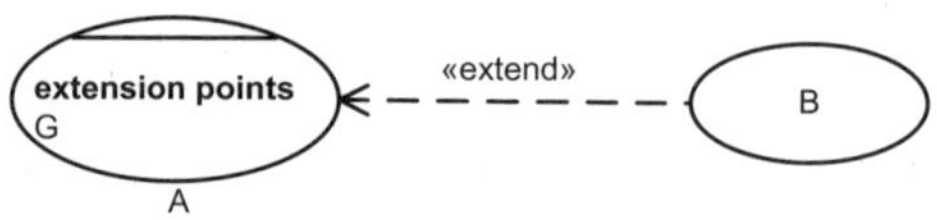

ABBILDUNG 12.30 Use-Case B erweitert Use-Case A

Abbildung 12.31 zeigt den Use-Case Personenkontrolle durchlaufen, der in bestimmten Fällen durch Passagier festnehmen erweitert wird.

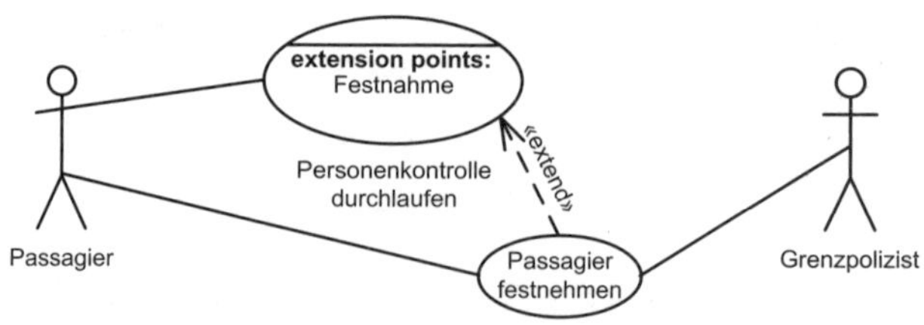

ABBILDUNG 12.31 «extend»-Beziehungen erweitern Use-Cases

Die Stelle im Ablauf eines Use-Cases, an dem das Verhalten erweitert werden kann, bezeichnet man als *Erweiterungspunkt* (engl. extension point). Ein Use-Case darf mehrere Erweiterungspunkte besitzen.

Extension point

Die Erweiterungspunkte werden in einem mit *extension points* bezeichneten Abschnitt innerhalb der Use-Case-Ellipse dargestellt und müssen benannt sein. Die Bezeichnung des Use-Cases verschiebt sich unter die Ellipse.

Sie dürfen optional an den Namen des Erweiterungspunktes einen beliebigen Text anhängen. Dieser Text ist durch einen Doppelpunkt vom Namen des Erweiterungspunktes abzutrennen. Sie haben dadurch die Möglichkeit, den Erweiterungspunkt präziser zu beschreiben oder die Auftrittsstelle im Use-Case-Ablauf anzugeben.

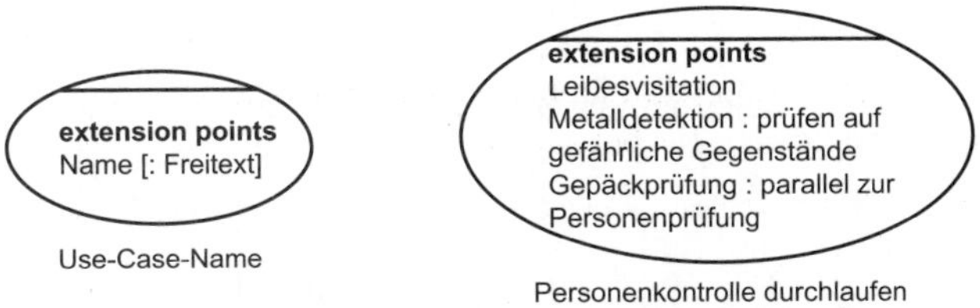

ABBILDUNG 12.32 Ein Use-Case mit Erweiterungspunkten

Bei einer großen Zahl von Erweiterungspunkten empfiehlt sich, die Use-Cases in der Rechtecksnotation darzustellen (Abbildung 12.33).

Alternative Darstellung

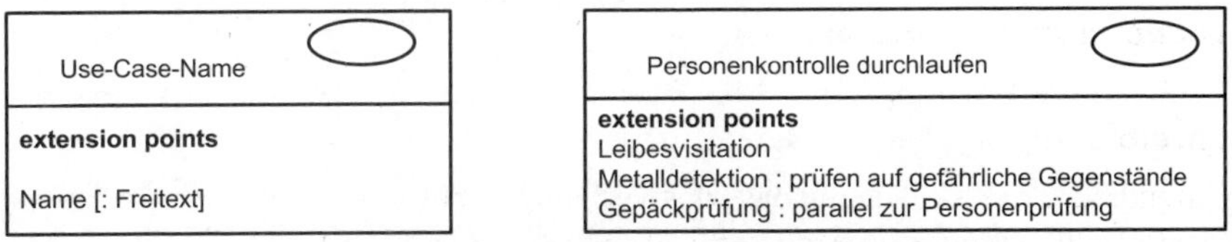

ABBILDUNG 12.33 Erweiterungspunkte eines Use-Cases in der Rechtecksnotation

Neben dem Erweiterungspunkt können Sie zudem eine Bedingung für die Erweiterung angeben. Die Bedingung wird bei Erreichen des Erweiterungspunktes geprüft. Ist die Bedingung wahr, wird der Ablauf erweitert, das heißt, der entsprechende referenzierte Use-Case durchlaufen. Ist die Bedingung nicht erfüllt, läuft der Use-Case-Ablauf „normal" weiter.

Die entsprechenden Bedingungen und der zugehörige Erweiterungspunkt werden als Notizzettel (condition) an die «extend»-Beziehung notiert.

Bedingungen der Erweiterung notieren

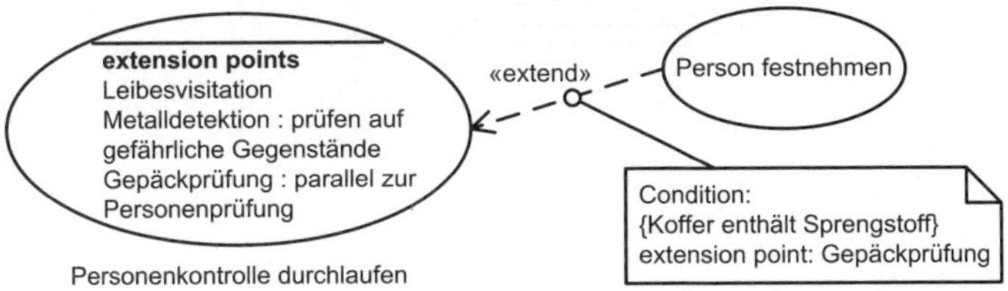

ABBILDUNG 12.34 Die Bedingungen eines Erweiterungspunkts als Notiz

Die Angabe der Bedingung ist optional. Fehlt die Bedingung, wird der Use Case immer erweitert. Ein erweiternder Use-Case kann mehrere Use-Cases erweitern und auch selbst erweitert sein.

Eine in der Praxis eher seltene Anwendung

Bisher haben wir die «extend»-Beziehung nur unter dem Aspekt betrachtet, dass ein Use-Case an einem Punkt im Ablauf durch das komplette Verhalten eines weiteren Use-Case erweitert wird. Dies ist auch der in der Praxis am meisten anzutreffende Fall. Eine für die Praxis eher ungeeignete Variante ist die Möglichkeit, dass ein Use-Case stückchenweise durch das Verhalten eines anderen erweitert wird. Zum Beispiel wird Use-Case A nach dem Schritt 2 durch Use-Case B mit den Schritten 1–4 erweitert und dann nach dem Schritt 4 durch Use-Case C mit den Schritten 1-3 erweitert. Bei dieser Aufteilung der Erweiterung haben wir mehrere Erweiterungspunkte für nur *einen* erweiternden Use-Case. In diesem Fall definiert der erste Erweiterungspunkt den ersten Teil der Erweiterung, der zweite Erweiterungspunkt den zweiten Teil der Erweiterung und so weiter. Daher ist bei der Darstellung auf die richtige Reihenfolge der Erweiterungspunkte zu achten. Die Bedingung, welche mit der «extend»-Beziehung verknüpft ist, wird allerdings nur beim ersten Erweiterungspunkt geprüft. Hier fällt somit automatisch die Entscheidung für alle weiteren Erweiterungspunkte dieser einen «extend»-Beziehung.

In der Praxis werden Generalisierungs- und «extend»-Beziehungen leider häufig falsch eingesetzt, deshalb hier eine kurze Übersicht:

Die «extend»-Beziehung dient nur der Verhaltenserweiterung, die Bedingungen unterliegt (das heißt, das Verhalten eines Use-Cases kann, muss aber nicht erweitert werden). Die Generalisierungsbeziehung hingegen kopiert und überschreibt das Verhalten des Basis-Use-Case.

Die Generalisierung ist nicht die Obermenge der «extend»-Beziehung, obwohl beide das Verhalten des Basis-Use-Case durch Spezialisierung erweitern. Die Beziehungstypen unterscheiden sich darin, dass nur die Generalisierung zusätzlich das Überschreiben des Verhaltens ermöglicht und dass nur bei der «extend»-Beziehung die Erweiterung durch Bedingungen steuerbar ist. Bei der Generalisierung dagegen wird immer erweitert; die Erweiterung erfolgt zur Spezifikationszeit und nicht zur Ablaufzeit.

Die Generalisierung ist nur in wenigen Fällen geeignet, da sie häufig zu semantischen Zweideutigkeiten führt. Denkbar wäre eine Generalisierung, wenn mehrere alternative Handlungen in verschiedenen Schritten gleich sind, also mehrere «extend»-Beziehungen vonnöten wären.

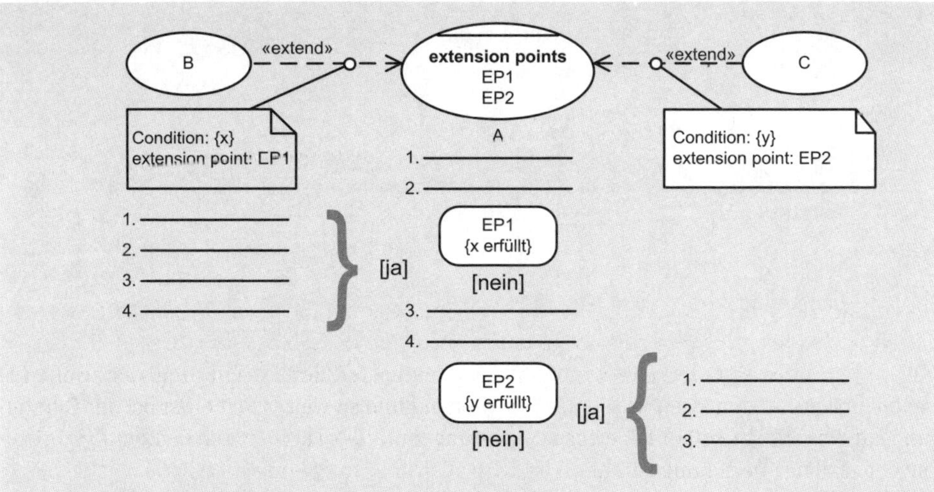

ABBILDUNG 12.35 Der Ablauf einer «extend»-Beziehung

Anwendung

Im folgenden Beispiel wird die Verwendung der «extend»-Beziehung nochmals verdeutlicht. Dargestellt ist die mehrfache Erweiterung des Use-Cases `Nahrung verspeisen` und die Erweiterung des erweiternden Use-Cases `Mängel reklamieren` durch den Use-Case `Zahlung verweigern`.

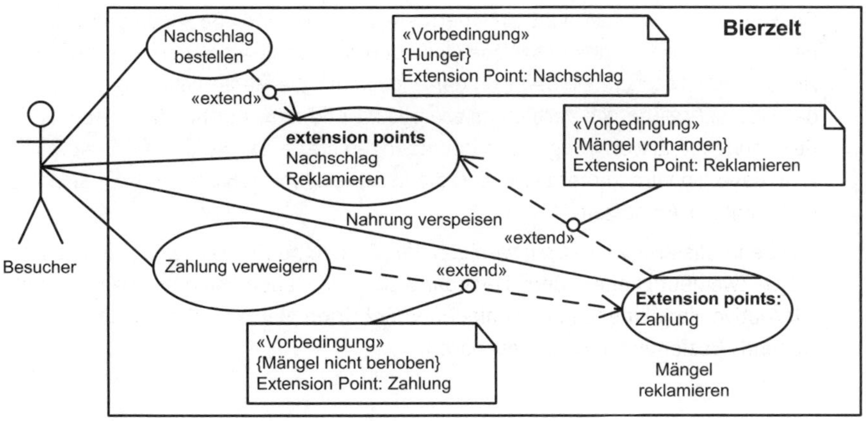

ABBILDUNG 12.36 Die «extend»-Beziehung im Einsatz

Tabelle 12.2 stellt nochmals die «include»- und «extend»-Beziehung einander gegenüber.

TABELLE 12.2 Vergleich «include»- und «extend»-Beziehung

	«include»-Beziehung	«extend»-Beziehung
Notation	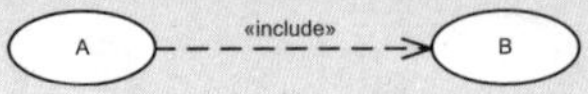	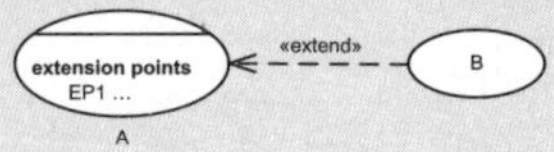
Bedeutung	Ablauf von A schließt immer Ablauf von B ein.	Ablauf von A kann, muss aber nicht durch Ablauf von B erweitert werden.
Wann wird die Beziehung genutzt?	Ablauf von B kann in verschiedenen Use-Cases genutzt werden.	A besitzt neben Normalverhalten auslagerbare Sonderfälle.
Bedeutung für die Modellierung	A ist meist unvollständig und wird erst durch Inklusion B zu einem vollständigen Ablauf.	A ist meist vollständig und kann durch B optional erweitert werden.
Abhängigkeiten	A muss B bei der Modellierung berücksichtigen. B wird unabhängig von A modelliert, um die Nutzung durch weitere Use-Cases sicherzustellen (Wiederverwendbarkeit), B muss in sich nicht vollständig sein („B weiß nicht, durch wen er inkludiert wird").	A muss durch Angabe von Erweiterungspunkten auf die Erweiterung durch B vorbereitet werden. B wird in sich vollständig und unabhängig von A modelliert („B weiß nicht, wen er erweitert").

■

13 Aktivitätsdiagramm

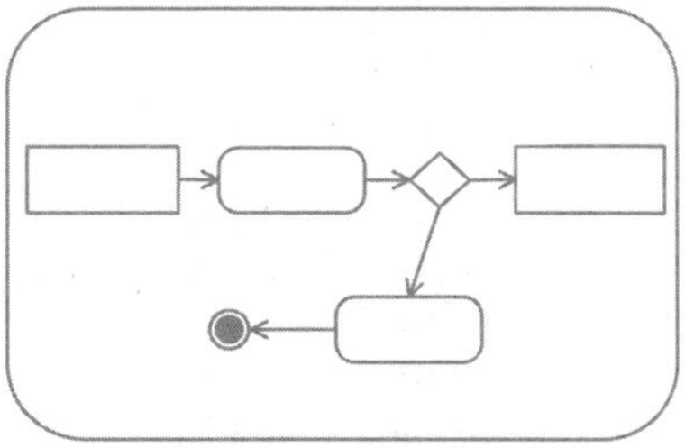

Aktivitätsdiagramme sind das Notationsmittel der Wahl, wenn es darum geht, Abläufe zu modellieren. Sie können dabei beispielsweise die Abarbeitung eines Use-Cases oder einer Operation visualisieren, aber auch einen kompletten Geschäftsvorfall zu Papier bringen. Mit Hilfe dieser Diagrammart können Sie einen komplexen Verlauf unter Berücksichtigung von Nebenläufigkeiten, alternativen Entscheidungswegen und Ähnlichem konkret modellieren und nachvollziehen. Die zentrale Frage, die dieses Kapitel beantwortet, lautet: **„Wie realisiert mein System ein bestimmtes Verhalten?"** Es steht also immer eine vom System zu bewältigende Aufgabe im Vordergrund, die es in Einzelschritte zu zerlegen gilt. Das Kapitel bietet dem Kenner früherer UML-Versionen einige Überraschungen, da sich an dieser Diagrammart vieles verändert und verbessert hat.

13.1 Überblick

Das folgende Kapitel zeigt Ihnen, für welchen Zweck Sie Aktivitätsdiagramme einsetzen können und wie Sie das geschickt bewerkstelligen. Die ersten Abschnitte geben Ihnen Aufschluss über die Anwendungsgebiete und Konzepte des Aktivitätsdiagramms, im Anschluss zeigen zahlreiche Beispiele und eine Schritt für Schritt erfolgende Notationserklärung die Anwendungsweise aller Elemente dieses Diagrammtyps.

13.1.1 Modellieren von Aktivitäten

Ein Aktivitätsdiagramm stellt Aktivitäten mit einem nichttrivialen Charakter dar. Eine *Aktivität* im Sinne der UML 2 spezifiziert dabei die Menge von potenziellen Abläufen, die sich in der Realität (im Programmiersprachenjargon „zur Laufzeit") unter bestimmten Randbedingungen abspielen.

Straßenkarte für Abläufe

Analog zu einer Straßenkarte zeigt ein Aktivitätsdiagramm den Rahmen und die Regeln von Verhaltensabläufen auf detailliertem Niveau. Es umfasst Start- und Endpunkte (Auf- und Abfahrten), Verzweigungen (Straßenkreuzungen, Kreisverkehr), bestimmte Bedingungen (Einbahnstraße, Gewichtsbeschränkungen) und vieles mehr. Der eigentliche „Straßenverkehr", sprich die *Abläufe*, die Tag für Tag nie in gleicher Weise vorkommen, werden jedoch nicht aufgezeigt. Notiert werden nur die Regeln, die alle möglichen Abläufe beschreiben.

Abläufe begegnen Ihnen bei der Modellierung an unterschiedlichen Stellen. Angefangen bei den häufig abstrakten Abläufen der *Geschäftsprozesse* (denken Sie daran, wie Sie dieses Buch erworben haben – vom ersten Klick beim Onlinebuchhändler bis hin zur Abgabe des Pakets an Ihrer Haustür[1]) über die Visualisierung von (technischen) *Systemprozessen* (wie zum Beispiel dem Vorgang einer High-End-Waschmaschine zur Bewältigung von 90°-Kochwäsche unter Berücksichtigung des Wasser-Härtegrades und der Umweltschutzbestimmungen nach ISO 14001) bis hin zu detaillierten *Methoden* von Klassen.

Elemente eines Aktivitätsdiagramms

Sie sehen anhand dieser drei Beispiele, dass Aktivitäten keineswegs trivial sind, sondern im Gegenteil meist zu hoher Komplexität neigen. Dem trägt die UML mit einer Fülle von Notationselementen Rechnung. Ein Aktivitätsdiagramm (ein Graph mit gerichteten Kanten) zeigt dabei im Wesentlichen folgende Elemente:

- eine oder mehrere Aktivitäten
- Aktionen
- Objektknoten
- Kontrollelemente zur Ablaufsteuerung
- verbindende Kanten

Abbildung 13.1 zeigt ein Aktivitätsdiagramm, bei dem *ein möglicher Ablauf* gekennzeichnet wurde. Die Gesamtheit aller Abläufe wird – wie bereits erwähnt – als *Aktivität* bezeichnet. Ein *Aktivitätsdiagramm* zeigt einen Ausschnitt davon: genau eine oder auch mehrere Aktivitäten.

---

1 Natürlich nur *ein* potenzieller Ablauf der Aktivität „Buch kaufen" – andere Wege wären der Kauf im Buchladen, der Gewinn des Buches bei einem Gewinnspiel, ...

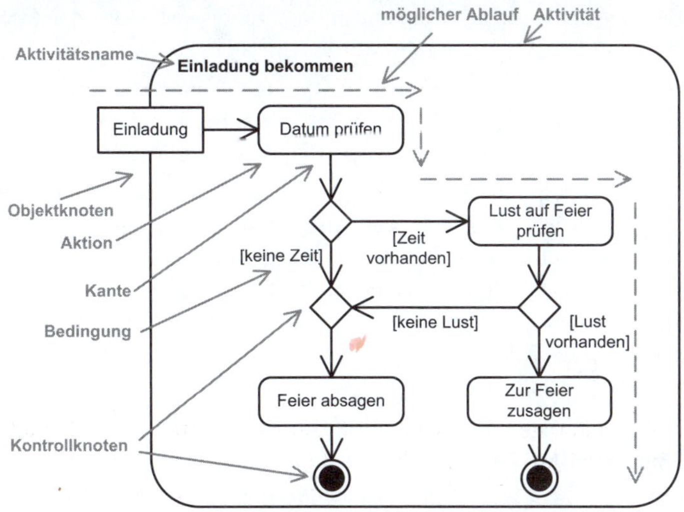

ABBILDUNG 13.1 Eine Aktivität und ihre Bestandteile

Eine *Aktion* (zum Beispiel `Feier absagen`) ist ein Einzelschritt, den ein Ablauf unter Zeitaufwand durchschreitet und in dem etwas „getan wird". *Objektknoten* (in diesem Beispiel nur `Einladung`) repräsentieren dabei beteiligte Daten bzw. Gegenstände der realen oder vorstellbaren Welt (wie Rollen).

Feintuning der Abläufe

Zwischen den Aktionen oder auch Objektknoten befinden sich die *Kontrollknoten* zur Flusssteuerung des Ablaufs. Sie geben die Entscheidungsregeln bzw. Bedingungen vor, wann und in welcher Reihenfolge die einzelnen Aktionen durchgeführt bzw. Objektknoten verändert werden. Durch Kontrollknoten lassen sich Abläufe

- parallelisieren und synchronisieren,
- verzweigen und zusammenführen,
- unter bestimmten Bedingungen lenken,
- mehrfach instanziieren,
- asynchron unter- bzw. abbrechen,
- parametrisieren und mit Objektknoten verknüpfen.

Kanten sind Pfeile, die einzelne Elemente verbinden und damit die zeitlich logische Reihenfolge des Ablaufs herstellen.

13.1.2 Das Token-Konzept

Um gerade die komplexen und schwer durchdringbaren Verhältnisse von *nebenläufigen* Abläufen zu erklären, ist den Aktivitätsdiagrammen ein logisches Konzept hinterlegt: das *Konzept der Token.*

Der Stein, der alles ins Rollen bringt

Unter einem Token (auch Marke genannt) stellen Sie sich am besten eine Marke oder vielleicht einen Staffelstab vor, der logisch den Punkt anzeigt, an dem sich ein Ablauf gerade befindet.

Oder Sie betrachten das Token als Währungsmittel, mit dessen Hilfe an jeder Station, d. h. an jedem Punkt in einem Ablauf, bezahlt werden muss.

Die Wanderung eines Tokens durch eine Aktivität repräsentiert die Abarbeitung eines Ablaufs. In einer Aktivität können gleichzeitig *beliebig viele* Token unterwegs sein, um dadurch parallele Abläufe oder mehrfach instanziierte Abläufe abzubilden.

Wie die nächsten Unterkapitel verdeutlichen, lassen sich alle wesentlichen Ablaufkonzepte mit Token erklären. Dabei verwendete Abbildungen greifen auf einige UML-Elemente zu, die erst später in diesem Kapitel ausführlich erläutert werden. Der Verständlichkeit wegen sind die Token durch kleine Punkte symbolisiert.[2] Dies ist nicht UML-konform, da Token in Aktivitätsdiagrammen grafisch *nicht* repräsentiert werden, sondern nur der logischen Erklärung dienen. Für die Erläuterung des Konzepts – und nur für diesen Zweck stellen wir sie dar – sind sie jedoch sehr hilfreich.

Abarbeitung von Aktionen

Token aktivieren Aktionen

Abbildung 13.2 stellt die Abarbeitung von Aktionen dar. Eine einzelne Aktion wird von einem Token ausgelöst. Vereinfacht gesehen startet eine Aktion dann, wenn ein Token auf der eingehenden Kante angeboten und aufgenommen wird (1). Dieses Token wird anschließend von der Kante entfernt und für die Dauer des Aktionsablaufs innerhalb der Aktion aufbewahrt (2). Ist der Ablauf abgeschlossen, wird das Token über die wegführende Kante der nachfolgenden Aktion angeboten (3).

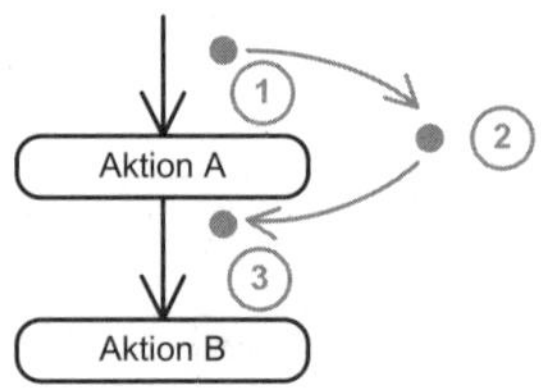

ABBILDUNG 13.2 Einfache Darstellung einer Aktionsabarbeitung

Verzweigung und Vereinigung

Tokenrouting

Da die wenigsten Abläufe geradlinig vonstatten gehen, enthalten Aktivitätsdiagramme Notationselemente für Alternativabläufe (Ja/Nein-Entscheidungen, Mehrfachauswahl). Diese Entscheidungspunkte sind als eine Art „Wegkreuzung" für die Token zu betrachten.

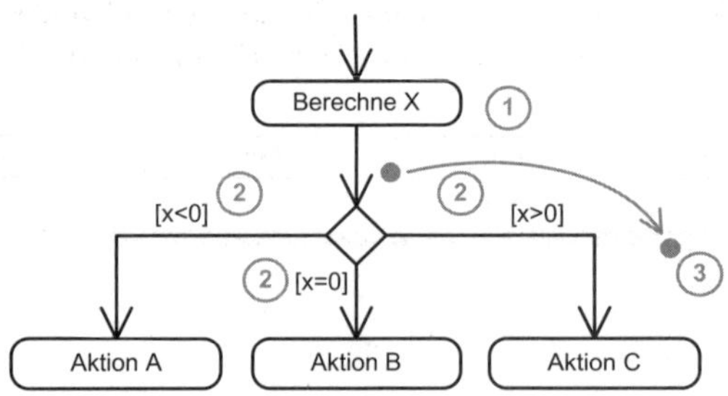

ABBILDUNG 13.3 Aktivitätsdiagramm mit Alternativabläufen

[2] In Anlehnung an die Merker-Notation der Petrinetze, denen das Token-Konzept entstammt.

In Abbildung 13.3 liegt das Token, abhängig von dem Ergebnis der Aktion „Berechne X" (1), nur bei *genau einer Folgeaktion* an, für welche die *Bedingung zutrifft* (2). (Im Beispiel: Wenn die Berechnung von x 27 ergeben hätte, würde das Token (3) *nur* bei `Aktion C` anliegen.)

Analog dazu lassen sich verschiedene Alternativzweige (4) (Abbildung 13.4) zu einem Zweig zusammenführen. Hier liegt das Token - egal von welcher Aktion es ausgeht - immer bei der Folgeaktion (5) an.

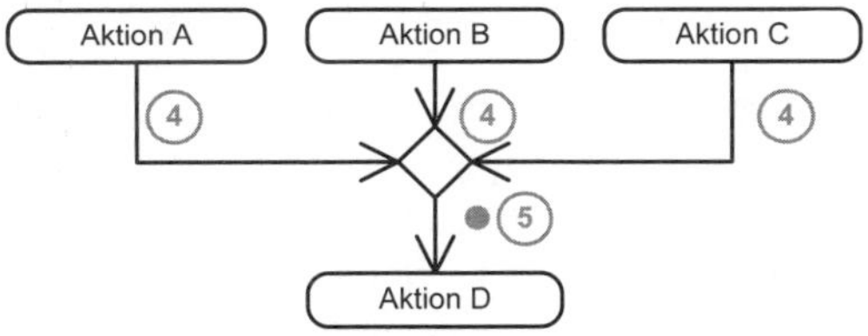

ABBILDUNG 13.4 Zusammenführung von Alternativzweigen zu einem Zweig

Parallelabarbeitung und Synchronisation

Token-vervielfältigung

Neben den Alternativabläufen ist auch die Aufteilung eines Ablaufs in nebenläufige Zweige möglich. Die Aktionen werden dort parallel abgearbeitet. In Abbildung 13.5 wird das Ausgangstoken (1) dabei am „Splittingknoten" (2) vervielfacht, so dass es an *jeder* Folgeaktion (3) anliegt. In welcher zeitlichen Reihenfolge danach jedes Token abgearbeitet wird, hängt von der jeweiligen Anwendung ab. Nach einer Aufteilung können die einzelnen „Teilabläufe" unabhängig voneinander abgearbeitet werden.

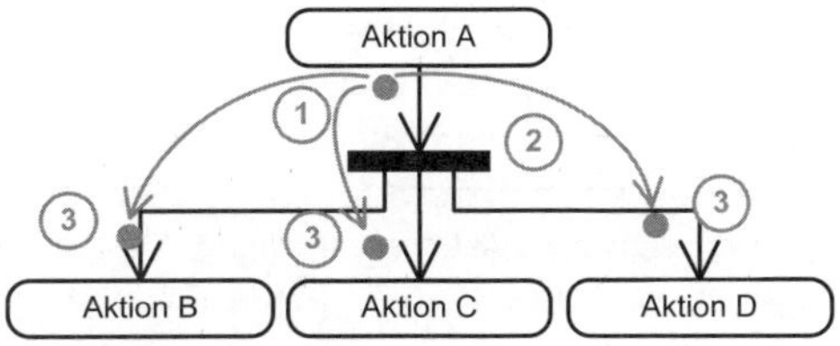

ABBILDUNG 13.5 Nebenläufige Abarbeitung von Aktionen

Token-verschmelzung

Beim Zusammenführen paralleler Abläufe (siehe Abbildung 13.6) zu einem Ablauf, sprich bei der UND-Synchronisation[3], werden die Token so lange an dem Synchronisationsknoten *aufgesammelt*, bis *alle* Token der jeweiligen UND-Zweige (4) angekommen sind. Danach werden sie wieder zu einem Token „verschmolzen" (5), das bei der Folgeaktion anliegt.

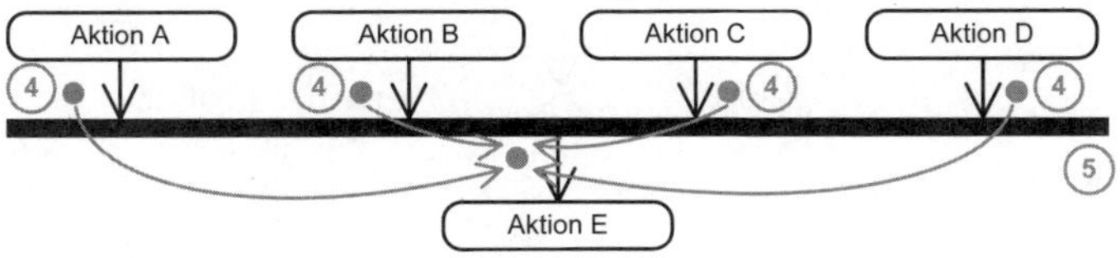

ABBILDUNG 13.6 Zusammenführen paralleler Abläufe

3 Die UND-Synchronisation stellt „nur" das Standardverhalten an einem Synchronisationsknoten dar. Sie dürfen zudem weitere beliebige logische Ausdrücke (Oder, Negation, ...) spezifizieren (siehe Abschnitt 13.4.9).

Objektflüsse

Neben den Kontroll-Token, deren Hauptaufgabe das Anregen von Aktionsabläufen ist, gibt es Daten-Token. Diese dienen als Transportvehikel, auf denen Daten oder Werte durch das Diagramm getragen werden. Solche Token bewegen sich über Kanten, an denen mindestens ein Objektknoten beteiligt ist (siehe Abbildung 13.7).

ABBILDUNG 13.7 Grafische Darstellung eines Objektflusses

⇨ 13.4.3

In einen Objektknoten hineingehende Token (1) repräsentieren Daten oder Werte, die in dem Objektknoten gesetzt bzw. gesammelt oder durch den Objektknoten repräsentiert werden. Aus einem Objektknoten herausgehende Token transportieren das Objekt selbst bzw. Daten des Objekts in die Folgeaktion (2). Der Objektknoten ist daher ein *Notationsmittel*, um den Fluss von Objekten und Werten zu modellieren, der Knoten *an sich* stellt *kein* Objekt bzw. *keinen* Datenwert dar (Details dazu siehe Abschnitt 13.4.3).

Verweildauer von Token

Kanten sind zeitlos

Token verweilen nur in Aktionen oder Objektknoten. Übergänge über eine Kante und Abläufe durch alle Kontrollknoten (wie Entscheidungs- oder Parallelisierungsknoten) sind zeitlos. Um diese Bedingung zu gewährleisten, kann eine Aktion nach Beendigung ihres Ablaufs ein Token nicht einfach „vor die Tür setzen". Kann ein solches Token von der nächsten Aktion oder vom nächsten Objektknoten nicht aufgenommen werden, weil zum Beispiel Bedingungen nicht erfüllt sind, dann würde dieses Token auf der Kante festsitzen. Da dies nicht erlaubt ist, bietet die abgeschlossene Aktion den Folgekanten das Token nur dann an, wenn ein vollständiger Übergang (das heißt auch über Kontrollknoten) möglich ist. Das Token „springt" dann sofort zum Ziel (zu einer Aktion oder einem Objektknoten). Insofern ist das in Abbildung 13.6 dargestellte Bild, in dem ein UND-Synchronisationsknoten die Token aufsammelt, zu korrigieren. Eine Ausnahme bildet der Parallelisierungsknoten. Er kann Token, die nicht sofort über die ausgehende Kante weitergereicht werden, sammeln (siehe Abschnitt 13.4.9).

⇨ 13.4.9

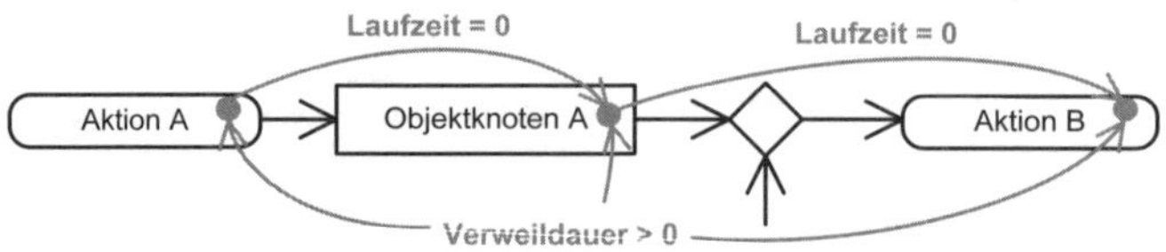

ABBILDUNG 13.8 Verweildauer von Token

Bedingte und gewichtete Abarbeitung von Abläufen

Auch mit Hilfe von Bedingungen, die bereits bei den Entscheidungsknoten (siehe Abbildung 13.3) verwendet wurden, lassen sich Abläufe steuern. Durch Token lassen sich hier zusätzlich Zähler bzw. Gewichte angeben. Eine Kante kann festlegen, dass eine bestimmte Anzahl von Token vorhanden sein muss, damit ein Übergang möglich ist. Bei diesem Vorgang werden gleichzeitig mehrere Token transferiert. Alle bisher beschriebenen Eigenschaften von Token gelten auch für diesen Fall.

Welche Bedingungen es im Einzelnen gibt und wie diese notiert werden, lesen Sie unter den jeweiligen Elementen nach.

Start und Ende von Abläufen

Lebenszyklus eines Tokens

Die Lebensdauer eines Ablaufs entspricht dem eines Token. Durch die Erzeugung eines Tokens wird ein Ablauf initiiert, durch die Eigen- oder Fremdzerstörung der Ablauf beendet. Im übertragenen Sinne wird also auch beim Duplizieren eines Tokens ein neuer Ablauf begonnen, beim Verschmelzen zweier Token ein Ablauf zerstört.

Inwiefern dies die Realität widerspiegelt, ist Sache der Implementierung. Token sind kein Konzept, das sich eins zu eins in der Realität in einem Rechner oder in einem Geschäftsprozess wiederfindet – sie sind ein theoretisches Konzept, um verschiedene Verhaltensmodelle in Abläufen zu veranschaulichen.

13.1.3 Ursprung der Aktivitätsmodellierung

Essenz aus vielem

Die Abbildung von komplexen Abläufen in Diagrammen ist nur durch die Kombination diverser Basiskonzepte möglich. Aktivitäten nutzen dazu bewährte Mittel aus anderen Diagrammsprachen und der Graphentheorie. Als Nutzer von Datenflussdiagrammen (DFD), Petri-Netzen, Struktogrammen (Nassi-Shneiderman-Diagramme) oder Programmablaufplänen werden Sie in Aktivitätsdiagrammen viel Bekanntes entdecken. Die Autoren der UML haben seit Einführung der UML 0.8 im Jahre 1995 die Aktivitätsdiagramme schrittweise ergänzt, so dass jetzt erst ein Stand erreicht ist, der in anderen Notationen bereits seit Jahren üblich ist.

Aktivitätsdiagramme ermöglichen, insbesondere nach ihrer „radikalen" Überarbeitung in der UML 2, die Modellierung aller gängigen Ablaufkonzepte von höheren Programmiersprachen – von Kontrollstrukturen über verschmähte GOTOs und das Exceptionhandling bis hin zur parallelen Ablaufsteuerung.

13.2 Anwendungsbeispiel

Die im Beispiel verwendeten Notationselemente werden Sie im Folgenden noch detailliert kennen lernen. Das Beispiel verschafft Ihnen aber bereits einen Eindruck davon, wie Aktivitätsdiagramme aussehen und wie wir Partys feiern.

Der Ablauf einer typischen Einweihungsfeier sieht folgendermaßen aus: Nach dem Start muss zunächst der Zeitpunkt, zu dem die Party steigen soll, gewählt werden. Dieser ist abhängig von der Anzahl der Zusagen. Sagen weniger als 50 % der geladenen Gäste zu, muss ein neuer Zeitpunkt gewählt werden. Ansonsten können die Vorräte eingekauft werden. Parallel zueinander werden dann die Getränke kalt gestellt und das Essen zubereitet. Sind die Getränke kalt gestellt und das Essen (möglicherweise über Umwege) zubereitet, also beide Abläufe vollendet, so kann die eigentliche Feier beginnen. Je nach Anzahl der noch vorhandenen Partygäste wird entschieden, ob die Feier weitergeht oder beendet wird. Wird die Feier fortgesetzt, muss überprüft werden, ob noch genügend Vorräte vorhanden sind. Wenn nicht, wird es notwendig sein, einer Tankstelle einen kurzen Besuch abzustatten.

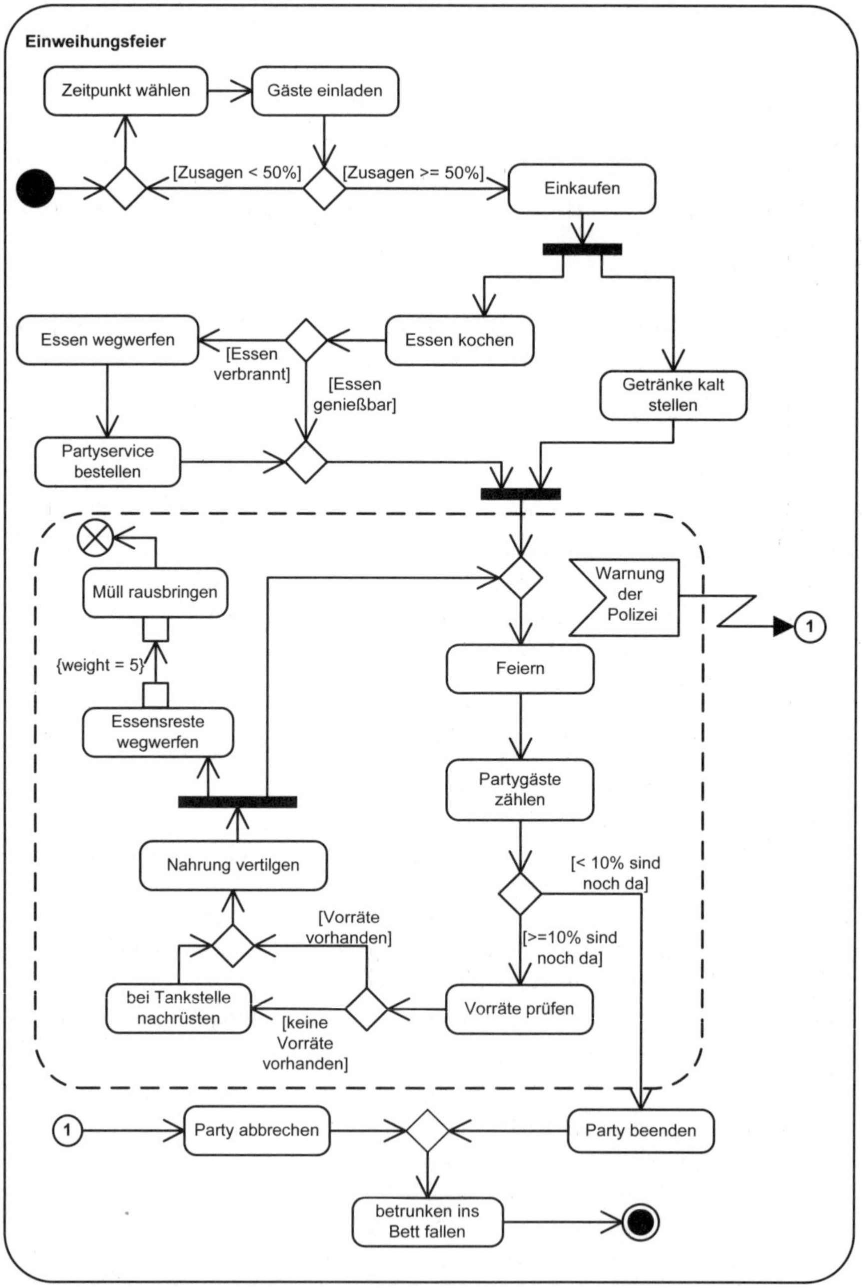

ABBILDUNG 13.9 Der Verlauf einer typischen Party

Sind Vorräte vorhanden, so können diese vertilgt werden. Hier setzt wieder ein paralleler Ablauf ein. Der eine verläuft direkt in die Aktion `Feiern`, während der andere dafür sorgt, dass die liegen gebliebenen Essensreste entsorgt werden. Haben sich genügend Essensreste angesammelt `{weight = 5}`, wird der Müll rausgebracht und dieser Pfad beendet. Falls die Feier zu ausgiebig wird und die Polizei einschreiten muss, werden alle Abläufe innerhalb der gestrichelten Linie abgebrochen und der Ablauf setzt sich bei der Aktion `Party abbrechen` fort. Am Ende bleibt nur noch der Weg ins Bett. Wonach die Aktivität auch beendet ist.

13.3 Anwendung im Projekt

Allrounder mit wechselnder Abstraktion

Aktivitätsdiagramme visualisieren Abläufe, die zu unterschiedlichen Projektzeitpunkten mit stark variierendem Detaillierungsgrad modelliert werden. Sie lassen sich deshalb vielfach im Projekt einsetzen. Die wichtigsten Anwendungsgebiete für diese Diagrammart sind aber:

- Geschäftsprozessmodellierung
- Beschreibung von Use-Cases
- Implementierung einer Operation

Inwiefern der Einsatz eines Aktivitätsdiagramms sinnvoll ist, hängt immer von der Situation ab, die Sie gerade modellieren. Einen aus drei Schritten bestehenden Prozess formulieren Sie sicherlich in natürlicher Sprache schneller und einfacher. Diagramme lohnen sich umso mehr, je komplexer die darzustellenden Sachverhalte sind. Dies trifft in besonderem Maß auf Aktivitätsdiagramme zu.

13.3.1 Geschäftsprozessmodellierung

Die UML als Universalsprache ermöglicht neben der Beschreibung von Soft- und Hardwaresystemen auch die Modellierung von Geschäftsprozessen. Aktivitätsdiagramme stellen dafür mächtige Elemente zur Verfügung. Aufgrund ihrer klaren grafischen Repräsentation eignen sie sich auch gut zur Optimierung der Prozesse und Diskussion und Zuordnung von Verantwortlichkeiten. Lesen Sie dazu in [OWS03].

Die Hervorhebung von Verantwortlichkeiten in einem Geschäftsprozess wird anhand des Beispiels aus Abbildung 13.10 verdeutlicht.

Im Rahmen einer `Auftragsbearbeitung` erstellt der `Kunde` einen Auftrag, die Bearbeitung und die Auftragsannahme liegen hingegen beim `Unternehmen`. Sobald der Auftrag angenommen wurde, werden gleichzeitig das Produkt erstellt und die Bestellung abgewickelt. Erst wenn beide Aktionen beendet sind und die Bestellung vorliegt, kann die Ware ausgeliefert werden. Die Lieferung an den Kunden übernimmt der `Lieferant`, daher liegen die Aktionen, die die Lieferung betreffen, auch in seiner Verantwortung. Der Abschluss der Aktivität `Auftragsbearbeitung` liegt dann wieder beim Kunden mit dem Erhalt der Ware.

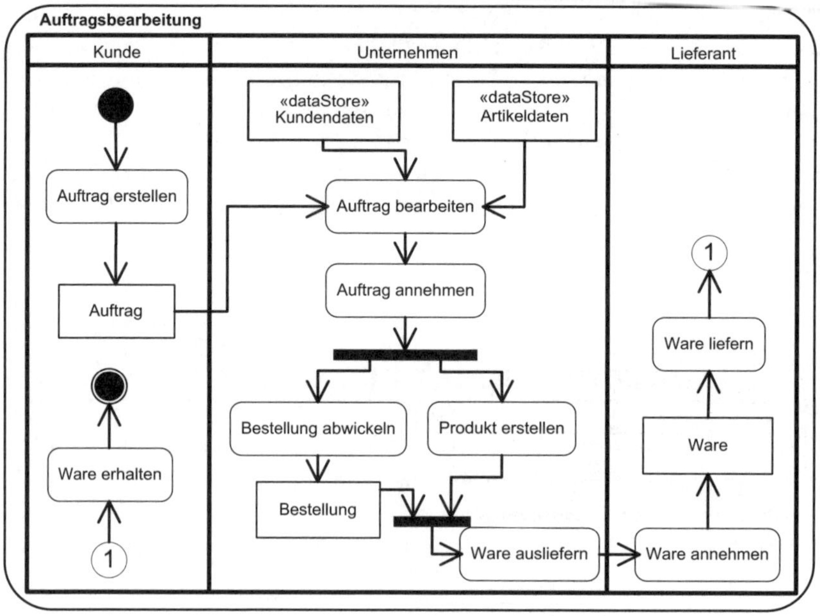

ABBILDUNG 13.10 Vereinfachte Darstellung einer Auftragsbearbeitung

13.3.2 Beschreibung von Use-Cases

Detaillierung ablauforientierter Use-Cases

⇨ 12

Die in Kapitel 12 eingeführten Use-Cases lassen sich unterschiedlich beschreiben. In der Praxis wird die Prosabeschreibung am häufigsten verwendet, obwohl sie auch Nachteile hat. Nebenläufigkeiten und Kontrollanweisungen (Schleifen, Entscheidungen, ...) machen die Erstellung eines Textes in natürlicher Sprache mühselig und zeitaufwändig. Meist ist das Ergebnis nicht besonders gut oder nur mittels verschiedener typografischer Mittel (Einrückungen, Gliederungspunkte, Unterstreichungen ...) les- und verstehbar. Nachträgliche Erweiterungen oder Veränderungen sind kaum möglich, ohne den *gesamten* Text lesen zu müssen. Die formalisierte Darstellung verbessert die Les- und Wartbarkeit deutlich. Da hinter einem Use-Case ein Ablauf steht, kann er durch Aktivitäten beschrieben werden.

Das Beispiel von Abbildung 13.11. zeigt die Beschreibung des Use-Case `Wäsche waschen` mittels eines Aktivitätsdiagramms. Es ist zu beachten, dass hier nur dargestellt werden soll, dass das Aktivitätsdiagramm diesen speziellen Use-Case beschreibt, und nicht zusammenhängend modelliert wird. Das Aktivitätsdiagramm zeigt, welche Aktionen der Akteur (`Hausmann`) und welche das System (`Waschmaschine`) ausführt. Zudem ist das für den Akteur sichtbare Ergebnis des Use-Case, nämlich die `frische Wäsche`, mittels eines Ausgabeparameters dargestellt. Die Aktionen und die Kontrollelemente innerhalb der Aktivität stellen den gesamten Ablauf dar, der sich hinter dem beschriebenen Use-Case verbirgt.

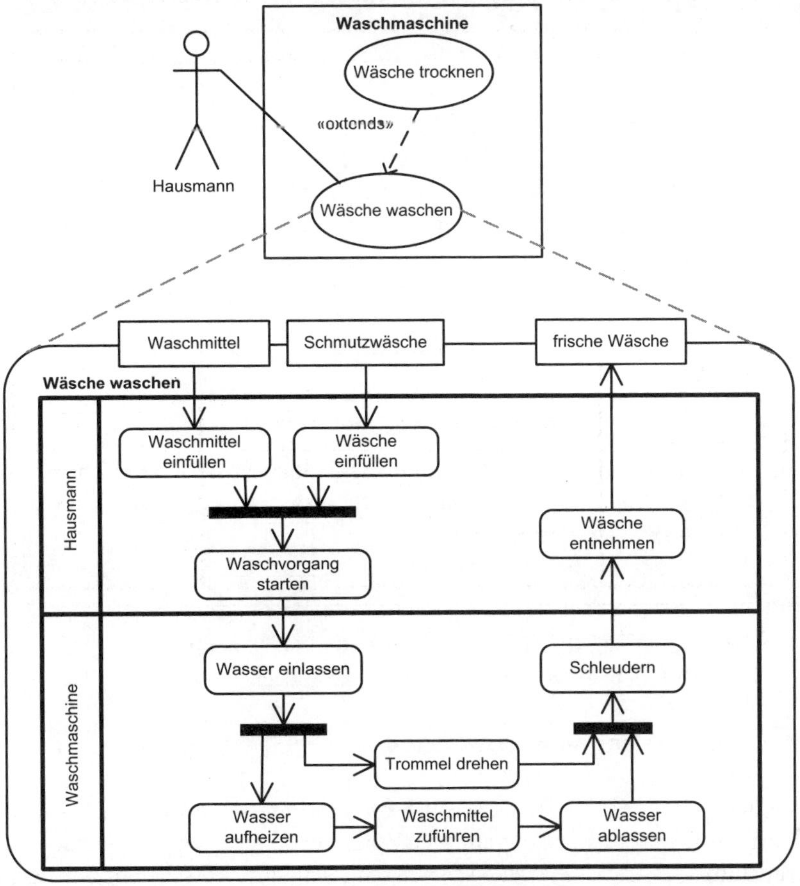

ABBILDUNG 13.11 Der Use-Case `Wäsche waschen`, dargestellt in einem Aktivitätsdiagramm. Einblicke in das Leben eines SOPHISTischen Hausmanns.

13.3.3 Implementierung einer Operation

Operationen ⇨ 6.4.3

Konkrete Realisierungen von Algorithmen (spezifiziert durch Operationen und implementiert durch Methoden (siehe Abschnitt 6.4.3)) können nicht nur in natürlicher Sprache, als Pseudocode oder in einer konkreten Programmiersprache beschrieben werden. Die UML bietet die Möglichkeit, sie mittels Aktivitäten zu modellieren.[4] Diesen Weg können Sie einschlagen, falls Sie aus UML-Diagrammen vollständig Quellcode generieren möchten. Andererseits ist es häufig ein mühsames Unterfangen, die Klarheit von Code in Diagrammen zu visualisieren. Auf *www.uml-glasklar.com* finden Sie einen Vergleich von Nassi-Shneiderman-Struktogrammen und Aktivitätsdiagrammen unter [13-1].

4 Der UML-Standard ist generell sehr offen, was die Beschreibung von Abläufen angeht. Er empfiehlt die Nutzung von Aktivitätsdiagrammen, sagt aber gleichzeitig, dass auch jede andere Form, insbesondere Text oder Pseudocode, sinnvoll ist.

13.4 Notationselemente

Auch bei den Notationselementen gibt es bei der UML 2 etliche Neuerungen. Zum einen wurden Elemente aus älteren Versionen zum Teil in ihrer Notationsweise oder in ihrem Inhalt abgewandelt, zum anderen sind gänzlich neue hinzugekommen.

In diesem Kapitel finden Sie eine Liste aller Elemente der UML 2-Aktivitätsdiagramme in inhaltlich logischer Reihenfolge.

AL

13.4.1 Aktion

Definition

An **action** is a named element that is the fundamental unit of executable functionality. The execution of an action represents some transformation or processing in the modeled system, be it a computer system or otherwise.

Notation

Eine Aktion wird durch ein Rechteck mit abgerundeten Ecken dargestellt. Dieses kann mit einem Namen oder einem ausführlichen Text für die Aktion versehen werden.

ABBILDUNG 13.12 Grafische Darstellung einer Aktion

Beschreibung

Aktion = Verhaltensaufruf

Eine Aktion (action) steht für den Aufruf eines Verhaltens oder die Bearbeitung von Daten, die innerhalb einer Aktivität nicht weiter zerlegt wird. Sie beschreibt einen Einzelschritt, der zur Realisierung des durch die Aktivität beschriebenen Verhaltens beiträgt. Beispiele für derartige Einzelschritte sind Vergleiche zwischen Daten, Abarbeitungen eines Algorithmus oder auch Initiierungen weiterer Aktivitäten, die sich hinter der Aktion verbergen. Die Summe aller Aktionen, einschließlich der Reihenfolge ihrer Ausführung und der zur Laufzeit erstellten und verwendeten Daten, realisiert die Aktivität.

Aktion als zentrales Element

Eine Aktion ist das zentrale Element eines Aktivitätsdiagramms. Alle anderen Elemente existieren nur zu dem Zweck, den Ablauf und die Kontrolle der aufeinander folgenden Aktionen zu steuern und deren Datenaustausch zu modellieren. Eine Aktion ist über Kanten mit anderen Elementen des Aktivitätsdiagramms verbunden. Diese Kanten sind die Transportwege der Token, die den Start einer Aktion initiieren. Wird von einem vorherigen Element über eine solche Kante ein Token angeboten, dann kann die Folgeaktion das Token entgegennehmen. An einer eingehenden Kante können auch mehrere Token gleichzeitig anliegen, die alle von der Folgeaktion nacheinander angenommen werden. Die Aktion wird dann n-mal ausgeführt, wobei n der Anzahl der Token entspricht. Diese Bedingung gilt aber nur für Kontrollflüsse, bei Objektflüssen – sprich: wenn mehrere Objektknoten bzw. deren Objekttoken (siehe Abschnitt 13.4.3) an einer Aktion anliegen – werden diese gemeinsam

⇨ 13.4.3

entgegengenommen und intern verschmolzen. Die Aktion wird dann nur einmal ausgeführt. Die Aktion nimmt aber in diesem Fall nur so viele Token entgegen, wie minimal nötig sind (also z. B. für JEDEN Objektknoten 1 Token).

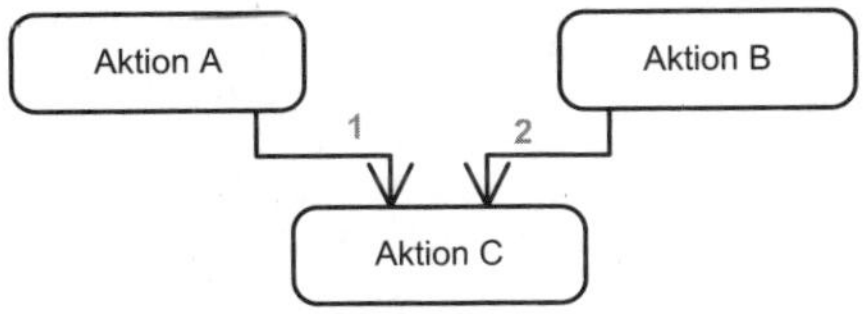

ABBILDUNG 13.13 `Aktion C` wird nur dann ausgeführt, wenn an Kante `1` und `2` Token anliegen, d. h. `Aktion A` UND `Aktion B` durchlaufen wurden.

Damit eine Aktion ihre Arbeit aufnimmt, müssen Token an allen eingehenden Kanten gleichzeitig angeboten werden (siehe Abbildung 13.13). Sobald eine Aktion ihre Arbeit beginnt, werden die Token von den Kanten entfernt. Ist ein Ablauf abgeschlossen, bietet die Aktion den Folgeelementen ein Token auf jeder ausgehenden Kante an.

Parametrisierte Aktivitäten

Die Eingabeparameter einer Aktion müssen ein Token verfügbar haben, damit die nachfolgende Aktion startet. Die Daten dieses Token sind die Eingabedaten der Folgeaktion. Produziert eine Aktion Ausgabeparameter, dann legt die Aktion bei ihrer Beendigung auch in den folgenden Objektknoten je ein Token ab (siehe Abschnitt 13.4.3).

⇨ 13.4.3

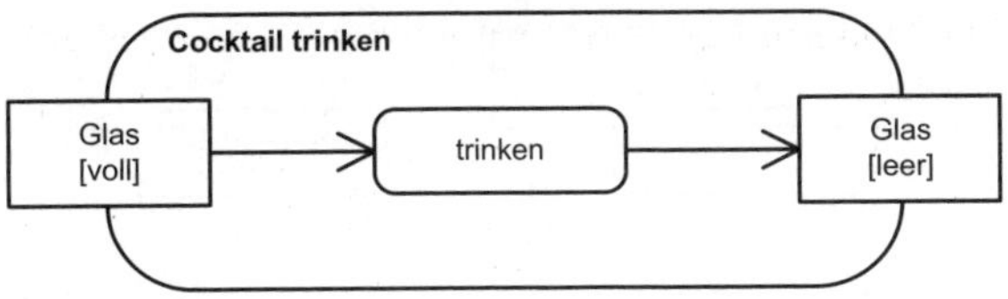

ABBILDUNG 13.14 Aktivität `Cocktail trinken`

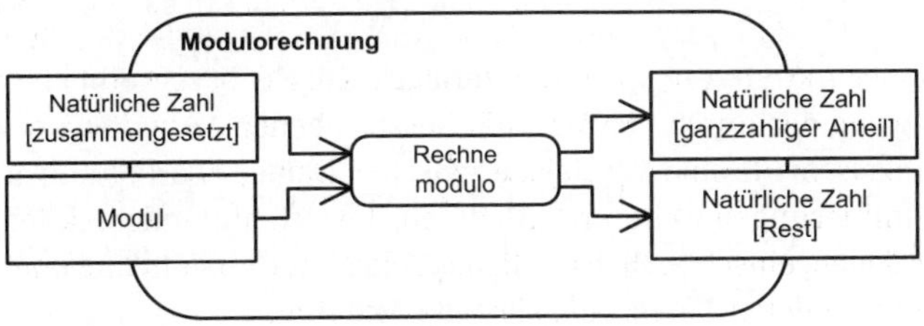

ABBILDUNG 13.15 Aktivität mit Aktion zur `Modulo`-Zerlegung einer Zahl

Beschreibung der Aktion

Eine Aktion darf einen beliebigen Text enthalten. Alternativ zum Aktionsnamen bietet sich eine ausführliche Ablaufbeschreibung in Pseudocodeform, als Programmiersprachennotation oder mittels OCL (Object Constraint Language) an.

ABBILDUNG 13.16 Eine konkretere Ablaufbeschreibung für die Aktion `Gäste einladen`

Diese Darstellung lässt zwar kaum Zweifel an den Aufgaben einer Aktion, doch besonders bei komplexen Abläufen eignet sich die Schreibweise nur bedingt.

Vor- und Nachbedingungen

Kommentar
⇨ 3.2.2

Muss zu Beginn einer Aktionsausführung oder bei deren Beendigung eine Bedingung erfüllt sein, so lassen sich diese mit Hilfe von Kommentaren (siehe Abschnitt 3.2.2) darstellen. Für Bedingungen, die beim Beginn der Ausführung erfüllt sein müssen, wird zusätzlich das UML-Schlüsselwort *localPrecondition*, bei Bedingungen für die Beendigung *localPostcondition* verwendet.

Design by Contract

Mit diesen Bedingungen kann abgesichert werden, dass beispielsweise für die Verarbeitung benötigte Variablen einen gültigen Wert haben oder von einem gültigen Typ sind, oder dass nach der Verarbeitung ein bestimmter Wertebereich für ein Attribut gesichert ist.[5]

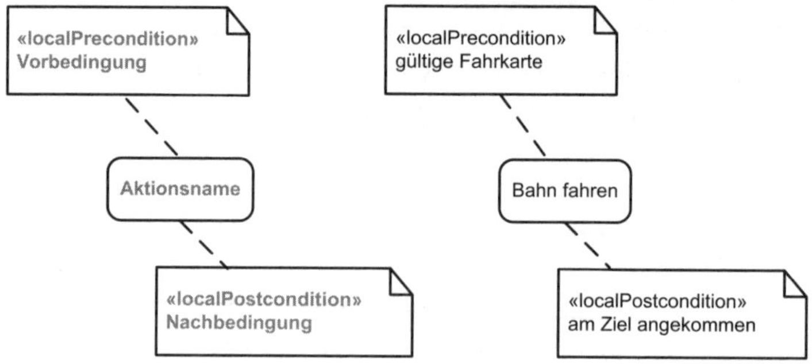

ABBILDUNG 13.17 Grafische Darstellung von Vor- und Nachbedingungen für Aktionen

Die Vor- und Nachbedingungen werden im fertigen System zur Laufzeit überprüft. Sind die Bedingungen nicht erfüllt, reagiert das System abhängig von seiner Implementierung auf das Versagen, zum Beispiel durch das Auslösen einer Exception. Ein solches Versagen zur Laufzeit ist allerdings meist ein Hinweis auf einen Fehler im Modell, dem Sie nachgehen sollten.

Signale und Ereignisse

Neben den bisher besprochenen Aktionen gibt es Sonderformen, die sich mit dem Senden von Signalen und Empfangen von Ereignissen beschäftigen. Die Aktionen dieser Sonderformen bezeichnet man als *SendSignalAction* und *AcceptEventAction*.

„Wireless" communication

Der Signalsender erstellt aus seinen Eingabedaten ein Signal, das an einen Ereignisempfänger gesendet wird. Das verschickte Signal darf Werte als „Payload" enthalten.

ABBILDUNG 13.18 Grafische Darstellung eines Signalsenders

Abbildung 13.18 zeigt das Signalsendersymbol. Sobald das Signal gesendet wurde, gilt diese Aktion als beendet und der Kontrollfluss der Aktivität läuft weiter.

---

5 Siehe dazu auch Bertrand Meyers Ausführungen zu Design by Contract [Mey97].

Das Gegenstück zum Signalsender ist der Ereignisempfänger, der wie ein „Nut"-Symbol modelliert wird:

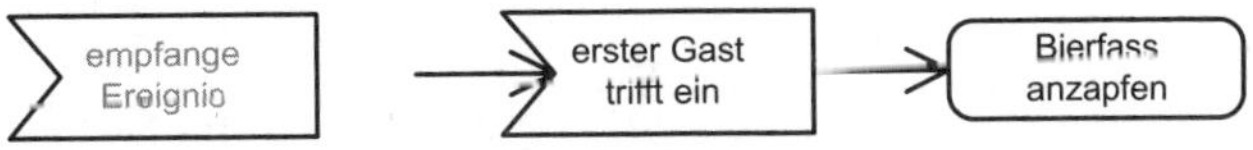

ABBILDUNG 13.19 Grafische Darstellung eines Ereignisempfängers

Erreicht der Ablauf einen Ereignisempfänger, dann verharrt der Token so lange in der Aktion, bis das erwartete Ereignis eintrifft. Das Ereignis wird dabei als „Payload" eines Signals übertragen. Anschließend wird die Abarbeitung fortgesetzt.

Ein Ereignisempfänger kann auch ohne eingehende Kanten modelliert werden. In diesem Fall wird er „aktiviert" (er enthält ein Token), sobald die Aktivität gestartet wurde. Ein Ereignisempfänger kann immer Ereignisse empfangen, das heißt, auch mehrere innerhalb *eines* Ablaufes einer Aktivität.

Ereignisempfänger ohne eingehende Kanten werden meistens in Unterbrechungsbereichen (siehe Abschnitt 13.4.11) verwendet. Ein Beispiel hierfür sehen Sie in Abschnitt 13.2 im Anwendungsbeispiel (`Warnung der Polizei`).

⇨ 13.4.11, 13.2

Abbildung 13.20 zeigt die Verwendung von Signalsender und Ereignisempfänger. Wenn von einem Konto Geld abgehoben werden soll, wird zunächst überprüft, ob das Konto auch gedeckt ist.

Zeittrigger

Diese Ereignisse, die einem Signal zugeordnet werden, können auch zeitlich initiiert sein (zum Beispiel „um 12 Uhr startet der Videorekorder", „jeden Tag um 8 Uhr", „alle 5 ms").

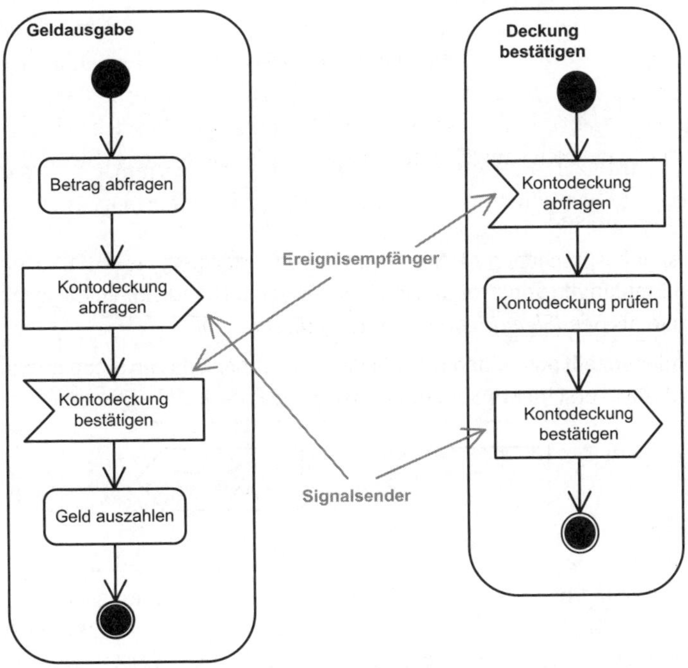

ABBILDUNG 13.20 Vor der Auszahlung des Geldes wird die Deckung des Kontos überprüft

Falls eine Aktion auf ein Ereignis wartet, das nicht durch eine andere Aktion, sondern zeitabhängig versendet wird, schaltet man folgendes Symbol (eine stilisierte Eieruhr) vor die Aktion:

ABBILDUNG 13.21 Empfänger eines Zeitereignisses

Auch dieses Element kann auf sinnvolle Weise in das obige Beispiel eingefügt werden. Jedem wird das Problem bekannt sein, dass es bei einer Feier oftmals nur eine Toilette gibt, die von notorischen Dauersitzern ständig blockiert wird. Hier stellen wir folgende Lösung vor:

ABBILDUNG 13.22 Der zeitgetriebene Ereignisempfänger im Einsatz

Die Aktion `Schleudersitz aktivieren` wird nach Ablauf einer Stunde automatisch gestartet und führt rasch zum Ziel.

13.4.2 Aktivität

Definition

An **activity** is the specification of parameterized behavior as the coordinated sequencing of subordinate units whose individual elements are actions.

Notation

Eine Aktivität wird nach außen durch ein Rechteck mit abgerundeten Ecken abgegrenzt. Mögliche Parameter werden durch Objektknoten auf der Grenze dargestellt.

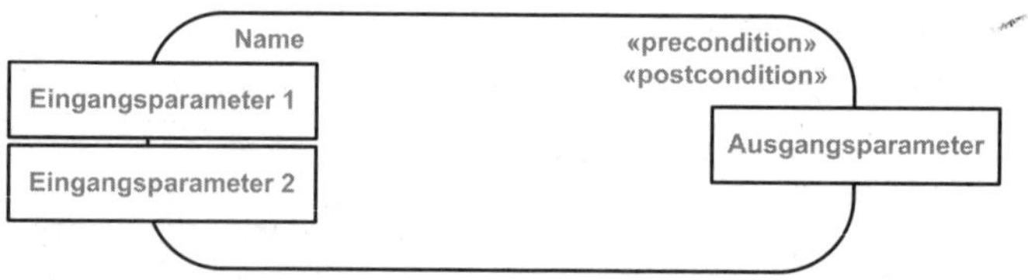

ABBILDUNG 13.23 Grafische Darstellung einer Aktivität

Beschreibung

Änderung gegenüber UML 1.x
⇨ 13.4.1

Die UML 2 übernimmt zwar den Begriff „Aktivität" (activity) aus den früheren Versionen, versieht ihn aber mit einer neuen Bedeutung, weshalb Verwechslungen drohen. Was früher Aktivitäten waren, sind heute Aktionen (siehe Abschnitt 13.4.1). Aktivität bezeichnet nun die gesamte Einheit, die in einem Aktivitätsmodell modelliert wird. Dieses Modell besteht aus einer Folge von Aktionen und weiteren Elementen.

Weil jede Aktion den Aufruf eines Ablaufes darstellt, der ohne weiteres selbst wieder als Aktivität darstellbar ist, können Aktivitäten ineinander verschachtelt sein. Es ist möglich, einer Aktivität Parameter in Form von Objekten zu übergeben. Objektknoten (siehe Abschnitt 13.4.3) an den Rändern legen Ein- und Ausgabeparameter für den Beginn und das Ende der Aktivität fest.

⇨ 13.4.3

Ebenso lassen sich auch Vor- und Nachbedingungen für den Start und das Ende der Aktivität angeben. Solche Vor- und Nachbedingungen werden mit den UML-Schlüsselwörtern «precondition» und «postcondition» versehen.

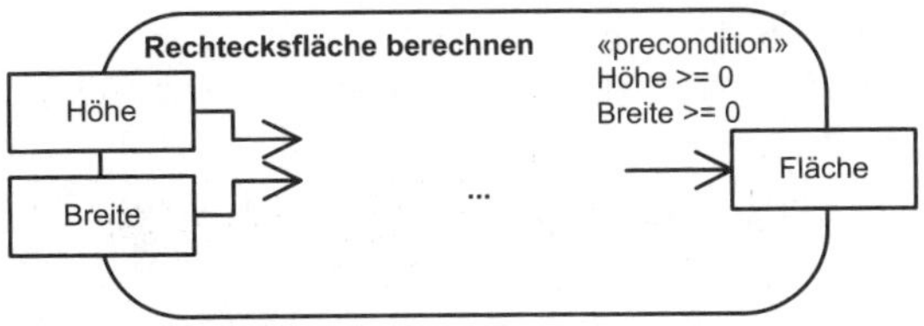

ABBILDUNG 13.24 Verwendung von Parametern und Vorbedingungen

Schachtelung von Aktivitäten

Aktivitäts-hierarchien

Wie bereits erwähnt, können Aktionen wiederum Aktivitäten aufrufen (call behavior action). Diese Schachtelung von Aktivitäten wird mit einer stilisierten Harke im rechten unteren Bereich der Aufrufaktion kenntlich gemacht, die eine Hierarchie andeutet.[6] Nutzen Sie diese Verfeinerungsmöglichkeit durch Auslagerung von Details in eine tiefere Ebene. Sie gestalten damit das Aktivitätsdiagramm auf der höheren Ebene übersichtlicher und einfacher und erhöhen die Lesbarkeit.

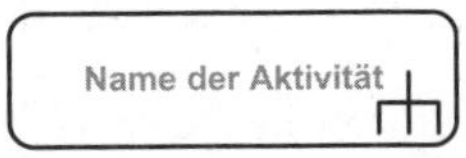

ABBILDUNG 13.25 Aufruf einer Aktivität mittels einer Aktion

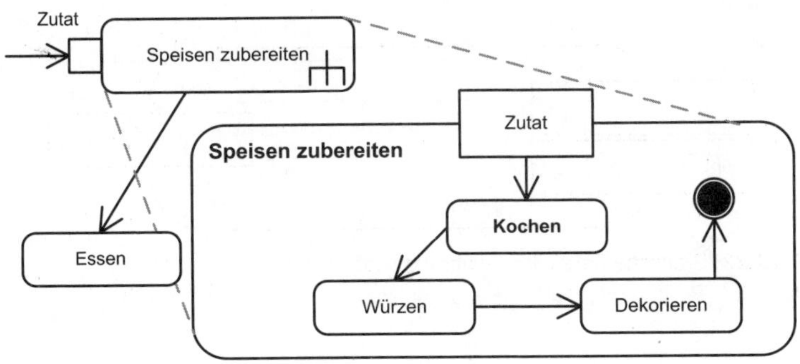

ABBILDUNG 13.26 Hinter dem Aktivitätsaufruf kann einiges stecken

[6] Alternativ kann auch die aufgerufene Aktivität in der aufrufenden Aktion stilisiert werden (keine Beschriftung, nur Rahmen und Eingangs-/Ausgangsparameter).

Werden der Aktion Parameter in Form von Pins (siehe Abschnitt 13.4.3) übergeben, sind diese Parameter gleichzeitig Eingabeparameter der aufgerufenen Aktivität. Wenn die Aktivität Ausgangsparameter generiert, so werden diese von der übergeordneten Aktivität für den weiteren Ablauf verwendet. Diese Parameter werden durch Ausgabe-Pins der Aktion, welche die Aktivität aufgerufen hat, in den Ablauf eingebracht. Anzahl und Typkompatibilität zwischen den Eingangs- und Ausgangsparametern müssen daher gewährleistet sein. Es kann zwischen einem synchronen und einem asynchronen Aktivitätsaufruf unterschieden werden:

⇨ 13.4.3
Synchronisation der Aufrufe

Bei einem *synchronen* Aufruf wird der Ablauf so lange an der aufrufenden Aktion blockiert, bis die geschachtelte Aktivität komplett beendet ist. In diesem Fall darf die gerufene Aktivität einen Parameter zurückliefern.

Wird eine Aktivität *asynchron* aufgerufen, so ist die aufrufende Aktion beendet, sobald die Aktivität gestartet ist. Dies bedeutet, dass der Ablauf in der übergeordneten (rufenden) Aktivität weiter abgearbeitet wird, ohne dass auf eine Beendigung der untergeordneten Aktivität gewartet wird. Die Abläufe werden dabei parallelisiert (Duplizierung von Token).

Da die UML leider keine Notation für die Unterscheidung von synchronen und asynchronen Aufrufen vorgibt, empfehlen wir Ihnen, einen entsprechenden Vermerk als Kommentar anzufügen.

Anwendung

Dieses Beispiel zeigt ein Aktivitätsdiagramm mit einem Eingangs- und einem Ausgangsparameter. Die Aktivität startet parallel sowohl beim Startpunkt (schwarzer, ausgefüllter Kreis) als auch beim Eingabeparameter `Zutaten`. Dieser gelangt als Input in die Aktion `Zutaten mischen`, danach stoppt der Ablauf des oberen Strangs, da nach dem Token-Konzept mehrere Kanten, die in eine Aktion laufen, gleichzeitig Token führen müssen. Dies muss für die Aktion `in Gläser füllen` zutreffen. Der untere Strang folgt in die Aktion `Eis zerkleinern` und führt dann das erwartete zweite Token in die Aktion `in Gläser füllen`. Dieser zweite Strang drückt nur aus, dass es völlig unerheblich ist, wann das Eis zerkleinert wird. Wichtig ist nur, dass es geschieht, bevor man das Eis in die Gläser gibt. Die Aktion `in Gläser füllen` erstellt den Parameter `Cocktail`, der gleichzeitig den Ausgangsparameter der Aktivität darstellt.

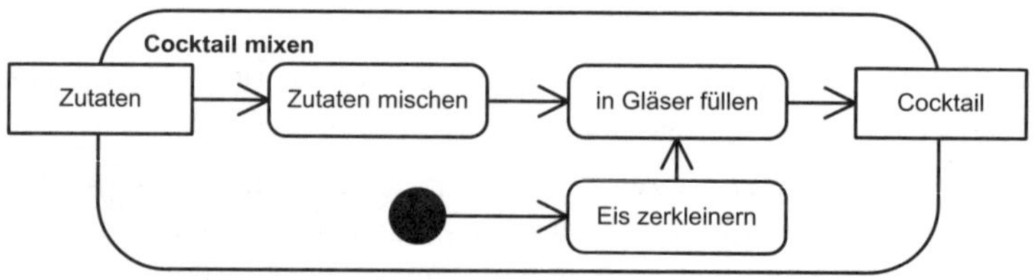

ABBILDUNG 13.27 Vollständiges Beispiel einer Aktivität

AL

13.4.3 Objektknoten

Definition

An **object node** is an abstract activity node that is part of defining object flow in an activity.

Notation

ABBILDUNG 13.28 Grafische Darstellung eines Objektknotens

Beschreibung

Ein Objektknoten (object node) innerhalb einer Aktivität repräsentiert Ausprägungen eines bestimmten Typs. In den meisten Fällen sind das primitive Werte oder Objekte von Klassen. Objektknoten bilden das logische Gerüst, um Daten und Werte innerhalb einer Aktivität während eines Ablaufs zu transportieren.

Ausprägung ⇨ 6.1.3

Neben Ausprägungen von Klassen (Abschnitt 6.1.3) dürfen Sie damit auch Variablen, Konstanten oder Speicher jeglicher Art modellieren. Ein Objektknoten oder dessen Wert/Inhalt ist das Ergebnis der unmittelbar vorangegangenen Aktion bzw. Eingabe für die direkt nachfolgende Aktion. Eine Aktion kann eine Ausprägung vom Typ des Objektknotens erzeugen oder Werte der Ausprägung (falls diese schon existiert) verändern (Ergebnis einer Aktion). Zudem können die Werte der Ausprägung oder die Ausprägung selbst durch eine Aktion verarbeitet werden (Objektknoten als Eingabe in eine Aktion).

Objektknoten vs. Objekt

Der Objektknoten ist aber nicht zu verwechseln mit der Instanz, die er repräsentiert. Ein Objektknoten ist kein Objekt im Sinne einer Klasseninstanz oder einer konkreten Zahl (Instanz eines primitiven Werts). Er darf folglich keine Bestandteile von Ausprägungen (wie Attribute oder Operationen) enthalten und ist allenfalls als logischer Stellvertreter der Ausprägungen zu sehen.

Führt ein Pfeil von einer Aktion zu einem Objektknoten, so ist eine Ausprägung vom Typ des Objektknotens das Ergebnis der vorangegangenen Aktion.

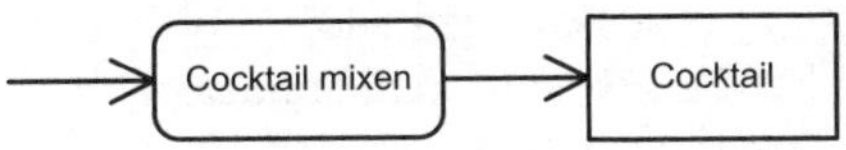

ABBILDUNG 13.29 `Cocktail` als Ausgangsparameter der Aktion `Cocktail mixen`

Analog macht ein Pfeil von einem Objektknoten zu einer Aktion die Ausprägung zum Eingabeparameter der Aktion.

Zwischen zwei Objektknoten oder zwischen einem Objektknoten und einer Aktion werden Daten-Token verschickt, die die Ausprägung bzw. allgemeine Daten mit sich tragen. Eine Instanz vom Typ des Objektknotens ist immer dann aktiviert, wenn sich zur Laufzeit ein Daten-Token im Objektknoten aufhält.

Typkompatibilität

Damit ein Token von einem Objektknoten angenommen wird, darf es nur Daten mit sich führen, deren Typ zum Typ des Objektknotens kompatibel ist. Ist der Typ des Objektknotens abgeleitet, dann ist dieser Typ (analog zum Spezialisierungsverhalten von Klassen) zum Obertyp kompatibel.

Ist der Typ des Objektknotens nicht spezifiziert oder führt ein Daten-Token den Wert „*“(NULL) mit sich, ist die Aufnahmebedingung in jedem Fall erfüllt.

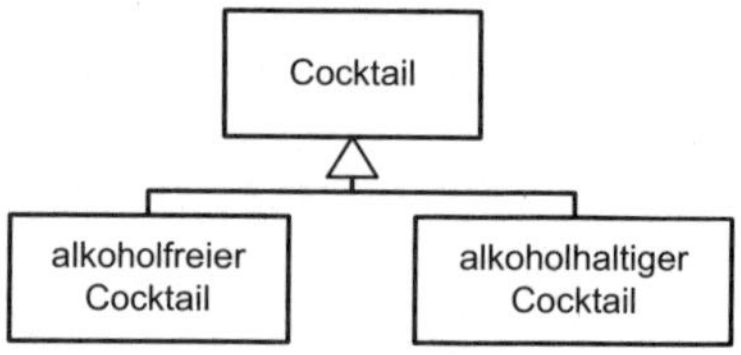

ABBILDUNG 13.30 Auch ein `alkoholfreier Cocktail` ist ein `Cocktail`, und somit können Token dieses Objektknotentyps im Objektknoten vom Typ `Cocktail` angenommen werden.

Zustände von Objektknoten

Um auszudrücken, dass sich die Objekte eines Objektknotens zur Laufzeit in einem bestimmten Zustand befinden, kann dieser Zustand in eckigen Klammern unter dem Namen des Objektknotens notiert werden. Der Objektknoten repräsentiert dann nur Instanzen, die vom Typ des Objektknotens sind UND sich in dem Zustand befinden.

ABBILDUNG 13.31 Zustandsspezifikation in Objektknoten

Objektknoten sind das Bindeglied zwischen der *dynamischen* Flussmodellierung mit Aktivitäten und der *statischen* Modellierung von Strukturelementen. So liegt die Beziehung zwischen Klassenmodell und Objektknoten nahe, wie Abbildung 13.32 verdeutlicht.

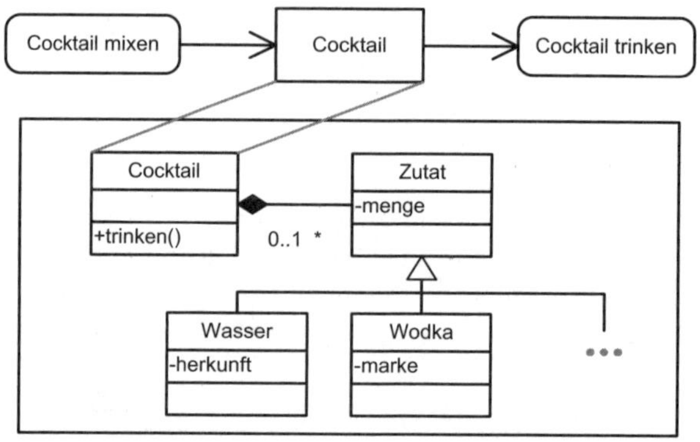

ABBILDUNG 13.32 Verknüpfung eines Klassendiagramms (Kapitel 6) mit einer Aktivität über den Typ des Objektknotens

Eingehende Kanten

Das Verhalten der Objektknoten in Bezug auf die Kanten entspricht dem der Aktionen. Führen jedoch mehrere Kanten in den Objektknoten, werden also mehrere Token gleichzeitig in dem Objektknoten gesammelt, dann kann ein Schema definiert werden, nach dem sich die Reihenfolge der ausgehenden Token richtet.

Explizite Tokenordnung

Ein solches Schema kann darin bestehen, das zuletzt eingefügte Token (Last in First out, LIFO), oder das Token, das den Objektknoten als erstes betreten hat (First in First out, FIFO), weiterzureichen.

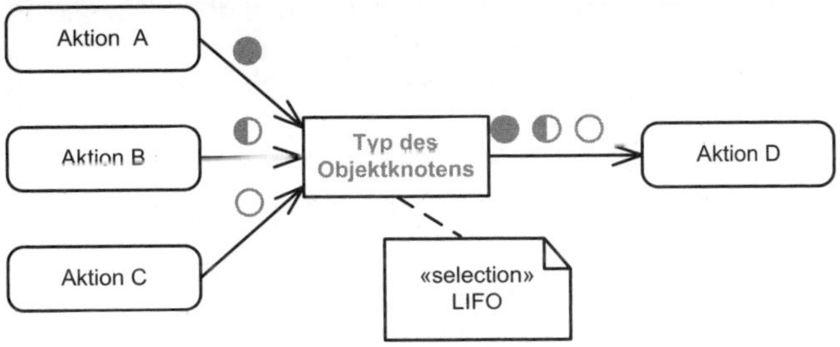

ABBILDUNG 13.33 Tokenweitergabe nach dem LIFO-Schema

Die Token aus den `Aktionen A` bis `C` werden sofort in den Objektknoten aufgenommen. In dieser Darstellung ist die `Aktion A` zeitlich die erste und `Aktion C` die letzte beendete Aktion. Nach dem LIFO-Schema wird also das Token der `Aktion C` zuerst der `Aktion D` zur Verfügung gestellt, und das Token der `Aktion A` zuletzt.

Pin-Notation

Englisch Pin = Anschluss

Um den Zusammenhang zwischen einer Aktion und einem Objektknoten als Eingabe- bzw. Ausgabeparameter der Aktion zu verdeutlichen, gibt es die Pin-Notation für Objektknoten. Bei dieser Schreibweise ist der Objektknoten an die Aktion unmittelbar angeheftet:

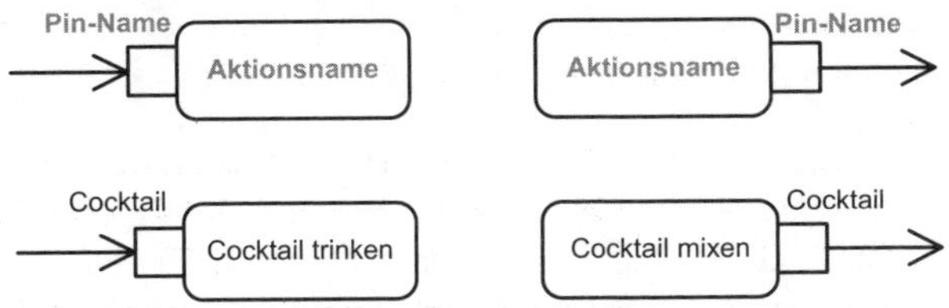

ABBILDUNG 13.34 Grafische Darstellung von Eingangs- und Ausgangs-Pins

Die Richtung der Kanten an dem Objektknoten gibt einen Hinweis, ob es sich um einen Eingangs- oder einen Ausgangs-Pin handelt. Dies kann unabhängig von der Lage der Pins und vom Vorhandensein der Kanten durch Pfeile in den Pins angegeben werden:

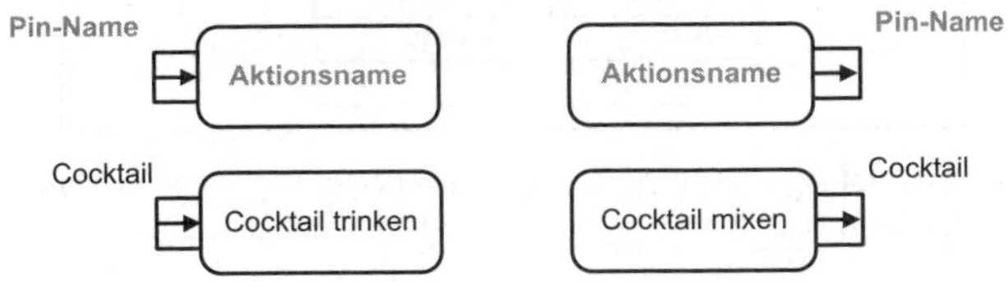

ABBILDUNG 13.35 Kennzeichnung der Pins als Eingangs- und Ausgangs-Pins

Pins können mit *name:typ* gekennzeichnet werden. Um das Verhalten von Parametern zu spezifizieren, kann an der entsprechenden Kante ein Vermerk mit den Hinweisen *create*, *delete*, *read* oder *update* platziert werden.

Objektfluss zwischen Aktionen

Modellierung von Datenflüssen

Ein Objektknoten, der gleichzeitig Aus- und Eingabeparameter ist, kann ohne die Pin-Notation dargestellt werden. Dazu müssen die Parameter jedoch den gleichen Namen und Typ besitzen.

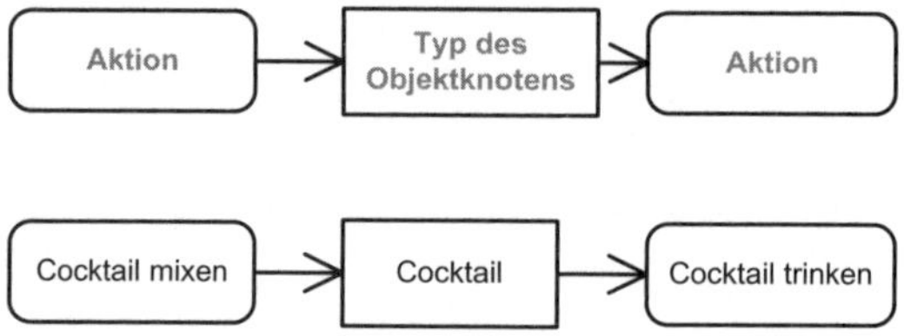

ABBILDUNG 13.36 Objektfluss

Treffen diese Punkte nicht zu, bietet sich die Pin-Schreibweise an:

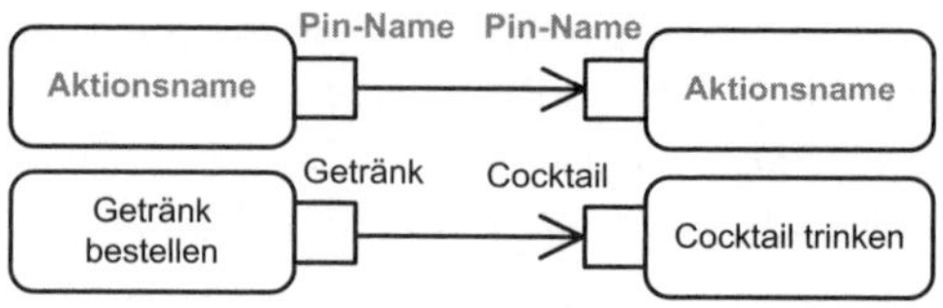

ABBILDUNG 13.37 Objektfluss mit voneinander verschiedenen Eingangs- und Ausgangsparametern

Beachten Sie, dass die beiden unterschiedlichen Typen der Objektknoten zueinander kompatibel sein müssen. Das trifft im obigen Beispiel zu, da `Cocktail` ein spezielles `Getränk` verkörpert, also `Cocktail` eine Spezialisierung von `Getränk` darstellt.

Streaming

Kontinuierlicher Tokenfluss

Eine besondere Art des Objektflusses ist die Verwendung von Objektknoten in einem „Streaming-Modus". Hierbei fließen die Daten-Token auch dann (fortwährend) in oder aus einer Aktion, wenn diese gerade aktiv ist. In einem „Streaming-Modus" ist lediglich ein Streaming-Parameter notwendig, um eine Ausführung zu starten. Die Aktion ist beendet, wenn alle erforderlichen Parameter eingegangen sind und „verarbeitet" wurden.

Ein Beispiel für solche Streaming-Parameter sind die Daten einer Video-Datei: Ein DVD-Film wird nie vollständig in den Speicher des Abspielgerätes eingelesen.

Zur Kennzeichnung von Streaming-Parametern gibt es zwei Möglichkeiten:

1. Der Vermerk {stream} am Pin bzw. an den Kanten des Objektknotens

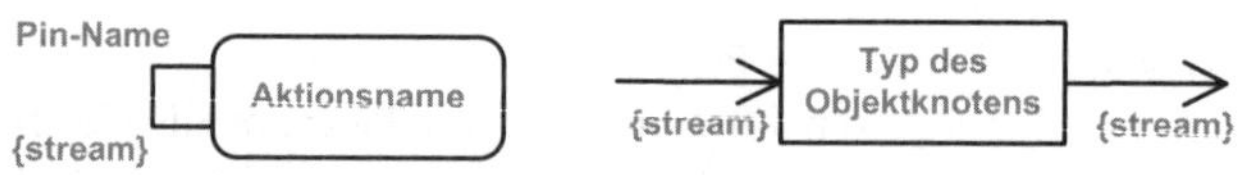

ABBILDUNG 13.38 Notationsmöglichkeiten für Streaming-Parameter

Würde man auf den {stream}-Vermerk verzichten, müsste die Aktion so lange mit der Ausführung warten, bis ALLE erforderlichen Parameter eingegangen sind.

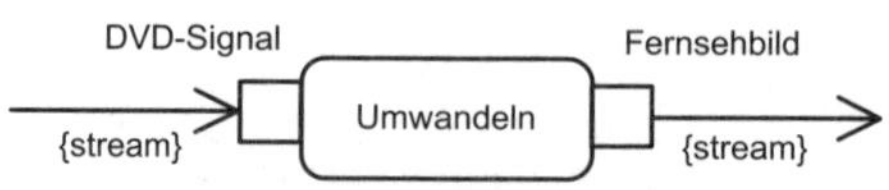

ABBILDUNG 13.39 Datenübermittlung eines DVD-Players

2. Ein schwarzes Kästchen als Pin bzw. ausgefüllte Pfeilenden an den Kanten eines Objektknotens

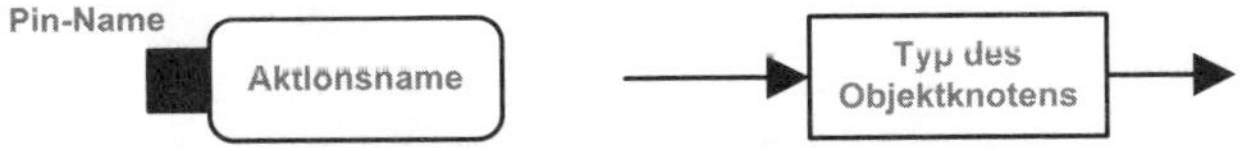

ABBILDUNG 13.40 Weitere Notationsmöglichkeiten für Streaming-Parameter

ABBILDUNG 13.41 Noch einmal das DVD-Beispiel mit alternativer Notationsweise

Exception-Objekte

Eine Variante von Ausgabeparametern sind Exceptions, die durch ein *kleines Dreieck* an der Kante der auslösenden Aktion notiert werden. Die folgende Aktion wird nur ausgeführt (Tokenübertragung), wenn die angegebene Exception ausgelöst wurde.

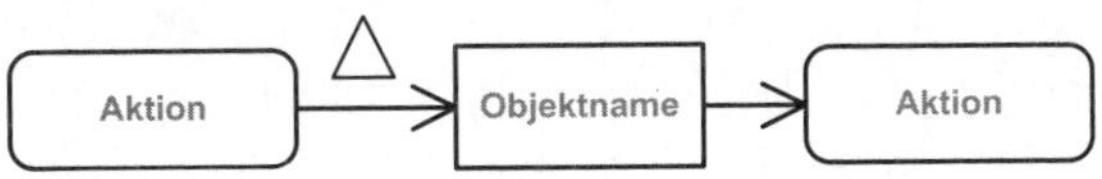

ABBILDUNG 13.42 Objektfluss einer Ausnahme

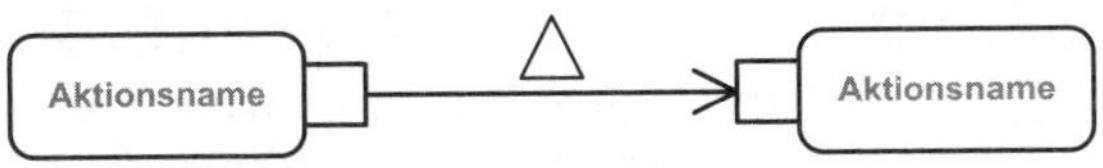

ABBILDUNG 13.43 Objektfluss einer Ausnahme in Pin-Notation

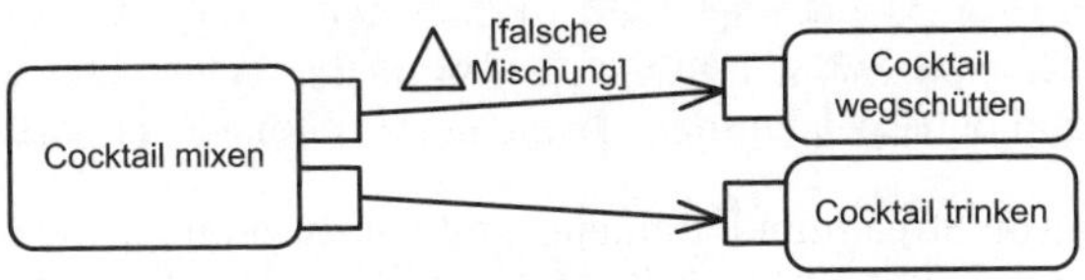

ABBILDUNG 13.44 `Cocktails mixen` mit Ausnahmefällen

Objektknoten als Puffer und Datenspeicher

Objektknoten können mehrere Token aufnehmen, wenn die Token die gleichen Daten/Werte tragen. Objektknoten dürfen die Anzahl der aufnehmbaren Token einschränken. Ist dieses Kontingent zur Laufzeit ausgeschöpft, werden anliegende Token vorläufig nicht weitergereicht und stauen sich zurück. Für die Weitergabe der Token kann bei einem Objektknoten auch das FIFO- oder LIFO-Prinzip verwendet werden.

Tokensammelstelle ⇨ 3.2.10

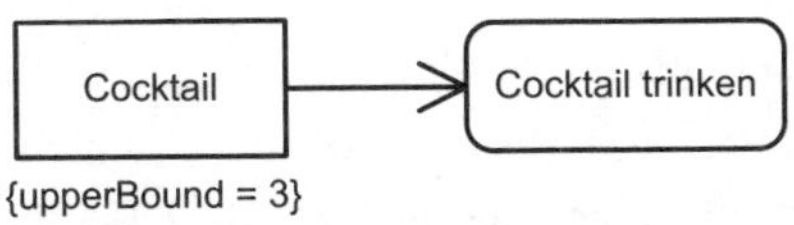

ABBILDUNG 13.45 Objektknoten, die einen bestimmten Kontroll-Typ darstellen

Im folgenden Beispiel bedeutet dies, dass spätestens wenn drei `Cocktails` vorhanden sind, einer getrunken werden muss, da sie sonst zu warm werden.

ABBILDUNG 13.46 Der Objektknoten `Cocktail` kann maximal drei Token (Cocktailinstanzen) aufnehmen.

Diese Eigenschaft ermöglicht es, Objektknoten als Puffer in einem Aktivitätsdiagramm einzusetzen. Die Knoten speichern dabei die Daten-Token zwischen und geben sie bei „freier Bahn" weiter. Dies wird durch das UML-Schlüsselwort «centralBuffer» gekennzeichnet. Zu beachten ist, dass lediglich Objektknoten mit einem centralBuffer-Knoten in Verbindung stehen dürfen.

ABBILDUNG 13.47 Grafische Darstellung eines CentralBuffers

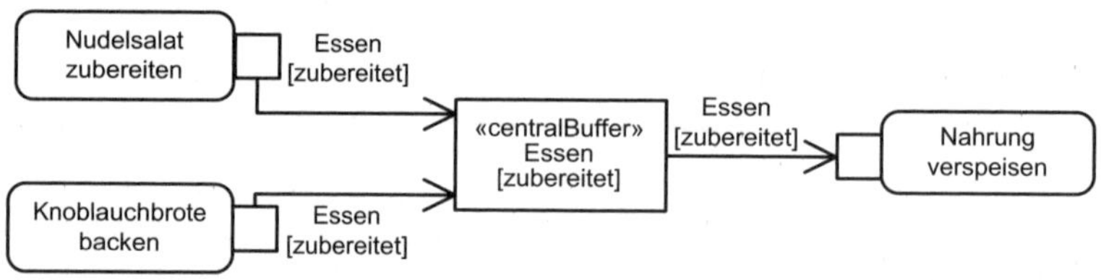

ABBILDUNG 13.48 Zubereitung eines kleinen Festmahls

Am obigen Beispiel erkennt man sehr gut die Funktion eines centralBuffer-Knotens. Es werden mehrere Speisen, womöglich auch von verschiedenen Personen, zubereitet. Ein oder mehrere Konsumenten entnehmen dem „Essenspool" `Essen` die Speisen, ohne wissen zu müssen, von wem diese Speise zubereitet wurde.

Eine spezielle Art von Puffer sind die Datenspeicher (UML-Schlüsselwort: «datastore»). Alle Token, die diese Objektknoten passieren, werden persistent aufbewahrt. Auf den ausgehenden Kanten wird nur eine Kopie der Token angeboten, so dass alle Daten jederzeit bzw. beliebig oft ausgelesen werden können.

ABBILDUNG 13.49 Grafische Darstellung eines Datenspeichers

Werden Token mit schon *vorhandenen Daten* in den Datenspeicher eingespeist, wird jeweils das ältere gespeicherte Token mit seinen Daten verworfen und durch das neue ersetzt.

Ein weitergehendes Beispiel zum Datenspeicher finden Sie auf unserer Homepage *www.uml-glasklar.com* unter der Link-Nummer [13-2]. Dort finden Sie eine Abbildung der Aktivitätsdiagramme auf die Datenflussdiagramme der Strukturierten Analyse.

Anwendung

Die Aktivität `Cocktail mixen` (siehe Abbildung 13.50) startet gleichzeitig an den beiden Startknoten (schwarze Punkte). Im oberen Ablauf werden die Gläser bereitgestellt. Ist eines der Gläser wider Erwarten schmutzig, muss es erst gespült werden. Alle sauberen Objekte des Typs `Glas` werden in dem «centralBuffer» `Glas` „zwischengelagert", da für die nachfolgende Aktion `mit Cocktail befüllen` gleichzeitig die Cocktails benötigt werden. Im unteren Ablauf werden verschiedene `Cocktails` gemixt. Da alle drei dem Typ Cocktail angehören, können sie auch in dem gemeinsamen «centralBuffer» `Cocktail` „zwischengelagert" werden. Sobald in beiden «centralBuffer»-Objektknoten Instanzen, sprich `Cocktails` und `Gläser`, vorhanden sind, wird die Aktion `mit Cocktail befüllen` gestartet. In dieser Aktion wird, da die `Cocktails` aus einem «centralBuffer» stammen, nicht mehr zwischen den verschiedenen Cocktailsorten unterschieden.

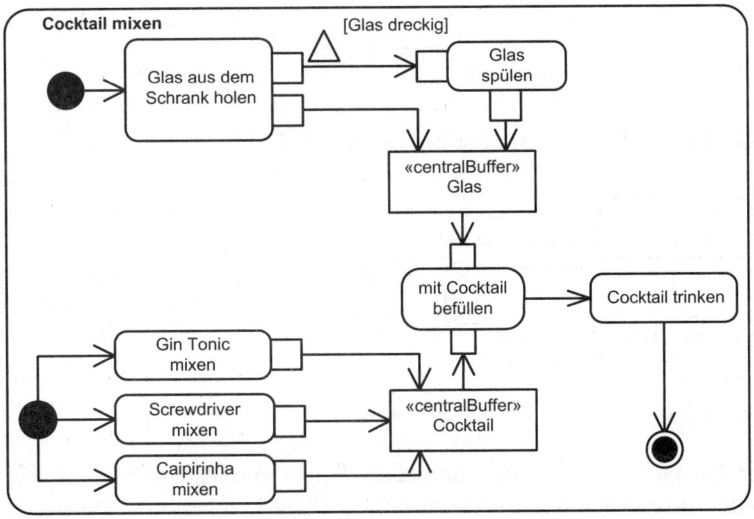

ABBILDUNG 13.50 Befüllen von Cocktailgläsern

13.4.4 Kanten

AL

Definition

An **activity edge** is an abstract class for directed connections between two activity nodes.

Notation

ABBILDUNG 13.51 Darstellungsmöglichkeiten für Kanten

Beschreibung

Kanten sind Übergänge zwischen zwei Knoten (zum Beispiel Aktionen, Objektknoten, ...). Die Kanten sind immer gerichtet und können zum besseren Verständnis mit einem Namen versehen werden.

Kanten sind keine Transitionen

Transition
⇨ 14.4.2

Der Begriff Kante (präziser im Englischen: Activity Edge) ist neu in der UML 2. In den Vorgängerversionen, in denen das Aktivitätsdiagramm eine Sonderform des Zustandsautomaten darstellte, wurden Übergänge als *Transitionen* bezeichnet. Transitionen werden aber weiterhin im Zustandsautomaten (Abschnitt 14.4.2) verwendet.

Kanten unterteilen sich in zwei Arten: Kontrollfluss und Objektfluss.

Kontrollfluss

Ein Kontrollfluss beschreibt eine Kante zwischen zwei Aktionen oder zwischen einer Aktion und einem Kontrollelement. Die auf diesen Kanten verschickten Token „tragen" keine Daten, sondern stimulieren „nur" die Ausführung einer Aktion.

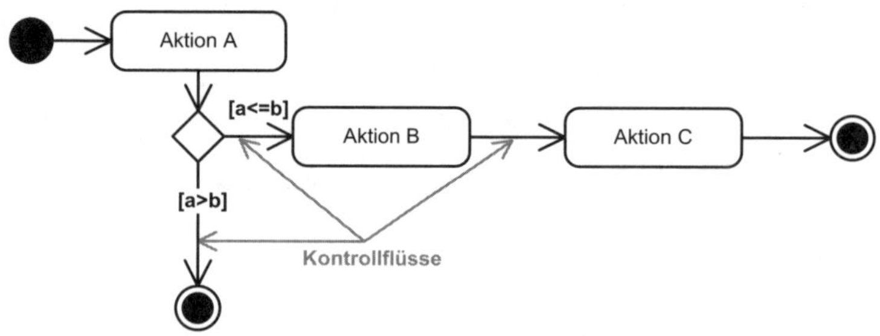

ABBILDUNG 13.52 Kontrollflüsse in einer Aktivität

Objektfluss

An einer Objektflusskante ist mindestens ein Objektknoten beteiligt. Dabei überträgt die Kante Token, die Daten/Werte zum oder vom Objektknoten transportieren.

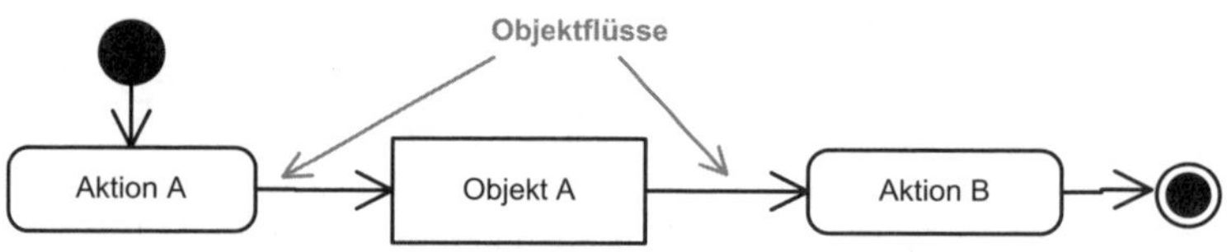

ABBILDUNG 13.53 Objektflüsse in einer Aktivität

Bedingungen

Es ist möglich, Kanten mit Bedingungen (Guards) zu belegen. Ein Übergang über diese Kante ist dann nur möglich, wenn die Bedingung erfüllt ist.

Eine solche Bedingung wird in natürlicher Sprache oder in einer strukturierten Sprache wie der OCL in eckigen Klammern an die Kante gelegt.

ABBILDUNG 13.54 Kanten mit Bedingungen

⇨ 13.4.8

Meist werden Bedingungen in Verbindung mit Verzweigungsknoten (siehe Abschnitt 13.4.8) verwendet, um zu bestimmen, in welche Richtung der Ablauf fortgesetzt wird. Macht man den einzigen Weg aus einer Aktion heraus von einer Bedingung abhängig, läuft man Gefahr, dass an dieser Stelle der Ablauf einfriert und nie mehr fortgesetzt wird.

Sortierungskriterien für Daten-Token

Ordnung muss sein

Sollen Daten-Token eine Kante nur in einer bestimmten Reihenfolge passieren, so müssen diese sortiert werden. Bei der Modellierung wird dies durch eine Kommentarnotation und durch das UML-Schlüsselwort «selection» dargestellt.

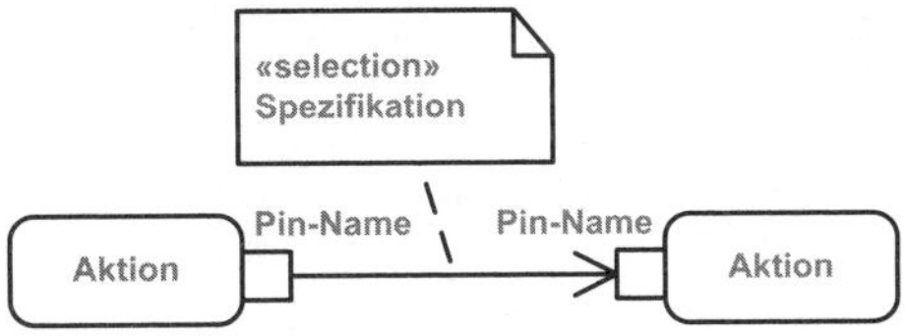

ABBILDUNG 13.55 Verwendung einer Selektion

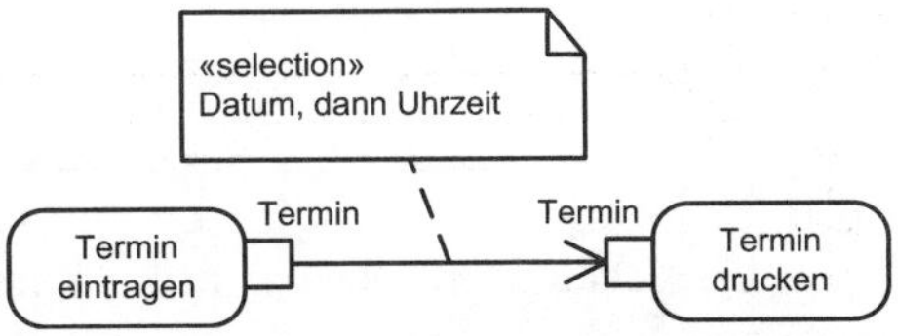

ABBILDUNG 13.56 Eine Selektion in Verbindung mit einem Terminkalender

Dieses Beispiel zeigt, dass eingetragene `Termine` zunächst sortiert und erst dann zum Drucken weitergereicht werden. Wie die `Termine` sortiert werden, findet sich in dem Kommentar, der mit der Kante verbunden ist, also zunächst nach `Datum`, dann nach der `Uhrzeit`.

Gewichtete Kanten

Mengenmäßige Ablaufsteuerung

Aktivitäten dürfen gewichtete Kanten enthalten. Das Gewicht bestimmt die Anzahl an Token, die am Ursprung einer Kante angesammelt sein müssen, damit ein/der Ablauf über die Kante geht. Eine gewichtete Kante kann dabei nur von einem Objektknoten ausgehen. Die Gewichtung n wird in Verbindung mit *weight* in der Form {weight = n} angegeben. Bei fehlender Angabe wird {weight = 1} implizit angenommen. Sollen *alle* Token der nachfolgenden Aktion angeboten werden, wird {weight = *} angegeben.

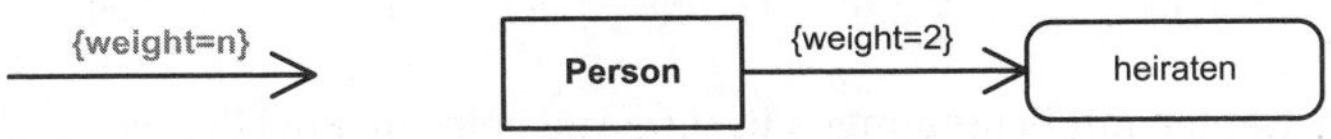

ABBILDUNG 13.57 Gewichtete Kanten

Wenn am Ende einer Kante ein Objektknoten steht, der nur eine bestimmte Anzahl an Token aufnehmen kann, dann darf diese Obergrenze des Objektknotens nicht kleiner sein als die Gewichtung der hinführenden Kante (zu Token-Obergrenze siehe Abschnitt 13.4.3 „Objektknoten → Objektknoten als Puffer und Datenspeicher"). ⇨ 13.4.3

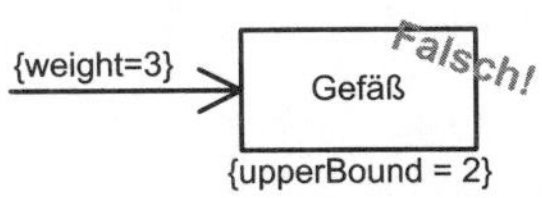

ABBILDUNG 13.58 Die Gewichtung dieser Kante ist nicht zulässig, da der folgende Objektknoten Gefäß weniger Token aufnehmen kann, als für die Passierung der Kante notwendig ist.

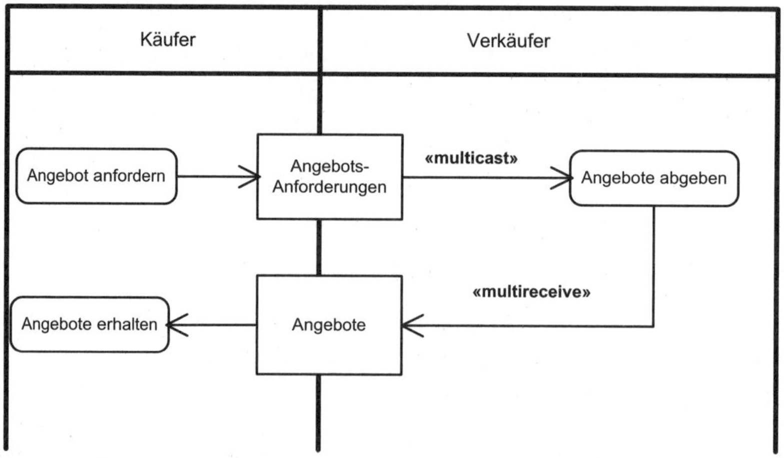

ABBILDUNG 13.59 Anwendungsbeispiel von «multicast» und «multireceive»

Ein Objektknoten kann zum Verbreiten oder Entgegennehmen *mehrerer* Objektinstanzen das Multicast- und Multireceive-Konzept anwenden. Die ausgehende Kante wird dabei mit dem UML-Schlüsselwort «multicast» und die eingehende Kante mit dem UML-Schlüsselwort «multireceive» versehen. Ein wichtiger Teil dabei sind die *Swimlanes*, die auf die Herkunft und den Gegenstand hinweisen. Dieses mehrfache Senden und Empfangen wird in Verbindung mit *Aktivitätsbereichen* verwendet (siehe Abschnitt 13.4.13). Das folgende Beispiel verdeutlicht deren Verwendung. Es werden hier mehrere Angebotsanforderungen an verschiedene Verkäufer verschickt bzw. der Käufer erhält mehrere Angebote zurück.

⇨ 13.4.13

Sprungmarken

Verbesserung der Übersichtlichkeit

Zur übersichtlichen und ästhetischen Gestaltung ist es manchmal sinnvoll, Kanten zu unterbrechen und an einer entfernten Stelle fortzuführen – anstatt die Kanten an anderen Notationselementen „vorbeizulotsen" oder quer durch das Diagramm zu zeichnen.

Kanten lassen sich daher durch Sprungstellen unterbrechen. Derartige Punkte werden durch kleine Kreise (Sprungmarken) kenntlich gemacht. Sprungmarken müssen immer paarweise auftreten und mit eindeutigen Namen versehen sein:

ABBILDUNG 13.60 Grafische Darstellung einer Sprungmarke

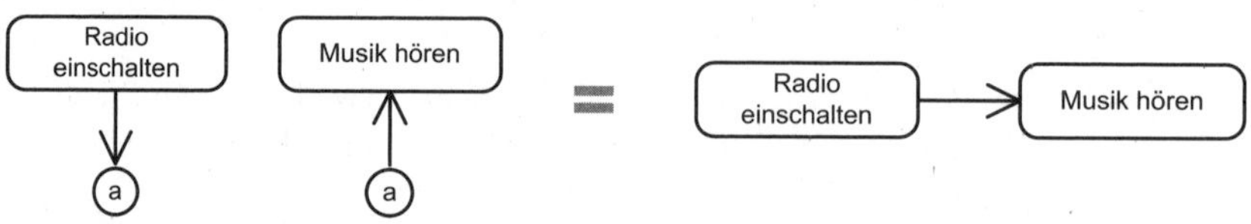

ABBILDUNG 13.61 Ein Ablauf mit Sprungmarke und sein semantisch entsprechendes Pendant

Anwendung

Die Aktivität von Abbildung 13.62 stellt das Vorgehen eines Gastgebers dar, der Partygäste miteinander verkuppeln möchte.

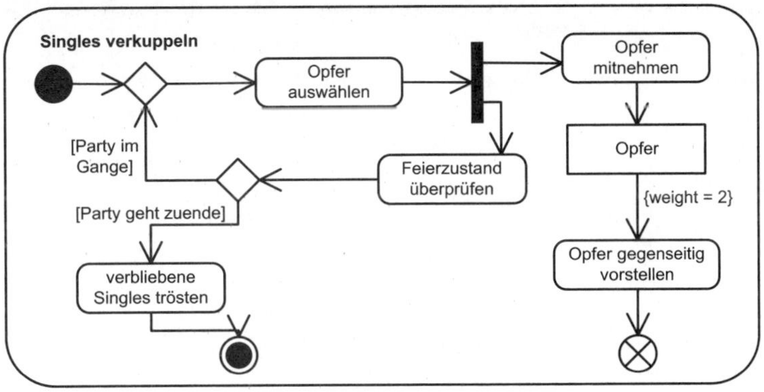

ABBILDUNG 13.62 Eine weitere typische Partysituation

Der Kuppler sucht sich zunächst ein Opfer (`Opfer auswählen`), woraufhin zwei Dinge gleichzeitig geschehen:

Zum einen wird das `Opfer` mitgenommen (die Aktion `Opfer mitnehmen` liefert das `Opfer` als Objektknoten), dann bleibt der Fluss jedoch stehen, weil zwei Daten-Token notwendig wären (`{weight=2}`), um den Ablauf fortzusetzen (ein Partygast soll ja nicht mit sich selbst verkuppelt werden).

Parallel zum Mitnehmen des Opfers wird geprüft, ob die Feier noch länger andauert. Wenn ja, sucht sich der Kuppler das nächste `Opfer`, woraufhin die Bedingung nach zwei Daten-Token erfüllt ist und der Kuppler die `Opfer` untereinander bekannt macht (`Opfer gegenseitig vorstellen`). Mit dem Zusammenbringen zweier Personen ist der rechte Strang des Diagramms beendet. Immer wenn zwei Gäste als Opfer gefunden werden, bringt der Kuppler diese zusammen und beginnt von neuem.

Sollte die Feier zu Ende gehen, werden die verbliebenen `Singles` im Raum getröstet, und die Aktivität ist komplett beendet.

13.4.5 Kontrollelemente

In beinahe jedem Aktivitätsdiagramm finden sich mehrere Kontrollelemente (Knoten), deren Aufgabe es ist, den Weg der Token und damit den Ablauf der Aktivität zu steuern. Beispiele hierfür sind Startknoten, an denen eine Aktivität beginnt, oder Verzweigungsknoten, die eine if-else-Abfrage innerhalb des Diagramms ermöglichen und somit mehrere Alternativwege für den Ablauf bieten.

Kontrollelemente sind „zeitlos“

Für alle Kontrollelemente gilt, dass Token in ihnen nicht verweilen dürfen.[7] Beim Ablauf wird also zunächst überprüft, ob ein Token, das nach der Durchführung einer Aktion an dessen Ende bereit steht, alle Einzelschritte bis zur nächsten Aktion durchlaufen kann. Wird es beispielsweise von einer Bedingung einer Kante zurückgewiesen, oder muss es an einem Synchronisationsknoten auf andere Token warten, so verbleibt es vollständig in der vorhergehenden Aktion und wartet nicht am Kontrollelement.

[7] Ausnahmen von dieser Regel stellen der Startknoten und der Parallelisierungsknoten dar. Beide Kontrollelemente können Token speichern bis die nachfolgende Aktion bereit ist diese aufzunehmen.

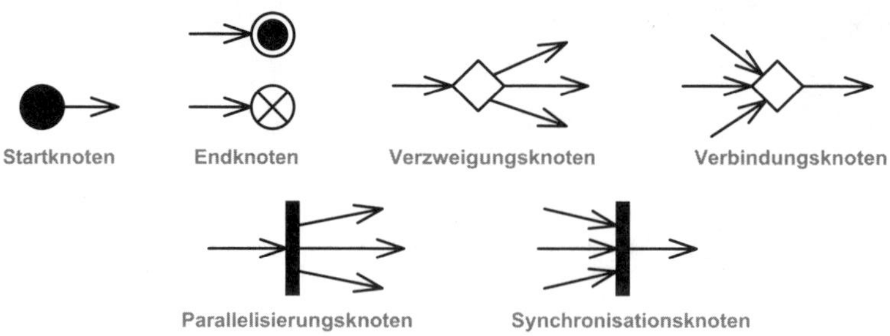

ABBILDUNG 13.63 Die Kontrollknoten im Überblick

Die Funktionsweise der hier gezeigten Kontrollknoten wird in den folgenden Unterkapiteln ausführlich erklärt.

Definition

A **control node** is an abstract activity node that coordinates flows in an activity.

AL

13.4.6 Startknoten

Definition

An **initial node** is a control node at which flow starts when the activity is invoked.

Notation

Ein Startknoten wird durch einen ausgefüllten schwarzen Punkt notiert.

ABBILDUNG 13.64 Grafische Darstellung eines Startknotens

Beschreibung

Ein Startknoten (initial node) markiert den Startpunkt eines Ablaufs bei Aktivierung einer Aktivität. Eine Aktivität darf beliebig viele Startknoten besitzen. Jeder Startknoten darf wiederum beliebig viele *wegführende* Kanten besitzen. Von einem Startknoten führen allerdings nur Kontrollkanten weg.

Tokengenerator

⇨ 13.4.14

Beim Start einer Aktivität produziert ein Startknoten Token und bietet diese *allen* Kanten (Anzahl der Token gleich Anzahl der Kanten) an. Gibt es mehrere Startknoten, so beginnt die Abarbeitung (Produktion der Token) in allen Startknoten gleichzeitig (Erzeugung mehrerer Abläufe). Als einziges *Kontroll*element kann der Startknoten Token für eine bestimmte Zeitspanne aufbewahren, allerdings nicht die Startknoten innerhalb eines strukturierten Knotens (siehe Abschnitt 13.4.14). Dies ist nötig, falls angebotene Token nicht sofort von den Folgeelementen angenommen werden können.

⇨ 13.4.2, 13.4.1

Bemerkung: Eine Aktivität muss nicht zwangsläufig einen Startknoten besitzen, da Parameter einer Aktivität (Abschnitt 13.4.2) oder Aktionen, die Signale empfangen (Abschnitt 13.4.1), auch Token und damit Abläufe generieren können.

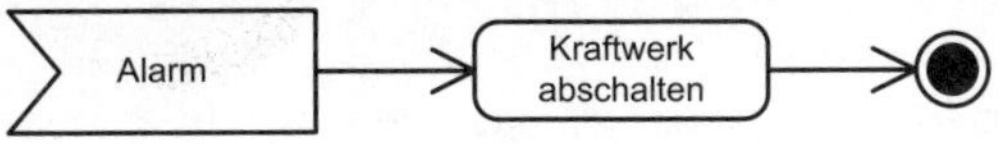

ABBILDUNG 13.65 Empfang eines Signals initiiert die Aktivität.

Anwendung

Folgendes Aktivitätsdiagramm zeigt die Verwendung zweier Startknoten und eines Eingabeparameters. Alle drei Elemente produzieren beim Beginn je einen Token, so dass sofort drei parallelisierte Abläufe starten.

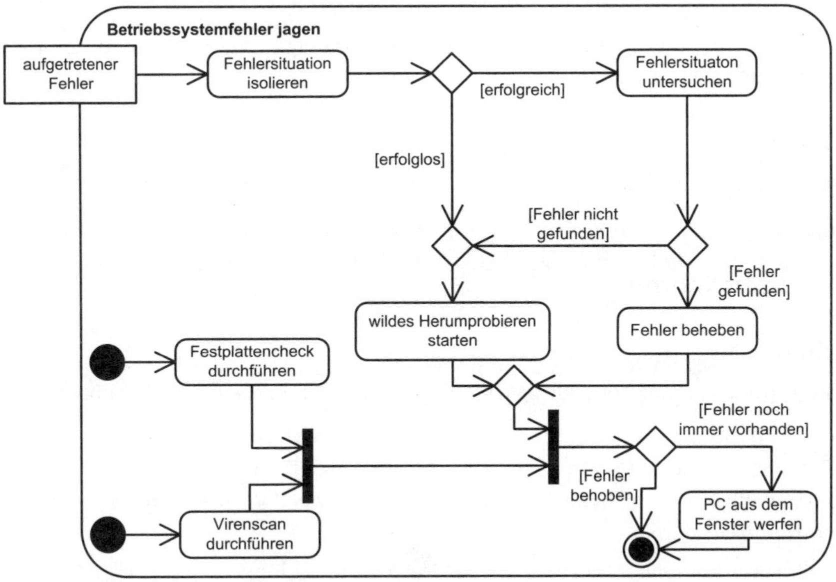

ABBILDUNG 13.66 Aktivitätsdiagramm mit drei Start-Token

13.4.7 Endknoten

AL

Definition

A **flow final node** is a final node that terminates a flow.
An **activity final node** is a final node that stops all flows in an activity.

Notation

ABBILDUNG 13.67 Grafische Darstellung eines Endknotens für Aktivitäten

ABBILDUNG 13.68 Grafische Darstellung eines Endknotens für Kontrollflüsse

Beschreibung

In einer Aktivität können zwei Arten von Endknoten modelliert werden:

- Endknoten für *Aktivitäten* (beendet die gesamte Aktivität)
- Endknoten für *Kontrollflüsse* (beendet nur einen einzelnen Ablauf)

Die beiden Endknoten sind Elemente der Flusskontrolle einer Aktivität. Beiden ist gemeinsam, dass sie Abläufe abbrechen. Sie haben daher nur eingehende Kanten.

Endknoten für Aktivitäten

Vernichtung aller Token

Ein Endknoten für Aktivitäten (final node) beendet die gesamte Aktivität, sobald er von einem Token erreicht wird. Parallele Abläufe derselben Aktivität werden augenblicklich beendet, indem sämtliche Token, die sich im Umlauf befinden, gelöscht werden. Die Aktivität übergibt zudem die Daten-Token, die sich in Ausgabe-Objektknoten befinden, an den Aufrufer der Aktivität.

Es können mehrere Endknoten für Aktivitäten existieren. In diesem Fall wird die Aktivität beendet, sobald *einer* dieser Knoten ein Token erhält.

Ein Endknoten für Aktivitäten wird durch einen schwarzen Punkt mit einem umschließenden Ring ((Mitte einer) Zielscheibe, im Englischen „Bull's Eye") notiert.

Endknoten für Kontrollflüsse

Vernichtung der Token eines Ablaufstrangs

Ein Endknoten für Kontrollflüsse (flow final node) markiert nur das Ende eines Ablaufs. Er terminiert nur einen Fluss, indem er das zugehörige Token vernichtet.

Dies ist nur dann mit der Beendigung der *gesamten* Aktivität gleichzusetzen, wenn die Bearbeitung der Kontrollflüsse innerhalb der Aktivität nicht zuvor parallelisiert wurde. Gibt es jedoch parallele Flüsse, dann wird nur der Fluss beendet, an dessen Ende der Endknoten für Kontrollflüsse steht.

Der Endknoten für Kontrollflüsse wird durch ein Kreuz mit einem umschließenden Ring notiert.

Anwendung

In unserem Beispiel `Geburtstagsfeier vorbereiten` verbergen sich parallele Abläufe. Dabei werden beide Typen von Endknoten innerhalb des Diagramms verwendet. Insgesamt lassen sich zwei parallele Abläufe innerhalb des Aktivitätsdiagramms beobachten: der linke Ablauf, der die Aktion `Wein trinken` startet, und der rechte Ablauf, der mit der Zubereitung von Essen und dem Kaltstellen von Getränken beginnt.

Die Aktion `Wein trinken` kann zu jedem Zeitpunkt beendet werden, ohne dass die Aktivität `Geburtstagsfeier vorbereiten` endet. Wie lange die Aktion `Wein trinken` läuft, hängt von den Vorräten des Gastgebers ab. Bei einer vorausgegangenen Parallelisierung, ohne Zusammenführung der Tokens, wird lediglich ein Token vernichtet. Der linke Ablauf läuft damit völlig unabhängig vom rechten Ablauf.

Das Diagramm endet dann vollständig am unteren Endpunkt, der nur dann erreicht wird, wenn die Aktion `Wohnung aufräumen` beendet ist. Spätestens dann werden alle Tokens innerhalb der Aktivität vernichtet, und spätestens dann wird die Aktion `Wein trinken`" beendet.

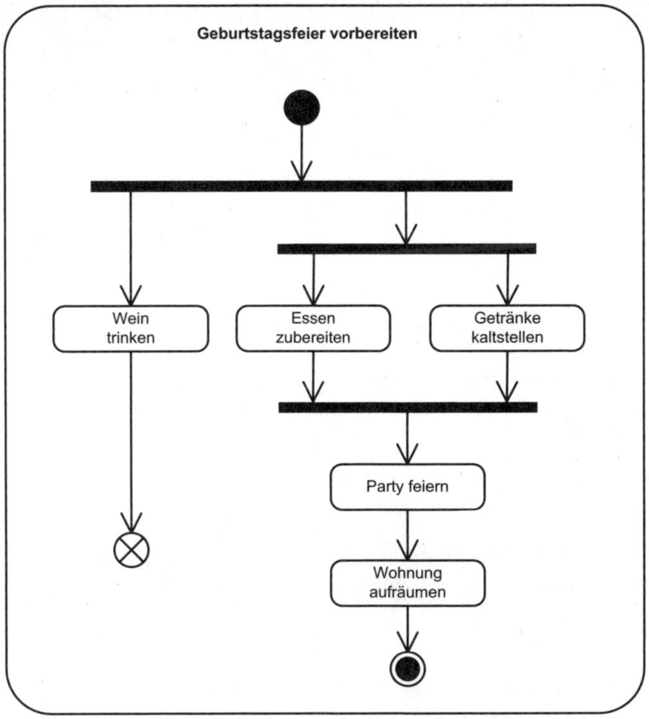

ABBILDUNG 13.69 Eine Geburtstagsfeier vorbereiten

13.4.8 Verzweigungs- und Verbindungsknoten

Definition

A **decision node** is a control node that chooses between outgoing flows.

A **merge node** is a control node that brings together multiple alternate flows. It is not used to synchronize concurrent flows but to accept one among several alternate flows.

Notation

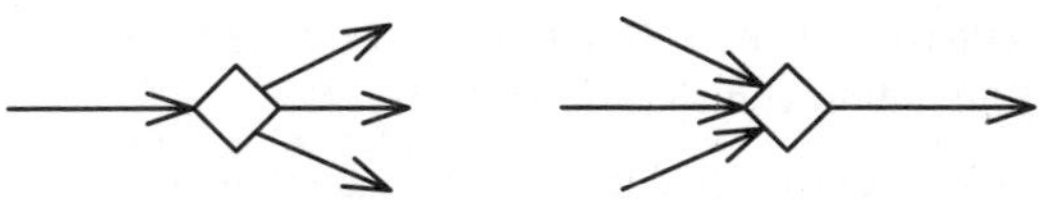

ABBILDUNG 13.70 Verzweigungs- und Verbindungsknoten

Beschreibung

Die UML bietet zum Spalten und Zusammenführen von Kanten (aber nicht von Abläufen) zwei Kontrollelemente:

- Verzweigungsknoten und
- Verbindungsknoten.

Beide Knoten werden durch eine Raute symbolisiert (Diamantsymbol). Ein Verzweigungsknoten verzweigt immer genau eine eingehende zu mehreren ausgehenden Kanten; ein Verbindungsknoten führt mehrere eingehende Kanten zu genau einer ausgehenden Kante zusammen.

Verzweigungsknoten

Splitting von Kanten

Ein Verzweigungsknoten (decision node) spaltet eine Kante in mehrere Alternativen auf. Dies ist insbesondere dann von Interesse, wenn ein Ablauf in der Aktivität von bestimmten Bedingungen abhängig ist.

Ein Token, das einen Verzweigungsknoten erreicht, passiert (nur) *eine* ausgehende Kante. Das Token wird an einem Verzweigungsknoten *nicht* dupliziert. Unter welchen Voraussetzungen welcher Zweig gewählt wird, kann mit Bedingungen festgelegt und evaluiert werden.

Mittels der Bedingungen wird definiert, welche Anforderungen ein Token (oder die Daten eines Tokens) erfüllen muss, damit es eine Kante passieren kann (Routing). Die Bedingungen dafür werden in eckigen Klammern an die Kanten geschrieben.

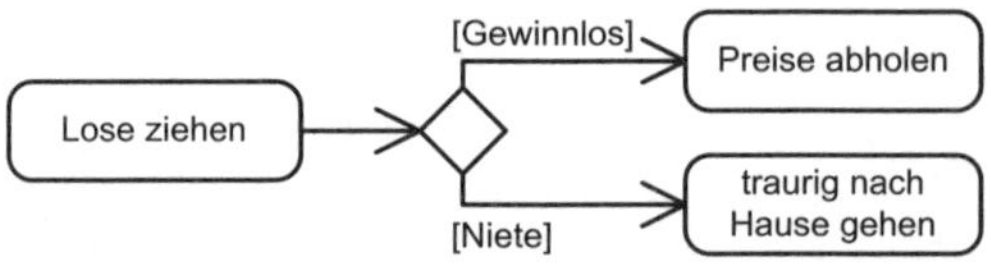

ABBILDUNG 13.71 Ein gezogenes Los ist entweder eine Niete oder ein Gewinn, aber nie beides.

Bedingungen sorgfältig modellieren

Zur Vermeidung semantischer Fehler dürfen Bedingungen sich nicht überschneiden, da sonst die Token nicht mehr eindeutig gelenkt werden können. Ähnlich verhält es sich, wenn nicht alle möglichen Fälle berücksichtigt werden. Sind beispielsweise die Bedingungen aller wegführenden Kanten nicht erfüllt, verbleibt ein Token für immer in der vorherigen Aktion, die somit ständig aktiv bleibt und keine weiteren Token annehmen kann. Das System steht still.

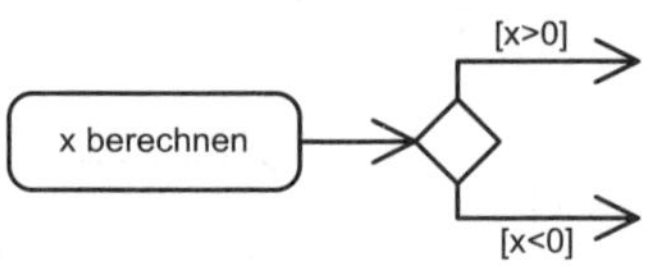

ABBILDUNG 13.72 Und was passiert bei x = 0?

Die Reihenfolge, in der die Bedingungen betrachtet werden, ist nicht festgelegt. Fehlt die Bedingung, so wird die Kante von beliebigen Token passiert (implizites „wahr"). Bedingungen, die nicht explizit aufgeführt werden sollen (häufig die Komplementärmenge, sprich der Rest zu den explizit aufgeführten Bedingungen), lassen sich mit *„else"* zusammenfassen. Nachdem alle Bedingungen geprüft und alle als falsch ausgewertet wurden, werden die Token an der Kante mit der Bedingung [else] dem Nachfolgeknoten angeboten. Nur maximal eine abgehende Kante des Verzweigungsknotens darf mit der „else"-Bedingung versehen werden.

Verbindungsknoten

Der Verbindungsknoten (merge node) ist das Gegenstück zum Verzweigungsknoten. Er führt Kanten zusammen. Hierbei findet *keine* Synchronisation an den eingehenden Kanten statt (kein Verschmelzen der Token). Liegen mehrere Token parallel an, werden sie in nicht spezifizierter Reihenfolge serialisiert und an der ausgehenden Kante angeboten.

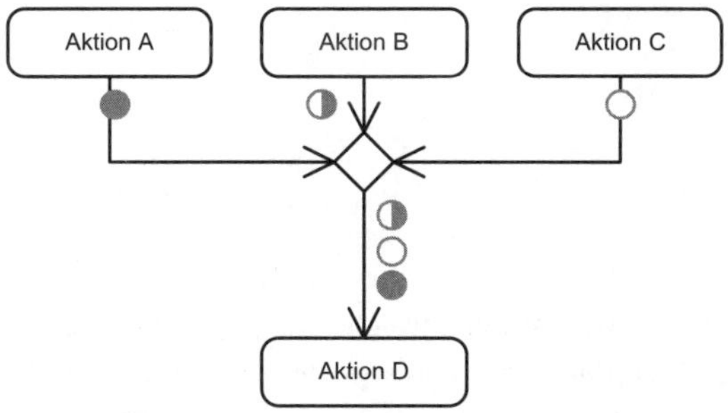

ABBILDUNG 13.73 Serialisierte Token werden in beliebiger Reihenfolge weitergegeben.

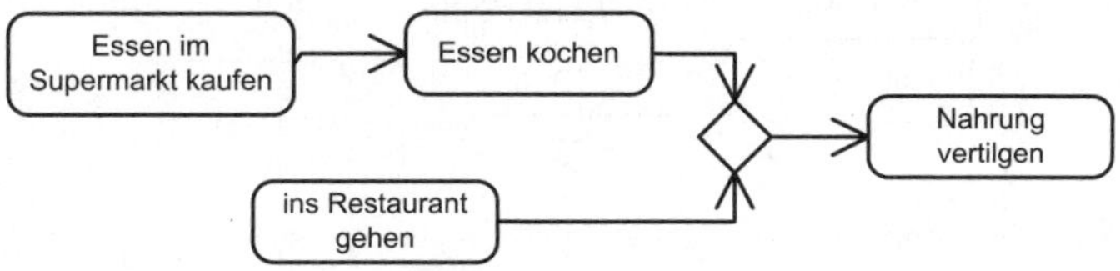

ABBILDUNG 13.74 Egal, ob das `Essen` selbst gemacht oder im `Restaurant` bestellt wurde, auf jeden Fall folgt danach die Verspeisung.

Verbindungsknoten ermöglichen den Eintritt in eine Aktion durch nur eine Kante. Wenn Sie keinen Verbindungsknoten verwenden, sind die an einer Aktion eingehenden Kanten implizit mit UND verbunden. Wollen Sie in einer spezifischen Modellierungssituation aber ein ODER modellieren, müssen Sie einen Verbindungsknoten setzen, um die einzelnen Kanten zusammenzuführen.

WICHTIG

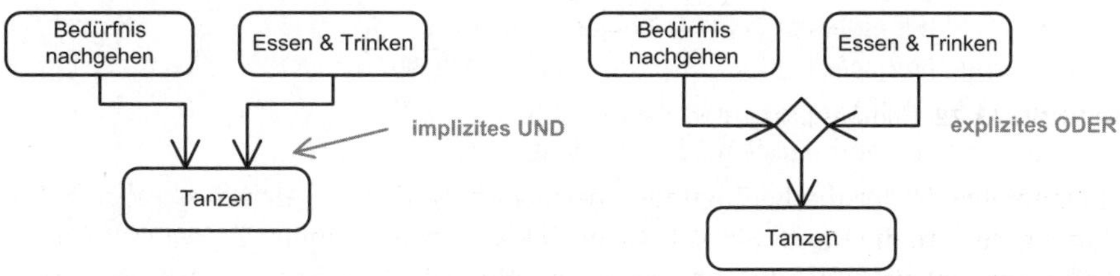

ABBILDUNG 13.75 Unterschiedliche Semantik bei Verwendung eines Verbindungsknotens und bei Direktverbindung mit einer Aktion

Verzweigungs- und Verbindungsknoten sind kombinierbar (siehe Abbildung 13.76). Egal, ob die `Essensvorräte` oder die `Getränkevorräte` geprüft werden, nach der Prüfung wird auf jeden Fall der Vorrat aufgefüllt, sofern die Prüfung ergeben hat, dass die Vorräte aufgebraucht sind. Sind sie nicht aufgebraucht, wird die Vernichtung von Nahrungsmitteln fröhlich fortgesetzt.

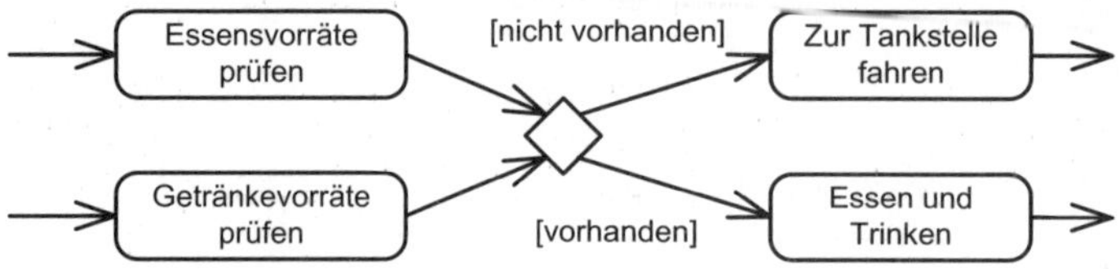

ABBILDUNG 13.76 Kombination von Verbindungs- und Verzweigungsknoten

Spezifikation des Verhaltens

Das Verhalten von Verzweigungs- und Verbindungsknoten lässt sich mit Hilfe eines Kommentars näher beschreiben. Die an den Kanten stehenden Bedingungen beziehen sich dann auf das Ergebnis dieser Verhaltensbeschreibung (zum Beispiel auf einen Booleschen Wert) und nicht auf das Ergebnis der vorausgegangenen Aktion (bzw. auf einen Wert eines Vorgängerobjektknotens). Darüber hinaus können Entscheidungsknoten mit einer zusätzlichen Kante, einem *„decisioninputflow"* erweitert werden (Abbildung 13.77, rechte Seite). Tokens, die dem Entscheidungsknoten auf dieser Kante angeboten werden, liefern Parameter, mit denen die Entscheidung ausgewertet werdn kann. In Abhängigkeit von der Auswertung traversieren dann wie bisher Tokens auf den ausgehenden Kanten des Entscheidungsknotens.

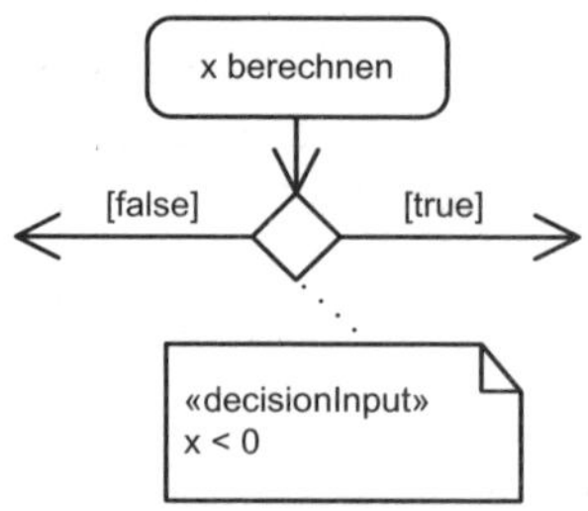

ABBILDUNG 13.77 Verzweigungsknoten mit spezifiziertem Verhalten

Anwendung

Dieses Beispiel zeigt eine Möglichkeit, bei Potenzrechnungen den eigentlichen Berechnungsprozess zu umgehen, wenn die Operanden triviale Werte haben. Da zunächst der Exponent überprüft werden soll,[8] stoppt der obere Verlauf, der mit der `Basis` beginnt, sofort am Synchronisationsknoten und *wartet* auf einen Token über den von unten kommenden else-Zweig. In den Trivialfällen `Exponent` = 0 und `Exponent` = 1 wird das Ergebnis sofort ausgegeben, ansonsten wird der Ablaufteil nach dem Synchronisationsknoten gestartet. Auch hier wird zunächst eine Überprüfung durchgeführt, in diesem Fall für die `Basis`. Wieder werden die Trivialfälle abgefangen, ansonsten muss die eigentliche Berechnung gestartet werden (die in diesem Aktivitätsdiagramm nur als eine einzelne Aktion dargestellt ist).

---

[8] Dies rührt natürlich daher, dass für $y = 0$ (und unabhängig vom Wert der `Basis`) immer gilt: $x^y = 1$. Deshalb muss die Überprüfung des `Exponenten` vor der Überprüfung der `Basis` erfolgen.

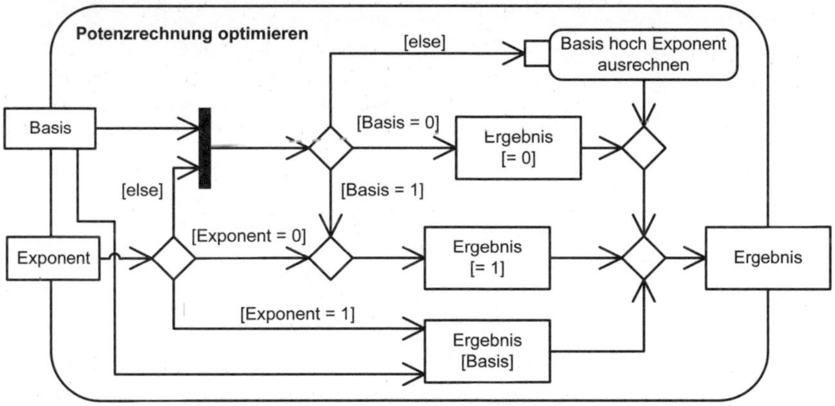

ABBILDUNG 13.78 Aktivitätsdiagramm mit optimiertem Berechnungsalgorithmus für die `Potenzrechnung`

13.4.9 Synchronisations- und Parallelisierungsknoten

AL

Definition

A **fork node** is a control node that splits a flow into multiple concurrent flows.

A **join node** is a control node that synchronizes multiple flows.

Notation

ABBILDUNG 13.79 Synchronisations- und Parallelisierungsknoten

Beschreibung

Die UML bietet die Möglichkeit, Abläufe in mehreren Flüssen zu parallelisieren oder zu einem Fluss synchron zusammenzuführen. Dazu dienen

- Parallelisierungs- und
- Synchronisationsknoten

Beide Knoten werden durch schwarze Balken symbolisiert. Ein Parallelisierungsknoten teilt den Ablauf, der über genau eine eingehende Kante geführt wird, in parallele Abläufe (mehrere ausgehende Kanten) auf. Ein Synchronisationsknoten führt parallele Abläufe (mehrere eingehende Kanten) zu einem Ablauf (genau eine ausgehende Kante) zusammen.

Parallelisierungsknoten

Token-vervielfältigung

An einem Parallelisierungsknoten (fork node) wird der eingehende Ablauf in mehrere parallele Abläufe aufgeteilt. Jedes eingegangene Token wird dabei dupliziert und an jeder ausgehenden Kante angeboten. Sowohl die eingehenden als auch die ausgehenden Kanten können mit Bedingungen versehen sein.

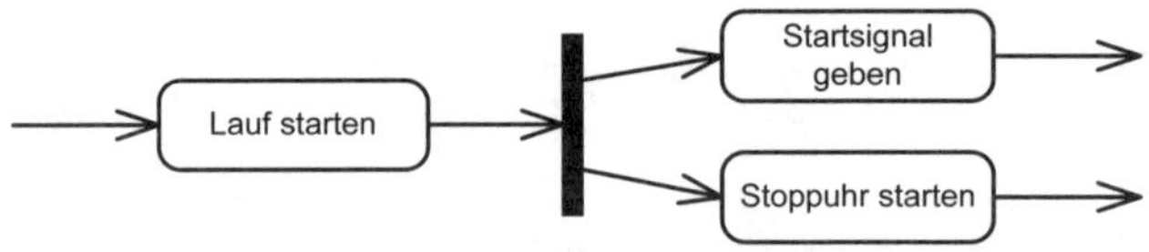

ABBILDUNG 13.80 Ist die Entscheidung gefallen, das Rennen zu starten, müssen zeitgleich die `Stoppuhr` gestartet und ein `Startsignal` gegeben werden.

Kann ein Token über eine ausgehende Kante nicht weitergereicht werden, wird er in einer FIFO Queue im Parallelisierungsknoten so lange gesammelt, bis er der nachfolgenden Aktion angeboten werden kann. Dies ist eine Ausnahme, da Kontrollknoten normalerweise keine Token *sammeln* können.

Synchronisationsknoten

Der Synchronisationsknoten (join node) führt eingehende Abläufe zu einem gemeinsamen Ablauf zusammen. Dazu müssen an allen Eingangskanten gleichzeitig Token (Kontroll- oder Daten-Token) angeboten werden.

Token-verschmelzung

Die Kontroll-Token werden am Synchronisationsknoten zu einem Ausgangskontroll-Token verschmolzen (Zusammenführung der Kontrollflüsse). Daten-Token, die Objekte mit der gleichen Identität (z. B. gleicher Wert oder gleiches Objekt) beinhalten, werden, bevor sie weitergereicht werden, zu einem Daten-Token zusammengefasst.

Falls sich unter den anliegenden Token *mindestens ein* Daten-Token befindet, d. h. mindestens ein Objektfluss beteiligt ist, werden *nur* die Daten-Token weitergegeben (dies können dann aber auch mehrere sein); die Kontroll-Token werden vernichtet.

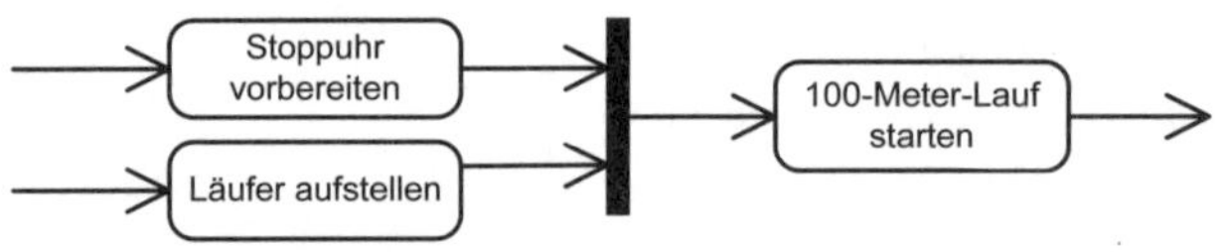

ABBILDUNG 13.81 Der `Lauf` kann erst starten, wenn die `Stoppuhr` bereit ist und die `Läufer` aufgestellt sind.

Nicht zwangsläufig UND-Synchronisation

Die Abläufe werden am Synchronisationsknoten durch ein implizites UND verbunden. Soll eine andere Verhaltensweise v (OR, XOR, ...) modelliert werden, ist dies durch eine Synchronisations-Spezifikation {joinspec = v} anzugeben.

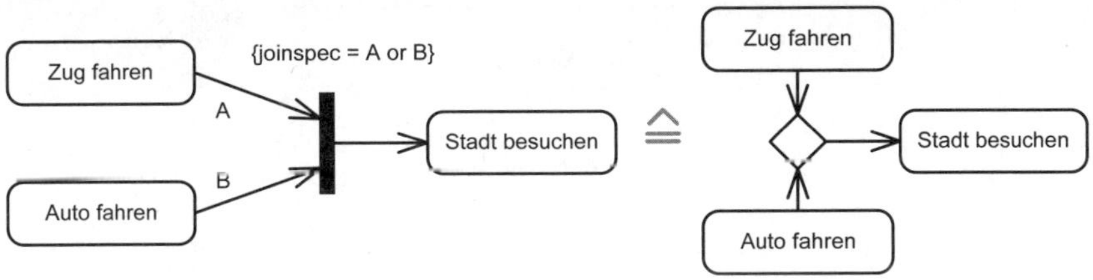

ABBILDUNG 13.82 Beispiel einer Synchronisationsspezifikation, die man jedoch auch einfacher darstellen kann

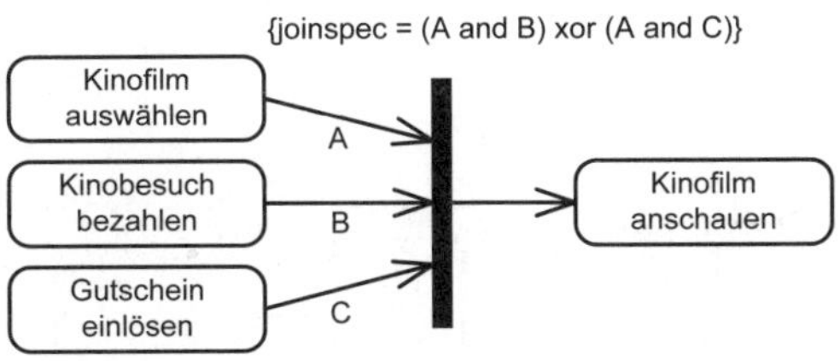

ABBILDUNG 13.83 Beispiel eines weiteren Synchronisationsknotens

Abbildung 13.83 stellt zwei Möglichkeiten dar, den Synchronisationsknoten zu passieren: Entweder hat man den Kinobesuch zu bezahlen, oder man löst einen Gutschein ein. Auf jeden Fall muss aber zusätzlich ein Film ausgewählt werden.

In der Praxis selten

Auch Parallelisierungs- und Synchronisationsknoten sind kombinierbar, dadurch lassen sich parallele Abläufe (kurz) synchronisieren und danach wieder fortführen.

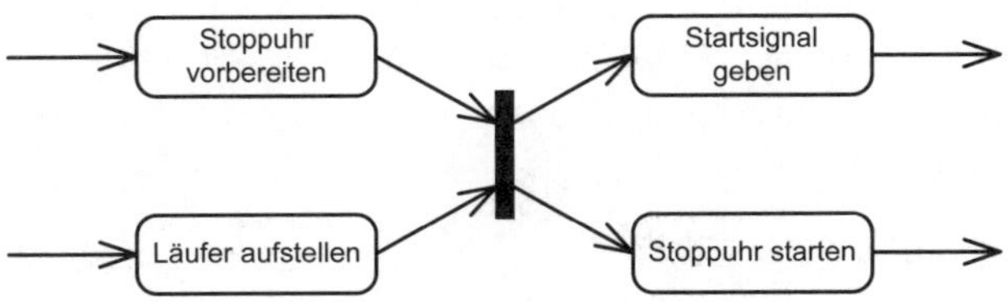

ABBILDUNG 13.84 Kombination von Synchronisation und Parallelisierung

Dieses Beispiel führt die beiden oben gezeigten Beispiele zu einem Diagramm zusammen. Zunächst müssen die `Läufer aufgestellt` und die `Stoppuhr vorbereitet` sein. Ist beides geschehen, wird zeitgleich die `Stoppuhr gestartet` und ein `Startsignal gegeben`.

Anwendung

Auch wenn nur ein einziger Parallelisierungsknoten verwendet wurde, beinhaltet das Diagramm in Abbildung 13.85 zahlreiche Parallelisierungen und Synchronisationen.

Parallelisierungen treten beim Start der Aktivität auf. Alle Eingabeparameter liefern sofort ein Token, so auch der Startknoten. Deshalb gibt es am Beginn der Aktivität vier parallele Abläufe, von denen einer nach dem Startknoten noch einmal aufgeteilt wird, so dass es fünf werden.

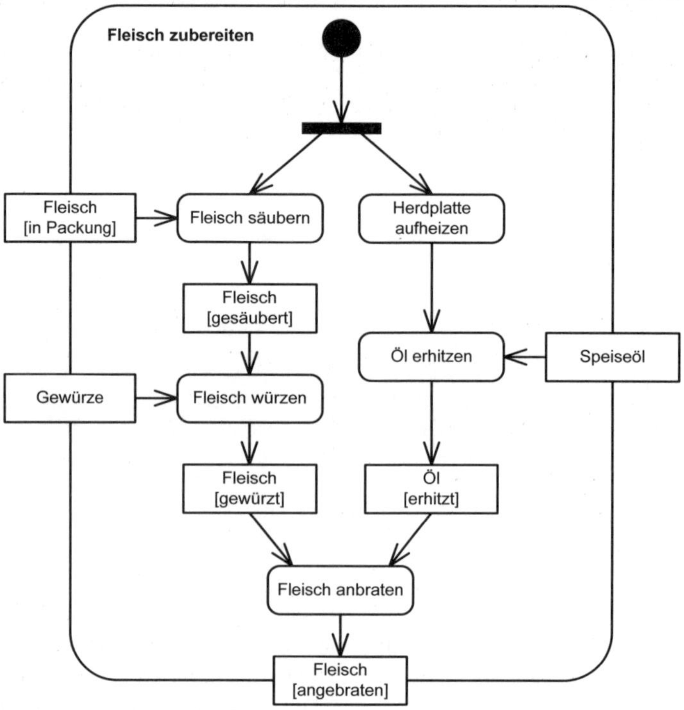

ABBILDUNG 13.85 Warum viele Menschen mit dem Kochen Probleme haben ...

Bei allen Aktionen, die mehrere eingehende Kanten haben, muss nach den Gesetzen des Token-Konzepts auf jeder Kante je ein Token anliegen, und somit werden die Abläufe wieder synchronisiert, bis es bei der Aktion `Fleisch anbraten` nur noch eine Aktion gibt, die gleichzeitig ausgeführt wird.

13.4.10 Parametersatz

Definition

A **parameter set** is an element that provides alternative sets of inputs or outputs that a behavior may use.

Notation

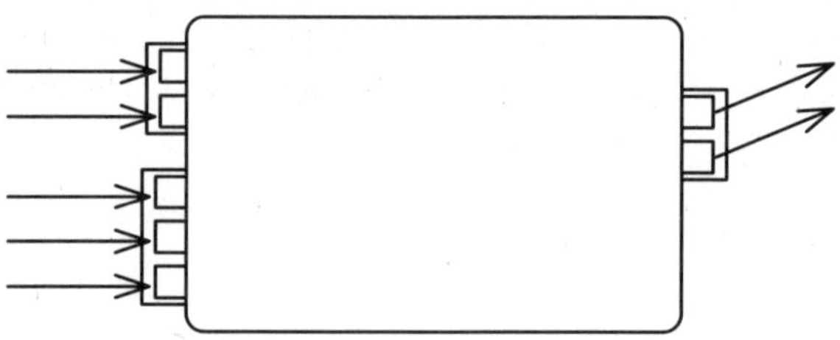

ABBILDUNG 13.86 Parametersatz

Beschreibung

Gruppierung von Parametern

Eingabe- und Ausgabeparameter von Objektknoten lassen sich in Parametersätzen gruppieren. Dies wird durch einen Rahmen um die zu gruppierenden Pins gekennzeichnet. Ein Pin darf jedoch zu mehreren Gruppen gehören. Es dürfen nur Ein- oder nur Ausgabeparameter sortenrein zusammengefasst werden.

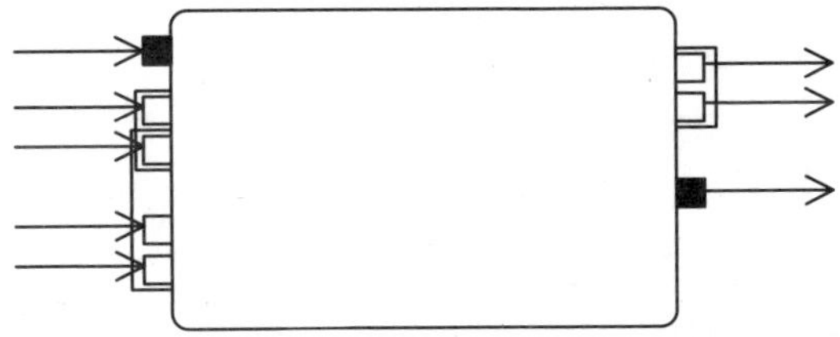

ABBILDUNG 13.87 Parametersatz mit einem von zwei Sätzen verwendeten Parameter und „streaming"-Parametern

Der Parametersatz (parameter set) legt fest, dass an *allen Pins eines Satzes* Daten-Token anliegen müssen (implizites UND zwischen den Pins eines Parametersatzes). Die Daten-Token werden dann gemeinsam in die Aktion überführt. Entsprechendes gilt für Ausgangsparameter.

XOR zwischen Parametersätzen

Zwischen Parametersätzen besteht eine Entweder-oder-Beziehung. Eine Aktion wird also *pro Aufruf* (Ablauf) immer nur von genau einem Parametersatz bedient, beziehungsweise nach dem Aktionsende liegen die Token an genau einem Parametersatz an. Dadurch müssen nicht an allen Pins Daten-Token anliegen, damit eine Aktion gestartet wird bzw. liegen bei Beendigung der Aktion nicht zwangsläufig an allen Ausgangs-Pins Token an.

Besitzt eine Aktion Ein- oder Ausgangsparameter, die in einem Parametersatz enthalten sind, müssen alle weiteren Parameter, die nicht zu einem Satz gehören, als „Streaming"-Parameter (siehe Abschnitt 13.4.3) gekennzeichnet werden (siehe Abbildung 13.87). Zu beachten ist auch, dass zwei Parametersätze nicht die gleichen Parameter enthalten dürfen.

⇨ 13.4.3

Anwendung

Abbildung 13.88 zeigt die Rezepte von drei Cocktails:

- `Screwdriver (Orangensaft, Wodka, Eis)`
- `Caipirosca (Wodka, Eis, Limette, Rohrzucker)`
- `Caipirinha (Eis, Limette, Rohrzucker, Pitu)`

Jedes dieser Rezepte wird im Diagramm durch einen Parametersatz dargestellt (zum Beispiel `Screwdriver`). Bei jedem Durchlauf wird einer dieser Sätze ausgewählt, Parametersätze sind mit einem Entweder-Oder untereinander verknüpft (zum Beispiel `Screwdriver` oder `Caipirosca`, aber nicht beide gleichzeitig in ein und demselben Durchlauf). Die einzelnen Parameter dieses Satzes werden dann komplett als Eingabeparameter für die Aktion verstanden, also sind Parameter in einem Satz mit einer Und-Verknüpfung untereinander verbunden.

Wie Sie den Rezepten entnehmen können, werden für die `Cocktails` in einem gewissen Umfang dieselben Zutaten verwendet. Dieser Zusammenhang wird innerhalb des Diagramms durch die Überschneidung der Parametersätze dargestellt. Während beispielsweise die Zutaten `Pitu` und `Orangensaft` nur in einem `Cocktail` verwendet werden, wird `Eis` in jedem verwendet, deshalb liegt dieser Parameter auch im Schnittbereich aller drei Parametersätze.

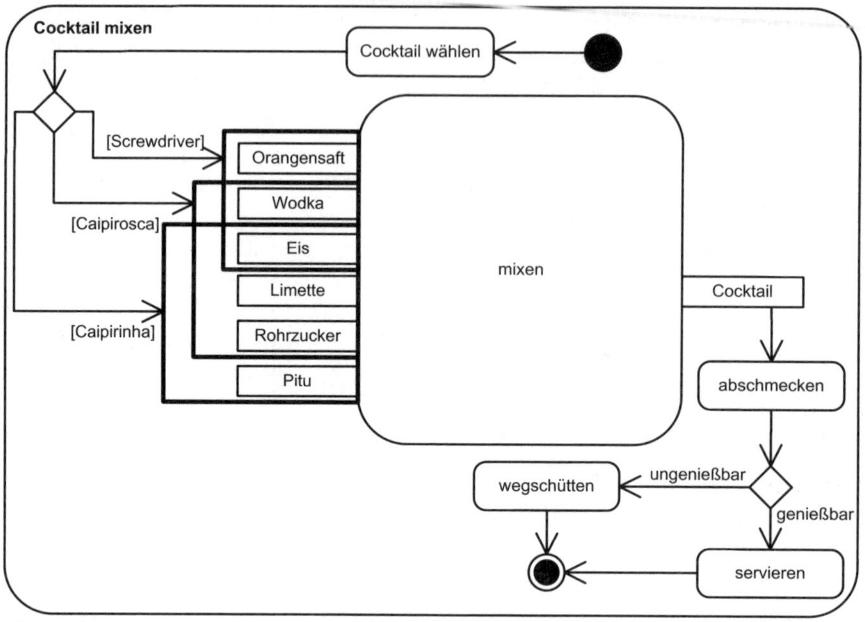

ABBILDUNG 13.88 Das `Mixen` dreier verschiedener `Cocktails` mit Parametersätzen

AL

13.4.11 Unterbrechungsbereich

Definition

An **interruptible activity region** is an activity group that supports termination of token flowing in the portions of an activity.

Notation

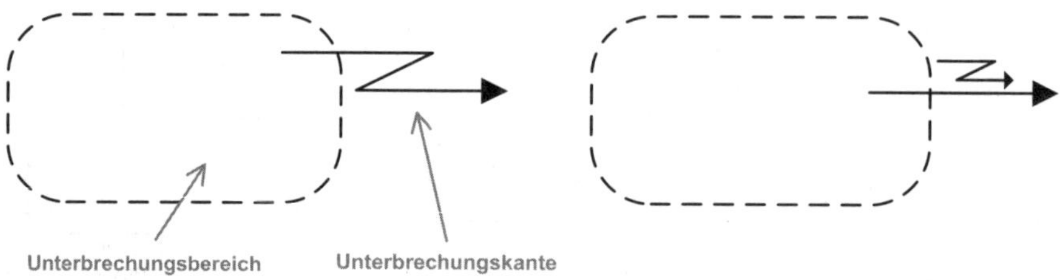

ABBILDUNG 13.89 Zwei alternative Darstellungsformen für den Unterbrechungsbereich

Beschreibung

Ein Unterbrechungsbereich (interruptible activity region) umschließt eine oder mehrere Aktionen. Der Bereich wird durch ein gestricheltes Rechteck mit runden Ecken modelliert. Neben den „normalen" Kanten enthält der Bereich zusätzlich eine „Unterbrechungskante" (symbolisiert durch einen blitzförmigen Pfeil, alternativ durch das Anbringen eines Blitzes an einer gerade Linie), die innerhalb des Bereichs beginnt und deren Ziel außerhalb des Bereichs liegt. An der Modellierung der Aktionen in dem Bereich selbst ändert sich nichts. Wird der Bereich über die Unterbrechungskante verlassen, so werden *sämtliche* in dem Bereich ausgeführten Aktionen bzw. Abläufe abgebrochen, indem alle vorhandenen Token verworfen werden. Der Ablauf in der Aktivität setzt sich am Zielknoten der Unterbrechungskante fort.

Zentrale Unterbrechungsbehandlung

Tritt die Unterbrechung genau dann ein, wenn ein Token über eine Kante den Unterbrechungsbereich verlässt, so bleibt dieses Token erhalten (vollständige, zeitlose Übertragung). Hat ein Ereignisempfänger (z. B. „Abbruch-Knopf gedrückt" in Abbildung 13.90) im Unterbrechungsbereich keine eingehende Kanten, wird der Ereignisempfänger nur aktiviert, sobald ein Token in den Unterbrechungsbereich eintritt. Dabei spielt es keine Rolle, ob das Token direkt an den Ereignisempfänger gerichtet ist oder nicht. Ein Unterbrechungsbereich lässt sich sehr gut für Ausnahmen einsetzen, die eine sofortige Beendigung *mehrerer* Aktionen in einer Aktivität bewirken sollen.

Anwendung

Während der Bedienung eines Zigarettenautomaten kann jederzeit die Taste zur Geldrückgabe gedrückt werden. Diesem Umstand wird durch die Verwendung des Unterbrechungsbereiches Rechnung getragen. Nach einem `Abbruch` wird das zurückzugebende `Geld` bestimmt und ausgeworfen, ansonsten gibt der `Automat` zusätzlich `Zigaretten` der gewählten `Marke` aus.

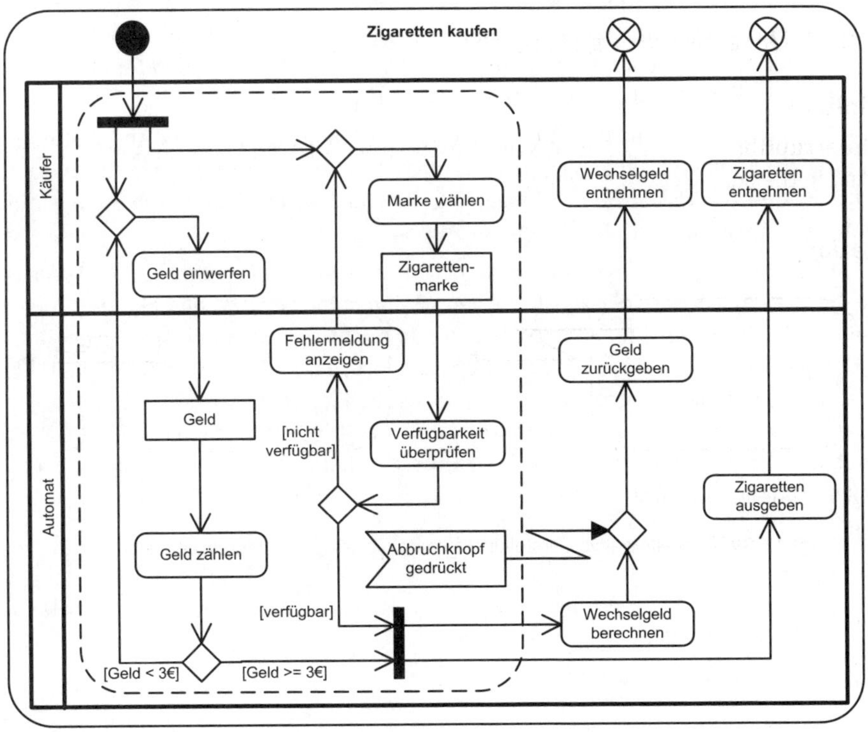

ABBILDUNG 13.90 Bedienung eines Zigarettenautomaten

13.4.12 Exception-Handler

Definition

An **exception handler** is an element that specifies a body to execute in case the specified exception occurs during the execution of the protected node.

Notation

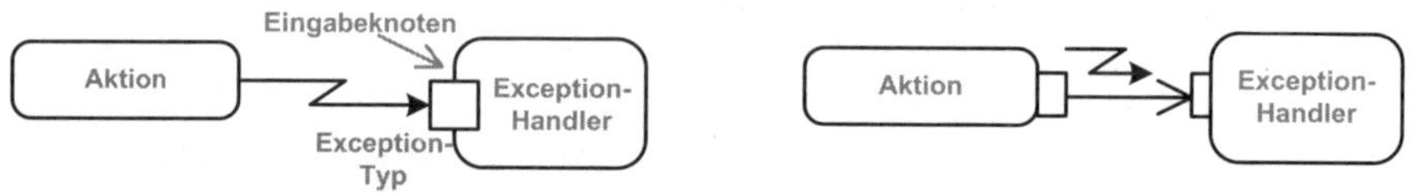

ABBILDUNG 13.91 Darstellungsmöglichkeiten eines Exception-Handlers

Beschreibung

Ein Exception-Handler (exception handler) ist ein Bearbeitungselement, das eine vordefinierte Ausnahme bearbeitet, die während der Ausführung einer Aktion auftritt. Aktion und Exception-Handler sind über einen blitzartigen Pfeil miteinander verbunden. An den Pfeil wird der Typ der Exception angetragen. Der Pfeil zeigt auf den Eingabeknoten des Exception-Handlers. Grundsätzlich können mehrere Exception-Handler an eine Aktion angehängt werden.

Beim Auftreten einer Exception wird überprüft, ob es einen Exception-Handler gibt, der diese bearbeiten kann. Ein Exception-Handler ist dann passend, wenn ein durch die Aktion angebotenes Daten-Token und der Typ des Eingabeknotens des Exception-Handlers kompatibel (siehe zur Kompatibilität Abschnitt 13.4.3) sind.

⇨ 13.4.3

Substitution der Aktion durch Handler

Wird ein passender Exception-Handler gefunden, so übernimmt er die Abarbeitung. Das Ergebnis des Exception-Handlers wird dann automatisch zum Ergebnis der Ursprungsaktion. Der Exception-Handler hat für die Umgebung die gleiche Auswirkung wie die eigentliche Aktion, er kann sogar die Daten-Token der Aktion nutzen.

Der Exception-Handler substituiert für den Zeitraum seiner Ausführung die Aktion und hat daher gegenüber über der substituierten Aktion keine zusätzlichen Ein- und Ausgabekanten. Falls eine Ausnahme eintreten sollte, die nicht von einem der Exception-Handler aufgefangen werden kann, wird die Aktion abgebrochen, alle darin befindlichen Token werden gelöscht und die Ausnahme an die nächst höhere Ebene (bei Schachtelung wieder eine Aktion oder sonst an die Aktivität) weitergereicht. Dies erfolgt rekursiv, bis ein Handler gefunden wurde – unter Umständen bis zum nicht definierten Verhalten des Systems –, falls kein Handler existiert.

Anwendung

Die in Abbildung 13.92 dargestellte Aktivität, die die Verwendung eines ExceptionHandlers zeigt, basiert auf der folgenden Java-Funktion:

```
double getAverageSpeed(double distance, double time)
throws DivisionByZeroException
{
       if (time == 0) throw new DivisionByZeroException();
       else
       return (distance / time);
}
```

Die kurze Funktion macht nichts anderes, als bei gegebener Zeit und gegebener Strecke die Durchschnittsgeschwindigkeit zu ermitteln und diesen Wert zurückzugeben. Der interessante Aspekt ist jedoch die vorherige Überprüfung, ob der Wert für die Zeit gleich 0 ist. In diesem Fall wird eine Exception ausgelöst, da es natürlich nicht erlaubt ist, durch die Zahl 0 zu teilen.[9] Folgender Code zeigt die Verwendung der Funktion und ist in Abbildung 13.93 modelliert:

```
try
       {
       return(getAverageSpeed(distance, time));
       }
catch (DivisionByZeroException e)
       {
       // Reaktion auf Exception
       }
```

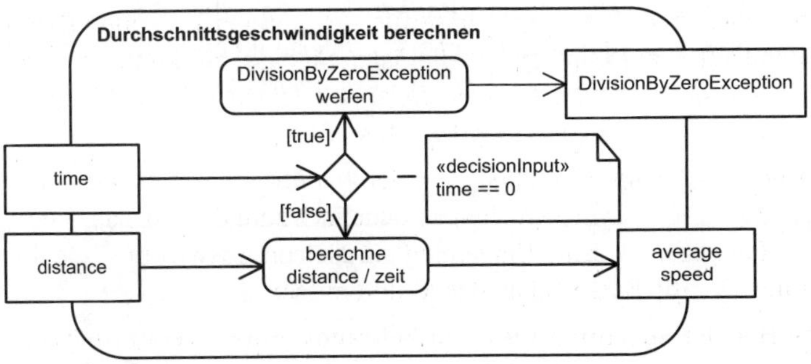

ABBILDUNG 13.92 Exception-auslösende Funktion

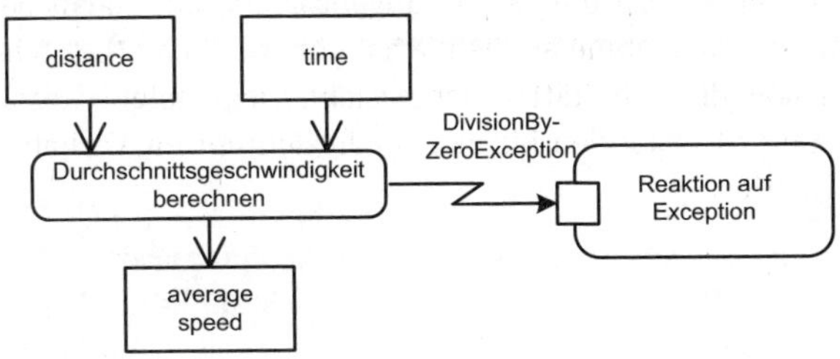

ABBILDUNG 13.93 Verwendung eines Exception-Handlers

[9] Wir gehen davon aus, dass bereits sichergestellt ist, dass keine negativen Strecken und Zeitangaben angenommen werden können.

AL

13.4.13 Aktivitätsbereich

Definition

An **activity partition** is a kind of activity group for identifying actions that have some characteristic in common.

Notation

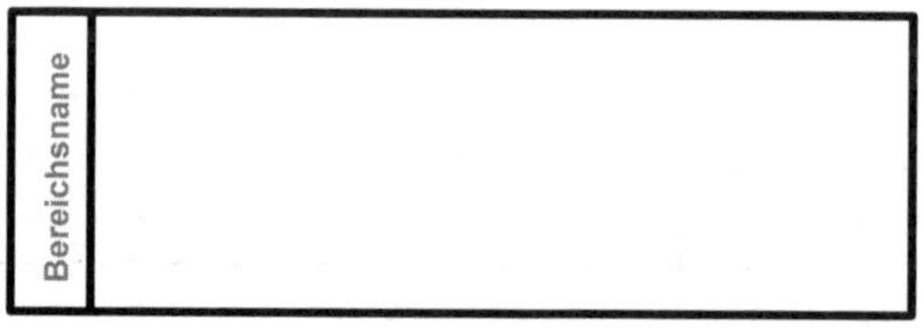

ABBILDUNG 13.94 Grafische Darstellung eines Aktivitätsbereiches

Beschreibung

Dimension einer Aktivität

Mit einem Aktivitätsbereich (activity partition) lässt sich eine Aktivität in Bereiche mit gemeinsamen Eigenschaften unterteilen. Typische gemeinsame Eigenschaften wären: Standort, Abteilung, Rolle, Verantwortlichkeit, Subsystem.

Diese Unterteilung findet statt, indem Aktionen innerhalb der Aktivitätsbereiche notiert werden. Dabei findet keinerlei semantische Veränderung der Aktivität statt, das Ziel ist einfach eine schnell erkennbare Aufteilung in Verantwortungsbereiche.

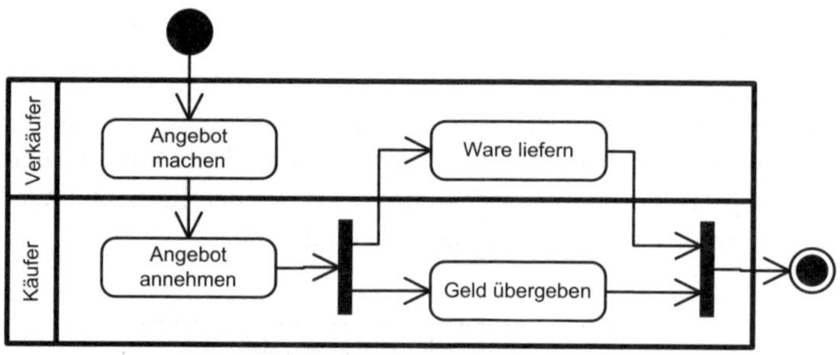

ABBILDUNG 13.95 Idealtypischer Ablauf eines Kaufvorgangs

Die Unterteilung durch Aktivitätsbereiche mag nicht immer übersichtlich sein. Die Knoten können aber auch ohne dieses Notationselement in bestimmte Bereiche eingeordnet werden. Dazu wird der Bereich, in dem die Aktion liegt, in Klammern über den Aktionsnamen geschrieben.

ABBILDUNG 13.96 Aktivitätsbereiche in Aktionsnotation

In der UML 2 können mehrdimensionale oder hierarchische Aktivitätsbereiche aufgebaut werden. So ist es möglich, eine Aktion in mehr als einen Aktivitätsbereich einzugliedern oder einem Aktivitätsbereich weitere Unterbereiche zuzuordnen.

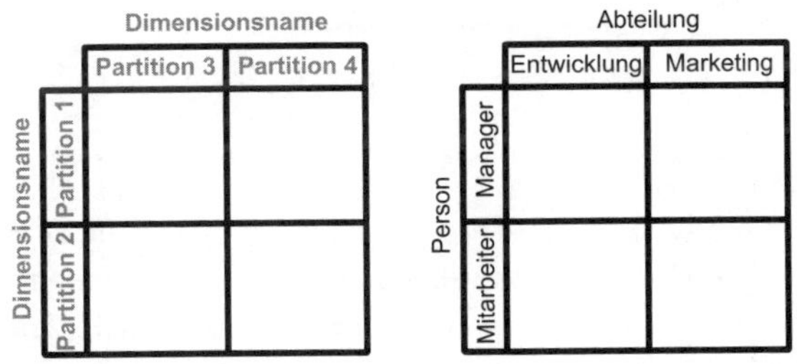

ABBILDUNG 13.97 Mehrdimensionale Aktivitätsbereiche

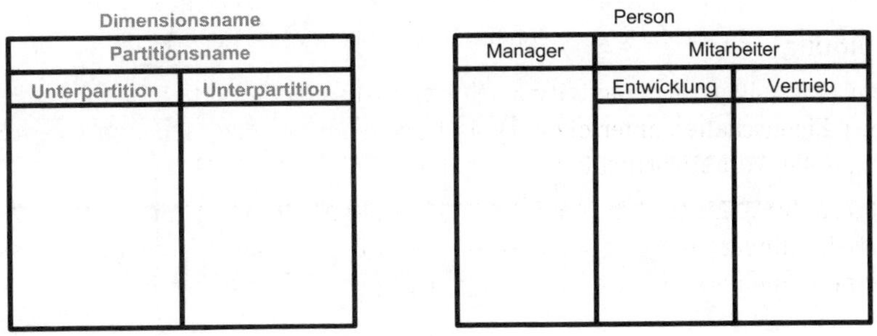

ABBILDUNG 13.98 Hierarchische Aktivitätsbereiche

Wenn ein Knoten mehreren Bereichen zugeordnet ist, werden im Fall der Notation ohne Aktivitätsbereiche die Bereichsnamen aufgelistet und jeweils mit einem Komma getrennt, die Namen hierarchischer Bereiche werden mit zwei Doppelpunkten voneinander getrennt. Dabei wird der übergeordnete Bereich immer zuerst genannt.

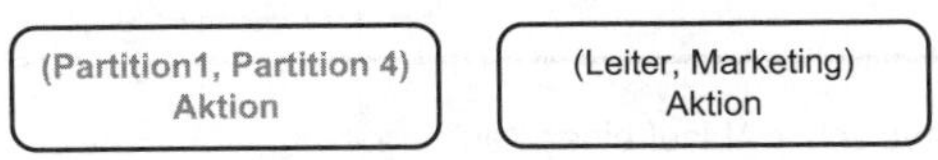

ABBILDUNG 13.99 Schreibweise für mehrdimensionale Aktivitätsbereiche

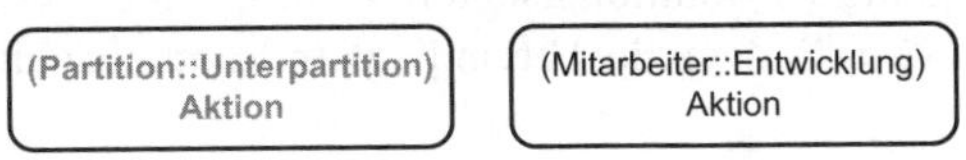

ABBILDUNG 13.100 Schreibweise für hierarchische Aktivitätsbereiche

Möchte man Aktionen in das Modell aufnehmen, die eigentlich nicht dazugehören, kann man sie in Aktivitätsbereiche mit dem UML-Schlüsselwort «external» markiert einsortieren.

Schlüsselwort
⇨ 3.2.10

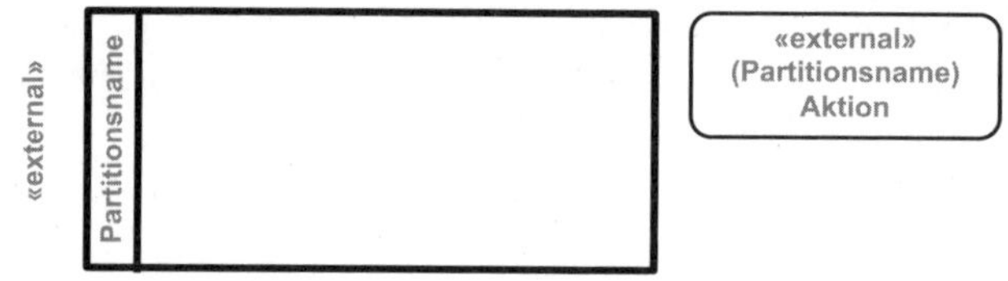

ABBILDUNG 13.101 Aktivitätsbereich für externe Aktionen

Anwendung

Das Beispiel in Abbildung 13.102 stellt einen Ablauf dar, in dem die Verteilung der Aktionen auf drei verschiedene Aktivitätsbereiche klar ersichtlich ist. Sie können somit auf einen Blick ersehen, welche Aktionen wo und von wem durchgeführt werden. Es zeigt den Weg eines Gesetzesbeschlusses bis hin zum rechtskräftigen Gesetz. Durch die Verwendung von Aktivitätsbereichen wird verdeutlicht, welche Instanz (`Bundesregierung`, `Vermittlungsausschuss`, `Bundesrat` oder `Bundestag`) für die jeweiligen Aktionen verantwortlich ist. Zum Beispiel ist der Gesetzesbeschluss alleinige Aufgabe des `Bundestages`, wohingegen das `Gesetz` nur durch die `Bundesregierung` ausgefertigt und verkündet werden darf.

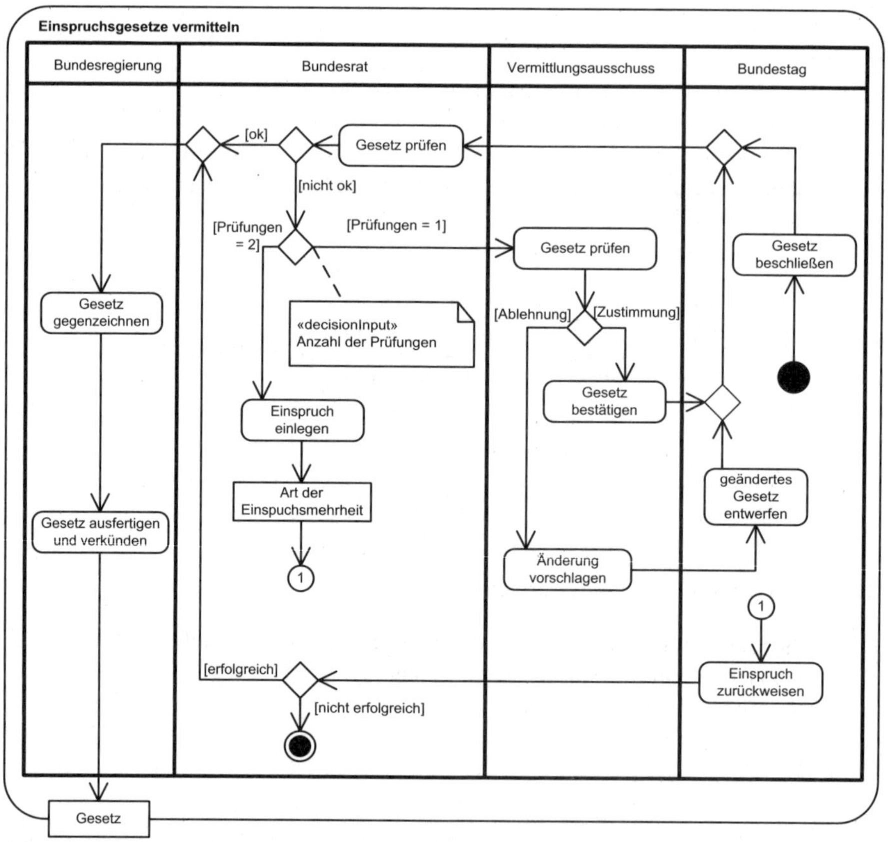

ABBILDUNG 13.102 Anwendung eines mehrdimensionalen Aktivitätsbereichs

13.4.14 Strukturierte Knoten

Definition

A **structured activity node** is an executable activity node that may have an expansion into subordinate nodes as an ActivityGroup. The subordinate nodes must belong to only one structured activity node, although they may be nested.

Notation

Ein Strukturierter Knoten ist ein durch ein Rechteck mit gestrichelten Linien und abgerundeten Ecken gekennzeichneter Bereich mit dem oben gesetzten UML-Schlüsselwort «structured» innerhalb einer Aktivität.

Schlüsselwort
⇨ 3.2.10

ABBILDUNG 13.103 Strukturierter Knoten

Beschreibung

Strukturierte Knoten (structured activity node) haben eine Zwitterstellung. Einerseits gruppieren sie Elemente einer Aktivität (Aktionen, Objekte, Kanten, Kontrollelemente, ...) und strukturieren damit die Aktivität. Andererseits lassen sie sich als spezielle, ausführbare Knoten (ähnlich wie eine Aktion) innerhalb von Kontrollflüssen einbauen. Sie dürfen daher auch Objektknoten (Pins) besitzen.

Elementgruppe und Aktion in einem

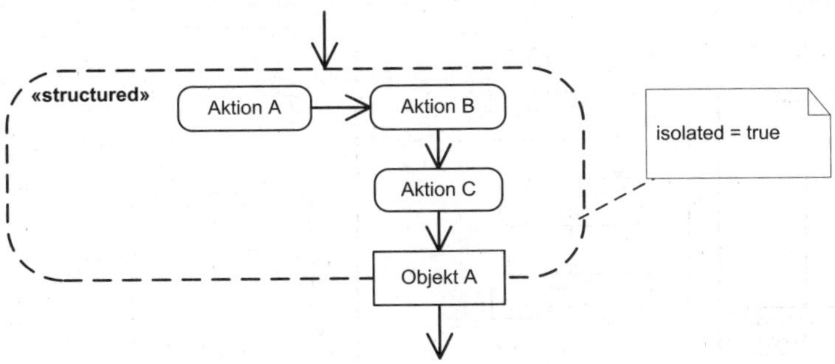

ABBILDUNG 13.104 Abgrenzungen durch Strukturierte Knoten

Im Hinblick auf das Token-Konzept bedeutet dies, dass an allen eingehenden Kanten Token anliegen müssen, damit der Strukturierte Knoten, genauer dessen eingebettete Aktionen, ausgeführt werden. Andererseits müssen *alle* Aktionen innerhalb des Knotens abgeschlossen sein, damit Token an den Ausgangskanten anliegen. Vor und nach Ausführung des Strukturierten Knotens befinden sich daher keine Token innerhalb des Strukturierten Knotens.

Strukturierte Knoten ermöglichen nicht nur, die Ausführung von Aktionsgruppen zu steuern, sondern auch, Zugriffskontrollen auf gemeinsam genutzte Elemente (Objektknoten) bei parallelen Abläufen (Nebenläufigkeiten) zu modellieren. Ist der Strukturierte Knoten, wie

Zugriffsschutz auf gemeinsame Daten

in Abbildung 13.104 zu sehen, als isoliert gekennzeichnet, dann können alle Objektknoten, die *durch Aktionen innerhalb des Strukturierten Knotens genutzt werden*, während der Ausführung von außenstehenden Aktionen nicht genutzt werden. Diese Aktionen werden implizit verzögert, bis der Strukturierte Knoten vollständig ausgeführt wurde.

Beachten Sie bei der Modellierung, dass Sie Strukturierte Knoten zwar ineinander schachteln dürfen, doch dürfen Elemente (Aktionen, Kanten, Kontrollknoten, ...) in mehreren Strukturierten Knoten nicht gleichzeitig enthalten sein (keine Überschneidung von Strukturierten Knoten). Ein Strukturierter Knoten kann also nur komplett oder gar nicht in einem anderen enthalten sein.

Anwendung

⇨ 13.4.15–13.4.17

Beispiele für die Anwendung der Strukturierten Knoten befinden sich in den Abschnitten 13.4.17 Entscheidungsknoten, 13.4.16 Schleifenknoten und 13.4.15 Mengenverarbeitungsbereich, da dies spezielle Strukturierte Knoten sind.

AL

13.4.15 Mengenverarbeitungsbereich

Definition

An **expansion region** is a structured activity region that executes multiple times corresponding to elements of an input collection.

Notation

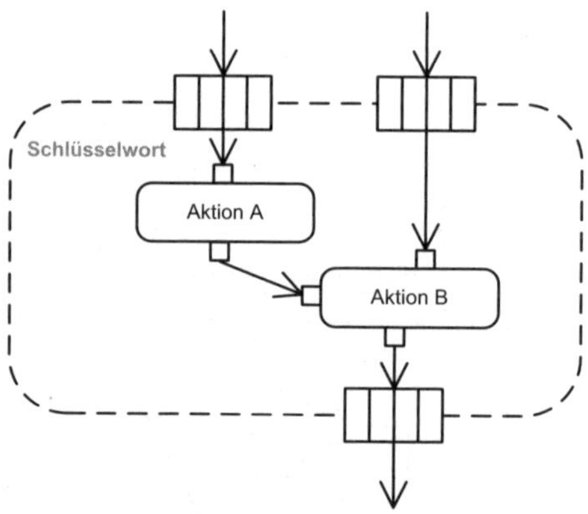

ABBILDUNG 13.105 Mengenverarbeitungsbereich

Beschreibung

Abarbeitung von Collections

In Abläufen treten ab und an Sammlungen auf, deren einzelne Elemente separat betrachtet werden müssen. Denken Sie bei solchen Sammlungen zum Beispiel an ein Feld (Array, Vektor) oder an eine Collection (Menge, Hashtable, verkettete Liste, ...) in einer Programmiersprache.

Üblicherweise wird die Sammlung im Rahmen einer Aktivität als Ganzes gesehen und nur für wenige spezielle Aktionen „aufgelöst". Der Übergang von der Sammlung zu den Einzelelementen und wieder zurück wird in der UML mit einem Mengenverarbeitungsbereich (expansion region) gekennzeichnet.

Außerhalb des Bereichs wird die Sammlung als Ganzes weitergereicht, innerhalb des Bereichs die Elemente oder Positionen der Sammlung. Der Mengenverarbeitungsbereich wird im Englischen mit „expansion region“ bezeichnet, um die Ausdehnung (besser die Konkretisierung) der Sammlung deutlich zu machen.

Folgendes Beispiel aus der Vektorrechnung soll die Anwendung von Mengenverarbeitungsbereichen verdeutlichen:

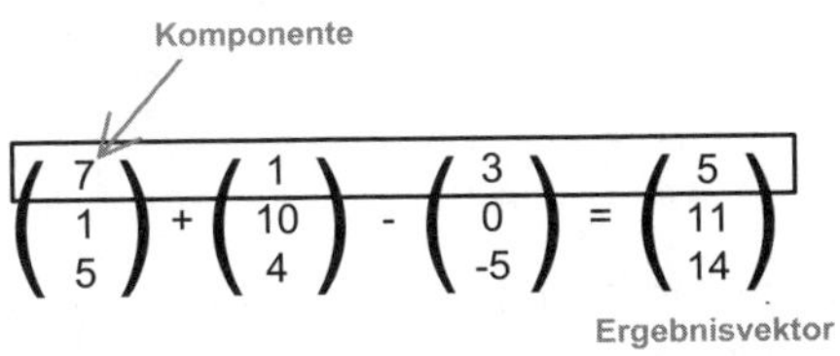

ABBILDUNG 13.106 Vektorrechnung

Die mathematische Verknüpfung der drei Vektoren erfolgt komponentenweise, das heißt, bei der Berechnung des Ergebnisvektors wird jeder Vektor implizit in seine Komponenten zerlegt und diese werden dann einzeln zusammengefasst. Dies geschieht für jede Komponente (Dimension) des Vektors genau einmal in einem wiederkehrenden Prozess – egal, wie viele Komponenten (Dimensionen) der Vektor besitzt. Nach der Berechnung werden die einzelnen Ergebnisse wieder zu einem Ergebnisvektor zusammengesetzt.

Derartige Abläufe lassen sich nun mittels Mengenverarbeitungsbereich, einem speziellen Strukturierten Knoten (siehe Abschnitt 13.4.14), in der UML sehr gut modellieren. Betrachten Sie dazu Abbildung 13.107. ⇨ 13.4.14

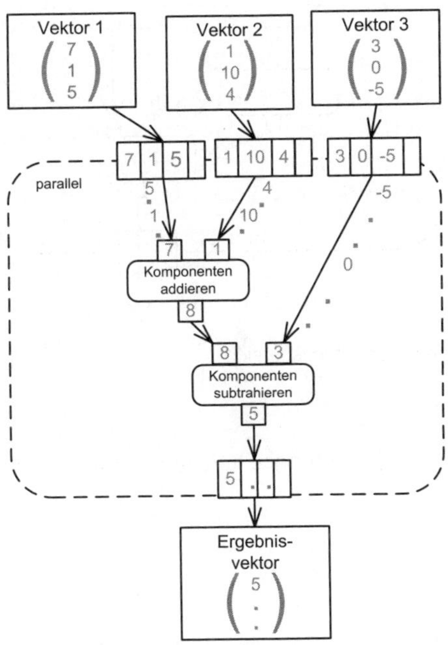

ABBILDUNG 13.107 Vektorrechnung in einem Mengenverarbeitungsbereich

Der Mengenverarbeitungsbereich ist durch die gestrichelte Linie abgegrenzt und durch spezielle Eingabe- und Ausgabeobjektknoten gekennzeichnet. Diese Mengenknoten werden durch kleine Rechtecke symbolisiert, die in einzelne Elemente unterteilt sind. Sie unterscheiden sich von „normalen" Objektknoten optisch und semantisch, um das „Ausdehnen" (Expansion) einer Sammlung in Form *eines* Objektknotens (in unserem Beispiel des Vektors) zu einer Menge von Einzelelementen (*mehrere* Objektknoten) (von Vektorkomponenten) darzustellen.

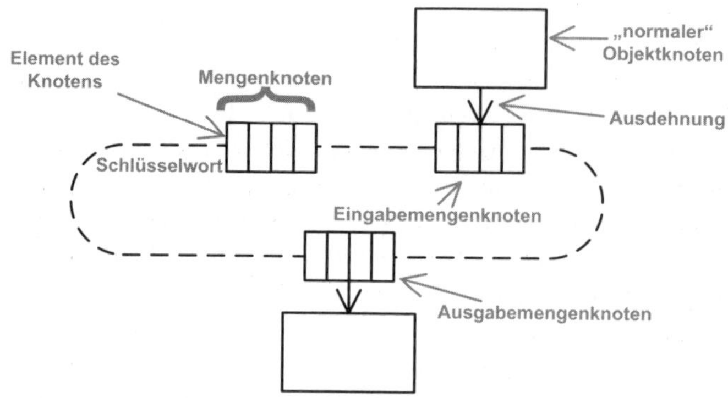

ABBILDUNG 13.108 Mengenknoten eines Mengenverarbeitungsbereichs

Ausdehnen und Zusammenziehen von Objektknoten

Jeder Eingabe- oder Ausgabe-Mengenknoten steht für eine *geordnete* oder *ungeordnete* Sammlung von Elementen *beliebiger* Anzahl.[10] Innerhalb des Mengenverarbeitungsbereichs werden die Elemente der Sammlung einzeln betrachtet. *Dies bedeutet, dass für jedes einzelne Element der Sammlung die Mengenverarbeitung genau einmal durchlaufen wird.* Besitzt die Sammlung beispielsweise drei Elemente wie unser Vektor, dann wird der Bereich insgesamt dreimal ausgeführt (eben für jede Vektorkomponente einmal).

Nach Abschluss der Mengenverarbeitung werden die *einzelnen Elemente* wieder zu Sammlungen zusammengepackt und in den Ausgangsmengenknoten abgelegt. Außerhalb des Mengenverarbeitungsbereichs wird nur die Sammlung der Elemente als Ganzes (die Eingabevektoren und der resultierende Vektor als ganze Einheit) wahrgenommen.

Wie das Vektorbeispiel zeigt, dürfen Sie mehrere Eingabemengenknoten modellieren. Gleiches gilt auch für Ausgabeknoten. Der Ablauf eines Mengenverarbeitungsbereichs beginnt, wenn an *allen* Eingabeknoten mindestens je ein Element anliegt.

Anschließend werden *positionsgleiche* Elemente aus jedem Eingabemengenknoten an die Aktionen (genauer an deren Pins) innerhalb des Mengenbereichs übertragen. Das heißt, alle Elemente der ersten Position der Eingabemengenknoten im ersten Durchlauf, dann die Elemente der zweiten Position im zweiten Durchlauf und so weiter.

Die Ergebnisse der Abarbeitung werden in den Ausgabemengenknoten abgelegt. Das ist allerdings nicht zwingend notwendig, da ein Mengenverarbeitungsbereich zwar minimal genau einen Eingabemengenknoten besitzen muss, aber keinen Ausgabemengenknoten.

[10] Die Unterteilung der Rechtecke in der Notation liefert *keinen* Rückschluss auf die Anzahl der Elemente der Sammlung.

Innerhalb des Mengenverarbeitungsbereichs durchläuft jedes Element eine Abfolge von Aktionen bzw. Objektknoten. Die Reihenfolge, in der die einzelnen Elemente innerhalb der Mengenverarbeitung abgearbeitet werden, kann variieren und wird durch nachfolgende Schlüsselwörter bestimmt:

Verarbeitungsvarianten

- iterative: Die einzelnen Elemente werden nacheinander abgearbeitet. Erst wenn ein Element die Mengenverarbeitung komplett durchlaufen hat, kann das nächste behandelt werden. Hier findet wie bei einer Schleife eine sequenzielle Abarbeitung der Elementsammlung statt.

  Für unser Beispiel bedeutet dies, dass zunächst die erste Komponente des Ergebnisvektors berechnet wird, nach Abschluss der Berechnung unmittelbar die zweite Komponente und danach erst die dritte Komponente.

- parallel: Die Abarbeitung der einzelnen Elemente darf nebeneinander verlaufen, das heißt, obwohl noch Elemente innerhalb des Mengenverarbeitungsbereichs bearbeitet werden, dürfen bereits weitere Elemente aus dem Eingabemengenknoten in den Bereich zur Verarbeitung übernommen werden, zwingend ist dies jedoch nicht. Es dürfen auch alle Elemente zur parallelen Abarbeitung gleichzeitig dem Eingabemengenknoten entnommen werden.

  Wenn es die Implementierung in unserem Vektorbeispiel zulässt (z. B. entsprechend ausgestattete CPU), können hier die Komponenten des Ergebnisvektors quasi parallel berechnet werden. Welche Komponente zuerst „fertig" berechnet ist, ist nicht festgelegt.

- streaming: Bei dieser Ausführungsart werden alle Elemente aus dem Eingabemengenknoten zu einem so genannten Stream zusammengefasst und „auf einen Schlag" dem Eingabemengenknoten entnommen und als zusammenhängender Fluss von Elementen den Aktionen innerhalb des Mengenverarbeitungsbereichs zur Verfügung gestellt. Beachten Sie aber, dass die Aktionen hier trotzdem mit Elementen umgehen und nicht mit der Sammlung als Ganzes.

Unabhängig von der Art der Abarbeitung gelten die bekannten Regeln für Objektflüsse (siehe Abschnitt 13.4.3 „Objektknoten → Objektfluss zwischen Aktionen") und Token. Zudem gibt es noch einige implizite Annahmen, ohne die eine sinnvolle Ausführung nicht möglich ist:

⇨ 13.4.3

Regeln der Mengenverarbeitung

1. Die Elemente in einem Ausgangsmengenknoten werden so angeordnet, dass sie positionsgleich zu den Elementen der Eingabemengenknoten sind. Das heißt, dass Eingangselemente der 1. Position in den Eingabemengenknoten die Ausgangselemente der 1. Position in den Ausgangsmengenknoten produzieren. Dies ist insbesondere bei der parallelen Abarbeitung entscheidend, da hier die zeitliche Reihenfolge nicht festgelegt ist. (Und so in unserem Vektorbeispiel die Komponenten und Dimensionen vertauscht werden könnten.)
2. Die Typen der Elemente „innerhalb" eines Mengenknotens (einer Sammlung) müssen gleich sein (ähnlich wie der Datentyp der Elemente eines Feldes in einer Programmiersprache sich nicht unterscheidet). Unterschiedliche Mengenknoten dürfen unterschiedliche Typen besitzen.
3. Die Typen der Elemente der Ausgangsmengenknoten müssen zumindest mit einem Typ der Elemente eines Eingabemengenknotens übereinstimmen.
4. Die Anzahl der Elemente in den Ausgangsmengenknoten muss nicht mit der Anzahl der Elemente der Eingabemengenknoten übereinstimmen. Insbesondere muss nicht in jedem Durchlauf ein Element „erzeugt" und im Ausgangsmengenknoten positioniert werden.

Der Eintritt in einen Mengenverarbeitungsbereich erfolgt immer mittels Objektflüssen üblicherweise über Mengenknoten. Alternativ dürfen auch Objektflüsse „direkt" an einen Objektknoten innerhalb des Mengenverarbeitungsbereichs gezeichnet werden. Dann steht dieser Wert (das Daten-Token) in allen Durchläufen konstant zur Verfügung, ein „Zerlegen" der Sammlung in die Einzelelemente wird nicht durchgeführt.

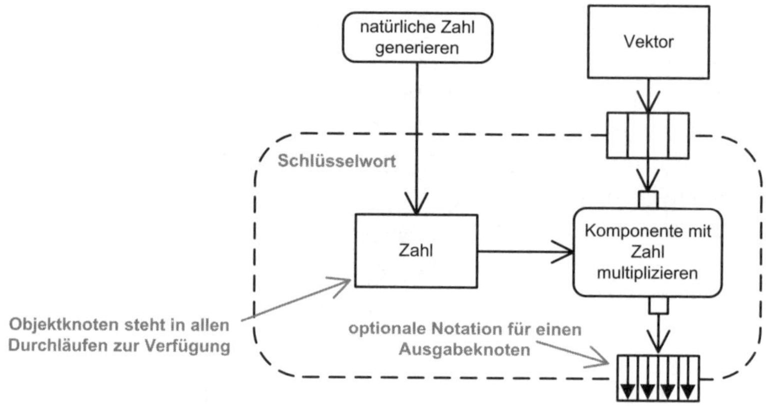

ABBILDUNG 13.109 Objektflüsse in einer Mengenverarbeitung

Ob es sich bei einem Mengenknoten um einen Eingabe- oder Ausgabeknoten handelt, wird durch Pfeile, die zu den Knoten hin- oder wegführen, ersichtlich. Optional kann auch ähnlich der Pin-Notation der Objektknoten ein kleiner Pfeil innerhalb des Knotens diese Aufgabe übernehmen (siehe Abschnitt 13.4.3 „Objektknoten → Pin-Notation"). Die Beschriftung der Mengenknoten ist analog möglich.

⇨ 13.4.3

Wenn innerhalb einer Mengenverarbeitung nur eine Aktion enthalten ist, kann eine alternative Notation verwendet werden:

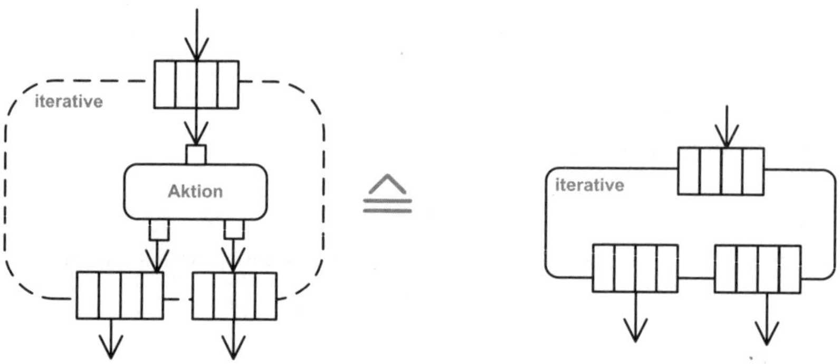

ABBILDUNG 13.110 Mengenverarbeitung mit einer Aktion

ABBILDUNG 13.111 Alternative Notation für einfache parallele Mengenverarbeitung

Mengenverarbeitungen gibt es in realen Systemen sehr häufig. Denken Sie an Verfahren, wie sie in der Bildverarbeitung bei der Kompression auftreten. Kennzeichen dieser Abläufe ist häufig die Anwendung gleichartiger Operationen auf jedes einzelne Element einer zusammenhängenden Menge von Daten. Beispiele sind die Manipulation von Pixeldaten zur Aufhellung einer Grafik, das Nullsetzen der Elemente eines Feldes oder die Verschiebung eines Gegenstandes im Raum durch Änderung seiner Koordinaten (Matrizenmultiplikation).

Anwendung

Vor und nach der Mengenverarbeitung wird nur die `Bierkiste` komplett gesehen. In der Region selbst werden die einzelnen Elemente der `Bierkiste`, also die einzelnen `Flaschen` betrachtet. Die Aktionen in der Mengenverarbeitung werden für jede einzelne `Flasche` genau einmal durchlaufen.

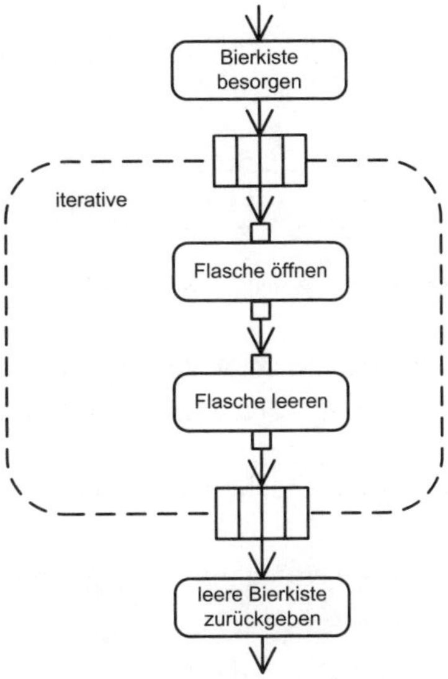

ABBILDUNG 13.112 Eine besonders anstrengende iterative Aufgabe

13.4.16 Schleifenknoten

Definition

A **loop node** is a structured activity node that represents a loop with setup, test, and body sections.

Notation

ABBILDUNG 13.113 Schleifenknoten

Beschreibung

Schleifen sind Standardmittel höherer Programmiersprachen und finden sich in ziemlich vielen Geschäftsprozessen und technischen Algorithmen wieder. Eine Schleife lässt sich (auch in den 1.x UML-Versionen) mit Verzweigungsknoten (Abschnitt 13.4.8) oder Objekt- und Kontrollflüssen (Abschnitt 13.4.4) nachbilden. Dieses Vorgehen ist aber aufwändig und die eigentliche Schleife optisch und strukturell nur schwer erkennbar. Aus diesem Grund gibt es seit der UML 2.0 ein eigenes Notationselement für Schleifen in Aktivitäten, den so genannten *Schleifenknoten* (Loop Node).

⇨ 13.4.8, 13.4.4

Ein Schleifenknoten ist ein *spezieller Strukturierter Knoten* und übernimmt automatisch dessen Eigenschaften (siehe dazu Abschnitt 13.4.14). Der gesamte Schleifenknoten ist daher durch ein Rechteck mit gestrichelter Linie und abgerundeten Ecken begrenzt.

⇨ 13.4.14

Zusätzlich ist der Knoten in maximal drei Bereiche unterteilt, die durch horizontale gestrichelte Linien voneinander getrennt sind. Jeder Bereich ist mit einem der Begriffe *for*, *while* oder *do* versehen und für spezielle Aufgaben vorgesehen:

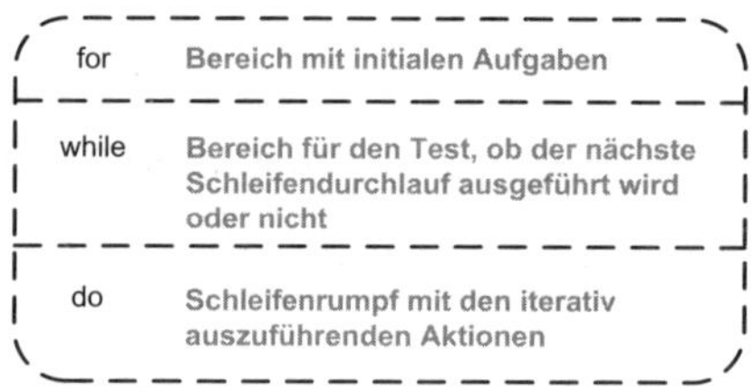

ABBILDUNG 13.114 Die drei Bereiche eines Schleifenknotens

for-Bereich

Initialisierung

Der for-Bereich (auch Setup-Bereich genannt) des Schleifenknotens ist optional und – sofern er modelliert wird – der erste der möglichen Knotenbereiche. Er enthält Aktionen, Kanten, Kontrollelemente usw., die die initialen Aufgaben beschreiben (Variablen definieren und initialisieren, Schleifenindex setzen, Daten für den Schleifenrumpf vorbereiten oder berechnen, ...). Die Inhalte des for-Bereichs werden bei der Ausführung des Schleifenknotens genau einmal durchlaufen.

Es dürfen Kanten von außerhalb des Schleifenknotens direkt auf Notationselemente innerhalb des for-Bereichs führen, umgekehrt jedoch dürfen keine Kanten mit Ursprung im for-Bereich den Schleifenknoten verlassen.

Festlegung der Schleifenart

Dem for-Bereich folgen ein do- und ein while-Bereich. Deren Reihenfolge ist nicht festgelegt. Bei einer Schleife mit Prüfung zu Beginn, also mindestens einmal vor dem ersten Durchlauf, kommt zunächst der while-Bereich und dann der do-Bereich (while-do-Schleife). Bei der do-while-Schleife verhält es sich umgekehrt. Hier wird, wie von den Programmiersprachen her bekannt, die Schleife zunächst einmal durchlaufen, und am Ende werden die Schleifendurchlaufsbedingungen geprüft.

while-Bereich

Schleifenbedingung

Der while-Bereich, der auch Testbereich genannt wird, enthält die Elemente, die prüfen, ob der Schleifenrumpf (nochmals) durchlaufen wird oder nicht. Ergebnis dieser Prüfung ist eine Boolesche Variable, die durch einen Ausgabe-Pin (Objektknoten) mit einer *Raute* (Diamantensymbol) an der Aktion, die die Bedingungsprüfung repräsentiert, angeheftet wird.

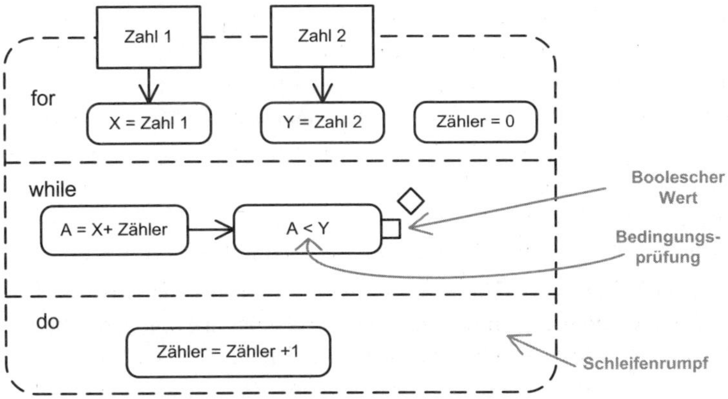

ABBILDUNG 13.115 Prüfen der Bedingung für einen Schleifendurchlauf

Ist die Boolesche Variable „wahr", so wird der Schleifenrumpf abermals durchlaufen. Die Angabe des Pins ist optional. Dass dieser einen Booleschen Wert repräsentiert, wird durch die Raute in der Nähe des Pins notiert.

Der while-Bereich ist optional. Ein Fehlen des Bereichs impliziert, dass der Test immer wahr ist („while(true)"). Um in diesem Fall eine Endlosschleife zu vermeiden, dürfen Sie eine Unterbrechungskante im Schleifenknoten einfügen (siehe dazu Unterbrechungsbereich in Abschnitt 13.4.11). ⇨ 13.4.11

do-Bereich

Der do-Bereich enthält den eigentlichen Schleifenrumpf, also die Notationselemente, die die iterativ auszuführenden Anweisungen modellieren. Schleifenrumpf

Es steht Ihnen frei, wie Sie die Anweisungen zwischen dem do- und dem while-Bereich verteilen. Der do-Bereich ist daher auch optional. Es zeugt jedoch meist von schlechtem Programmierstil, die „eigentlichen" Schleifenanweisungen als Seiteneffekte im while-Bereich unterzubringen.

Der Schleifenknoten wird verlassen, sobald im while-Bereich der Bedingungstest scheitert, sprich der Wahrheitswert der Bedingung falsch ist.

Bei der Ausführung eines Schleifenknotens müssen besondere Token-Vorschriften beachtet werden. Um Ihnen diese und einige weitere Konzepte vorzustellen, betrachten wir zunächst ein etwas ausführlicheres Beispiel, die Berechnung der Varianz V einer Liste X von n natürlichen Zahlen $X_1, X_2, X_3, .., X_n$. Die mathematische Formel dafür lautet:

$$V(X) = \frac{1}{n} \sum_{i=1}^{n} (M - X_i)^2$$

In dieser Formel ist `n` die Gesamtanzahl der Elemente, `M` bezeichnet den arithmetischen Mittelwert, X_i stellt die einzelnen Zahlenwerte der Liste dar, wobei `i` von `1` bis `n` läuft.

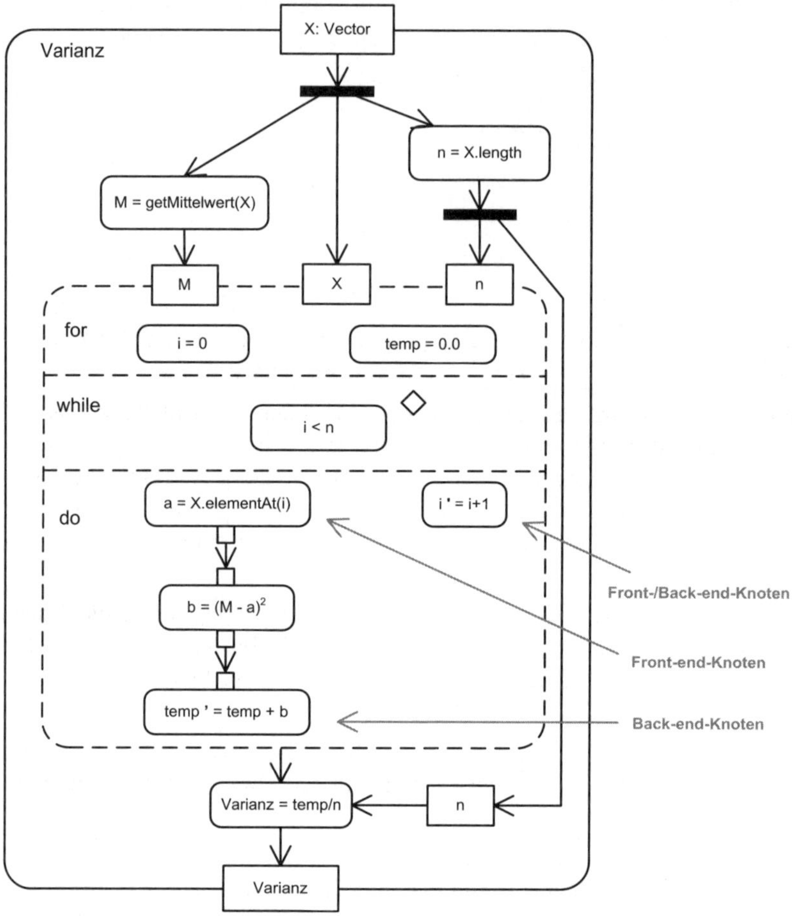

ABBILDUNG 13.116 Berechnung der `Varianz` einer Liste von Zahlen

Die hier vorgestellte Varianz ist also die Summe aller quadratischen Abweichungen vom Mittelwert, geteilt durch die Anzahl der Elemente. Ein primitiver Algorithmus zur Berechnung dieser `Varianz` sieht in C++ wie folgt aus:

```
float Varianz(Vector x)
{
    int i, n;
    double m;
    float temp = 0.0f;
    int m = mittel(x);       //mittel()liefert Mittelwert von x
    n = x.size;              //size liefert Elementzahl von x
    for ( i = 0; i < n; i++)
    {
      temp += (m-x.elementAt(i))^2;
    }
    temp = temp / n;
    return temp;
};
```

Dieser Algorithmus lässt sich als UML-Aktivität, wie in Abbildung 13.116 dargestellt, modellieren.

Schleifen und Token

Jeder Knoten in einem Schleifenknoten, der keine eingehenden Kanten besitzt, wird als *Frontend-Knoten* bezeichnet. Alle Frontend-Knoten eines Bereiches erhalten, sobald der Bereich aktiviert wird, gleichzeitig ein Token (implizite Generierung von Token). Wenn mehrere Frontend-Knoten in einem Bereich liegen, werden also parallele Kontroll- beziehungsweise Objektflüsse initiiert. Semantisch lässt sich dies mit einem Parallelisierungsknoten vergleichen (siehe Abschnitt 13.4.9).

⇨ 13.4.9

Alle Knoten in einem Bereich eines Schleifenknotens, die keine ausgehenden Kanten haben, werden als *Backend-Knoten* bezeichnet. Wenn alle Backend-Knoten eines Bereiches innerhalb der Schleife beendet wurden, gilt der gesamte Bereich als abgearbeitet. Semantisch lässt sich dies mit einem Synchronisationsknoten vergleichen (siehe Abschnitt 13.4.9).

In Abbildung 13.116 wird, um die `Varianz` zu berechnen, ein Schleifenknoten verwendet. Im for-Bereich werden die Variablen `i` und `temp` initialisiert. Beide Knoten sind Frontend-Knoten und werden somit parallel aufgerufen. Dafür wird beim Aufruf des Schleifenknotens an beide Aktionen jeweils ein Token gesendet. Der Schleifenknoten wird dann ausgeführt, wenn an allen seinen Eingängen und an allen Frontend-Knoten des for-Bereichs Token anliegen.

Ist die Initialisierung abgeschlossen, wird im while-Bereich geprüft, ob die Schleife durchlaufen wird oder ob sie bereits `n`-mal durchlaufen wurde. Da der Boolesche Wert, der dafür ermittelt wird, nicht weiterverarbeitet wird, ist die Pin-Notation hier nicht nötig. Der Diamant als Repräsentation des Booleschen Ausdrucks genügt.

Im Schleifenrumpf werden – wiederum parallel – zwei Abläufe gestartet. Ein Ablauf summiert die quadratischen Abweichungen vom Mittelwert auf, der andere erhöht die Zählvariable.

Im Schleifenrumpf wird einerseits die Variable `i` inkrementiert, andererseits wird `i` verwendet, um das jeweilige Element `X` aus der Zahlenliste zu lokalisieren. Um zu beschreiben, dass das neue `i` (nach dem Hochzählen) erst in der nächsten Iteration der Berechnung (im nächsten Schleifendurchlauf) zur Verfügung steht und nicht fälschlicherweise in der gleichen Iteration verwendet wird, wird die aus der Mathematik bekannte *prime*-Notation verwendet. Dazu erhält der Bezeichner einen Strich: `i'`.

Variablen in Strukturierten Knoten

In Abbildung 13.116 wurden im do-Bereich die Werte mittels Objektknoten in Pin-Schreibweise weitergegeben. In einem Strukturierten Knoten ist dies allerdings nicht zwingend nötig, da hier Variablen für alle Aktionen innerhalb des Knotens zur Verfügung stehen. Diese Vereinfachung wurde eingeführt, um Algorithmen aus Programmiersprachen relativ einfach modellieren zu können. Sie dürfen also auf unübersichtliche Kanten und Pins verzichten, indem Sie in einer Aktion einer definierten Variable einen Wert zuweisen. Etwa in der Form `i=0`. Als Syntax steht Ihnen beliebiger Text zur Verfügung, doch ist es sinnvoll, sich an gängige Programmiersprachenkonventionen und -operatoren anzulehnen.

Dieses kleine Schleifenbeispiel verdeutlicht sowohl die positiven als auch die negativen Seiten dieses UML-Konstrukts. Zum einen wird Ihnen durch die implizite Tokengenerierung und Ablaufsteuerung einiges an Modellierungsarbeit abgenommen. Sie sparen sich zahlreiche Verbindungen und erhalten ein weitestgehend kantenfreies Bild. Sie modellieren visuell, auf hohem Abstraktionsniveau und zielsprachenunabhängig.

Auf der anderen Seite ist die vollständige visuelle Modellierung von Algorithmen und Programmcode aber sehr aufwändig und lässt vor allem einiges an semantischer Klarheit vermissen. Zudem besitzen die meisten UML-Modellierungstools keine syntaktische Überprüfbarkeit in dem Umfang, wie sie ein Compiler bieten kann.

Anwendung

In der Aktivität `Vergessen` (siehe Abbildung 13.117) wird die Funktionsweise eines Schleifenknotens deutlich gemacht. Nachdem der Gast die `Kneipe betreten` hat, wird der Ablauf in der Schleife fortgesetzt. Im while-Bereich wird der Inhalt der `Geldbörse überprüft` und mit dem `Bierpreis` verglichen. Fällt die Prüfung positiv aus, wird der Schleifenrumpf durchlaufen. Durch die Aktion `Bier bezahlen` verringert sich logischerweise der `Inhalt der Geldbörse`. Sobald nicht mehr ausreichend `Geld` für ein `Bier` vorhanden ist, wird die Schleife abgebrochen, da im while-Bereich der Boolesche Wert „unwahr" ermittelt wird. Der weitere Ablauf setzt sich nun außerhalb der Schleife mit der Aktion `Kneipe verlassen` fort.

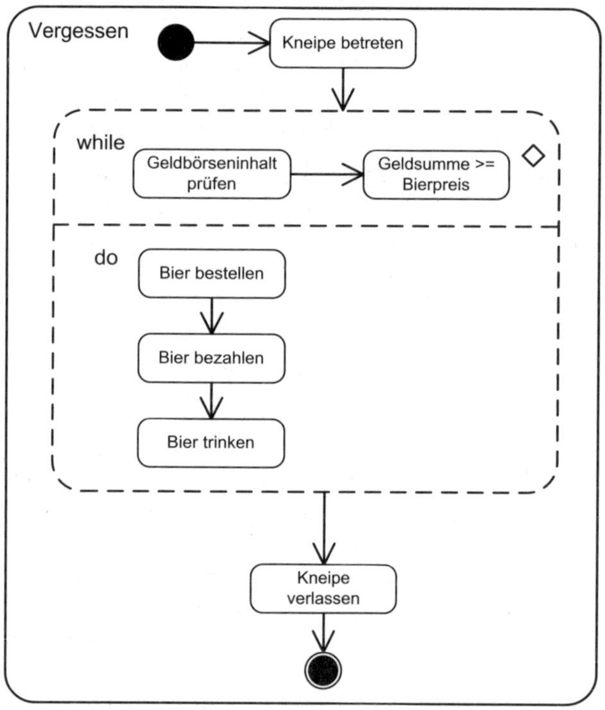

ABBILDUNG 13.117 Hoffentlich keine „Endlosschleife"

13.4.17 Entscheidungsknoten

Definition

A **conditional node** is a structured activity node that represents an exclusive choice among some number of alternatives.

Notation

ABBILDUNG 13.118 Entscheidungsknoten

Beschreibung

Die meisten der zu modellierenden Abläufe enthalten Punkte (Knoten), an denen alternative Abläufe möglich sind. Gerade für sehr komplexe Entscheidungen sind die dafür weiter oben eingeführten Verzweigungsknoten (Abschnitt 13.4.8) sehr unübersichtlich und aufwändig in der Nutzung. Die UML bietet daher mit den speziellen *Entscheidungsknoten* (conditional node) ein strukturiertes Notationselement, um sowohl Bedingungen mit Einfachauswahl (in höheren Programmiersprachen meist mit „if/else" realisiert) oder die Mehrfachauswahl („switch", „case") abzubilden.

⇨ 13.4.8

Der Entscheidungsknoten ist ein *spezieller Strukturierter Knoten* und übernimmt dessen Eigenschaften (siehe Abschnitt 13.4.14). Ein Entscheidungsknoten wird daher durch ein Rechteck mit gestrichelter Linie und abgerundeten Ecken begrenzt.

⇨ 13.4.14

Der Entscheidungsknoten kann in mehrere Bereiche unterteilt werden. Jeder Bereich ist mit einem der Begriffe *if, else if, then* und *else* in der oberen linken Ecke versehen und für spezielle Aufgaben vorbestimmt, wie Abbildung 13.119 zeigt.

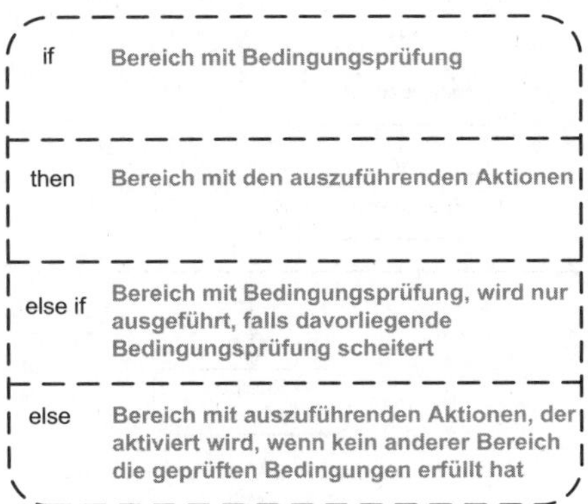

ABBILDUNG 13.119 Die möglichen Bereiche eines Entscheidungsknotens

Das Grundprinzip eines Entscheidungsknotens besteht darin, dass unter verschiedenen Bedingungen verschiedene Abläufe initiiert werden. Die Zahl der Bereiche ist abhängig von der Anzahl der zu prüfenden Bedingungen. Ein if-Bereich ist jedoch zwingend. Die if- und else-if-Bereiche bilden die so genannten Testbereiche, da sie die Elemente zur Bedingungsprüfung umschließen; die then- und else-Bereiche enthalten die Anweisungen, die bei erfüllter Bedingung ausgeführt werden.

if-Bereich

Modellierung der Bedingung

Der if-Bereich ist der erste mögliche Bereich eines Entscheidungsknotens. Dieser Bereich enthält Aktivitätselemente zur Prüfung einer Bedingung. Das Ergebnis dieser Prüfung ist eine Boolesche Variable, die durch einen Ausgabe-Pin (Objektknoten) mit einer Raute (Diamantensymbol) an der Aktion, die die Bedingungsprüfung repräsentiert, angeheftet wird. Abhängig von der Prüfung werden weitere Bereiche des Entscheidungsknotens aktiviert.

Ein Entscheidungsknoten darf beliebig viele if-Bereiche besitzen. Sind in einem Entscheidungsknoten mehrere if-Bereiche vorhanden, so werden diese parallel oder in einer nicht festgelegten Reihenfolge aktiviert.

Sobald *mindestens einer* der Bereiche die Bedingungsprüfung erfolgreich abschließt (Boolescher Wert ist wahr) und einen then-Bereich (siehe unten) aktiviert, werden die Überprüfungen in den anderen Bereichen abgebrochen. Sollte mehr als ein if-Bereich die Bedingungen erfüllen, so ist semantisch nicht festgelegt, welche Überprüfung zuerst abgeschlossen wird. Es ist also nicht definiert, welche Anweisungen in diesem Fall tatsächlich ausgeführt werden. Hier sind Sie als Modellierer gefragt, semantische Unklarheiten zu beseitigen. Zum einen können Sie mit else-if-Bereichen Prüfreihenfolgen explizit vorgeben oder aber auch durch Kontrollflüsse die Ausführung steuern.

then-Bereich

Bedingungsabhängige Anweisungen

Der then-Bereich enthält die Elemente, die abhängig von der Bedingungsprüfung ausgeführt werden. Jeder then-Bereich muss unmittelbar auf einen if- oder else-if-Bereich (siehe unten) folgen, da er abhängig von dessen Ergebnis aktiviert wird oder nicht. Nach der Ausführung des then-Bereiches ist der gesamte Entscheidungsknoten beendet. Sobald ein then-Bereich aktiviert wird, werden Aktionen in noch aktivierten if- oder else-if-Bereichen abgebrochen (Tokenvernichtung). Abbildung 13.120 zeigt die Modellierung einer einfachen if-Anweisung, wie sie in C++, Java oder C# programmiert werden kann.

```
If (x >= 0)
    print („x ist positiv");
```

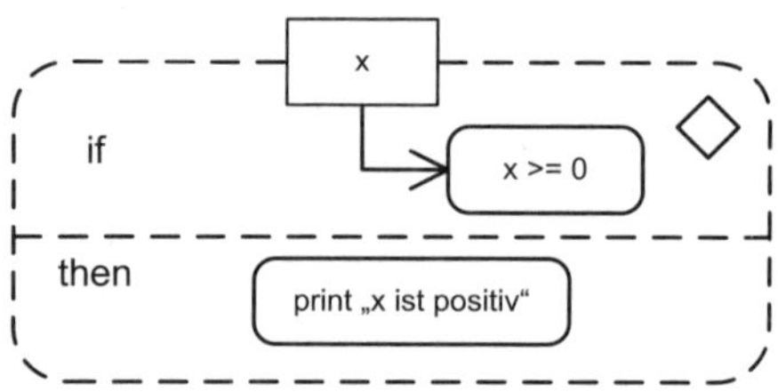

ABBILDUNG 13.120 Abbildung eines Programmcodes in Aktivitätsdiagrammen

⇨ 13.4.16

Die Aktivierung bedeutet in diesem Zusammenhang, dass alle (Frontend-)Knoten (siehe Abschnitt 13.4.16) dieses Bereichs Token erhalten.

Die Darstellung eines then-Bereiches ist optional. Ist kein then-Bereich vorhanden, so impliziert dies, dass unter den gegebenen Bedingungen keine direkten Anweisungen ausgeführt werden. Ob dies eine sinnvolle Modellierung ist, sei jedoch dahingestellt.

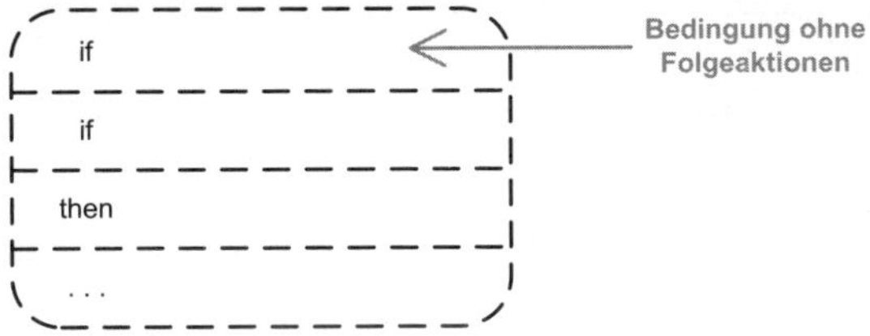

ABBILDUNG 13.121 Bedingungsknoten ohne Aktionen bei einer Bedingung

else-if-Bereich

Schachtelung von Bedingungen

Inhalt und Notation des else-if-Bereichs entsprechen einem if-Bereich, er enthält auch Bedingungsprüfungen. Zusätzlich bietet er die Möglichkeit, die Reihenfolge der Prüfungen im gesamten Entscheidungsknoten zu ordnen und mehrere Prüfungen ineinander zu schachteln.

Dazu muss vor einem else-if-Bereich immer ein if-Bereich liegen. Im Gegensatz zu einem if-Bereich wird die Bedingung erst dann geprüft, wenn der vorhergehende if-Bereich *nicht erfüllt* wurde. (Zur Erinnerung: Mehrere if-Bereiche werden gleichzeitig, d. h. parallel oder zumindest nicht in fester Reihenfolge aktiviert.)

Abbildung 13.122 verdeutlicht nochmals den Unterschied zwischen if- und else-if-Bereichen. Im linken Entscheidungsknoten werden die drei if-Bereiche je nach Implementierung (quasi) parallel aktiviert und abgeprüft. Im rechten Knoten werden zunächst zwei Bereiche aktiviert, und nur wenn die Prüfung des ersten if-Bereichs negativ ausfällt, wird der else-if-Bereich aktiviert und dessen Prüfungen durchlaufen. Sobald ein then-Bereich aktiviert wird, werden neben den if-Bereichen auch alle else-if-Bereiche deaktiviert.

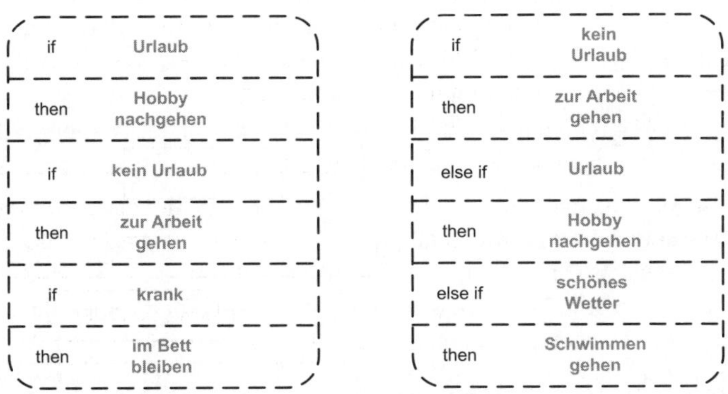

ABBILDUNG 13.122 Unterschiedliche Prüfreihenfolgen

else-Bereich

„Default“-Zweig

Der else-Bereich enthält Anweisungen, die ausgeführt werden, wenn in keinem if- oder else-if-Bereich der Boolesche Wert „wahr“ ermittelt wurde. Er bildet immer den letzten Bereich in einem Entscheidungsknoten.

Die Darstellung eines else-Bereichs ist optional. Ist kein else-Bereich vorhanden und keine Bedingung innerhalb des Entscheidungsknotens erfüllt, kann der Knoten keine Ausgabe-Token weitergeben. Wird jedoch ein Token benötigt, liegt ein Modellierungsfehler vor, da der Ablauf an dieser Stelle unterbrochen wäre.

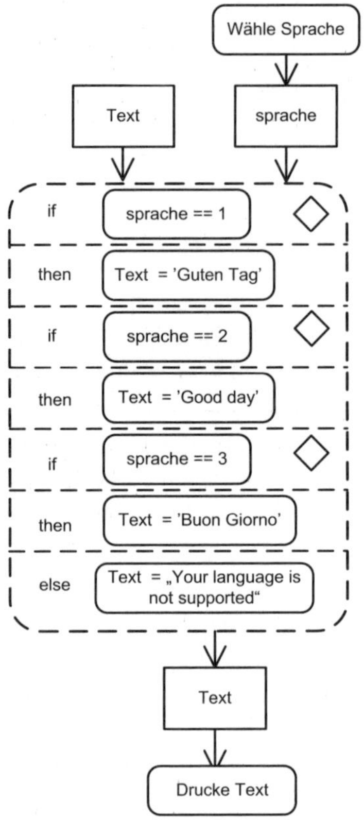


```
String Text;
switch (sprache)
{
   case 1: Text = new String („Guten Tag");
        break;
   case 2: Text = new String („Good day");
        break;
   case 3: Text = new String („Buon Giorno");
        break;
   default: Text = new String(„Your language
               is not supported.");
};
System.out.println(Text);
```

ABBILDUNG 13.123 Darstellung einer switch-Anweisung mit default-Abschnitt

Mittels der if-/then-Kombinationen und des else-Bereichs können Sie somit relativ einfach case-Anweisungen mit „default-Zweigen“ modellieren.

⇨ 13.4.4, 13.4.14

Alle Werte (Token), die innerhalb der Bereiche des Entscheidungsknotens erzeugt oder manipuliert wurden, stehen nach Beendigung des Knotens gemäß den Konventionen für Strukturierte Knoten (Abschnitt 13.4.14), Kontroll- und Objektflüsse (Abschnitt 13.4.4) den Folgeknoten zur Verfügung. Beachten Sie jedoch, dass Token bzw. Objektknoten, die nach der Ausführung des Entscheidungsknotens benötigt werden, in jedem then-Bereich bzw. im else-Bereich behandelt oder weitergereicht werden müssen. Ansonsten ist die Ausführung semantisch fehlerhaft, da Fälle konstruierbar sind, in denen das Token nicht vorliegt.

Anwendung

Die folgende Abbildung gibt die Funktionsweise eines Bedingungsknotens wieder. Im if-Bereich wird geprüft, ob die Speisen schmackhaft sind oder nicht. Je nach Ergebnis wird der then- oder der else-Bereich ausgeführt, also eine gute oder eine schlechte Bewertung erstellt. Beide Bereiche erhalten dafür die gleichen Eingangs- und Ausgangsparameter. Dabei haben die Ausgangsparameter keine eingehenden Kanten.

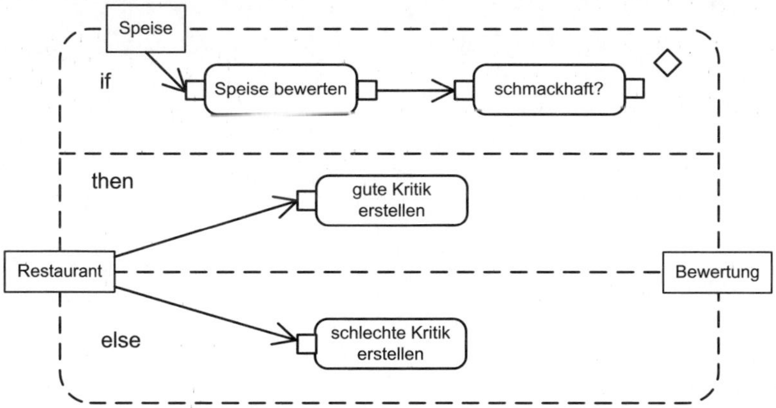

ABBILDUNG 13.124 Ein schöner Job

14 Zustandsautomat

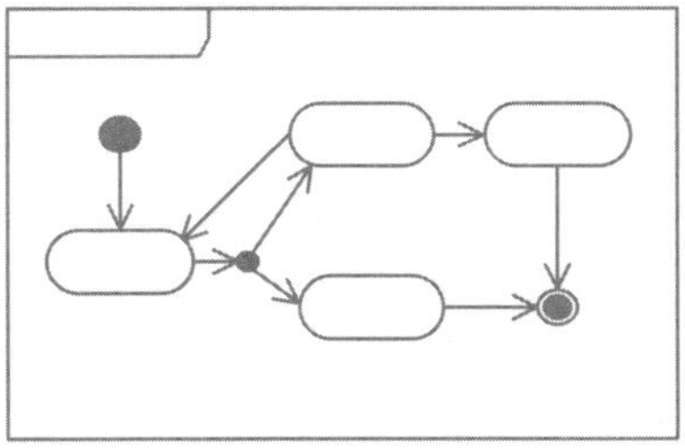

Mit den Zustandsautomaten haben Sie primär eine weitere Möglichkeit, das Verhalten beliebiger Classifier zu modellieren. Sie spezifizieren dieses Verhalten mittels Zuständen, die ein Classifier einnehmen kann, und Übergängen zwischen den Zuständen, die durch interne oder externe Ereignisse initiiert werden können. Ein Zustandsautomat gibt Ihnen somit die Antwort auf die Frage: **„Wie verhält sich das System in einem bestimmten Zustand bei gewissen Ereignissen?"**

14.1 Überblick

Die in der UML verwendeten Zustandsautomaten bilden eine Erweiterung der endlichen Automaten. Deren Möglichkeiten reichen nicht aus, um zum Beispiel komplexe Systeme überschaubar und vollständig auf einer detaillierten Ebene zu beschreiben.

Die Zustandsautomaten, die in der UML eingesetzt werden, gehen auf eine Arbeit von David Harel Mitte der 80er Jahre zurück, in der er die allgemeinen Mealy- und Moore-Automaten kombinierte, um neue Elemente anreicherte und so die Erweiterten endlichen Automaten definierte [Har87].

Vereinfachende Annahmen

Bei der Beschreibung des Verhaltens eines Classifiers durch Zustandsautomaten müssen Sie die beiden folgenden vereinfachenden Annahmen treffen:

- Das System befindet sich zu einem bestimmten Zeitpunkt genau in einem *Zustand*.
- Der Übergang (*Transition*) von einem Zustand in den nächsten erfolgt ohne zeitliche Verzögerung.

Erweiterung endlicher Automaten

Eine der herausragenden Erweiterungen gegenüber den Endlichen Automaten besteht in der Möglichkeit, das Systemverhalten in immer kleinere, immer einfachere Teile zu zerlegen. Dies erleichtert die Entwicklung (leichtere Codierung von kleinen abgeschlossenen Einheiten) ebenso wie das Testen (je kleiner die Testeinheit, desto geringer die zu berücksichtigenden In- und Output-Bedingungen).

Aber die erweiterten endlichen Automaten erlauben Ihnen zum Beispiel auch die Modellierung parallel ablaufender Zustandsautomaten. Gerade bei der Beschreibung von verteilten Systemen werden Sie diese Notationsmöglichkeit schätzen lernen.

Notationselemente

Die Notationselemente zur Modellierung von Zustandsautomaten sind (wie in Abbildung 14.1 teilweise verwendet):

- Zustände
- Transitionen
- Der Zustandsautomat an sich
- Regionen
- Start- und Endzustände
- Weitere Pseudozustände

Zusätzlich werden die folgenden *Arten von Zuständen* unterschieden:

- Einfache Zustände
- Zusammengesetzte Zustände
- Unterzustandsautomatenzustände

In Abbildung 14.1 haben wir Ihnen die wichtigsten Notationselemente an einem kleinen Beispiel dargestellt. Wir beschreiben das Verhalten eines Automaten, an dem Sie sich Fahrkarten ziehen können. Natürlich sind heutzutage die Fahrkartenautomaten komplexer als hier dargestellt, doch gibt Ihnen dieses einfache Beispiel einen intuitiven Einblick in die Welt der Zustandsautomaten.

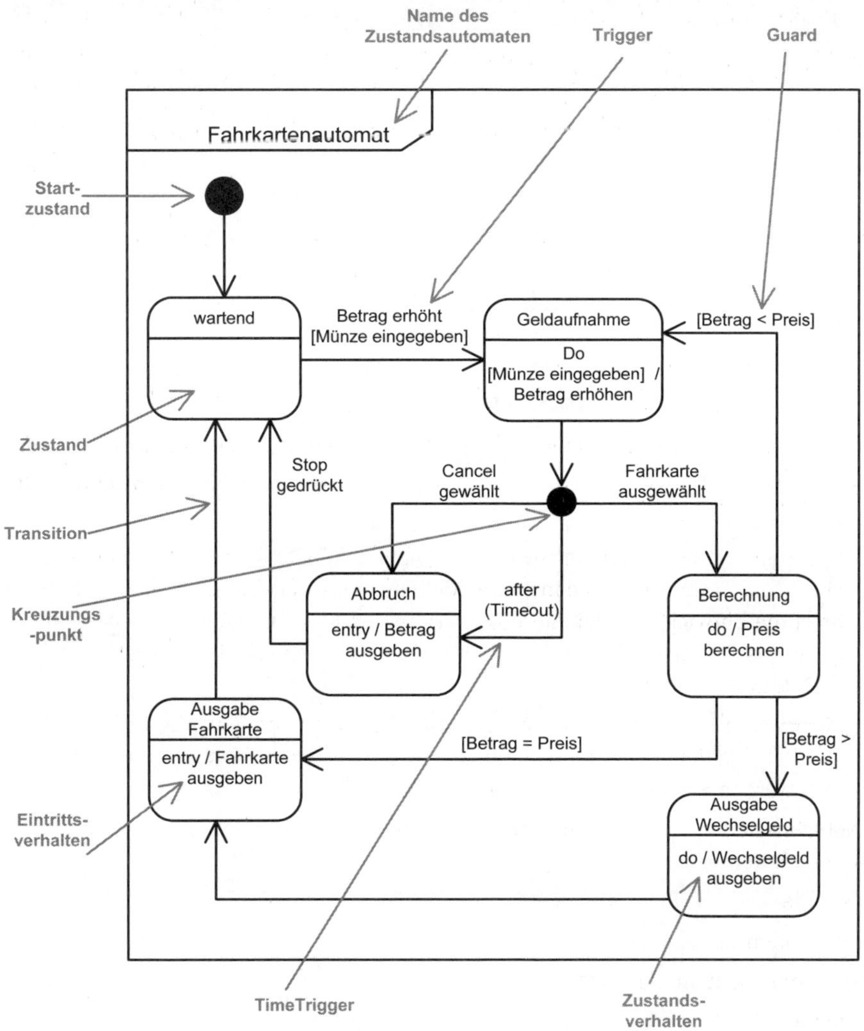

ABBILDUNG 14.1 Eine Auswahl der Notationselemente des Zustandsautomats

Nach einigen Beispielen, wie Sie Zustandsautomaten sinnvoll im Projekt einsetzen können, stellen wir Ihnen die Notationselemente der Zustandsautomaten vor. Abschließen werden wir dieses Kapitel mit der Abbildung der Notationselemente des Zustandsautomaten in ein C#-Framework.

14.2 Anwendungsbeispiel

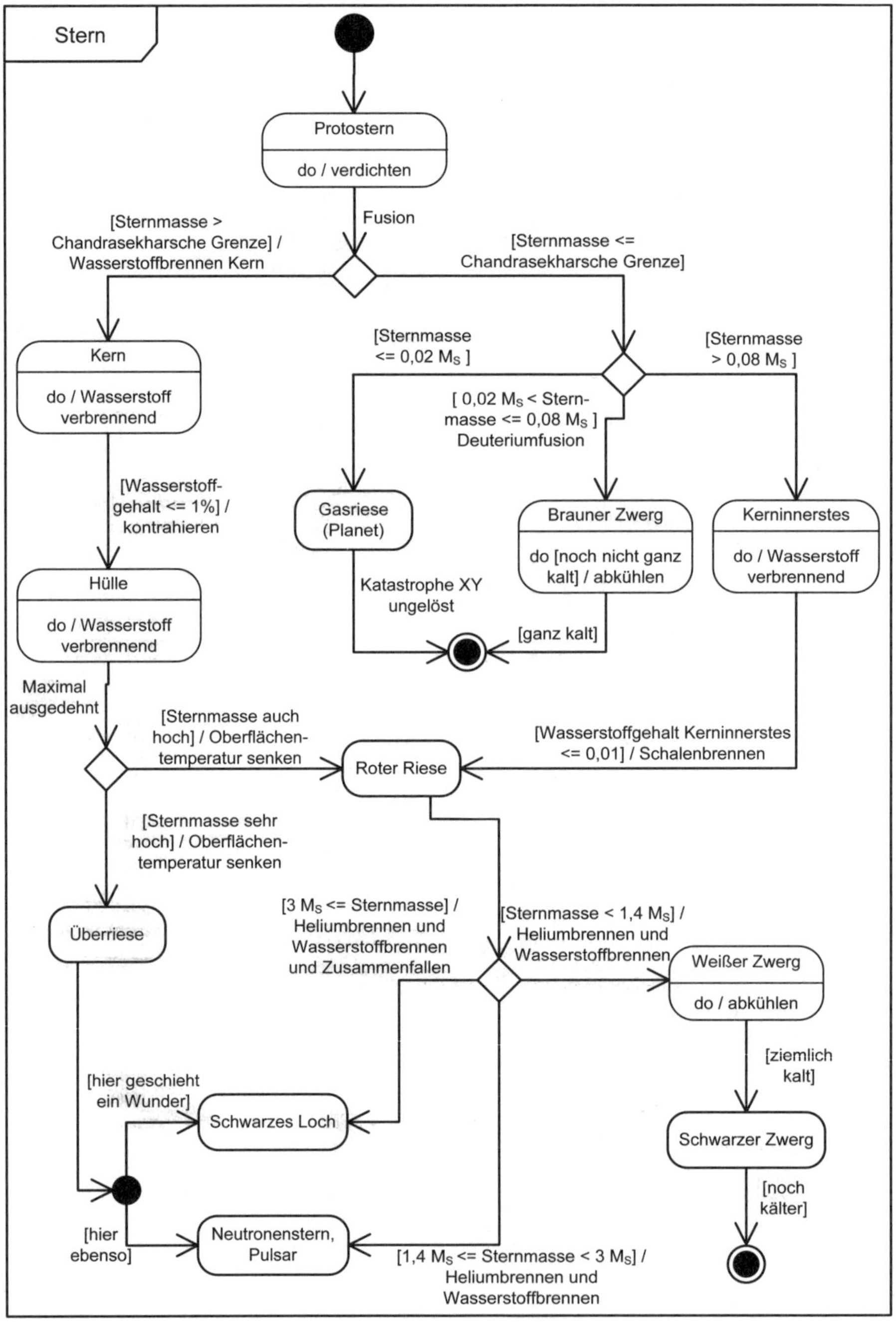

ABBILDUNG 14.2 Mögliche Zustände eines Sterns

14.3 Anwendung im Projekt

In einem Zustandsautomaten sind die verschiedenen Zustände, die ein verhaltensspezifischer Classifier einnehmen kann, sowie die zum Erreichen dieser Zustände benötigten Ereignisse und die zu erfüllenden Bedingungen modelliert. Die Einsatzmöglichkeiten im Projekt sind recht breit gefächert. Üblicherweise verwendet man Zustandsautomaten zur Visualisierung der verschiedenen Zustände von Ausprägungen von Klassen und Use-Cases. Des Weiteren haben Sie in der UML die Möglichkeit, das Verhalten von Interfaces und Ports zu beschreiben.

Visualisierung der Ausprägungen von Klassen

Im Folgenden verwenden wir umgangssprachlich den Begriff „Klasse", auch wenn eigentlich von „Ausprägung einer Klasse" gesprochen werden müsste. Ähnliches gilt für die anderen in diesem Kapitel erwähnten verhaltensspezifischen Classifier. Auch den Begriff des verhaltensspezifischen Classifiers werden wir durch Classifier ersetzen.

14.3.1 Use-Cases und Zustandsautomaten

Beschreibungsmöglichkeiten von Use-Cases

Prinzipiell haben Sie mehrere Möglichkeiten, das Verhalten von Use-Cases zu beschreiben. Die wichtigsten sind:

- Natürlichsprachlich
- Aktivitätsdiagramme
- Zustandsautomaten

Aktivitätsdiagramm ⇨ 13.3.2

Wie Sie Use-Cases mit Hilfe von Aktivitätsdiagrammen modellieren, lesen Sie in Abschnitt 13.3.2 „Aktivitätsdiagramm - Beschreibung von Use-Cases".

Die formale Darstellung mit Zustandsautomaten erlaubt eine gut lesbare, nachvollziehbare und leicht wartbare Darstellung des Verhaltens. Zustandsautomaten sind eindeutiger und weniger frei interpretierbar als eine Beschreibung in natürlich-sprachlicher Form, erfordern aber mehr Kenntnis der Notation.

Synergieeffekte für die Ermittlung von Testfällen

Bedenken Sie, dass die formale Modellierung von Use-Cases über den eigentlichen Einsatzzweck - die sehr abstrakte Sicht auf ein System - von Use-Cases hinausgeht. Sie bietet Ihnen aber auch einige Synergieeffekte für die weitere Entwicklung. Speziell die Herleitung von Testfällen aus den so beschriebenen Use-Cases bietet ein enormes Potenzial, um Zeit und damit Kosten in Ihrem Projekt einzusparen [RQu03].

Als Beispiel haben wir in Abbildung 14.3 die möglichen Zustände des Use-Case `Authentifizieren` modelliert.

Nach dem Einführen der Karte wird diese auf Korrektheit geprüft und wieder ausgegeben (Austrittspunkt `Abbruch`), wenn es sich dabei um keine Bankkarte handelt. Abgelaufene Bankkarten werden eingezogen (Austrittspunkt `Abbruch`). Nur mit einer gültigen Bankkarte lässt sich der Pincode eingeben oder der Vorgang abbrechen (Austrittspunkt `Abbruch`). Nach der dritten Fehleingabe wird die Karte ebenfalls eingezogen (Austrittspunkt `Abbruch`). Ist der Pincode richtig, wird der Zustandsautomat `Authentifizieren` über den Endzustand verlassen.

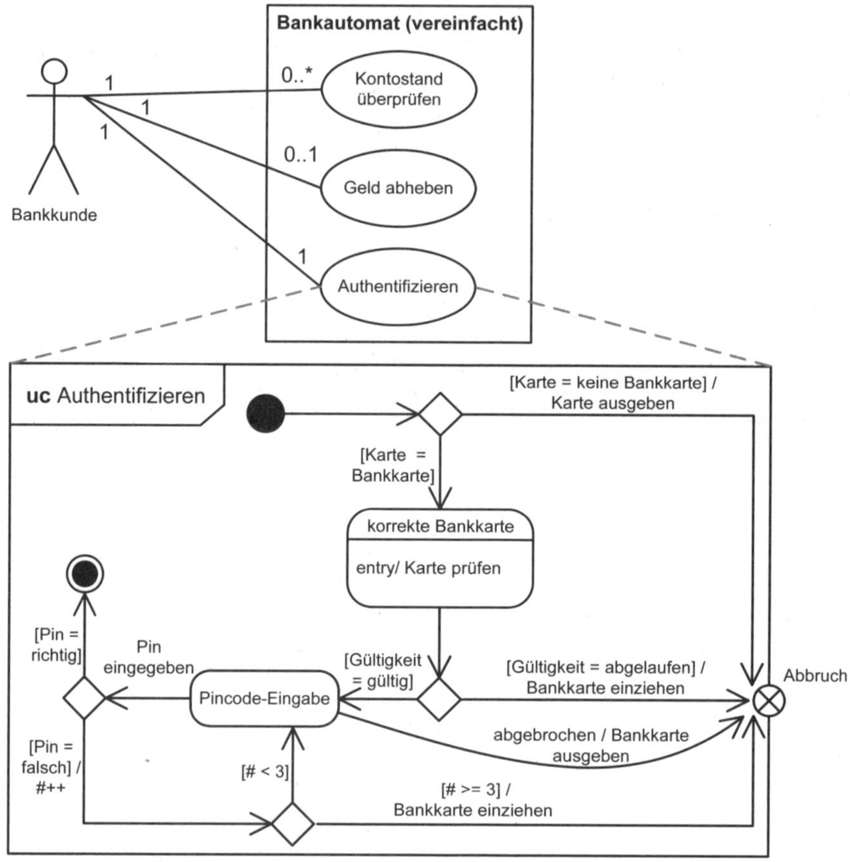

ABBILDUNG 14.3 Zustandsdiagramm des Use-Case `Authentifizieren`

14.3.2 Klassen und Zustandsautomaten

Attribute als Zustandsvariablen

Einem Attribut einer Klasse wird im Allgemeinen ein Datentyp zugeordnet. Besitzt dieser Datentyp eine endliche Menge von gültigen Werten, kann das Attribut nur eine endliche Menge von gültigen Werten annehmen. Deshalb kann das Attribut als Zustandsvariable definiert werden. Die verschiedenen Zustände der Klasse ergeben sich dann zunächst aus allen möglichen Kombinationen aller Belegungen der so identifizierten Zustandsvariablen. Um die Anzahl der Zustände nicht zu groß werden zu lassen, sollten Sie aber nur die aus Ihrer Sicht interessanten Attribute als Zustandsvariablen definieren. Weiterhin werden Sie bestimmt nicht alle möglichen Kombinationen benötigen, um das Verhalten der Klasse vollständig zu beschreiben. Die Transitionen spiegeln dann wider, welche Änderungen in der Belegung der Zustandsvariablen sich bei welchen Ereignissen ergeben können.

Im folgenden Beispiel haben wir als Zustandsvariable das Attribut `PKW-Zustand` der Klasse PKW definiert. Sie kann die in der Abbildung 14.4 als Zustände definierten Werte `neu`, `gebraucht`, `defekt` und `Totalschaden` annehmen.

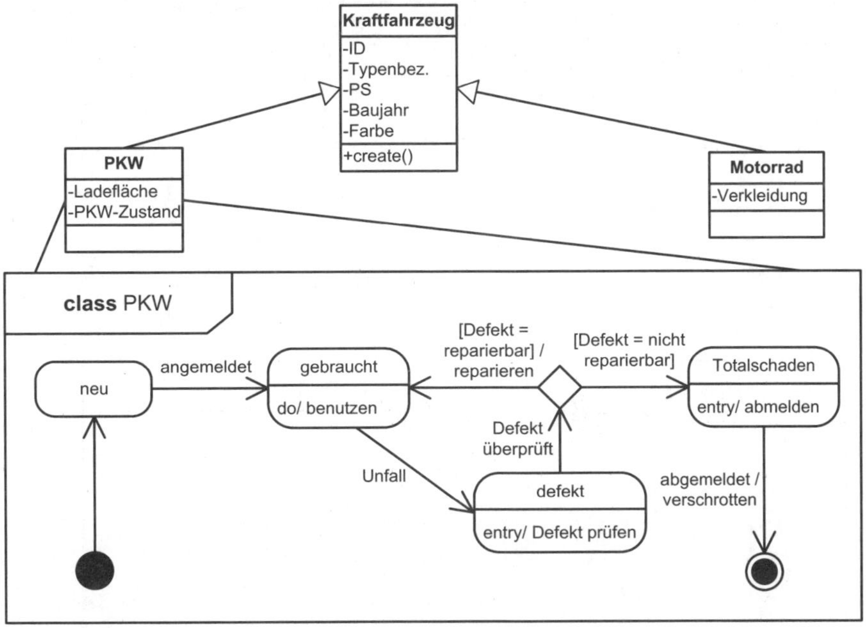

ABBILDUNG 14.4 Zustandsdiagramm der Klasse `PKW`

Die Transitionen ergeben sich dann aus den Ereignissen, die auf Ihren neuen Wagen zukommen: Ein Neuwagen gilt so lange als neu, bis er angemeldet und benutzt wird. Durch Benutzung befindet sich der Wagen so lange im Zustand `gebraucht`, bis er durch Verschleiß oder Unfall `defekt` ist. Ist der `Defekt reparierbar`, gilt der Wagen wieder als `gebraucht`. Ist er nicht reparierbar, hilft nur mehr `abmelden` und `verschrotten`.

14.3.3 Protokollzustandsautomaten

Neben der Beschreibung des Verhaltens eines Classifiers können Sie Zustandsautomaten auch dazu einsetzen, Protokolle, die von einem Classifier realisiert werden, zu beschreiben. Mit Protokoll meinen wir hier die erlaubten Abfolgen von Aufrufen der Operationen, die von einem Classifier angeboten werden.

Prinzipiell können alle Arten von Classifiern einen Protokollzustandsautomaten besitzen. Sehr hilfreich ist ihr Einsatz bei Ports (siehe Abschnitt 9.4.3), die eine Schnittstelle (einen Interaktionspunkt) zwischen zwei Classifiern realisieren.

Port ⇨ 9.4.3

Als Beispiel stellen wir in Abbildung 14.5 das Protokoll TCP (TCP – Transmission Control Protocol) vor. Es dient zur Verbindungseinrichtung und -trennung und wird durch einen Protokollzustandsautomaten beschrieben. Hierbei ist zwischen aktiven und passiven Geräten zu unterscheiden – also dem verbindungsaufbauenden Gerät und dem Ziel der aufzubauenden Verbindung. Zu Beginn befinden sich sowohl das aktive als auch das passive Gerät im Zustand `closed` (ob ein Gerät aktiv oder passiv ist, wird durch `aktiv offen` oder `passiv offen` dargestellt).

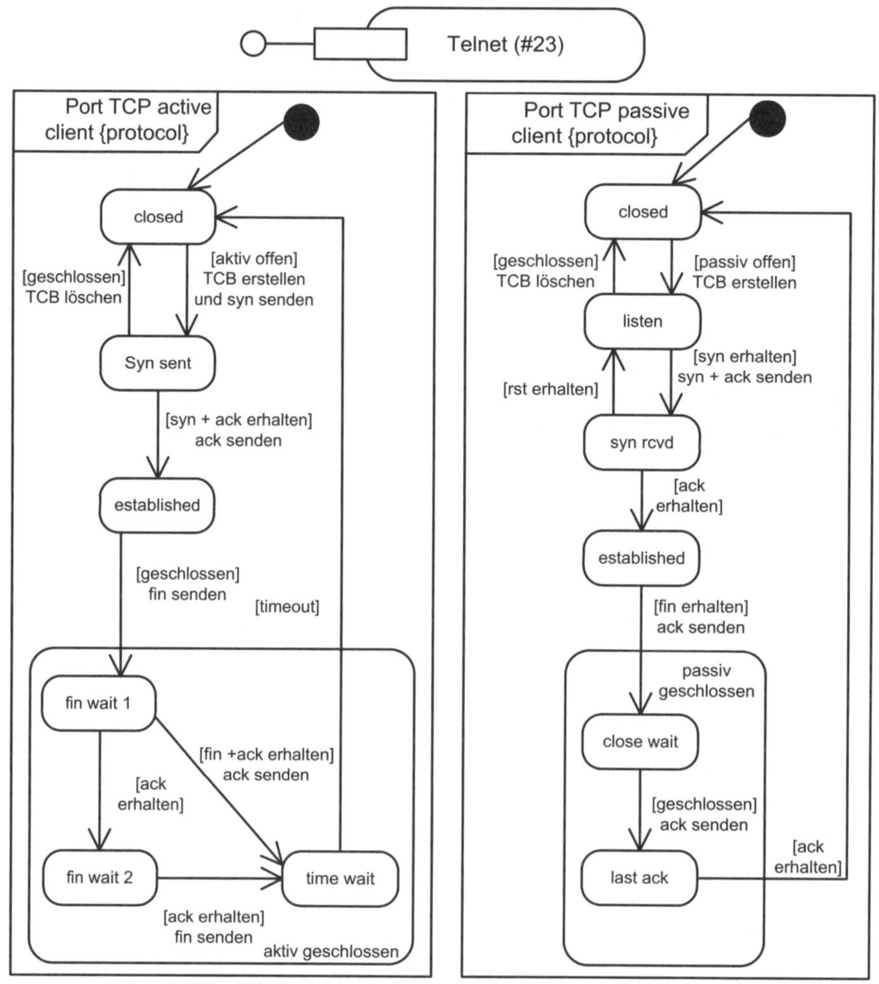

TCB = TCP Control Block

ack = Bestätigungsflag, für den Fall, dass eine Quittung mitgesendet wird

syn = Flag wird auf 1 gesetzt beim Aufbau einer Verbindung

fin = Flag wird auf 1 gesetzt beim Abbau einer Verbindung

rst = Reset; Rücksetzen einer Verbindung

ABBILDUNG 14.5 Zustandsdiagramme des Ports `Telnet`

14.4 Notationselemente

Aufbau des Kapitels

Die Notationselemente des Zustandsautomaten sind zum Teil sehr komplex. Deshalb werden wir zunächst die einfachen Elemente vorstellen. Damit sind Sie schon in der Lage, einfache Zustandsautomaten zu modellieren. Darauf aufbauend führen wir dann weitergehende Konzepte ein, die es Ihnen erlauben, zum Beispiel Parallelität oder die Verfeinerung von Zuständen zu beschreiben.

Bis zum Abschnitt 14.4.15 beschäftigen wir uns ausschließlich mit den Zustandsautomaten, mit denen Sie das Verhalten von Classifiern beschreiben können. Danach führen wir die Protokollzustandsautomaten ein. Weil sie eine Spezialisierung der Verhaltenszustandsautomaten bilden, wird den verwendeten Notationselementen eine etwas andere Bedeutung unterlegt. Auf die Unterschiede werden wir in Abschnitt 14.4.16 eingehen.

14.4.1 Einfacher Zustand

AL

Definition

A **state** models a situation during which some (usually implicit) invariant condition holds.

Notation

Darstellung eines Zustands

Ein Rechteck mit abgerundeten Ecken, das durch eine waagrechte Linie unterteilt sein kann, symbolisiert einen Zustand. Die Bezeichnung des Zustands steht innerhalb des Rechtecks und ist optional. Wir raten Ihnen jedoch, jedem Zustand, den Sie modellieren, einen aussagekräftigen Namen zu geben.

Im zweiten Abschnitt unterhalb der Linie können Sie angeben, welches interne Verhalten und welche internen Transitionen in diesem Zustand ausgeführt werden können.

ABBILDUNG 14.6 Standardnotation eines Zustands

Verhalten in Zuständen

In der UML sind die folgenden Arten von Verhalten eines Zustandes mit ihren Auslösern definiert. Die Auslöser gelten als Schlüsselwörter und dürfen demnach nicht in einem anderen Kontext verwendet werden.

- Eintrittsverhalten: *entry* / Verhalten
- Austrittsverhalten: *exit* / Verhalten
- Zustandsverhalten: *do* / Verhalten

Die Syntax der internen Transitionen richtet sich nach der Syntax der Transitionen, wie sie im nächsten Abschnitt beschrieben wird. Weiterhin ist in der UML ein spezielles Verhalten für die internen Transitionen vordefiniert:

- Verzögerung: Trigger / defer

Alternativ können Sie die Bezeichnung des Zustands auch in einem separaten Kasten oben am Rand des Zustands eintragen.

ABBILDUNG 14.7 Alternative Notation eines Zustands

Beschreibung

Jeder Zustand entspricht einer Situation

Ein *einfacher Zustand* (simple state) bildet eine Situation ab, in deren Verlauf eine spezielle Bedingung gilt. Stellen Sie sich hier als Beispiel die möglichen Anzeigen einer vereinfachten Ampel vor: sie kann Rot, Gelb oder Grün anzeigen. Das Modell dieser Ampel würde also genau diese Zustände besitzen. Solche Zustände werden nur durch externe Auslöser (in der UML Trigger) verlassen. In unserem Ampelbeispiel könnte dies ein Zeitgeber sein.

Länger andauernde Aufgaben

Sie können aber auch Situationen als Zustände modellieren, in denen eine relativ lang andauernde Aufgabe durchgeführt wird. Während der Abarbeitung dieser Aufgabe befindet sich Ihr System dann in dem entsprechenden Zustand.

Gültig für alle Zustände

Für die Zustände gelten die folgenden Regeln:

- Ein Zustand wird betreten, wenn eine Transition, die ihn als Endpunkt besitzt, durchlaufen wird.
- Ein Zustand wird verlassen, wenn eine Transition, die von ihm weg führt, durchlaufen wird.
- Ein Zustand wird *aktiv,* sobald er betreten wird. Durch Verlassen des Zustands wird der Zustand *inaktiv.*
- Sofort nach Betreten eines Zustands wird dessen *Eintrittsverhalten* (Entry Behavior) ausgeführt. Entsprechend wird beim Verlassen des Zustands als abschließendes Verhalten das Austrittsverhalten (Exit Behavior) ausgeführt.
- Das Zustandsverhalten eines Zustands (State Behavior) ist das Verhalten, das nach Beendigung des Eintrittsverhaltens aufgerufen wird.

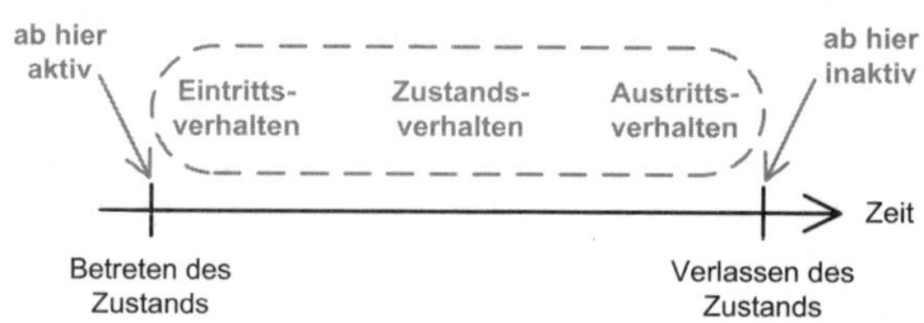

ABBILDUNG 14.8 Eintritts-, Zustands- und Austrittsverhalten eines Zustands

⇨ 14.4.2

- Ein Zustand kann eine Menge von Triggern benennen, die innerhalb dieses Zustands verzögert werden können (/defer). Eine genauere Beschreibung zu den Triggern und deren Verzögerung finden Sie im Abschnitt zu Transitionen 14.4.2 unter dem Punkt „Abarbeitung der Transitionen“.

Die Ereignisnamen der internen Transitionen dürfen mehrfach pro Zustand vorkommen, wenn sich die Bedingungen (Guards) unterscheiden.

Das Verhalten

Das in den Zuständen und an den Transitionen referenzierte Verhalten ist semantisch identisch mit den in Kapitel 13 eingeführten Aktivitäten. So können Sie jedes Verhalten, das in den Zustandsautomaten referenziert wird, durch eine Anzahl von Aktionen beschreiben.

⇨ 13
Ein Verhalten = mehrere Aktionen

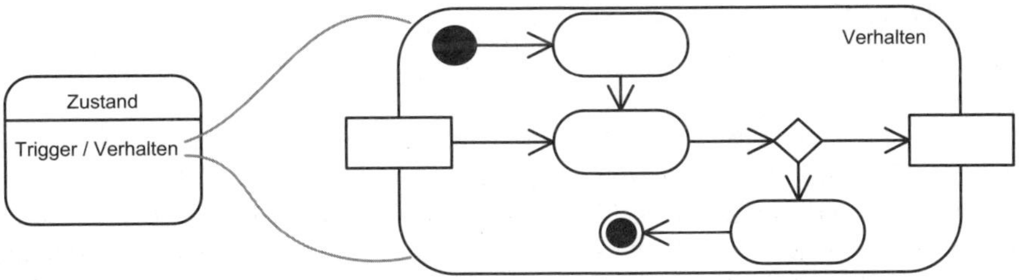

ABBILDUNG 14.9 Ein Verhalten in einem Zustand

Anwendung

Das Beispiel beschreibt die verschiedenen Zustände beziehungsweise Stationen, die ein Einspruchsgesetz vom Beschluss bis zum möglichen Inkrafttreten zu durchlaufen hat. Nach dem Beschluss eines Gesetzes wird dieses im `Bundesrat geprüft` und bei erfolgreicher Prüfung `gegengezeichnet`, `verkündet` und somit `wirksam`. Hat die Prüfung im Bundesrat keinen Erfolg, ist zu kontrollieren, wie oft das Gesetz bereits die Prüfung im Bundesrat nicht erfolgreich durchlaufen hat. Nach dem ersten Scheitern kann das Gesetz durch den

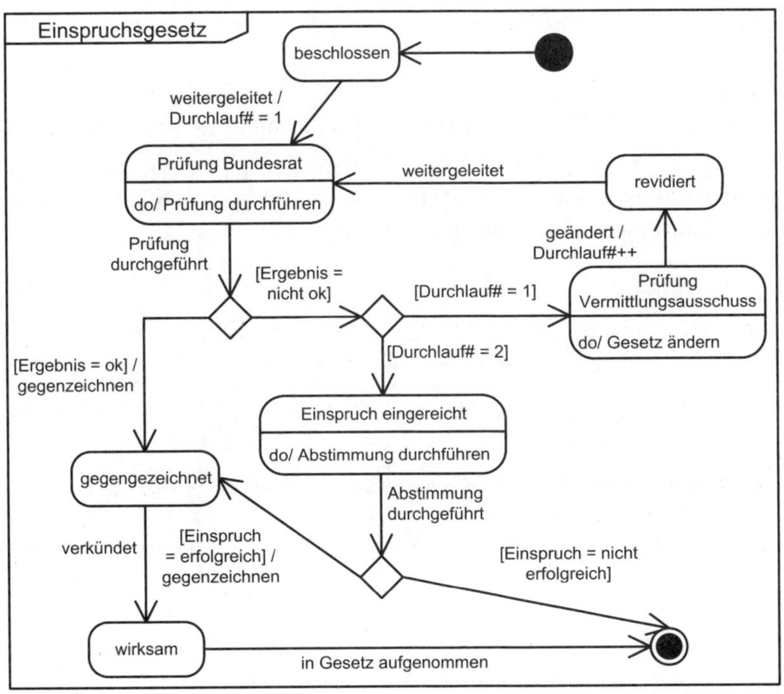

ABBILDUNG 14.10 Vom Beschluss bis zum Inkrafttreten eines `Einspruchsgesetzes`

`Vermittlungsausschuss` revidiert und zur erneuten Prüfung an den Bundesrat weitergeleitet werden. Ist die Prüfung allerdings beim zweiten Mal nicht erfolgreich verlaufen, kann das Gesetz nur mehr durch eine `Einspruchsabstimmung` zum wirksamen Gesetz werden.

14.4.2 Transition

Definition

A **transition** is a directed relationship between a source vertex and a target vertex. It may be part of a compound transition, which takes the state machine from one state configuration to another, representing the complete response of the state machine to an occurrence of an event of a particular type.

Notation

Eine *Transition* wird durch eine durchgezogene, gerichtete und üblicherweise beschriftete Kante abgebildet. Die Beschriftung beinhaltet die folgenden Elemente:

Syntax von Transitionen

- Trigger: der Auslöser für die Transition. Die einzelnen Trigger werden durch Kommas voneinander getrennt. Erläuterungen zu den verschiedenen Typen von Triggern finden Sie in der Infobox im nachfolgenden Abschnitt.
- Guard: eine Bedingung, die wahr sein muss, damit die Transition bei Erhalt des Triggers durchlaufen wird. Die Guard wird in eckigen Klammern notiert.
- Verhalten: Das Verhalten, das beim Durchlaufen der Transition ausgeführt wird. Es wird durch den Namen des gewünschten Verhaltens angegeben.

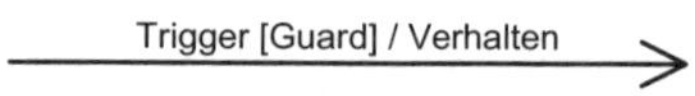

ABBILDUNG 14.11 Die Darstellung einer Transition

Wie Sie die verschiedenen Triggertypen, die Guards und das Verhalten in Ihrem Modell verwenden können, erfahren Sie im weiteren Verlauf dieses Abschnitts. Zunächst geben wir Ihnen noch eine andere Darstellungsmöglichkeit für Transitionen an.

Alternative Darstellung

Als Alternative zu der oben angegebenen Notation für eine Transition besteht die Möglichkeit, eine Transition mit mehreren graphischen Symbolen zu modellieren.

Die Symbole repräsentieren einen Trigger oder eine Aktion des Transitionsverhaltens. Sie spalten eine Transition in mehrere Segmente, die mit Pfeilen verbunden sind. Es gibt drei Typen von Aktionen, die an der Transition verwendet werden dürfen.

- **Signal Empfänger**
  Diese Aktion wird als konkaves Fünfeck dargestellt. Die Guards stehen innerhalb dieses Fünfecks. Signal Empfänger steht immer an der ersten Stelle in der Reihenfolge der Symbole einer Transition, da durch sie die Transition ausgelöst wird.

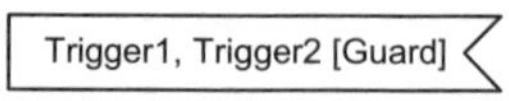

ABBILDUNG 14.12 Signal Empfänger

- **Signal Sender**
  Diese Aktion wird als konvexes Fünfeck dargestellt. Die Trigger, die gesendet werden, sind innerhalb des Fünfecks dargestellt.

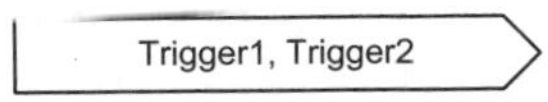

ABBILDUNG 14.13 Signal Sender

- **Verhalten**
  Das Verhalten einer Transition ist als ein Viereck mit der Beschreibung des Verhaltens dargestellt.

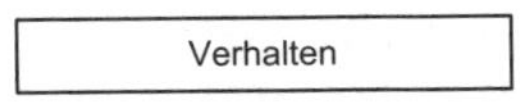

ABBILDUNG 14.14 Verhalten

An der Darstellung einer Transition können nur diese drei Symbole beteiligt sein. Wenn man Kreuzungen oder Entscheidungen verwendet, dann werden diese als Pseudozustände des Zustandsautomaten betrachtet und, wie in den Abschnitten 14.4.6 und 14.4.7 beschrieben, dargestellt.

Beschreibung

Eindeutigkeit

Transitionen schaffen einen Übergang von einem Ausgangs- zu einem Zielzustand. Dabei sollten sich zwei Transitionen, die denselben Quellzustand besitzen, durch verschiedene Trigger oder, bei gleichem Trigger, durch verschiedene Guards unterscheiden. Dies ist zwar keine Voraussetzung, macht aber die Abarbeitung des resultierenden Zustandsautomaten vorhersagbar.

Selbsttransition

Normalerweise wird der Quellzustand durch das Durchlaufen einer Transition verlassen und ein anderer Zustand als Zielzustand erreicht. Jedoch kann es sich bei Ausgangs- und Zielzustand um denselben Zustand handeln. Diese spezielle Art der Transition wird als Selbsttransition bezeichnet (self transition).

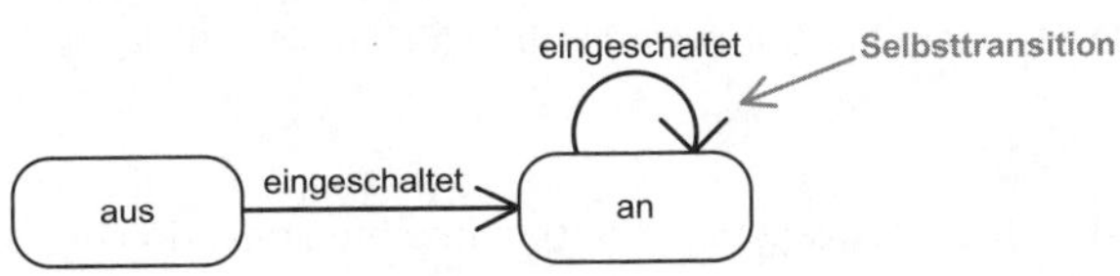

ABBILDUNG 14.15 Zwei Typen von Transitionen

Haben Sie mehrere Transitionen mit gleichem Quellzustand, Zielzustand, Guard und gleichem Verhalten, aber mit verschiedenen Triggern, so können Sie diese zur besseren Übersicht auch auf eine Transition schreiben.

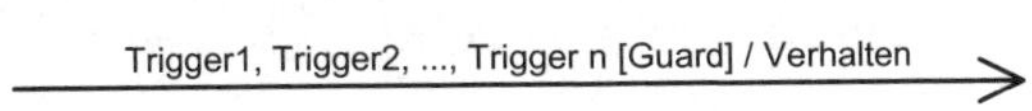

Vereinfachte Schreibweise

ABBILDUNG 14.16 Vereinfachte Schreibweise für Transitionen

Wir werden Ihnen nun die Semantik der einzelnen Elemente einer Transition getrennt voneinander vorstellen.

Trigger

Auslöser der Transitionen

Trigger dienen als Auslöser von Transitionen. Die UML unterscheidet je nach Einsatzzweck verschiedene Arten von Triggern.

Zur Erläuterung der verschiedenen Arten von Triggern und der Abarbeitung der Kommunikation in der UML nutzen wir ein kleines Beispiel.

Stellen Sie sich vor, ein Objekt A möchte mit einem anderen Objekt B kommunizieren. Diese Kommunikation wird in A mit der Erzeugung eines InvocationEvents gestartet. Dieses Ereignis löst in B ein ReceivingEvent aus, das einen Trigger darstellt.
Dieser Trigger wird dann als Start für das Durchlaufen einer Transition verwendet.

Die Kommunikation kann von A aus auf verschiedene Arten initiiert werden:

- *SignalTrigger:*
  Wenn A eine asynchrone Nachricht übermitteln möchte und auf keine Rückantwort über den Erhalt der Nachricht wartet, so können Sie die Kommunikation mit einem Signal modellieren. Dazu wird durch eine Aktion bei A ein SendInvocation-Event (eine Spezialisierung des InvocationEvents) erzeugt, das auf der Seite von B entsprechend ein SignalEvent (eine Spezialisierung des ReceivingEvents) erzeugt. Dieses SignalEvent dient dann als SignalTrigger für eine Transition.
- *CallTrigger:*
  Wenn A eine Operation (kann durch den allgemein bekannten Begriff der Funktion erklärt werden) bei B aufrufen möchte, so wird dies durch Erzeugung eines CallInvocationEvents gestartet. Dieser löst bei B einen CallEvent aus, der dann als CallTrigger letztendlich die entsprechende Operation aufruft und dadurch auch eine Transition auslösen kann.

Neben diesen beiden Triggertypen existieren zwei weitere, die jedoch nicht von Objekt A erzeugt werden, sondern vom konsumierenden Objekt B selbst:

- *TimeTrigger:*
  Mit einem TimeTrigger können Sie eine Transition zu einer bestimmten Zeit oder nach einer bestimmten Zeitdauer auslösen.
- *ChangeTrigger:*
  Der ChangeTrigger wird für eine bestimmte ChangeExpression erzeugt, wenn sich der Wert dieser ChangeExpression von False nach True ändert. Diese Änderung kann durch eine Änderung der dort verwendeten Variablen innerhalb einer vorgelagerten Aktivität geschehen. Ein ChangeTrigger wird ausgenutzt, um eine Transition auszuführen, die keinen Trigger benutzt und demnach nur durch die Änderung der Guard auf True ausgeführt wird.

Als letzter Triggertyp existiert der AnyTrigger. Er dient als Platzhalter für alle Trigger, die an keiner anderen ausgehenden Transition des aktiven Zustands angetragen sind. ■

Die verschiedenen Triggerarten unterscheiden sich sowohl in ihrer Darstellung als auch in ihrer Verwendung. Überlegen Sie sich bei der Modellierung genau, welche Triggerart Sie wann und zu welchem Zweck einsetzen möchten.

- *CallTrigger:*
  Der CallTrigger ruft die an der Transition angetragene Operation auf. Der Zustandsübergang beziehungsweise die Transitionsausführung ist die Reaktion auf die Ausführung dieser Operation.
  Als Trigger wird die ausgeführte Operation notiert. Zusätzlich können Sie in der Operation verwendete Parameter mit übergeben. Diese können sowohl in der Guard als auch in den Aktionen des Verhaltens verwendet werden. Die UML erlaubt zwar in Zustandsgraphen jeglicher Art die Verwendung von CallTriggern, doch empfehlen wir Ihnen, diese nur in Protokollzustandsautomaten einzusetzen (siehe 14.4.16). So können Sie die Klarheit und damit die Lesbarkeit Ihrer Zustandsautomaten erhöhen.

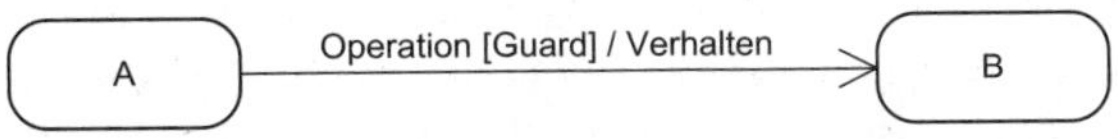

ABBILDUNG 14.17 CallTrigger an Transitionen

- *SignalTrigger:*
  Ein SignalTrigger ist ein in den aktiven Zustand eingehendes Signal, das die Ausführung einer Transition auslöst.
  Die Darstellung entspricht der des CallTrigger. In verteilten Systemen, bei denen Sie das Verhalten von Klassen durch Zustandsautomaten beschreiben wollen, werden Sie hauptsächlich diese Art von Trigger einsetzen.

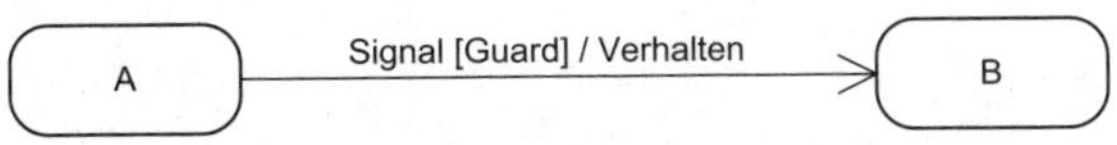

ABBILDUNG 14.18 SignalTrigger an Transitionen

- *ChangeTrigger:*
  Immer wenn sich der Wert einer Variablen ändert, werden die Werte der Guards, in denen diese Variable referenziert wird, neu berechnet. Ändert sich der Wert einer Guard von False nach True, so wird ein ChangeTrigger für diese Guard erzeugt, wenn man sie an einer ungetriggerten Transition verwendet.
  Der ChangeTrigger wird nicht explizit als Trigger an die Transition angetragen, er steckt implizit in der verwendeten Guard.

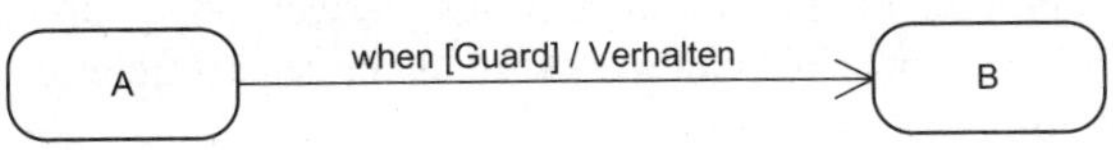

ABBILDUNG 14.19 ChangeTrigger an Transitionen

- *TimeTrigger:*
  Der TimeTrigger wird nach Ablauf eines bestimmten Zeitpunkts oder zu einem definierten Zeitpunkt erzeugt und stößt die Transitionsausführung an.

Der Trigger wird mit einer relativen oder absoluten Zeitbedingung versehen. Ist die Zeitbedingung relativ angegeben (Schlüsselwort: after), so bezieht sie sich auf den Zeitpunkt, zu dem der Ausgangszustand der Transition aktiv wird.

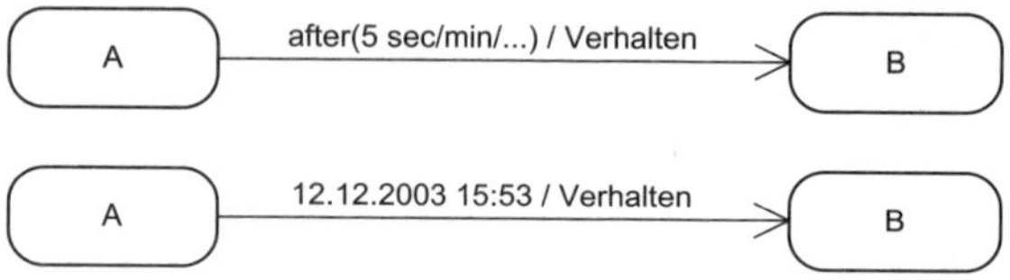

ABBILDUNG 14.20 Relativer und absoluter TimeTrigger an Transitionen

- *AnyTrigger:*
  Eine Besonderheit stellt der AnyTrigger dar. In diesem Trigger sind alle anderen Trigger zusammengefasst, ausgenommen die Trigger, die an anderen ausgehenden Transitionen des betrachteten Zustands angetragen sind. Die AnyTrigger-Transition wird nur dann angestoßen, wenn die Trigger an den (wenigen) anderen ausgehenden Transitionen nicht auftreten. Kenntlich gemacht wird dies durch Verwendung des Schlüsselwortes „all".

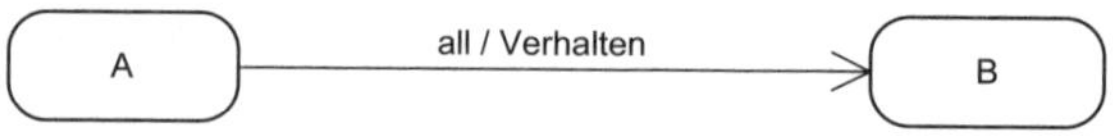

ABBILDUNG 14.21 AnyTrigger an Transitionen

Guards

Bedeutung von Guards

Die Guards geben Ihnen mehr Möglichkeiten zu beschreiben, wann eine Transition durchlaufen werden soll und wann nicht. Sind sowohl ein Trigger als auch eine Guard an der Transition angegeben, so wird bei Auftreten des Triggers die Transition nur ausgeführt, wenn zu diesem Zeitpunkt auch die Bedingung der Guard auf True ausgewertet wird.

Prüfung auf Wertebereich oder Aussagen

Eine Guard kann sowohl auf bestimmte Werte wie zum Beispiel „x = 5" oder Wertebereiche „x >= 10" als auch auf Aussagen wie „x befindet sich auf der Arbeitsoberfläche" auf Gültigkeit prüfen („x" kann hierbei einen von einer Operation oder einem Signal übergebenen Parameter oder eine Systemvariable darstellen). Entscheidend ist, dass die Guard eine Bedingung repräsentiert, die zu jedem Zeitpunkt zu True oder False ausgewertet werden kann.

Verhalten

Ausführen des Verhaltens

Nach Anstoß der Transition (das heißt, nachdem der richtige Trigger eingetreten ist und die in der Guard definierte Bedingung erfüllt ist) wird das an den Transitionen angetragene Verhalten ausgeführt.

Das an Transitionen verwendete Verhalten entspricht der bereits unter dem Notationselement „einfacher Zustand" erläuterten.

Zustandswechsel ohne Zeitverlust

⇨ 14.1

Das Durchlaufen einer Transition nimmt laut Vereinbarung keine Zeit in Anspruch (siehe 14.1). Deshalb müssen Sie bei der Modellierung der Transitionen darauf achten, dass Sie keine Transitionen mit Verhalten versehen, das lang andauernde Aktionen beinhaltet. Zumal eine Aktion auch die Abarbeitung eines weiteren, eventuell komplexen Verhaltensdiagramms anstoßen kann.

Abarbeitung der Transitionen

Um die Abarbeitung der Transitionen zu erklären, gehen wir von dem einfachen Fall aus, dass wir in unserem Modell jeden Trigger nur einer Transition zugeordnet haben.

Transitionsausführung

Wird nun ein Trigger für den Classifier, den wir durch unseren Zustandsautomaten beschrieben haben, erzeugt, so ist die Transition mit ihrem Quell- und Zielzustand eindeutig bestimmt. Für die Ausführung dieser Transition gelten die folgenden Regeln:

- Die Transition wird erst ausgeführt, wenn das Eintrittsverhalten des Quellzustands beendet ist.
- Ist das Zustandsverhalten des Quellzustands noch in der Abarbeitung, wird dieses unterbrochen.
- Bevor der Zielzustand der Transition aktiv wird, wird das Austrittsverhalten des Quellzustands ausgeführt. Dieser wird dann inaktiv. Danach wird das Verhalten der Transition ausgeführt und der Zielzustand wird aktiv, wodurch dessen Eintrittsverhalten angestoßen wird. Da das Verhalten der Transition keine Zeit in Anspruch nimmt, ist der beschriebene Classifier also zu jedem Zeitpunkt in einem definierten Zustand.

Ausnahmefälle

Nun ist die Realität aber nicht immer so einfach, wie oben angenommen. Bei der Abarbeitung können einige Fälle auftreten, die auf unvollständige Modelle (evtl. von Ihnen beabsichtigt) oder auf das unerwartete Verhalten komplexer, konkurrierender Systeme zurückzuführen sind.

- Wenn ein Zustand in einem Zustandsautomaten aktiv ist und ein Trigger für ihn erzeugt wird, der in keiner ihm zugeordneten Transition beschrieben ist, so verfällt dieser Trigger. Dieser Trigger löst keine Transition aus. Dies gilt auch, wenn das Modell zu einem späteren Zeitpunkt einen Zustand erreicht, in dem eine entsprechende Transition definiert ist. Soll diese durchlaufen werden, muss ein entsprechender Trigger neu erzeugt werden. Der Trigger verfällt ebenso ohne Auswirkung, wenn zwar beim aktiven Zustand eine Transition mit ihm definiert ist, jedoch die Guard bei der Transition aktuell nicht auf True ausgewertet ist. Möchten Sie diesen Fall vermeiden, so haben Sie die Möglichkeit, die Trigger, die in einem bestimmten Zustand nicht verfallen sollen, durch ein „defer" zu verzögern. Der Trigger wird dann nach dem Abarbeiten der nachfolgenden Transition erneut betrachtet.
- Ist ein Trigger erzeugt worden, der in mehreren Transitionen des aktiven Zustands benutzt wird, so ist eventuell der Wert von einer Guard genau einer dieser Transitionen aktuell true. Diese Transition wird dann durchlaufen. Ist keine Guard true, tritt der vorher geschilderte Fall ein: Es wird keine Transition durchlaufen, und der Trigger verfällt. Sind hingegen mehrere Guards true, so wird eine zufällig bestimmte Transition durchlaufen. Das Verhalten des Automaten ist dann nicht vorhersagbar. Beachten Sie: Eine fehlende Guard ist gleichbedeutend mit einer Guard, die *immer* auf true ausgewertet wird.
- Gerade bei verteilten Systemen kann es vorkommen, dass für einen Classifier sehr zeitnah mehrere Trigger erzeugt werden können. Vor allem, wenn Sie lang andauernde Ein- oder Austrittsverhalten definiert haben, ist dies möglich. Das Problem besteht dann darin, dass die eintreffenden Trigger nicht schnell genug verbraucht werden können. In diesem Fall werden die Trigger in einer FIFO-Struktur gespeichert und in der Reihenfolge ihrer Erzeugung abgearbeitet.

Anwendung

Zu Beginn unseres Anwendungsbeispiels befindet sich der Scheibenwischer in Ausgangsposition. Wird die Funktion `Waschen` gewählt, so wird diese durchgeführt (`do/Waschen` in Zustand `Waschen`), nach 3 Sekunden beendet (`after (3 seconds)`) und der Wischer zurück in Parkposition gebracht. Wird `Wischen` gewählt, so beginnt der Scheibenwischer mit normalem Wischen. Nun besteht die Möglichkeit, das `Waschen` durchzuführen. Nach Beendigung führt der Scheibenwischer das normale Wischen fort. Um zurück in die `Ausgangsstellung` zu kommen, muss das `Wischen` beendet und der Scheibenwischer in Parkposition gebracht werden.

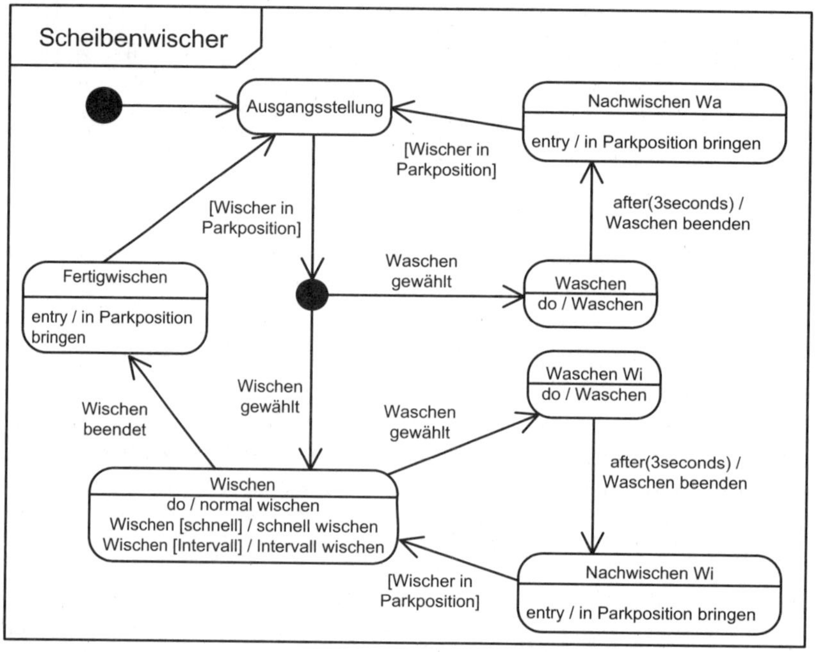

ABBILDUNG 14.22 Wisch Wasch ... ein `Scheibenwischer`

14.4.3 Startzustand

Definition

An **initial pseudostate** represents a default vertex that is the source for a single transition to the default state of a composite state. There can be at most one initial vertex in a region. The initial transition may have an action.

Notation

Ein Startzustand (initial pseudostate) wird als ausgefüllter Kreis dargestellt.

ABBILDUNG 14.23 Der Startzustand

Beschreibung

Bedeutung

Ein Startzustand bildet den Startpunkt für das Betreten eines Zustandsautomaten. Von ihm ausgehend, wird der erste Zustand des Automaten erreicht. Dies stellen folgende Einschränkungen für die Transition, die vom Startpunkt abgehen, sicher:

Bedingungen

- Die vom Startpunkt ausgehende Transition darf weder einen Trigger noch eine Bedingung haben. So stellt man sicher, dass der erste Übergang sofort durchlaufen wird.
- Jeder Startzustand darf höchstens *eine* ausgehende Transition besitzen. Dies gewährleistet, dass nach der Erzeugung des Classifiers eindeutig ein Zustand erreicht wird.

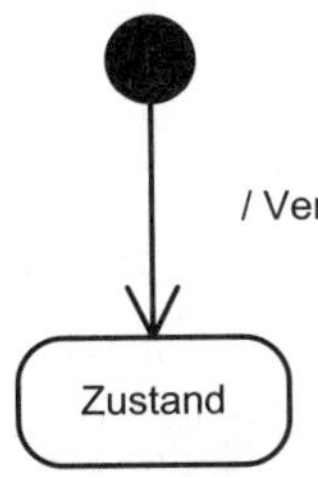

ABBILDUNG 14.24 Die Verwendung eines Startzustands

Getriggerte Starttransition

Zwar erlaubt die UML die Verwendung eines Triggers, doch werden Sie sich selten in der Situation befinden, bei einem Startzustand einen Trigger benennen zu müssen. Deswegen ist unser Tipp an dieser Stelle: Verwenden Sie für den ersten Übergang eine ungetriggerte Transition.

Weiterhin gilt, dass ein Startzustand keine eingehenden Transitionen besitzen darf und dass in einem Zustandsautomaten nur ein Startzustand existieren darf.

Anwendung

Der dargestellte Ventilator hat drei Funktionsmodi (aus, `Stufe1`, `Stufe2`), erreichbar über einen Schieberegler (d. h. `Stufe2` kann nur gewählt werden, wenn zuvor `Stufe1` aktiv ist).

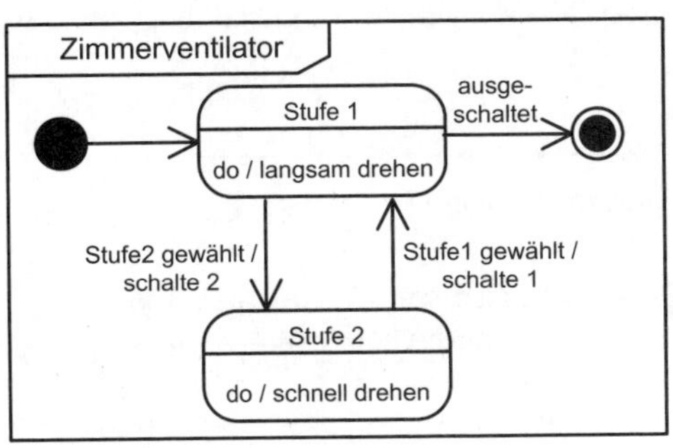

ABBILDUNG 14.25 Ein Zimmerventilator

14.4.4 Endzustand

Definition

Final state is special kind of state signifying that the enclosing region is completed. If the enclosing region is directly contained in a state machine and all other regions in the state machine also are completed, then it means that the entire state machine is completed.

Notation

Ein Endzustand wird als ein kleiner ausgefüllter Kreis, umgeben von einem unausgefüllten Kreis, dargestellt.

ABBILDUNG 14.26 Der Endzustand

Beschreibung

Ende der Abarbeitung

Wenn der Endzustand (final state) erreicht wird, ist die Abarbeitung des umfassenden Zustandsautomaten beendet. In einem Endzustand wird kein weiteres Verhalten ausgeführt. Deshalb darf es bei Endzuständen keine ausgehenden Transitionen geben.

Lebensdauer von Objekten

Noch ein Hinweis für Sie: Wenn Sie einen Zustandsautomaten benutzen, um das Verhalten einer Klasse und damit aller Objekte dieser Klasse zu beschreiben, sollten Sie das Beenden des Zustandsautomaten gleichsetzen mit der Lebensdauer des Objekts. Um diesen Sachverhalt explizit auszudrücken, bietet die UML die Möglichkeit der Terminierung eines Classifiers. Der Endzustand hat jedoch gerade bei zusammengesetzten Zuständen, wie sie ab Abschnitt 14.4.9 eingeführt werden, seine Berechtigung.

Anwendung

Wir betrachten nun den gleichen Ventilator wie in Abschnitt 14.4.3. Allerdings ergänzen wir ihn um die Möglichkeit, im laufenden Betrieb den Stecker zu ziehen und somit den laufenden Betrieb zu beenden. Modelliert ist dies durch die Transitionen (`Stufe1`, `Stecker gezogen`) und (`Stufe2`, `Stecker gezogen`).

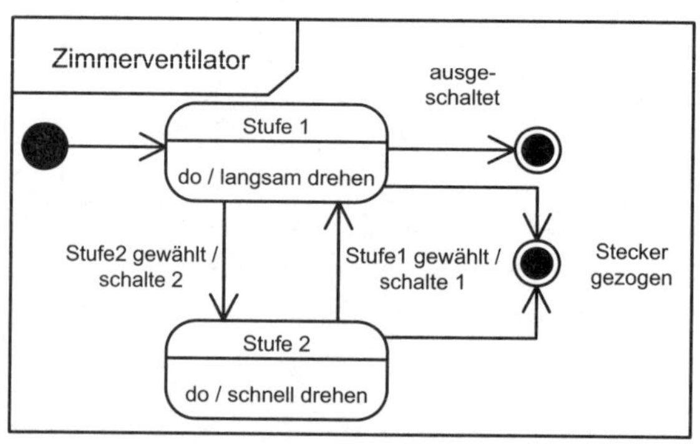

ABBILDUNG 14.27 Und noch ein Ventilator

14.4.5 Pseudozustände

Definition

A **pseudostate** is an abstraction that encompasses different types of transient vertices in the state machine graph. Pseudostates are typically used to connect multiple transitions into more complex state transitions paths.

Notation

Die Notationen der einzelnen Typen von Pseudozuständen werden in den einzelnen Abschnitten genauer vorgestellt.

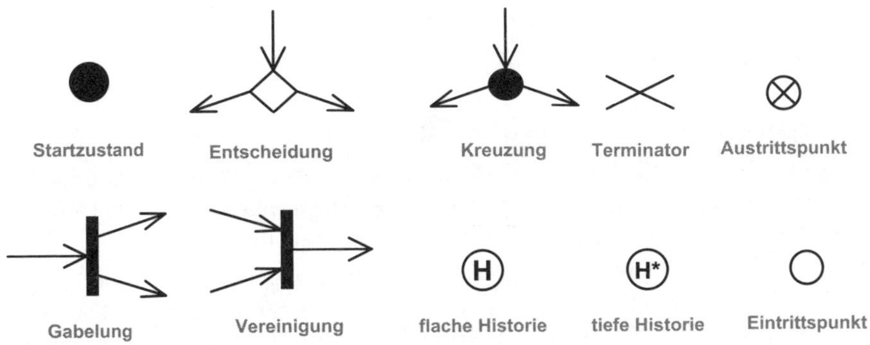

ABBILDUNG 14.28 Die Notationen der verschiedenen Pseudozustände

Beschreibung

Verwendung

Die UML definiert Pseudozustände (pseudostate), um komplexe Beziehungen zwischen Zuständen einfach darzustellen. Dies wird dadurch realisiert, dass Transitionen nicht nur zwischen Zuständen modelliert werden, sondern auch über einen oder mehrere Pseudozustände gehen dürfen.

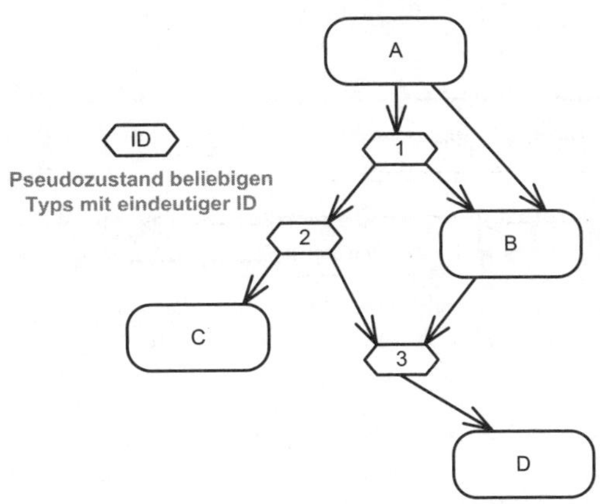

ABBILDUNG 14.29 Hintereinanderschalten verschiedener Pseudozustände

Pseudozustände werden nicht „betreten“

Wenn Sie in Ihrem Modell Pseudozustände verwenden, müssen Sie darauf achten, dass der Übergang von einem Zustand in einen anderen weiterhin ohne Zeitverbrauch erfolgt. Ihr System darf sich also nicht in einem Pseudozustand aufhalten.

Um diesen Sachverhalt beschreiben zu können, wird in der UML der Begriff Transitionsverbund (Compound Transition) eingeführt. Ein solcher Transitionsverbund vereinigt alle Transitionen, die, ausgehend von mehreren Zuständen, über einen oder mehrere Pseudozustände wiederum mehrere Zustände erreichen können.

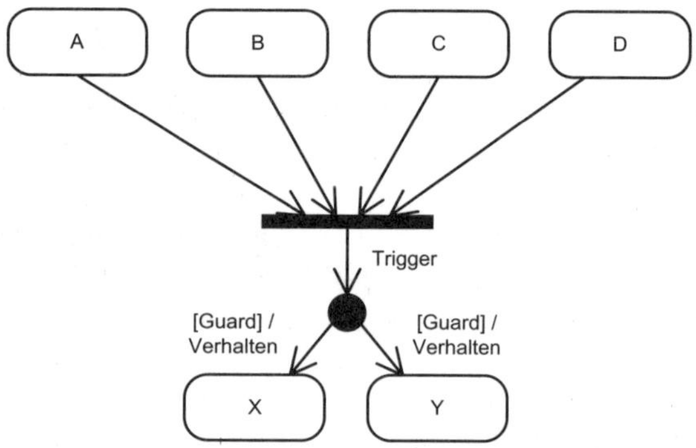

Transitionsverbund

ABBILDUNG 14.30 Ein Transitionsverbund

In Abbildung 14.30 wird genau ein Transitionsverbund dargestellt, während in Abbildung 14.29 zwei Transitionsverbünde enthalten sind; die Wege (A,B), (A,1,B), (A,1,2,C) und (A,1,2,3,D) bilden zusammen den einen und der Weg (B,3,D) den anderen Transitionsverbund.

Innerhalb eines Weges in einem solchen Transitionsverbund ist nur ein Trigger erlaubt.

Die verschiedenen Typen von Pseudozuständen unterscheiden sich darin, an welche ein- beziehungsweise ausgehenden Transitionen Trigger oder Guards angetragen werden dürfen.

Die Bedingung, dass ein Zustandswechsel ohne Zeitverlust geschehen muss, lässt sich also auch formulieren als: Jeder mögliche Weg in einem Transitionsverbund muss ohne Zeitverlust durchführbar sein.

Die sonstigen Regeln und Bedingungen, wie wir sie in dem Abschnitt über Transitionen für den Übergang zwischen Zuständen definiert haben, gelten weiterhin, unabhängig davon, ob die Transition von einem Zustand zu einem Pseudozustand oder umgekehrt führt.

Übersicht Pseudozustände

Die einzelnen Typen der Pseudozustände werden in den einzelnen Abschnitten genauer eingeführt. Wir möchten Ihnen hier nur eine kurze Übersicht geben.

- *Startzustand:* Startzustände werden Sie immer dann verwenden, wenn Sie den Zustand festlegen wollen, der in einem Zustandsautomaten als Erstes aktiv werden soll. Startzustände wurden bereits in 14.4.3 eingeführt.
- *Kreuzung:* Sie können in Ihrem Modell Kreuzungen einsetzen, wenn Sie mehrere Transitionen zu einer einzigen zusammenfassen (merge) oder eine Transition auf mehrere Transitionen aufteilen möchten (split). Achten Sie im zweiten Fall darauf, dass die ausgehenden Transitionen mit unterschiedlichen Guards versehen sein müssen.

- *Entscheidung:* So wie Kreuzungen können auch Entscheidungen verwendet werden, um eingehende Transitionen zu einer ausgehenden Transition zusammenzufügen oder in mehrere ausgehende Transitionen aufzuteilen. Die Entscheidung, welche ausgehende Transition durchgeführt wird, ermitteln Guards. Im Unterschied zu Kreuzungen ist diese Entscheidung nicht statisch, sondern dynamisch. Die genaue Unterscheidung dieser beiden Typen finden Sie in den Abschnitten 14.4.6 und 14.4.7.
- *Terminator:* In manchen Fällen werden Sie zwischen dem „erfolgreichen“ Durchlaufen eines Zustandsautomaten (per Endzustand) und einem Abbruch der Zustandsautomatenausführung unterscheiden müssen. Aus diesem Grund wurde in der UML 2.0 der Terminator eingeführt.
- *Gabelung und Vereinigung:* Um eine eingehende Transition auf mehrere, parallel ablaufende Verhaltensbeschreibungen aufzuteilen, verwenden Sie die Gabelung (im umgekehrten Fall die Vereinigung).
- *Ein- und Austrittspunkt:* Wie Sie in 14.4.9 „Zusammengesetzter Zustand“ und 14.4.13 „Unterzustandsautomatenzustände“ erfahren werden, gibt es in der UML die Möglichkeit, Zustandsautomaten und Zustände hierarchisch zu schachteln. Um Ihnen mehrere Möglichkeiten zum Betreten oder Verlassen der Zustände einer solchen Hierarchie zu geben, sieht die UML 2 nun auch die Verwendung von Ein- beziehungsweise Austrittspunkten vor.
- *Flache und tiefe Historie:* Der Einsatz der Hierarchisierung von Zuständen und Zustandsautomaten verlangt auch, sich den letzten aktiven Zustand eines Zustandsautomaten zu merken, wenn während der Abarbeitung wieder zu einem bereits besuchten Zustand zurückgekehrt werden soll. Dazu dient das Notationsmittel der flachen und tiefen Historie.

14.4.6 Kreuzung

Definition

Junction vertices are semantic-free vertices that are used to chain together multiple transitions. They are used to construct compound transition paths between states. For example, a junction can be used to converge multiple incoming transitions into a single outgoing transition representing a shared transition path (this is known as a merge). Conversely, they can be used to split an incoming transition into multiple outgoing transition segments with different guard conditions. This realizes a static conditional branch.

Notation

Eine *Kreuzung* wird als kleiner ausgefüllter Kreis abgebildet. Kreuzungen sehen zwar einem Startpunkt ähnlich, doch dürfte es allein durch den Kontext zu keinen Verwechslungen kommen.

ABBILDUNG 14.31 Die Notation einer Kreuzung

Beschreibung

Einfaches Hintereinanderschalten

Die Verwendung von Kreuzungen (junctions) ermöglicht es Ihnen, verschiedene Transitionen ohne verbindende Zustände hintereinander zu schalten. Dabei muss jedoch gelten, dass an jeder Kreuzung mindestens je eine eingehende und eine ausgehende Transition angebracht sein müssen.

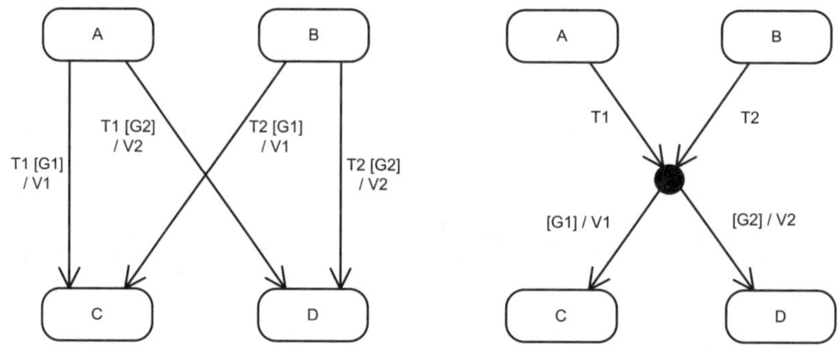

ABBILDUNG 14.32 Einsatz von Kreuzungen

In der obigen Abbildung ist ein konstruiertes Beispiel aufgeführt, in dem Sie die Kreuzungen gewinnbringend einsetzen können. Achten Sie jedoch auf die möglichen Kombinationen der Guards und Trigger. Wenn Sie in diesem Beispiel die gleichen Guards an den Transitionen, die von A ausgehen, verwenden wollen, ist die Vereinfachung nicht zulässig.

else

Im Fall ausgehender Transitionen mit Bedingungen können Sie neben den oben eingeführten Guards an einer dieser Transitionen das Schlüsselwort „else“ verwenden. Diese Transition wird genau dann freigegeben, wenn die Bedingungen aller anderen ausgehenden Transitionen nicht erfüllt sind.

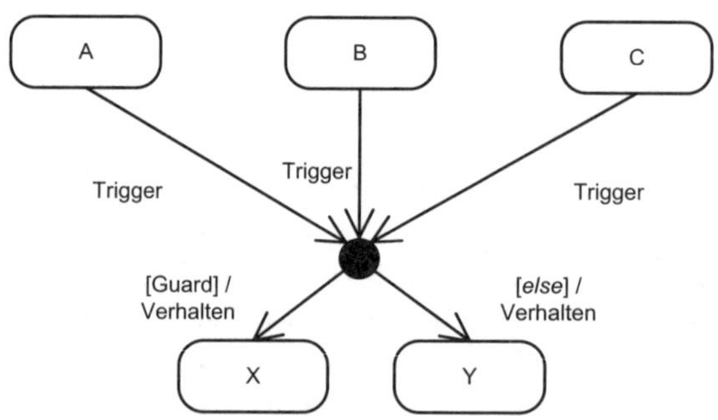

ABBILDUNG 14.33 Guards, else und mehr: eine Kreuzung

Transitionsverbund

Für die Auswahl und die Abarbeitung eines Weges im Transitionsverbund gelten dieselben Regeln, wie wir sie schon bei den Transitionen 14.4.2 in dem Unterpunkt „Abarbeitung der Transitionen“ eingeführt haben.

Insbesondere gilt für die Auswahl eines Weges innerhalb eines Transitionsverbunds: Für die Wahl werden die möglichen Wege vollständig betrachtet und es wird an Hand der auf dem gesamten Weg auftauchenden Trigger und Guards entschieden, ob dieser Weg beschritten werden kann.

Anwendung

Abbildung 14.34 zeigt das Verhalten eines Spielers in einem Labyrinth. Sobald er sich für eine Richtung entschieden hat, muss er sich in diese drehen. Nach Beendigung des Drehens läuft er so lange, bis er an eine Kreuzung kommt. Dann beginnt der ganze Vorgang von vorne, bis er das Ziel hoffentlich irgendwann erreicht hat.

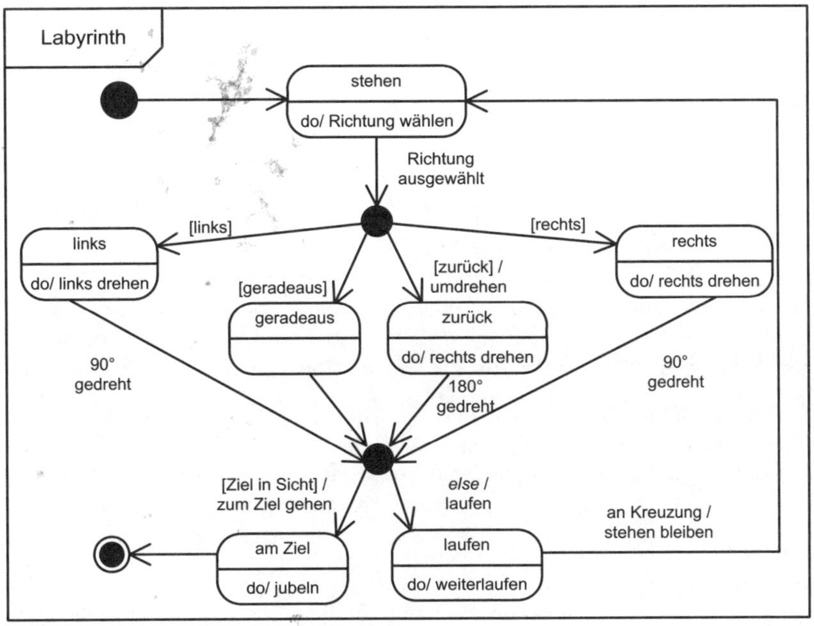

ABBILDUNG 14.34 Ein `Labyrinth` von Kreuzungen

14.4.7 Entscheidung

AL

Definition

Choice vertices which, when reached, result in the dynamic evaluation of the guards of the triggers of its outgoing transitions. This realizes a dynamic conditional branch. It allows splitting of transitions into multiple outgoing paths such that the decision on which path to take may be a function of the results of prior actions performed in the same run-to-completion step.

Notation

Darstellungsvariante

Eine Entscheidung in Zustandsautomaten wird als eine nicht ausgefüllte Raute dargestellt. Dabei kann der Operand (in obiger Abbildung `Op`) innerhalb der Entscheidung liegen oder in den Guards auf den davon abgehenden Transitionen enthalten sein. Entsprechend sind die beiden obigen Abbildungen gleichbedeutend.

ABBILDUNG 14.35 Notationsmöglichkeiten einer Entscheidung

Beschreibung

Dynamische Entscheidung

Entscheidungszustände (choice) sollten Sie verwenden, wenn Sie Abzweigstellen benötigen, bei denen die Auswahl der auszuführenden Transition vom Ergebnis der auf dem Weg zur Entscheidung bereits getätigten Aktionen abhängt.

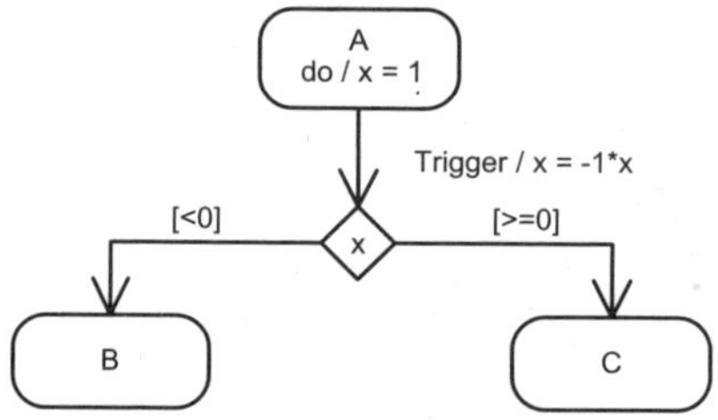

ABBILDUNG 14.36 Ein Beispiel für Entscheidungen

Unterschied zur Kreuzung

Die Entscheidungen ähneln den Kreuzungen auf den ersten Blick sehr. Es existieren aber kleine, entscheidende Unterschiede in der Semantik. Damit wir diese Unterschiede besser darstellen können, werden wir Guards, die an einer Entscheidung zur Auswahl einer Transition benutzt werden, als Entscheidungsbedingung bezeichnen.

⇨ 14.4.6

Damit lässt sich der Unterschied zu den Kreuzungen folgendermaßen erklären: Während bei den Kreuzungen der Weg schon vor der Ausführung der ersten Transition festgelegt ist (siehe 14.4.6), ist der Weg, der an einer Entscheidung beschritten wird, von den dort aktuell anliegenden Werten der Variablen der Entscheidungsbedingungen abhängig. Das Wort aktuell ist in dem Fall sehr wichtig, da sich die Abarbeitung der Transitionen bei Kreuzungen und Entscheidungen unterscheidet. Während bei Kreuzungen die Auswahl des Weges und damit die Auswertung aller darauf liegenden Guards vor dem Start der ersten Transition geschieht, wird bei den Entscheidungen zunächst die Transition ausgeführt, die zu dem Kreuzungspunkt führt. Danach werden die Entscheidungsbedingungen ausgewertet und die weiteren Transitionen ausgeführt. Den Unterschied haben wir in Abbildung 14.37 noch einmal verdeutlicht.

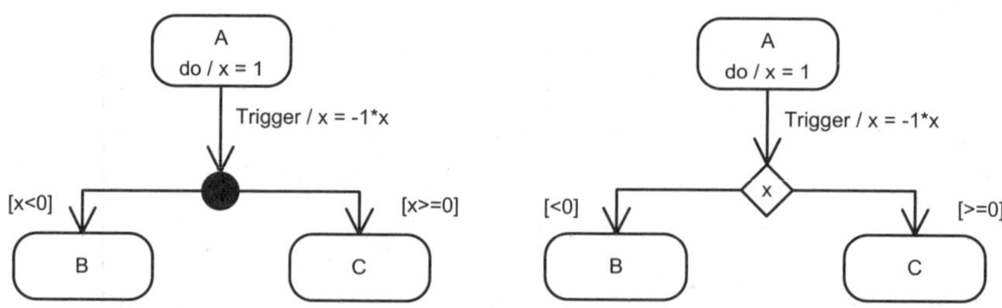

ABBILDUNG 14.37 Kreuzungen und Entscheidungen

Entscheidung ≠ Kreuzung

Befindet sich der Classifier, dessen Verhalten beschrieben wird, im Zustand A und wird dann der Trigger erzeugt, so werden bei den Kreuzungen (linker Teil der Abbildung 14.37) die beiden Guards überprüft. Da zu diesem Zeitpunkt x den Wert 1 hat, wird die Transition zu C ausgewählt. Wenn Sie eine Entscheidung benutzen, wird nach der Erzeugung des Triggers zunächst die Transition zum Entscheidungspunkt ausgeführt und danach werden erst die beiden Entscheidungsbedingungen ausgewertet. Zu diesem Zeitpunkt hat x den Wert -1, wodurch zum Zustand B verzweigt wird.

Gefahrenherd: Entscheidung

Auch wenn Entscheidungen eine leicht anwendbare Möglichkeit bieten, Ihr Modell zu strukturieren, bergen sie jedoch eine Gefahr, die bei Kreuzungen so nicht auftritt. Es gilt: Ist bei Auftreten eines Triggers auf dem daraus resultierenden Weg durch den Transitionsverbund keine Entscheidungsbedingung erfüllt, so ist das Modell fehlerhaft. Im Gegensatz dazu würde bei den Kreuzungen lediglich kein Weg gefunden, der ausgeführt werden kann. Das Modell wäre trotzdem korrekt. Ein Beispiel dafür zeigt Ihnen Abbildung 14.38.

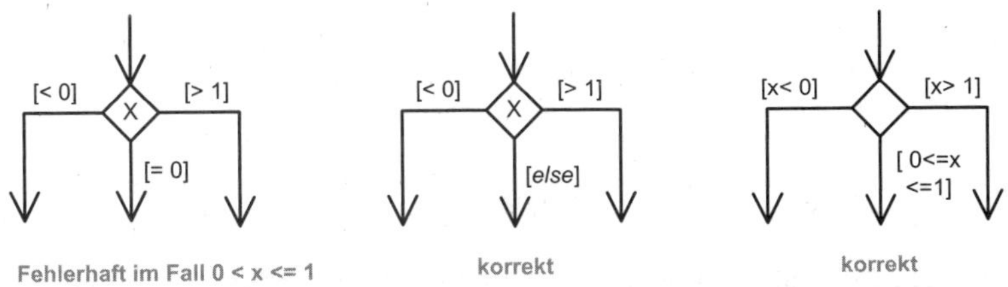

ABBILDUNG 14.38 Korrekte und inkorrekte Verwendung von Entscheidungsbedingungen

Des Weiteren gelten die bei den Kreuzungen eingeführten Regeln und Hinweise auch für die Entscheidungen.

Anwendung

An dem Entscheidungspunkt wird jedes Mal (abgesehen vom ersten Erreichen) der einzuschlagende Weg ermittelt, dessen Guard nach Ausführung des Verhaltens (Zähler++) erfüllt ist.

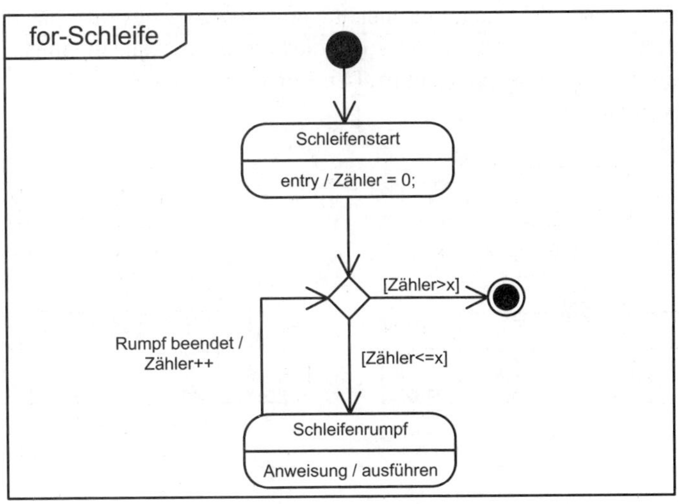

ABBILDUNG 14.39 for-Schleife

14.4.8 Terminator

Definition

Entering a **terminate** pseudostate implies that the execution of this state machine by means of its context object is terminated. The state machine does not exit any states nor does it perform any exit actions other than those associated with the transition leading to the terminate pseudostate. Entering a terminate pseudostate is equivalent to invoking a DestroyObjectAction.

Notation

Ein Terminator wird als einfaches Kreuz dargestellt.

ABBILDUNG 14.40 Ein Terminator

Beschreibung

Lebensdauer des Classifiers endet

Das Erreichen eines Terminators bricht die Ausführung des Zustandsautomaten ab. Bis hierhin besteht kein Unterschied zu dem in 14.4.4 eingeführten Endzustand. Bei einem Terminator gilt jedoch zusätzlich, dass die Lebensdauer des beschriebenen Classifiers mit Erreichen des Terminators beendet ist. Gerade wenn Sie das Verhalten von Klassen beschreiben, deren Objekte dynamisch (zur Laufzeit) erzeugt und wieder gelöscht werden, bietet sich die Verwendung dieses Notationsmittels an.

Anwendung

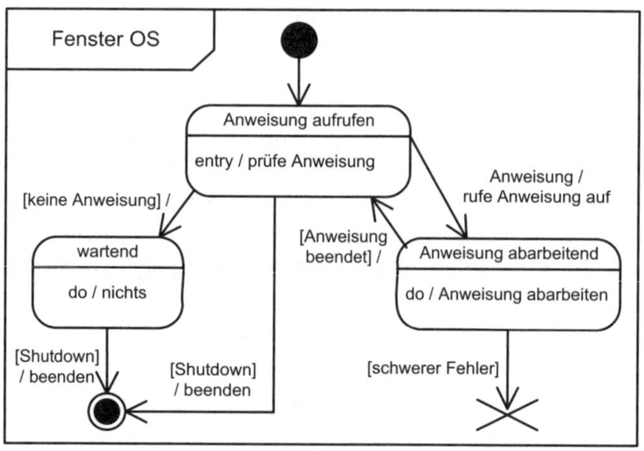

ABBILDUNG 14.41 Nichts mit „I'll be back" – der Terminator in der UML

14.4.9 Zusammengesetzter Zustand

AL

Definition

A **composite state** either contains one region or is decomposed into two or more orthogonal regions. Each region has a set of mutually exclusive disjoint subvertices and a set of transitions. A given state may only be decomposed in one of these two ways. Any state enclosed within a region of a composite state is called a substate of that composite state. It is called a direct substate when it is not contained by any other state; otherwise it is referred to as an indirect substate.

Notation

Verhalten und Transitionen

Ein rechteckiger Kasten mit abgerundeten Ecken stellt einen *zusammengesetzten Zustand* dar. Wie beim einfachen Zustand können Sie in einem zweiten Bereich das interne Verhalten (entry, do, exit) und interne Transitionen angeben. Der dritte Bereich stellt die enthaltenen Zustände dar. Wird der erste Bereich weggelassen, so kann die Bezeichnung des zusammengesetzten Zustands auch im dritten Bereich mit angegeben sein.

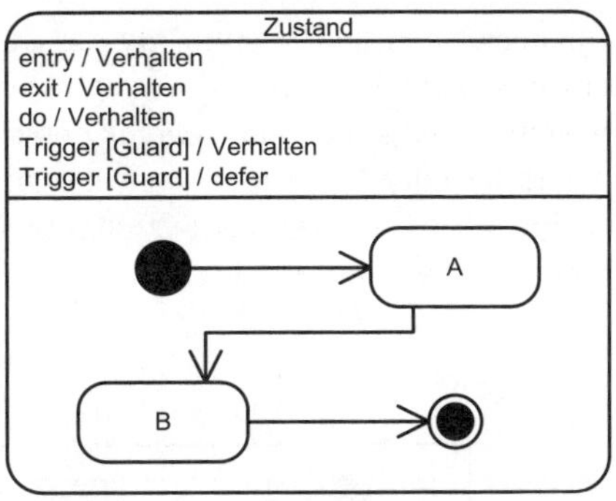

ABBILDUNG 14.42 Ein zusammengesetzter Zustand

Versteckter Inhalt

Ist der zusammengesetzte Zustand zu groß, um sinnvoll in dem umfassenden Zustandsautomaten dargestellt zu werden, haben Sie die Möglichkeit, den Inhalt des Zustands auszulagern beziehungsweise zu verstecken. Dazu bringen Sie das Brillen-Icon im zusammengesetzten Zustand an und modellieren den Inhalt des Zustands gesondert. Dies hat keine Auswirkung auf die Semantik Ihrer modellierten Diagramme, sondern soll lediglich die Darstellung erleichtern.

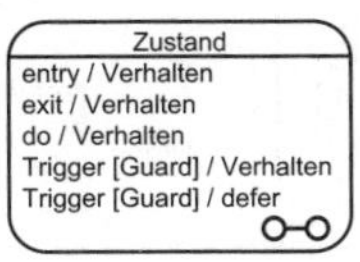

ABBILDUNG 14.43 Alternative Darstellung: ein versteckter, zusammengesetzter Zustand

Beschreibung

Unterzustände

Zusammengesetzte Zustände setzen sich aus einem oder mehreren Zuständen zusammen. Die enthaltenen Zustände werden als Unterzustände bezeichnet. Als Unterzustände eines zusammengesetzten Zustands sind alle Arten von Zuständen möglich. Dies bedeutet, dass Sie neben den einfachen Zuständen und Pseudozuständen wiederum zusammengesetzte Zustände benutzen können, wodurch Sie eine Hierarchie von Zuständen definieren. Die Blätter in dem entstehenden Zustandsbaum sind dabei die einfachen Zustände, die inneren Knoten sind zusammengesetzte Zustände. Die Wurzel bildet eine Ausnahme: Sie stellt in einem vollständig definierten Modell immer einen Zustandsautomaten dar. Dieser ist dann, von außen betrachtet, die Verhaltensbeschreibung des betrachteten Classifiers.

Hierarchie

Abbildung 14.44 zeigt ein Beispiel für einen solchen Hierarchiebaum. Beachten Sie, dass die in Abbildung 14.44 verwendete Darstellung keine UML-Notation ist. Wir verwenden hier eine aus der Informatik bekannte Darstellungsart nur, um im Weiteren die Hierarchie von Zuständen besser darstellen zu können. Der Baum aus Abbildung 14.44 stellt die verschachtelten Zustände aus Abbildung 14.45 dar.

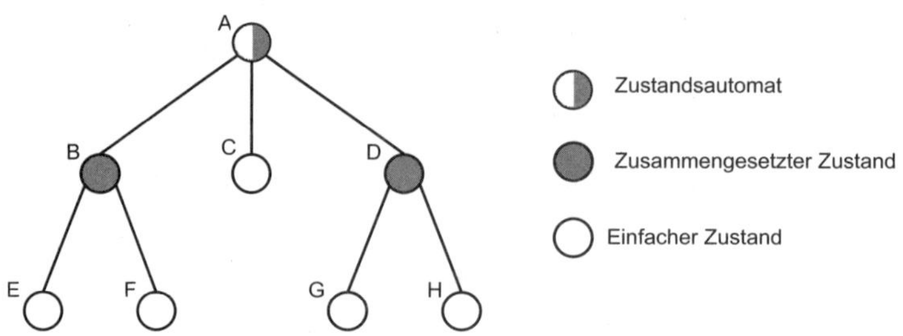

ABBILDUNG 14.44 Eine Hierarchie von Zuständen

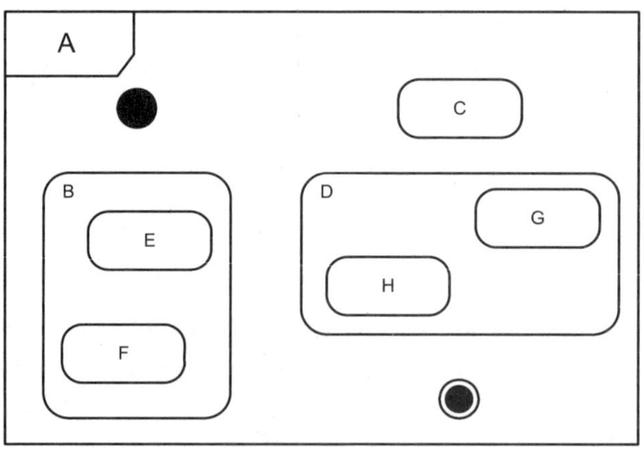

ABBILDUNG 14.45 Der Zustandsautomat aus der vorhergehenden Abbildung (ohne Transitionen)

Transitivität

Die Enthaltensein-Beziehung zwischen Zuständen und zusammengesetzten Zuständen ist dabei transitiv. Der einfache Zustand E ist direkt in dem zusammengesetzten Zustand B enthalten. Da B aber auch in A enthalten ist, ist E transitiv in A enthalten.

Da wir nun Hierarchien von Zuständen betrachten können, müssen einige der bisher eingeführten Regeln zur Modellierung und Abarbeitung der Zustandsautomaten angepasst bzw. erweitert werden.

Verzögerung

Interne Transitionen des zusammengesetzten Zustands gelten auch für alle Unterzustände. Wird solch eine interne Transition getriggert, so wird sie innerhalb des zur Zeit aktiven Zustands ausgeführt, ohne diesen Zustand zu verlassen. Ist ein Trigger in einem zusammengesetzten Zustand verzögert (/defer) und wird dieser Trigger in einem Unterzustand an einer Transition (auch interne) benutzt, so wird die Transition des Unterzustands ausgeführt, da die Modellierung in einem Unterzustand die Modellierung weiter oben in der Hierarchie überschreibt. Diese Regel können Sie an vielen Stellen anwenden, auf Besonderheiten und daraus folgenden Eigenschaften der zusammengesetzten Zustände gehen wir im Folgenden detaillierter ein.

Aktive zusammengesetzte Zustände

Hierarchie

Es gilt, dass immer ein Zustand in einem Zustandsautomat aktiv sein muss. Wenn dieser Zustand ein zusammengesetzter Zustand ist, ist einer seiner Unterzustände aktiv. Da dieser Unterzustand wiederum ein zusammengesetzter Zustand sein kann, pflanzt sich die Definition der aktiven Zustände in der Hierarchie nach unten fort, bis ein einfacher Zustand als aktiv bezeichnet werden kann.

Transitiv aktiv sein

Daraus lässt sich umgekehrt auch ableiten: Ein zusammengesetzter Zustand ist dann aktiv, wenn er einen aktiven einfachen Zustand direkt oder transitiv enthält.

In Abbildung 14.46 ist neben dem einfachen Zustand E zusätzlich der Zustand B aktiv. Auch der Zustandsautomat (Knoten A) kann als aktiv angesehen werden, obwohl dieser Begriff für einen Zustandsautomaten in der UML nicht definiert ist.

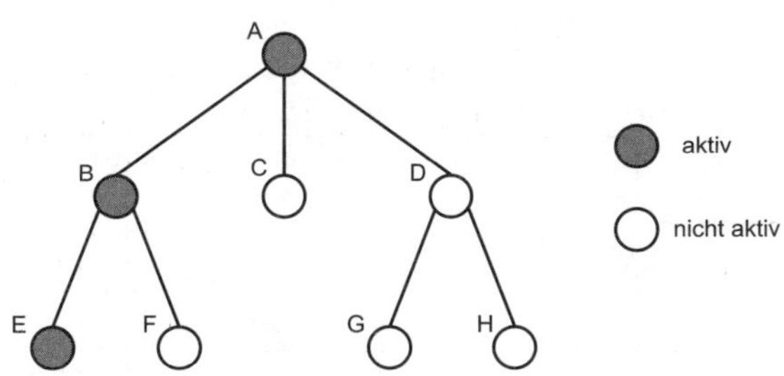

ABBILDUNG 14.46 Aktiv und nicht aktiv

Betreten eines zusammengesetzten Zustands

Betreten über einen Startzustand

Beim Betreten eines zusammengesetzten Zustands werden zwei Fälle unterschieden:

- *Default Entry*: Endet eine Transition an dem zusammengesetzten Zustand am Rand des Zustands, sprechen wir von einem Default Entry. Das Eintrittsverhalten des zusammengesetzten Zustands wird ausgeführt. Die Bearbeitung beginnt mit dem Startzustand bzw. mit dem direkt davon erreichbaren Zustand.

  Falls der zusammengesetzte Zustand keinen Startzustand besitzt, so wird dies als Semantic Variation Point betrachtet. Entweder ist es eine fehlerhafte Modellierung, oder es bedeutet, dass der Zustandsautomat sich in dem zusammengesetzten Zustand befindet, ohne die Unterzustände zu betreten. Versuchen Sie, diese Situation zu meiden!

Semantic Variation Points
⇨ 3.4.1

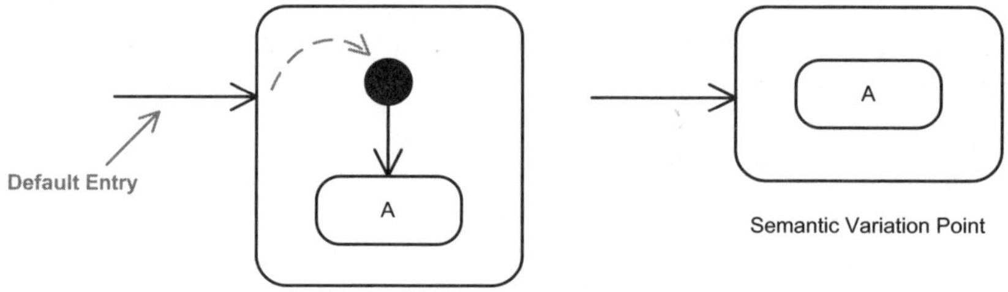

ABBILDUNG 14.47 Default Entry bei einem zusammengesetzten Zustand

Alternatives Betreten

Eine Transition von innen auf den Rand des zusammengesetzten Zustands bewirkt das Gleiche wie ein Default Entry – allerdings mit dem Unterschied, dass der zusammengesetzte Zustand dabei nicht verlassen wird und somit weder dessen Eintritts- noch das Austrittsverhalten ausgeführt werden.

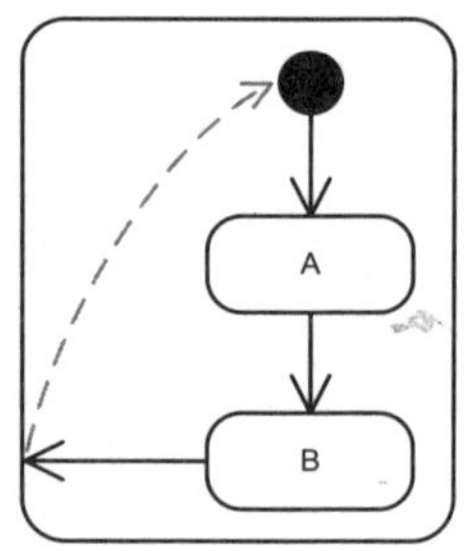

ABBILDUNG 14.48 Eine andere Art des Default Entry

- *Explicit Entry:* Wenn eine Transition von außen an einem Unterzustand endet, so sprechen wir von einem Explicit Entry. Der entsprechende Unterzustand wird zum aktiven Zustand. Vor dessen Eintrittsverhalten wird das Eintrittsverhalten des zusammengesetzten Zustands ausgeführt, da dieser auch aktiv wird.

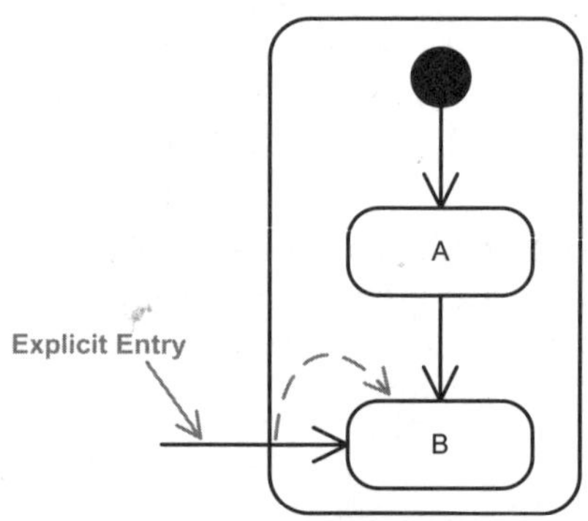

Betreten über einen Zustand

ABBILDUNG 14.49 Explicit Entry bei einem zusammengesetzten Zustand

Wann sind Startzustände sinnvoll?

Durch die beiden Varianten des Betretens eines zusammengesetzten Zustands ergibt sich auch, ob Sie einen Startzustand in einem zusammengesetzten Zustand benötigen oder nicht:

Wenn Sie ausschließlich Explicit Entries in einem zusammengesetzten Zustand benutzen, benötigen Sie laut UML keinen Startzustand. Auch wenn Sie mindestens einmal den Default Entry nutzen, benötigen Sie laut Spezifikation keinen Startzustand. Wir empfehlen Ihnen trotzdem einen Startzustand zu modellieren, da sonst ein beliebiger Zustand als erster aktiver Zustand ausgewählt wird.

Verlassen eines zusammengesetzten Zustands

Möglichkeiten des Verlassens

Das Verlassen eines zusammengesetzten Zustands kann auf drei verschiedene Arten geschehen: Der zusammengesetzte Zustand erreicht seinen Endzustand; ein Trigger an einer Transition, die von seinem Rand wegführt, wird erzeugt; ein Unterzustand wird durch eine Transition verlassen, und ein Zustand außerhalb des zusammengesetzten Zustands wird aktiv.

In Abbildung 14.50 sind diese drei Fälle beispielhaft modelliert.

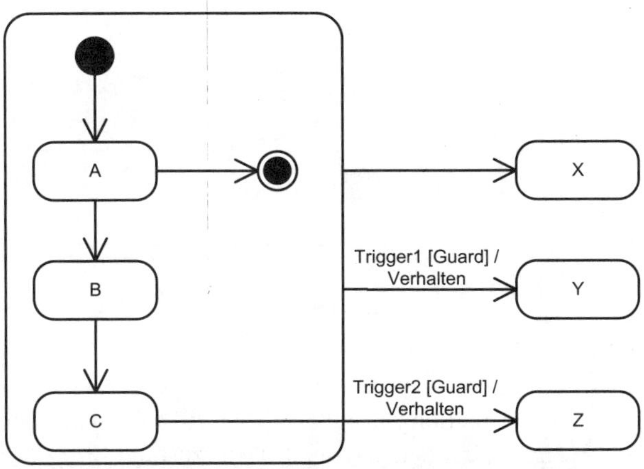

ABBILDUNG 14.50 Transitionen aus einem zusammengesetzten Zustand heraus

- *Erreichen des Endzustands:* Im zusammengesetzten Zustand wird der Endzustand erreicht. Es wird ein Beendigungsereignis erzeugt, welches als Trigger für die triggerlose Transition fungiert. Nach der Ausführung ist der Zustand `X` aktiv. Triggerlose Transitionen – ausgehend von zusammengesetzten Zuständen – sind nur bei Verwendung von Endzuständen sinnvoll.
- *Trigger für den zusammengesetzten Zustand:* Der aktive Zustand ist einer der Unterzustände `A`, `B` oder `C`. `Trigger1` kann unter Erfüllung der Guards von jedem dieser drei Zustände aus die Transition auslösen. Der zusammengesetzte Zustand wird inaktiv, der Zustand Y nach der Transitionsausführung aktiv.
- *Trigger für einen Unterzustand:* Die Transition führt von einem Unterzustand aus dem zusammengesetzten Zustand heraus. Im Abbildung kann dann der `Trigger2` unter Erfüllung der Guards die Transition auslösen. Nach der Transitionsausführung ist der Zustand Z aktiv.

Reihenfolge der Ein- und Austrittsverhalten

Das Verlassen eines zusammengesetzten Zustandes kann unter Umständen eine Reihe von Verhalten auslösen. Die Reihenfolgen der Abarbeitung wollen wir im Weiteren beschreiben.

Das Verlassen eines zusammengesetzten Zustands beginnt mit dem Verlassen des einfachen Zustands (E), der als Erster inaktiv wird und sein Austrittsverhalten ausführt. Dieser einfache Zustand wird als Erster verlassen, unabhängig davon, welche Modellierungstechnik Sie einsetzen. In Abbildung 14.52 sehen Sie zwei Techniken.

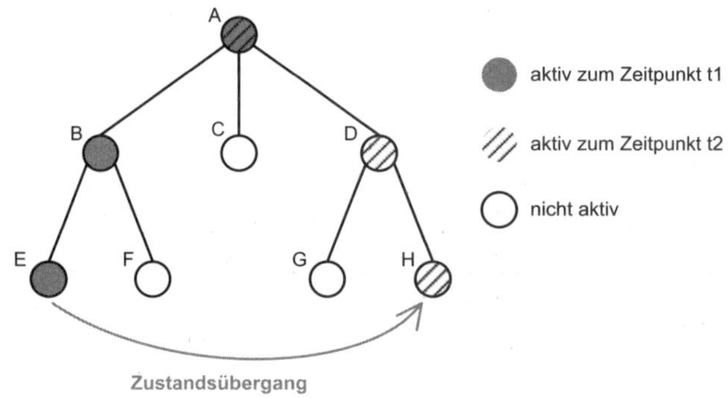

ABBILDUNG 14.51 Verlassen eines zusammengesetzten Zustands

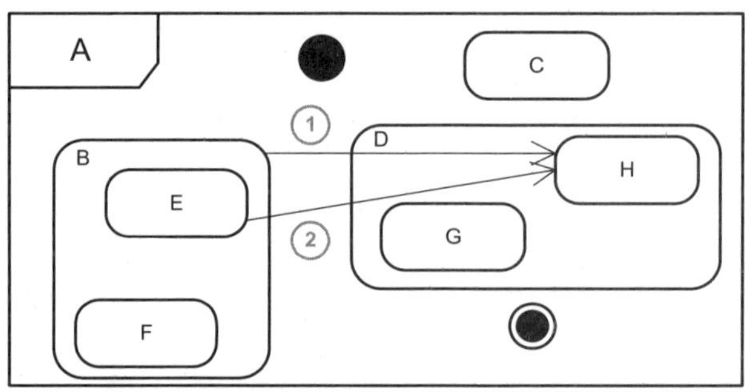

ABBILDUNG 14.52 Zwei Möglichkeiten des Zustandsübergangs von E nach H aus Abbildung 14.51

Rekursives Ausführen der Austrittsverhalten

Wird der in der Hierarchie darüber liegende zusammengesetzte Zustand verlassen, so wird dessen Austrittsverhalten ausgeführt (Zustand B). Die Prüfung und Ausführung des Austrittsverhaltens wird in der Hierarchie so lange nach oben fortgesetzt, bis ein Zustand erreicht ist, der nicht mehr verlassen wird, oder bis die Wurzel, der Zustandsautomat, erreicht ist. Im Beispiel werden die Austrittsverhalten in der Reihenfolge E, B ausgeführt und dann die Eintrittsverhalten von D und H abgearbeitet.

Anwendung

Das Ziehen einer Fahrkarte (Abbildung 14.53) wird durch das Drücken einer Taste (gedrückt[anykey]) initiiert. Es wird der zusammengesetzte Zustand aktiv betreten. Nachdem Startort, Zielort und Termin gewählt und die Auswahl bestätigt wurden, wird die Fahrkarte gedruckt und ausgegeben. Nach Ausgabe der Fahrkarte wird der zusammengesetzte Zustand aktiv wieder verlassen.

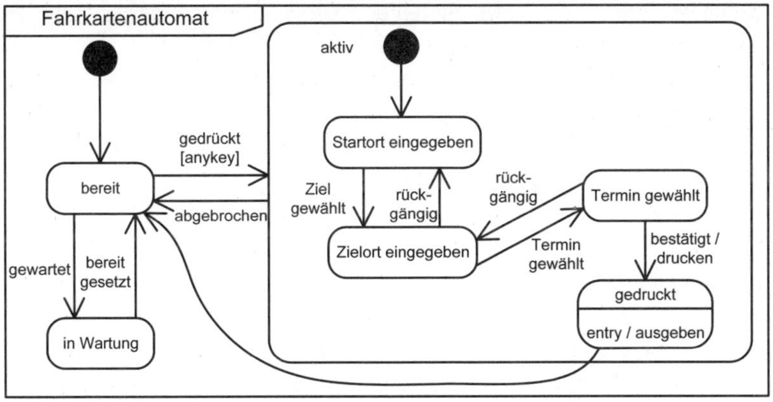

ABBILDUNG 14.53 Das Bestellen einer Fahrkarte mit einem zusammengesetzten Zustand

14.4.10 Gabelung und Vereinigung

AL

Definition

Fork vertices serve to split an incoming transition into two or more transitions terminating on orthogonal target vertices (i.e. vertices in different regions of a composite state). The segments outgoing from a fork vertex must not have guards or triggers.

Join vertices serve to merge several transitions emanating from source vertices in different orthogonal regions. The transitions entering a join vertex cannot have guards or triggers.

Notation

Eine *Gabelung* beziehungsweise eine *Vereinigung* wird durch einen kurzen dicken senkrechten Strich dargestellt.

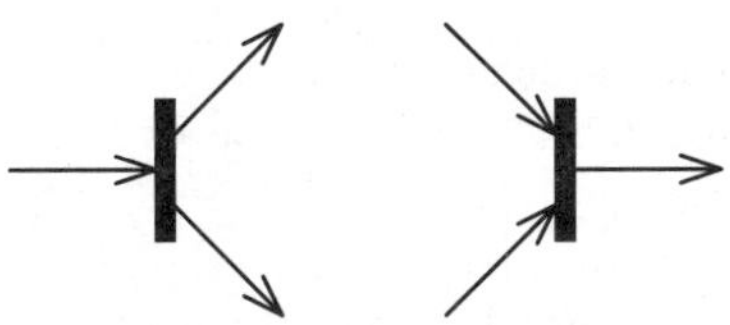

ABBILDUNG 14.54 Gabelung und Vereinigung

Beschreibung

Parallelität

Gabelungen (fork) dienen dazu, eine eingehende Transition auf mehrere parallele Ziele aufzuteilen. An den von einer Gabelung ausgehenden Transitionen dürfen keine Guards oder Trigger angebracht sein. Vereinigungen (join) werden hingegen verwendet, um die mit einer Gabelung aufgeteilten Transitionen wieder zusammenzuführen. An den an einer Vereinigung eingehenden Transitionen dürfen keine Guards oder Trigger angebracht sein. Der Grund dafür ist die durch Gabelung entstehende (beziehungsweise durch Vereinigung beendete) Parallelität, und parallele Bereiche müssen natürlich sowohl zusammen gestartet als auch beendet werden. Dies ist nur durch die Verwendung eines einzigen Triggers möglich (ansonsten wäre es sequenziell).

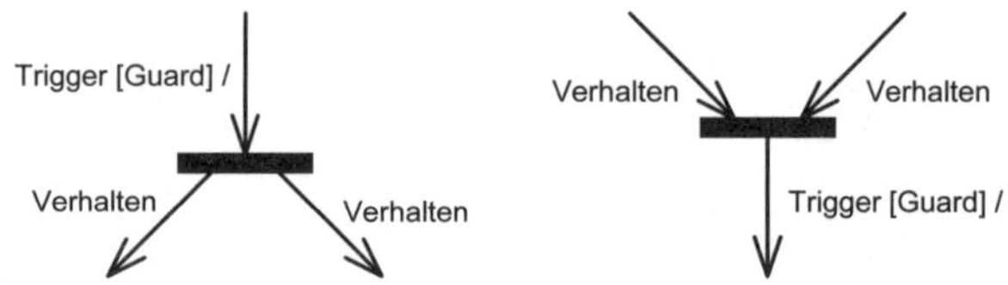

ABBILDUNG 14.55 Trigger, Guard und Verhalten an Gabelung und Vereinigung

Ein- und ausgehende Transitionen

Eine Gabelung hat eine eingehende und mindestens zwei ausgehende Transitionen, eine Vereinigung eine ausgehende und mindestens zwei eingehende Transitionen.

Wie die parallel verzweigten Transitionen verwendet werden, erfahren Sie in der Erläuterung des folgenden Notationselements „Region".

Anwendung

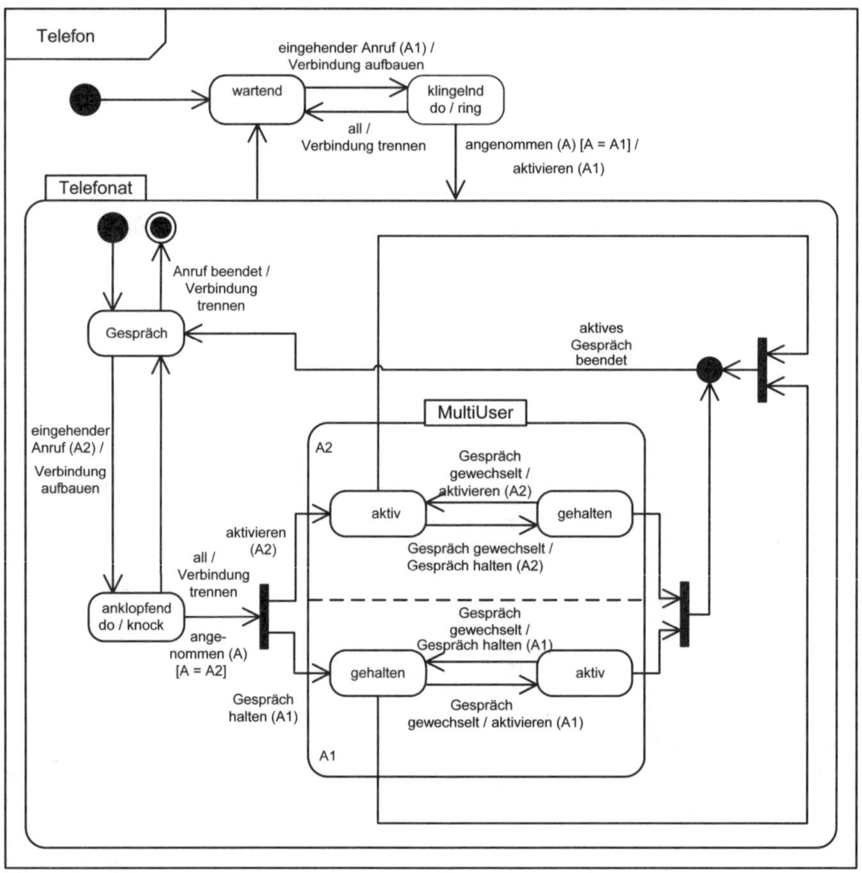

ABBILDUNG 14.56 Eingehende Telefonate

Wird ein Telefonat geführt (Zustand Gespräch) und kommt hierbei ein weiterer eingehender Anruf ein, so kann dieser entweder abgelehnt werden, oder der Anrufer gibt auf (beide Möglichkeiten sind durch den anyTrigger all abgebildet), oder der Anruf kann angenommen werden. Somit befindet man sich im zusammengesetzten Zustand MultiUser in den Zuständen A1::gehalten und A2::aktiv. Das aktive Gespräch kann zwischen den beiden gewechselt werden, bis eines der beiden beendet wird. Das übrig bleibende Gespräch wird das neue aktive Gespräch, und es findet ein Zustandsübergang zurück in den Zustand Gespräch statt.

14.4.11 Region

AL

Definition

A **region** is an orthogonal part of either a composite state or a state machine. It contains states and transitions.

Notation

Einzelne Regionen eines zusammengesetzten Zustands oder eines Zustandsautomaten werden durch gestrichelte Linien voneinander abgegrenzt. Jede Region kann dabei optional einen Namen haben.

ABBILDUNG 14.57 Das Notationssymbol, um Regionen kenntlich zu machen

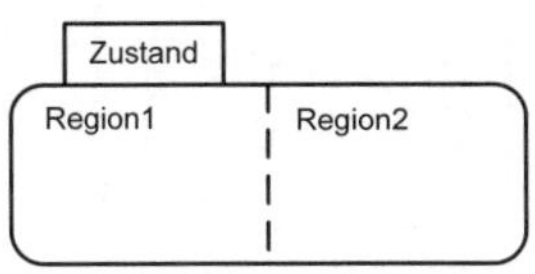

ABBILDUNG 14.58 Ein zusammengesetzter Zustand mit zwei Regionen

Beschreibung

Parallelität

Durch die Verwendung von Regionen haben Sie die Möglichkeit, zueinander parallele Abläufe zu beschreiben. Ein zusammengesetzter Zustand mit mehreren Regionen wird in der UML als orthogonaler zusammengesetzter Zustand bezeichnet. Prinzipiell gelten alle bisher getroffenen Aussagen zu Zuständen oder Zustandsautomaten genauso für eine Region eines Zustands bzw. eines Zustandsautomaten. Darüber hinaus gibt es einige Besonderheiten für die Modellierung paralleler Abläufe.

Auslösen von Transitionen

Die für den zusammengesetzten Zustand erzeugten Trigger werden in jeder Region gleichzeitig betrachtet. Ein Trigger kann dabei mehrere Transitionen auslösen.

Aktive, zusammengesetzte Zustände

Die Zustände in zusammengesetzten Zuständen mit mehreren Regionen können als Baum dargestellt werden (dies ist keine UML-Notation, sondern dient uns zur Erläuterung). Beachten Sie, dass sich in jeder Region ein aktiver Zustand befinden muss.

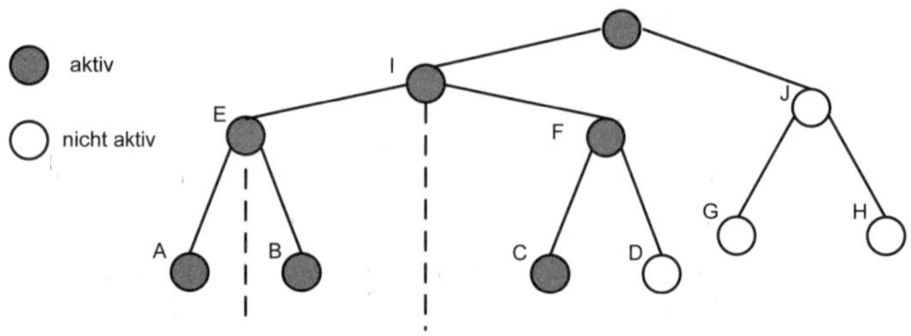

ABBILDUNG 14.59 Aktive Zustände in mehreren Regionen

Betreten eines orthogonalen zusammengesetzten Zustands

Möglichkeiten des Betretens

Orthogonale zusammengesetzte Zustände können wiederum auf zwei Arten betreten werden: über Default Entry und Explicit Entry. Beiden Fällen ist gemein, dass alle Regionen parallel betreten werden.

Betreten über Startzustände

- *Default Entry*: Ein Zustandsübergang von außen auf den Rand eines komplexen Zustands. Dies ist genau wie bei nicht orthogonalen zusammengesetzten Zuständen ein Zustandsübergang auf die Startzustände.

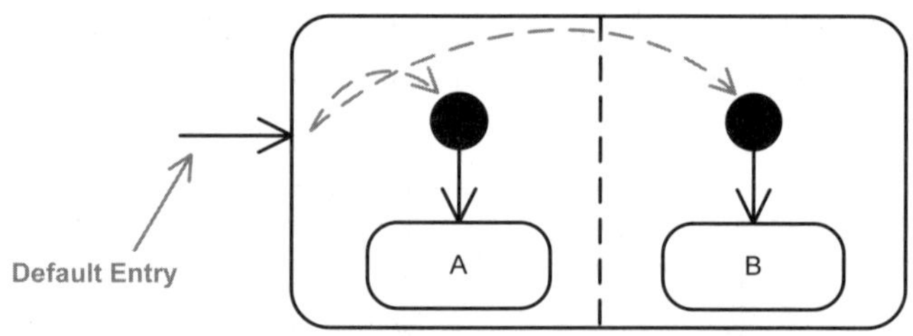

ABBILDUNG 14.60 Default Entry eines orthogonalen zusammengesetzten Zustands

Alternatives Betreten

Ein Zustandsübergang von innen auf den Rand eines zusammengesetzten Zustands entspricht einem Zustandsübergang auf den Startzustand einer Region. Dabei „wartet" die schon beendete Region auf die noch arbeitenden. Erst wenn alle Regionen bereit für den Übergang zum Startzustand sind, werden alle Startzustände der verschiedenen Regionen gleichzeitig erreicht.

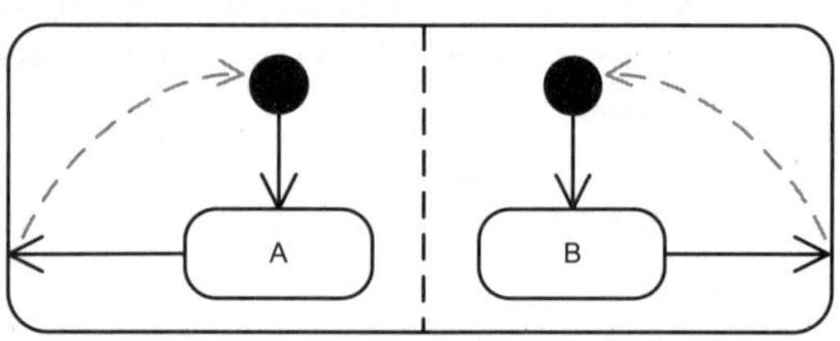

ABBILDUNG 14.61 Eine andere Art des Default Entry

- *Explicit Entry*: Ein Explicit Entry lässt sich per Gabelung modellieren. Für jede Region führt eine Transition direkt zu einem dort enthaltenen Zustand und nicht zu dem jeweiligen Startzustand.

Betreten über eine Gabelung

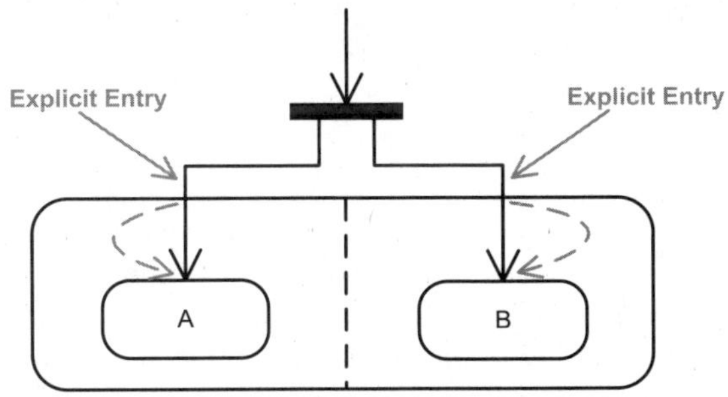

ABBILDUNG 14.62 Explicit Entry eines orthogonalen zusammengesetzten Zustands

Verlassen eines orthogonalen zusammengesetzten Zustands

Möglichkeiten des Verlassens

Bisher galt ein Zustandsautomat als beendet bzw. wurde ein zusammengesetzter Zustand verlassen, wenn der Endzustand erreicht oder eben diese eine Region verlassen wurde. Bei Verwendung mehrerer Regionen müssen wir, ähnlich wie bei den zusammengesetzten Zuständen, mehrere Fälle unterscheiden. Die Abarbeitung des Austrittsverhaltens findet dabei wie in Abschnitt 14.4.9 vorgestellt statt.

Verlassen über Endzustände

- *Erreichen der Endzustände:* Ein Verlassen orthogonaler zusammengesetzter Zustände kann durch das Erreichen aller Endzustände in den verschiedenen Regionen veranlasst werden. Der Zustand wird dann über die ungetriggerte Transition am Rand des Zustands verlassen.

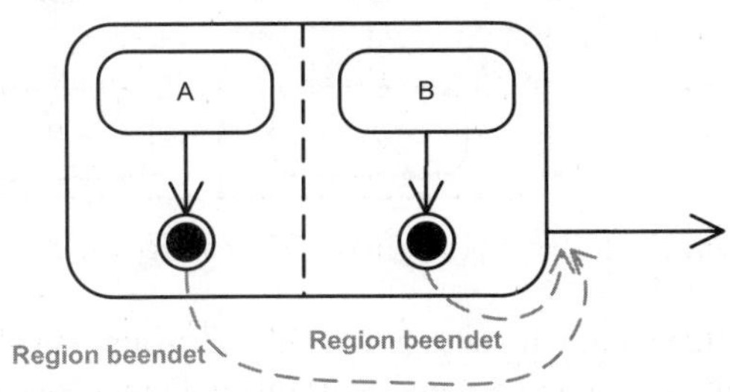

ABBILDUNG 14.63 Ungetriggertes Verlassen eines orthogonalen zusammengesetzten Zustands

Dabei ist zu beachten, dass die Region, die als Erste den Endzustand erreicht, in diesem verweilt, bis auch die anderen Regionen ihren Endzustand erreicht haben. Erst dann wird der zusammengesetzte Zustand verlassen. Solange sich eine Region in ihrem Endzustand aufhält, werden alle auftreffenden Trigger verworfen und nur in den anderen Regionen verarbeitet.

Verlassen über gemeinsame Transition

- *Trigger für den zusammengesetzten Zustand:* Wenn Sie eine Transition an dem zusammengesetzten Zustand mit einem Trigger modellieren, so wird diese Transition ausgeführt, wenn der entsprechende Trigger erzeugt wird. Dies bedeutet, dass alle Regionen sofort beendet werden.

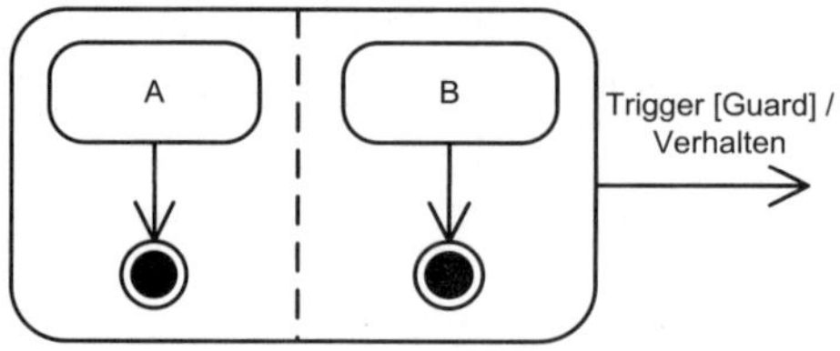

ABBILDUNG 14.64 Getriggertes Verlassen eines orthogonalen zusammengesetzten Zustands

Verlassen über eine Transition

- *Trigger für einen Unterzustand:* Wenn Sie eine Transition von einem Unterzustand in einer Region zu einem Zustand, der nicht Unterzustand des zusammengesetzten Zustands ist, modellieren, werden beim Durchlaufen dieser Transition alle anderen Regionen sofort beendet. Dies bedeutet, dass evtl. ablaufende Do Activities in den anderen Regionen unterbrochen werden.

  Auch das nicht explizit modellierte Verlassen der anderen Regionen müssen Sie beachten. Dies kann unter Umständen zu einem nicht beabsichtigten Verhalten führen.

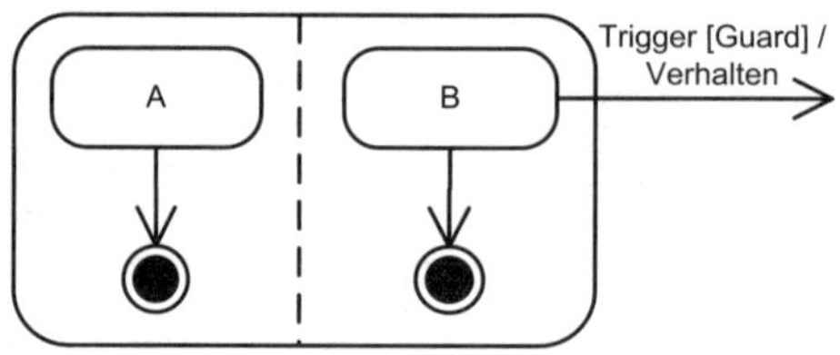

ABBILDUNG 14.65 Trigger für einen Unterzustand

Verlassen über Vereinigung

- *Modellierung einer Vereinigung:* Die parallelen Verhaltensbeschreibungen der verschiedenen Regionen können Sie auch mit einer Vereinigung wieder zusammenführen, um so das Beenden des orthogonalen zusammengesetzten Zustands zu veranlassen.

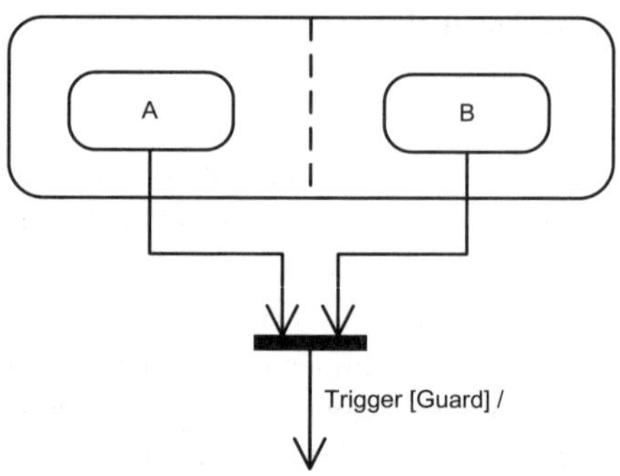

ABBILDUNG 14.66 Verlassen eines orthogonalen zusammengesetzten Zustands mittels Vereinigung

Dabei wird eine Einschränkung der Vereinigung ausgenutzt: Der Trigger darf nur an der einen, von der Vereinigung wegführenden Transition angetragen werden. Dies bewirkt ein gleichzeitiges Beenden der Regionen, aus denen Transitionen zur Vereinigung führen.

Anwendung

In Abbildung 14.67 wird das Verhalten eines Sekts beschrieben. Nach dem Öffnen der Sektflasche ändern sich sowohl die Temperatur als auch der Kohlensäuregehalt des Sekts. Diese Parallelität ist durch die beiden Regionen `Temperatur` und `Blubbereffekt` des zusammengesetzten Zustands modelliert. Parallel zu beiden Abläufen kann der Sekt natürlich probiert und getrunken werden.

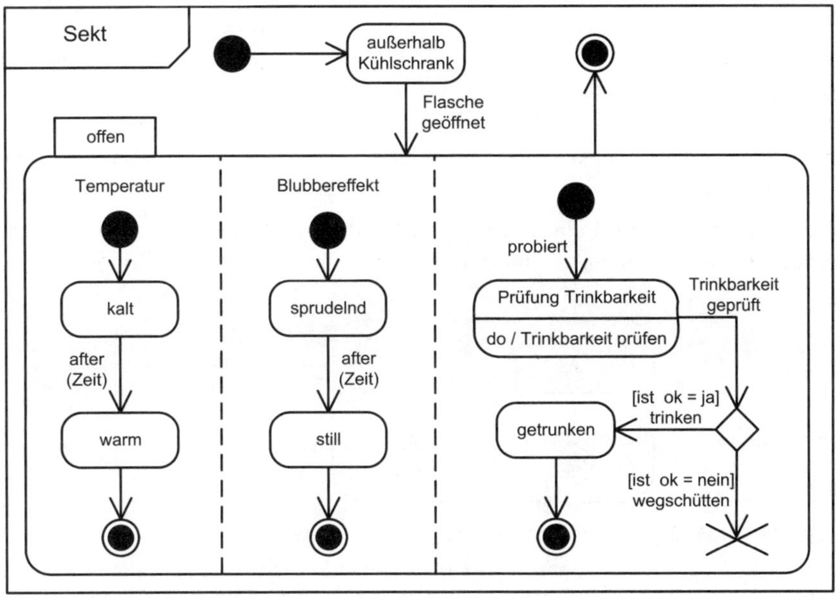

ABBILDUNG 14.67 Parallelität durch Verwendung von Regionen

14.4.12 Ein- und Austrittspunkt

Definition

An **entry point** pseudostate is an entry point of a state machine or composite state. In each region of the state machine or composite state it has a single transition to a vertex within the same region.

An **exit point** pseudostate is an exit point of a state machine or composite state. Entering an exit point within any region of the composite state or state machine referenced by a submachine state implies the exit of this composite state or submachine state and the triggering of the transition that has this exit point as source in the state machine enclosing the submachine or composite state.

A **connection point reference** represents a usage (as part of a submachine state) of an entry/exit point defined in the statemachine reference by the submachine state.

Connection point references of a submachine state can be used as sources/targets of transitions. They represent entries into or exits out of the submachine state machine referenced by the submachine state.

Notation

Sowohl Ein- als auch Austrittspunkte werden durch einen kleinen, nicht ausgefüllten Kreis mit einem zugehörigen Bezeichner dargestellt, wobei der Austrittspunkt zusätzlich durch ein Kreuz gekennzeichnet ist. Alternativ lassen sich Ein- und Austrittspunkte auch wie folgt darstellen. Das Schlüsselwort „via" macht hierbei die Ein- und Austrittspunkte als solche erkennbar.

ABBILDUNG 14.68 Ein- und Austrittspunkt

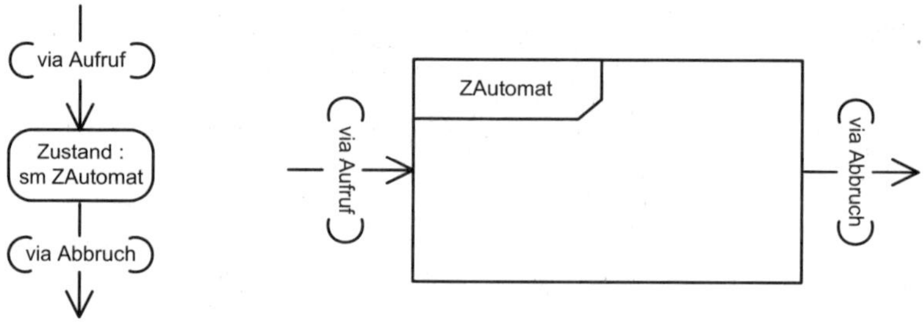

Alternative Darstellung

ABBILDUNG 14.69 Alternative Darstellung von Ein- und Austrittspunkt

Beschreibung

Weitere Art des Betretens

Eintrittspunkte (entry point) dienen der Übersichtlichkeit. Sie ersparen das Antragen von mehreren Transitionen von außen an einen Zustand innerhalb eines zusammengesetzten Zustands. Gleiches gilt für Austrittspunkte (exit points).

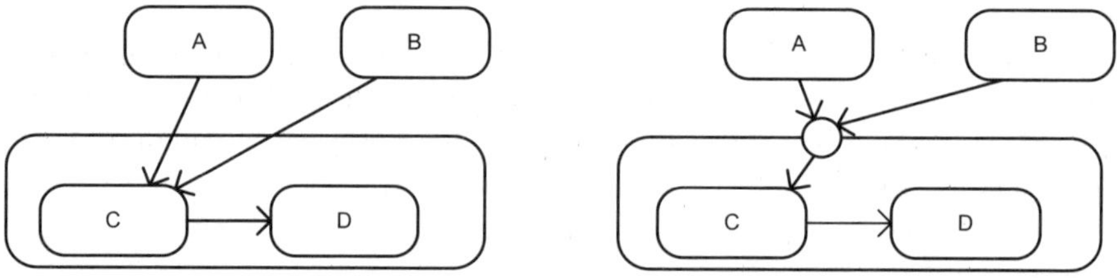

ABBILDUNG 14.70 Auch aus Gründen der Übersichtlichkeit: Verwendung von Eintrittspunkten

Verwendung

Um Ein- und Austrittspunkte eines Zustandsautomaten oder eines zusammengesetzten Zustands kenntlich zu machen, werden sie meist auf den Rahmen des entsprechenden Automaten oder Zustands gezeichnet. Optional können Ein- und Austrittspunkte auch inner- oder außerhalb des Zustandsautomaten oder des zusammengesetzten Zustands liegen.

Nur ein Ein-/Austrittspunkt pro Region

In jeder Region des Zustandsautomaten oder des zusammengesetzten Zustands existiert maximal eine einzelne Transition von einem Eintrittspunkt zu einem in dieser Region enthaltenen Zustand. Bei Erreichen eines Austrittspunkts innerhalb einer der Regionen des Automaten oder Zustands wird dieser verlassen.

Anwendung

Wird der Unterzustandsautomat oder der zusammengesetzte Zustand über den Austrittspunkt verlassen (in Abbildung 14.71 wegen eines Fehlbetrags), so wird die Transition abgehend vom Austrittspunkt `Abbruch` gewählt. Bei Erreichen des Endzustands wird nach Ausführen des Austrittsverhaltens die am Rand des Unterzustandsautomaten oder des zusammengesetzten Zustands anliegende Transition `ausgeben Getränke` angestoßen. Die Zustände Bezahlen `Bargeld:stm BB` und Bezahlen `Geldkarte:stm BG` sind hier nicht weiter ausgeführt.

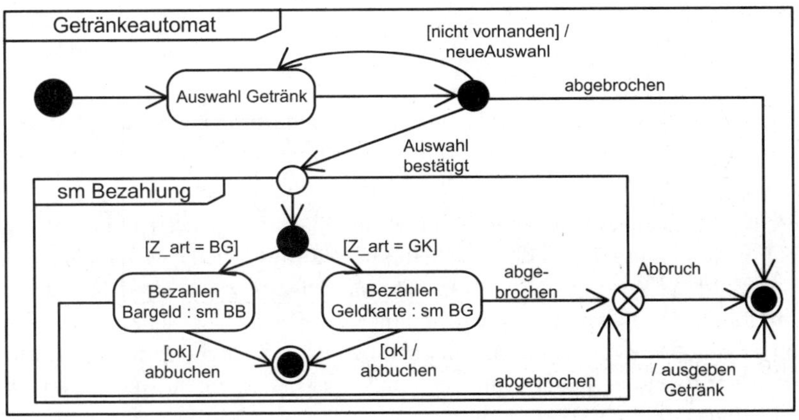

ABBILDUNG 14.71 Unterzustandsautomat `Bezahlung` und der dazugehörige Zustandsautomat

14.4.13 Unterzustandsautomatenzustände

AL

Definition

A **submachine state** specifies the insertion of the specification of a submachine state machine. The state machine that contains the submachine state is called the containing state machine. The same state machine may be a submachine more than once in the context of a single containing state machine.

Notation

Ein Unterzustandsautomatenzustand wird wie ein einfacher Zustand dargestellt. Die Bezeichnung des Zustands ist jedoch unterschiedlich. Die Bezeichnung des Unterzustandsautomatenzustands und die Bezeichnung des mit diesem Zustand verknüpften Zustandsautomaten werden, wie in Abbildung 14.72 dargestellt, durch Doppelpunkt separiert.

ABBILDUNG 14.72 Ein Unterzustandsautomatenzustand

Beschreibung

Platzhalter

Unterzustandsautomatenzustände (submachine state) stehen stellvertretend für einen Zustandsautomaten. Der Zustandsautomat, auf den der Unterzustandsautomatenzustand verweist, wird als Unterzustandsautomat bezeichnet. Die Transitionen in einem solchen Zustandsautomaten können Ein- und Austrittspunkte des enthaltenen Zustandsautomaten als Ziel beziehungsweise Quelle haben.

Unterzustandsautomaten werden Sie dann benötigen, wenn Sie entweder einen bestimmten Teilbereich zur mehrfachen Verwendung ausgliedern wollen oder wenn ein zusammengesetzter Zustand aus Platzgründen nicht mehr in Ihr Modell passt. Sie führen durch die Verwendung von Unterzustandsautomaten jedoch auch Abstraktionen ein: Die genaue Beschreibung des Teilverhaltens ist in dem darüber liegenden Zustandsautomaten zu detailliert und passt nicht zu dessen Abstraktionsgrad.

Wiederverwendbarkeit

Die Möglichkeit, den gleichen Zustandsautomaten an mehreren Stellen in Ihrem Modell zu verwenden, macht den Einsatz der Unterzustandsautomaten sehr attraktiv. Funktionalität, die bereits modelliert wurde, steht allen Entwicklern zur Verfügung.

Betreten

Ein Unterzustandsautomatenzustand wird entweder über einen Startzustand (Default Entry) oder über Eintrittspunkte (Explicit Entry) betreten. Wie dies genau geschieht, haben wir bei „Zusammengesetzter Zustand" (14.4.9) beziehungsweise „Region" (14.4.11) beschrieben. Eintrittspunkte haben dabei die Bedeutung einer über den Rand des Zustandsautomaten laufenden Transition beziehungsweise bei orthogonalen Zuständen die Bedeutung einer Gabelung. Austrittspunkte haben äquivalent zu Eintrittspunkten entweder die Bedeutung einer Transition oder einer Vereinigung.

Wie Sie sicher schon vermutet haben, wird beim Betreten und Verlassen von Unterzustandsautomatenzuständen durch Ein- beziehungsweise Austrittspunkte das entsprechende Ein- beziehungsweise Austrittsverhalten des Unterzustandsautomaten aufgerufen.

Anwendung

Der Unterzustandsautomatenzustand `Authentifizierung` kann sowohl als Default Entry (er startet bei dem Startzustand) als auch über den Eintrittspunkt `Pin unterdrückt` betreten werden (wenn die Pincode-Abfrage deaktiviert ist). Der Zustand kann verlassen werden, wenn eine erfolgreiche Authentifizierung stattgefunden hat oder eine dreimalige Fehleingabe erfolgt ist.

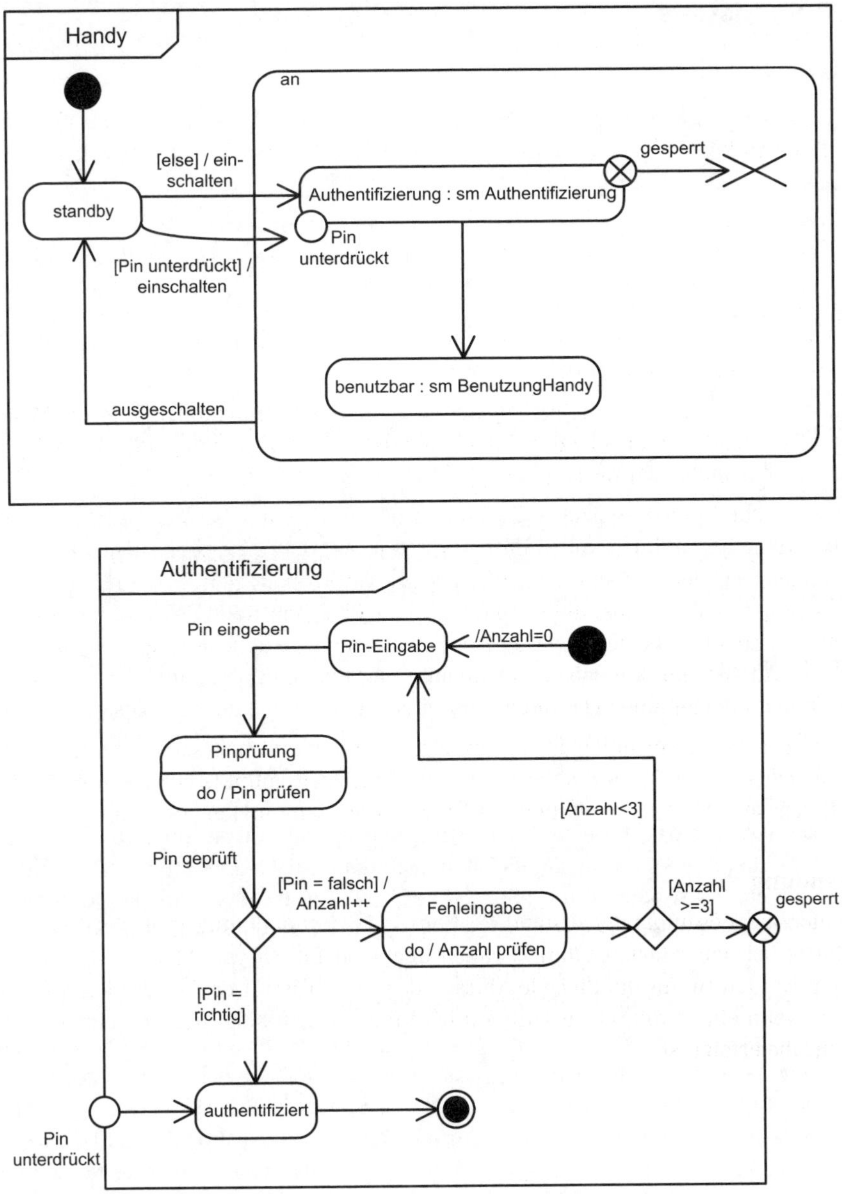

ABBILDUNG 14.73 Ein- und Austrittspunkte in Aktion

14.4.14 Historie

Definition

Deep history represents the most recent active configuration of the composite state that directly contains this pseudostate; e.g. the state configuration that was active when the composite state was last exited.

Shallow history represents the most recent active substate of its containing state (but not the substates of that substate). A composite state can have at most one shallow history vertex. A transition coming into the shallow history vertex is equivalent to a transition coming into the most recent active substate of a state.

Notation

Historienzustände lassen sich in flache und tiefe Historie unterteilen. Flache Historie wird durch einen kleinen Kreis mit der Bezeichnung „H“ dargestellt, wohingegen man tiefe Historie mit „H*“ bezeichnet.

ABBILDUNG 14.74 Flache und tiefe Historienzustände

Beschreibung

Zwischenspeicher

Mit den Historienzuständen können Sie für einen zusammengesetzten Zustand oder Unterzustandsautomaten den Zustand, der bei Betreten als Erster aktiv werden soll, dynamisch bestimmen. Dies bedeutet, dass der erste aktive Zustand davon abhängig ist, aus welchem Zustand heraus der zusammengesetzte Zustand zuvor verlassen wurde. Mit diesem Notationsmittel können Sie die Historie der Abarbeitung bei der Auswahl des neuen aktiven Zustands nutzen. Denken Sie an ein Radio, das sich nach dem Einschalten an das zuletzt gewählte Frequenzband (UKW oder Mittelwelle) erinnern soll. Die aktuelle Wahl des Frequenzbands wird als Zustand modelliert, der nach Einschalten wieder aktiv werden soll.

Im Folgenden werden wir uns auf zusammengesetzte Zustände beziehen. Alles gilt jedoch im gleichen Maße auch für Unterzustandsautomaten.

Erstes Betreten

Wird ein zusammengesetzter Zustand das erste Mal betreten, so wird das Standardziel als erster Zustand aktiv. Dieses wird durch eine Transition von dem Historienzustand zu einem beliebigen Unterzustand des zusammengesetzten Zustands beschrieben. Achten Sie darauf, dass hier wie auch bei Startzuständen nur eine Ausgangstransition erlaubt ist. Falls keine Transition von dem Historienzustand wegführt, wird der zusammengesetzte Zustand mit Default Entry betreten. Dies führt dazu, dass der Startzustand betreten wird. Hier gelten dieselben Semantic Variation Points, wie in 14.4.9 beschrieben.

Verwendung von flacher Historie

Gleiche Hierarchieebene

Eine flache Historie (shallow history) speichert den letzten aktiven Unterzustand eines zusammengesetzten Zustands, sobald dieser verlassen wird. Dies gilt immer, außer wenn der zuletzt aktive Unterzustand ein Endzustand oder der zusammengesetzte Zustand noch niemals betreten wurde. In diesen beiden Ausnahmefällen wird die explizit modellierte Transition des Historienzustands ausgeführt.

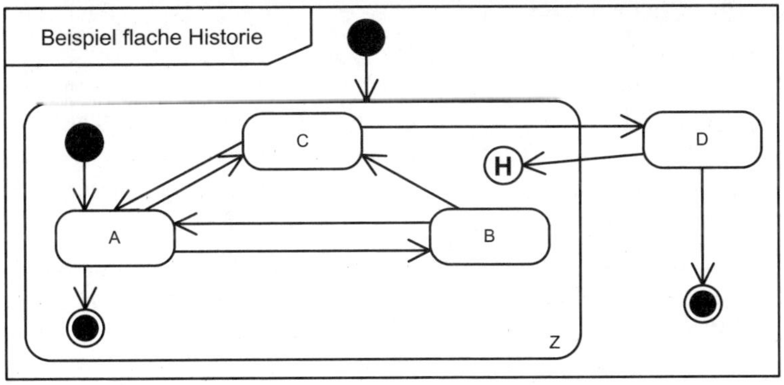

ABBILDUNG 14.75 Betreten eines zusammengesetzten Zustands über eine flache Historie

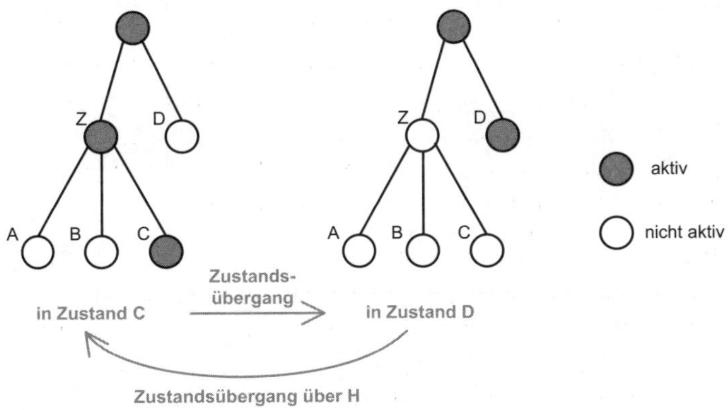

ABBILDUNG 14.76 Betreten über eine flache Historie: Der Baum zu Abbildung 14.75

Einschränkung bei der flachen Historie

In Abbildung 14.75 haben wir ein Beispiel für das Verhalten bei der Verwendung der flachen Historie modelliert. Zur besseren Darstellung haben wir die Zustandshierarchie wiederum als Baum dargestellt (Abbildung 14.76). Seien nun zu einem gewissen Zeitpunkt die schwarz markierten Zustände aktiv (linker Teil der Abbildung).

Wenn der nächste Zustandsübergang ein Verlassen des Zustands Z bewirkt (rechter Teil der Abbildung), so wird der Zustand C als zuletzt aktiver Unterzustand des Zustands Z gespeichert. Wenn nun über die Historie wieder der Zustand Z betreten wird, so wird wiederum der Zustand C aktiv (und damit natürlich auch Z).

Die Verwendung der flachen Historie bringt eine Einschränkung mit sich, die wir nicht unerwähnt lassen dürfen: Bisher haben wir die Unterzustände als einfache Zustände, also nur als eine Hierarchieebene in dem sich ergebenden Hierarchiebaum betrachtet. Wenn Sie jedoch einen zusammengesetzten Zustand aus wiederum zusammengesetzten Zuständen modellieren und auf der obersten Ebene eine flache Historie verwenden, so wird durch diese nur der Unterzustand der obersten Ebene als neuer aktiver Zustand ausgewählt. Für die darunter liegenden zusammengesetzten Zustände gelten die Regeln des Betretens, wie wir sie in 14.4.9 vorgestellt haben.

Ein Beispiel für die Verwendung der flachen Historie in tiefen Zustandshierarchien finden Sie in der Erklärung zu Abbildung 14.78.

Verwendung von tiefer Historie

Tiefere Hierarchieebenen

Mit der tiefen Historie (deep history) umgehen Sie die eben erwähnte Einschränkung. Alle zuletzt aktiven Zustände, ausgehend von dem zusammengesetzten Zustand, der verlassen wird, bis hin zu den Blättern in der Zustandshierarchie, werden gespeichert. So stehen sie beim erneuten Betreten des Zustands zur Verfügung. Bei Betreten des zusammengesetzten Zustands Z über die Historie wird genau dieser der neue aktive Zustand (in Abbildung 14.77 der Zustand F).

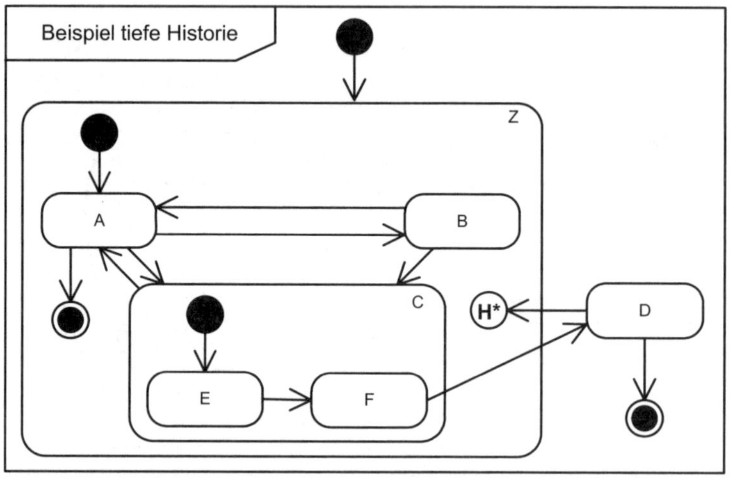

ABBILDUNG 14.77 Betreten eines zusammengesetzten Zustands über eine tiefe Historie

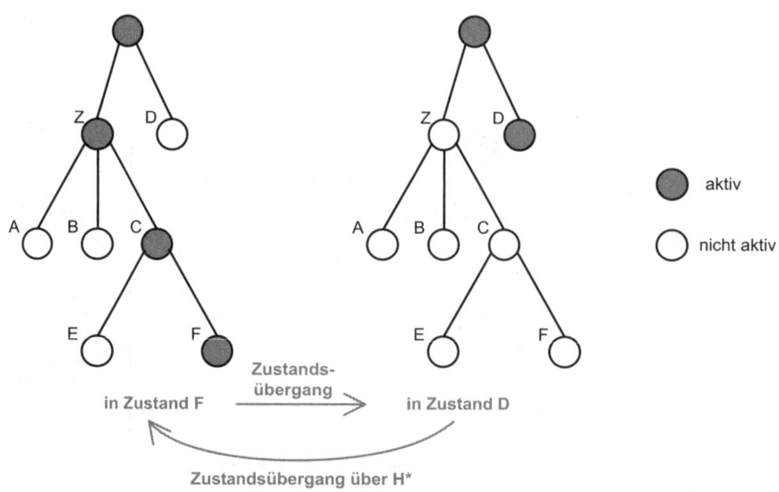

ABBILDUNG 14.78 Betreten über eine tiefe Historie: Der Baum zu Abbildung 14.77

Wenn wir nun annehmen, dass im obigen Beispiel anstelle der tiefen Historie eine flache Historie verwendet wird, so wird nach dem Zustandsübergang über die flache Historie zunächst der Zustand C aktiv. Da nun aber keine Informationen mehr über dessen aktive Zustände vorliegen, wird über den Startzustand der Zustand E aktiv.

Anwendung

In Abbildung 14.79 „merkt" sich die flache Historie beim Ausschalten, in welchem Betriebsmodus das Autoradio zuletzt lief (letzter aktiver Zustand). Beim Einschalten wird über die Historie genau dieser Modus (Zustand) wieder aktiv. Für den Fall der allerersten Inbetriebnahme wurde im Beispiel eine Transition zum Zustand Radiobetrieb modelliert, somit ist dieser Zustand das Standardziel der Historie.

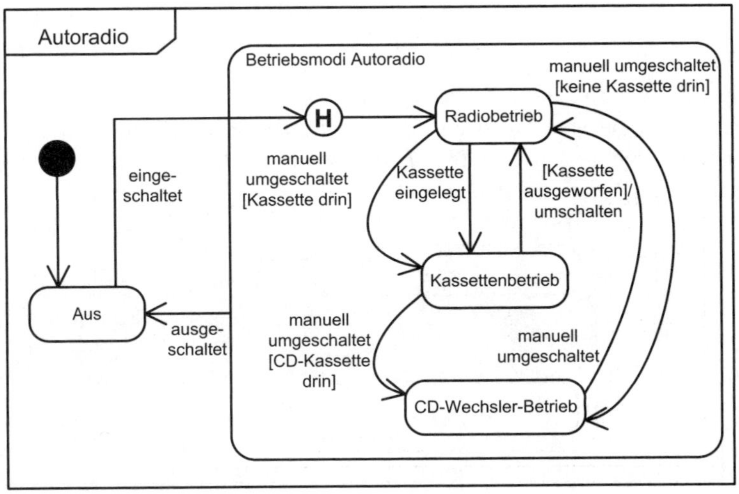

ABBILDUNG 14.79 Flache Historie

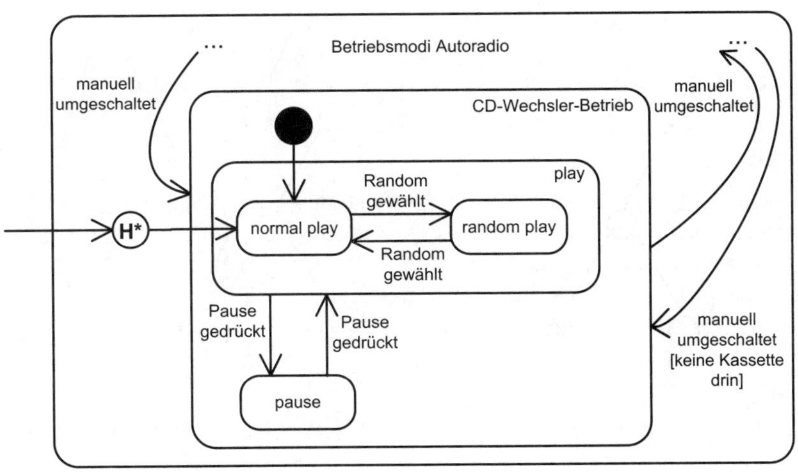

ABBILDUNG 14.80 Tiefe Historie

Eine Erweiterung zum obigen Beispiel mit flacher Historie ist hier schematisch aufgezeigt. Die tiefe Historie „merkt" sich den zuletzt aktiven Unterzustand des zusammengesetzten Zustands `CD-Wechsler Betrieb` (weitere Möglichkeiten wären zum Beispiel: zuletzt gespieltes Lied, Zeit, ...).

14.4.15 Spezialisierung

Definition

A state machine is generalizable. A specialized state machine is an extension of the general state machine, in that regions, vertices and transitions may be added, regions and states may be redefined (extended: simple states to composite states and composite states by adding states and transitions), and transitions can be redefined.

Notation

Spezialisierte Zustände eines Zustandsautomaten werden mit unterbrochenen Linien gezeichnet. Zusätzlich wird bei spezialisierten zusammengesetzten Zuständen und spezialisierten Zustandsautomaten eine Erweiterung durch das Schlüsselwort {extended} hervorgehoben (zum Beispiel: „stm Autoradio {extended}").

ABBILDUNG 14.81 Darstellung eines spezialisierten Zustands und eines erweiterten zusammengesetzten Zustands

Darüber hinaus besteht die Möglichkeit, bei bestimmten Elementen die Ersetzung bzw. Ergänzung durch Verwendung des Schlüsselworts {final} nicht zu erlauben.

ABBILDUNG 14.82 Schlüsselwort {final} an einer Transition und an einem Zustand

Beschreibung

Generalisierung ⇨ 6.4.6

Einen Classifier können Sie strukturell spezialisieren, indem Sie zum Beispiel Attribute oder Operationen hinzufügen (siehe Abschnitt 6.4.6). Das Verhalten des spezialisierten Classifiers können Sie wiederum durch einen Zustandsautomaten abbilden. Damit Sie nicht einen komplett neuen Zustandsautomaten modellieren müssen, bietet Ihnen die UML die Möglichkeit, nur die benötigten Änderungen (Erweiterungen und Ersetzungen) des Verhaltens darzustellen. Die Änderungen können sich auf Regionen, Zustände und Transitionen beziehen.

Darstellung von Mehrfachvererbung

Wenn mehrere generalisierte Classifier (also bei Mehrfachvererbung) vorhanden sind, bedeutet eine Erweiterung, dass der erweiterte Zustandsautomat orthogonale Regionen für jeden Zustandsautomaten der generalisierten Classifier erhält. Mit dieser Möglichkeit der Spezialisierung sollten Sie jedoch sehr sorgsam umgehen. Leser der entstehenden Modelle verlieren sehr schnell den Überblick und können das mitunter sehr komplexe Verhalten des Classifiers nicht mehr nachvollziehen.

Die Regeln, die Sie bei allen Spezialisierungen von Zustandsautomaten und Zuständen beachten müssen, werden im Folgenden beschrieben.

Allgemein gilt:

- Ein spezialisierter Zustandsautomat besitzt *alle* Elemente des generalisierten Zustandsautomaten mit zusätzlichen Erweiterungen.
- Ist an einem Zustand oder an einer Transition das Schlüsselwort {final} angebracht, so kann dieses Element im erweiterten Zustandsautomaten weder ersetzt noch ergänzt werden.

Regionen ersetzen oder hinzufügen

Regionen ersetzen durch Erweiterung

Regionen können hinzugefügt werden. Spezialisierte Regionen können durch Erweiterung ersetzt werden.

Zustände ersetzen oder hinzufügen

Die erlaubten Änderungen bei der Spezialisierung eines Zustands sind abhängig vom Typ des generalisierten Zustands.

- Ein *einfacher Zustand* ist durch Hinzufügen von einer oder mehreren Regionen auf einen zusammengesetzten Zustand erweiterbar. Die Regionen dieses „neuen" zusammengesetzten Zustands können um Zustände und Transitionen ergänzt werden.
- *Ein zusammengesetzter Zustand* ist ebenfalls durch Hinzufügen von Regionen erweiterbar. Zusätzlich können die vererbten Regionen durch Hinzufügen von Zuständen, Knoten, internen Verhalten (wenn der zusammengesetzte Ursprungszustand keine besitzt) und Transitionen, sowie Ersetzen von Transitionen und Zuständen erweitert werden.
- Ein *Unterzustandsautomatenzustand* lässt sich ersetzen und durch Hinzufügen erweitern. Dies ist unter anderem durch Ersetzung des zugehörigen Unterzustandsautomaten durch einen anderen Zustandsautomaten möglich. Voraussetzung hierbei ist, dass der spezialisierte Zustandsautomat über die gleichen Ein-/Austrittspunkte wie der Ursprungszustandsautomat verfügt. Es können allerdings Ein- und Austrittspunkte hinzugefügt werden. Diese Art der Spezialisierung erscheint uns als die sinnvollste, da Sie hierbei ein klar strukturiertes Modell erhalten.

Transitionen ersetzen oder hinzufügen

Identifizierbarkeit von Transitionen nötig

Transitionen sind nur dann ersetzbar, wenn sie *eindeutig* identifizierbar sind. Identifiziert werden Transitionen durch ihren Quellzustand und Trigger. Die Guards werden hierbei nicht betrachtet, da sie bezüglich der Spezialisierung zur Unterscheidbarkeit von Transitionen nichts beitragen.

Das Ersetzen einer Transition erfolgt durch ein Ändern von Guard, Verhalten oder Zielzustand, allerdings nicht des Quellzustands und Triggers.

Anwendung

In dem Zustandsautomaten `Geldautomat` in Abbildung 14.83 sind die Zustände `Karte prüfen`, `Defekt` und `Transaktion bestätigen` sowie die Transition `Transaktion bestätigen/Karte ausgeben` als {final} spezifiziert; sie können also nicht mehr erweitert werden. Durch die Spezialisierung zu dem unten stehenden Zustandsautomaten wird auch die Eingabe eines anderen Geldbetrags erlaubt. Die Erweiterung des Zustandsautomaten `Geldautomat {extended}` besteht aus der Ersetzung der gestrichelt dargestellten Zustände und Transitionen zusammen mit dem neu eingeführten Zustand `Betrag eingeben` und den drei neu definierten Transitionen.

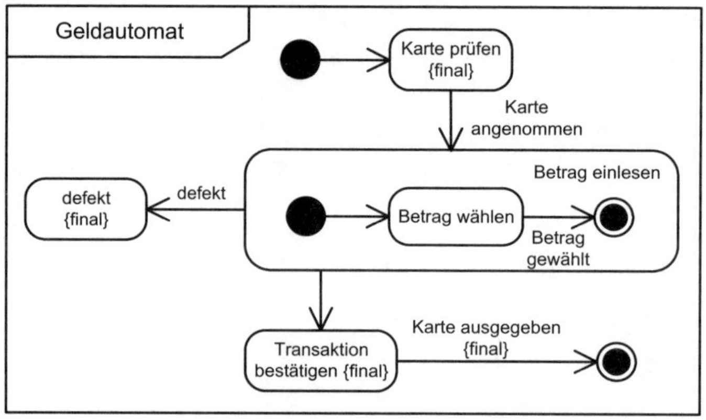

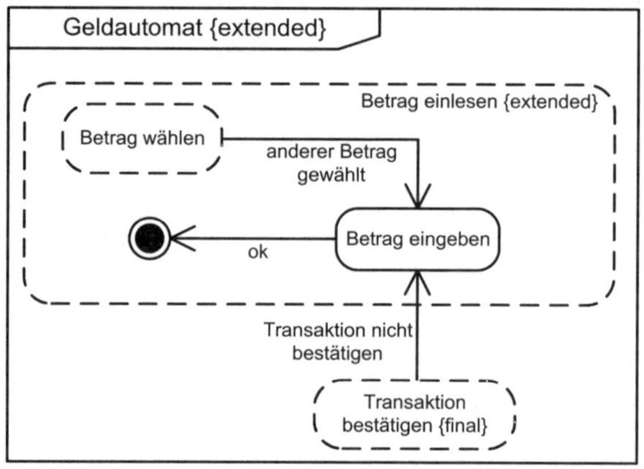

ABBILDUNG 14.83 Der Zustandsautomat „Geldautomat" und dessen Erweiterung

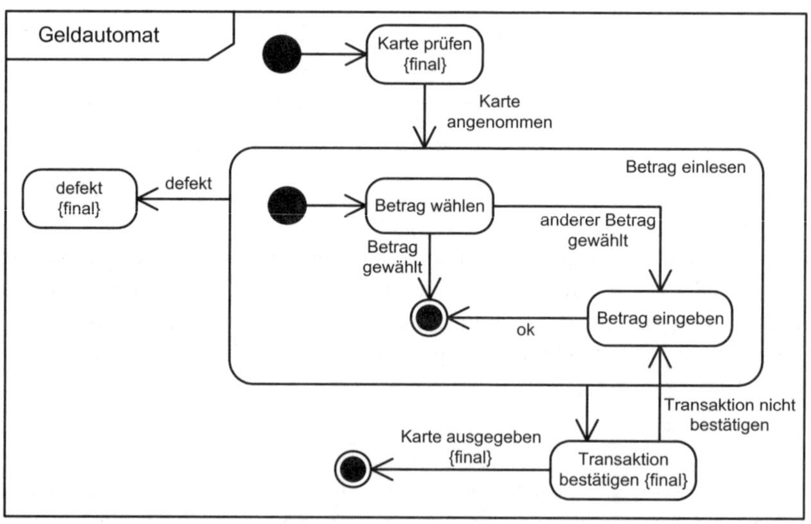

ABBILDUNG 14.84 Der „komplette" Zustandsautomat „Geldautomat"

14.4.16 Protokollzustandsautomat

Definition

A **protocol state machine** is always defined in the context of a classifier. It specifies which operations of the classifier can be called in which state and under which condition, thus specifying the allowed call sequences on the classifier's operations. A protocol state machine presents the possible and permitted transitions on the instances of its context classifier, together with the operations, which carry the transitions. In this manner, an instance lifecycle can be created for a classifier, by specifying the order in which the operations can be activated and the states through which an instance progresses during its existence.

Notation

Protokollzustandsautomaten sind von Verhaltenszustandsautomaten durch das Schlüsselwort {protocol} unterscheidbar.

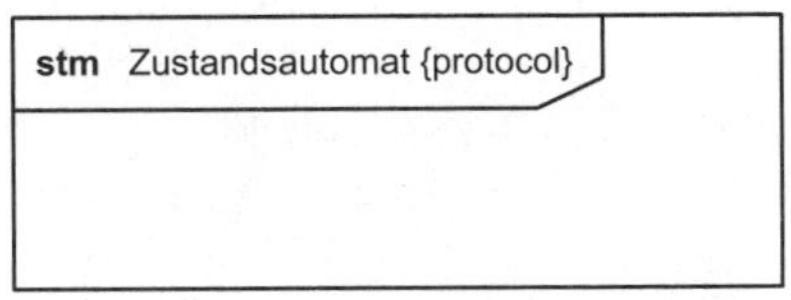

ABBILDUNG 14.85 Bezeichnung eines Protokollzustandsautomaten

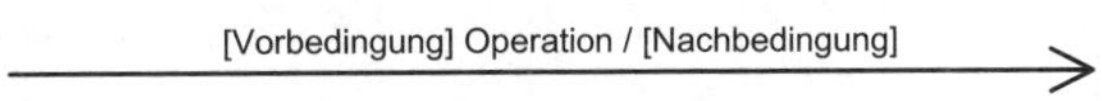

ABBILDUNG 14.86 Transition in einem Protokollzustandsautomaten

Syntax einer Protokolltransition

Eine *Protokolltransition* (also eine Transition in einem Protokollzustandsautomaten) unterscheidet sich rein optisch nicht von der eines „normalen" Zustandsautomaten. Die Beschriftung beinhaltet jedoch teilweise andere Elemente:

- *Vorbedingung:* entspricht der Guard einer Transition, das heißt, einer Bedingung, die erfüllt sein muss, damit die Operation aufgerufen werden kann.
- *Operation:* kann aufgerufen werden, um den Zustandsübergang auszulösen.
- *Nachbedingung:* muss erfüllt sein, um den Zielzustand zu erreichen.

Beschreibung

Ein Protokollzustandsautomat (protocol state machine) gibt an, welche Operationen eines Classifiers in welchem Zustand und unter welcher Bedingung aufgerufen werden können. Somit werden die erlaubten Aufrufreihenfolgen der Operationen (ein Protokoll) definiert. Im Folgenden reden wir anstelle von Protokollzuständen von Zuständen, um die Lesbarkeit zu erhöhen. Gleiches gilt für die Transitionen.

Zustände in Protokollzustandsautomaten

Die Invariante

Ein Zustand in einem Protokollzustandsautomaten drückt zunächst dasselbe aus wie ein Zustand in einem Verhaltenszustandsautomaten: Während sich der Automat in einem Zustand befindet, gilt eine zustandsspezifische Bedingung, eine Invariante.

ABBILDUNG 14.87 Zustand in einem Protokollzustandsautomaten

Kein Verhalten in Zuständen

Im Gegensatz zu den bisher eingeführten Zuständen können Sie hier jedoch diese Invariante bei einem Protokollzustand explizit angeben. Diese Invariante kann Einfluss auf die Ausführung einer Transition haben. Mehr dazu erfahren Sie im nächsten Abschnitt.

Als ein weiteres wichtiges Unterscheidungsmerkmal müssen wir die internen Transitionen und Verhalten anführen. Da in einem Zustand eines Protokollzustandsautomaten kein Verhalten stattfinden darf, dürfen Sie auch kein internes Verhalten modellieren. Die UML macht zwar keine Aussagen zu den internen Transitionen, doch empfehlen wir Ihnen, auch diese nicht zu nutzen.

Protokolltransitionen

Alle Transitionen eines Protokollzustandsautomaten müssen Protokolltransitionen sein. Eine Protokolltransition kann eine Operation, eine Vor- und eine Nachbedingung beinhalten. Sie beschreibt einen Übergang zwischen zwei Protokollzuständen und wird i. A. durch den Aufruf der entsprechenden Operation angestoßen. Auch wenn es die UML erlaubt, Protokolltransitionen ohne Operationen zu definieren, empfehlen wir, jede Protokolltransition mit einer Operation als Trigger zu versehen.

Bedeutung der Bedingungen

Die Vorbedingung an der Transition wird als ein Teil der Vorbedingung der Operation gesehen. Sie gibt an, welche Bedingung vor der Ausführung der Transition gelten muss. Die Nachbedingung gibt hingegen an, welche Bedingung nach der Durchführung der Transition gilt.

Invariante oder Nachbedingung

Beide Bedingungen werden durch die Bedingungen des Quell- und Zielzustands der Transition ergänzt. In diesen sind gewisse Invarianten (evtl. explizit) schon gegeben, da sich unter anderem durch diese Invarianten ja ein Zustand definiert (siehe auch 14.3.2, die Belegung der Zustandsvariablen). Die Invariante des Quellzustands der Transition wird als zusätzliche Vorbedingung der Transition angesehen. Für den Zielzustand und die Nachbedingung gilt das Entsprechende.

Wir geben an dieser Stelle noch einen kleinen Tipp: Wenn Sie eine Nachbedingung an eine Transition schreiben möchten, überlegen Sie sich zunächst, ob diese Nachbedingung nicht eigentlich Teil der Invariante des Zielzustands ist. Oder ist vielleicht der Zielzustand an sich nicht korrekt definiert bzw. benannt? Sie werden nur in den seltensten Fällen Nachbedingungen benutzen müssen!

Ausführen einer Protokolltransition

Vorgehen

Eine Transition wird immer dann ausgeführt, wenn ein CallTrigger für die entsprechende Operation erzeugt wird, die Invariante des Quellzustandes gilt (der Quellzustand also mindestens der aktive Zustand ist) und die Vorbedingung der Transition zu True ausgewertet wird.

In anderen Fällen, wenn also zum Beispiel die Vor- oder Nachbedingung zu False ausgewertet oder ein CallTrigger für eine Transition erzeugt wird, die nicht vom aktuell aktiven Zustand aus startet, macht die UML keine Aussage über das Verhalten.

Ausnahmefälle

Unserer Meinung nach sollten Sie für die Ausnahmefälle die folgenden Annahmen treffen. Dabei gehen wir von einem Modell aus, das korrekt ist und das modelliert, was beabsichtigt ist.

- *Vorbedingung ist nicht gültig:* Die Transition wird nicht durchlaufen. Dies entspricht der bereits bei den Guards eingeführten Semantik.
- *Nachbedingung ist nicht gültig:* Gilt nach der Ausführung der Operation die Nachbedingung nicht, ist dies eine fehlerhafte Implementierung des Modells.
- *Kein CallTrigger:* Gibt es im aktiven Zustand keine Transition mit dem eintreffenden CallTrigger, wird keine Transition ausgelöst; der Trigger verfällt.
- *Mehrere gültige Transitionen:* Existieren für den aktuellen Zustand mehrere abgehende Transitionen mit der gleichen Operation und sind bei Eintreffen der Operation bei den Transitionen die Vorbedingungen gültig, so wird eine beliebige Transition ausgeführt. Dies entspricht der Semantik in Verhaltenszustandsautomaten. Vermeiden Sie diese Situation durch Ihre Modellierung!
- *Unerwarteter Empfang eines Events:* Die Reaktion auf ein Event, das zu einem unerwarteten Zeitpunkt eintrifft (aktiver Zustand, state invariant, pre-condition) ist ein Semantic Variation Point: Der Event kann ignoriert, abgelehnt oder deferred werden, eine Ausnahme kann erhoben werden oder das Programm kann mit einer Fehlermeldung anhalten.
- *Unerwartetes Verhalten:* Die Behandlung des unerwarteten Verhaltens, das ein unerwartetes Resultat einer Transition nach sich zieht (falscher Endstate, Endstate-Invariant, post-condition), ist ebenfalls ein Semantic Variation Point. Wir empfehlen, diese Situation als fehlerhaft zu betrachten.

Semantic Variation Points

Anwendung

Das Secure Transaction Protocol (`STP`) ist ein Kommunikationsprotokoll zwischen zwei Geräten. Zu Beginn befinden sich beide Parteien im Zustand `null`. Die Transitionen (und somit die anliegenden Operationen) werden ausgelöst durch Gültigwerden der entsprechenden Bedingungen.

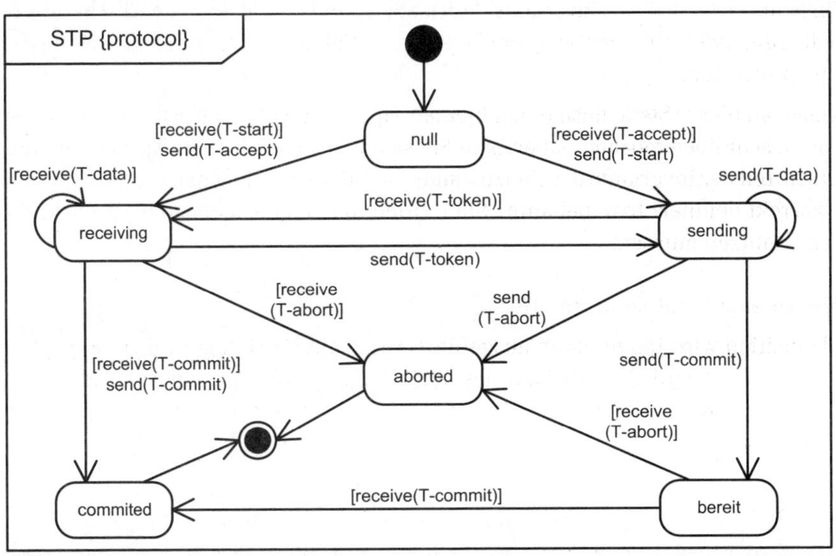

ABBILDUNG 14.88 Secure Transaction Protocol

14.5 Codeabbildung

Nachdem Sie nun in der Lage sind, mit Hilfe der im vorigen Kapitel erworbenen Kenntnisse mehr oder weniger komplexe Zustandsautomaten zu definieren, möchten wir Ihnen in diesem Kapitel erklären, wie Sie diese Zustandsautomaten nachvollziehbar (oder automatisch generierbar) in Programmcode überführen können.

14.5.1 Einleitung

Für die Abbildung eines Zustandsautomaten in ablauffähigen Code existieren zahlreiche Alternativen. Wir haben uns für eine Möglichkeit entschieden, die unserer Meinung nach bezüglich Laufzeit, Speicherplatz und Änderbarkeit den besten Kompromiss bietet.

Diese Lösung beinhaltet die Definition und Implementierung eines Frameworks, aus dem durch einfache Instanziierung ein spezieller Zustandsautomat gebildet wird. Bei der Vorstellung der Implementierung gehen wir von Grundkenntnissen in der von uns verwendeten Programmiersprache C# aus.

In unseren Beispielen fungiert der Zustandsautomat nicht als eigenständiges Programm, sondern als Beschreibung des Verhaltens eines Classifiers. Dabei muss natürlich betrachtet werden, dass prinzipiell viele Objekte dieses Classifiers unabhängig voneinander existieren können und diese Objekte sich zu einem Zeitpunkt in verschiedenen Zuständen befinden können.

Dieses Kapitel ist wie folgt gegliedert: Zunächst stellen wir Ihnen die prinzipielle Idee an Hand eines kleines Beispiels vor. Die eigentliche Abbildung in Code ist in drei größere Abschnitte aufgeteilt: Einfache Zustandsautomaten, Erweiterungen der einfachen Zustandsautomaten und die zusammengesetzten Zustandsautomaten inklusive der Parallelität. Ähnlich wie bei der Vorstellung der Zustandsautomaten erstellen wir zunächst ein Grundgerüst der Abbildung, das dann sukzessive erweitert wird, bis alle Elemente der Zustandsautomaten abgebildet sind.

14.5.2 Überblick

Der Grundgedanke bei der bei uns angestrebten Lösung ist relativ einfach: Wir definieren ein Framework, das im Wesentlichen aus den benötigten Klassen des UML-Metamodells besteht. Diesen Klassen geben wir ein Verhalten, das die grundsätzliche Funktionalität der Zustandsautomaten abbildet. So wird hier zum Beispiel das Betreten und Verlassen eines Zustands, das Aufrufen des Verhaltens und das Setzen des jeweils aktiven Zustands definiert.

Die Klasse `Vertex` ist eine abstrakte Klasse, die eine Oberklasse für die Klassen `State`, `PseudoState` und `EndState` darstellt. Die Operation `HandleEvent` verarbeitet die eingehenden Ereignisse. Diese Ereignisse sind Instanzen der Klasse `StateEvent`. Die Operationen `EnterState` und `LeaveState` müssen von den abgeleiteten Klassen überdefiniert werden. Sie sorgen dafür, dass ein Zustand betreten bzw. verlassen werden kann und starten das jeweilige Verhalten.

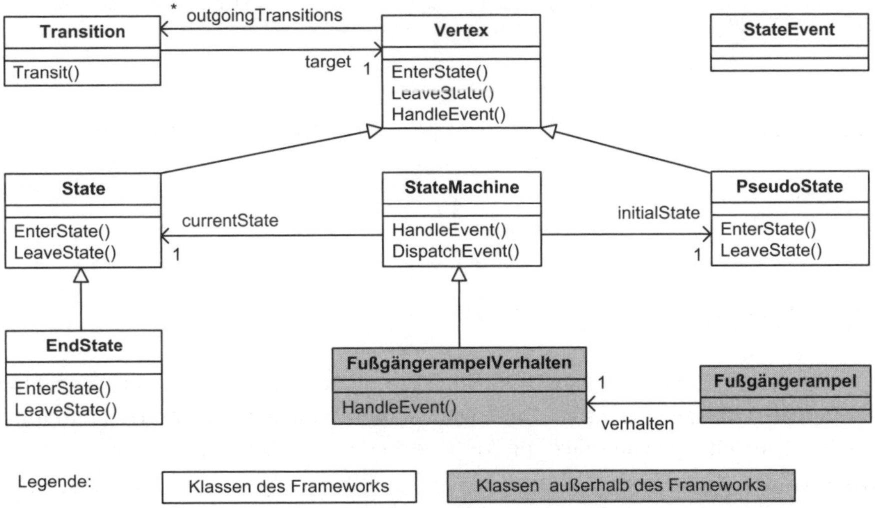

ABBILDUNG 14.89 Das Klassenmodell des Frameworks

Die Objekte der Klasse `Transition` sind für die eigentliche Abarbeitung des Ereignisses verantwortlich. Sie benachrichtigen die verschiedenen Zustände über das Verlassen bzw. das Betreten durch den Aufruf der Operationen `LeaveState` und `EnterState`. Dazu wird die Operation `Transit` von dem aktuellen Zustand aus aufgerufen.

Die Klasse `StateMachine` sammelt die für einen bestimmten Zustandsautomaten angelegten Instanzen der Klassen `Vertex` und `Transition`. Darüber hinaus bildet sie die Schnittstelle für die Ereignisse, die von außen an den Zustandsautomaten gebracht werden (Operation `HandleEvent`), und verteilt diese an die jeweils aktuellen Zustände.

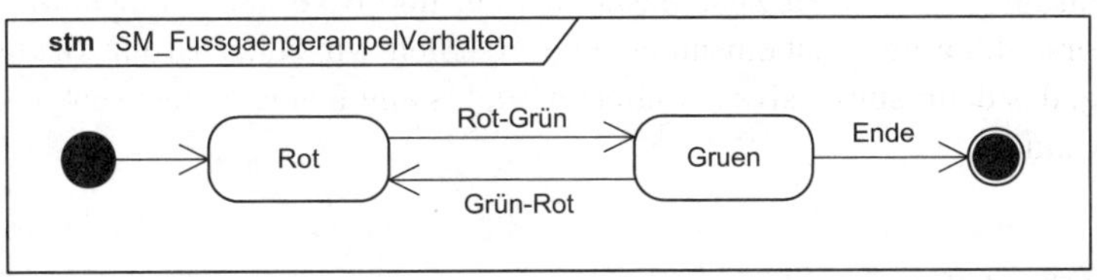

ABBILDUNG 14.90 Eine einfache Fußgängerampel

Wenn Sie einer Klasse aus Ihrem Modell ein Verhalten geben möchten, so ist die Klasse `StateMachine` die einzige Klasse unseres Frameworks, von der Sie eine Spezialisierung bilden müssen. Alle anderen Klassen werden in dem spezifischen Programmcode nur instanziiert. Diese Verwendung zeigen wir an Hand eines kleinen Beispielautomaten, einer Fußgängerampel (Abbildung 14.90).

Aus diesem Beispiel folgt zunächst eine Klasse `SM_FussgaengerampelVerhalten` als Spezialisierung der Klasse `StateMachine` (siehe Abbildung 14.89). Für ein Objekt der Klasse `Fussgaengerampel`, deren Verhalten durch `SM_FussgaengerampelVerhalten` beschrieben wird, werden durch den Programmcode die folgenden Instanzen der Klassen aus Abbildung 14.91 mit ihren Links gebildet.

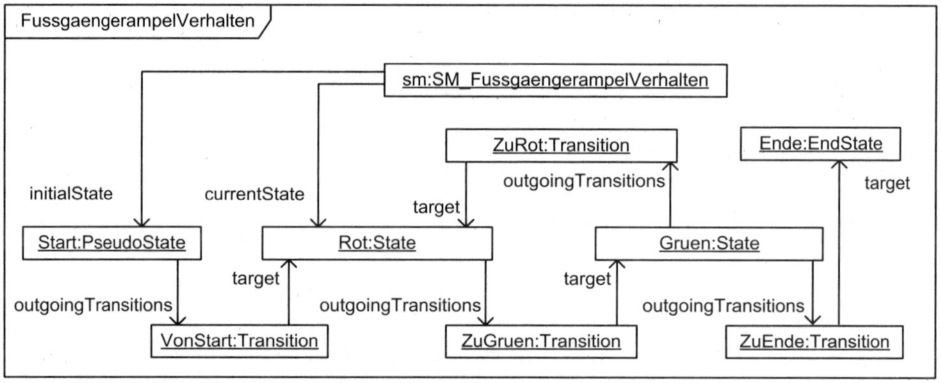

ABBILDUNG 14.91 Die aus Ihrem Programmcode resultierenden Objekte

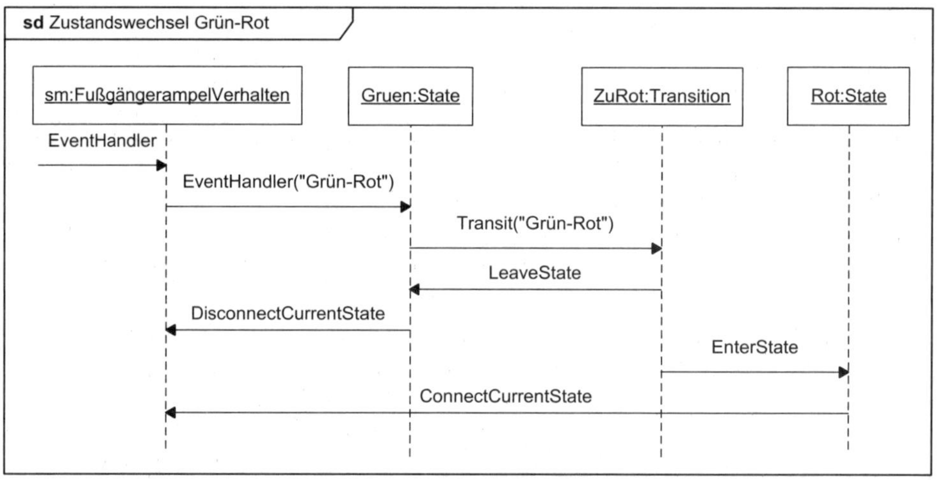

ABBILDUNG 14.92 Die Abarbeitung eines Ereignisses

Das Sequenzdiagramm in der Abbildung 14.92 zeigt vereinfacht, wie ein Zustandswechsel von `Gruen` nach `Rot` abgearbeitet wird.

Die Instanzen der Klassen `Vertex` und `Transition` existieren für alle Objekte der Klasse `Fussgaengerampel` nur einmal. Dies erreichen wir dadurch, dass wir für jedes Objekt der Klasse `Fussgaengerampel` eine Instanz der Klasse `SM_FussgaengerampelVerhalten` bilden, da sich das unterschiedliche Verhalten unterschiedlicher Objekte auf unterschiedliche aktive Zustände zurückführen lässt. Und diese aktuell aktiven Zustände werden ja von den Instanzen der Klasse `SM_FussgaengerampelVerhalten` gehalten.

Das für dieses einfache Beispiel benötigte Metamodell aus Abbildung 14.89 reicht natürlich nicht aus, um alle Modellierungsmittel der Zustandsautomaten in Code zu überführen. Wir wollten Ihnen damit die prinzipiellen Ansätze zeigen. In den weiteren Abschnitten stellen wir Ihnen nun zunächst die Realisierung der für die einfachen Zustandsautomaten benötigten Klassen genauer vor und werden diese Realisierung dann Schritt für Schritt erweitern, um alle Modellierungsmittel zu berücksichtigen.

14.5.3 Einfache Zustandsautomaten

In diesem Kapitel wird die Realisierung des Frameworks für die Erzeugung und Abarbeitung der flachen Zustandsautomaten vorgestellt. Dabei werden wir uns so nah wie möglich an den in Abbildung 14.89 eingeführten Ausschnitt des UML-Metamodells halten.

14.5.3.1 Vertex

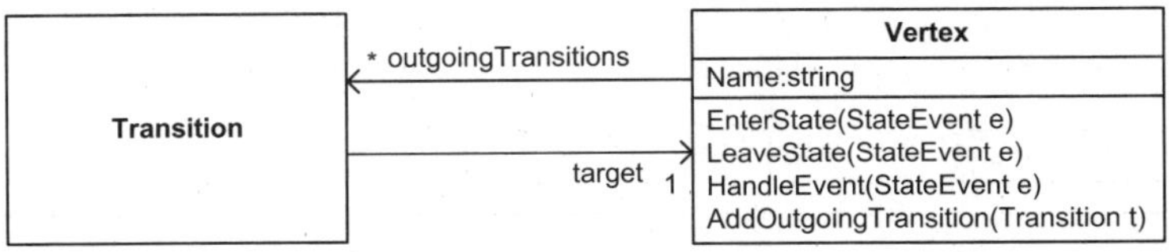

`Vertex` ist die Basisklasse für alle Typen von Zuständen: `State`, `PseudoState` und `EndState`. In ihr wird im Wesentlichen nur der Name des `Vertex` und eine Relation zu allen Transitionen, die diesen Zustand verlassen, definiert. Die Operationen `EnterState` und `LeaveState` müssen von den spezialisierten Klassen überschrieben werden. Die Operation `HandleEvent` überprüft, welche Transition durchlaufen werden soll, und ruft die entsprechende Methode bei dieser Transition auf.

```
public class Vertex {
    public Vertex(string name) {this.name = name;      }
    protected string name;
    public string Name {get {return name;}}
    protected ArrayList outgoingTransitions = new ArrayList();
    public void AddOutgoingTransition(Transition transition) {
        outgoingTransitions.Add(transition);}
    /* Alles, was beim Empfang eines Triggers und beim Betreten
    bzw. Verlassen des Zustandes an Verhalten ausgeführt werden
    soll, wird in den folgenden Methoden definiert. Diese müssen
    jedoch von den spezialisierten Klassen überschrieben werden. */
    virtual public void EnterState(StateEvent e) {}
    virtual public void LeaveState(StateEvent e) {}
    virtual public void HandleEvent(StateEvent e) {
        foreach (Transition transition in outgoingTransitions)
            if (transition.GuardTrue(e.Classifier) &&
                transition.ReactsToTrigger(e.Trigger))
                    transition.Transit(this, e); }
}
```

14.5.3.2 Zustand

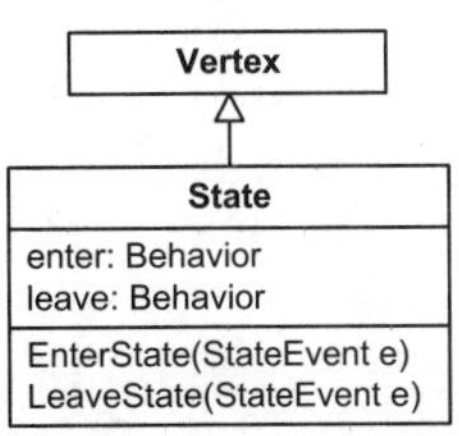

⇨ 14.4.1

Mit der Klasse State werden zunächst die einfachen Zustände realisiert. Der Konstruktor dieser Klasse enthält den Namen des Zustands und, falls vorhanden, sein Eintritts- und Austrittsverhalten.

```
    /* Der Methodenzeiger Behavior wird hier benutzt, damit die
    Methoden, die außerhalb des Frameworks definiert werden, von
der Klasse des Frameworks benutzt werden können. Die Klasse
object ist dabei die Oberklasse aller Klassen, deren Verhalten
durch das Framework definiert werden soll.
Die Operationen EnterState und LeaveState werden hier
definiert.*/
    public delegate void Behavior(object receiver);
    public class State : Vertex {
            public State(string name, Behavior enter, Behavior exit) :
                    base(name) {
            this.enter = enter;
            this.exit = exit; }
        private Behavior enter = null;
        private Behavior exit = null;
        public override void EnterState(StateEvent e) {
            if (enter != null)
                enter(e.Classifier);
            e.Receiver.ConnectCurrentState(this); }
        public override void LeaveState(StateEvent e) {
            if (exit != null)
                exit(e.Classifier);
            e.Receiver.DisconnectCurrentState(this);}
    }
```

14.5.3.3 Transitionen

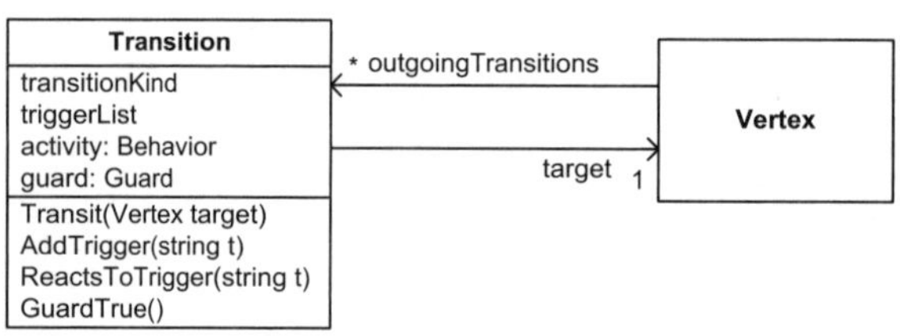

⇨ 14.4.2

Die Klasse Transition in unserem Framework hat die zentrale Aufgabe, die Zustandswechsel zu initiieren. Die Transitionen werden in diesem Framework so definiert, dass sie nur mit ihrem Zielzustand (Target) verbunden sind. Der Ursprungszustand wird bei der Aktivierung der Transition beim Aufruf der Methode Transit mit übergeben.

```
public enum TransitionKind {Local, Intern}
/* Die Guards sind auch Delegates, mit dem Unterschied zu
dem Verhalten, dass sie zurückgeben, ob die Bedingung in dem
Guard stimmt oder nicht. */
public delegate bool Guard(object receiver);
public class Transition {
```

```
        private Vertex target = null;
        private TransitionKind transitionKind;
        private Behavior behavior = null;
        public Transition(Guard guard, Behavior behavior,
                      TransitionKind transitionKind, Vertex target) {
            this.behavior = behavior;
            this.guard = guard;
            this.target = target;
            this.transitionKind = transitionKind;}
        /* Die Triggerliste beinhaltet alle Trigger, durch die diese
        Transition aktiviert werden kann. */
        private ArrayList triggerList = new ArrayList();
        public void AddTrigger(string trigger) {
            triggerList.Add(trigger);}
        /* Wir betrachten zunächst als Typen nur lokale und interne
        Transitionen. En weiterer Typ, der einen zusammengesetzten
        Zustand verlässt, wird später eingeführt. */
        public void Transit(Vertex source, StateEvent e) {
            switch (transitionKind) {
                case TransitionKind.Intern:
                    ExecuteBehavior(e);
                    break;
                case TransitionKind.Local:
                    source.LeaveState(e);
                    ExecuteBehavior(e);
                    target.EnterState(e);
                    break;}}
        private void ExecuteBehavior(StateEvent e) {
            if (behavior != null)
                behavior(e.Classifier);}
        public Guard guard = null;
        public bool GuardTrue(object classifier) {
            if (guard == null)
                return true;
            return guard(classifier);}
        public bool ReactsToTrigger(string trigger) {
            if (triggerList.Count == 0)
                return (guard != null);
            foreach (string t in triggerList)
                if (t == trigger)
                    return true;
            return false;}
    }
```

14.5.3.4 StateEvent

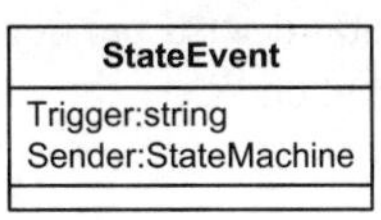

Die Klasse `StateEvent` ist die Klasse des Frameworks, das die eintreffenden Signale in eine Framework-interne Darstellung abbildet.

Eine Instanz dieser Klasse wird von der empfangenden StateMachine gebildet und dann an den aktiven Zustand übergeben.

```
public class StateEvent {
    public StateEvent(string trigger, StateMachine receiver) {
        this.trigger = trigger;
        this.receiver = receiver;}
    // Information über den zu behandelnden Trigger
    private string trigger;
    public string Trigger {
        get {return trigger;}}
    // Das zugehörige Zustandsautomat
    private StateMachine receiver;
    public StateMachine receiver {
        get {return receiver;}}
    // Das Objekt, das von dem Zustandsautomat beschrieben wird
    public object Classifier {
        get {return receiver.Classifier;}}
}
```

14.5.3.5 Pseudozustand

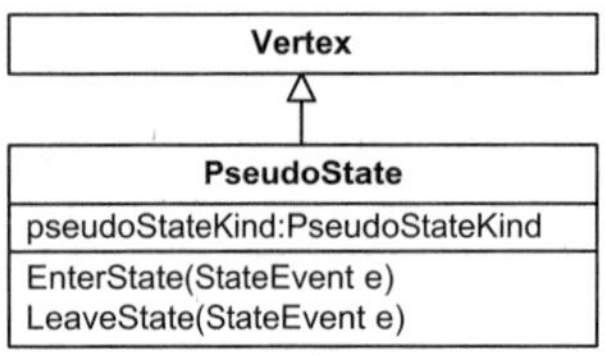

⇨ 14.4.5

Die Klasse PseudoState implementiert all die Zustände, in denen das Objekt, dessen Verhalten beschrieben wird, nicht verweilen darf. Wir betrachten hier zunächst nur den Startzustand. Die Realisierung der anderen Typen von PseudoState werden später eingeführt.

Das sofortige Verlassen wird durch das Überschreiben der Methode EnterState realisiert. Hier wird ebenfalls ausgenutzt, dass jeder Startzustand genau eine ausgehende Transition besitzt.

```
public enum PseudoStateKind {Initial}
public class PseudoState : Vertex {
    public PseudoState(string name,
                PseudoStateKind pseudoStateKind) : base(name) {
        this.pseudoStateKind = pseudoStateKind;}
    public override void EnterState(StateEvent e) {
        switch (pseudoStateKind) {
            case PseudoStateKind.Initial:
                ((Transition)outgoingTransitions[0]).
                                        Transit(this, e);
                break;}}
}
```

14.5.3.6 Endzustand

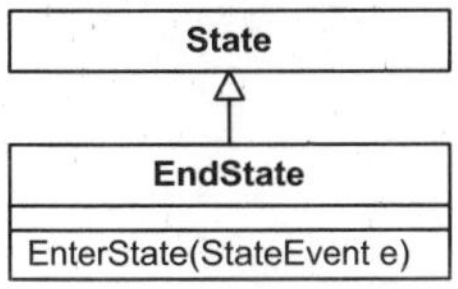

Diese Klasse zu realisieren, ist sehr simpel. In ihr muss nur die Methode `EnterState` überschrieben werden, da hier kein Verhalten ausgeführt werden darf. Es wird ausschließlich der aktuelle Zustand gesetzt. ⇨ 14.4.4

```
public class EndState : State {
     public EndState(string name) : base(name, null, null) {}

     public override void EnterState(StateEvent e) {
          e.Receiver.ConnectCurrentState(this);     }
}
```

14.5.3.7 Zustandsautomat

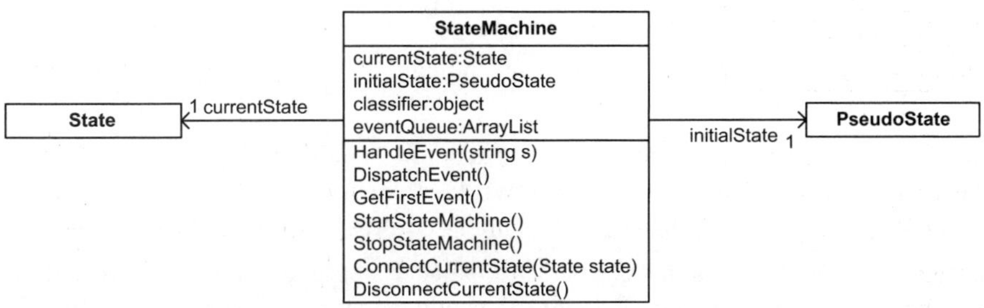

Die Klasse `StateMachine` des Frameworks komplettiert die Menge der Klassen, die wir für die Realisierung eines einfachen Zustandsautomaten benötigen. Sie verwaltet alle Elemente, aus denen ein Zustandsautomat besteht.

```
public class StateMachine {
     /* Die Variable running wird gebraucht damit der Automat
     gestoppt werden kann. Zum Beispiel durch einen Event. */
     private bool running = true;
     public StateMachine(object classifier) {
          this.classifier = classifier;     }
     /* Der Zustandsautomat gehört zu einem bestimmten Objekt,
     dessen Verhalten er beschreibt. */
     private object classifier = null;
     public object GetClassifier() {
          return classifier;}
     // currentState entspricht dem Aktiven Zustand
     private Vertex currentState = null;
     public string GetCurrentStateName() {
          return currentState.Name;}
```

```
        public void ConnectCurrentState(Vertex state){
            currentState = state;}
        public void DisconnectCurrentState(Vertex state) {
            currentState = null;}
        /* Um zu wissen wo der Zustandsautomat starten soll, wird
        der Startzustand (initialState) definiert. */
        private PseudoState initialState = null;
        public PseudoState InitialState {
            get {return initialState;}
            set {initialState = value;}}
    }
```

Beim Start des Zustandsautomaten wird ein Thread gestartet, in dem die Behandlung der eintreffenden Events abläuft.

```
    private Thread dispatchThread;
    public void StartStateMachine() {
        InitialState.EnterState(new StateEvent("Start", this));
        ThreadStart newStart = new ThreadStart(DispatchEvent);
        dispatchThread = new Thread(newStart);
        dispatchThread.Start();}
    public void StopStateMachine() {
        running = false;}
```

Die Ereignisse, die an dem Zustandsautomaten ankommen, werden in eine Queue gespeichert und dann nacheinander abgearbeitet.

```
    public virtual void HandleEvent(string s) {
        AddEvent(new StateEvent(s, this);       }
    private ArrayList eventQueue = new ArrayList();
    public void AddEvent(StateEvent e) {
        eventQueue.Add(e);}
```

Die Ereignisse, die sich in der Queue befinden, werden von der Methode `DispatchEvent` abgearbeitet, indem sie an den aktiven Zustand (`currentState`) geschickt werden.

```
    public StateEvent GetFirstEvent() {
        if (eventQueue.Count == 0)
            return null;
        return (StateEvent)eventQueue[0];       }
    void DispatchEvent() {
        while (running) {
            StateEvent e = GetFirstEvent();
            if (e != null) {
                currentState.HandleEvent(e);
                eventQueue.RemoveAt(0);}}}
```

14.5.3.8 Benutzung des Frameworks

An dieser Stelle möchten wir Ihnen den vollständigen, anwendungsspezifischen Code für das kleine Beispiel aus Abschnitt 14.6.2 vorstellen.

Zunächst definieren wir die Klasse `Fussgaengerampel`, deren Objekte das in Abbildung 14.90 beschriebene Verhalten aufweisen sollen. Dazu wird in dieser Klasse bei der Erzeugung eines Objekts auch ein entsprechender Zustandsautomat instanziiert und gestartet.

```
    public class Fussgaengerampel {
        SM_FussgaengerampelVerhalten sm;
        /* Bei der Erzeugung einer Ampel muss auch der dazugehörige
        Zustandsautomat erzeugt und gestartet werden */
        public Fussgaengerampel() {
            sm = new FussgaengerampelVerhalten(this);
            sm.StartStateMachine();}
        /* Bei der Zerstörung der Ampel wird der Zustandsautomat
        gestoppt. */
        public override void Dispose() {
            sm.StopStateMachine();}
/* Die Methoden für die Entry- und Exit-Verhalten für
den Zustandsautomaten werden hier definiert */
        public static void GruenEnter(object receiver) {
            Console.WriteLine("Grün AN");}
        public static void GruenExit(object receiver) {
            Console.WriteLine("Grün AUS");}
        public static void RotEnter(object receiver) {
            Console.WriteLine("Rot AN");}
        public static void RotExit(object receiver) {
            Console.WriteLine("Rot AUS");}
        /* Die Methode, die die Nachrichten von außen empfängt
        und an den Zustandsautomaten leitet. */
        public void ProcessEvent(string s) {
            sm.HandleEvent(s);}
    }
```

Die Spezialisierung der Klasse `StateMachine`, in unserem Beispiel die Klasse `SM_FussgaengerampelVerhalten`, definiert alle Elemente des Zustandsautomaten: die Zustände, Pseudozustände und Transitionen.

```
    public class SM_FussgaengerampelVerhalten: StateMachine {
        // Zustände und Transitionen werden definiert
        static PseudoState Start;
        static State Rot;
        static State Gruen;
        static EndState end;
        static Transition VonStart;
        static Transition ZuRot;
        static Transition ZuGruen;
        static Transition ZuEnd;
/* Es wird eine statische Methode definiert, die einmal aufgerufen wird und
alle benötigten Zustände usw. erzeugt. */
    public static void CreateStateMachine() {
    Start = new PseudoState ("start", PseudoStateKind.Initial);
    Rot = new State("Rot", new Behavior(Fussgaengerampel.RotEnter),
                           new Behavior(Fussgaengerampel.RotExit));
    Gruen = new State("Gruen", new Behavior
(Fussgaengerampel.GruenEnter),
        new Behavior(Fussgaengerampel.GruenExit));
    End = new EndState("End");
```

```
VonStart = new Transition(null,null,TransitionKind.Local,Rot);
ZuRot = new Transition(null,null,TransitionKind.Local,Rot);
ZuRot.AddTrigger("R");
ZuGruen = new Transition(null,null,TransitionKind.Local,Gruen);
ZuGruen.AddTrigger("G");
ZuEnd = new Transition(null,null,TransitionKind.Local,End);
ZuEnd.AddTrigger("E");
Start.AddOutgoingTransition(VonStart);
Rot.AddOutgoingTransition(ZuGruen);
Gruen.AddOutgoingTransition(ZuRot);
Gruen.AddOutgoingTransition(ZuEnd);
InitialState = Start; }
```

14.5.4 Erweiterungen der Zustandsautomaten

Der einfache Zustandsautomat in dem letzten Kapitel kann nur sehr einfaches Verhalten umsetzen. Wir werden das dort beschriebene Framework erweitern, um alle Elemente eines flachen Zustandsautomaten zu realisieren. Dabei werden wir Realisierungen für Zustandsverhalten, Deferrable Trigger, AnyTrigger, Terminator, Choice und Junction einführen.

14.5.4.1 Zustandsverhalten

⇨ 14.4.1

Da in einem komplexen Zustandsautomaten mehrere Zustände gleichzeitig aktiv sein können, kann es vorkommen, dass mehrere Zustandsverhalten gleichzeitig ablaufen. Wir werden deswegen die Abarbeitung des Zustandsverhaltens mit Hilfe von Threads realisieren. Jedes Zustandsverhalten, das ausgeführt werden soll, läuft in seinem eigenen Thread ab.

Eine Möglichkeit, in C# Threads mit mehreren Parametern zu starten, besteht darin, ein „Helfer-Objekt“ anzulegen, das alle benötigten Informationen hält.

```
public class DoHelper {
    public object receiver = null;
    public Behavior behavior = null;
    private string stateName = "";
    private Thread thread;
    public DoHelper(Behavior behavior, string stateName) {
        this.behavior = behavior;
        this.stateName = stateName;}
    public DoHelper(Behavior behavior, string stateName,
        object receiver) : this(behavior, stateName) {
        this.receiver = receiver;}
    public string StateName {
        get {return stateName;}}
    public void StartThread() {
        ThreadStart ts = new ThreadStart(Activate);
        thread = new Thread(ts);
        thread.Start();}
    public void KillThread() {
        thread.Abort();}
    private void Activate() {
        behavior(receiver); } }
```

In unserem Framework existieren zwei Arten von Helfer-Objekten. Eine statische Liste wird bei der Initialisierung der speziellen Zustandsautomaten angelegt (siehe 14.5.3.8). Die in dieser Liste enthaltenen Objekte dienen als Vorlage, wenn für ein Objekt ein Zustandsautomat instanziiert wird, wobei dann spezielle Helfer-Objekte angelegt werden müssen.

```
private static ArrayList doActivities = new ArrayList();
private ArrayList localDoActivities = new ArrayList();
public static void AddDoActivities(String stateName,
     Behavior behavior) {
     doActivities.Add(new DoHelper(new behavior, name));     }
public StateMachine(object classifier) {
     this.classifier = classifier;
     foreach (DoHelper h in doActivities)
          localDoActivities.Add(new DoHelper(h.behavior,
                                     h.StateName, classifier)); }
```

Diese Helfer-Objekte können nun beim Starten und Stoppen eines Zustandsverhaltens benutzt werden. Dies geschieht in der Klasse `StateMachine` (siehe 14.5.3.7), die durch die beiden angegebenen Methoden erweitert wird.

```
public void StartDoActivities(string stateName) {
     foreach (DoHelper h in localDoActivities)
          if (h.StateName == stateName)
               h.StartThread(); }
public void StopDoActivities(string stateName) {
     foreach (DoHelper h in localDoActivities)
          if (h.StateName == stateName)
               h.KillThread(); }
```

Diese beiden Methoden werden in den Methoden `EnterState` bzw. `LeaveState` der Klasse `State` (siehe 14.5.3.2) aufgerufen, wobei der Name des Zustands mit übergeben wird.

Das Zustandsverhalten selbst kann eine Endlosschleife enthalten. Sie werden ja beim Verlassen durch Beendigung des zugehörenden Threads unterbrochen.

Eine Erweiterung ergibt sich noch beim Beenden des Zustandsautomaten (siehe 14.5.3.7). Hier müssen alle laufenden Zustandsverhalten gestoppt werden.

14.5.4.2 Verzögerte Trigger

Die Verzögerung von Triggern wird wie eine interne Transition mit einem speziellen, vorgegebenen Verhalten behandelt. ⇨ 14.4.1

Diese Methode wird von der Klasse `StateMachine` zur Verfügung gestellt und heißt `Defer`. Ihre Aufgabe ist es, den Trigger (bzw. den StateEvent) in eine spezielle Liste einzufügen.

Wenn eine Transition durchlaufen wird, die aus dem aktuellen Zustand herausführt, werden alle in dieser Liste abgelegten Trigger erneut in die `eventQueue` geschrieben.

Die Verwendung eines solches Verhaltens innerhalb Ihres Zustandsautomaten ist denkbar einfach: Sie müssen nur eine interne Transition anlegen, bei der Sie als Verhalten die Methode `StateMachine.Defer` übergeben.

14.5.4.3 Any Trigger

⇨ 14.4.2

Um einen AnyTrigger zu behandeln, muss zunächst überprüft werden, ob eine der Transitionen auf den anliegenden Trigger reagiert. Ist dies nicht der Fall, wird überprüft, ob eine Transition mit dem Trigger `all` vorhanden ist.

Damit ändert sich in der Klasse `Vertex` die Methode `HandleEvent`, und eine neue Methode (`getTransitionForEvent`) kommt hinzu.

```
// in Vertex Klasse
virtual public void HandleEvent(StateEvent e) {
    Transition transition = getTransitionForEvent (e);
    if (transition != null)
        transition.Transit(this, e);
    else {
        allEvent = new StateEvent("all", e.Receiver));
        transition = getTransitionForEvent(allEvent);
        if (transition != null)
            transition.Transit(this, allEvent); } }
private Transition getTransitionForEvent (StateEvent e) {
    foreach (Transition transition in outgoingTransitions)
        if (transition.GuardTrue(e.Classifier) &&
            transition.ReactsToTrigger(e.Trigger))
            return transition;
    return null; }
```

14.5.4.4 Terminator

⇨ 14.4.8

Um das Verhalten des Terminators abzubilden, muss nur der Zustandsautomat gestoppt werden. Da dazu schon die Methode `StopStateMachine.StopStateMachine` (siehe 14.5.3.7) existiert, besteht die Erweiterung des Frameworks da-rin, einen neuen Typ von `PseudoStateKind` aufzunehmen: `Terminate`.

In der Methode `PseudoStateKind.EnterState` muss nun nur noch das Stoppen des Zustandsautomaten aufgerufen werden, wenn der erreichte PseudoState vom entsprechenden Typ ist (siehe 14.6.3.5).

14.5.4.5 Kreuzung und Entscheidung

⇨ 14.4.6, 14.4.7

Da die beiden Pseudozustände Kreuzung und Entscheidung eine ähnliche Semantik aufweisen, stellen wir beide Zustandstypen gemeinsam dar.

Der Unterschied zwischen beiden manifestiert sich darin, dass wir bei einer Entscheidung das auszuführende Verhalten in dem Objekt der Klasse `StateEvent` ablegen, das zum Durchlaufen der Transition geführt hat. Dieses Verhalten wird verzögert ausgeführt. Bei einer Kreuzung hingegen kann das Verhalten wie gewohnt direkt beim Durchlaufen der Transition ausgeführt werden.

Dazu wird die Klasse `StateEvent` (siehe 14.5.3.4) erweitert:

```
// in StateEvent Klasse
private Behavior behavior;
public void ExecuteBehavior() {
     if (behavior != null)
          behavior(Classifier);
     behavior = null;}
public void SetBehavior(Behavior behavior) {
     this.behavior = behavior; }
```

Die Überprüfung, ob eine Entscheidung erreicht wird, findet in der Klasse `Transition` statt. Dazu wird eine neue Methode eingeführt und die bestehende Methode `Transit` erweitert (siehe 14.5.3.3).

```
// in Transition Klasse
bool TargetIsJunction {
     get {
          if (target is PseudoState)
               if (((PseudoState)target).GetPseudoStateKind ==
                    PseudoStateKind.Junction)
                    return true;
          return false; } }
// in Transition.Transit
case TransitionKind.Local:
     source.LeaveState(e);
     if (!TargetIsJunction)
          ExecuteBehavior(e);
     else
          e.SetBehavior(this.behavior);
     target.EnterState(e);
     break;
```

Das in dem `StateEvent` abgelegte Verhalten wird beim Betreten des Pseudozustands ausgeführt (siehe 14.5.3.5).

```
// in PseudoState.EnterState
case PseudoStateKind.Choice:
case PseudoStateKind.Junction:
     foreach (Transition transition in outgoingTransitions)
          if (transition.GuardTrue(e.Classifier)) {
               if (pseudoStateKind == PseudoStateKind.Junction)
                    e.ExecuteBehavior();
               transition.Transit(this, e);}
     break;
```

14.5.5 Zusammengesetzte Zustände

⇨ 14.4.9

In diesem Kapitel werden wir nur die Grundideen zur Realisierung der zusammengesetzten und parallelen Zustände betrachten, ohne den kompletten Code darzustellen. Den vollständigen Code zum Framework mit einem Beispiel zur Anwendung finden Sie unter www.uml-glasklar.com [14-1].

Durch die Einführung der zusammengesetzten Zustände müssen wir unser Framework sehr stark erweitern (Abbildung 14.93). Die entscheidende Erweiterung besteht in der Einführung der Klasse `Region`.

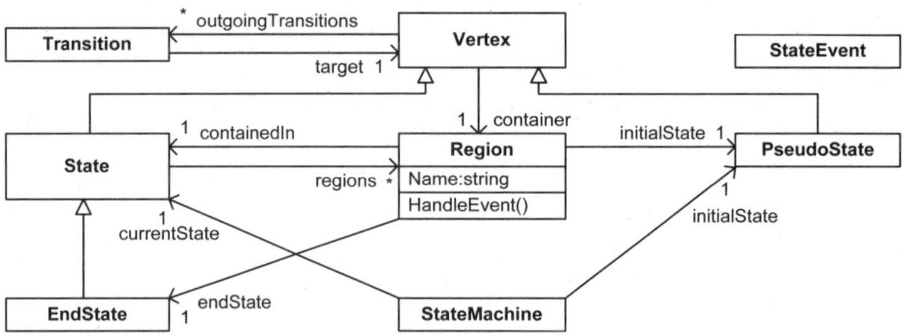

ABBILDUNG 14.93 Das Metamodell für zusammengesetzte Zustandsautomaten

14.5.5.1 Region

⇨ 14.4.11

Die Klasse `Region` schafft die Verbindung zwischen den Zuständen und deren Unterzuständen. Sie sorgt dafür, dass die in ihr befindlichen Zustände wissen, zu welchem umfassenden Zustand sie gehören. Das stellt sicher, dass in den Methoden für die Eventverarbeitung (`HandleEvent`), für das Betreten und Verlassen der Zustände (`EnterState`, `LeaveState`) das Wissen vorhanden ist, ob sie Aufrufe zu den übergeordneten Zuständen weiterleiten müssen.

14.5.5.2 Vertex

Die Klasse `Vertex` wird so erweitert, dass jedes Objekt dieser Klasse eine Referenz auf die Region hat, in der sie sich befindet.

Die Bearbeitung eines Ereignisses muss nun neu definiert werden. In der Hierarchie von Zuständen wird zunächst die unterste Ebene betrachtet. Wird das Ereignis dort nicht konsumiert, wird es an den übergeordneten Zustand gegeben. Wenn die oberste Ebene erreicht ist und das Ereignis dort auch nicht konsumiert wird, wird es verworfen.

14.5.5.3 Zustand

Die Zustände besitzen nun eine Region, um Unterzustände in sich zu haben. Sie unterstützen die in der Klasse `Vertex` definierte Abarbeitung der Ereignisse dadurch, dass sie die Methoden zum Durchlaufen der Zustandshierarchie zur Verfügung stellen. Dabei muss darauf geachtet werden, dass jene Region betrachtet wird, die beide an der Transition beteiligten Zustände beinhaltet.

Zusätzlich darf beim Betreten eines Zustands nicht nur das Entry-Verhalten dieses Zustands, sondern zuvor das Entry-Verhalten des darüber liegenden Zustands ausgeführt werden.

Hier kommt die Art des Betretens (Explicit- und DefaultEntry, siehe 14.4.9) ebenfalls zum Tragen. Erreicht man direkt einen Zustand oder wird vom Startzustand ausgegangen? ⇨ 14.4.9

Beim Verlassen eines Zustandes wird genau umgekehrt vorgegangen: von unten nach oben. Alle Zustände, angefangen von ganz unten, müssen verlassen werden.

14.5.5.4 Transition

Eine neue `TransitionKind` wird jetzt relevant: `Extern`, die bedeutet, dass bei der Transition eine oder mehrere Regionen betreten oder verlassen werden.

Bei dieser Art der Transition müssen folgende Dinge geschehen. Das Ziel der Transition muss gemerkt, die gemeinsame Region des Ursprungs- und Zielzustands berechnet und an die Methoden `LeaveState` des Ursprungszustands und `EnterState` des Zielzustands übergeben werden.

14.5.5.5 Endzustand

Wenn in einem Unterzustand ein Endzustand erreicht wird, soll der umgebende Zustand verlassen werden, falls eine Transition ohne Trigger von dort wegführt. In dem Framework wird dies mit einem Pseudotrigger „`RegionEndState`" erreicht. Das heißt, dass der Transition der Trigger „`RegionEndState`" zugewiesen werden muss, um dieses Verhalten zu gewährleisten. Wenn der Endzustand erreicht ist, wird ein Event mit diesem Trigger erzeugt und am Anfang der `eventQueue` hinzugefügt. Wofür in der Klasse `StateMachine`, die `eventQueue` behandelt, eine Methode definiert werden muss.

14.5.5.6 History-Pseudozustände

Mit den Unterzuständen bekommen auch die Pseudozustände `ShallowHistory` und `DeepHistory` einen Sinn. Die History-Pseudozustände gehören zu einer Region und können in einer Region nur einmal vorkommen. Dies gewährleistet eine eindeutige Zuordnung eines History-Pseudozustandes zu einer Region. Diese Eindeutigkeit ist wichtig, da beim Verlassen einer Region ja die zuletzt aktiven Zustände gespeichert werden müssen. Da jedes Objekt, dessen Verhalten von einem Zustandsautomaten beschrieben wird, die Region auf eine unterschiedliche Weise verlassen kann, können wir den letzten Zustand nicht direkt bei dem History-Pseudozustand speichern. Instanzen der Klasse `StateMachine` übernehmen diese Aufgabe, da diese bekanntlich speziell für einzelne, durch sie beschriebene Objekte sind. ⇨ 14.4.14

Beim Verlassen einer Region, in der sich ein History-Pseudozustand befindet, wird ein Zustand in einer History-Liste gespeichert. Bei der `ShallowHistory` wird der Zustand gespeichert, der sich in derselben Region wie der `ShallowHistory`-Pseudozustand befindet. Bei `DeepHistory` wird der tiefste Zustand gespeichert. Da in unserem Framework der aktive Zustand immer in der Zustandshierarchie der tiefste Zustand ist, kann direkt der aktive Zustand gespeichert werden.

Beim Betreten einer Region mit einem History-Pseudozustand wird zunächst nachgesehen, ob die History-Liste einen passenden Eintrag für die entsprechende Region hat. Falls nicht, wird die Region mit dem Startzustand gestartet. Falls sich der Eintrag in der Liste befindet, wird der Zustand betreten, der zu diesem Eintrag gehört.

14.5.5.7 Parallelität

⇨ 14.4.11

Durch die Betrachtung der Parallelität kann nun ein Zustand mehrere Regionen gleichzeitig besitzen. Deswegen müssen beim Betreten und Verlassen eines Zustands alle in dem Zustand erhaltenen Regionen betreten und verlassen werden. Die Reihenfolge für das Betreten der einzelnen Regionen ist dabei unwichtig, da die Parallelität ja unter anderem gerade diese Unabhängigkeit bedeutet.

Die Klasse `StateMachine` als Verwalter der aktiven Zustände muss diese nun in einer Liste speichern. Um zu gewährleisten, dass zu jedem Zeitpunkt der Zustandsautomat sich in einer richtigen Konfiguration befindet, müssen alle Änderungen der aktiven Zustände zuerst zwischengespeichert werden, und erst wenn das Ereignis abgearbeitet ist, die aktiven Zustände gesetzt werden. Also: Wenn alle Entry-Verhalten abgearbeitet sind, werden die aktuellen Zustände neu gesetzt.

Das Verhalten des `EndState` muss angepasst werden, um das Verlassen eines zusammengesetzten Zustands mit einer triggerlosen Transition zu unterstützen. Dieser wird ja nur verlassen, wenn sich alle Regionen in dem Endzustand befinden. Diese Überprüfung muss beim Erreichen eines Endzustands realisiert werden.

14.5.5.8 Gabelung und Vereinigung

⇨ 14.4.10

Mit der Parallelität muss auch die Klasse `PseudoState` um zwei neue `PseudoStateKind` erweitert werden: Gabelung (`Fork`) und Vereinigung (`Join`). Gabelung ist sehr einfach zu realisieren. Dem `PseudoState` wird `PseudoStateKind.Fork` übergeben, und alle Transitionen, die von der Gabelung wegführen, werden beim Betreten des Pseudozustandes gestartet.

Vereinigung erfordert etwas mehr Arbeit, weil sie nur dann aktiv werden kann, wenn der Zustandsautomat sich in einer bestimmten Konfiguration befindet. Das heißt, dass bei der Transition, die auf eine Vereinigung zeigt, zuerst geprüft werden muss, ob sich der Zustandsautomat genau in der passenden Konfiguration befindet.

Hierfür führen wir den Ursprungszustand zu einem `PseudoState` ein. Dann kann die Prüfung, ob sich der Zustand in einer passenden Konfiguration befindet, in dem `PseudoState` selbst stattfinden. Falls diese Prüfung positiv abläuft, können alle in den `PseudoState` eingehenden Transitionen aktiviert und somit die parallelen Regionen verlassen werden.

15 Sequenzdiagramm

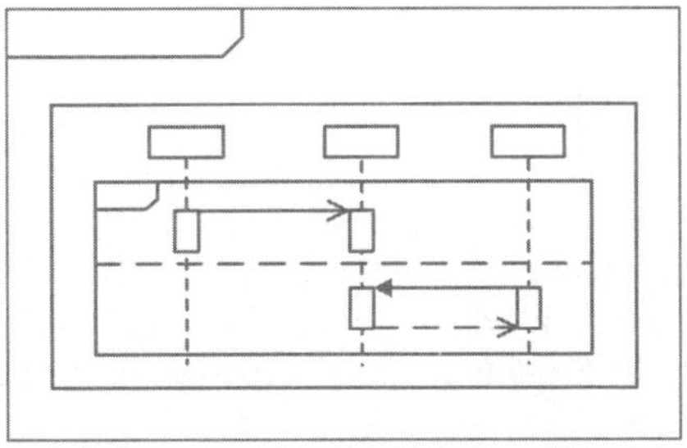

Sequenzdiagramme zeigen den Informationsaustausch zwischen beliebigen Kommunikationspartnern innerhalb eines Systems oder zwischen Systemen generell. Sie ermöglichen die Modellierung von festen Reihenfolgen, zeitlichen und logischen Ablaufbedingungen, Schleifen und Nebenläufigkeiten. Ein Sequenzdiagramm gibt Ihnen Antwort auf die Frage: **„Wie läuft die Kommunikation in meinem System ab?"** Das Sequenzdiagramm ist das meistverwendete unter den *Interaktionsdiagrammen*.

15.1 Überblick

Bevor wir das Sequenzdiagramm im Detail vorstellen, ist es wichtig, den Begriff der *Interaktion* zu klären. Die UML und insbesondere die Version 2 stellt grundlegende Konzepte stärker in den Vordergrund als Diagramme. Ein UML-Diagramm ist immer nur eine mögliche Sicht, das heißt, eine visualisierte Teilmenge von UML-Sprachelementen, *die einen bestimmten Modellierungsaspekt herausstellt.*

Grundkonzepte der Interaktionsmodellierung

Dieses Grundprinzip der UML wird im Rahmen der Interaktionsmodellierung besonders deutlich. Die UML definiert zunächst „nur" grundlegende Konzepte, die zur Darstellung von Kommunikationssituationen (A schickt an B, C ruft bei D die Operation X auf, B antwortet A nach 5 Sekunden, ...) nötig sind. Dazu zählen als wichtigste:

- Interaktionen
- Lebenslinien
- Nachrichten
- Kommunikationspartner
- Sprachmittel zur Flusskontrolle

Sie stehen als Modellierer häufig vor der Situation, dass Sie bestimmte Aspekte herausarbeiten oder bewusst vernachlässigen möchten. Manchmal interessieren Sie nur die beteiligten Kommunikationspartner, in der nächsten Situation ist die exakte zeitliche Reihenfolge wichtig, ein andermal müssen Kommunikationsfehler und die daraus resultierende Systemreaktion herausgearbeitet werden. Mit anderen Worten: Sie benötigen nicht in jeder Situation jedes UML-Element in seiner vollständigen „Notationstiefe", um eine Kommunikationssituation darzustellen.

Um diesem Aspekt gerecht zu werden, bietet die UML verschiedene Arten des *Interaktionsdiagramms* an. Jede Diagrammart zeigt nur einige der oben genannten Basiskonzepte, in variierender Detailtiefe oder mit unterschiedlichen Notationssymbolen – mit dem Ziel, den jeweiligen Modellierungsaspekt zu betonen und klar aufzuzeigen. Der UML-Standard schlägt dementsprechend zur Darstellung von Interaktionen folgende Diagramme vor:

Diagramme der Interaktionsmodellierung

- Sequenzdiagramm
- Kommunikationsdiagramm
- Timing-Diagramm
- Interaktionsübersichtsdiagramm[1]

Abbildung 15.1 zeigt beispielhaft die Lebenslinie, also die Repräsentation von Kommunikationspartnern (hier `Aktor`, `Regler` und `Sensor`) und Nachrichten (`setze(...)` und `stelle_ein(...)`) in drei möglichen Diagrammtypen.

Weitere Interaktionsdiagramme ⇨ 16, 17, 18

Ohne Zweifel das wichtigste und mächtigste dieser Diagramme ist das Sequenzdiagramm. Es enthält *alle* wichtigen Basiskonzepte und nimmt daher auch in diesem Buch den größten Raum ein. Wir erläutern in diesem Kapitel die grundlegenden Konzepte zur Interaktionsmodellierung und bei den anderen Diagrammen (siehe Kapitel 16, 17, 18) nur deren Eigenheiten.

[1] Es steht Ihnen im Übrigen im Rahmen der UML-Erweiterungsmechanismen frei, eigene Diagramme zu entwerfen.

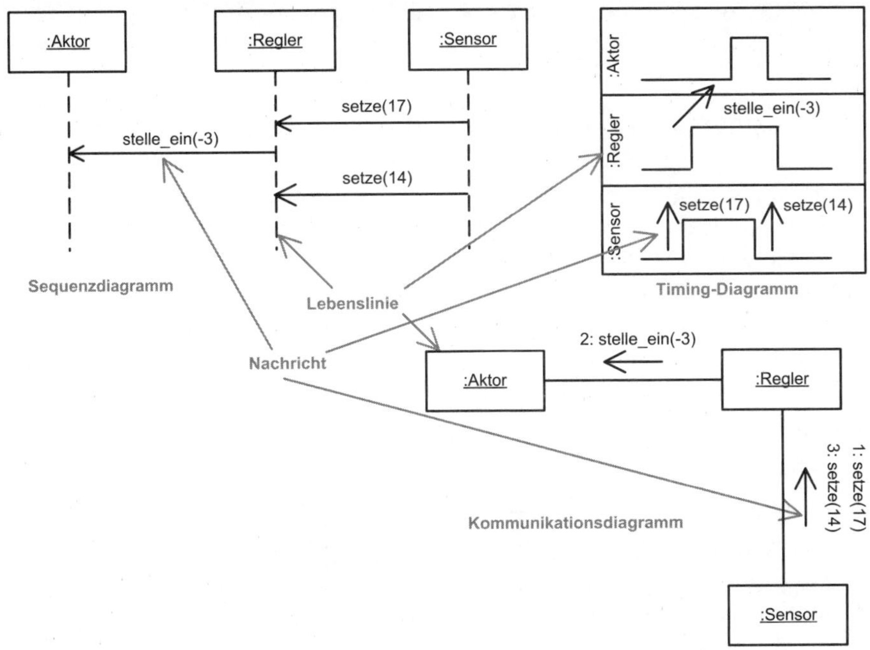

ABBILDUNG 15.1 Grundelemente der Interaktionsmodellierung in ihren Diagrammvarianten

Auch die Zertifizierung stellt den Interaktionsgedanken und nicht die Diagrammtypen in den Vordergrund. Daher folgt im nächsten Unterkapitel zunächst die Einführung in das UML-Konzept einer Interaktion, auch wenn dies nicht spezifisch für Sequenzdiagramme ist.

15.1.1 Modellierung von Interaktionen

Ein wichtiges Basiskonzept in der Verhaltensmodellierung mit der UML sind *Interaktionen*. Eine Interaktion ist das Zusammenspiel von mehreren Kommunikationspartnern. Dies umfasst den Nachrichten- und Datenaustausch unter anderem zwischen Knoten und Subsystemen, Komponenten und Klassen und den Operationsaufrufen innerhalb der gleichen Klasse. Die UML 2 schränkt sich also hinsichtlich der Beteiligten nicht ein.

Definition von Interaktion

Immer dann, wenn zwei oder mehrere Einheiten, die eigenes Verhalten realisieren, miteinander kommunizieren, spricht man von Interaktion. Eine Interaktion definiert wiederum selbst eine spezielle Art von Verhalten.

Die Grundelemente (siehe Abbildung 15.1) einer Interaktion sind die Kommunikationspartner, die durch *Lebenslinien* repräsentiert sind, und *Nachrichten*, die von einem Kommunikationspartner, dem Sender, zu einem oder mehreren Empfängern geschickt werden.

Stellen Sie sich dabei unter einer Nachricht zum Beispiel Folgendes vor:

Nachrichten repräsentieren ...

- der Aufruf einer Operation (bei einer Klasse)
- die Rückantwort als Ergebnis einer Operationsabarbeitung
- ein Signal (z. B. zur Übertragung eines Zeitereignisses)

- ein logisches, analytisches Ereignis (wie: Käufer unterschreibt Vertrag)
- das Setzen einer Variablen mit einem Wert

Das Ereignismodell einer UML-Interaktion

Der Kommunikation liegt ein spezielles Ereignismodell zugrunde, das den Nachrichtenaustausch in Form von „Auftrittspezifikationen" (Occurrence Specifications) bzw. einer „Folge von Auftrittspezifikationen" (Trace) erklärt. Dieses Sprachungetüm ist notwendig, da die UML-Autoren sehr fein zwischen Event und Eventauftritten unterscheiden. Wir wollen die Begrifflichkeiten im Folgenden klären und dabei auch das Metamodell heranziehen.

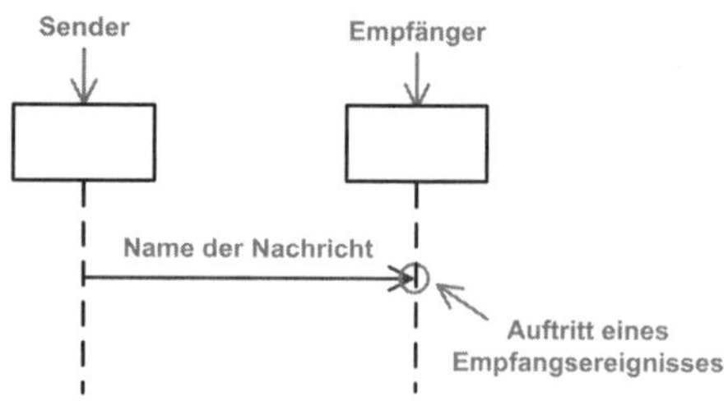

ABBILDUNG 15.2 Grundprinzip einer Interaktion, hier in Sequenzdiagrammform

Beim Übermitteln von Nachrichten (siehe Abbildung 15.2) tritt in aller Regel ein Empfangsereignis auf der Seite des Empfängers auf. Es gibt auch Nachrichten, bei denen das Empfangsereignis nicht auftritt. Das ist bei den so genannten Lost Messages der Fall (vgl. Abschnitt 15.4.3). Das Senden der Nachricht wird durch eine Sendeaktion ausgelöst, hier wird also entsprechend nicht von Ereignissen (Events) gesprochen. Die Entkopplung hat den Vorteil, dass zwischen dem Aussenden und dem Empfangen einer Nachricht beliebige zeitliche Intervalle liegen können. Der Ereignisauftritt selbst ist an sich zeitlos, der zeitliche Abstand zwischen den beiden Ereignisauftritten jedoch beliebig bestimmbar. Dadurch ist die realitätsgetreue Abbildung von verteilter Kommunikation sehr einfach möglich.

⇨ 15.4.3

Die UML 2 definiert den Typ des Ereignisses als *Event* (Typebene) und das zur Laufzeit (d. h. in der Realität) auftretende Event als *Occurrence* (Instanzebene). Da eine Interaktion die zur Laufzeit auftretenden Ereignisse spezifiziert und in eine Reihenfolge bringt, wird die Spezifikation des Laufzeitobjekts mit *OccurrenceSpecification* bezeichnet. Eine OccurrenceSpecification ist also Teil des Modells, eine Occurence hingegen nicht. Sie kommt nur zur Laufzeit vor und ist ein Zeitmoment in der Realität, den man erlebt - aber nicht im Modell betrachten kann. Die gleiche Analogie gibt es im Übrigen zwischen Klasse (→ Event), Instanz (→ Occurrence) und Instanzspezifikation (→ OccurrenceSpecification). Ein Modell kann nur eine Instanz (ein Objekt der Klasse) *zu einem fixen Zeitpunkt* darstellen. Diese Darstellung wird Instanzspezifikation genannt. Die Instanz an sich existiert im Speicher des Systems oder als Lebewesen in der Realität, ist aber gesamtheitlich nicht durch das Modell abbildbar.

Ereignisse stellen somit in Interaktionen die möglichen *Typen* von Ereignisauftritten dar (ähnlich wie Klassen als Typen der Objekte zu sehen sind). Abbildung 15.3. zeigt die unterschiedlichen Event(typen) des UML-Metamodells. Neben den abstrakten Klassen `Event` und `MessageEvent`, die zur Vereinfachung eingeführt wurden, treten die anderen Events in unterschiedlichen Situationen auf.

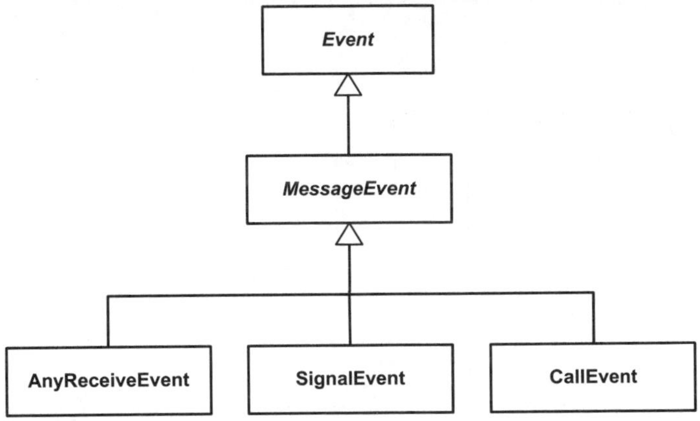

ABBILDUNG 15.3 Mögliche Event(typen) in einer Interaktion

Die exakte und zugegeben umständliche Lesart von Abbildung 15.4 ist: Beim Aufruf der Operation `m()` steht zu Beginn eine `OccurenceSpecification`, die durch das bei A befindliche Nachrichtenende (nicht sichtbarer Punkt am Fuß des Pfeils) repräsentiert wird. Am Ende des Pfeils tritt entsprechend wieder eine `OccurenceSpecification` auf, welche ein Ereignis vom Typ `CallEvent` darstellt.

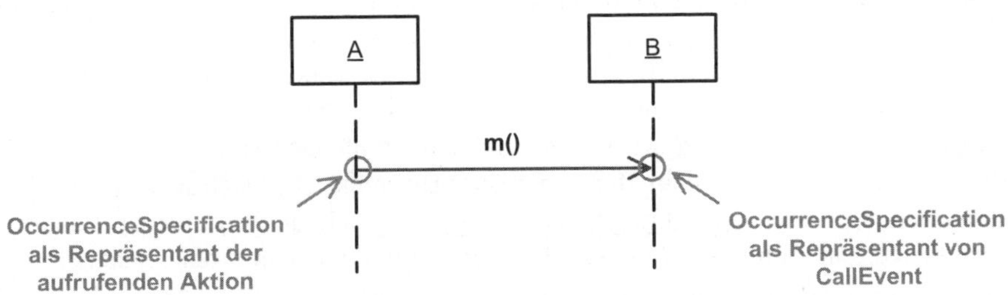

ABBILDUNG 15.4 Exakte, aber umständliche UML-Ereignismodelldarstellung

Der Einfachheit halber werden wir etwas von der Definition der UML abweichen und in den Kapiteln zur Interaktionsmodellierung von Sende- und Empfangsereignissen sprechen, obwohl wir korrekterweise eine Auftrittsspezifikation meinen. Weiterhin existiert seit der UML 2.4 kein explizites Sendeereignis mehr, jedoch verwenden wir diesen Begriff weiterhin, um den Zusammenhang zwischen Auslöser und Empfänger klarer darstellen zu können. All dies macht Erklärungen, ohne Einschränkung der Allgemeinheit, einfacher (siehe Abbildung 15.5 mit allen möglichen Ereignissen). Dabei nehmen wir implizit an, dass zwei Auftrittspezifikationen des gleichen Typs unterschiedliche Dinge mit eigener Identität darstellen. Auf die Besonderheiten (Signal, Operation, ...) gehen wir im Verlauf dieses Kapitels noch näher ein.

Mit diesen Mitteln lässt sich der gesamte Kontrollfluss und Ablauf einer Interaktion modellhaft erklären. Denn letztendlich bestimmt die Aufreihung der Ereignisse/Auftrittspezifikationen den Kommunikationsablauf. Abbildung 15.6 zeigt dies.

Nachricht als Paar von zwei Ereignissen

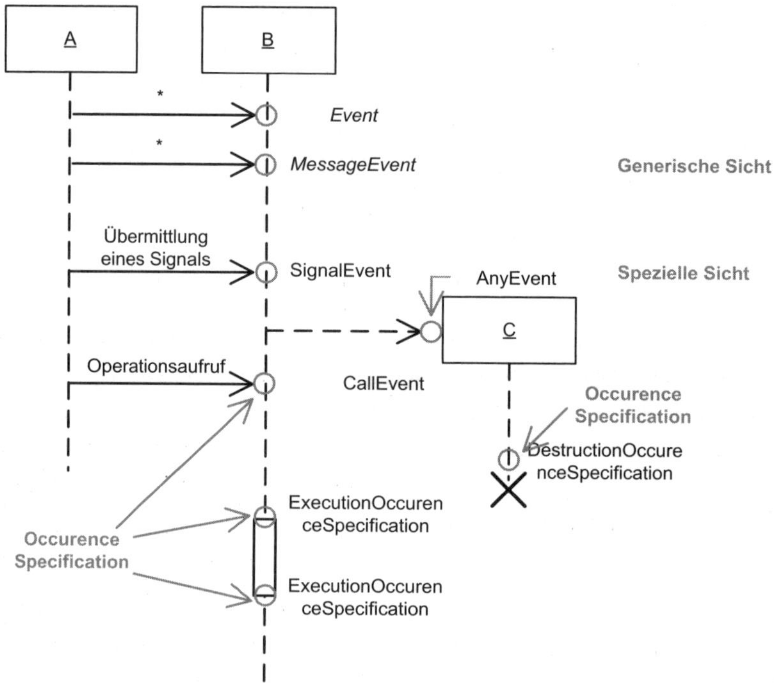

ABBILDUNG 15.5 Praktikable Bezeichnung von Ereignisauftritten

Interaktion als Reihenfolge von Auftrittspezifikationen

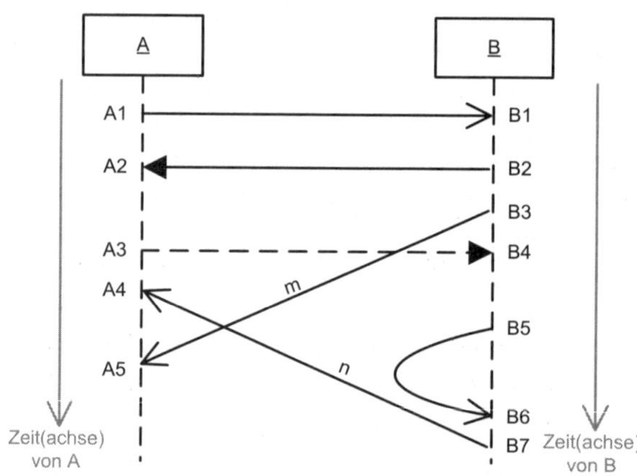

ABBILDUNG 15.6 Kommunikation als Folge von Ereignissen (Ereignisauftritten)

Beachten Sie dabei, dass durch die Notation (Leserichtung bzw. Zeitachse von oben nach unten) hier eine implizite Reihenfolge (A1, B1, B2, A2, B3, A3, B4, A4, B5, A5, B6, B7) der Auftrittspezifikationen/Ereignisse gebildet wird. Wie Sie noch sehen werden, bietet die UML die Möglichkeit, die Reihenfolge von Ereignissen zu beeinflussen. Während B1 zwingend nach A1 auftreten muss, also der Empfang erst nach dem Senden einer Nachricht erfolgt, kann es nicht vorhersagbar oder bewusst irrelevant sein, ob B3 vor bzw. nach B4 auftritt.

Die Abbildung veranschaulicht zudem die Entkopplung von Sende- und Empfangsereignissen. Die Nachrichten m und n mit den Sendeereignissen B3 und B7 kommen in umgekehrter Reihenfolge beim Empfänger (A4, A5) an. Die UML bringt nur die Ereignisauftritte *eines* Kommunikationspartners (z. B. von A) in eine zeitliche Reihenfolge. Die Abfolge von B ist davon zunächst unberührt. Daraus folgt beispielsweise, dass zwischen B3 und A3 in Abbildung 15.6 keine Abhängigkeit existiert. Mit anderen Worten: die Zeitachsen sind auf die Lebenslinien bezogen und nicht global zu sehen. A3 könnte vor B3 stattfinden, auch wenn es optisch „weiter unten liegt".

Abstand zwischen Ereignissen bedeutungslos

Zudem hat der Abstand zwischen Ereignissen einer Lebenslinie, z. B. zwischen A1 und A2, *keine* Auswirkung auf die Interaktion und lässt somit auch keine Rückschlüsse auf die zeitlichen Auftrittsverhältnisse zu. So liegen die Ereignisse B6 und B7 in Abbildung 15.6 keineswegs zeitlich näher beieinander als B5 und B6, auch wenn es optisch so erscheinen mag.

Mehrere Ereignisreihenfolgen möglich

Bei der Interaktionsmodellierung mit der UML müssen Sie sich daher immer die Frage stellen, welche geordneten Ereignisreihenfolgen eine zulässige Kommunikation in Ihrem System beschreiben. Dies kann *genau eine* Menge sein, das heißt, die Kommunikation muss genau so und nur so ablaufen. Es dürfen aber auch mehrere Reihenfolgen sein, das heißt, es können Mengen modelliert werden, die alle gültig sind, von denen aber zur Laufzeit immer nur eine ausgewählt wird.

Eine Interaktion ist vergleichbar mit einem Labyrinth, bei dem ein oder mehrere Wege zum Ziel führen. Das Ziel bei der Interaktion ist meistens die Erfüllung einer Aufgabe durch das System oder genauer durch den Classifier, dem eine Interaktion zugeordnet wird. Ein gültiger Weg im Labyrinth entspricht dabei einer gültigen Reihenfolge von Ereignissen. Übrigens haben Sie auch die Möglichkeit, explizit ungültige Reihenfolgen anzugeben.

Parallelität in Interaktionen

Beachten Sie, dass die Interaktionen in der UML *immer* mit einer oder mehreren geordneten Ereignismengen beschrieben werden. Das heißt im Umkehrschluss, dass Sie gedanklich die Ereignisse immer in eine (zeitliche) Reihenfolge bringen müssen. Das Auftreten von zwei Ereignissen (A1 und B1) zum *exakt gleichen Zeitpunkt* ist nicht möglich. Sie können sich in diesem Fall für eine Ereignisreihenfolge (z. B. erst A1, dann B1) entscheiden oder zwei gültige Reihenfolgen (A1, B1) bzw. (B1, A1) angeben. Auf diese Weise modellieren Sie die Parallelitäten durch Quasiparallelitäten.[2]

Das Senden und Empfangen von Ereignissen kann mitunter ein komplizierter Prozess sein. Dies wird im Allgemeinen jedoch in der UML-Interaktionsmodellierung vernachlässigt. Man geht davon aus, dass beim Auftreten eines Ereignisses zum Auftrittszeitpunkt die nötigen Informationen (z. B. die Daten der Nachricht) implizit vorliegen.

Aktivitätsdiagramm ⇨ 13, 13.4.1

Möchten Sie die Details zu den Ereignissauftritten dennoch näher beschreiben, empfehlen wir Ihnen, auf Aktivitätsdiagramme (Kapitel 13) und deren Möglichkeiten zur Darstellung von Signalaktionen (Abschnitt 13.4.1) zurückzugreifen.

Grundsätzlich werden in aller Regel nicht alle Interaktionen eines Systems dokumentiert, sondern nur typische und kritische Sequenzen.

[2] Auch wenn sich Diagramme optisch unterscheiden, sind zwei Interaktionen genau dann äquivalent, wenn ihre Ereignisreihenfolgen identisch sind.

15.1.2 Interaktionen im Sequenzdiagramm

Dimensionen eines Sequenzdiagramms

Das Sequenzdiagramm zeigt eine Interaktion in zwei Dimensionen (zwei Leserichtungen), siehe Abbildung 15.7. Von links nach rechts sind die Kommunikationspartner, die *Lebenslinien*, aufgereiht, von oben nach unten verläuft eine (imaginäre) Zeitachse. Folgt man dem Modell vertikal, lässt sich die zeitliche Abfolge der einzelnen Kommunikationsschritte erkennen. Horizontal angeordnet finden sich hingegen die jeweils miteinander kommunizierenden Partner – wobei deren Reihenfolge mehr oder weniger vom zu modellierenden Ablauf vorgegeben und häufig durch die Übersichtlichkeit bestimmt wird. Im Allgemeinen liest man das Diagramm von links oben an.

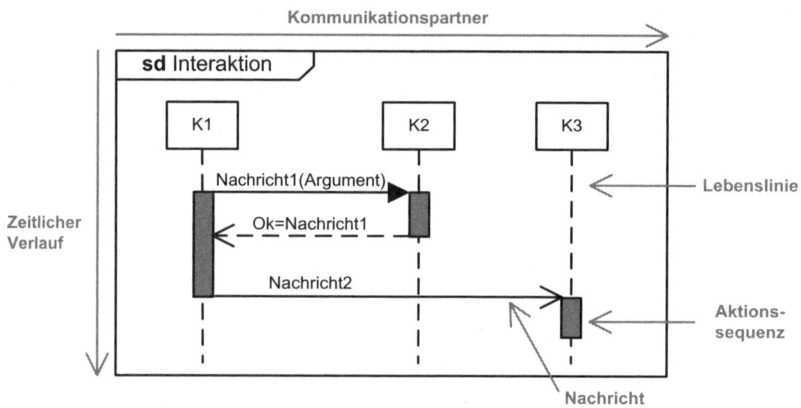

ABBILDUNG 15.7 Ein Sequenzdiagramm und seine Dimensionen

Grundbausteine eines Sequenzdiagramms

Abbildung 15.7 zeigt alle Notationselemente, die für ein inhaltlich vollständiges Sequenzdiagramm ausreichen:

- Kommunikationspartner als *Lebenslinien*
- *Nachrichten* in Form von Pfeilen

Zudem wird ein Sequenzdiagramm üblicherweise in einen *Rahmen* gefasst, der die Interaktion repräsentiert und ihren Namen enthält. Um die *Ausführung von Aktionen* anzuzeigen, sollten Sie die Lebenslinie durch einen grauen Kasten verbreitern.

Weiterführende Elemente

Ein Hauptkritikpunkt an den Sequenzdiagrammen der Versionen UML 1.x waren die unzureichenden Möglichkeiten, Sequenzdiagramme zu schachteln oder die Nachrichtenabfolgen zu kontrollieren (z. B. mittels Wenn/Dann-Bedingungen oder Schleifen). Aus diesem Grund wurden im Zuge der Standardisierung der UML 2 unter anderem folgende Notationsmittel hinzugefügt oder semantisch verfeinert (Abbildung 15.8):

- Kombinierte Fragmente zur Ablaufsteuerung (beispielsweise Schleifen, Nebenläufigkeit, Reihenfolgebedingungen)
- Sprungmarken
- Interaktionsreferenzen
- Zustandsinvarianten

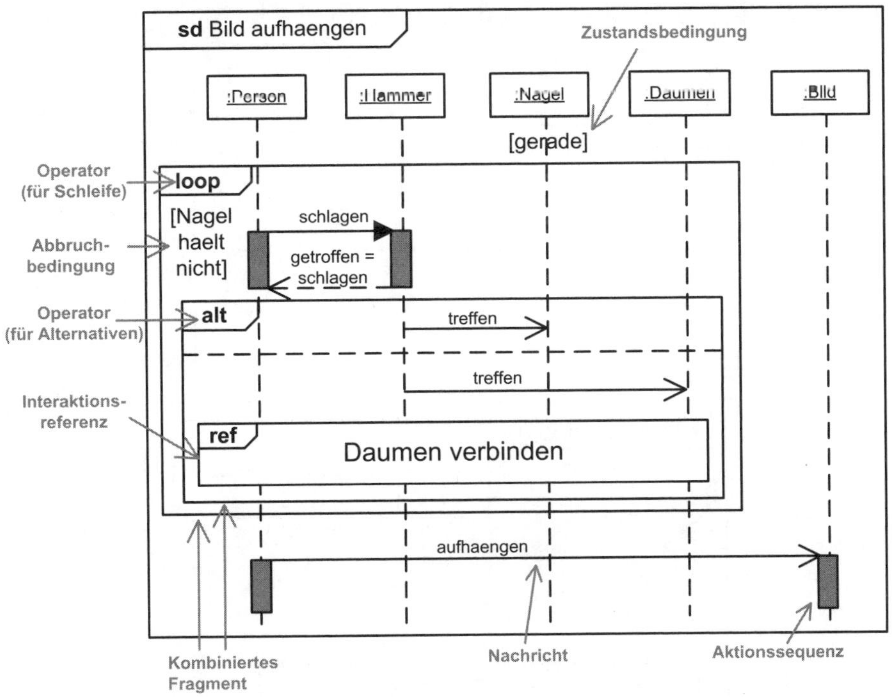

ABBILDUNG 15.8 Sequenzdiagramm mit Notationselementen

Kontrollfluss-steuerung

Kombinierte Fragmente bieten eine Fülle von Steuerungsmöglichkeiten für den Kontrollfluss. Ein Fragment ist normalerweise ein nicht vollständiger Ausschnitt aus einer Interaktion. Mehrere Fragmente lassen sich dabei mithilfe eines Operators kombinieren. Je nach verwendetem Operator ist es dann möglich, alternative oder parallele Abläufe zu modellieren, die Reihenfolge der verschiedenen Ereignisse in den Fragmenten zu beeinflussen, Nachrichtenfolgen zu wiederholen oder auch ungültige Abläufe hervorzuheben.

Sprungmarken (wie ein *goto*) erlauben es, Sequenzdiagramme übersichtlich zu gestalten. Der Sprung erfolgt hier jedoch nur innerhalb der gleichen Interaktion. Mit einer *Interaktionsreferenz* (Interaction Use) können Sie hingegen bestimmte Interaktionen oder Fragmente auslagern oder umgekehrt *einmalig* beschreiben und an beliebigen Stellen einfügen (siehe Abbildung 15.9).

Die referenzierte Interaktion muss nicht zwangsläufig mit einem Sequenzdiagramm beschrieben, sondern darf auch durch ein anderes Interaktionsdiagramm notiert sein, zum Beispiel als Timing-Diagramm.

An eine Lebenslinie können *Zustandsinvarianten* angetragen werden. Dadurch legen Sie Abläufe unter bestimmten Zustandsbedingungen fest. Befindet sich ein Kommunikationspartner in einem nicht definierten Zustand, ist die Ereignisreihenfolge und somit die Kommunikation nicht korrekt.

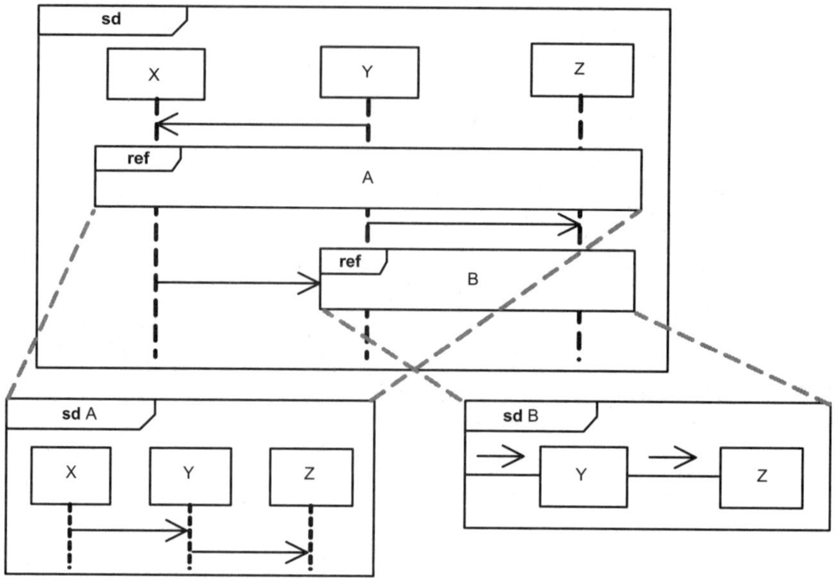

ABBILDUNG 15.9 Verwendung ausgelagerter Interaktionen

Auswahlkriterien für das Sequenzdiagramm

Nutzen Sie das Sequenzdiagramm immer dann, wenn Sie eine Interaktion unter folgenden Randbedingungen darstellen möchten:

Vorzüge eines Sequenzdiagramms

- Die Abfolge der Nachrichten ist wichtig.
- Die durch Nachrichten verursachten Zustandsübergänge sind kaum relevant.
- Die Interaktionen sind kompliziert und müssen stark gesteuert werden.
- Die (strukturelle) Verbindung zwischen den Kommunikationspartnern ist uninteressant.
- Sie möchten Ablaufdetails zeigen.

UML-Übersicht ⇨ 2.2

Trifft einer oder treffen mehrere Punkte *nicht zu*, kann eines der anderen Interaktionsdiagramme nützlich sein. Tabelle 2.1 in Kapitel 2 unterstützt Sie bei Ihrer Suche.

Modellierungsvarianten

Sie können mittels Sequenzdiagrammen Interaktionen auf zwei Arten darstellen:

- Als speziell gewähltes Szenario (meist mit konkreten Werten)
- Als Menge mehrerer oder sogar aller möglichen Szenarien

Abstrakt oder konkret?

Abbildung 15.10 zeigt den Unterschied. Bei der rechten Interaktion spricht man auch von der Intanzebene des Sequenzdiagramms in Anlehnung an die Beziehung zwischen der Klasse und seiner Instanz, dem Objekt, obwohl wir noch sehen werden, dass die Kommunikationspartner nicht unbedingt Klassen sein müssen.

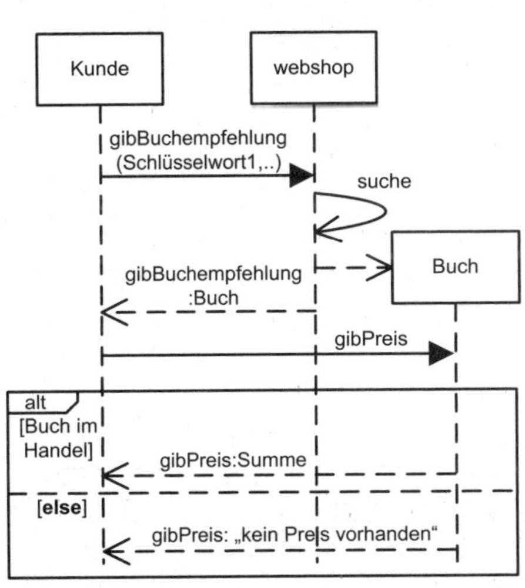

ABBILDUNG 15.10 Ein Sequenzdiagramm auf unterschiedlichen Ebenen

Es bleibt Ihnen überlassen, ob Sie ein Diagramm konkret mit Werten anreichern oder abstrakt bleiben. Mischformen sind durchaus zulässig. Spezielle Szenarien sind in der Analyse und in Konzeptpapieren üblich, abstrakte Sequenzen brauchen Sie immer dann, wenn Vollständigkeit verlangt wird, also z. B. bei der Codegenerierung oder in einem bestimmten Testumfeld.

Der Inhalt der darzustellenden Sequenzen kann aus

- korrekten Nachrichtenabläufen oder aus
- Negativszenarien (das heißt falschen Ereignisreihenfolgen bzw. ungültigen Zustandsinvarianten) bestehen.

Letztere sollten Sie immer dann einsetzen, wenn die Gefahr besteht, dass das System (oder die Implementierung) solche falschen Reihenfolgen nicht verhindert oder Sie explizit falsche Abfolgen zur Abgrenzung des korrekten Verhaltens modellieren wollen. Eine Negativliste kann in vielen Fällen zur Klarheit beitragen.

15.1.3 Ursprung der Sequenzdiagramme

Ausdrucksschwäche in der UML 1.x

Die Sequenzdiagramme sind nicht auf *eine* Person oder Methode zurückzuführen. Ivar Jacobson brachte sie zumindest maßgeblich in die UML ein. Sequenzdiagramme waren von der Ausdruckskraft und Handhabung her in den UML 1.x-Versionen äußerst schwach. Sie sind mitunter ein Grund, warum die UML sich in Industriesektoren wie der Telekommunikation bis heute nicht durchsetzen konnte. Dort werden statt der Sequenzdiagramme die so genannten Message Sequence Charts (siehe Infobox) erfolgreich eingesetzt. Die Autoren der UML 2 haben dies erkannt und alle relevanten Notationselemente aus den MSCs in die Sequenzdiagramme der UML 2 übernommen.

Message Sequence Charts

Mittels Message Sequence Charts (kurz MSC, auch bekannt als Timing Sequence Diagram, Message Flow Diagram oder Object Interaction Diagram) lässt sich das Verhalten zwischen Komponenten mit grafischen Symbolen und als Textnotation (Grammatik) beschreiben und spezifizieren.

Ihre Standardisierung und Weiterentwicklung liegt in den Händen der International Telecommunication Union (ITU). Diese Vereinigung setzte bereits seit 1984 MSC-ähnliche Diagramme informell als Ergänzung zur Specification and Description Language (SDL) ein und erhob 1992 mit der MSC-Recommendation Z.120 Message Sequence Charts zur selbstständigen Notation.

Der Haupteinsatzbereich der MSCs liegt in der Entwicklung von Real-Time-Systemen, inbesondere im Telekommunikationssektor. MSCs finden vor allem Verwendung bei

- der Spezifikation von Anforderungen an Real-Time- und verteilte Systeme sowie deren Dokumentation;
- der Beschreibung der Prozesskommunikation und Schnittstellen bei eingebetteten Systemen;
- der Prüfung von Spezifikationen auf Basis der SDL;
- der Unterstützung zur automatischen Generierung von SDL-Entwürfen;
- der Beschreibung von Testfällen und Szenarien (Use Cases).

Die MSCs lassen sich in zwei Arten unterteilen:

- Basic MSCs (BMSC) zur Abbildung der Kommunikation von Instanzen;
- High Level MSCs (HMSC) beschreiben das Zusammenspiel mehrerer BMSCs.

Interaktionsübersichtsdiagramm ⇨ 18

Für die Beschreibung des Nachrichtenaustauschs stehen verschiedene Operationen wie Schleifen, Bedingungen, Referenzierung, Coregions etc. zur Verfügung. Wenn Sie das Kapitel „Sequenzdiagramm" durchlesen, werden Ihnen diese Begriffe wieder begegnen – und tatsächlich waren MSCs das Vorbild für die UML 2-Sequenzdiagramme. Das Interaktionsübersichtsdiagramm (Kapitel 18) entspricht den HMSCs. Der große Vorteil, den die MSCs gegenüber den Sequenzdiagrammen jedoch immer noch besitzen, ist die Existenz einer vollständigen Grammatik, die MSC-Editoren mit mächtigen Prüf- und Simulationsmöglichkeiten erlauben.

15.2 Anwendungsbeispiel

Unser Anwendungsbeispiel beschreibt ein mögliches Szenario einer `Polizeikontrolle` im Straßenverkehr. Das Szenario beginnt mit der Kommunikation zwischen einem `Fahrer` und dem `Polizisten`, welche mit den (visuellen) Signalen des Fahrers, dem `Schlangenlinienfahren` und der Operation des `Anhaltens` beschrieben wird. Danach werden parallel bzw. in beliebiger Reihenfolge die `Personalien` des `Fahrers` und die `Fahrzeugpapiere` überprüft. In diesem Szenario wird davon ausgegangen, dass beide in Ordnung sind, es wird also kein Alternativablauf beschrieben. Nach der Überprüfung der `Papiere` wird ein Alkoholtest optional (`„opt“`) durchgeführt.

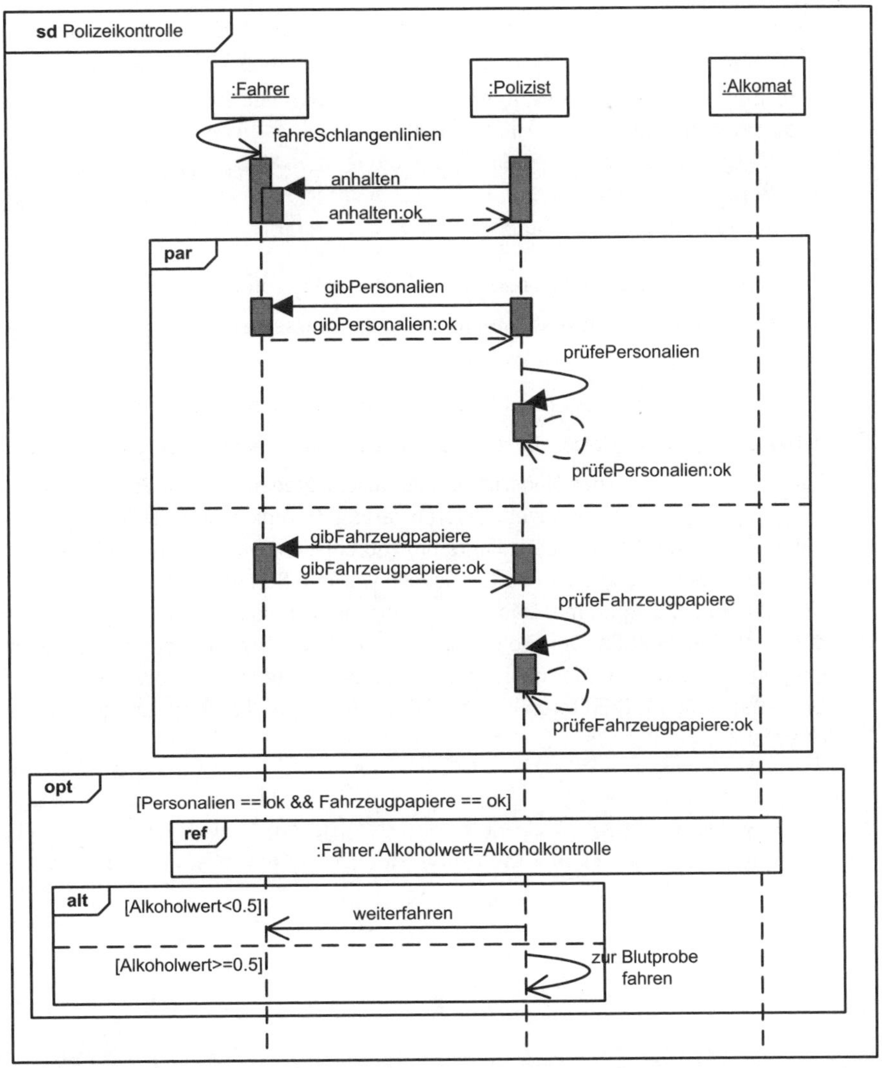

ABBILDUNG 15.11 Sequenzdiagramm `Polizeikontrolle`

An dieser Stelle interessiert allerdings nur das Ergebnis des Tests. Daher wird der Ablauf des Alkoholtests in einer ausgelagerten Interaktion dargestellt und an dieser Stelle nur darauf referenziert („ref“). Nach der Alkoholkontrolle werden je nach Ergebnis zwei alternative Kommunikationsmöglichkeiten („alt“) beschrieben. Ist der Alkoholwert zu hoch, wird dem Fahrer vom Polizisten signalisiert, dass er mit dem Polizisten zur Blutprobe muss. Ansonsten darf der Fahrer weiterfahren.

15.3 Anwendung im Projekt

Universell einsetzbar

In Sequenzdiagrammen lassen sich Interaktionen auf verschiedenen Abstraktionsebenen modellieren – ob Sie das Zusammenspiel der inneren Struktur einer Klasse, einer Komponente oder eines Systems visualisieren möchten, spielt letztlich für die Wahl dieses Diagramms keine Rolle. Der Charme von Sequenzdiagrammen liegt in ihrer breiten Einsatzmöglichkeit im Projekt. Obwohl es bei den design- und implementierungsnahen Tätigkeiten häufiger genutzt wird, ist es zu jedem Zeitpunkt im Projekt sinnvoll nutzbar.

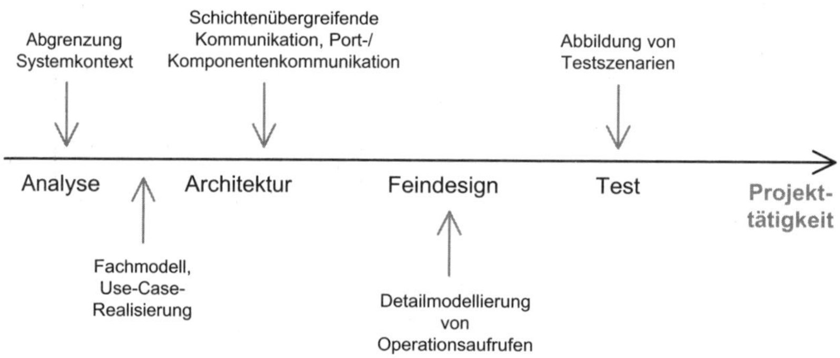

ABBILDUNG 15.12 Mögliche Anwendungen von Sequenzdiagrammen im Projekt

Aufwändig und unvollständig

Unabhängig von der konkreten Anwendung lässt sich zweierlei über Sequenzdiagramme sagen. Erstens, dass das Modellieren von Sequenzdiagrammen aufwändig und zeitraubend ist! Dies führt leider häufig dazu, dass diese Diagramme in Projekten vernachlässigt werden und daher sehr schnell veralten. Zweitens ist ein Interaktionsmodell nie vollständig. Die komplette Abdeckung aller durch ein System realisierten Nachrichtenabfolgen durch Sequenzdiagramme oder allgemein durch Interaktionsdiagramme ist in der Praxis so gut wie nie gegeben.

15.3.1 Abgrenzung des Systemkontexts

System-Sequenzdiagramme

Neben Use-Case- und Klassendiagrammen können Sie auch Sequenzdiagramme zur Abgrenzung des Systemkontexts einsetzen. Craig Larman spricht in diesem Zusammenhang auch von „System Sequence Diagrams (SSD)“ [Lar02]. Ein zu diesem Zweck eingesetztes Sequenzdiagramm zeigt das System oder auch Subsystem als „Black Box“ und dessen Interaktion mit seiner Umwelt (beispielsweise ein Benutzer oder ein Nachbarsystem) in einem Anwendungsfall oder einem typischen Szenario. Wollen Sie neben der Datenflussrichtung auch die zeitliche Abfolge herausarbeiten, sollten Sie ein Sequenzdiagramm in die engere Auswahl aufnehmen.

Interaktionsübersichtsdiagramm ⇨ 18

Sequenzdiagramme eignen sich zur Kontextabgrenzung vor allem bei Systemen mit wenig unterschiedlichem und fest definiertem Interaktionsverhalten. Zwar haben Sie die Möglichkeit, alternative Abläufe zu modellieren, allerdings würden viele unterschiedliche Kommunikationsabläufe den Rahmen einer sinnvollen Darstellung an dieser Stelle sprengen. Hier empfehlen wir Ihnen, mehrere Diagramme zu zeichnen und mit einem Interaktionsübersichtsdiagramm (Kapitel 18) zu verknüpfen.

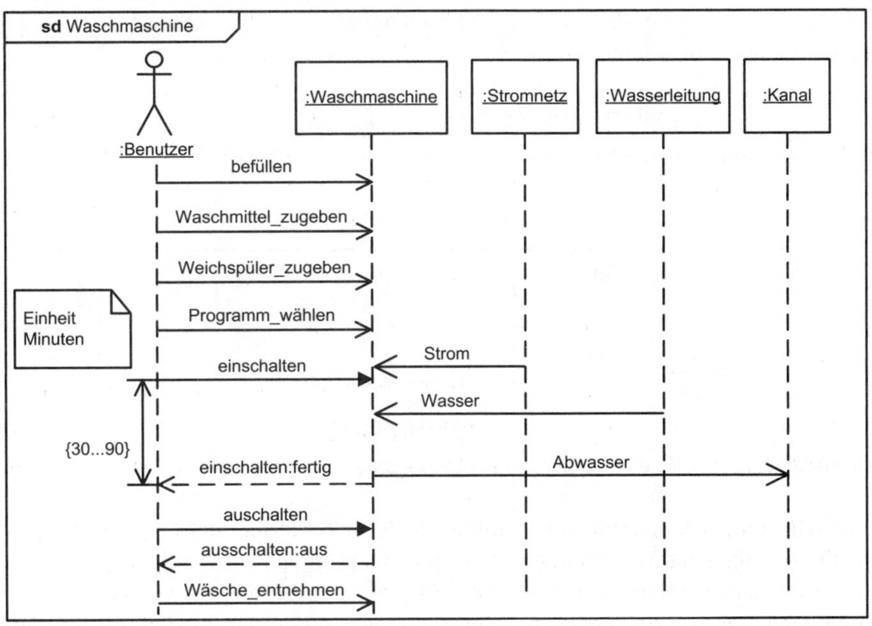

ABBILDUNG 15.13 Abgrenzung Systemkontext

15.3.2 Realisierung von Use-Cases

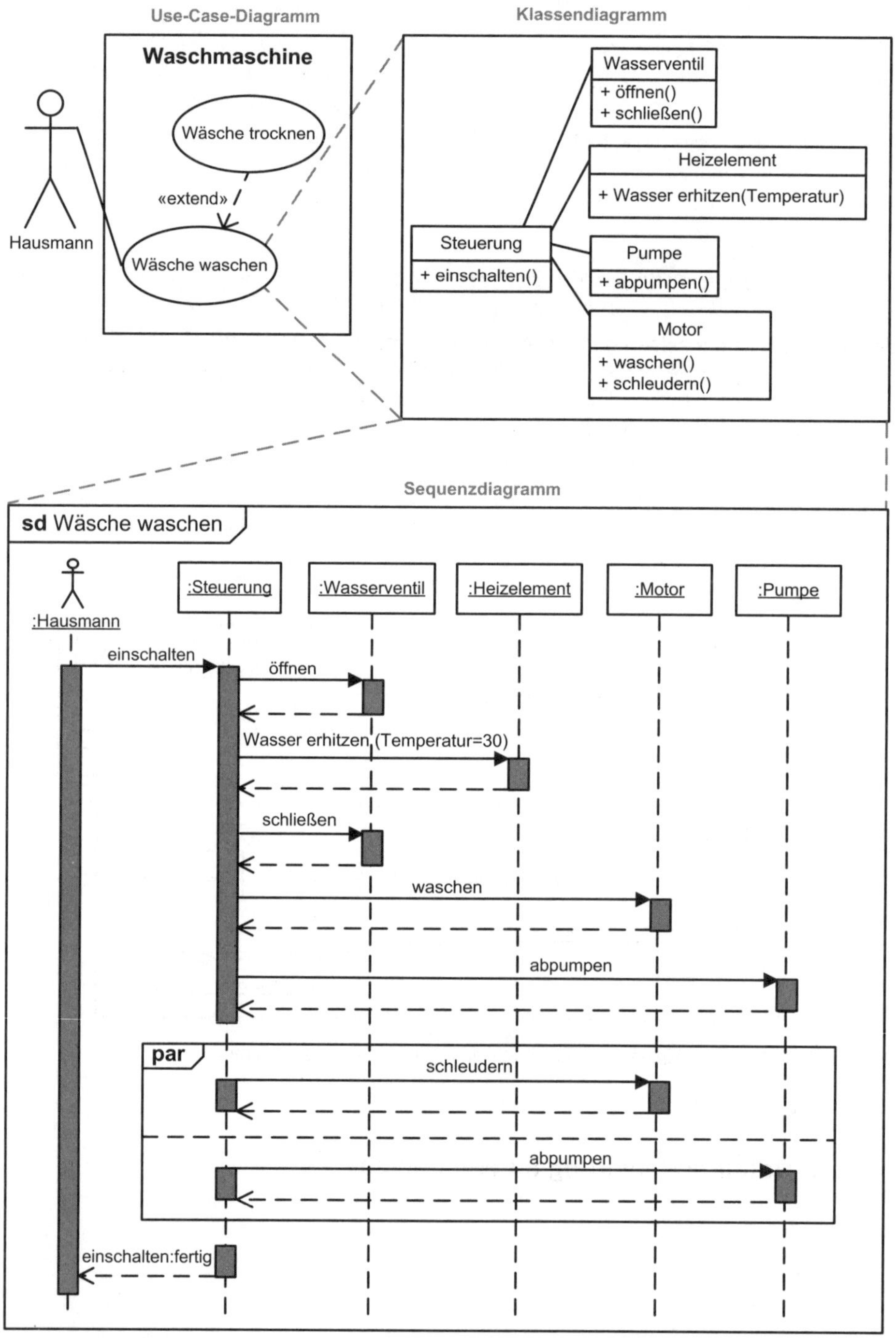

ABBILDUNG 15.14 Beschreibung eines Use-Case durch ein Sequenzdiagramm

In vielen Fällen ist eine grafische Beschreibung von Use-Cases schon aus Gründen der Übersichtlichkeit und der Genauigkeit sinnvoller als eine reine Textnotation. Um von den elementaren Use-Cases eines Systems zu einer detaillierten Darstellung der zugrunde liegenden Abläufe zu gelangen, bieten sich neben Aktivitätsdiagrammen auch Sequenzdiagramme an. Sie schlagen die Brücke zwischen dem strukturierten oder ablauforientierten Use-Case-Modell und dem objekt- oder datenorientierten Klassen-, Fach- oder Analysemodell (siehe Abbildung 15.14). Insbesondere wenn hier komplizierte Ablaufreihenfolgen und deren Varianten darzustellen sind.

Use-Cases sind Interaktionen zwischen Classifier

15.3.3 Spezifikation von Schnittstellen

Sequenzdiagramme zeigen das Zusammenspiel von Kommunikationspartnern und damit implizit natürlich auch die Kompatibilität und das dynamische Verhalten der beteiligten Schnittstellen. In modernen verteilten oder mehrschichtigen Systemen ist der organisatorische Abstimmungsaufwand zwischen den Komponenten aus technischer und häufig auch aus personeller Sicht enorm. Nutzen Sie daher Sequenzdiagramme, falls Sie formale Unterstützung benötigen und die Konsistenz zwischen ihrer statischen Schnittstellendefinition (siehe Abschnitt 6.4.4) und dem dynamischen Datenaustausch sicherstellen müssen (siehe Abbildung 15.15).

Schnittstellen ⇨ 6.4.4

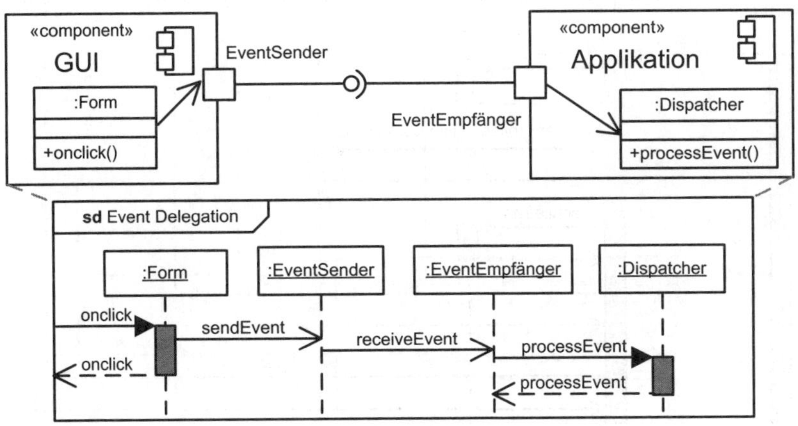

ABBILDUNG 15.15 Abbildung von Schnittstellen in einem Sequenzdiagramm

15.3.4 Detailmodellierung im Feindesign

UML-2-Sequenzdiagramme bieten Notationselemente für alle relevanten Kontrollelemente höherer Programmiersprachen und eignen sich daher für die detaillierte Modellierung von Feindesignmodellen. Sofern Sie geeignete Werkzeuge einsetzen, können Sie daraus vollständig ablauffähigen Code generieren. Abbildung 15.16 zeigt eine Umsetzung der nachfolgenden C#-Codesequenz. Derartige Ergebnisse erzielen Sie auch mit Reverse-Engineering-Verfahren.

Visuelles Programmieren

```
class App
{
    static void MyThreadMethod()
    {
        Console.WriteLine("Ich bin der zweite Thread.");
    }
    static void Main()
    {
        ThreadStart thrstrt = new ThreadStart(MyThreadMethod)
        Thread thr = new Thread(thrstrt);
        thr.Start();     // Starten des Threads
        Console.WriteLine("Ich bin der erste Thread.");
    }
}
```

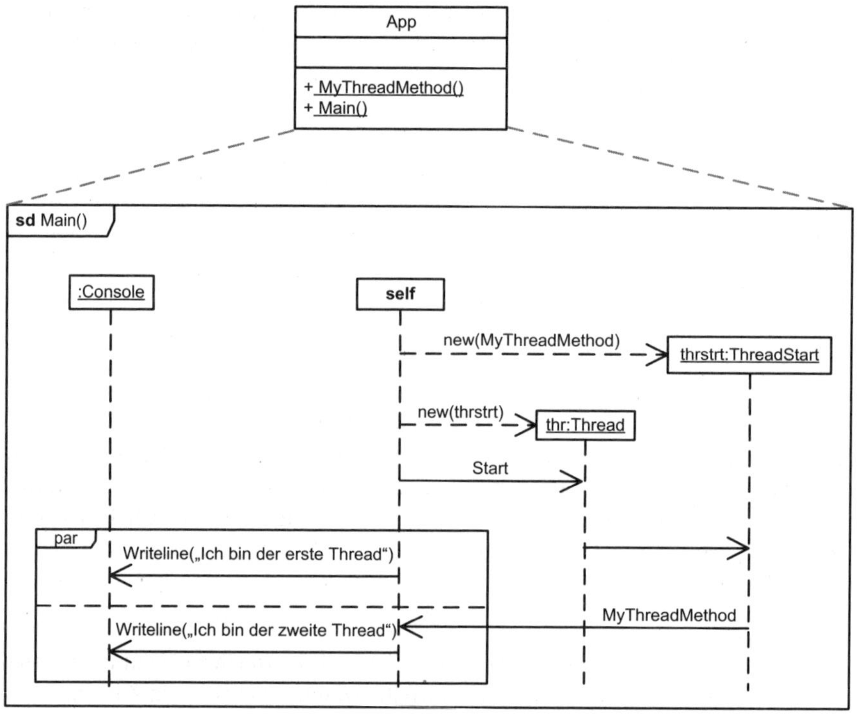

ABBILDUNG 15.16 Operationen einer Klasse in einem Sequenzdiagramm

15.3.5 Test und Simulation

Sequenzdiagramme sind überdies beliebte Hilfsmittel für den Modul- und Integrationstest, da Sie neben der zeitlichen Abfolge auch sehr detailreich die Schnittstelle prüfen können. Damit testen Sie zeitgleich sowohl den dynamischen als auch den statischen Aspekt einer Schnittstelle. Daneben lassen sich mit Sequenzdiagrammen interne Systemabläufe sehr gut als ausführbare Simulationsmodelle nachstellen.

15.4 Notationselemente

15.4.1 Interaktion / Interaktionsrahmen

Definition

An **interaction** is a unit of behaviour that focuses on the observable exchange of information between connectable elements.

Notation

Interaktionen werden in aller Regel von einem Rahmen umschlossen (siehe Diagrammrahmen in Abschnitt 3.1.2). Dies ist besonders dann sinnvoll, wenn die Interaktion referenziert und wiederverwendet wird. In der linken oberen Ecke wird ein Fünfeck angetragen, das neben dem vorangestellten Kürzel **sd** den Namen der Interaktion und mögliche Parameter enthält.

Rahmen symbolisiert Interaktion

⇨ 3.1.2

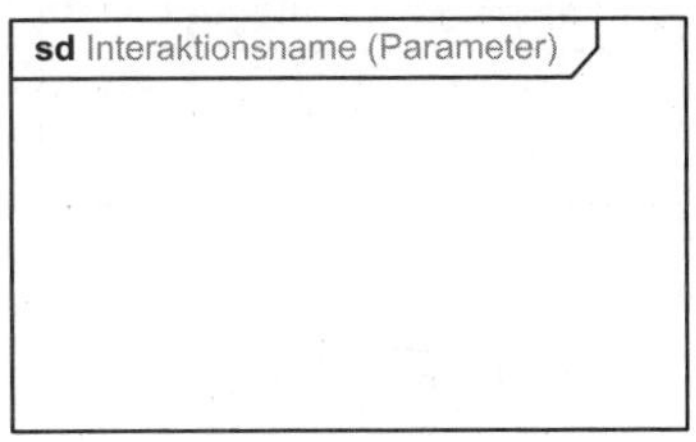

ABBILDUNG 15.17 Notation einer Interaktion im Sequenzdiagramm

Nebenbei: Der Rahmen wird genauso für *Kommunikationsdiagramme, Interaktionsübersichtsdiagramme* und *Timing-Diagramme* verwendet, da ja diese Diagramme auch Interaktionen darstellen. Obwohl das Kürzel **sd** eigentlich eindeutig dem Sequenzdiagramm zugeordnet ist, wird es auch für die weiteren Diagramme verwendet. Alternativ ist auch die längere und treffendere Bezeichnung **interaction** erlaubt.

Beschreibung

Eine Interaktion (Interaction, siehe auch Abschnitt 15.1.1) ist von ihrer Natur her ein spezieller Typ eines Verhaltens, ähnlich wie eine Aktivität (Kapitel 13) oder ein Zustandsautomat (Kapitel 14). Sie haben daher folgende Möglichkeiten bei der Modellierung:

- Interaktionen dürfen *Ein- und Ausgabeparameter* enthalten, diese werden wie bei Operationen (Abschnitt 6.4.3) als Liste in runden Klammern nach dem Interaktionsnamen notiert;

Operationen

⇨ 6.4.3

- Interaktionen dürfen *Vor- und Nachbedingungen* besitzen. Hier bieten sich Notizzettel als Notationsmittel an;
- Interaktionen lassen sich *verallgemeinern und redefinieren*. Dabei ändern sich die zulässigen und nicht zulässigen Ereignisreihenfolgen.

Zuordnung zu Classifiern

Eine Interaktion ist in aller Regel einem bestimmten verhaltensspezifischen Classifier zugeordnet, der das durch die Interaktion *beschriebene Verhalten realisiert*. Mit anderen Worten: Durch das Auslösen eines bestimmten Ereignisses (z. B. der Aufruf einer Operation bei einer Klasse) wird die zugeordnete Interaktion „abgespult". Zu den verhaltensspezifischen Classifiern zählen in der UML:

- Klassen
- Use-Cases
- Kollaborationen

Die einem Classifier zugeordneten Sequenzdiagramme bzw. (allgemein) Interaktionen können in einem speziellen Abschnitt (Compartment) des Classifiers aufgelistet werden (siehe Abbildung 15.18).

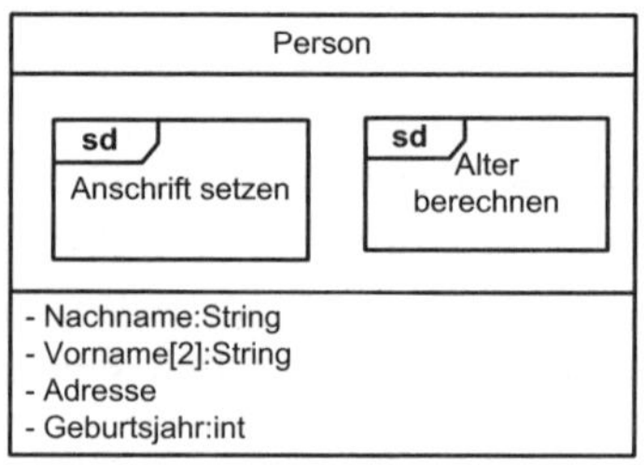

ABBILDUNG 15.18 Die Zuordnung zu Classifiern

Attribute des Classifiers

In einer Interaktion stehen die Attribute eines realisierenden Classifiers zur Verfügung, d. h., Sie dürfen beispielsweise die Attribute einer Klasse in einer Interaktion der Klasse verwenden, ohne sie explizit als Parameter übergeben zu müssen.

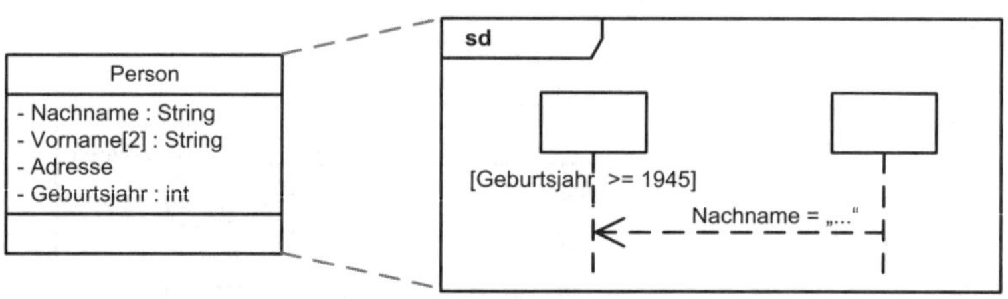

ABBILDUNG 15.19 Übergabe des Nachnamens, wenn die Person nach 1944 geboren ist

Lokale Attribute

Lokales Attribut

Innerhalb des Rahmens dürfen Sie lokale Attribute deklarieren. Idealerweise tragen Sie diese im oberen Bereich des Rahmens oder alternativ als Notiz an beliebiger Stelle im Diagramm ein. Sie dürfen die Attributdeklaration mit allen Möglichkeiten, wie sie in Klassen erlaubt sind (siehe dazu Abschnitt 6.4.2), notieren. Typischerweise treten derartige Attribute im Zusammenhang mit der Modellierung einer Operation auf:

⇨ 6.4.2

```
int fkt(int a, float b) {
int NULL = 0x0;
    char* Text = "Hallo Welt";
// ...
};
```

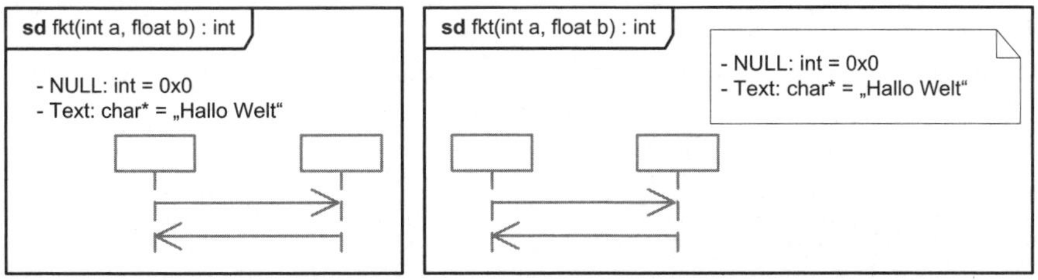

ABBILDUNG 15.20 Die zwei Alternativen zur Abbildung lokaler Variablen in Interaktionen

Anwendung

Das folgende Beispiel zeigt den exemplarischen Ablauf einer `Alkoholkontrolle`. Im oberen Bereich des Diagramms ist das lokale Attribut `Alkoholwert` für Werte zwischen `0,0` und `9,99` definiert. (Wir raten davon ab, alle Werte im Selbsttest auszuprobieren.) Nach dem `Einschalten` des `Alkomaten` bläst der Fahrer Luft in den `Alkomaten` (aus dessen Sicht: `Luft_entgegennehmen`), bevor der Polizist die Nachricht (hier die Operation) `berechnen` beim `Alkomat` anstößt, dieser darauf seine `Anzeige aktualisiert` und den `Alkoholwert` zurückgibt. Das Ergebnis wird im lokalen Attribut `Alkoholwert` der Interaktion (und nicht des Polizisten) abgelegt.

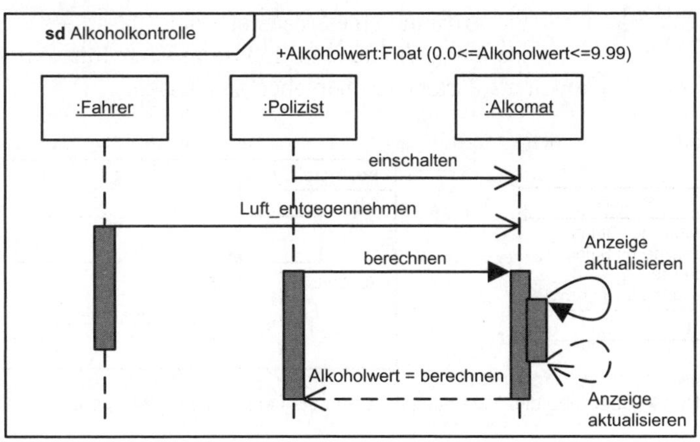

ABBILDUNG 15.21 Don't drink and drive!

AL

15.4.2 Lebenslinie

Definition

A **lifeline** represents an individual participant in the interaction. While parts and structural features may have multiplicity greater than 1, lifelines represent only one interaction entity.

Notation

Eine Lebenslinie wird im Sequenzdiagramm als rechteckiger unausgefüllter Kasten mit angeschlossener Linie dargestellt. Die üblicherweise gestrichelte Linie repräsentiert die Lebenszeit eines Kommunikationspartners.

Akteur
⇨ 12.4.3

Im Kasten wird der Name des Kommunikationspartners oder, allgemeiner, der Text zur Identifikation des Kommunikationspartners notiert. Falls es für den Kommunikationspartner ein von der Box abweichendes Symbol gibt (z. B. das Strichmännchen eines Akteurs (Kapitel 12.4.3)), darf dies an Stelle des Kastens notiert werden.

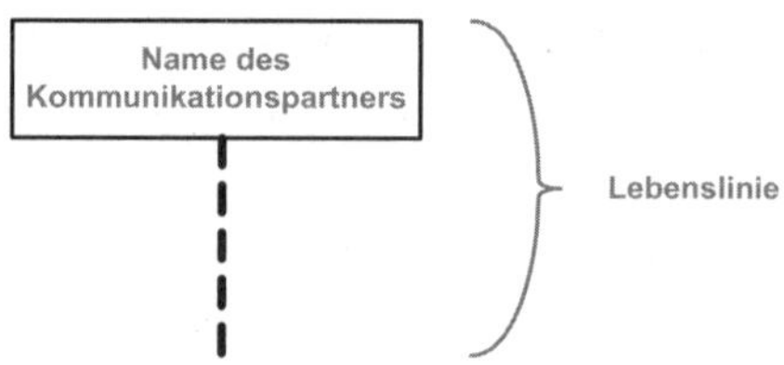

ABBILDUNG 15.22 Notation einer Lebenslinie

Beschreibung

Parts, Ports
⇨ 9.4.1, 9.4.3

Eine Lebenslinie (Lifeline) repräsentiert *genau einen* Teilnehmer in einer Interaktion. Unter Teilnehmer versteht die UML dabei alle Teile und Einheiten des umschließenden Classifiers, die zur Kommunikation fähig sind. Idealerweise sind diese als Verbindbare Elemente (Connectable Elements) modelliert (siehe Kapitel 9). Das würde jedoch bedeuten, dass Sie immer Strukturierte Classifier inklusive ihrer ConnectableElements benötigen. Ein Aufwand, der sicherlich für viele Konzeptmodelle oder Modelle mit Dokumentationscharakter unnötig ist. Daher erlaubt die UML auch, jegliche *benannte* Elemente als Lebenslinien zu definieren.

Lebenslinien modellieren aber typischerweise

- den die Interaktion besitzenden Classifier (Klasse/Instanz) selbst,
- die Attribute des Classifiers,
- Teile des Classifiers, z. B. Parts und Ports (siehe Abschnitt 9.4.1 und 9.4.3),
- die Operationen des Classifiers,
- Parameter von Operationen (allgemeiner: von Verhalten) und
- (lokale) Variablen einer Operation.

Sie müssen zwingend einen Kommunikationspartner angeben. Anonyme Lebenslinien sind nicht zulässig. Die Grundbeschriftung einer Lebenslinie besteht aus:

```
Name des (Connectable) Elements : Typ des Elements
```

Sowohl der Name des ConnectableElement als auch der Typ, der mit einem Doppelpunkt eingeleitet wird, sind wechselseitig optional (entweder/oder).

Der aus der UML 1.x bekannte Unterstrich für Objekte (siehe Kapitel 8) wird seit der UML 2 an dieser Stelle (und nur hier) nicht mehr verwendet. Ein Objekt mit dem Namen Schorsch vom Typ Person wird also als `Schorsch:Person` oder eben nur `Schorsch` notiert. Ein anonymes Objekt wird mit `:Person` notiert, wobei hier auch die zugehörige Klasse Person an sich referenziert werden kann. Analoges gilt auch für andere Classifier (Komponenten, Knoten, ...). Wir halten diese Regelung persönlich für nicht sinnvoll und weichen daher in diesem Buch bewusst davon ab! Zur Kennzeichnung von Objekten bzw. von Kommunikationspartnern verwenden wir dementsprechend auf der Instanzebene Unterstriche.

Objektdiagramm ⇨ 8

Im Folgenden sehen Sie einige Möglichkeiten, wie die Elemente eines Classifiers als Lebenslinie angetragen werden. Auch wenn wir an dieser Stelle nur zwei spezielle Classifier zeigen - die Klasse (Abschnitt 6.4.1) und eine strukturierte Klasse (Abschnitt 9.1) -, gilt das Gesagte auch für alle anderen Classifier.

⇨ 6.4.1, 9.1

Abbildung der Klasse selbst

Ports ⇨ 9.4.3

Falls in einer Interaktion eine Nachricht an die umschließende Klasse selbst geschickt werden soll (z. B. zum Aufrufen einer Klassenoperation), wird die Klasse mit dem fett gesetzten Schlüsselwort **self** als Beschriftung der Lebenslinie repräsentiert.

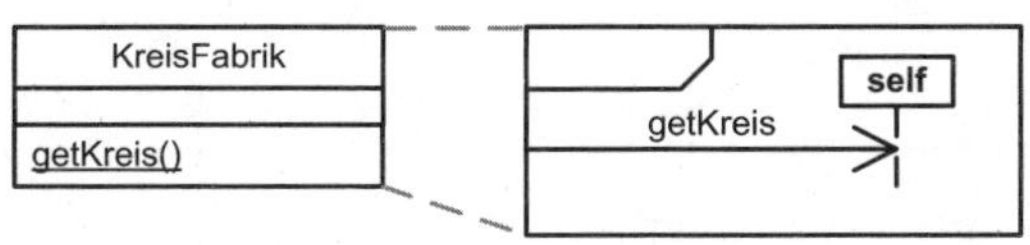

ABBILDUNG 15.23 Darstellung der Klasse selbst

Besitzt die Klasse Ports (Abschnitt 9.4.3), so müssen Sie diese als eigene Lebenslinie *explizit modellieren*. Ein Port bzw. seine Schnittstelle ist nicht durch **self** ansprechbar.

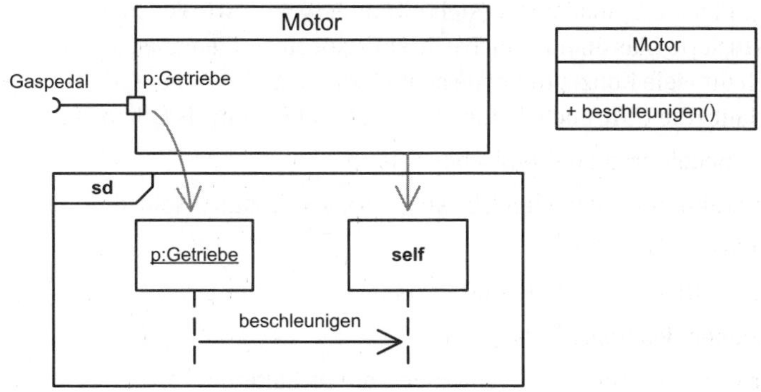

ABBILDUNG 15.24 Modellieren von Ports bzw. Schnittstellen

Abbildung der Attribute und Parts einer Klasse

Attribute und Parts (Abschnitt 9.4.1) einer Klasse lassen sich als Lebenslinien abbilden. Auf diese Weise können Sie relativ einfach Interaktionen zum Setzen und Lesen der Attribute modellieren.

Part ⇨ 9.4.1

Mehrwertige Attribut-Selektor

Abbildung 15.25 zeigt auch die Notation von Attributen mit einer Multiplizität, die größer als eins ist (hier `Vorname[2]:String` – zwei Ausprägungen vom Typ `String`) und die in Programmiersprachen meist durch Felder realisiert wird.

Da sich dahinter mehrere Ausprägungen verbergen und Sie die einzelnen Kommunikationspartner immer explizit machen müssen, ist die *Angabe der Ausprägung x zwingend.* Das heißt, Sie dürfen das Attribut nicht in seiner Gesamtheit ansprechen, sondern müssen es durch einen Selektor [x] nach dem Elementnamen auswählen. Mit anderen Worten: Sie müssen den Verbund auflösen.

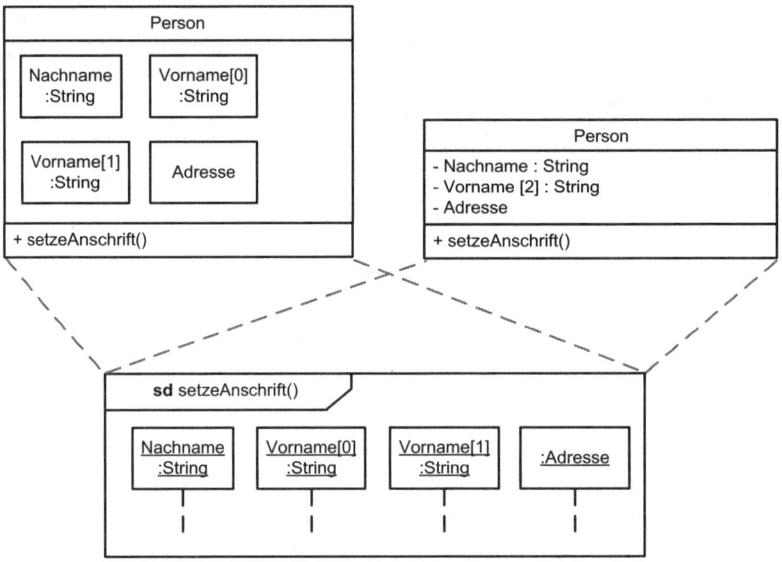

ABBILDUNG 15.25 Abbildung der Attribute

Die aus den UML-1.x-Versionen bekannten Multiobjekte (siehe Abbildung 15.26) sind nicht mehr erlaubt.

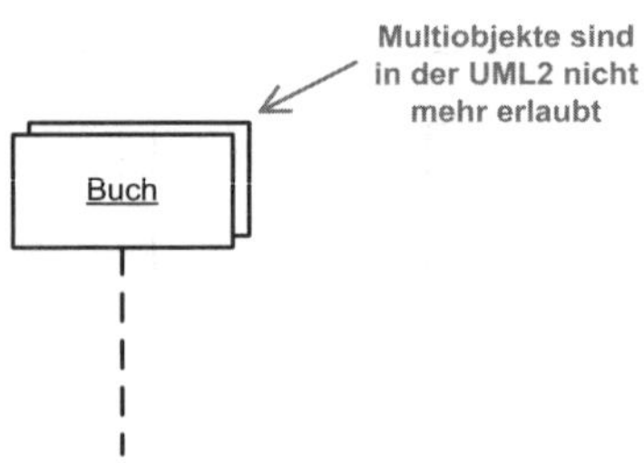

ABBILDUNG 15.26 Multiobjekte gibt es in der UML 2 nicht mehr.

Abbildung der Operationen einer Klasse

Mit Sequenzdiagrammen können Sie genau wie mit Aktivitäten Operationen modellieren (Abschnitt 13.4.2). Sie dürfen dazu sowohl die Eingabe- als auch die Ausgabeparameter und die genutzten Variablen als Lebenslinien abbilden.

Aktivität ⇨ 13.4.2

Eine Lebenslinie, die einen Strukturierten Classifier (Abschnitt 9) repräsentiert, lässt sich weiter zerlegen (siehe dazu Abschnitt 15.4.9).

Zerlegung von Lebenslinien ⇨ 15.4.9

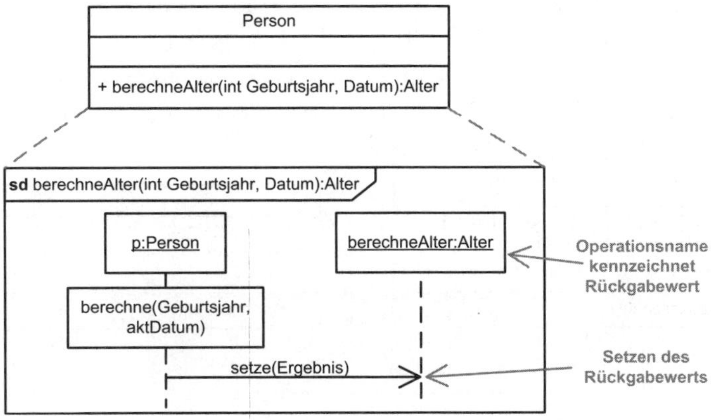

ABBILDUNG 15.27 Darstellung der Operationen in einem Sequenzdiagramm

Ausführungssequenz

Ein Kommunikationspartner führt während seiner Existenz neben dem Senden und Empfangen von Nachrichten verschiedene Tätigkeiten aus. Dazu zählen die Ausführung von Methoden (auch bei sich selbst), das Setzen von Variablen, aber auch beliebig komplizierte Aktionen (Abschnitt 13.4.1). Derartige Ausführungssequenzen (Execution Specification), in denen ein Kommunikationspartner „etwas tut", können als senkrechte weiße oder graue Balken[3] auf der Lebenslinie – auch geschachtelt – dargestellt werden (siehe Abbildung 15.28).

Aktion ⇨ 13.4.1

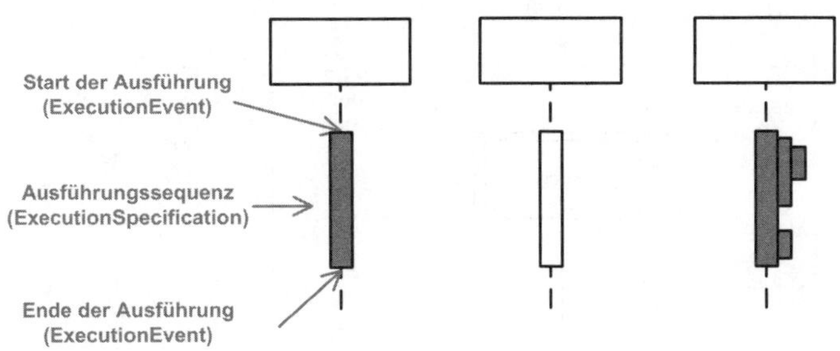

ABBILDUNG 15.28 Notationen einer Ausführungssequenz

[3] Die UML übernimmt hier nicht die aus den MSCs bekannte Semantik von nicht unterbrechbaren Aktionen. Wir empfehlen, sich auf weiße oder graue Balken zu einigen.

Balkendarstellung optional

Die Modellierung von Aktionssequenzen als Balken ist nicht unbedingt nötig und sollte von Fall zu Fall entschieden werden. In vielen Fällen hilft es dem Leser des Diagramms, die Abläufe besser zu erfassen. Andererseits können zu viele Aktionssequenzen die Diagramme überladen.

Im UML-Kommunikationsmodell ist eine Ausführungssequenz durch ein Start- und ein Endereignis (ExecutionEvent) eingeschlossen. Die beiden Ereignisse werden durch ExecutionOccurrenceSpecifications (siehe Abbildung 15.28) modelliert. Dazwischen wird eine Verhaltensinstanz erzeugt, die von Dauer ist. Das heißt, die Ausführung einer Ausführungssequenz kostet Zeit.

Während des Durchlaufens einer Ausführungssequenz können Ereignisse die Lebenslinie erreichen bzw. durch sie generiert werden. Das bedeutet unter anderem, dass Nachrichten empfangen und verschickt werden dürfen.

⇨ 15.4.3

Die in der Praxis am häufigsten vorkommende Aktionssequenz ist die Ausführung einer Methode, die durch einen Operationsaufruf (siehe Abschnitt 15.4.3) ausgelöst wird:

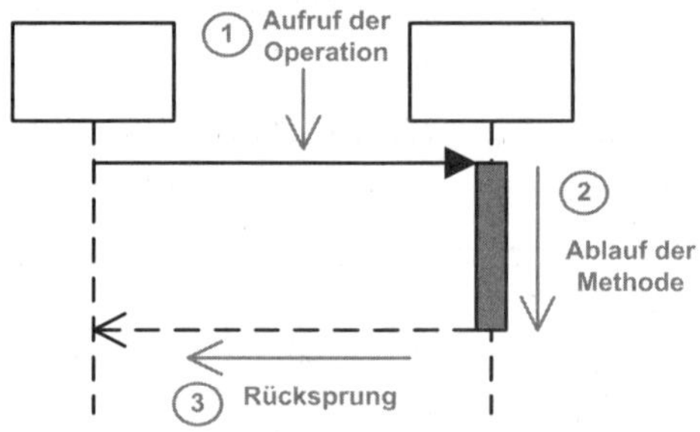

ABBILDUNG 15.29 Eine ganz typische Aktionssequenz

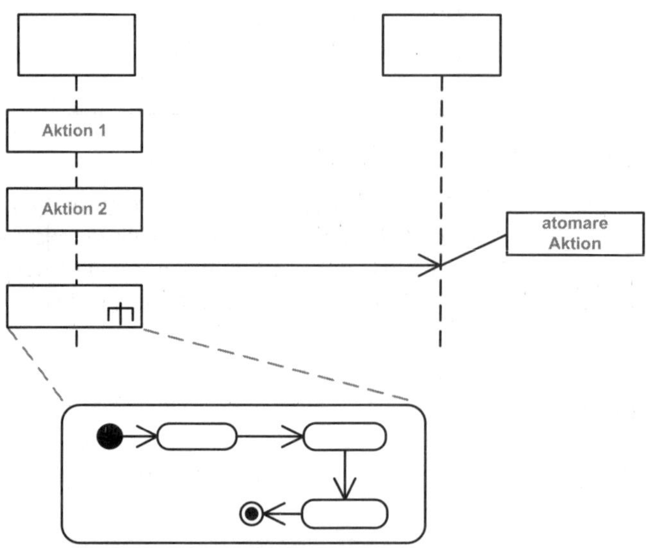

ABBILDUNG 15.30 Alternativnotation für Aktionssequenzen

Die UML 2 beschränkt sich hier aber keineswegs auf die Ausführung von Methoden. Sie dürfen beliebiges Verhalten ausführen bzw. durch alle Verhaltensdiagramme (z. B. durch ein Aktivitätsdiagramm, einen Zustandsautomaten oder wiederum ein Sequenzdiagramm) modellieren.

Eine Ausführungssequenz kann aber neben Verhalten auch einzelne Aktionen (siehe Kapitel 13) repräsentieren. Diese dürfen Sie in Form von Rechtecksymbolen (aufgeweiteter Balken) darstellen. Besteht eine Aktionssequenz aus nur einer atomaren Aktion, wie beispielsweise dem Lesen der Attribute eines Signals (siehe Erläuterung zu Signalen in Abschnitt 15.4.3), kann sie auch durch eine Linie mit dem Empfangsereignis, also der Pfeilspitze der Nachricht, verknüpft werden.

Aktivitätsdiagramm
⇨ 13

Gedanklich fallen hier Start- und Ende der Ausführungssequenz zusammen, da die atomare Aktion quasi in „Nullzeit“ ausgeführt wird.

Destruktion des Kommunikationspartners

Kreuzsymbol

Die Lebenslinie erstreckt sich bis an das unterste Ende des Sequenzdiagramms und theoretisch darüber hinaus - solange der Kommunikationspartner existiert. Wird während einer Interaktion der Kommunikationspartner, genauer dessen Instanz, gelöscht, so endet seine Lebenslinie. Dieses spezielle Ereignis wird durch ein Kreuz auf der Lebenslinie kenntlich gemacht und im Englischen mit DestructionOccurenceSpecification bezeichnet. Das folgende Beispiel (Abbildung 15.31) zeigt eine solche Destruktion.

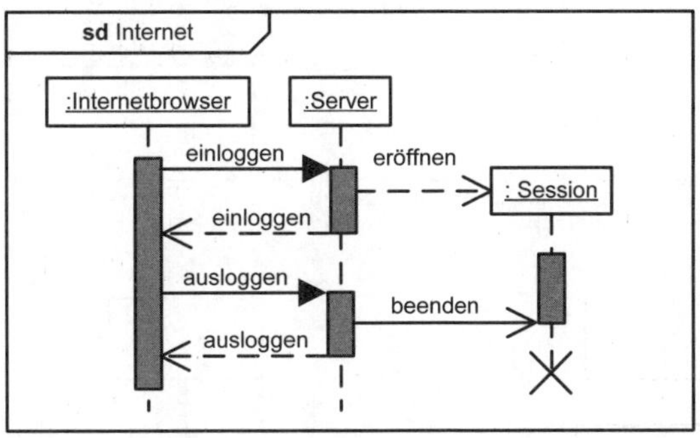

ABBILDUNG 15.31 Sequenzdiagramm Internetsuche

Nach der Destruktion der Lebenslinie dürfen keine zeitlichen Ereignisse bzw. Nachrichten an die Linie gezeichnet werden bzw. dort eintreffen. Um eine Destruktion auszulösen, ist gemäß UML keine spezielle Nachricht nötig bzw. definiert. In realen Modellen wird die Zerstörung meist durch einen Destruktor oder Garbage-Collector-Aufruf eingeleitet.

Anwendung

In Abbildung 15.32 ist die Verwendung von Lebenslinien dargestellt. Eine `Person` erstellt in einem `MediaPlayer` eine `Playlist` mit aktuellen Hits im mp3-Format. Dazu wird zunächst eine Playlist erstellt, der dann nach und nach Songs hinzugefügt werden. Dabei entstehen die Lebenslinien der einzelnen beteiligten Objekte, also der `Playlist` und der beiden `Songs`. Nach dem Hören wird der `MediaPlayer` geschlossen und die erzeugten Objekte werden wieder zerstört.

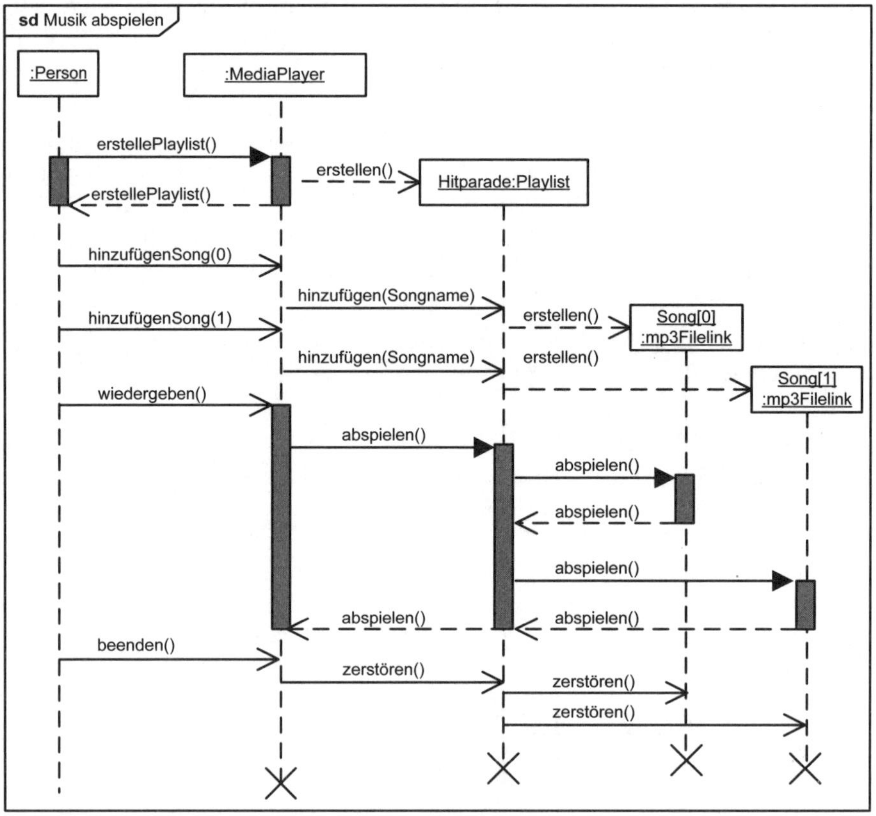

ABBILDUNG 15.32 Unterschiedliche Lebenslinien im Einsatz ...

AL

15.4.3 Nachricht

Definition

A **message** defines a particular communication between lifelines of an interaction. The message specifies not only the kind of communication e.g. raising a signal, invoking an operation, creating or destroying an instance, but also the sender and the receiver.

Notation

Abbildung 15.33 zeigt die Variantenvielfalt von Nachrichten im Sequenzdiagramm. Jede Nachricht, kann gemäß folgender Vorschrift (Backus-Naur-Form) benannt werden. Beispiele finden Sie weiter unten im Kapitel.

```
<messageident> ::= ([<attribute> '=’] <signal-or-operation-name>
['(' [<argument> [','<argument>]* ')'][':' <return-value>]) | '*'

<argument> ::= ([<parameter-name> '=’] <argument-value> |
(<attribute> '=' <out-parameter-name> [':' <argument-value>] | '-' )
```

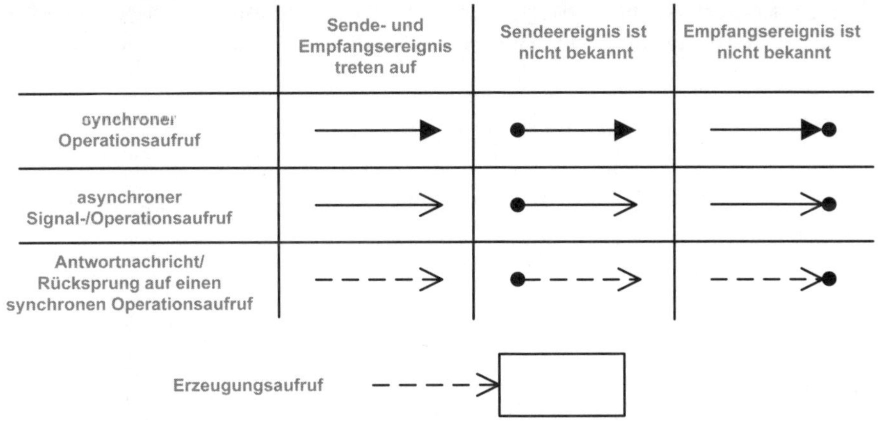

ABBILDUNG 15.33 Notation von Nachrichten im Sequenzdiagramm

Beschreibung

Eine Nachricht (Message) repräsentiert den Informationsfluss zwischen Kommunikationspartnern in einer Interaktion. Die Nachrichten werden als Pfeile zwischen den Lebenslinien der kommunizierenden Interaktionsteilnehmer - immer vom Sender zum Empfänger - dargestellt. Dabei lässt die UML eine Vielzahl an Varianten zu, die durch die Kommunikationsart, den Nachrichtentyp und die Sende- und Empfangsereignisse bestimmt werden. Abbildung 15.33 zeigt die Varianten, die wir anschließend näher diskutieren.

Beachten Sie, dass es momentan noch anhaltende Diskussionen zwischen den UML-2-Autoren zu Notation und Sinnhaftigkeit von unterschiedlichen Nachrichtentypen gibt. Diese Diskussion wurde bewusst auf einen Zeitpunkt nach der Verabschiedung der UML-2-Spezifikation verschoben, was leider zu einer unsicheren Situation und zu Toolhersteller-eigenen Lösungen führt. Insbesondere rankt sich die Diskussion um Fragen zur Modellierung von Konstruktoren und Destruktoren, synchronen bzw. asynchronen Erzeugungs- und Destruktionsnachrichten, ob man asynchrone Antwortnachrichten einführen sollte und ob Antwortnachrichten prinzipiell einen Namen haben müssen. Wir geben in dieser Auflage den Stand der UML-2-Spezifikation wieder und verweisen auf Lücken im UML-2-Metamodell.

Art der Kommunikation

Festlegung des Kommunikationsverhaltens

Sie müssen sich bei der Modellierung einer Nachricht auf eine

- synchrone oder
- asynchrone Kommunikationsart

festlegen.

Bei der *synchronen Kommunikation* wartet der Sender, bis das initiierte Verhalten beim Empfänger beendet wurde. Der Sender erhält daraufhin eine Antwortnachricht vom Empfänger und setzt erst dann seine Abarbeitung fort. Neben der impliziten Aussage, dass der synchrone Nachrichtenfluss beendet ist, dürfen Antwortdaten mitgeliefert werden.

Bei der *asynchronen Kommunikation* wartet der Sender nicht auf eine Antwort des Empfängers, sondern setzt unmittelbar nach dem Sendeereignis seine Abarbeitung (nebenläufig) fort. Der Sender ist somit nach Absenden der Nachricht nicht blockiert.

Er kann aber durchaus eine Antwort (zu einem späteren Zeitpunkt) erhalten. Diese wird jedoch nicht als Antwortnachricht, sondern häufig als asynchrone Nachricht modelliert.

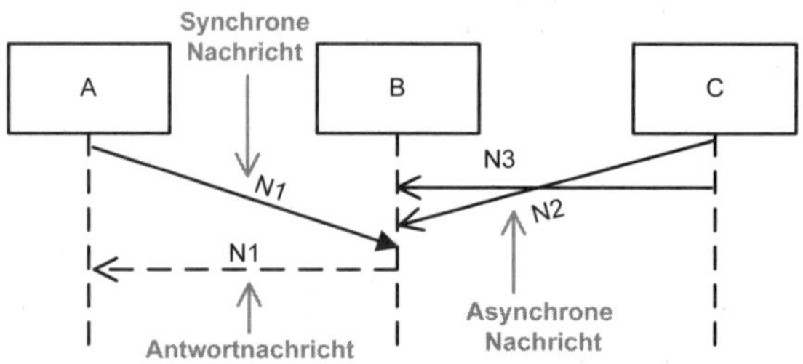

ABBILDUNG 15.34 Darstellung der Kommunikationsarten im Sequenzdiagramm

Die Art der Kommunikation wird durch die *Pfeilspitze* der zugehörigen Nachricht repräsentiert. Synchrone Nachrichten haben eine ausgefüllte, asynchrone eine offene Pfeilspitze. Die Pfeile der Antwortnachrichten sind gestrichelt und haben eine offene Spitze. Asynchrone Nachrichten dürfen sich überkreuzen, da sie in einer anderen zeitlichen Reihenfolge ankommen können, als sie ausgesendet wurden.

Eine Nachricht repräsentiert ...

Im UML-Kommunikationsmodell bilden Nachrichten zwei Formen des Informationsaustauschs ab:

- den Aufruf/Rücksprung einer Operation und
- die Übermittlung von Signalen.

Operation ⇨ 6.4.3

Zustandsautomat ⇨ 14

Der Aufruf einer Operation (siehe Abschnitt 6.4.3) löst die Ausführung der zugehörigen Methode (bzw. des Verhaltens) beim Empfänger aus. Sie können sowohl synchrone als auch asynchrone Aufrufe modellieren. Hingegen ist die Übermittlung eines Signals immer asynchron (siehe weiter unten in diesem Unterkapitel). Meist wird durch ein Signal eine Reaktion im Zustandsautomaten (Kapitel 14) des Empfängers verursacht.

Syntax einer Nachricht

Bei der Benennung der Nachricht müssen Sie einige Konventionen auf Grund der Konsistenz zur Operations- und Signalsyntax beachten. Die einfachste Form einer Nachricht hat folgenden Aufbau:

Minimalsyntax einer Nachricht

- `NameDerNachricht`

Also beispielsweise:

- `Nachricht_1` oder `PowerOn` oder `MausEvent`

Beachten Sie, dass hier insbesondere auch bei Operationsaufrufen kein Klammernpaar gesetzt wird. Bei derartigen parameterlosen Nachrichten werden außer der Nachricht an sich keine Informationen übertragen. Da aber mit einem Nachrichtenaustausch meistens auch ein Datenaustausch verbunden ist, dürfen Sie der Nachricht *beliebig viele* Argumente mitgeben. Die Syntax trennt die Argumente durch Komma und sieht für drei Argumente wie folgt aus:

- `NameDerNachricht(Argument, Argument, Argument)`

Als Argumentwerte sind folgende Elemente einsetzbar (Abbildung 15.35):

Argumente einer Nachricht

- Attribute der sendenden Lebenslinie
- Konstanten
- Ein- und Ausgabeparameter der Interaktion
- Attribute des Classifiers, zu dem die Interaktion gehört
- Generische Werte (Wildcards)

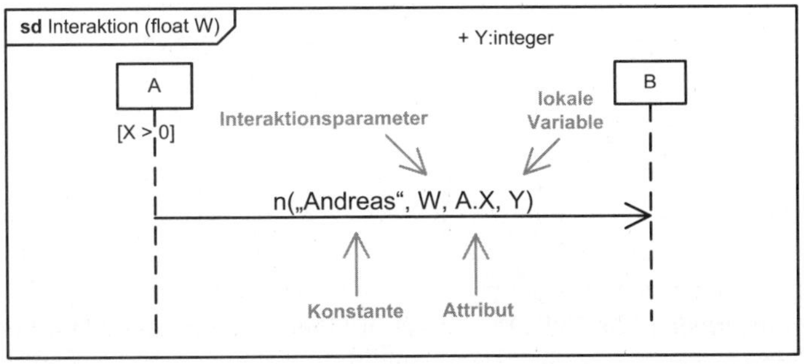

ABBILDUNG 15.35 Argumentvarianten einer Nachricht

Die Anzahl der Argumente muss gleich der Anzahl der Signal- und Operationsparameter sein. Besitzt Ihre Operation beispielsweise vier Parameter, so müssen Sie der Nachricht vier Argumente mitgeben. Möchten/können Sie sich auf keinen konkreten Argumentwert zum Beispiel bei einem Out-Parameter (Abschnitt 6.4.3) festlegen, so können Sie ersatzweise einen Bindestrich „-“ einsetzen.

Parameter der Operation ⇨ 6.4.3

Ein kleines Beispiel zur Verdeutlichung. Wir haben in einer Telefonbuchanwendung eine Operation „`findeNamen`“ mit zwei Parametern modelliert:

- `Boolean findeNamen(in TelNummer : String, out Name : String)`

Zum Aufruf dieser Operation dürfen Sie eine Nachricht nun im Sequenzdiagramm unter anderem wie folgt benennen:

- `findeNamen(varNummer, -)`
- `findeNamen(„+49911409000“, -)`

wobei `varNummer` eine Variable bzw. ein Attribut darstellt.

Angabe von Parameternamen

Dabei werden die Argumentwerte den Parametern entsprechend ihrer Position zugewiesen (1. Argumentwert dem 1. Parameter, 2. Argumentwert dem 2. Parameter, usw.). Mit folgender Syntax kann dies explizit dargestellt werden:

- `NameDerNachricht(NameDesParameters = Argument, NameDesParameters = Argument)`

Diese Variante hat den entscheidenden Vorteil, dass Sie sowohl die Formal- als auch die Aktualparameter (Argumentwerte) sehen. Zudem müssen Sie hier *nicht* die Reihenfolge der Parameter und ihre Anzahl berücksichtigen. Nicht angegebene Parameter werden automatisch mit dem nicht definierten Argumentwert („-“) belegt. Dadurch ergeben sich weitere Möglichkeiten für unser obiges Beispiel:

- `findeNamen(TelNummer = „+49911409000")`
- `findeNamen(TelNummer = varNummer)`

Antworten bei synchronen Nachrichten

Antwortnachrichten besitzen eine leicht abgewandelte Syntax. Dabei ist zunächst augenfällig, dass der Name der zugehörigen „Aufruf"-Nachricht auch am Antwortpfeil samt Argumenten und Parameternamen wiederholt wird. Genügt der Name der Nachricht, sollten Sie aus Gründen der Übersichtlichkeit die Argumente mit einem Bindestrich anonymisieren.

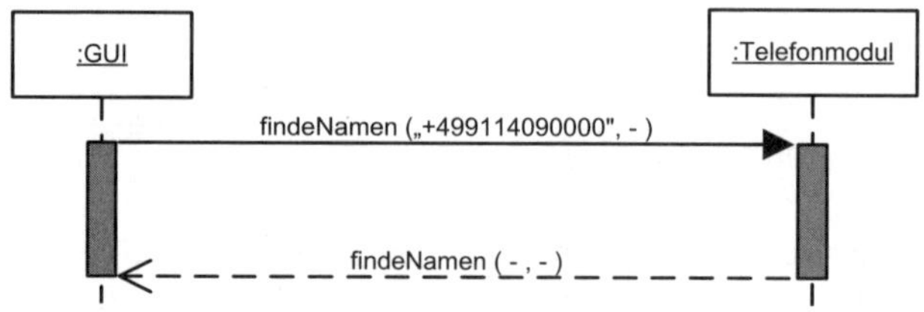

ABBILDUNG 15.36 Einfacher Nachrichtenaufruf mit Antwort

Notation von Rückgabewerten

Der Rückgabewert der Nachricht (der Operation) oder der Rückgabewert eines out- bzw. Inout-Parameters wird hinter einem Doppelpunkt notiert:

- `NameDerNachricht : Rückgabewert`
- `NameDerNachricht (NameDesParameters : Rückgabewert)`

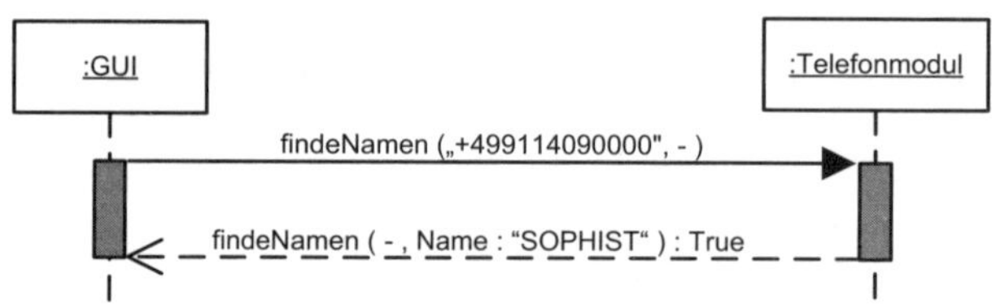

ABBILDUNG 15.37 Modellierung von Rückgabewerten

Zuweisung von Rückgabewerten
⇨ 13.4.1

Typischerweise werden Sie die Rückgabewerte einem Attribut der Lebenslinie oder einer lokalen Variable zuweisen. Streng genommen handelt es sich dabei um eine spezielle Aktion (siehe Abschnitt 13.4.1), eine Zuweisungsaktion, die durch ein Aktionssymbol modelliert werden müsste. Weil sie so häufig auftreten, sieht die UML jedoch folgende Kurzschreibweise vor:

- `Attribut = NameDerNachricht : Rückgabewert`
- `NameDerNachricht (Attribut = NameDesParameters : Rückgabewert)`

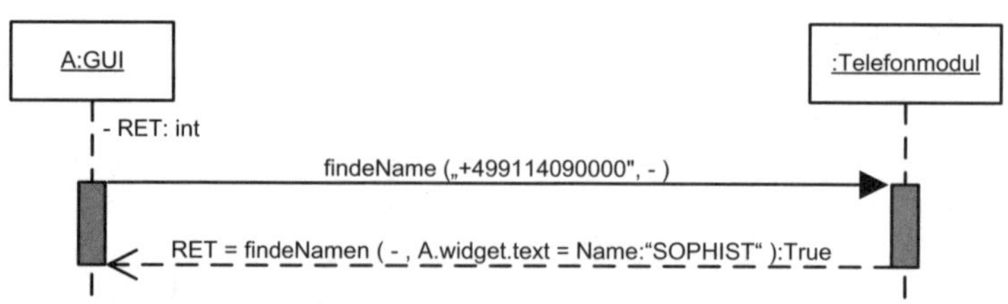

ABBILDUNG 15.38 Attributzuweisung mittels Antwortnachrichten

Neben diesen Varianten dürfen Sie eine Nachricht mit dem Symbol * generisch benennen. Der Stern repräsentiert eine Nachricht irgendeines Typs ohne konkrete Angabe des Namens und der Argumente. Nutzen Sie ihn in Modellierungsphasen, in denen die konkrete Angabe der Nachricht noch nicht möglich oder eine solche Detailtiefe noch nicht nötig ist.

Generische Nachrichten

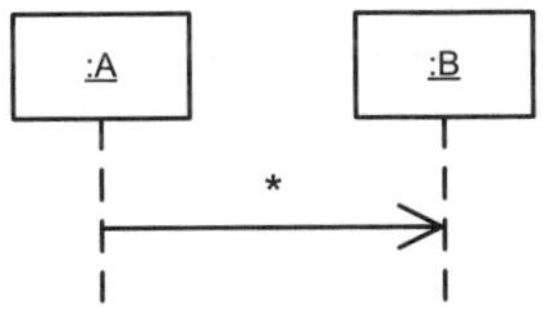

ABBILDUNG 15.39 Notation einer generischen Nachricht

Die bisherigen Aussagen zur Benennung von Nachrichten gelten grundsätzlich sowohl für Operationsaufrufe als auch für die Signalübermittlung. Da die Signalübermittlung gerade in reaktiven Systemen eine enorme Bedeutung hat, wollen wir dieses Konzept hier nochmals erläutern.

Signale

Ein Signal ist ein spezieller Classifier und kann daher insbesondere Daten in Form von Attributen enthalten. Signale sind kleine Datenpakete, die zwischen den Kommunikationspartnern ausgetauscht werden. Ein Signal wird durch das Schlüsselwort «signal» und das Rechteckssymbol notiert:

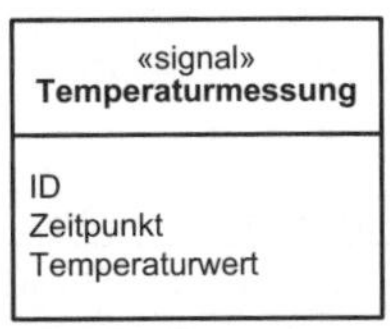

ABBILDUNG 15.40 Modellierung von Signalen

Um anzuzeigen, dass eine Klasse oder ein Interface[4] ein spezielles Signal empfangen und verarbeiten kann, werden die Signale ebenfalls durch das Schlüsselwort «signal» in einem speziellen Abschnitt (Compartment) (typischerweise nach den Operationen) ausgewiesen.

Modellierung von Signalempfängern

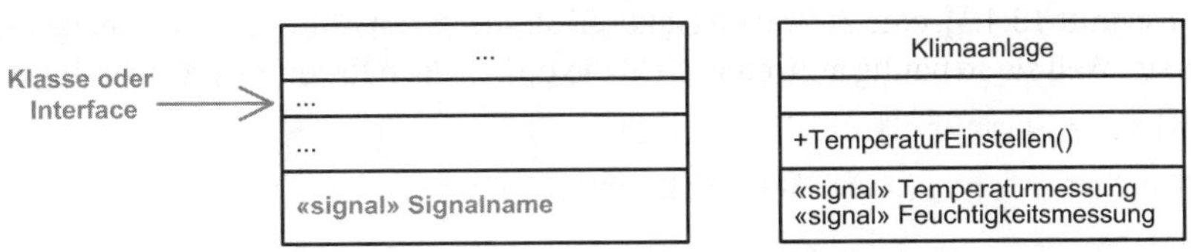

ABBILDUNG 15.41 Notation des Signalempfängers

Die `Klimaanlage` ist in der Lage, die Signale zur `Temperatur-` und `Feuchtigkeitsmessung` zu empfangen.

Zustandsautomat ⇨ 14

[4] Dies sind die beiden einzigen Classifiertypen, die das dürfen. Die zugehörige Klasse muss im Übrigen aktiv sein (Abschnitt 6.4.1).

Die genaue Reaktion auf den Empfang eines Signals sollten Sie bei Bedarf detailliert (zum Beispiel mit einer Interaktion oder einem Zustandsautomaten (Kapitel 14)) modellieren. In vielen Systemen liegen Signalhierarchien (Generalisierung und Spezialisierung von Signalen) vor. Zudem lassen sich damit in der UML die in modernen Programmiersprachen enthaltenen Ausnahmen (Exceptions) durch Signale modellieren.

Signalattribute

Bei der Darstellung der Signalübertragung in Sequenzdiagrammen muss der Name der Nachricht mit dem Signalnamen übereinstimmen und die Argumente der Nachricht mit den *Attributen des Signals* korrespondieren, das heißt typ- und anzahlkompatibel sein. *Signalübertragungen sind stets asynchron.*

Abbildung 15.42 zeigt eine Interaktion zur Übertragung der `Temperaturmessung` (modelliert als Signal) von einem `Temperatursensor` zu einer `Klimaanlage`.

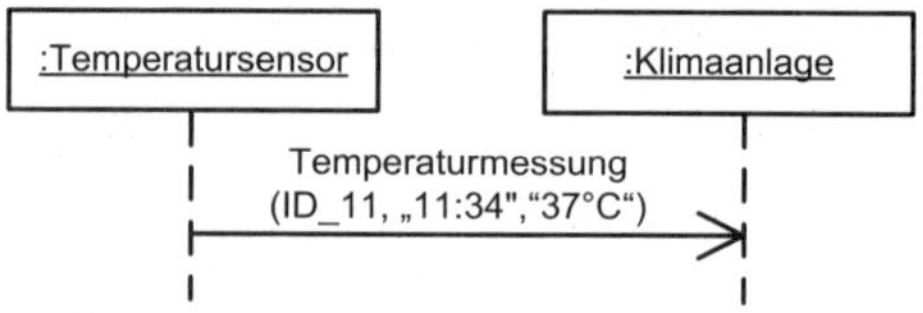

ABBILDUNG 15.42 Signalübertragung im Sequenzdiagramm

Optisch sind die Signalübermittelung und ein Operationsaufruf in aller Regel nicht voneinander zu unterscheiden.

Verlorene und Gefundene Nachrichten

Nachrichten **mit** Sende- und Empfangsereignis

Eine Nachricht verknüpft normalerweise ein Sende- und ein Empfangsereignis (Paarbildung) zwischen Sender und Empfänger. Die Nachricht wird in einem solchen Fall als komplett (Complete Message) bezeichnet.

Nachrichten **ohne** Sende- und Empfangsereignis

Das radikale Gegenstück wäre eine Nachricht sowohl ohne Sende- als auch ohne Empfangsereignis, was in der Praxis in aller Regel nicht sinnvoll ist. Unabhängig davon sieht die UML eine derartige Nachricht als Unbekannte Nachricht (Unknown Message) vor.

Die UML ermöglicht zudem die Modellierung von Spezialnachrichten, die von diesen Regeln abweichen und bei denen nur ein Ereignis beobachtet wird. Diese Nachrichten liegen somit logisch zwischen den Kompletten und Unbekannten Nachrichten. Die UML 2 unterscheidet hierbei

- Verlorene Nachrichten (Lost Message) und
- Gefundene Nachrichten (Found Message).

Nachrichten ohne Empfangsereignis

Verlorene Nachrichten sind Nachrichten, deren Sendeereignisse bekannt sind und die damit verschickt werden, aber keinen Empfänger erreichen. Das heißt, es tritt kein Empfangsereignis auf. Statt der Empfängerlebenslinie zeigt die Pfeilspitze bei diesem Nachrichtentyp auf einen Punkt.

ABBILDUNG 15.43 Notation einer asynchronen bzw. synchronen verlorenen Nachricht

Der Anwendungsbereich dieses Nachrichtentyps im Sinne der UML 2 ist sehr beschränkt und eher theoretischer Natur. Obwohl es die UML-Spezifikation nicht so definiert, empfehlen wir, diesen Nachrichtentyp immer dann zu nutzen, wenn im augenblicklichen Modellierungskontext der Empfänger nicht interessiert oder nicht bekannt ist. Zum Beispiel beim Bau eines Frameworks, bei dem die Applikationen, die das Framework nutzen, zum Entwurfszeitpunkt nicht bekannt sind. Oder vielleicht im Rahmen der Fehler- und Ausnahmebehandlung, wenn der zugehörige Handler nicht bekannt ist. Auch bei Betriebssystem-Schedulern, die eine unbekannte Zahl von Prozessen bedienen, ist dieses Notationsmittel nützlich. Obwohl Sie den Empfang nicht modellieren, kann er aber stattfinden. Die Nachricht ist dann allerdings „nicht verloren“ - so wie es die UML-2-Semantik eigentlich vorsieht.

Nachrichten ohne bekanntes Sendeereignis

Bei *Gefundenen Nachrichten* ist der Sender bzw. das Sendeereignis unbekannt. Statt an der Senderlebenslinie wird der Pfeilfuß an einen Punkt angeheftet.

ABBILDUNG 15.44 Notation einer asynchronen bzw. synchronen gefundenen Nachricht

Der Sender liegt hier typischerweise außerhalb des Modellierungsbereichs (zum Beispiel Umwelteinflüsse) oder ist für den Kontext uninteressant. Er hat aber ein Sendeereignis ausgelöst (sonst wäre die Nachricht nicht existent!).

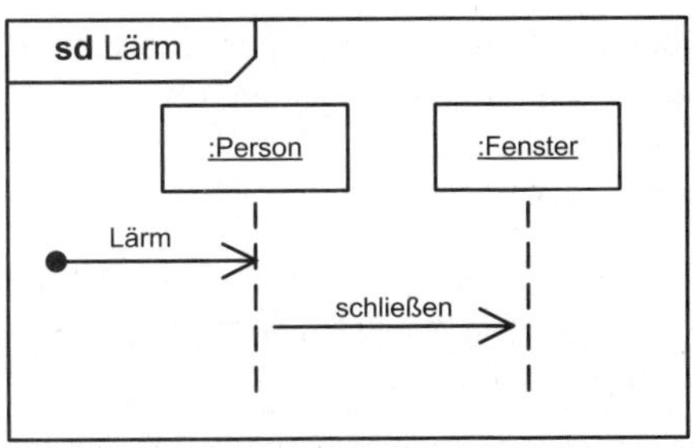

ABBILDUNG 15.45 Der Ursprung des Lärms ist irrelevant

Erzeugungsnachrichten

Erzeugen von Kommunikationspartnern

Erzeugungsnachrichten erschaffen Kommunikationspartner (typischerweise Objekte) und damit verbundene Lebenslinien innerhalb einer Interaktion. Dazu zeichnen Sie die Nachricht als *gestrichelten Pfeil mit offener Spitze* direkt auf den Kopf der Empfängerlebenslinie:

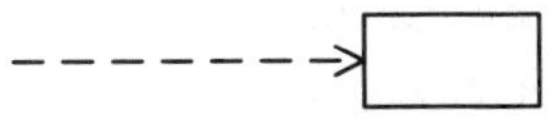

ABBILDUNG 15.46 Notation einer Erzeugungsnachricht

Bei genauerer Betrachtung der UML 2-Spezifikation und des Metamodells stellt sich heraus, dass diese Nachrichtenart nicht ausreichend spezifiziert ist. Man vermisst sowohl eine gute Integration ins Metamodell als auch Antworten auf häufige Praxisprobleme. So wird in der Notation nicht zwischen asynchron und synchron unterschieden (es gibt keinen gestrichelten Pfeil mit geschlossener Pfeilspitze!). Auch die Modellierung eines Konstruktors ist nicht geklärt. Als Workaround empfehlen wir daher die Modellierung aus Abbildung 15.47.

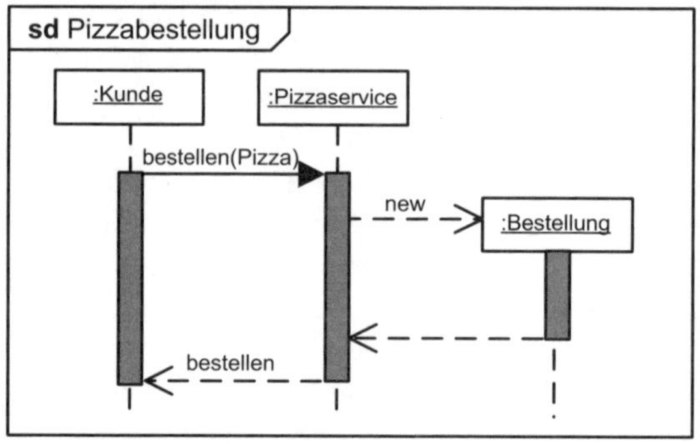

ABBILDUNG 15.47 Erzeugung einer Bestellung

Beachten Sie, dass zum Zeitpunkt der Erzeugung eines Kommunikationspartners ein CreationEvent ausgelöst wird (siehe Abbildung 15.5).

Zeitangaben in Nachrichten

Wenn nichts explizit angegeben ist, werden in Interaktionen keine Aussagen über konkrete Zeitverhältnisse angenommen. Zur feineren Modellierung von zeitlichen Abhängigkeiten und Zeit konsumierenden Nachrichten bietet Ihnen die UML daher die Möglichkeit, *Zeitpunkte* und *Zeitdauern* anzutragen.

Kommentar ⇨ 3.2.2

Bevor Sie in Ihren Modellen mit Zeitangaben arbeiten, müssen Sie die zugehörige Auflösung (ms, µs, Stunden, ...) der Zeiteinheit – zum Beispiel mit Hilfe von Notizzetteln (Abschnitt 3.2.2) – festlegen. Einheiten werden bei den Zeitangaben üblicherweise nicht mitgeführt.

Zeitpunkt

Sie können einen beliebigen *Zeitpunkt* (12.45, 3600, 333333, 01.04.2001, „jeden 15. eines Monats", ...) in einer für das System oder der Programmiersprache typischen Weise als numerischen Wert oder als Text definieren. Der Zeitpunkt kann beispielsweise eine Uhrzeit, ein zu berechnender Ausdruck oder die aufgelaufenen Zeitticks des Betriebssystems sein.

Zeitpunktintervall

Zwei Zeitpunkte lassen sich zu einem Intervall verbinden durch geschweifte Klammern und zwei Auslassungspunkte, wie zum Beispiel:[5]

- {12.00 .. 12.45} ist die Menge aller Zeitpunkte zwischen 12.00 und 12.45.
- {t .. t+3} sind alle Zeitpunkte zwischen dem Zeitpunkt t und dem Zeitpunkt t+3 Zeiteinheiten.
- {t .. t} ist die Alternativnotation für den Zeitpunkt t.
- {Mo .. So} ist die Menge der Wochentage.

Zeitpunktbedingung

In einem Sequenzdiagramm dürfen Sie Zeitpunktintervalle an jeder beliebigen sinnvollen Stelle antragen. Dazu verbinden Sie mittels einer kleinen Hilfslinie den Pfeilfuß oder die Pfeilspitze (Sende- oder Empfangsereignis) einer Nachricht, die einer Zeitbedingung unterliegen soll, mit einem Zeitpunktintervall (siehe Abbildung 15.48).

[5] Bei den nachfolgenden Angaben wird natürlich eine entsprechende Einheit/Auflösung (z. B. Tage oder Uhrzeit) angenommen.

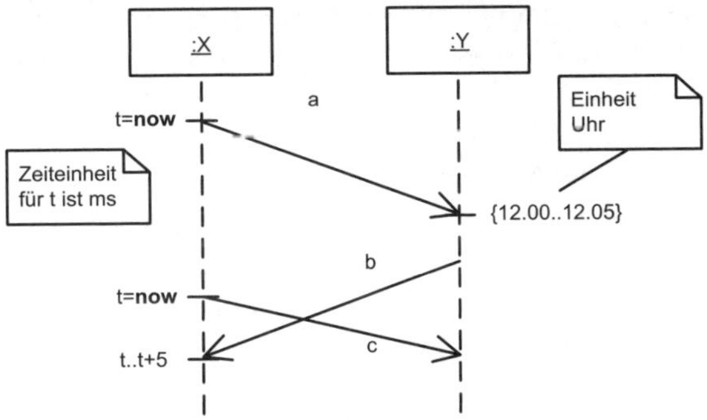

ABBILDUNG 15.48 Notation von Zeitpunkten

Abbildung 15.48 zeigt, dass zunächst `a` (genauer dessen Empfangsereignis) zwischen `12.00 Uhr` und `12.05 Uhr` eintreffen muss. Anschließend werden `b` und `c` ohne zeitliche Abhängigkeiten verschickt.

Beobachtung des Zeitpunkts

Zeitgleich zum Sendeereignis von `c` wird dem Attribut `t` die aktuelle Zeit zugewiesen. Dabei handelt es sich um eine so genannte *Zeitpunktbeobachtungsaktion* (TimeObservationAction). Sie können zu einem beliebigen Ablaufpunkt der Interaktion den dann vorliegenden Zeitpunkt beobachten und einem so genannten Write-Once-Attribut (im Beispiel mit t bezeichnet) zuweisen. Dazu geben Sie dem „Wegwerf"-Attribut (lokale Variable der Interaktion oder Attribut des Classifiers) einen Namen und weisen ihm mit dem fett gesetzten Schlüsselwort `now` die jeweils aktuelle Zeit zu: Attributname = `now`

Das Attribut darf dann im weiteren Verlauf wieder in Zeitpunktintervallen verwendet werden. Sie sehen dies daran, dass das Empfangsereignis der Nachricht `b` *maximal* 5 ms `{t .. t+5}` nach dem Versand von `c` eintreffen muss.

Neben der Angabe von Zeitpunkten dürfen Sie im Zusammenhang mit Nachrichten auch eine Zeitdauer modellieren.

Zeitdauer

Eine *Zeitdauer* (5 Minuten, 2 Tage, ...) ist dabei definiert als die Zeit, die zwischen genau zwei Zeitpunkten vergeht. Eine Zeitdauer ist immer positiv. Die Dauer sollten Sie in einer für das System oder der Programmiersprache typischen Weise als numerischen Wert oder als Text angeben. Die Dauer kann neben einer reinen Zahlenangabe auch arithmetische Operatoren enthalten.

Zeitdauerintervall

Zwei Zeitdauern lassen sich durch geschweifte Klammern und zwei Auslassungspunkte zu einem Intervall verbinden, wie zum Beispiel:[6]

- `{10 .. 15}` ist die Menge aller Zeitdauern zwischen 10 und 15
- `{d .. 3*d}` sind alle Zeitdauern zwischen der Zeitdauer d und der Zeitdauer 3*d
  - *Beispiel:* Beträgt `d=10 Minuten`, bei einer Auflösung von 1 Minute, dann beschreibt dieses Intervall die Zeitdauern 10, 11, 12, 13, ..., 29, 30 Minuten.
- `{d .. d}` ist die Alternativnotation für die Zeitdauer d
- `{Mo .. Mo}` beschreibt die Dauer eines Tages von 24 Stunden, 1440 Minuten, 86400 Sekunden, ...

[6] Bei den nachfolgenden Angaben wird natürlich eine entsprechende Einheit/Auflösung (z. B. Tage oder Minuten) angenommen.

Zeitdauerbedingung

In einem Interaktionsdiagramm dürfen Sie Zeitdauerintervalle an jeder beliebigen sinnvollen Stelle antragen. Dazu verbinden Sie typischerweise mittels einer kleinen Hilfslinie den Pfeilfuß oder die Pfeilspitze (Sende- oder Empfangsereignis) einer Nachricht, die einer Zeitbedingung unterliegen soll, mit einem Zeitdauerintervall. Sie dürfen das Intervall auch direkt nach dem Namen einer Nachricht notieren.

Beobachtung der Dauer

Zusätzlich gibt es auch für die Dauer eine spezielle Zeitdauerbeobachtungsaktion. Hierbei kann die Dauer einer Nachrichtenübertragung (vom Sende- zum Empfangsereignis einer Nachricht) oder zwischen beliebigen Sende- und Empfangsereignissen bestimmt und einem Attribut nach folgender Vorschrift zugewiesen werden.

```
Attribut = duration
```

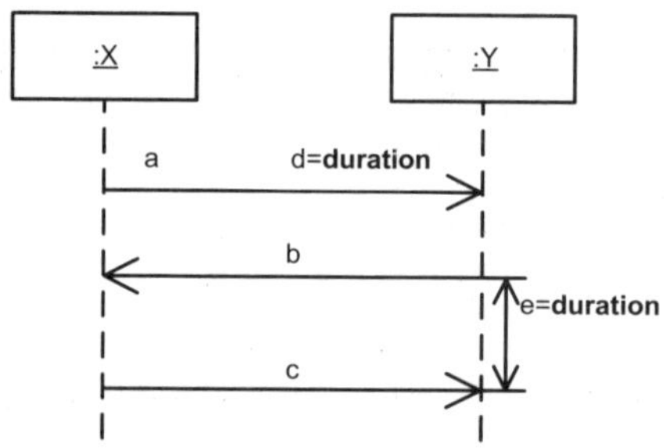

ABBILDUNG 15.49 Notation einer Zeitdauerbeobachtungsaktion

Abbildung 15.50 zeigt die unterschiedlichen Varianten zur Angabe von Zeitdauerintervallen. Das Aussenden der Nachricht `a` darf minimal `2` und maximal `10` Zeiteinheiten (hier Sekunden) benötigen, das heißt, der Zeitpunkt des Sendeereignisses und der Zeitpunkt des Empfangsereignisses liegen minimal `2` und maximal `10` Zeiteinheiten auseinander.

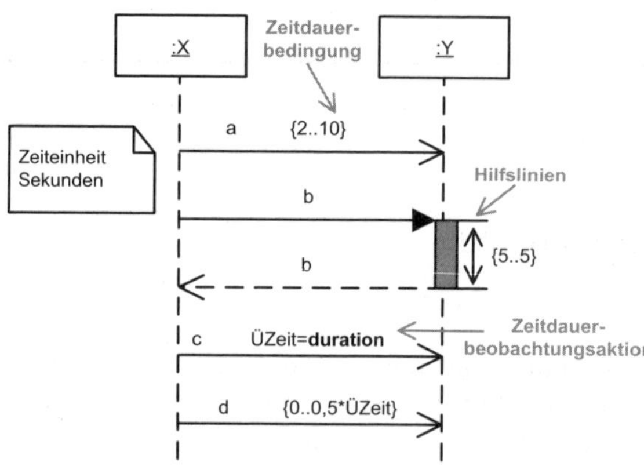

ABBILDUNG 15.50 Notation von Zeitdauerbedingungen

Hingegen wird die Operation `b` in der Dauer von exakt `5` Zeiteinheiten ausgeführt. Die Übertragung der Nachricht d darf maximal halb so lange dauern wie die Übertragung von `c`, deren Dauer durch Beobachtungsaktion (`duration`) dem Attribut `ÜZeit` zugewiesen wurde.

Anwendung

Abbildung 15.51 beschreibt ein `Hausalarmsystem`. Zunächst wird das `Alarmsystem` durch einen `Bewohner aktiviert`, das `Alarmsystem aktiviert` daraufhin den `Sensor` zur Überwachung. Der `Sensor` registriert eine `Bewegung`, deren Auslöser unbekannt ist. Der `Sensor alarmiert` das `Alarmsystem`, welches einen `Alarm erzeugt`. Dieser `Alarm` wird sowohl dem `Bewohner`, als auch einem hier nicht weiter spezifizierten Empfänger (zum Beispiel der Polizei oder einem Sicherheitsdienst) gemeldet. Nachdem der `Bewohner` sich umgesehen hat, beschließt er, das `Alarmsystem` zu `deaktivieren`, womit auch der `Alarm beendet` wird.

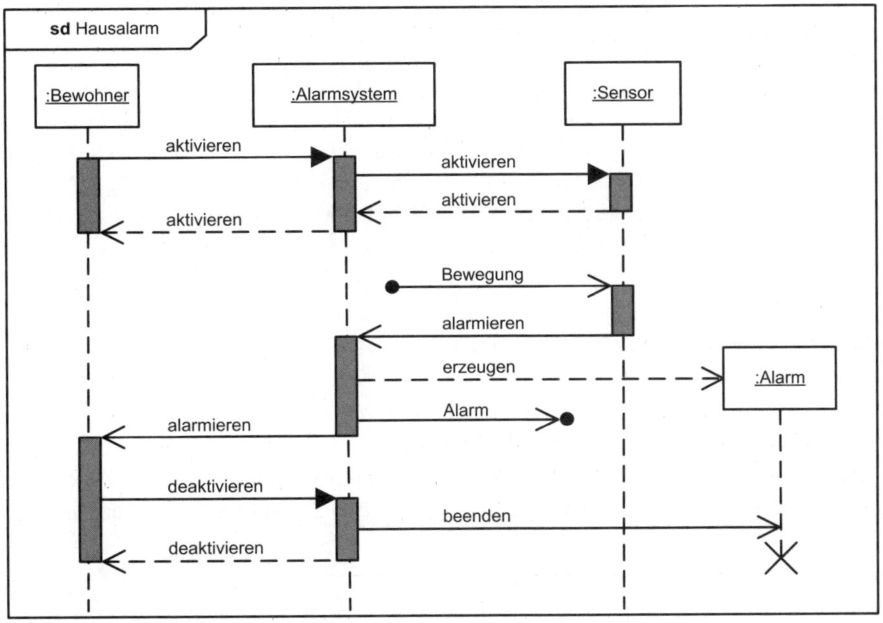

ABBILDUNG 15.51 Nachrichten am Beispiel eines Hausalarmsystems

15.4.4 Zustandsinvariante

Definition

A **state invariant** is a runtime constraint on the participants of the interaction. It may be used to specify a variety of different kinds of constraints, such as values of attributes or variables, internal or external states, and so on.

Notation

Die Zustandsinvariante wird als Text in geschweiften Klammern oder mit einem Zustandssymbol direkt auf der Lebenslinie notiert oder alternativ in einem Notizzettel an die Lebenslinie angeheftet.

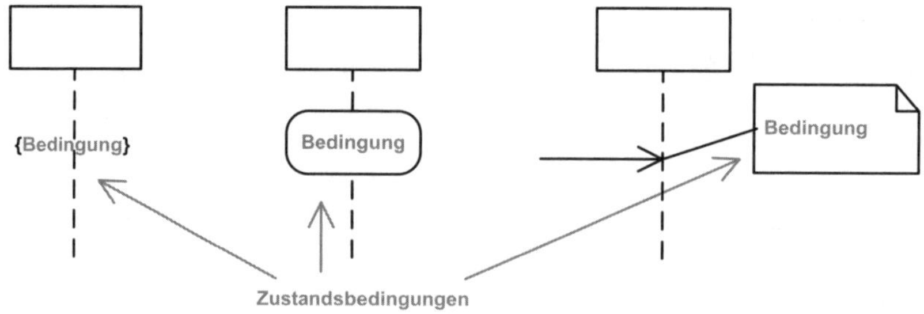

ABBILDUNG 15.52 Notationsmöglichkeiten von Zustandsinvarianten

Beschreibung

Invariante ist eine geltende Bedingung

Lebenslinien können Sie mit einer *Zustandsinvarianten* (State Invariant) versehen (siehe Abbildung 15.53). Eine Zustandsinvariante ist eine Bedingung für die Interaktion. Sie wird zur Laufzeit unmittelbar vor dem nächsten Ereignis auf der Lebenslinie ausgewertet. Gilt sie zum Auswertungszeitpunkt nicht, das heißt, befindet sich die Lebenslinie nicht in dem angegebenen Zustand, ist die Interaktion fehlerhaft implementiert. Anders ausgedrückt: Die reale Ereignisabfolge entspricht nicht der spezifizierten bzw. den spezifizierten Ereignisabfolgen (Invalid Trace).

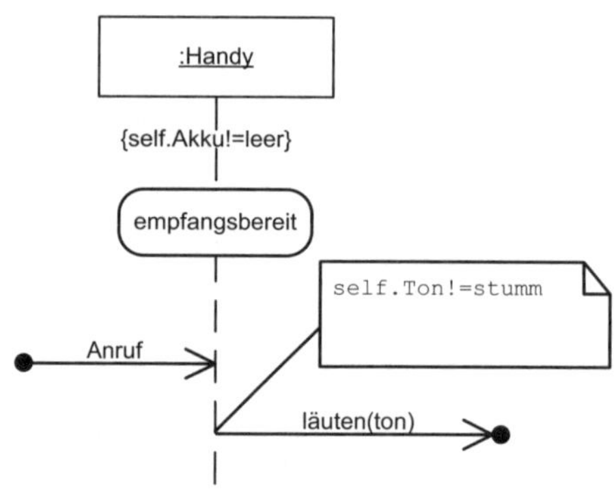

ABBILDUNG 15.53 Beispiel für Zustandsbedingungen

Zustandsautomat ⇨ 14
Brückenschlag zum Automaten

Achtung! Mit einer Zustandsinvariante drücken Sie einen Status, eine Bedingung aus. Sie modellieren damit keine Zustandsänderung. (Letzteres modellieren Sie am einfachsten mit einer Aktion (z. B. `Zustand = X`).) Über Zustandsinvarianten schlagen Sie die Brücke zum Zustandsautomaten (Kapitel 14) der Lebenslinie bzw. des dahinter stehenden Kommunikationspartners.

Abbildung 15.54 zeigt exemplarisch verschiedene Möglichkeiten, eine Zustandsinvariante zu benennen. Sie dürfen, wie im obersten Beispiel gezeigt, den qualifizierten Pfad des Zustandes angeben. Meistens reicht es aber, den Zustand selbst anzugeben (unterste Lösung). Wenn der Zustand sich in einer Region befinden soll, kann die mittlere Variante verwendet werden. In dieser abkürzenden Schreibweise werden mehrere Zustände gleichzeitig adressiert. (Mehr zu Regionen in einem Zustandsautomaten finden Sie im Abschnitt 14.4.11)

Region ⇨ 14.4.11

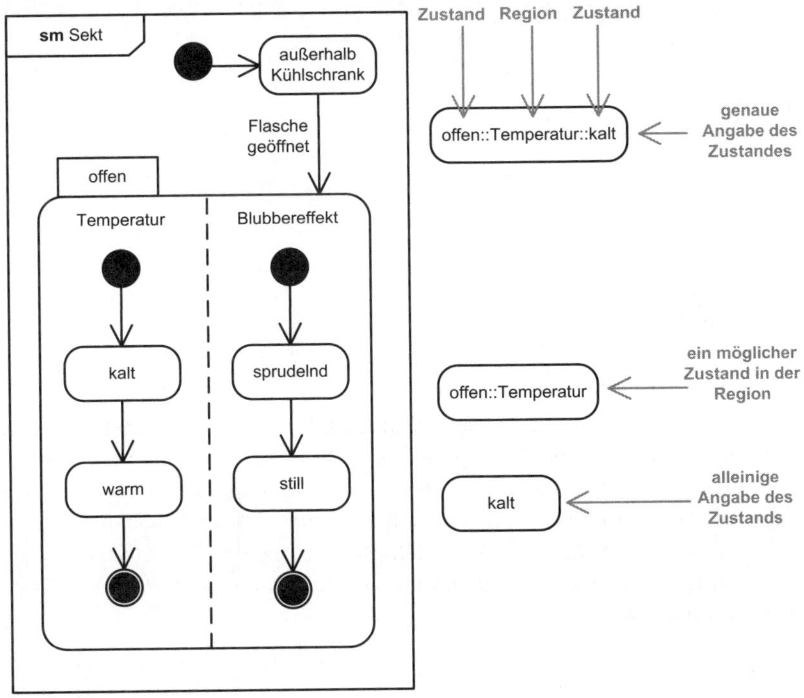

ABBILDUNG 15.54 Syntax einer Zustandsinvarianten

Anwendung

Die Zustandsinvariante in Abbildung 15.55 legt fest, dass die Interaktion nur dann gültig ist, wenn der Zustand der Lebenslinie `Pizzaservice` zum Zeitpunkt des Empfangsereignisses der Nachricht `bestellen` den Wert `geöffnet` hat. Eine Pizzabestellung ist also nur möglich, wenn der `Pizzaservice geöffnet` ist.

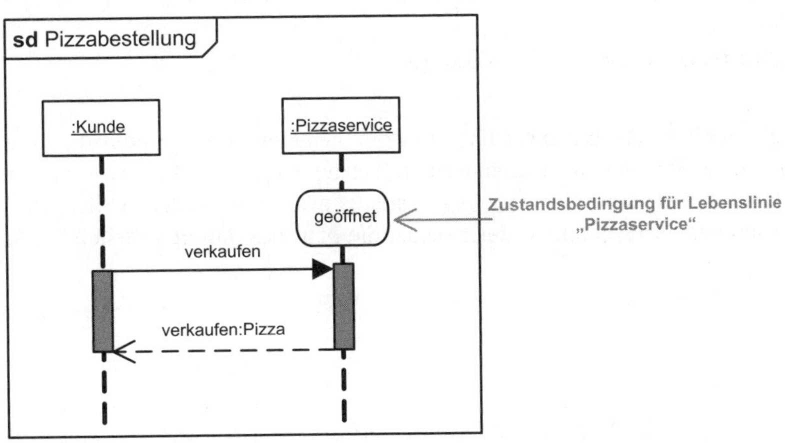

ABBILDUNG 15.55 Sequenzdiagramm Pizzabestellung

15.4.5 Kombiniertes Fragment

Definition

A **combined fragment** defines an expression of interaction fragments. A combined fragment is defined by an interaction operator and corresponding interaction operands. Through the use of combined fragments the user will be able to describe a number of traces in a compact and concise manner.

Notation

Die Notation eines kombinierten Fragments gleicht der des Rahmens eines Sequenzdiagramms. Statt des Namens der Interaktion wird hier jedoch der Interaktionsoperator bzw. dessen Kürzel in das Fünfeck eingetragen.

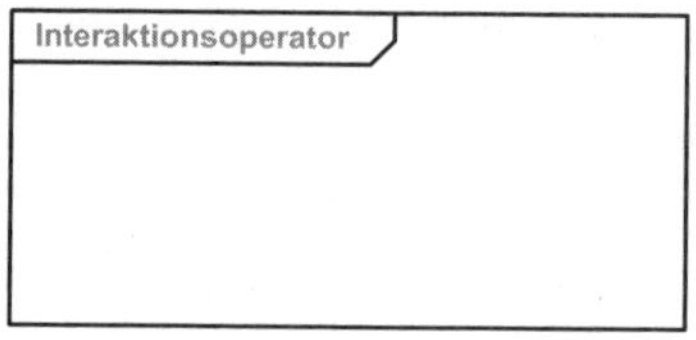

ABBILDUNG 15.56 Eine mögliche Notation eines kombinierten Fragments

Beschreibung

Fragment ist Interaktionsteil mit speziellen Regeln

Mit *kombinierten (Interaktions-)Fragmenten* (Combined Fragment) kennzeichnen Sie einen Teil einer Interaktion, für den bestimmte Regeln gelten. Diese Regeln beeinflussen die Auswahl und Reihenfolge der gesendeten Nachrichten (genauer: der Sende- und Empfangsereignisse) und deren Häufigkeit (z. B. wiederholtes Auftreten der Nachricht zur Realisierung einer Schleife) in dem Fragment.

Um Ihnen das Prinzip zu verdeutlichen, zunächst ein einfaches (unvollständiges) Beispiel. Abbildung 15.57 zeigt ein kombiniertes Fragment, das alternative Nachrichten abbildet. Falls `x` gleich `1` ist, also die erste *Interaktionsbedingung* wahr ist, wird die Nachricht `m` verschickt, ansonsten die Nachricht `n`. Es werden nie beide Nachrichten in einem Durchlauf der Interaktion verschickt.

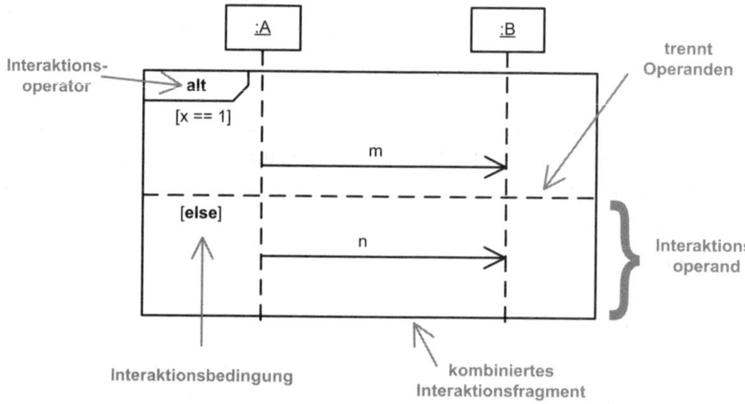

ABBILDUNG 15.57 Prinzip eines kombinierten Fragments

Ein kombiniertes Fragment wird durch einen *Interaktionsoperator* (im Beispiel `alt`) näher bestimmt und kann aus einem oder mehreren Bereichen, den *Interaktionsoperanden*, bestehen.

Schwächen von UML 1.x

An den Sequenzdiagrammen der UML 1.x-Versionen wurde vor allem kritisiert, dass die Darstellung von Entscheidungen, Schleifen und parallelen Abläufen nicht möglich war. Das heißt, Nachrichtenreihen, die sich nicht an strikte zeitliche Abfolgen hielten, konnten nicht abgebildet werden. Mit den in der UML 2 eingeführten kombinierten Fragmenten wurde dieses Manko behoben. Sie haben nun als Modellierer das nötige Handwerkszeug, um derartige Konstrukte abzubilden.

Interaktionsoperatoren

Der Operator bestimmt die Regeln

Die gültigen Regeln bzw. die Art des kombinierten Fragments legen Sie, wie bereits erwähnt, durch einen von zwölf *Interaktionsoperatoren* (*InteractionOperator*) (siehe Tabelle 15.1) fest, dessen Kürzel im Fünfeck links oben im Fragmentrahmen eingetragen wird. Wird kein Interaktionsoperator angegeben, so gilt immer der `seq`-Operator.

TABELLE 15.1 Mögliche Interaktionsoperatoren

Deutsche Bezeichnung	Englische Bezeichnung	Kürzel im Diagramm	Damit modellieren Sie ...
Alternative Fragmente	Alternative	`alt`	... alternative Ablaufmöglichkeiten
Optionales Fragment	Option	`opt`	... optionale Interaktionsteile
Abbruchfragment	Break	`break`	... Interaktionen in Ausnahmefällen
Negation	Negative	`neg`	... ungültige Interaktionen
Schleife	Loop	`loop`	... iterative Interaktionen
Parallele Fragmente	Parallel	`par`	... nebenläufige Interaktionen
Lose Ordnung	Weak Sequencing	`seq`	... von Lebenslinie und Operanden *abhängige* chronologische Abläufe
Strenge Ordnung	Strict Sequencing	`strict`	... von Lebenslinie und Operanden *unabhängige* chronologische Abläufe
Kritischer Bereich	Critical Region	`critical`	... atomare Interaktionen
Irrelevante Nachrichten	Ignore	`ignore`	... Filter für unwichtige Nachrichten
Relevante Nachrichten	Consider	`consider`	... Filter für wichtige Nachrichten
Sicherstellung	Assertion	`assert`	... unabdingbare Interaktionen

Interaktionsoperand

Ein kombiniertes Fragment teilt sich abhängig vom Interaktionsoperator in *Interaktionsoperanden* (Interaction Operands) auf. Einzelne Operanden trennen Sie dabei durch eine waagrechte gestrichelte Linie.

Ein Interaktionsoperand darf selber wieder Interaktionen bzw. all deren Notationselemente, kombinierte Fragmente und Interaktionsreferenzen (siehe Abschnitt 15.4.7) enthalten. Somit ist eine beliebige Schachtelung von kombinierten Fragmenten modellierbar. ⇨ 15.4.7

Es ist auch möglich, geschachtelte Operatoren darzustellen, indem die Operatoren nacheinander in den Titelbereich eingetragen werden (beispielsweise `sd alt ignore` {unwesentliche_Nachricht}). Bei solchermaßen geschachtelten Operatoren entspricht der linke Operator der äußersten Ebene und der rechte Operator der innersten Ebene.

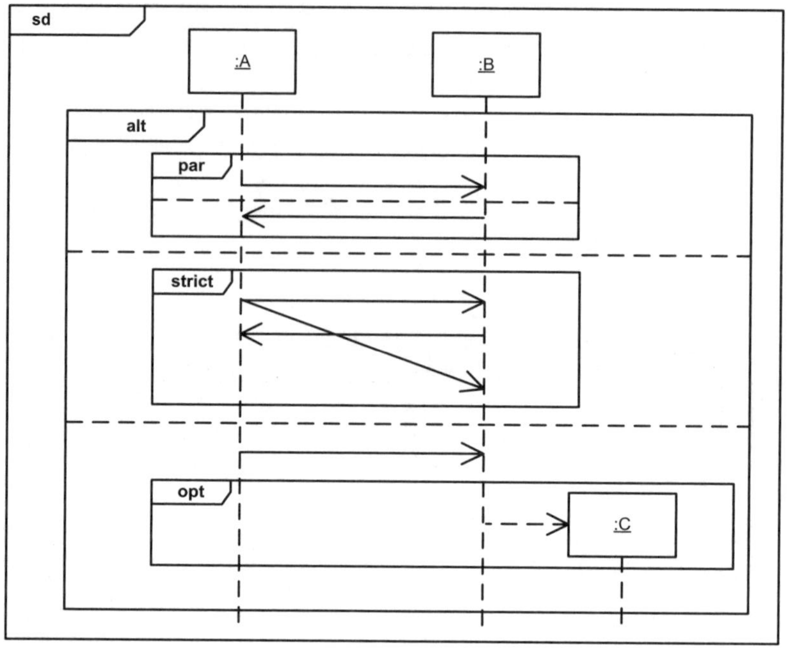

ABBILDUNG 15.58 Schachtelung von kombinierten Fragmenten

Interaktionsbedingung

Feinere Steuerung der Interaktion mit Bedingungen

Die Aktivierung oder Ausführung eines Interaktionsoperanden steuern Sie durch *Interaktionsbedingungen* (Interaction Constraint). Interaktionsbedingungen sind ein Boolescher Ausdruck, das Schlüsselwort `else` oder bei einem Schleifenfragment die ganzzahligen Ausdrücke „`minint`" und „`maxint`". Letztere geben die minimale und maximale Schleifendurchlaufzahl an.

Interaktionsbedingungen tragen Sie in eckigen Klammern auf der Lebenslinie an, die den ersten Einzelschritt (das erste Ereignis) des Operanden ausführt (bzw. empfängt). Fehlt die Interaktionsbedingung, wird als Wert immer „wahr" angenommen, das heißt, die im zugehörigen Operanden stehende Interaktion ausgeführt. (Wir empfehlen Ihnen aber, dies nicht implizit, sondern explizit durch die Bedingung `[wahr]` zu modellieren!)

Eine Interaktionsbedingung ist keineswegs statisch, sie darf durchaus ein zur Laufzeit berechneter Ausdruck sein, der auch Attribute des umschließenden Classifiers, lokale Attribute der Interaktion (siehe Abschnitt 15.4.1), Write-Once-Attribute (z. B. Attribute der Lebenslinie, das heißt, des dahinter stehenden Kommunikationspartners, siehe Abschnitt 15.4.2) enthält.

Wir erläutern nun die verschiedenen Interaktionsoperatoren und ihre Funktionsweise im Detail.

AL

Alternative Fragmente (alt)

Der *`alt`-Operator* kennzeichnet einen Bereich, in dem mindestens zwei alternative Ablaufmöglichkeiten in einer Interaktion zur Auswahl stehen. Die alternativen Ereignisreihenfolgen werden durch Interaktionsoperanden beschrieben, von denen *höchstens einer* zur Laufzeit

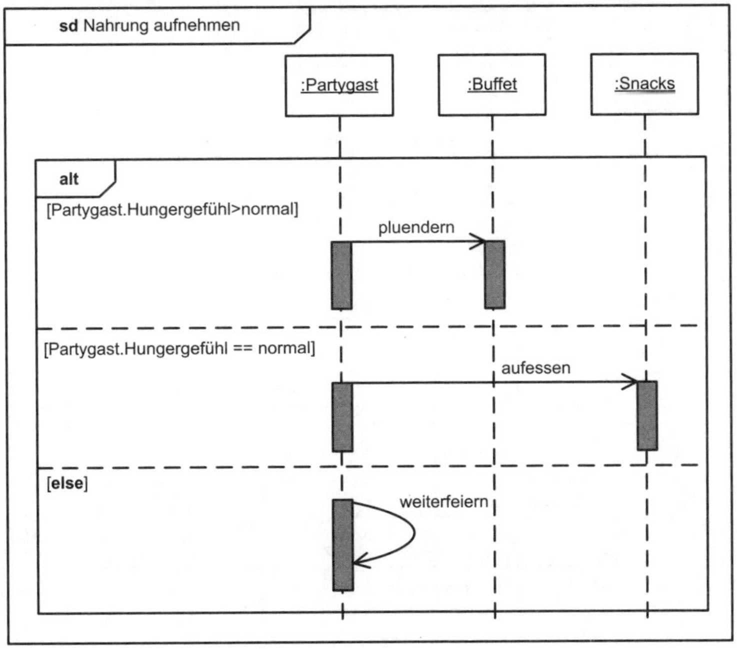

ABBILDUNG 15.59 Darstellung alternativer Ablaufmöglichkeiten

anhand der Interaktionsbedingung ausgewählt wird. Dadurch steht Ihnen ein Notationsmittel für die Mehrfachauswahl bzw. der aus Programmiersprachen bekannten `switch/case`-Anweisung zur Verfügung.

Abbildung einer Mehrfachauswahl

Im Sequenzdiagramm in Abbildung 15.59 plündert der `Partygast` dann das `Buffet`, wenn sein `Hungergefühl` größer als normal ist; wenn es normal ist, bedient er sich „nur“ bei den `Snacks`. Trifft auch dies nicht zu, feiert er weiter.

Bei der Modellierung müssen Sie darauf achten, dass die Interaktionsbedingungen sich nicht überschneiden (sprich: disjunkt sind). Es dürfen nicht gleichzeitig zwei Operanden beim Betreten des kombinierten Fragments „aktiv“ werden. Ist keine Bedingung angegeben, dann entspricht dies implizit einer Bedingung, die immer als „wahr“ ausgewertet wird.

Die Interaktionsbedingung `[else]` wird dann als „wahr“ ausgewertet, wenn die Bedingungen aller anderen Operanden als „falsch“ ausgewertet wurden. Falls kein Operand die Bedingung „wahr“ annimmt bzw. else vorhanden ist, wird auch kein Operand ausgeführt und somit das Fragment übersprungen.

Mit dem `alt`-Operator lässt sich in Sequenzdiagrammen sowohl eine `if/else`-Kombination als auch die Mehrfachauswahl (`switch/case`) modellieren.

Verbinden alternativer Fragmente

In kombinierten Fragmenten mit dem Operator `alt` ist es auch möglich, eine Art Sprung- oder Fortsetzungsmarke zu setzen. Auf diese Weise können Sie einen `alt`-Operanden an einer beliebigen Stelle innerhalb der Interaktion fortsetzen. Die Marken verwenden als Symbol die gleiche Notation wie Zustände, können sich aber über mehrere Lebenslinien erstrecken bzw. müssen alle Lebenslinien des zugehörigen Fragments überdecken.

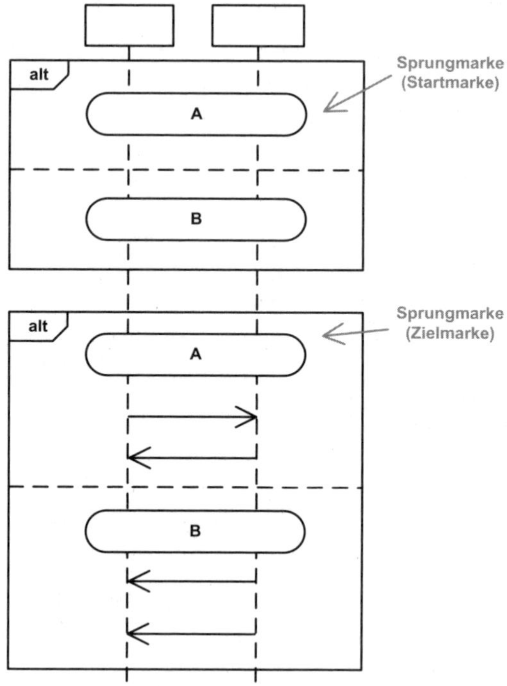

ABBILDUNG 15.60 Notation für Fortsetzungsmarken

Fortsetzungsmarken treten immer paarweise innerhalb einer Interaktion auf. Start- und Zielmarken tragen dabei den gleichen Namen und müssen die gleichen Lebenslinien abdecken. Sie liegen immer in einem Operanden eines `alt`-Fragments. Eine Marke wird zur Startmarke, indem sie zeitlich vor der Zielmarke liegt. Erreicht eine Interaktion eine Startmarke, so erfolgt der implizite Sprung zur Zielmarke.

Im Beispiel aus Abbildung 15.61 wird zunächst die Frage aller Fragen gestellt und danach das Alternativfragment aktiv. Hier sind drei unterschiedliche Startmarken modelliert. Je nachdem, welcher Alternativablauf ausgewählt wird, springt der weitere Ablauf an die passende Zielmarke und setzt sich dort fort. Angenommen, der Mann fragt genau im richtigen Moment, wird der Ablauf an der Zielmarke „richtiger Moment" fortgesetzt. Das hat hier letztendlich zur Folge, dass der Mann der Frau den Ring anstecken darf. Stellt er nach der Frage fest, dass es die falsche Frau war (egal, ob im richtigen oder falschen Moment), wird mit der dritten Alternative des zweiten kombinierten Fragments fortgefahren. Der Mann begibt sich wieder auf die Suche. ☺

Startmarken stehen innerhalb des Interaktionsoperanden an letzter, *Zielmarken* an erster Stelle.

⇨ 15.4.7

Nutzen Sie die Fortsetzungsmarken, um die Operanden der *Auswahlentscheidung* von den eigentlichen auszuführenden Interaktionsteilen zu trennen (Modellierung von Sprungtabellen). Wie wir später noch sehen werden (siehe Abschnitt 15.4.7), dürfen Sie diese sogar in andere Diagramme auslagern. Wägen Sie aber stets zwischen Übersichtlichkeit und Aufwand ab. Im Übrigen ist es auch zulässig, von mehreren Startmarken auf eine Zielmarke zu verweisen.

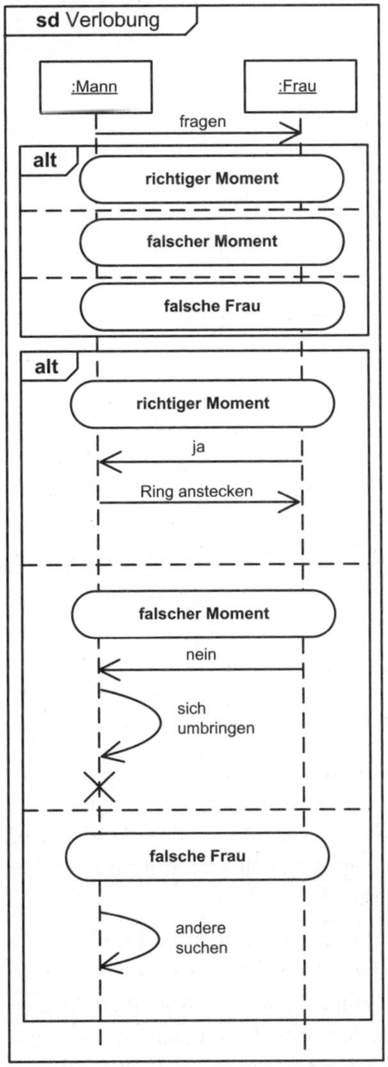

ABBILDUNG 15.61 Der richtige Moment ...

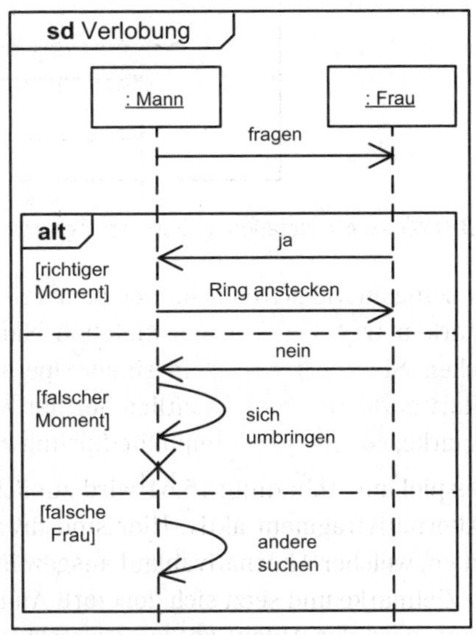

ABBILDUNG 15.62 Alternative Darstellungsweise

Da die Fortsetzungsmarken für den eigentlichen Interaktionsablauf semantisch keine Bedeutung haben, können Sie sie auch verlustfrei entfernen (siehe Abbildung 15.61 und 15.62).

Optionales Fragment (`opt`)

AL

Der *`opt`-Operator* kennzeichnet einen optionalen Teil einer Interaktion. Abhängig von der Interaktionsbedingung wird das zugehörige Fragment aktiv oder komplett übersprungen; das heißt, dass entweder der alleinige Operand aktiv wird oder überhaupt keiner. Damit modellieren Sie typische „Wenn/Dann-" bzw. „if/then"-Bereiche.

„if/then"-Bereich

Im Sequenzdiagramm `aufgeben` in Abbildung 15.63 wird der Partygast also dann (und nur dann) `einschlafen`, wenn die Bedingung `[Müdigkeit==extrem]` wahr ist. Ansonsten wird

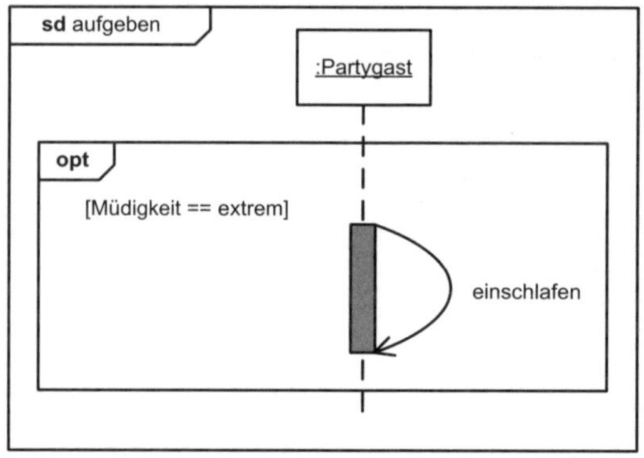

ABBILDUNG 15.63 Beispiel für ein kombiniertes Fragment mit opt-Operator

die Nachricht `einschlafen` überhaupt nicht verschickt, und die zugehörigen Ereignisse werden nicht ausgelöst.

Ein Optionsfragment hat nur einen Operanden. Es entspricht einem Alternativ-Fragment mit zwei Operanden, bei denen einer jedoch keinen Inhalt hat.

Abbruchfragment (`break`)

Ausnahmefall-behandlung in Interaktionen

Der *`break`-Operator* kennzeichnet Fragmente zur Ausnahme- und Sonderbehandlung. Gelangt der Interaktionsablauf in ein `break`-Fragment und wird dessen Interaktionsbedingung als wahr ausgewertet, wird der Inhalt des Operanden ausgeführt und danach die *umschließende* Interaktion *komplett beendet.*

In Abbildung 15.64 gerät ein `Autofahrer` in eine Kontrolle, bei der das `Auto` durchsucht wird. Danach darf er `weiterfahren`, es sei denn, der Polizist hätte `Marihuana` im `Auto` gefunden – dann springt der Ablauf in das `break`-Fragment, und der `Fahrer` wird verhaftet. An dieser Stelle endet die Interaktion `Drogenfahndung`, die restliche Interaktion – im Beispiel die Nachricht `weiterfahren` – wird dann nicht mehr ausgeführt.

Ein Abbruchfragment hat nur einen Operanden. Modellieren Sie bei einem `break`-Operanden immer eine Interaktionsbedingung. Würde diese fehlen, sieht die UML ein nicht-deterministisches Verhalten vor. Die Bedingung wird keineswegs – wie bei anderen Fragmenten – automatisch als wahr ausgewertet.

Ein Abbruchfragment entspricht einem Alternativ-Fragment (`alt`) mit zwei Operanden, bei denen ein Operand den Inhalt des Abbruchfragments enthält und der zweite Operand den Teil der Interaktion, der dem Abbruchfragment folgt. Ein `break`-Operand muss alle Lebenslinien des umschließenden Interaktionsfragmentes (z. B. die Interaktion oder ein weiteres kombiniertes Fragment) abdecken.

Modellierung von Exceptions

Sie haben mit dem Abbruchfragment zwar ein wenig strukturiertes, aber häufig nützliches Konstrukt à la `goto` oder „Exception-Handling" an der Hand. Bedenken Sie jedoch immer die Konsequenzen, die sich durch den Abbruch der Interaktion ergeben.

Beachten Sie zudem, dass bei verschachtelten Interaktionen immer nur die Interaktion beendet wird, in die das Break-Fragment eingebettet ist. Interaktionen, die die abgebrochene Interaktion enthalten, bleiben weiter aktiv („einfacher Rücksprung") und laufen weiter.

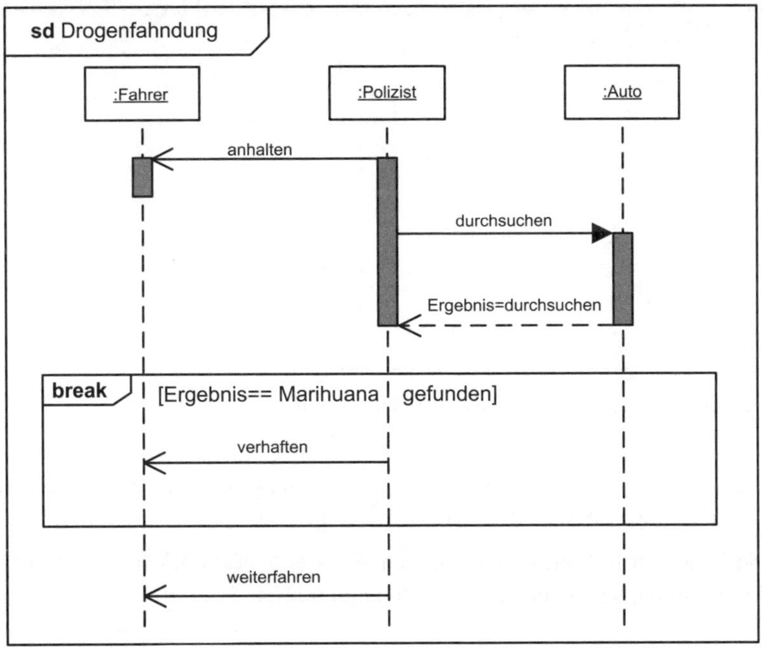

ABBILDUNG 15.64 Verwendung des `break`-Operators

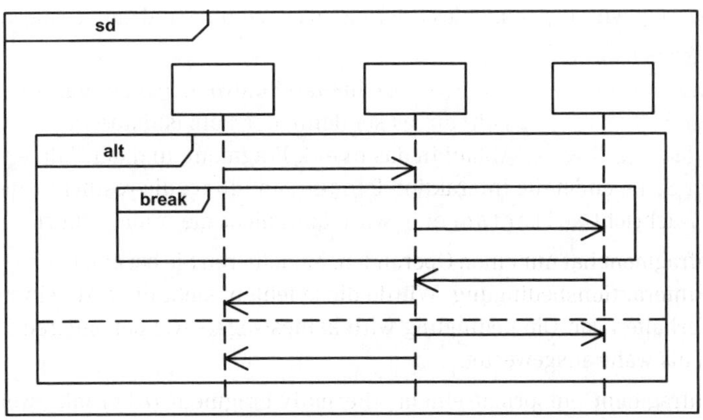

ABBILDUNG 15.65 Nach dem `break`-Fragment wird nur das `alt`-Fragment beendet.

Negation (`neg`)

Darstellung ungültiger Interaktionen ⇨ 15.4.4

Verwenden Sie den *neg-Operator*, um ungültige Abfolgen (wie falsche Nachrichten- und Ereignisreihenfolgen, nicht gültige Zustandsinvarianten (siehe Abschnitt 15.4.4), falsche Fragmentgebilde usw.) hervorzuheben. Abbildung 15.66 links zeigt, dass ein `Partygast` ein `Glas` nicht zweimal hintereinander `austrinken` kann, indem die falsche Abfolge in ein Negationsfragment mit dem Operator `neg` gefasst wird. Ein Negationsfragment hat immer nur einen Operanden. Das rechte Beispiel ist theoretisch aufgrund eines Deadlocks nicht

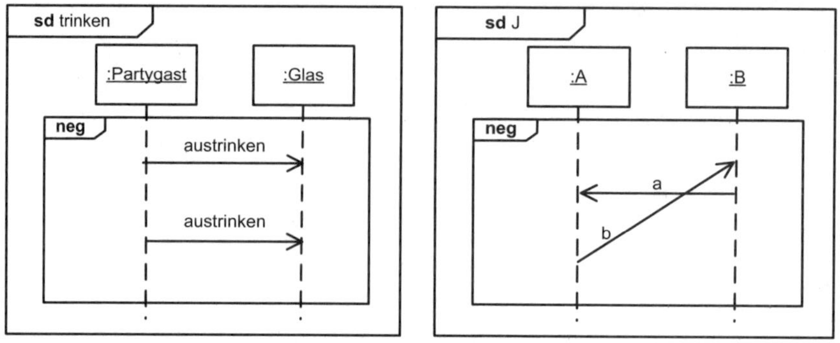

ABBILDUNG 15.66 Beispiele für die Verwendung des `neg`-Operator

möglich, da b erst nach dem Empfang von a gesendet werden darf, aber der Empfang von b vor dem Aussenden von a liegen muss. Die Regeln „Sendeereignis vor Empfangsereignis" und die „zeitliche Ordnung auf *einer* Lebenslinie" müssen eingehalten werden.

Der `neg`-Operator wird zwar sicherlich nicht sehr oft eingesetzt, hat aber seine Berechtigung in der Praxis:

Einsatzmöglichkeiten des `neg`-Operators

- Nutzen Sie das Negationsfragment zum Erstellen negativer Testsequenzen, gegen die eine Implementierung auf Robustheit getestet werden soll.
- Reichern Sie, wo es sinnvoll ist, Ihre Konzept- und Vorgabedokumente für die Realisierung mit Negativbeispielen „für gern gemachte Fehler" an.
- Kennzeichnen Sie besonders kritische, fehleranfällige Nachrichtensequenzen mit dem `neg`-Operator, insbesondere wenn deren Auftreten zu Systemabstürzen oder Datenverlust führt. Dadurch ermöglichen Sie eine Priorisierung von Test- und Implementierungsressourcen.
- Definieren Sie die gültige Ereignisketten durch die Menge aller theoretisch möglichen Ereignisketten abzüglich der Ereignisketten des Negationsfragements (die Menge aller Ereignisketten = Menge der gültigen + Menge der ungültigen Ereignisketten).

AL

Schleife (`loop`)

Der *`loop`-Operator* kennzeichnet wiederholt ablaufende Bereiche innerhalb einer Interaktion. Damit bilden Sie iterative Nachrichtensequenzen und Schleifen ab. Die Anzahl der Wiederholungen ist durch die Verwendung von speziellen Interaktionsbedingungen (`minint` und `maxint`) und einer allgemeinen Bedingung steuerbar. minint und maxint werden unmittelbar nach dem Schlüsselwort `loop` notiert, die Bedingung schreiben Sie wie gewohnt in eckigen Klammern direkt im Operanden (Abbildung 15.67).

Für den `loop`-Operator gelten folgende Regeln:

- `minint` ist ein ganzzahliger Wert, der die *Mindestzahl* der Wiederholungen repräsentiert.
- `maxint` ist ein ganzzahliger Wert, der die *Höchstzahl* der Wiederholungen repräsentiert.
- * definiert `maxint` als unendlich (z. B. `loop(3, *)`).
- Geben Sie nur `minint` an, wird das Fragment exakt `minint`-mal durchlaufen (z. B. `loop(3)` für eine dreimalige Wiederholung).

- `maxint` muss größer oder gleich `minint` sein und immer zusammen mit `minint` notiert werden (demnach sind `loop(5,3)` oder `loop( ,7)` nicht korrekt).
- Eine Endlosschleife, die 0 bis unendlich mal wiederholt wird, modellieren Sie durch die Angabe von `loop`, ohne `minint` bzw. `maxint` zu notieren. Ein Abbruch ist dann nur durch die Interaktionsbedingung möglich.

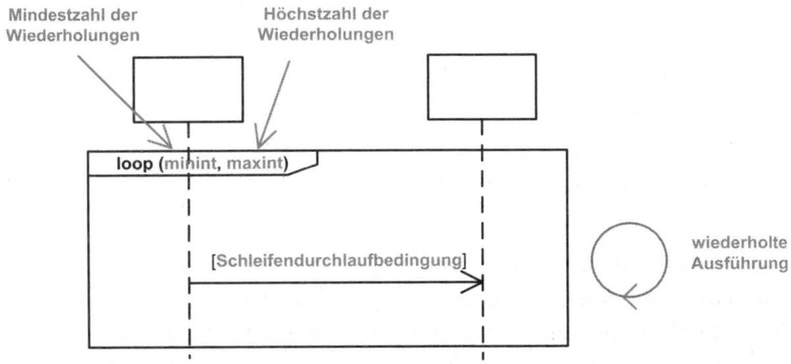

ABBILDUNG 15.67 Notation von Schleifen

Innerhalb des Operanden wird die erneute Ausführung des Fragments durch eine Interaktionsbedingung bestimmt. Wird diese zu „falsch" ausgewertet, beendet die Schleife ihre Arbeit. Die Bedingung wird in *jedem Durchlauf* an der Stelle ihres Auftretens ausgewertet, ungeachtet der in `minint` definierten Mindestanzahl an Durchläufen. Sowohl `minint` und `maxint` als auch die Interaktionsbedingung dürfen zur Laufzeit berechenbare Ausdrücke darstellen und in der Interaktion verfügbare Variablen und Attribute enthalten (`loop(i)`, `loop(x = 1, x <= 10)`, `[x != 0]` usw.).

Ein Schleifenfragment besitzt genau einen Operanden.

Das Beispiel von Abbildung 15.68 zeigt eine typische Situation des Spiels „Mensch ärgere dich nicht": Wenn ein `Spieler` keine Figur im Spielfeld hat, kann er würfeln, bis er eine `6` wirft, höchstens aber dreimal.

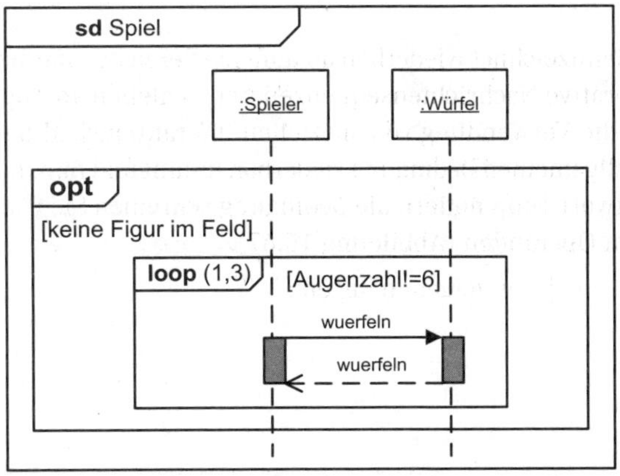

ABBILDUNG 15.68 Schleifen in Sequenzdiagrammen

AL

Parallele Fragmente (par)

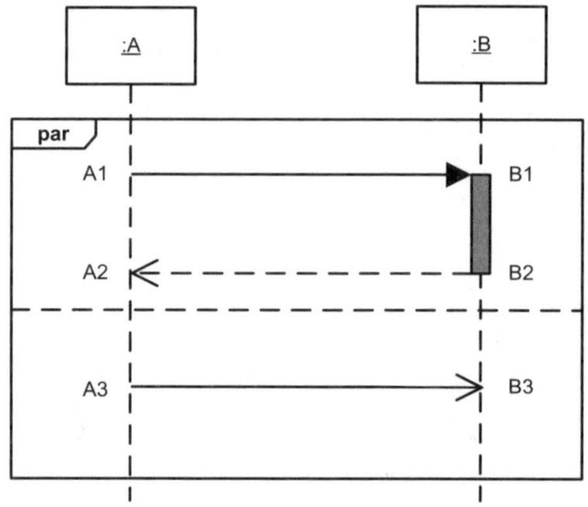

ABBILDUNG 15.69 Zeitliche Reihenfolge der Ereignisse bei Parallelität

Abbildung von Nebenläufigkeiten

Mit dem *par-Operator* parallelisieren Sie Teile einer Interaktion, indem Sie *Operanden* definieren, die in beliebiger Reihenfolge ausführbar sind. Die Reihenfolge *in den Operanden* bleibt davon aber unbeeinflusst und läuft, sofern nicht anders angegeben, sequenziell ab.

Die Parallelität wird erreicht, indem (Sende- und Empfangs-) Ereignisse der verschiedenen Nachrichten zu einer Kette zusammengefasst werden, wobei zwischen den Ereignissen *unterschiedlicher* Operanden keine Reihenfolgeabhängigkeiten („Interleaving") existieren. Betrachten Sie dazu das Beispiel aus Abbildung 15.76. (A → B bedeutet: Ereignis B kommt zeitlich nach Ereignis A.)

Durch die Operanden sind „nur" folgende Ereignisreihenfolgen *fest* vorgegeben:

A1 → B1 → B2 → A2 und
A3 → B3

B1 muss entsprechend zeitlich nach A1, B2 nach B1 bzw. A2 nach A1 und B2 auftreten. Analog muss B3 nach A3 auftreten (Sendereignis vor Empfangsereignis). Ansonsten können die Ereignisketten in beliebiger Reihenfolge vermengt werden, ohne diese festen Reihenfolgen zu verletzen:

A3 → A1 → B3 → B1 → B2 → A2 oder
A1 → B1 → B2 → A3 → B3 → A2 oder
A1 → B1 → B2 → A2 → A3 → B3 usw.

Keine „echte" Parallelität in der UML

Beachten Sie, dass dadurch eigentlich keine echte Parallelität, das heißt, das Aussenden von mehreren Ereignissen zum *exakt gleichen Zeitpunkt*, vorliegt. Stattdessen werden hier nur mehrere mögliche Ablaufvarianten erzeugt, von denen mindestens eine durch das zu implementierende System nachgebildet werden muss. Oder aus einem anderen Blickwinkel: Das System muss eine Ereigniskette aus der Menge der spezifizierten Ereignisketten akzeptieren. Sie dürfen beliebig viele Fragmente (Operanden) parallel verbinden.

Eine mögliche Abfolge der Nachrichten für unser Beispiel in Abbildung 15.70 ist also beispielsweise einschalten, trinken, SMS abrufen, Antwort zu SMS abrufen oder aber auch trinken, einschalten, SMS abrufen, Antwort zu SMS abrufen. Auch könnte man zwischen dem Abrufen und der Antwort der SMS ein Bier trinken.

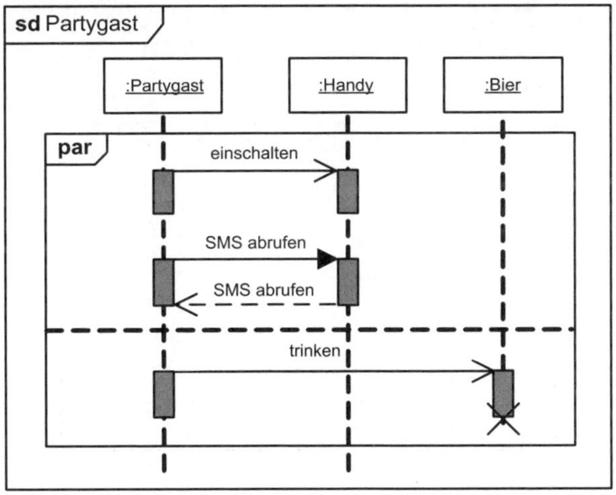

ABBILDUNG 15.70 Abläufe mit `par`-Operator

Sie sehen, dass letztendlich immer eine Sequenz gebildet wird. Was natürlich nicht korrekt wäre, ist `SMS abrufen` und danach `einschalten`, da die Nachrichten innerhalb eines Operanden in ihrer Reihenfolge fest sind.

Coregionen

Alternative Darstellung zum `par`-Fragment

Mit Coregionen steht Ihnen neben Fragmentrahmen eine weitere Darstellungsform für parallele Abläufe zur Verfügung. Dazu zeichnen Sie zwei vertikal angeordnete eckige Klammern so auf eine Lebenslinie, dass die Klammern einen Bereich auf der Lebenslinie einschließen.

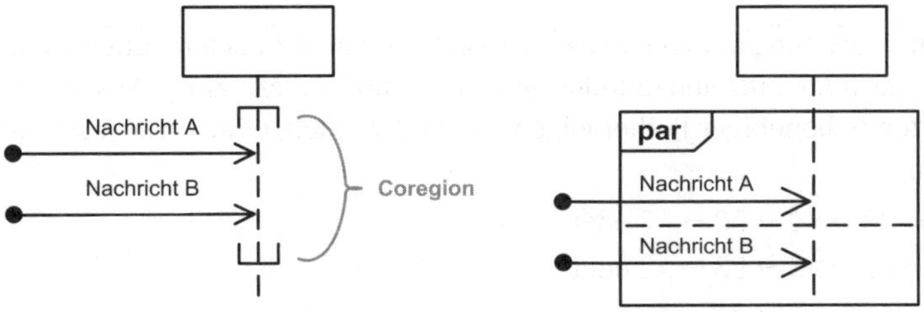

ABBILDUNG 15.71 Notation der Coregion und ihr Äquivalent als paralleles Fragment

Dadurch ermöglichen Sie dem System, alle Ereignisse innerhalb der Coregion *in beliebiger Reihenfolge* behandeln zu können.

Abbildung 15.72 zeigt exemplarisch die Verwendung einer Coregion. Es ist hier unerheblich, in welcher Reihenfolge `tanken`, `Scheiben putzen`, `Luftdruck kontrollieren` durchgeführt (begonnen und beendet) werden.

Wie Sie im Beispiel auch sehen, dürfen Sie natürlich beliebige Fragmente (hier opt) oder Interaktionselemente in die Coregion einschließen. Coregionen sind wegen ihrer Einfachheit in der Praxis (MSC-Modellierung) sehr beliebt. Sie überfrachten ein Diagramm nicht in dem

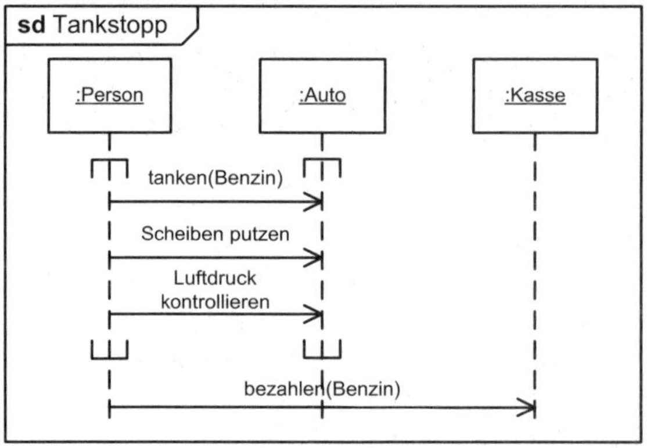

ABBILDUNG 15.72 Beispiel für eine Coregion

Maß, wie es Fragmentrahmen tun. Beachten Sie jedoch, dass bei komplexen Diagrammen das Klammernpaar gerne übersehen wird und die Klammern sich zunächst nur auf eine Lebenslinie beziehen.

Lose Ordnung (seq)

Regeln für den zeitlichen Ablauf

Durch den *seq*-Operator bringen Sie die Ereignisse *auf einer Lebenslinie* in eine *chronologische Reihenfolge*. Dabei ist es völlig irrelevant, ob daran ein oder mehrere Operanden beteiligt sind. Die Reihenfolge der Ereignisse von *unterschiedlichen* Lebenslinien ist hingegen unabhängig. Als einzige weitere immergültige Regel gilt: Sendeereignis vor Empfangsereignis. Betrachten Sie als Basis für die weitere Diskussion zunächst die Abbildung 15.73.

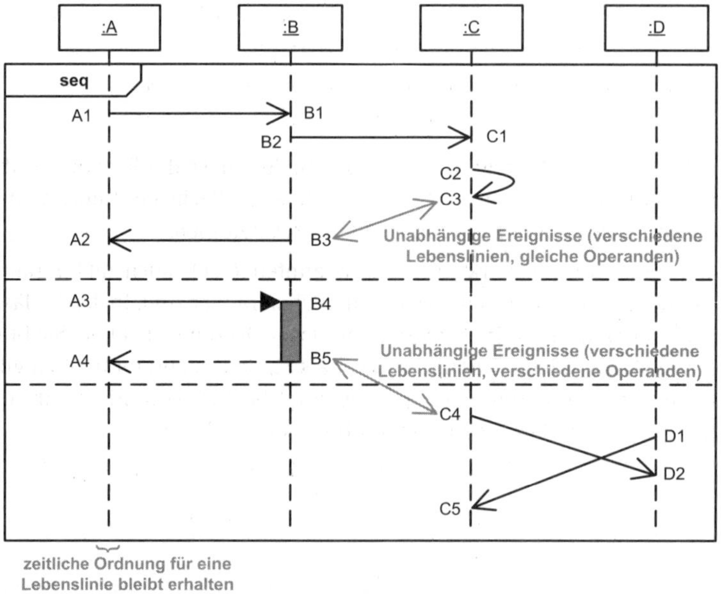

ABBILDUNG 15.73 Die Regeln beim Weak Sequencing

Die lose Ordnung (Weak Sequencing) gibt nun folgende Regeln vor:

1. Zunächst muss ein *Sendeereignis vor dem Empfangsereignis* stattfinden, d. h., im Beispiel sind folgende Ereignisketten fest vorgegeben:

   `Operand 1) A1 → B1; B2 → C1; C2 → C3; B3 → A2`

   `Operand 2) A3 → B4; B5 → A4`

   `Operand 3) C4 → D2; D1 → C5`

2. Die Ereignisse *einer* Lebenslinie werden immer in der zeitlichen Reihenfolge („von oben nach unten“) ausgeführt. Dabei spielt es keine Rolle, in welchem Operanden sich die Ereignisse befinden. Folgende Randbedingungen herrschen:

   `Lebenslinie A) A1 → A2 → A3 → A4`

   `Lebenslinie B) B1 → B2 → B3 → B4 → B5`

   `Lebenslinie C) C1 → C2 → C3 → C4 → C5`

   `Lebenslinie D) D1 → D2`

3. Die Ereignisse *unterschiedlicher* Lebenslinien haben keine zeitlichen Abhängigkeiten. Ob C2 oder C3 vor oder nach B3 bzw. A2 stattfinden, ist nicht vorgegeben oder, mit anderen Worten: es sind alle Varianten, die nicht gegen die Regeln 1. und 2. verstoßen, gültige Ereignisketten (Traces) im Sinne dieser Interaktionsspezifikation. Gleiches gilt auch operandenübergreifend. So dürfte durchaus C4 in der oben stehenden Abbildung *vor* B5 auftreten – auch wenn dies optisch aufgrund der vertikalen Position nicht offensichtlich ist. (Betrachten Sie jede Lebenslinie als eigene unabhängige Zeitachse!)

Aus diesen drei Regeln ergibt sich somit für die oben stehende Interaktion folgende Menge an gültigen Ereignisketten (Set of Traces):

a) `A1 → B1 → B2 → C1 → C2 → C3 → B3 → A2 → A3 → B4 → B5 → A4 → C4 → D1 → D2 → C5`

b) `A1 → B1 → B2 → B3 → A2 → A3 → B4 → B5 → A4 → C1 → C2 → C3 → C4 → D1 → D2 → C5`

c) `A1 → B1 → B2 → B3 → C1 → C2 → C3 → C4 → D1 → D2 → C5 → A2 → A3 → B4 → B5 → A4`

d) `A1 → B1 → B2 → B3 → A2 → A3 → C1 → B4 → B5 → C2 → C3 → C4 → A4 → D1 → D2 → C5`

e) usw.

Ein reales System muss die Ereignisketten so abbilden, dass die Regeln gewahrt bleiben. Welche der möglichen Sequenzen das System abbildet, ist Sache der Implementierung. Das System muss mindestens eine Ordnung erfüllen bzw. zulassen.

`seq` gilt implizit in allen Interaktionen

Vielleicht haben Sie bereits bemerkt, dass die genannten Regeln auch auf Interaktionen ohne spezielle kombinierte Fragmente oder Operanden übertragbar sind. In der Tat lässt sich eine „normale“ Interaktion als einzelner Operand mit loser Ordnung ansehen. Sie brauchen den `seq`-Operator dabei aber nicht zu notieren, da er als Standardoperator implizit gilt. Mit allen anderen Interaktionsoperatoren (wie `par` oder `opt`) beeinflussen Sie mehr oder weniger die dadurch gültigen Standardregeln. Die im Beispiel gezeigten Operanden verändern die Semantik nicht, allerdings könnten in diesen Operanden wiederum geschachtelte Fragmente integriert sein.

Strenge Ordnung (strict)

Anordnung auf der Zeitachse legt Reihenfolge fest

Falls Sie für eine Interaktion eine sehr strenge Reihenfolge der Ereignisse (strict sequencing) benötigen, notieren Sie den *strict-Operator*. Dieser legt – unabhängig von Lebenslinien und Operanden – fest, dass die Ereignisse genau in der Reihenfolge auftreten, in der sie *innerhalb des strict-Fragments* von oben nach unten angeordnet sind, wobei natürlich wie immer das Sende- vor dem Empfangsereignis erfolgen muss. Die Reihenfolge der Ereignisse aus dem Beispiel von Abbildung 15.73 ist damit keineswegs variabel und wird durch folgende Sequenz beschrieben:

A1 → B1 → B2 → C1 → C2 → C3 → B3 → A2 → A3 → B4 → B5 → A4 → C4 → D1 → D2 → C5

Akzeptiert oder generiert Ihr System eine andere Reihenfolge, so ist die Implementierung fehlerhaft.

Abbildung 15.74 zeigt ein Sequenzdiagramm eines Fahrstuhls. Hier gilt für das kombinierte Fragment der strict-Operator. In diesem Fall müssen alle Abläufe der modellierten Reihenfolge entsprechen. Die Nachricht aktivieren an den Motor wird zwingend nach dem Empfang der Nachricht Tür geschlossen gesendet.

Achtung! Der strict-Operator wirkt nur auf Operanden seiner Ebene. Haben Sie geschachtelte Fragmente, gelten für die unter- oder übergeordneten Fragmente deren Regeln. Den Eintritt in ein Fragment bzw. das gesamte Fragment können Sie in solchen Fällen als ein einzelnes Ereignis betrachten.

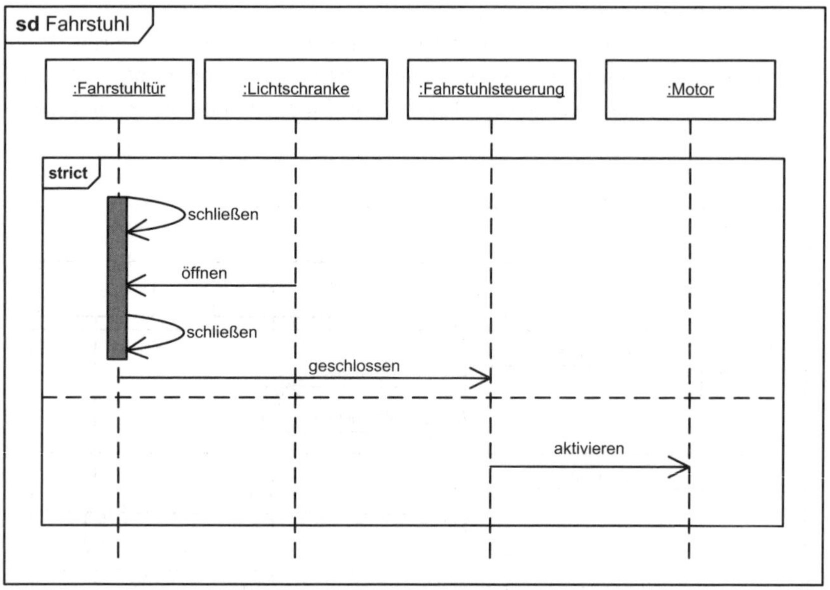

ABBILDUNG 15.74 Strict Sequencing

Vergleich der par-, seq- und strict-Fragmente

Zwischen den Fragmenten, die eine parallele, eine lose und eine strenge Ordnung abbilden, gibt es einen offensichtlichen Zusammenhang. Für alle drei gilt zunächst: Sendeereignis vor Empfangsereignis. Dann werden aber die Abhängigkeiten Schritt für Schritt von parallel über lose zu streng zwischen den Ereignissen verstärkt:

TABELLE 15.2 Vergleich der Fragmente mit `par`-, `seq`- und `strict`-Operatoren

Fragment	Abhängigkeiten der Ereignisse auf *einer* Lebenslinie	Abhängigkeiten der Ereignisse *zwischen* Lebenslinien	äquivalentes Fragment
parallel (`par`)	Chronologisch innerhalb eines Operanden	Keine Abhängigkeiten	–
lose (`seq`)	Chronologisch operandenübergreifend	Keine Abhängigkeiten	Paralleles Fragment, wobei jedes Fragment Ereignisse auf verschiedenen Lebenslinien hat.
streng (`strict`)	Chronologisch operandenübergreifend	Chronologisch lebenslinien-übergreifend	Lose Ordnung mit nur einer Lebenslinie

Kritischer Bereich (`critical`)

Abbildung atomarer Interaktionen

Kritische Bereiche (`critical`*-Operator*) sind Fragmente, die atomar, das heißt ununterbrechbar, ablaufen. Atomar bedeutet im UML-Interaktionssinne: Sobald der kritische Bereich betreten wird bzw. aktiv ist, treten keine Ereignisse, die *außerhalb* dieses Bereichs definiert sind, an den betroffenen Lebenslinien auf, so als würde die „Welt" außerhalb des Fragments still stehen. Beachten Sie aber, dass hier nur Lebenslinien betroffen sind, die von einem kritischen Bereich überdeckt sind.

Nutzen Sie derartige Bereiche, um bestimmte Interaktionsabschnitte zu priorisieren und den Kontrollfluss auf diesem Abschnitt exklusiv zu lenken. Die Abbildung 15.75 zeigt eine gängige Verwendung eines kritischen Bereichs im Zusammenhang mit dem parallelen Fragment.

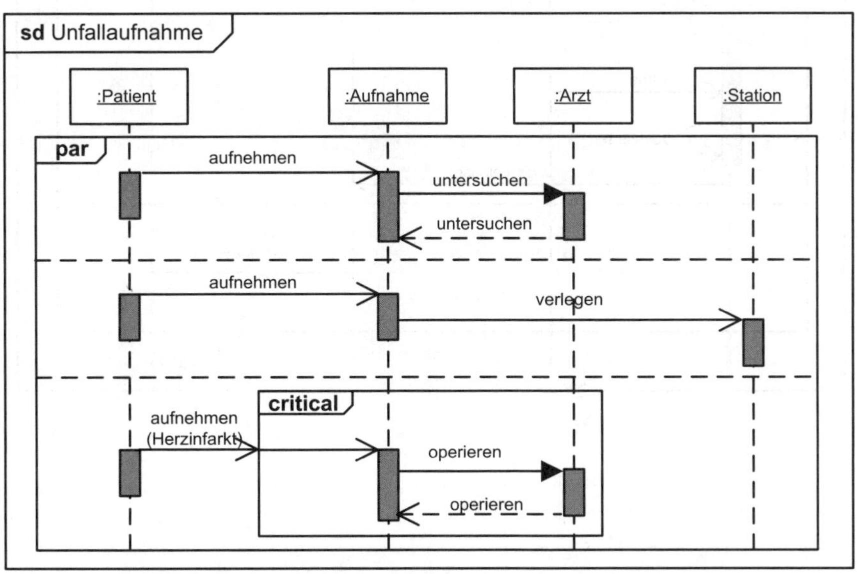

ABBILDUNG 15.75 Beispiel `critical region`

Sobald ein Patient mit Herzinfarkt aufgenommen wird, ist der kritische Bereich aktiv. Ereignisse an den Lebenslinien Aufnahme und Arzt sind dann nicht mehr möglich (das schließt den Empfang von aufnehmen, den Aufruf und Rücksprung von untersuchen und das Senden von verlegen ein. Dadurch wird eine Abhängigkeit zwischen den an sich unabhängigen parallelen Operanden geschaffen. Nachdem die Operation operieren beendet ist, sind die Interaktionen wieder unabhängig parallel ablauffähig und der kritische Bereich nicht mehr aktiv.

Es ist implementierungsspezifisch, was mit Ereignissen passiert, die während eines aktiven kritischen Bereichs auftreten. Sie können verworfen oder gesammelt werden.

Anwendungsmöglichkeiten kritischer Bereiche

Kritische Bereiche sind enorm wichtig für die Modellierung von *nebenläufigen* Systemen. Nutzen Sie diese Fragmentart zur gegenseitigen Flusskontrolle (Synchronisation) und zum Schutz gemeinsamer Ressourcen (gemeinsame Attribute und Speicherbereiche, Semaphore, ...).

Irrelevante Nachrichten (ignore)

Nutzen Sie den *ignore-Operator*, um Nachrichten als irrelevant zu kennzeichnen. Dies ist in der Praxis in zwei Situationen sinnvoll:

- Sie möchten einen bestimmten Modellierungsaspekt für die Interaktion herausstreichen, und einige modellierte Nachrichten sind dafür nicht notwendig. (Die irrelevanten Nachrichten müssen Sie aber vielleicht aus technischen Gründen oder wegen der syntaktischen Vollständigkeit modellieren.)
- Im implementierten System treten beim Ablauf neben den modellierten auch *bewusst nicht modellierte* Nachrichten auf (z. B. Zeitgebersignale, „Keep-alive"-Nachrichten, ...).

Notation im Fünfeck des Interaktionsrahmens

Sie notieren den ignore-Operator nach dem Namen der Interaktion durch das fett gesetzte Schlüsselwort **ignore** und eine durch Komma getrennte Liste der zu ignorierenden Nachrichten innerhalb geschweifter Klammern:

```
Ignore {unwichtigeNachricht1, unwichtigeNachricht2}
```

Abbildung 15.76 zeigt die Verwendung von ignore. Der Modellierer kennzeichnet hier die Nachrichten N3 und N4 als bewusst irrelevant. Während N3 explizit modelliert ist (Fall a), ist N4 gar nicht in der abgebildeten Interaktion enthalten (Fall b), kann und darf aber zum Ablaufzeitpunkt der Interaktion jederzeit auftreten.

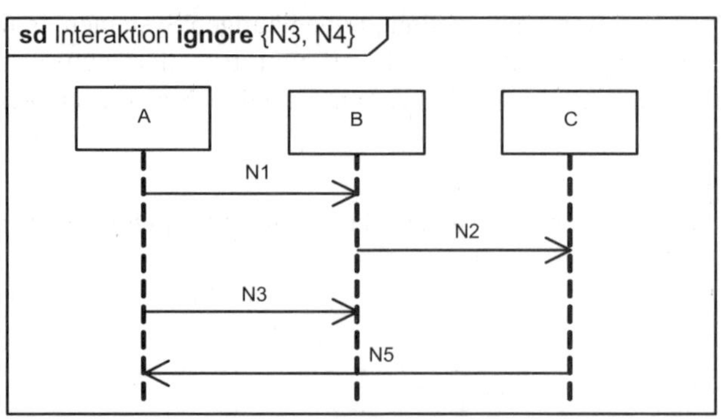

ABBILDUNG 15.76 Operator ignore

Relevante Nachrichten (consider)

Der *consider-Operator* ist das Gegenstück zu ignore. Er hebt Nachrichten als relevant und besonders bedeutsam hervor. Alle nicht mit dem consider-Operator markierten Nachrichten gelten implizit als mit ignore versehen, sind also irrelevant. Notiert wird der Operator analog zu ignore, mit dem Schlüsselwort *consider*.

Das Beispiel in Abbildung 15.77 zeigt eine Interaktion, in der nur die Nachrichten N1, N3 und N5 berücksichtigt werden. Dies bedeutet umgekehrt, dass alle sonstigen Nachrichten, wie die „sichtbare" Nachricht N4 und „implizite" Nachrichten (z. B. N2 oder N6) ignoriert werden. N5 ist zwar nicht explizit modelliert, könnte jedoch im realen System auftreten und damit der Modellierung widersprechen. Da N5 mit consider gekennzeichnet und damit *relevant* ist, wäre das System fehlerhaft implementiert. Würde N6 auftreten (auch nicht modelliert), hätte dies keine Auswirkung.

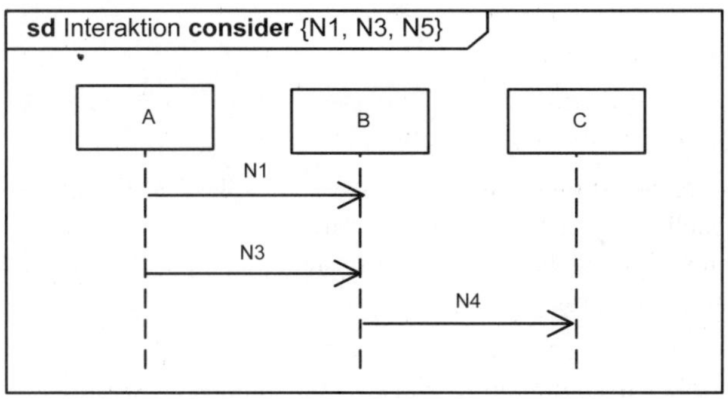

ABBILDUNG 15.77 Operator consider

Umgang mit ignore und consider

Die Anwendungsmöglichkeiten von ignore und consider sind vielschichtig. Betrachten Sie diese Operatoren als Lupe und Filtermöglichkeit:

- Wählen Sie immer den Operator, mit dem Sie möglichst wenige Nachrichten kennzeichnen müssen.
- Gestalten Sie Interaktionen übersichtlich. Greifen Sie aus Komplexitätsgründen aus einem Nachrichtenstrom bestimmte Nachrichten heraus (consider), oder werfen (ignore) Sie unnötigen Ballast über Bord.
- Nutzen Sie die Operatoren bei verteilten, nebenläufigen Systemen, in denen viele asynchrone Nachrichten und Signale neben der „Hauptinteraktion" auftreten. Ihr Fokus sollte auf der „Hauptsache" liegen, nebenläufige Dinge gliedern Sie in separate Interaktionen aus.

Sicherstellung (assert)

Mit dem *assert-Operator* kennzeichnen Sie bestimmte Nachrichtenabfolgen und Ereignisse als verbindlich. Jegliche in einem assert-Operanden vorkommenden Interaktionsteile müssen genauso auftreten, wie sie modelliert werden. Abweichungen – das heißt Nachrichten, die in dem Diagramm nicht berücksichtigt werden[7], aber trotzdem in der Realität auftreten – sind nicht zulässig.

[7] Die UML ermöglicht das Weglassen von Nachrichten in Sequenzdiagrammen ohne explizite Kennzeichnung.

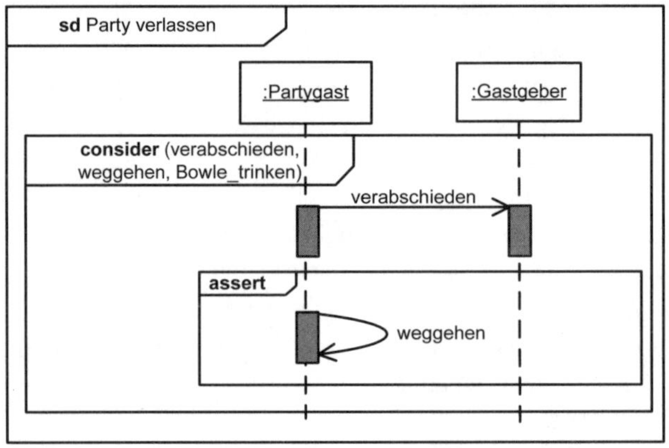

ABBILDUNG 15.78 Beispiel `assert`-Operator

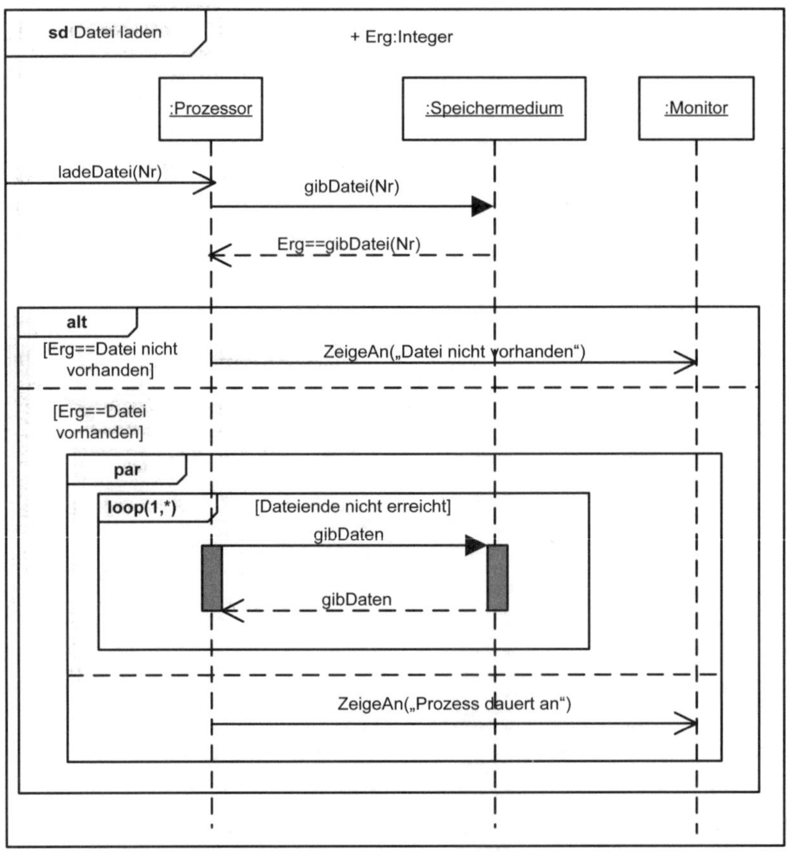

ABBILDUNG 15.79 Kombinierte Fragmente zur Beschreibung des Ladens einer Datei

„WYSIWYG“

Dadurch haben Sie die Möglichkeit, bestimmte Bereiche als eine Art „What you see is what you get“ auszuzeichnen und damit der Implementierung eine getreue Abbildung abzuverlangen. Der `assert`-Operator hat also einen stärkeren Charakter als die „normale“ Modellierung, bei der Freiheitsgrade existieren.

Soll ein `Partygast` in Abbildung 15.78 nach einer Verabschiedung die Feier auch wirklich verlassen und nicht erst noch stundenlang im Gang herumstehen und vielleicht noch das eine oder andere Glas `Bowle_trinken`, dann wird die Nachricht `weggehen` nach der Nachricht `verabschieden` in einen Operanden des Operators `assert` eingebunden. `assert` wird, wie auch in diesem Beispiel zu sehen ist, häufig in Verbindung mit dem `consider`-Operator verwendet.

Anwendung

In dem Beispiel von Abbildung 15.79 wird die Kommunikation zwischen `Prozessor`, `Speichermedium` und `Monitor` beim Laden einer Datei als Prinzipskizze (Analysesicht) beschrieben. Nach der externen Aufforderung, die Datei zu `laden`, wird zunächst überprüft, ob die gewünschte Datei überhaupt `vorhanden` ist. Die beiden Möglichkeiten – `vorhanden`, `nicht vorhanden` – werden durch ein alternativ kombiniertes Fragment beschrieben. Ist die Datei `nicht vorhanden`, wird dies am `Monitor` angezeigt. Ist die Datei `vorhanden`, wird parallel die Datei geladen und am `Monitor` eine `Fortschrittsanzeige` dargestellt. Das Laden der Datei wird mit einer Schleife dargestellt. Diese Schleife läuft mindestens einmal durch und maximal so oft, bis das Ende der Datei erreicht wurde.

15.4.6 Ordnungsbeziehung

Definition

A **general ordering** represents a binary relation between two occurrence specifications, to describe that one occurrence specification must occur before the other in a valid trace. This mechanism provides the ability to define partial orders of OccurrrenceSpecifications that may otherwise not have a specified order.

Notation

Die Ordnungsbeziehung wird als gepunktete Linie mit einem Pfeil in der Mitte gezeichnet.

ABBILDUNG 15.80 Notation einer Ordnungsbeziehung

Beschreibung

Darstellung von Ereignisreihenfolgen

Eine Ordnungsbeziehung (General Ordering) bringt zwei Ereignisse in eine bestimmte Reihenfolge. Sie ist an jeder Stelle zwischen beliebigen Ereignissen im Diagramm einsetzbar. Ihr Pfeil deutet vom zeitlich vorausgehenden zum nachfolgenden Ereignis.

Nutzen Sie die Ordnungsbeziehung immer dann, wenn Sie außergewöhnliche Reihenfolgen modellieren wollen und diese mit kombinierten Fragmenten schwer oder vielleicht gar nicht darstellbar sind. Sie können damit zwei Ereignisse aus parallelen Fragmenten zeitlich abstimmen, Abhängigkeiten zwischen Ausführungssequenzen schaffen oder die Standardereignisordnung (lose Ordnung) an einigen, wenigen Stellen einschränken.

Anwendung

Abbildung 15.81 zeigt die Wirkung einer Ordnungsbeziehung. Durch die Parallelität ist es unerheblich, welche Farbe die `Fahrzeugampel` anzeigt, während der `Fußgänger` die `Fußgängerampel` aktiviert. Sicherzustellen ist jedoch, dass die `Fußgängerampel grün` erst anzeigt, nachdem die `Fahrzeugampel rot` anzeigt.

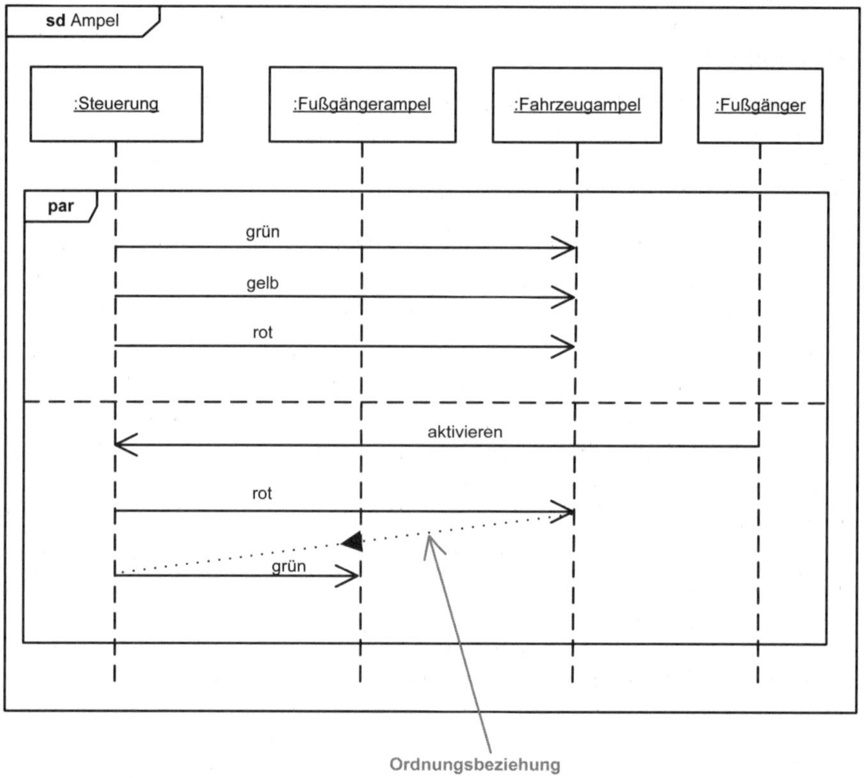

ABBILDUNG 15.81 Einfache Wege zur Unfallverhütung

AL

15.4.7 Interaktionsreferenz

Definition

An **interaction use** refers to an Interaction. The interaction use is a shorthand for copying the contents of the referred Interaction where the InteractionUse is. To be accurate the copying must take into account substituting parameters with arguments and connect the formal gates with the actual ones.

Notation

Eine Interaktionsreferenz wird als Rahmen mit dem fett gesetzten Schlüsselwort `ref` im Fünfeck dargestellt, der Name der referenzierten Interaktion wird mittig in den Kasten gesetzt.

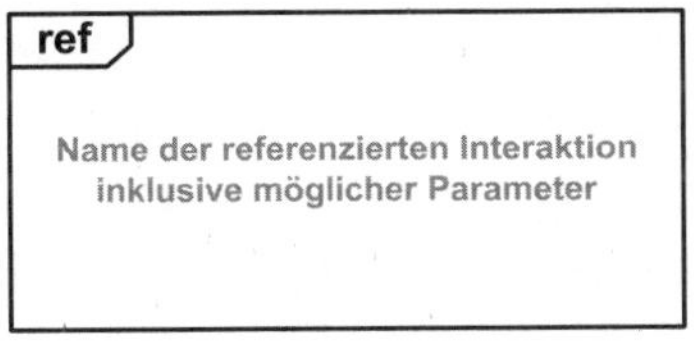

ABBILDUNG 15.82 Notation Interaktionsreferenz

Beschreibung

Anwendung von Interaktionsreferenzen

Eine *Interaktionsreferenz* (Interaction Use[8]) ist ein Bereich innerhalb einer Interaktion, der eine andere (ausgelagerte) Interaktion referenziert. Die so referenzierte Interaktion wird statt der Interaktionsreferenz eingesetzt. Anders ausgedrückt: Die referenzierte Interaktion wird bei Aktivierung des `ref`-Bereichs gerufen und abgearbeitet. Nach dem Ende des Ablaufs erfolgt der „Rücksprung" zur rufenden Interaktion, die unmittelbar nach dem `ref`-Bereich fortgesetzt wird.

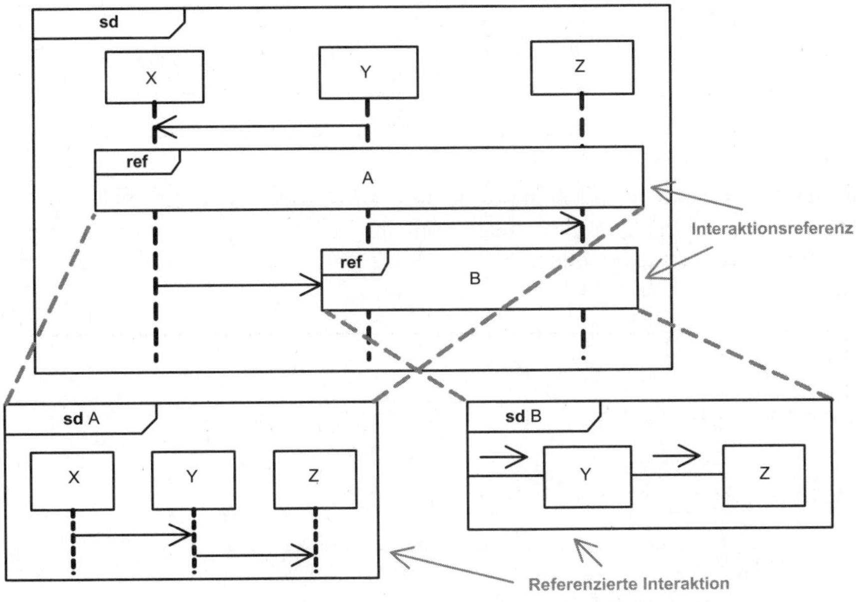

ABBILDUNG 15.83 Interaktionsreferenzen

[8] Wir haben uns für die Übersetzung „Interaktionsreferenz" statt „Interaktionsverwendung" entschieden, da dies unseres Erachtens im Deutschen flüssiger von der Hand geht. Beachten Sie hier auch die Namensmustergleichheit in der UML 2-Spezifikation bei Collaboration und CollaborationUse in den Abschnitten 9.4.4 und 9.4.5.

Nutzen Sie Interaktionsreferenzen wie folgt:

Auslagerung und Einbettung von Interaktionen

- Gestalten Sie Ihre Interaktionsdiagramme übersichtlich. Versuchen Sie, weniger wichtige Aspekte in separaten Interaktionen *auszulagern.*
- Definieren Sie *wiederkehrende* Interaktionen einmalig, und nehmen Sie diese an den entsprechenden Stellen auf (Wiederverwendung und zentrale Pflege).
- Vergeben Sie verständliche Referenznamen. Die Interaktion mit den Referenzen sollte ohne die Detailkenntnis der ref-Interaktionen les- und verstehbar sein.

⇨ 15.4.1, 15.4.3

Die nahtlose Substitution der Referenz durch das Referenzierte muss möglich sein. Die Verbindung wird über den *Interaktionsnamen* hergestellt. Sie dürfen dem Interaktionsnamen (wie in Abschnitt 15.4.1 beschrieben) Argumente übergeben. Da hier die gleichen Regeln wie für Nachrichten gelten (siehe Abschnitt 15.4.3), dürfen Sie

Syntax wie bei Nachrichten

- Eingabeargumente (`in`-Parameter) und
- Ausgabeargumente (`out`-Parameter),
- Ein/Ausgabeargumente (`inout`-Parameter),
- Rückgabewerte und
- Attributzuweisungen

modellieren.

Konventionen für Interaktionsreferenzen

⇨ 15.4.1, 15.4.2, 15.4.8

Abbildung 15.84 zeigt dies beispielhaft. Beachten Sie bei der Modellierung folgende Regeln:

- Der Attributname ist der Name eines in der Interaktion bekannten Lebenslinienattributes oder einer lokalen Variable (siehe die Abschnitte 15.4.1 und 15.4.2).
- Eine Interaktionsreferenz muss mindestens die Lebenslinien überdecken, die auch in der referenzierten Interaktion überdeckt werden.
- Verknüpfungspunkte (Gates, siehe Abschnitt 15.4.8) einer Interaktionsreferenz müssen mit den Verknüpfungspunkten der referenzierten Interaktion übereinstimmen (z. B. gleicher Nachrichtenname und Argumente). Die Verbindung wird über den Namen des Verknüpfungspunkts oder den Nachrichtennamen hergestellt.

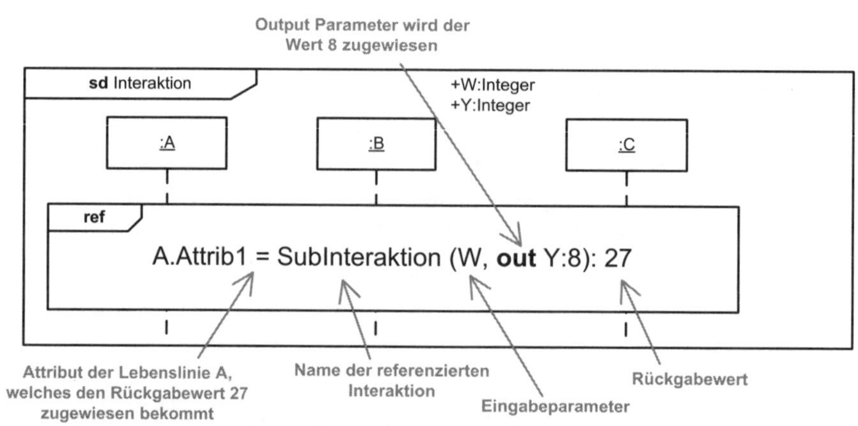

ABBILDUNG 15.84 Darstellung einer Interaktionsreferenz

- Sie dürfen als Argumente die gleichen Elemente (Konstanten, Attribute, ...) wie bei „normalen" Nachrichten übergeben (siehe Abschnitt 15.4.3).
- Wird die referenzierte Interaktion in Zusammenhang mit einem Kollaborationstyp (siehe Abschnitt 9.4.4) definiert, d. h. die Lebenslinien in der referenzierten Interaktion sind Parts des Kollaborationstyps und werden nun durch Referenz an die Teile gebunden, so können Sie mit folgender Syntax auf Kollaboration hinweisen: <Name der Kollaboration>.<Name der Interaktion>, im obigen Beispiel: `:A.Attrib1 = Kollab1.Int2 (W, out Y:8) : 27`

Kollaboration ⇨ 9.4.4

Anwendung

Abbildung 15.85 zeigt das Sequenzdiagramm eines einfachen `Bankautomaten`, das zwei Referenzen auf weitere Sequenzdiagramme enthält. Diese beschreiben dann die referenzierten Funktionalitäten `PIN_überprüfen` und `Geld_abheben` näher.

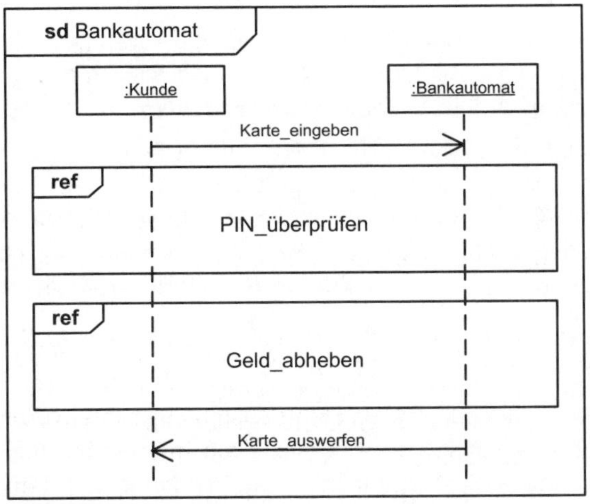

ABBILDUNG 15.85 Sequenzdiagramm Bankautomat mit Interaktionsreferenz

15.4.8 Verknüpfungspunkt

Definition

A **gate** is a connection point for relating a message outside an interaction fragment with a message inside the interaction fragment. Gates are connected through messages. A gate is actually a representative of an occurrence specification that is not in the same scope as the gate.

Notation

Verknüpfungspunkte oder Gates sind Punkte auf einem Interaktions- und Fragmentrahmen, zu denen Nachrichten hin- oder wegführen. Gates können einen Namen besitzen oder indirekt durch den Namen der verknüpften Nachricht identifiziert werden.

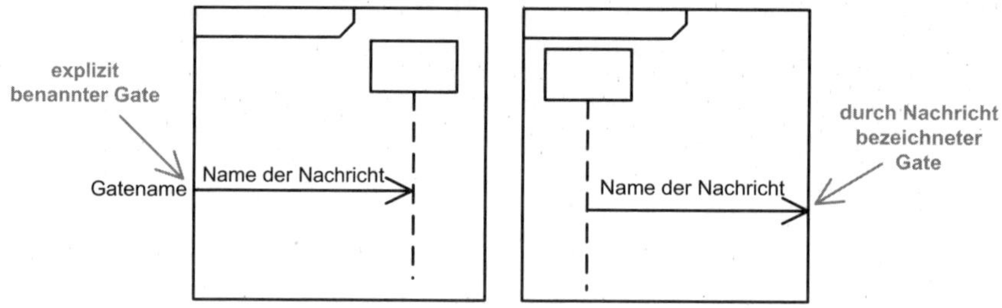

ABBILDUNG 15.86 Notation der Verknüpfungspunkte

Beschreibung

Definierte Kommunikationspunkte für Nachrichten

Verknüpfungspunkte (Gate) sind Kommunikationspunkte, die den Nachrichtenfluss über „Rahmengrenzen", das heißt zwischen Interaktionen, referenzierten Interaktionen und kombinierten Fragmenten und deren Operanden ermöglichen.

Sie dürfen Gates explizit benennen oder aber auch die Verknüpfung über den Nachrichtennamen herstellen (siehe Abbildung 15.86). *Das Zeichnen von Nachrichten über einen Interaktions- oder Fragmentrahmen hinaus ist nicht erlaubt.*

Abbildung 15.87 zeigt die drei Arten von Verknüpfungspunkten. Zunächst als *formaler Verknüpfungspunkt* (Formal Gate) bei der Spezifikation einer Interaktion (im Beispiel die Punkte von `Nachricht m` in `sd Z` oder `in_v/out_v` in `sd XY`). Die zweite Verwendung, als *Aktualverknüpfungspunkt* (Actual Gate), ist dann beim *Aufruf* also bei der *Verwendung* (nicht bei der Spezifikation) einer Interaktion (Interaktionsreferenz XY) zu sehen. Hier wird beim Ablauf der Interaktion Z eine Verbindung der Gates zur referenzierten Aktion hergestellt. Der letzte Typ von Verknüpfungspunkten (Expression Gate) wird für kombinierte Fragmente (hier `opt`-Fragment) genutzt. Diese Punkte sind zwingend notwendig, da Nachrichten keine Fragmentgrenzen überschreiten dürfen. Für die Praxis spielt diese Unterscheidung aber keine Rolle.

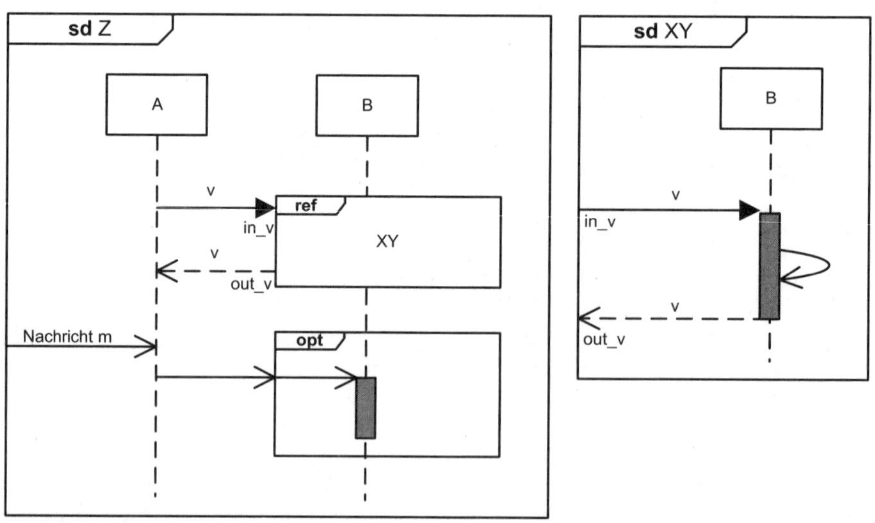

ABBILDUNG 15.87 Gates in einem Sequenzdiagramm

Anwendung

Die Abbildungen 15.88 bis 15.90 zeigen Interaktionen, die über Gates miteinander verbunden sind. Die Nachricht `zubereiten` bzw. deren Antwort wird über Gates von der Interaktion `Pizzabestellung` zur Interaktion `Pizzazubereitung` hin- und zurückgeleitet. Gleiches gilt für `liefern` in `sd Ausfahren`.

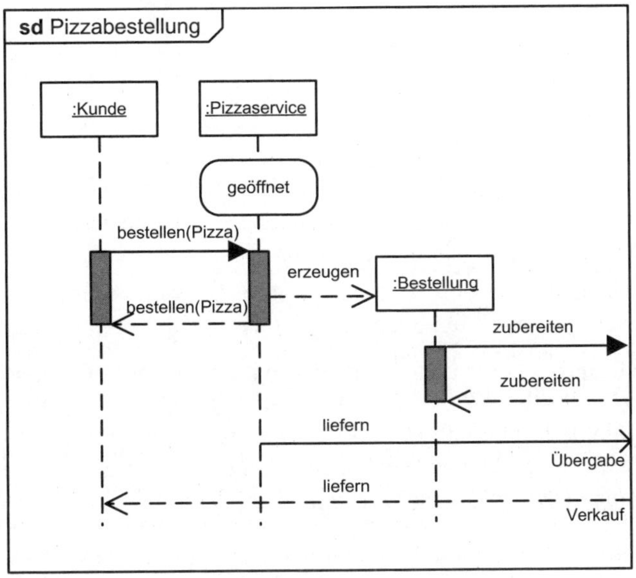

ABBILDUNG 15.88 Sequenzdiagramm `Pizzabestellung` mit Gates

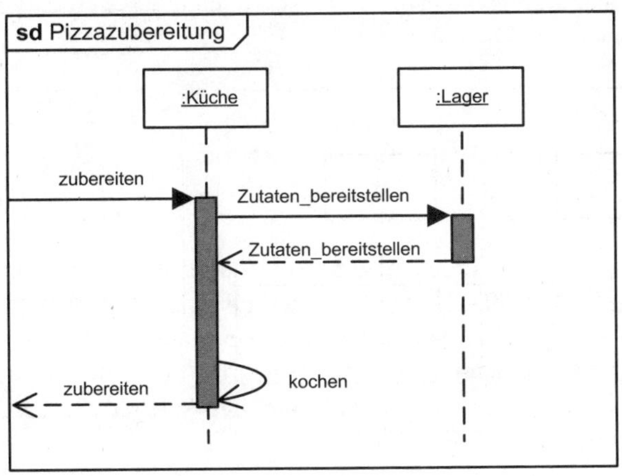

ABBILDUNG 15.89 Sequenzdiagramm `Pizzazubereitung`

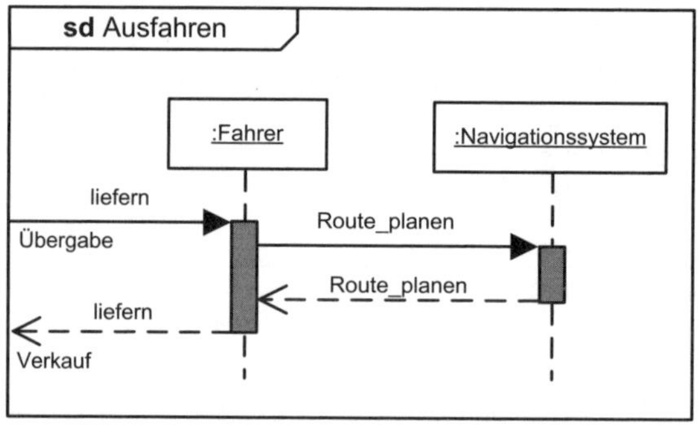

ABBILDUNG 15.90 Sequenzdiagramm `Ausfahren`

15.4.9 Zerlegung von Lebenslinien

Definition

Part decomposition is a description of the internal interactions of one lifeline relative to an interaction. A lifeline has a class associated as the type of the connectable element that the lifeline represents. That class may have an internal structure and the part decomposition is an interaction that describes the behaviour of that internal structure relative to the interaction where the decomposition is referenced.

Notation

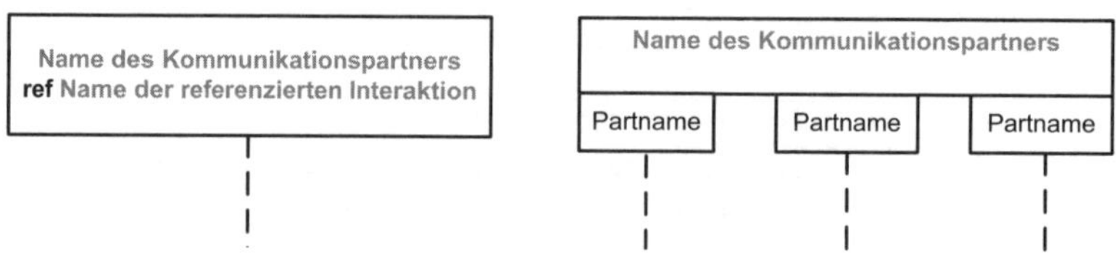

ABBILDUNG 15.91 Notationen der Zerlegung einer Lebenslinie

Beschreibung

„Zooming“ in komplexe Kommunikationspartner

Lebenslinien repräsentieren mitunter Strukturierte Classifier (siehe Abschnitt 9.4.1), die eine innere Struktur besitzen, z. B. kann eine Lebenslinie eine Komponente repräsentieren, die aus mehreren Teilen (z. B. Klassen) besteht. Um das Zusammenspiel der inneren Strukturteile (der Klassen) darzustellen, können Sie die Lebenslinie (der Komponente) zerlegen und in einer eigenständigen Interaktion die „innere“ Kommunikation darstellen. Abbildung 15.92 auf der nächsten Seite zeigt das Prinzip.

Part ⇨ 9.4.1

Im Rahmen der Interaktion `Y` wird eine Lebenslinie `L`, die einen Classifier `C` repräsentiert, in die Interaktion `A` zerlegt. `C` enthält zwei Parts: `Part 1` und `Part 2`.

Sorgfältige Einbettung der Referenz ist wichtig

Bei der Zerlegung einer Lebenslinie müssen Sie auf eine sorgfältige Einbettung der referenzierten Interaktion achten. Sorgen Sie für den nahtlosen Fluss eingehender und ausgehender Nachrichten inklusive ihrer Parameter und für eine konsistente Integration von kombinierenden Fragmenten.

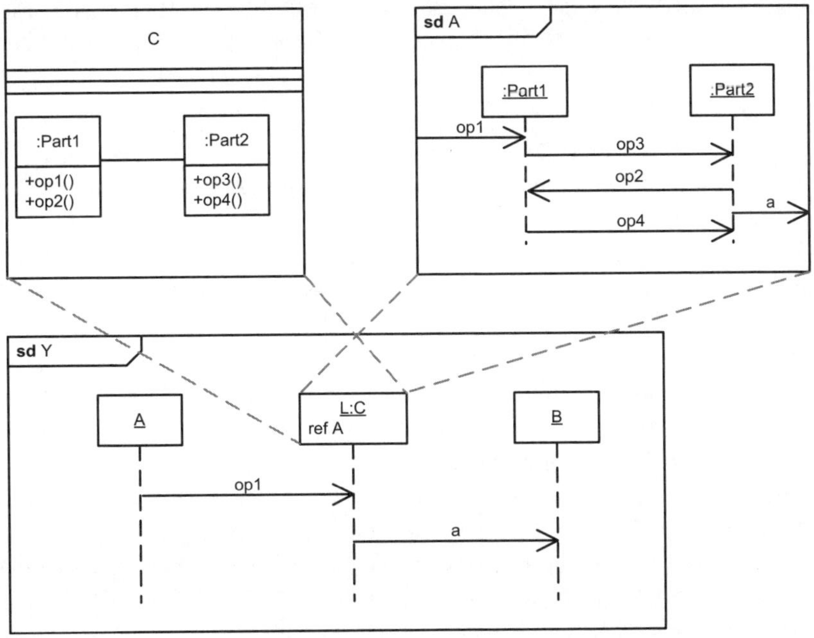

ABBILDUNG 15.92 Prinzip der Zerlegung von Lebenslinien eines strukturierten Classifiers

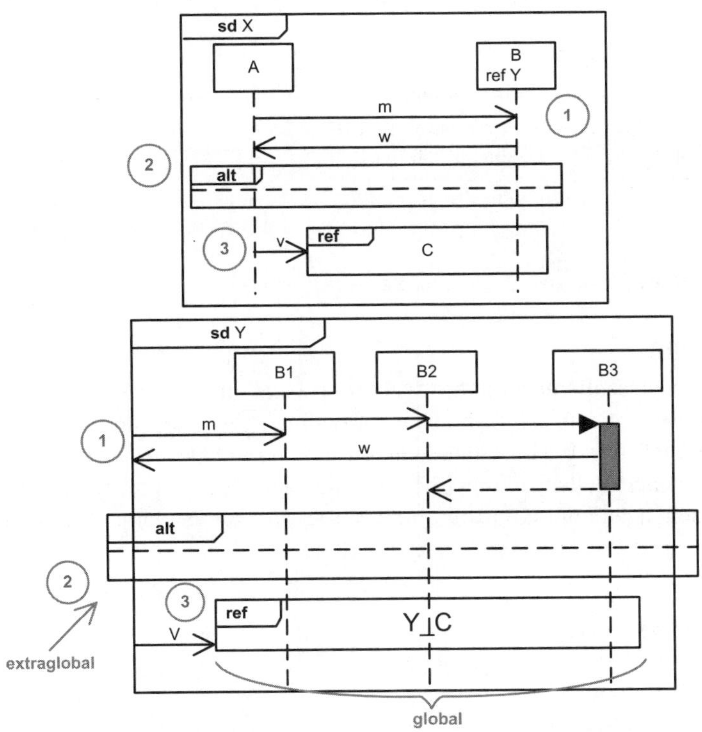

ABBILDUNG 15.93 Reihenfolge bei einer Lebenslinienzerlegung

Alle Konstrukte auf der zu zerlegenden Lebenslinie (wie Ereignisse, kombinierte Fragmente oder Interaktionsreferenzen) müssen auch in der *gleichen Reihenfolge* auf der zerlegten Lebenslinie *enthalten* sein.

Regeln der Einbettung

Beachten Sie dabei folgende Regeln:

- Die Zerlegung der Lebenslinie ist eine spezielle Interaktionsreferenz (siehe Abschnitt 15.4.7). Dort definierte Regeln (Nachrichten- und Aufrufkompatibilität) müssen auch hier gelten.
- Sende- oder Empfangsereignisse von Nachrichten auf der zu zerlegenden Lebenslinie werden in der referenzierten Interaktion durch Gates (siehe Abschnitt 15.4.8) modelliert (siehe (1) in Abbildung 15.93 auf der nächsten Seite).

⇨ 15.4.5, 15.4.7, 15.4.8

- Kombinierte Fragmente (Abschnitt 15.4.5) auf der zu zerlegenden Lebenslinie müssen durch ein *extraglobales* kombiniertes Fragment auf der spezialisierten Lebenslinie modelliert werden. Extraglobale kombinierte Fragmente werden über die Rahmengrenzen der referenzierten Interaktion hinaus gezeichnet (2).
- Eine Interaktionsreferenz (Abschnitt 15.4.7) muss ein entsprechendes Pendant in der referenzierten Interaktion besitzen. Letzteres muss *global* gezeichnet werden, das heißt, über *alle* Lebenslinien der Interaktion gehen (3) – jedoch nicht über den Interaktionsrahmen. Zudem müssen Zerlegungen in den referenzierten Interaktionen erhalten bleiben bzw. notiert werden (Kommutativgesetz der Dekomposition).

Nicht für Kollaborationen

⇨ 9.4.4

Sie dürfen keine Lebenslinien, die Teile (Parts) von Kollaborationen (siehe Abschnitt 9.3.4) repräsentieren, zerlegen, d. h. es müssen Teile von *anderen* strukturierten Classifiern sein.

Alternative Darstellungsform

„Inline"-Zerlegung

Falls Sie nur wenige Parts einer Lebenslinie zeigen möchten oder eine kompakte Darstellung bevorzugen, können Sie die Parts auch als *innere Elemente* an den Kasten der Lebenslinie antragen. Abbildung 15.94 zeigt dies beispielhaft.

Dabei ist es zusätzlich möglich, durch das Schlüsselwort `strict` die Ereignisreihenfolge auf den Lebenslinien (im Beispiel Motor und Achse) auf die strenge Ordnung (siehe Abschnitt 15.4.5) zu begrenzen.

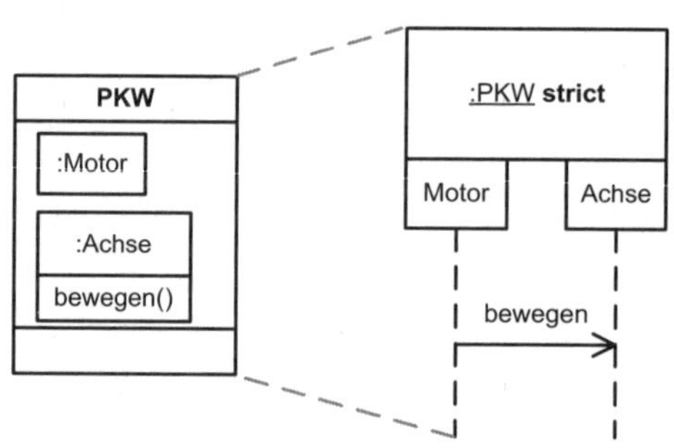

ABBILDUNG 15.94 Alternative Darstellung einer Lebenslinienzerlegung

Anwendung

In Abbildung 15.95 wird ein typischer Vorgang an einer Fußgängerampel betrachtet. Die Lebenslinie, welche die `Ampel` repräsentiert, wird in die Interaktion `Fußgängerampel` zerlegt (siehe Abbildung 15.96).

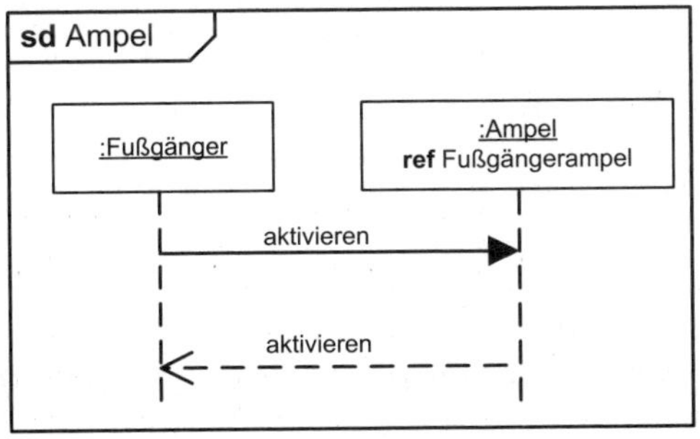

ABBILDUNG 15.95 Sequenzdiagramm Ampel

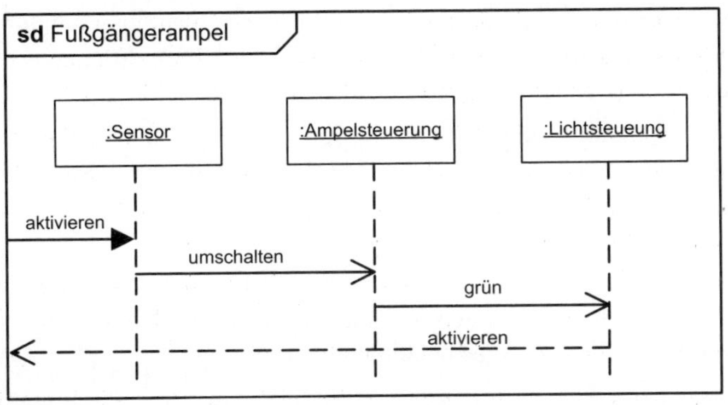

ABBILDUNG 15.96 Die Fußgängerampel von innen

16 Kommunikationsdiagramm

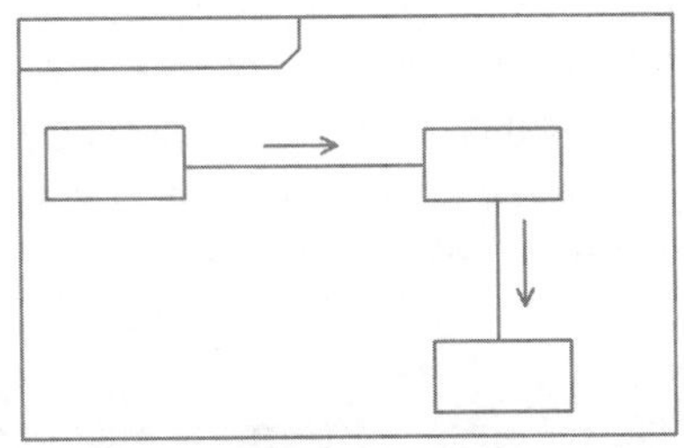

Ein Kommunikationsdiagramm zeigt Ihnen das Wechselspiel und den Nachrichtenaustausch von Teilen einer komplexen Struktur. Dieses Interaktionsdiagramm bildet auf einem mittleren Abstraktionsniveau das Zusammenspiel der Kommunikationspartner zur Lösung einer gemeinsamen Aufgabe ab. Das Kommunikationsdiagramm beantwortet Ihnen die Frage: **„Welche Teile einer komplexen Struktur arbeiten wie zusammen, um eine bestimmte Funktion zu erfüllen?"**

16.1 Überblick

Interaktionen
⇨ 15.1

Bevor Sie dieses Kapitel lesen, empfehlen wir Ihnen, sich das grundlegende Wissen zu Interaktionen und Interaktionsdiagrammen anzueignen, das Sie im Abschnitt 15.1 finden. Das Kommunikationsdiagramm ist ein weiteres Interaktionsdiagramm und weist ebenfalls die Grundelemente wie z. B. Lebenslinien und Nachrichten auf. Wir wiederholen daher die Basiskonzepte nicht, sondern gehen nur auf die Unterschiede zur Darstellung in anderen Interaktionsdiagrammen ein. Alle Basiskonzepte finden Sie in Kapitel 15. Wir verweisen – sofern nötig – auf die entsprechenden Textpassagen.

Kollaborationsdiagramm (UML 1.x)

Für die Kenner der Versionen UML 1.x unter Ihnen sei an dieser Stelle darauf hingewiesen, dass das Kommunikationsdiagramm vom Inhalt und Konzept her dem früheren *Kollaborationsdiagramm* entspricht.

16.1.1 Interaktionen in Kommunikationsdiagrammen

Zusammenspiel und Verantwortlichkeiten

Das Kommunikationsdiagramm (Communication Diagram) zeigt Interaktionen zwischen Teilen einer meist komplexen Struktur. Das Abstraktionsniveau ist so gewählt, dass das *Zusammenspiel* (Nachrichtenaustausch) zwischen den Kommunikationspartnern und die *Verantwortlichkeiten* (wer macht was) herausgearbeitet werden.

⇨ 15.4.7

Strikte zeitliche Abläufe, Zustandswechsel, aber auch strukturelle Zerlegungen (wie z. B. mittels Interaktionsreferenzen 15.4.7), Parallelitäten oder Kontrollsequenzen (wie Alternativen oder Schleifen) sind anders als in Sequenzdiagrammen entweder nicht darstellbar oder zumindest nicht in den Vordergrund gestellt. Die Reihenfolge der Nachrichten wird lediglich durch eine gesonderte Nummerierung angezeigt.

Elemente eines Kommunikationsdiagramms

Abbildung 16.1 zeigt bereits alle möglichen Elemente eines Kommunikationsdiagramms. Diese Teilmenge der Notationselemente für die Interaktionsmodellierung umfasst im Einzelnen

- Interaktionsrahmen,
- Lebenslinien (die Kommunikationspartner repräsentieren) und
- Nachrichten (mit einer speziellen Notation).

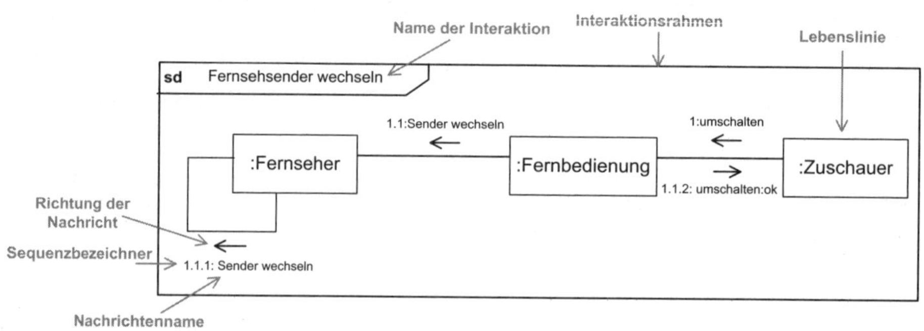

ABBILDUNG 16.1 Bestandteile eines Kommunikationsdiagramms

Beachten Sie, dass diese Elemente zudem nur einen Teil der aus Sequenzdiagrammen bekannten Mächtigkeit bieten! Die Schlichtheit des Diagramms zeigt sich also auch in der zur Verfügung oder nicht zur Verfügung stehenden Notationsvielfalt.

16.1.2 Auswahlkriterien für das Kommunikationsdiagramm

Wann verwende ich ein Kommunikationsdiagramm?

Nutzen Sie das Kommunikationsdiagramm, wenn Sie eine Interaktion unter folgenden Randbedingungen darstellen möchten:

- Sie haben eine komplexe Struktur mit vielen Teilen und möchten das Zusammenwirken der Teile auf möglichst einfache Weise darstellen.
- Genaue zeitliche Übergänge sind Ihnen nicht wichtig.
- Zustände, lokale und globale Daten sind für den Sachverhalt weniger wichtig.
- Ihnen ist mehr an einem grundsätzlichen Verständnis als an Details gelegen.
- Die Interaktion ist einfach gestrickt. Zeitliche Abhängigkeiten, Nebenläufigkeiten oder Kontrollelemente sind nicht nötig oder treten in den Hintergrund.
- Sie möchten **genau ein** Zusammenspiel zeigen und nicht mehrere Varianten auf einmal.

Treffen ein oder mehrere Punkte *nicht* zu, kann eines der anderen Interaktionsdiagramme nützlich sein. Die Tabelle 2.1 in Kapitel 2 unterstützt Sie bei Ihrer Suche.

⇨ 2.2

16.2 Anwendungsbeispiel

In Abbildung 16.2 wird der Ablauf einer `Suchanfrage` (z.B bei Google) beschrieben. Nachdem ein `Anwender` eine Suchanfrage formuliert hat, startet dieser die Suche (`1:suchen`). Daraufhin erzeugt die `Bedienoberfläche` aus der Suchanfrage eine Datenbankabfrage (`1.1:erzeuge_sql-query`). Die erzeugte Datenbankanfrage wird dann gleichzeitig an alle Datenbanken, die durchsucht werden sollen, geschickt (`1.1.1*||:suche`).

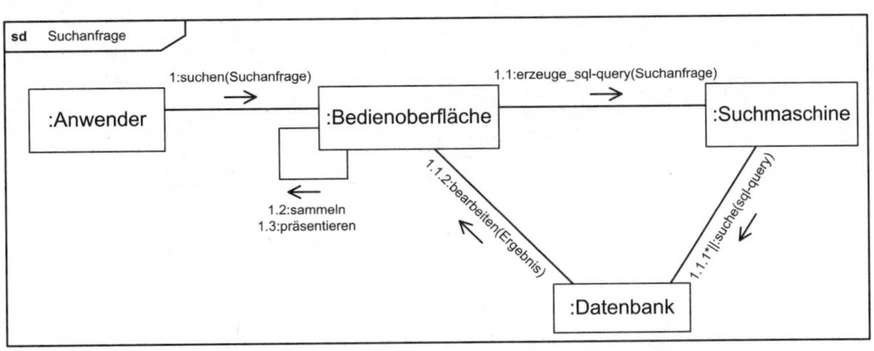

ABBILDUNG 16.2 Kommunikationsdiagramm Suchanfrage

Die Suchergebnisse der verschiedenen `Datenbanken` werden von der Bedienoberfläche bearbeitet (`1.1.2:bearbeiten`), gesammelt (`1.2:sammeln`) und schließlich dem `Anwender` präsentiert (`1.3:präsentieren`).

Das Kommunikationsdiagramm bietet sehr kompakte Darstellungsmöglichkeiten. Die Nachrichten `1.2:sammeln` und `1.3:präsentieren` aus der Abbildung 16.2 zum Beispiel hätten im Sequenzdiagramm durch zwei einzelne Linien (Nachrichten) modelliert werden müssen. Im Kommunikationsdiagramm dagegen reicht die kompakte Darstellung durch nur eine Linie (Nachricht) aus.

16.3 Anwendung im Projekt

16.3.1 (Geschäftsprozess-)Analyse

Klassendiagramm ⇨ 6

Aktivitätsbereich ⇨ 13.4.13

Kommunikationsdiagramme integrieren daten- oder entitätsorientierte Modelle und Interaktionen auf eine sehr einfache und damit für alle Stakeholder verständliche Weise. Nachdem Sie bereits den ersten Wurf des statischen Analyse- oder Geschäftsprozessmodells (Kapitel 6, Klassendiagramm) erstellt haben, empfehlen wir Ihnen, die dynamischen Zusammenhänge mit Hilfe eines Kommunikationsdiagramms zu zeigen. Dabei sollten die Kommunikationspartner und weniger die Abläufe im Vordergrund stehen. Für die Modellierung der Abläufe wäre ein Aktivitätsdiagramm (siehe Kapitel 13) mit Aktivitätsbereichen (Abschnitt 13.4.13) besser geeignet. Abbildung 16.3 zeigt ein Workflowmodell einer Schadensfallabwicklung im Versicherungsbereich mit den beteiligten Stakeholdern.

Natürlich dürfen bzw. sollten Sie sogar Fachklassen in Ihre Kommunikationsdiagramme einbauen. Dadurch sichern die Kommunikationsdiagramme die Konsistenz zwischen der Struktur und dem Verhalten Ihres Modells.

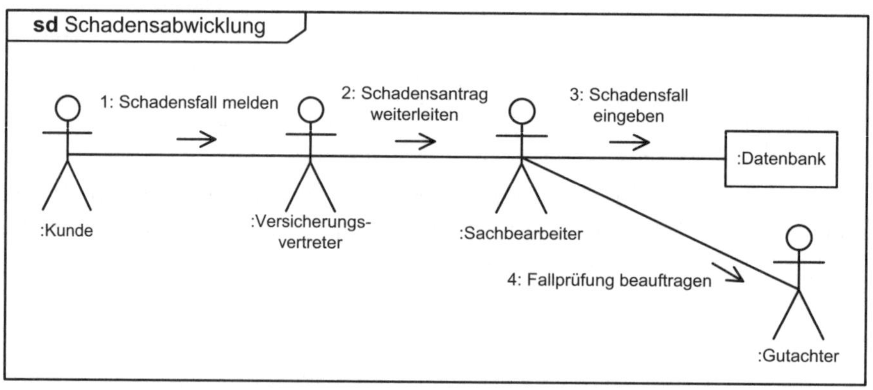

ABBILDUNG 16.3 Abwicklung eines Schadensfalls

16.3.2 Zusammenwirken von Classifiern

Außer für die Analyse eignen sich Kommunikationsdiagramme immer dann, wenn Sie das Zusammenspiel schwierig durchschaubarer Strukturen klar und einfach darstellen wollen. Wie Sie aus Kapitel 15 wissen, dürfen Sie praktisch alle Einheiten, die zur Kommunikation fähig sind, als Lebenslinien darstellen. Insbesondere sind hier natürlich die Classifier interessant. Als Beispiel haben wir in Abbildung 16.4 die Komponenten gewählt. Sie sehen dort das typische Zusammenspiel von Teilen einer komponentenbasierten Architektur, in der Aufgaben dediziert verteilt und delegiert werden.

Sequenzdiagramme sind im Gegensatz zu Kommunikationsdiagrammen unübersichtlicher und aufwändiger zu modellieren. Insbesondere wenn es Ihnen um die Darstellung von Architektur- und Designprinzipien geht, stellen die Kommunikationsdiagramme eine interessante Alternative dar.

Modellierung von Architektur und Designprinzipien

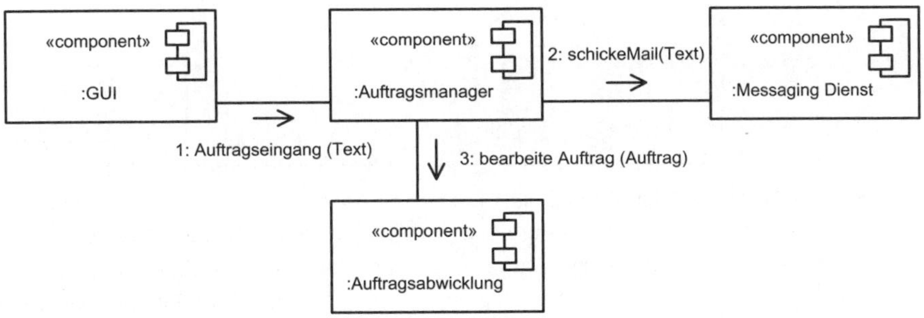

ABBILDUNG 16.4 Zusammenspiel von Komponenten

Seit der UML 2 sind diese beiden Diagrammarten allerdings nicht mehr äquivalent, sodass Sie sich vorher genau überlegen müssen, ob Ihnen das Kommunikationsdiagramm mit seinen Beschränkungen ausreicht.

16.4 Notationselemente

In diesem Unterkapitel listen wir die für Kommunikationsdiagramme wichtigen Notationselemente auf. Dabei fassen wir uns bewusst kurz und verweisen auf die ausführlichen Erläuterungen in Kapitel 15 (Sequenzdiagramm).

Sequenzdiagramm ⇨ 15

16.4.1 Interaktion / Interaktionsrahmen

Definition

An **interaction** is a unit of behavior that focuses on the observable exchange of information between ConnectableElements.

Notation

Interaktion/Interaktionsrahmen ⇨ 15.4.1

Auch das Kommunikationsdiagramm ist in einen rechteckigen Rahmen gefasst. Irreführenderweise wird auch hier die Abkürzung **sd** (eigentlich für **s**equence **d**iagram) verwendet und der Name der Interaktion in einem Fünfeck in der linken oberen Ecke eingetragen. Weitere Notationsmöglichkeiten und Ergänzungen lesen Sie in Abschnitt 15.4.1, Interaktion/ Interaktionsrahmen (Sequenzdiagramm), nach.

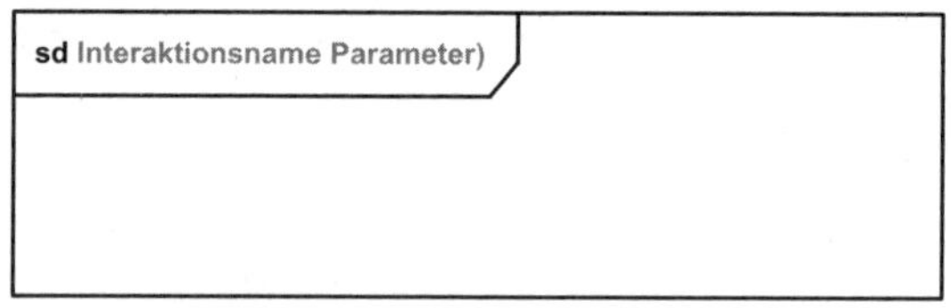

ABBILDUNG 16.5 Notation Rahmen

16.4.2 Lebenslinie

Definition

A **lifeline** represents an individual participant in the interaction. While parts and structural features may have multiplicity greater than 1, lifelines represent only one interacting entity.

Notation

Eine *Lebenslinie* wird in Kommunikationsdiagrammen als rechteckiger Kasten modelliert. Die eigentliche (Lebens-)Linie entfällt.

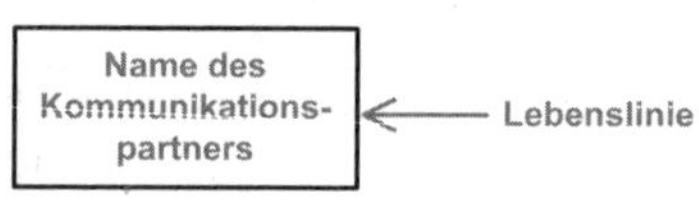

ABBILDUNG 16.6 Notation einer Lebenslinie

Beschreibung

Kommunikationspartner ⇨ 15.4.2

Die Lebenslinie (Lifeline) repräsentiert die in Abschnitt 15.4.2 beschriebenen Kommunikationspartner. Allerdings müssen Sie bei der Modellierung in Kommunikationsdiagrammen auf folgende Konstrukte verzichten:

TABELLE 16.1 „Fehlende" Modellkonstrukte in Kommunikationsdiagrammen

Modellierungselement	Darstellung	Kapitelreferenz
Attribute von Lebenslinien		15.4.2
Aktion und Aktionssequenz	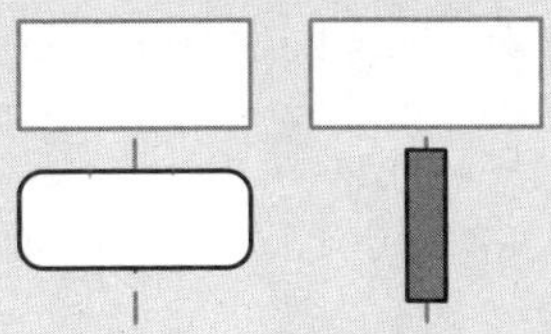	15.4.2
Destruktion von Lebenslinien	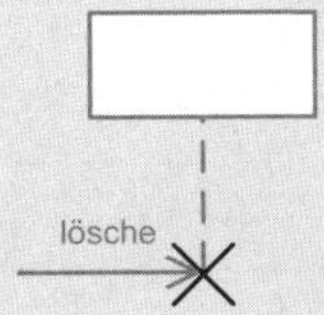	15.4.2
Zustandsinvariante	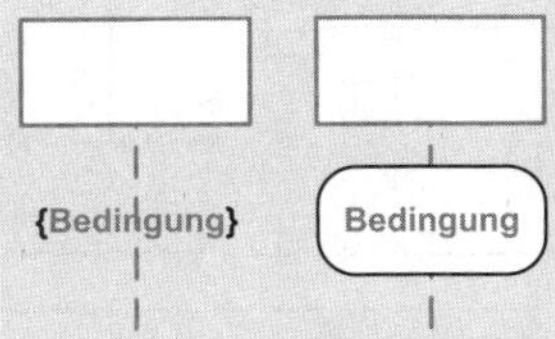	15.4.4
Kombiniertes Fragment	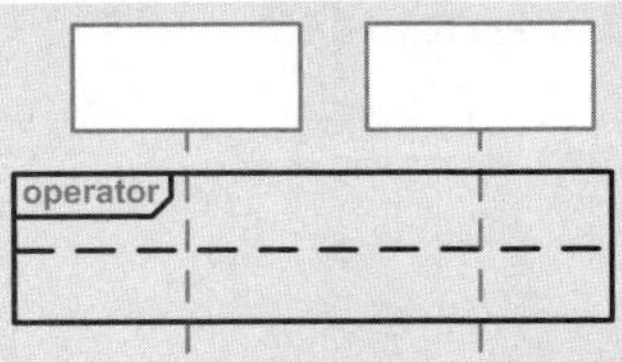	15.4.5
Ordnungsbeziehung		15.4.6
Interaktionsreferenz	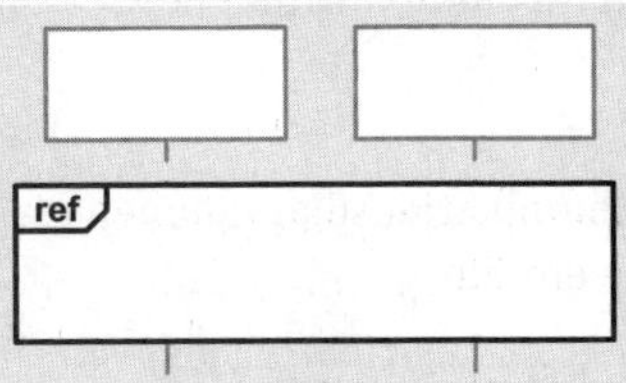	15.4.7
Verknüpfungspunkt (Gate)	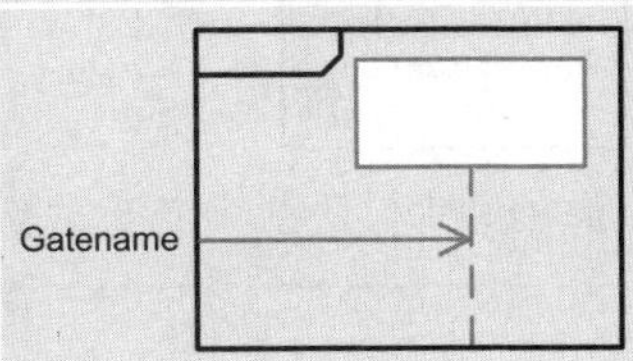	15.4.8
Zerlegung von Lebenslinien	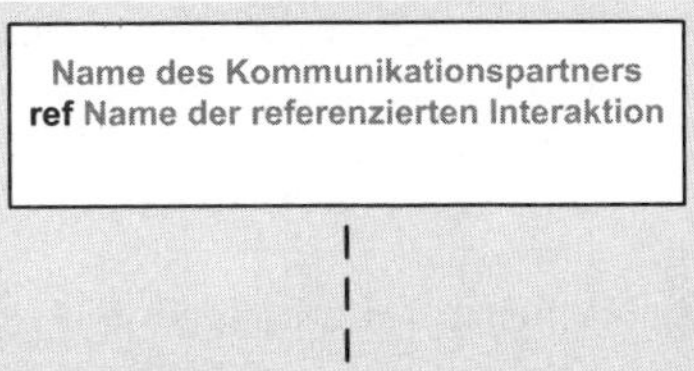	15.4.9

Sie dürfen die Lebenslinien im Diagramm beliebig verteilen, am besten so, dass die Übersichtlichkeit gewahrt bleibt.

Anwendung

Abbildung 16.7 zeigt ein simples Kommunikationsdiagramm, in dem vier Kommunikationspartner als Lebenslinie modelliert sind. Zuerst sendet ein `Kunde` eine Nachricht an eine `Vermietung`, damit diese seine Daten erfasst, der `Kunde` wählt anschließend ein `Auto` aus dem Fuhrpark aus, bevor abschließend der `Mietvertrag` angelegt wird.

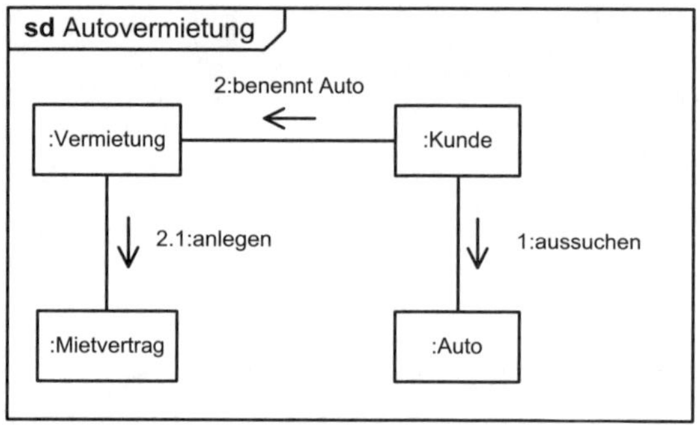

ABBILDUNG 16.7 Lebenslinien und ihre Anwendung

16.4.3 Nachricht

Definition

A **message** defines a particular communication between lifelines of an interaction.

Notation

Nachricht
⇨ 15.4.3

Im Kommunikationsdiagramm modellieren Sie Nachrichten als durchgezogene Linie. An die Nachricht wird ein Pfeil, der die Richtung vom Sender zum Empfänger kennzeichnet, angetragen. Die Benennung der Nachricht erfolgt wie in Abschnitt 15.4.3 beschrieben. Der Nachricht wird beim Kommunikationsdiagramm zusätzlich ein Sequenzbezeichner vorangestellt.

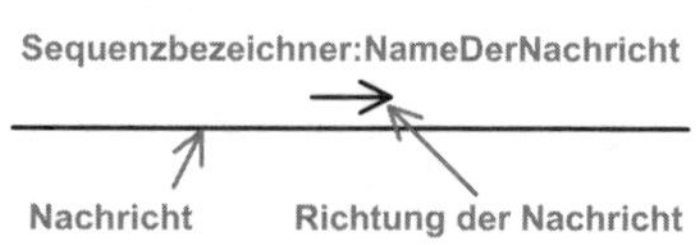

ABBILDUNG 16.8 Notation von Nachrichten im Kommunikationsdiagramm

Beschreibung

Der Grundcharakter einer Nachricht (Message) ändert sich auch in Kommunikationsdiagrammen nicht. Es bleibt dabei: Nachrichten repräsentieren den Aufruf von Operationen und die Übertragung von Signalen. Allerdings steht Ihnen nur ein Teil der Elemente zur Verfügung, die Sie dafür im Sequenzdiagramm besitzen. Insbesondere gilt in Kommunikationsdiagrammen:

- Zwischen synchronen und asynchronen und Antwortnachrichten wird nicht explizit unterschieden.
- Die Ordnung der Sende- und Empfangsereignisse wird nicht betrachtet.
- „Verlorene“ bzw. „gefundene“ Nachrichten werden nicht modelliert.

Kontrollfluss-steuerung

Allerdings stehen Ihnen mit dem *Sequenzbezeichner* einige Kontrollflussmöglichkeiten zu, die teilweise die kombinierten Fragmente ersetzen. Damit modellieren Sie:

- sequenzielle und geschachtelte Nachrichten,
- nebenläufige Nachrichten,
- bedingte Nachrichten,
- iterative Nachrichten.

Sequenzbezeichner und Nachricht werden durch einen Doppelpunkt getrennt.

Sequenzielle und geschachtelte Nachrichten

Hierarchische Nachrichten-nummerierung

Da es im Kommunikationsdiagramm keine zeitliche Achse gibt, wird die Reihenfolge, in der die Nachrichten verschickt werden, durch eine numerische Gliederungshierarchie (1, 1.1, 1.2, 1.2.1, 1.2.2, 2, 3, 3.1, ...) ähnlich zu unseren Kapitelüberschriften angezeigt.

Abbildung 16.9 zeigt Ihnen das Prinzip. *Sequenzielle* Nachrichten auf *gleicher* Ebene werden fortlaufend durchnummeriert (1, 2, 3 oder 1.2.1, 1.2.2). Befindet sich eine Nachricht eine Ebene tiefer, wird ihre Nummer mit einem Punkt separiert. Die so *geschachtelte* Nachricht wird demnach versendet, während die „äußere“ Nachricht noch aktiv ist (bei Operationen: ein Aufruf in der gerufenen Operation). Die Zählung beginnt in jeder Ebene bei 1 und setzt sich für beliebig viele Ebenen rekursiv fort.

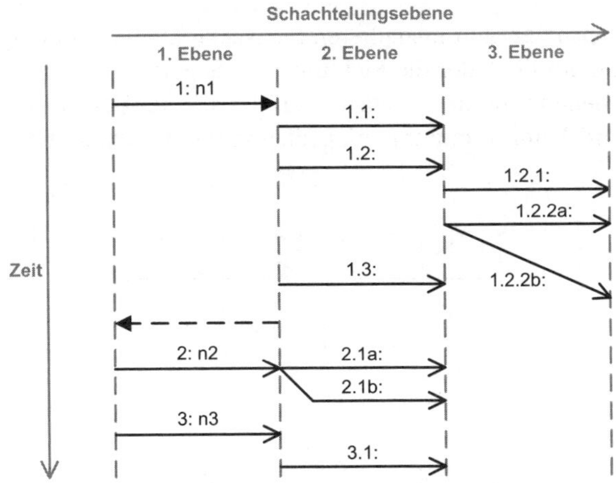

ABBILDUNG 16.9 Notation von Schachtelungstiefen im Kommunikationsdiagramm

Notation der Ablaufreihenfolge

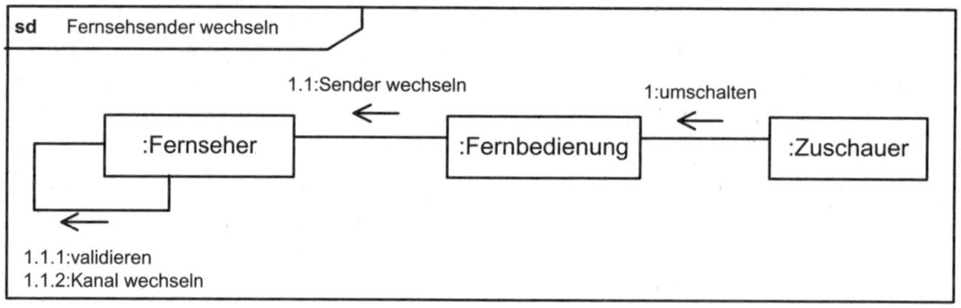

ABBILDUNG 16.10 Aufruf-Ebenen im Kommunikationsdiagramm

Das Beispiel in Abbildung 16.10 stellt den Vorgang des Wechselns eines Fernsehsenders mittels einer Fernbedienung dar. Dieser Vorgang bedingt mehrere Einzelschritte und ist durch geschachtelte Nachrichten modelliert. Das Wechseln des Fernsehsenders wird gestartet, indem der `Zuschauer` auf der `Fernbedienung` einen Knopf zum Wechseln des Senders drückt und damit ein Signal an die Fernbedienung zum Umschalten (`1:umschalten`) sendet. Daraufhin sendet die `Fernbedienung` die Nachricht `1.1:Sender wechseln` an den `Fernseher`. Um den Sender tatsächlich zu wechseln, muss der `Fernseher` prüfen, ob der gewünschte Sender existiert (`1.1.1:validieren`) und diesen dann durch den Wechsel des Kanals (`1.1.2:Kanal wechseln`) anwählen. Eine weitere Kommunikation zwischen `Zuschauer` und `Fernbedienung`, z. B. „lauter stellen", müsste dann wieder auf erster Ebene (z. B. `2:lauter stellen`) modelliert werden.

Nebenläufige Nachrichten

Nachrichten in beliebiger Reihenfolge

Nebenläufige Nachrichten, die quasi-gleichzeitig (d. h. in beliebiger Reihenfolge) versendet werden, sind durch Kleinbuchstaben gekennzeichnet. Diese schließen sich ohne Punkt direkt an die Nummer der Ebene an. In Abbildung 16.9 sehen Sie, dass 1.2.2a und 1.2.2b bzw. 2.1a und 2.1b solche nebenläufigen Nachrichten darstellen. Achtung! Die Nachricht mit der Reihenfolgenummer 2 wird erst ausgesendet, nachdem *alle* zwei Nachrichten 1.2.2a und 1.2.2b verschickt worden sind.

In Abbildung 16.11 existiert nur eine Ablaufebene und keine Reihenfolge: Bei einem Frühstück kann man essen, während man dabei Zeitung liest, Radio hört und einen Schluck Kaffee trinkt.

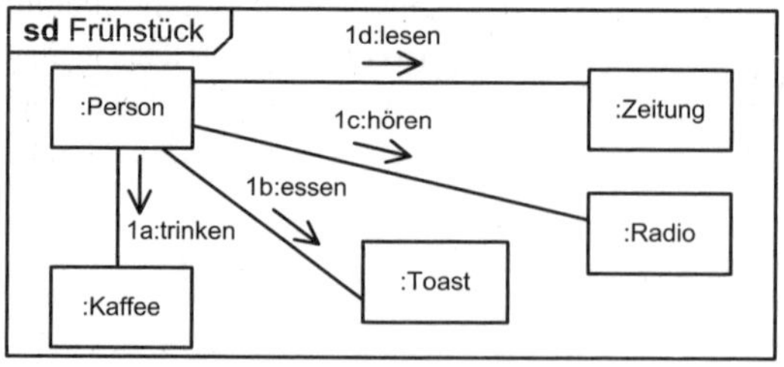

ABBILDUNG 16.11 Stress am frühen Morgen ...

Bedingte Nachrichten

Modellieren von Bedingungen

Das Verschicken einer Nachricht lässt sich von Bedingungen abhängig machen. Die Bedingung legen Sie – wie in der UML üblich – in eckigen Klammern fest. Sie wird unmittelbar an die Sequenzbezeichnung angeschlossen und kann in der Syntax einer Programmiersprache oder in Pseudocodeform formuliert werden. Eine Nachricht wird nur gesendet, wenn die Bedingung „wahr" ist, ansonsten wird zur nächsten Nachricht übergegangen, sofern dies der Modellierungsfall logisch zulässt und beispielsweise keine Schachtelung vorliegt.

In Abbildung 16.12 wird die Nachricht `3:fahren` nur gesendet, wenn die Schranke offen ist.

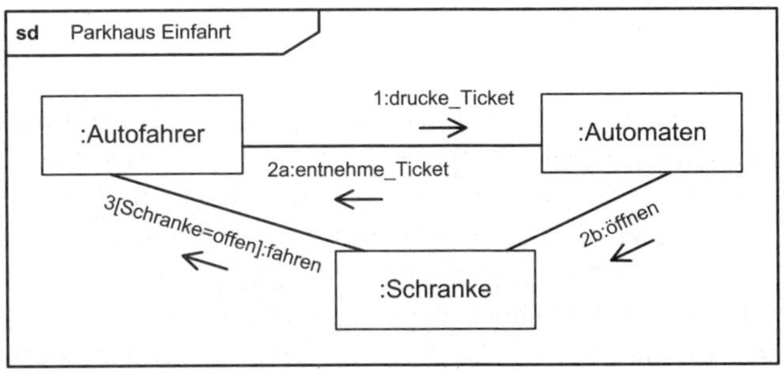

ABBILDUNG 16.12 Kommunikationsdiagramm `Parkhaus Einfahrt`

Iterative Nachrichten

Sequenzieller Schleifendurchlauf

Mittels eines Iteratorsterns * zeigen Sie das beliebig vielfache Aussenden einer Nachricht an. Dabei dürfen Sie die Anzahl durch eine Schleifenbedingung näher bestimmen. Die Bedingung wird unmittelbar nach dem Stern in der Syntax einer Programmiersprache oder in Pseudocodeform in eckigen Klammern angeführt.

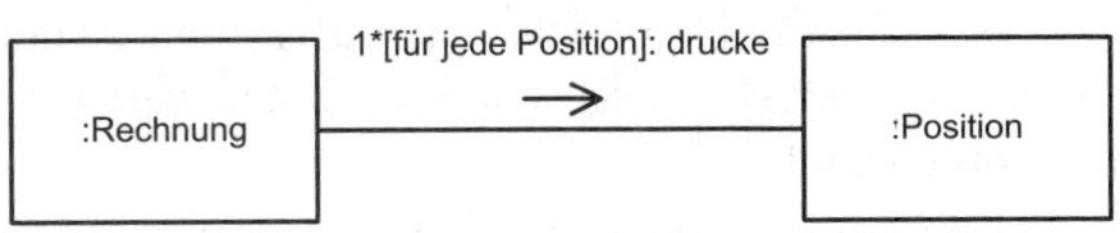

ABBILDUNG 16.13 Darstellung von Wiederholungen

Nebenläufiger Schleifendurchlauf

Der Schleifendurchlauf, wie in Abbildung 16.13 dargestellt, erfolgt sequenziell, das heißt, pro Durchlauf wird *genau eine* Nachricht an *genau einen* Kommunikationspartner verschickt. Möchten Sie das nebenläufige Verschicken („Broadcast") der Nachrichten anzeigen, also das einmalige, aber gleichzeitige Verschicken ein und derselben Nachrichten an mehrere Adressaten, wird der Iteratorstern durch einen Doppelstrich ergänzt: *|| oder *||[Schleifenbedingung].

Angaben zur Iteration gelten dabei nur für die Ebene, auf der sie spezifiziert wurden, und übertragen sich *nicht* auf geschachtelte Nachrichten.

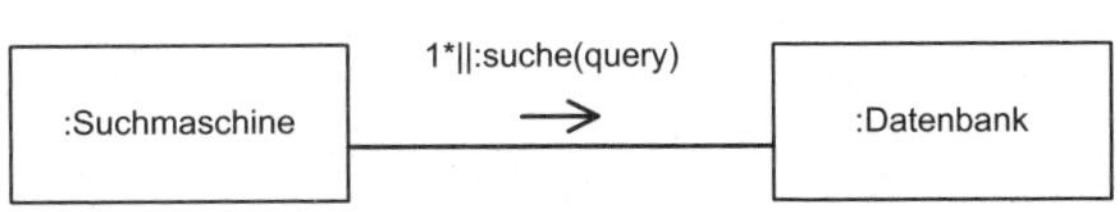

ABBILDUNG 16.14 Wiederholtes und paralleles Senden von Nachrichten

Anwendung

Abbildung 16.15 greift das Beispiel einer Alkoholkontrolle aus Kapitel 15 auf. Das Szenario beginnt mit der Kommunikation zwischen Fahrer und Polizei, welche mit den (visuellen) Signalen des Fahrers, dem Schlangenlinienfahren und der Operation des Anhaltens beschrieben wird (im Kommunikationsdiagramm wird die Unterscheidung nach Nachrichtenart (z. B. visuell) allerdings nicht getroffen). Nach dem Anhalten muss der Alkomat die vom Fahrer „gepustete" Atemluft aufnehmen (4:Atemluft aufnehmen). Der Polizist veranlasst daraufhin die Berechnung des Ergebnisses und bekommt dieses zurückgeliefert, nachdem die Anzeige aktualisiert wurde. Ist der Alkoholwert zu hoch (Alkoholwert>0.5), wird dem Fahrer von der Polizei signalisiert, dass er zur Blutprobe muss. Ansonsten darf der Fahrer weiterfahren.

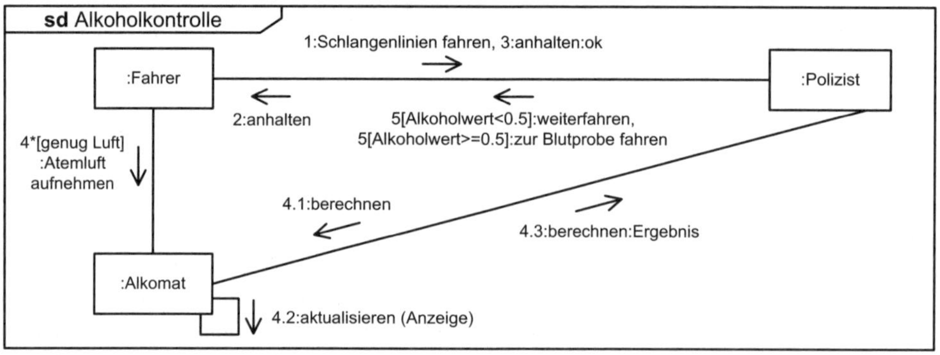

ABBILDUNG 16.15 Modellierung von Nachrichten

17 Timing-Diagramm

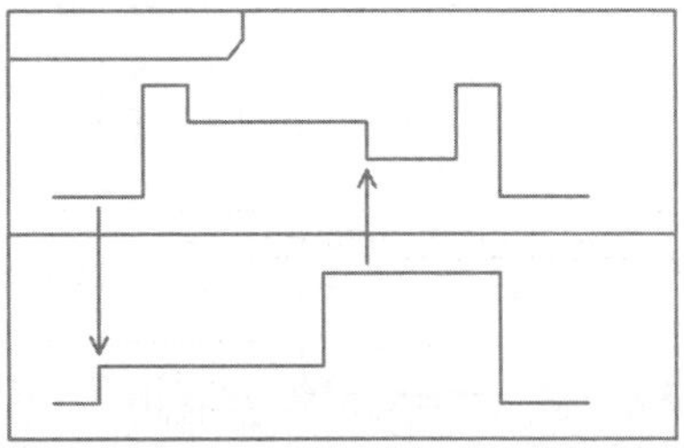

Ein Timing-Diagramm zeigt das zeitliche Verhalten von Classifiern in einem System. Das in der Elektrotechnik beliebte Diagramm wird schon seit langem erfolgreich für die Beschreibung des zeitlichen Verhaltens digitaler Schaltungen angewendet. Nun ist es auch in der UML 2 verfügbar. Die zentrale Frage, die dieses Diagramm beantwortet, lautet: **„Wann befinden sich verschiedene Interaktionspartner in welchem Zustand?“**

17.1 Überblick

Interaktionen

⇨ 15.1.1/.2

Bevor Sie dieses Kapitel lesen, empfehlen wir Ihnen, sich das grundlegende Wissen zu Interaktionen und Interaktionsdiagrammen anzueignen. Dieses Wissen finden Sie in den Kapiteln 15.1.1 und 15.1.2. Das Timing-Diagramm ist ein weiteres Interaktionsdiagramm und zeigt die Grundelemente wie Lebenslinie und Nachrichten „nur" aus einer speziellen Sicht bzw. hebt spezielle Eigenschaften wie Zustandsinvarianten und die zeitlichen Bedingungen gegenüber dem Sequenzdiagramm hervor. Wir wiederholen hier die Basiskonzepte nicht, sondern gehen nur auf die Unterschiede zur Darstellung in anderen Interaktionsdiagrammen ein. Alle Basiskonzepte finden Sie in Kapitel 15. Wir verweisen, sofern nötig, auf die entsprechenden Stellen.

17.1.1 Interaktionen in Timing-Diagrammen

Das Timing-Diagramm zeigt die Änderungen des Zustands eines Kommunikationspartners, genauer eines Classifiers, unter Angabe der exakten zeitlichen Bedingungen. Dabei steht es Ihnen frei, ob Sie die Änderungen *eines* Classifiers oder von *mehreren* Classifiern im Zusammenspiel aufzeigen möchten. Letzteres zeigt neben den unterschiedlichen Zustandskombinationen zu bestimmten Zeitpunkten auch die Kommunikation, die zu diesen Zustandsverhältnissen führt.

Das Timing-Diagramm ist bereits in der Elektrotechnik und dort vor allem in der Digitaltechnik weit verbreitet. Es wurde neu in die UML 2 aufgenommen und ermöglicht Ihnen die präzise Analyse und Darstellung des zeitlichen Verhaltens nicht nur von Klassen, sondern auch von Akteuren, Komponenten, Schnittstellen usw.

Interaktion

⇨ 15

Ein Timing-Diagramm enthält dazu folgende in Kapitel 15 eingeführte Notationselemente für Interaktionen:

Elemente des Timing-Diagramms

- Lebenslinien
- Nachrichten
- Zeitbedingungen
- Bedingungen, Zustände und Attributwerte von Lebenslinien
- Zeitverlaufslinien

Aufbau eines Timing-Diagramms

In der *vertikalen Dimension* des Timing-Diagramms tragen Sie die einzelnen Kommunikationspartner – repräsentiert durch ihre Lebenslinien – an. Dabei handelt es sich aber nicht um Linien im engeren Sinne, sondern um breite Streifen, in denen zusätzlich die Zustände bzw. Bedingungen, welche die zugehörigen Classifier einnehmen, angetragen werden.

In der *horizontalen Dimension* verläuft die Zeitachse, die üblicherweise mit einer Zeitskala versehen wird. Die Zeitverlaufslinie der Lebenslinie zeigt an, *wann* sich die Lebenslinie (bzw. die Ausprägung des Classifiers (z. B. ein Objekt)) *in welchem Zustand* befindet. Verläuft die Zeitverlaufslinie waagrecht, dann befindet sich die Lebenslinie in dem entsprechenden Zustand. Senkrechte Zeitverlaufslinien beschreiben einen Zustandswechsel der Lebenslinie.

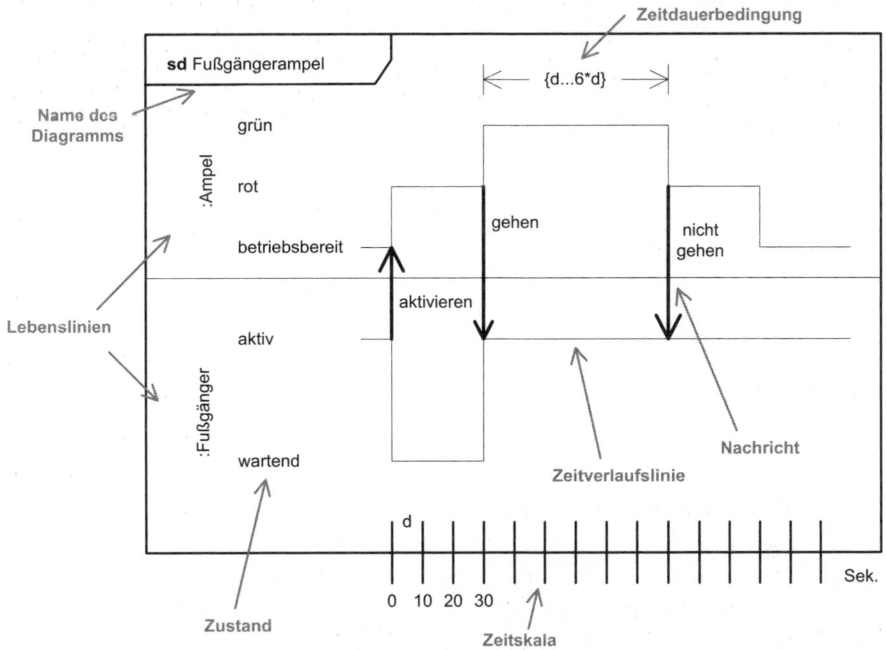

ABBILDUNG 17.1 Das Timing-Diagramm und seine Elemente

Der Daten- und Informationsaustausch zwischen den Kommunikationspartnern wird durch Nachrichten zwischen den Zeitverlaufslinien symbolisiert. Nachrichten sind häufig (aber nicht zwingend) durch Zustandswechsel initiiert bzw. verursachen selber Zustandswechsel „im" Empfänger. Die Modellierung dieser Nachrichten ist in diesem Zusammenhang deshalb sinnvoll.

17.1.2 Auswahlkriterien für das Timing-Diagramm

Randbedingungen für Timing-Diagramme

Nutzen Sie das Timing-Diagramm, wenn Sie eine Interaktion unter folgenden Randbedingungen darstellen möchten:

- Sie haben ein reaktives oder stark modularisiertes System mit dedizierten, aber stark abhängigen Zustandsautomaten. Sie möchten die Kommunikation zwischen den Automaten darstellen.
- Genaue zeitliche Übergänge sind Ihnen sehr wichtig.
- Lokale und globale Daten sind für den Sachverhalt weniger interessant.
- Die Interaktion ist einfach gestrickt. Nebenläufigkeiten oder Kontrollelemente sind unnötig oder treten in den Hintergrund.
- Sie möchten *genau ein* Zusammenspiel zeigen und nicht mehrere Varianten auf einmal.

Treffen ein oder mehrere Punkte *nicht zu*, kann eventuell eines der anderen Interaktionsdiagramme nützlich sein. Die Tabelle 2.1 in Kapitel 2 unterstützt Sie bei Ihrer Wahl.

⇨ 2

17.2 Anwendungsbeispiel

Abbildung 17.2 beschreibt ein mögliches Szenario einer Alkoholkontrolle, wie es der eine oder andere wohl schon erlebt hat. Zunächst bekommt der Fahrer vom Polizisten erklärt, wie er den Alkomaten zu bedienen hat. Daraufhin pustet der Fahrer in den Alkomaten. Dies führt dazu, dass der Alkomat aktiv wird und mit der Auswertung beginnt. Nach Ablauf einer bestimmten Zeit, in diesem Fall 10 Sekunden, beendet der Fahrer – nach Aufforderung des Polizisten – das Pusten. Nach einer gewissen Wartezeit liefert der Alkomat dem Polizisten den Alkoholwert. Nach diesem wird dann die Höhe der Strafe für den Fahrer festgesetzt.

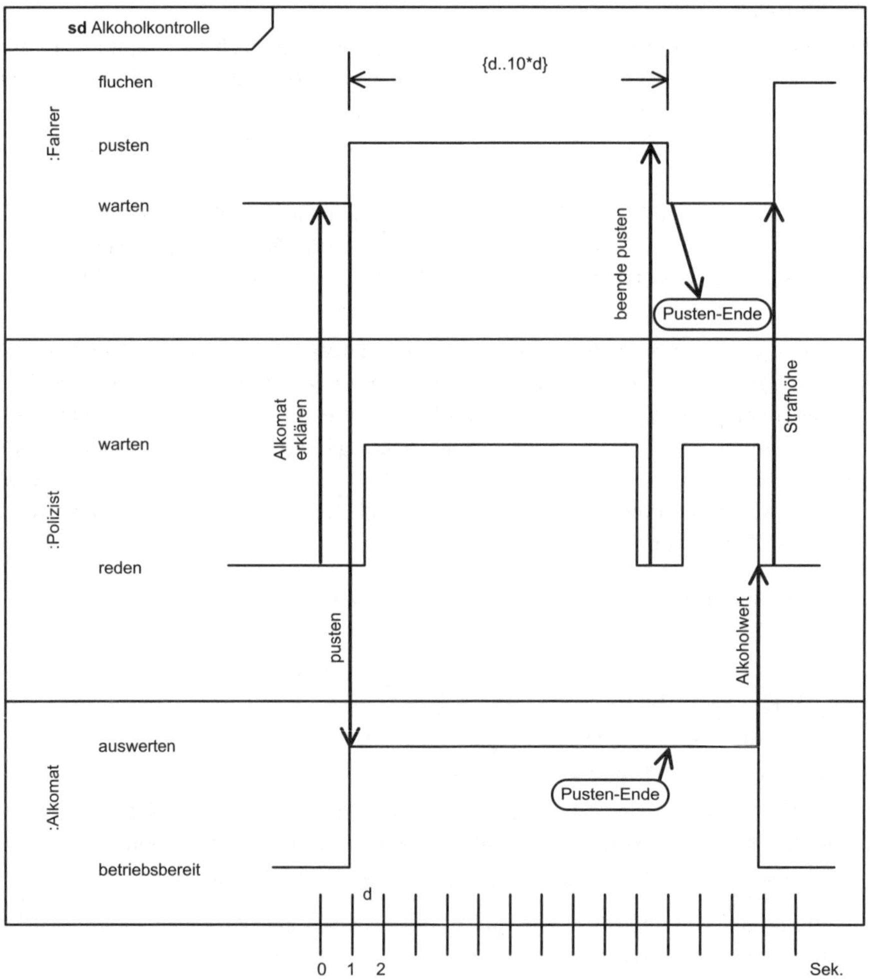

ABBILDUNG 17.2 Der zeitliche Ablauf einer nächtlichen Alkoholkontrolle

17.3 Anwendung im Projekt

Betrachten des zeitlichen Verhaltens

Timing-Diagramme werden vor allem dann angewendet, wenn das zeitliche Verhalten eines Systems, sei es eine elektronische Schaltung oder eine vollautomatische Autowaschstraße, eine besonders wichtige Rolle für dessen Funktionalität spielt. Besonders für sicherheitskritische Systeme, bei denen es überaus wichtig ist, dass ein Ereignis zum richtigen Zeitpunkt eintritt, wie zum Beispiel bei einem ABS-System oder einem Atomkraftwerk, muss das Zeitverhalten definiert werden. Bei der überwiegenden Zahl der Projekte wird es wohl aus technischer Sicht nicht möglich sein, das Gesamtsystem mittels Timing-Diagrammen zu beschreiben. Daher wird sich die Anwendung eher auf die Teile eines Systems beschränken, bei denen Fehler im zeitlichen Verhalten zu einem kritischen Fehlverhalten im gesamten System führen.

Bevor Sie ein Timing-Diagramm modellieren, empfehlen wir, zunächst die Funktionalität des Systems mit einem Use-Case, Klassen-, Aktivitätsdiagramm oder einem Zustandsautomaten zu beschreiben. Insbesondere, wenn Sie in einem Timing-Diagramm die Interaktionen von Objekten und deren Zustände darstellen möchten, ist die vorherige Modellierung eines Zustands- oder Klassendiagramms unerlässlich.

Szenarien

Bedenken Sie, dass ein Timing-Diagramm nur einen idealen Ablauf wiedergeben kann. Die UML sieht keine Notationselemente für Alternativ- oder Parallelabläufe vor. Es ist zwar möglich, die diversen Abläufe in mehreren Diagrammen darzustellen, allerdings gibt es keine standardisierte Weise, ihre Konsistenz zu sichern.

Ein Timing-Diagramm zeigt Ihnen, ob mehrere Abläufe oder Ressourcenbelegungen in einer bestimmten Zeit durchgeführt werden können. Angenommen, es existieren mehrere, in verschiedenen Intervallen auftretende Ereignisse, die wiederum eine bestimmte Zeit in Anspruch nehmen. Denken Sie an verschiedene Zugriffe auf einen Prozessor durch ein Multitasking-Betriebssystem. Hier stellt sich die Frage, ob die Zugriffe auf den Prozessor störungsfrei ablaufen oder sich zeitlich überschneiden. Letzteres führt zu einer fehlerbehafteten Ausführung von Prozessen bzw. Tasks.

17.4 Notationselemente

In diesem Unterkapitel listen wir die für Timing-Diagramme wichtigen Notationselemente auf. Dabei fassen wir uns bewusst kurz und verweisen auf die ausführlichen Erläuterungen in Kapitel 15 (Sequenzdiagramm).

⇨ 15

17.4.1 Interaktion / Interaktionsrahmen

Notation

Interaktion ⇨ 15.4.1

Auch das Timing-Diagramm ist in einen rechteckigen Rahmen gefasst. Irreführenderweise wird auch hier die Abkürzung **sd** (eigentlich für **s**equence **d**iagram) verwendet und der Name der Interaktion in einem Fünfeck in der linken oberen Ecke eingetragen. Weitere Notationsmöglichkeiten lesen Sie in Kapitel 15.4.1 nach.

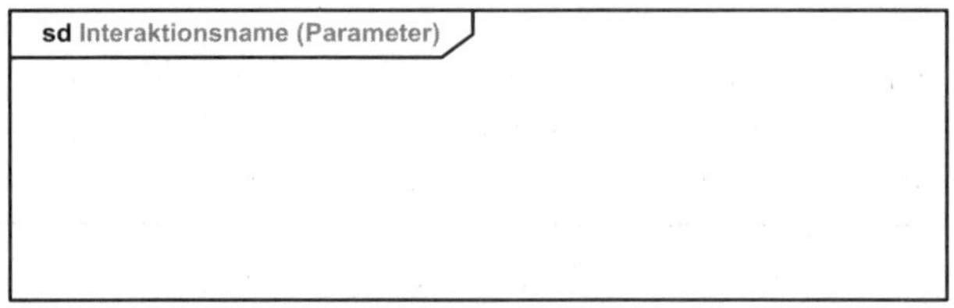

ABBILDUNG 17.3 Notation des Interaktionsrahmens

Beschreibung

Der Rahmen umschließt das gesamte Timing-Diagramm. Soll nur das zeitliche Verhalten *eines* Classifiers beschrieben werden, ist der Rahmen gleichzeitig auch die Lebenslinie des Classifiers.

Skalenteilung

Wenn Sie nicht nur das relative zeitliche Verhalten zwischen den Ausprägungen darstellen möchten, sondern auch konkrete Zeitpunkte und Zeitdifferenzen betrachten wollen, dürfen Sie auf der unteren Linie des Rahmens eine Zeitskala auftragen. Dieser sollten Sie eine geeignete Einheit, zum Beispiel Sekunden oder Millisekunden, zugrunde legen.

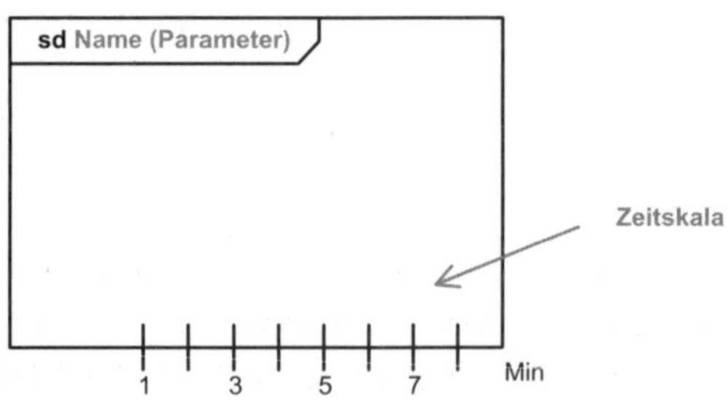

ABBILDUNG 17.4 Interaktionsrahmen eines Timing-Diagramms mit Zeitskala

Anwendung

Im Beispiel aus Abbildung 17.5 wird das zeitliche Verhalten einer `Waschstraße` beschrieben. Nachdem der `Kunde` der `Waschstraße` den `Code` – welcher die Art der gewünschten Wagenwäsche angibt – mitgeteilt hat, wechselt diese über das `Vorreinigen` in die `Hauptwäsche`. Auf der Zeitskala ist die Dauer `a` definiert. Je nach eingegebenem Waschprogramm (`Code`) liegt die Dauer der `Hauptwäsche` zwischen `2a` und `11a`. Da in diesem Beispiel die Einheit Minuten ist, kann die `Hauptwäsche` zwischen 2 und 11 Minuten liegen.

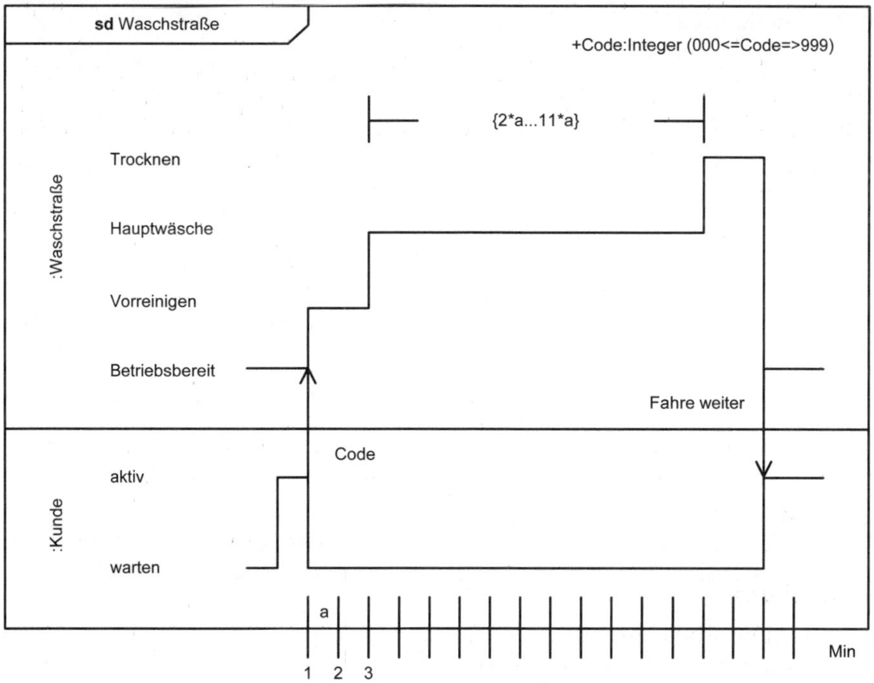

ABBILDUNG 17.5 Einfaches Timing-Diagramm einer `Waschstraße`

Ist die Wagenwäsche mitsamt `Trocknen` beendet, wird dem `Kunden` mitgeteilt, dass das Auto aus der `Waschstraße` entfernt werden kann. In der rechten oberen Ecke ist als Attribut der Wertebereich festgelegt, den der `Code` einnehmen kann. Näheres zu Zeitbedingungen in Timing-Diagrammen haben wir in Kapitel 17.4.3 beschrieben.

17.4.2 Lebenslinie

Notation

Im Gegensatz zum Sequenzdiagramm (Kapitel 15.4.2) ist die Lebenslinie in einem Timing-Diagramm nicht nur eine Linie, sondern ein Bereich. Trotzdem bleibt die Semantik im Vergleich zu den Lebenslinien in einem Sequenzdiagramm unverändert. Mehrere Lebenslinien trennen Sie durch eine waagrechte, durchgezogene Linie.

Lebenslinie ⇨ 15.4.2

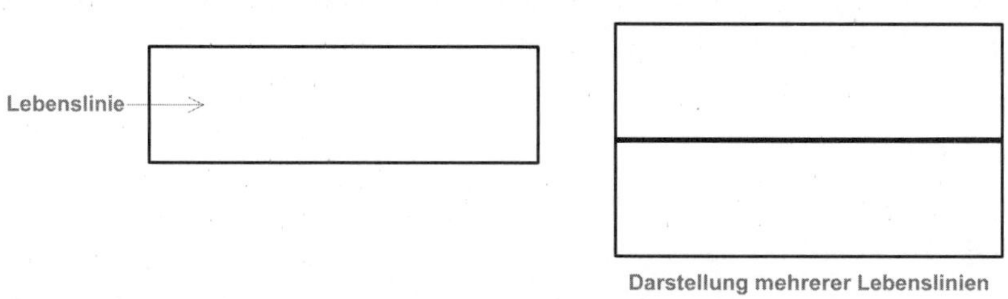

ABBILDUNG 17.6 Notation von Lebenslinien in Timing-Diagrammen

Beschreibung

Lebenslinie = Kommunikationspartner

Eine Lebenslinie (lifeline) repräsentiert genau einen Teilnehmer einer Interaktion. Die Zeit läuft dabei von links nach rechts, das heißt, die Ereignisse an der Lebenslinie laufen in der Reihenfolge von links nach rechts ab.

Lebenslinie ⇨ 15.4.2

Jede Lebenslinie muss mit dem Namen des Kommunikationspartners (siehe Kapitel 15.4.2) versehen werden. Die Notation des Namens entspricht wie die der gesamten Semantik den Lebenslinien, die wir Ihnen im Sequenzdiagrammkapitel vorgestellt haben.

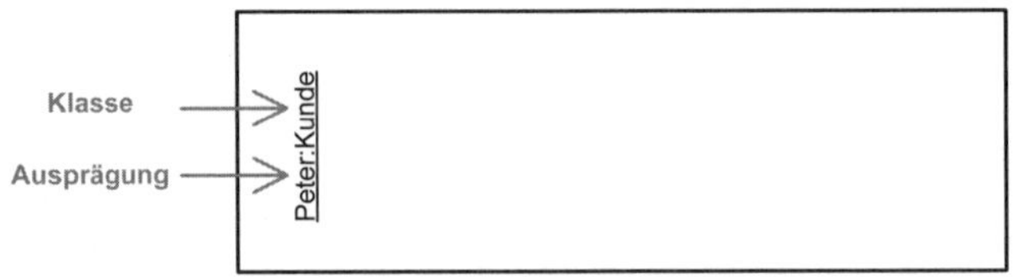

ABBILDUNG 17.7 Namensgebung einer „Objekt"-Lebenslinie

Objekt ⇨ 8.4.1

Abbildung 17.7 zeigt eine geläufige Bezeichnung für Lebenslinien, die ein Objekt (Kapitel 8.4.1) repräsentiert. Natürlich kann hier auch nur die Ausprägung (`Peter`) oder nur die Klasse (`:Kunde`) verwendet werden.

Anwendung

Abbildung 17.8 zeigt ein Timing-Diagramm eines `4-Takt-Motors`. Um die verschiedenen Komponenten aufeinander abzustimmen, ist für die beiden `Ventile` und den `Kolben` jeweils eine Lebenslinie modelliert. Innerhalb der Lebenslinien werden die Zustände und die Zustandsänderungen der Komponenten grafisch mittels Zeitverlaufslinien dargestellt. Diese führen wir im nächsten Unterkapitel ein.

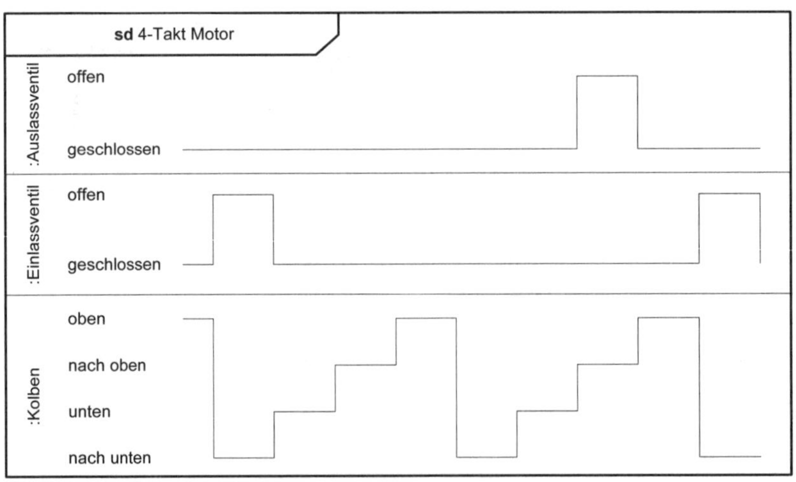

ABBILDUNG 17.8 Die Funktion eines `4-Takt-Motors` in einem Timing-Diagramm

17.4.3 Zeitverlaufslinie

Notation

ABBILDUNG 17.9 Zeitverlaufslinie

Beschreibung

Die Zeitverlaufslinie (state/condition timeline) zeigt die Veränderungen der Zustände, Attribute und gültigen Bedingungen *einer* Lebenslinie in Abhängigkeit von der Zeit oder speziellen Ereignissen (wie dem Empfang einer Nachricht).

Zustände, Bedingungen, Attribute ...

Neben Zuständen bzw. den zugehörigen Zustandsattributen wirken sich die Veränderungen auch in *beliebigen* Attributen der Lebenslinie oder des zugehörigen Classifiers aus. Anders betrachtet, lassen sich die Zustände auch als Bedingungen, die die Lebenslinie zu einem bestimmten Zeitpunkt erfüllt, auffassen. Es steht Ihnen bei der Modellierung frei, welche Veränderungen der Lebenslinie Sie darstellen möchten. Bei der Modellierung von Attributen sind auch nicht diskrete Werte (z. B. Temperatur oder Druckangaben) denk- und notierbar.

... und deren zeitliche Reihenfolge

Ohne Einschränkung der Allgemeingültigkeit beziehen wir uns im Folgenden auf den Zustand, da dieser zweifelsohne für die Praxis am relevantesten ist. Alle Zustände einer Lebenslinie, die bezüglich ihres Zeitverhaltens betrachtet werden, ordnen Sie wie oben dargestellt untereinander an. Anschließend geben Sie mit der Zeitverlaufslinie *die zeitliche Reihenfolge* der Zustände an; die Zeitachse läuft nach rechts. Eine waagrechte Zeitverlaufslinie zeigt an, dass die Lebenslinie sich in einem Zustand (ruhend) befindet. Senkrechte Abschnitte der Zeitverlaufslinie beschreiben einen Zustandswechsel.

> Denken Sie daran, dass ein Zustandswechsel in einem realen System nicht zeitlos ist. In vielen Timing-Diagrammen wird diese Verzögerung durch schräg verlaufende Zeitverlaufslinien dargestellt. Die Spezifikation der UML 2 gibt keine Auskunft über diese Darstellungsoption, allerdings ist diese Art der Modellierung zur exakten Beschreibung des Zeitverhaltens zwingend und daher zu empfehlen. ■

Der Auslöser eines Zustandsübergangs kann in Textform an der jeweiligen Position der Zeitverlaufslinie notiert werden.

Zeitangaben in Timing-Diagrammen

Mithilfe der Zeitskala am unteren Rand des Interaktionsrahmens geben Sie die Verweildauer einer Lebenslinie in einem Zustand an. Die Länge der Zeitverlaufslinie ist somit *exakt* notierbar. Dabei sollten Sie die Auflösung der Skala so wählen, dass die Zeitpunkte aller Zustandsänderungen und der Ereignisse unmittelbar und eindeutig ablesbar sind. Die Angabe der *relativen Zeitverhältnisse* durch die Längenverhältnisse der Linienabschnitte ist ebenfalls möglich.

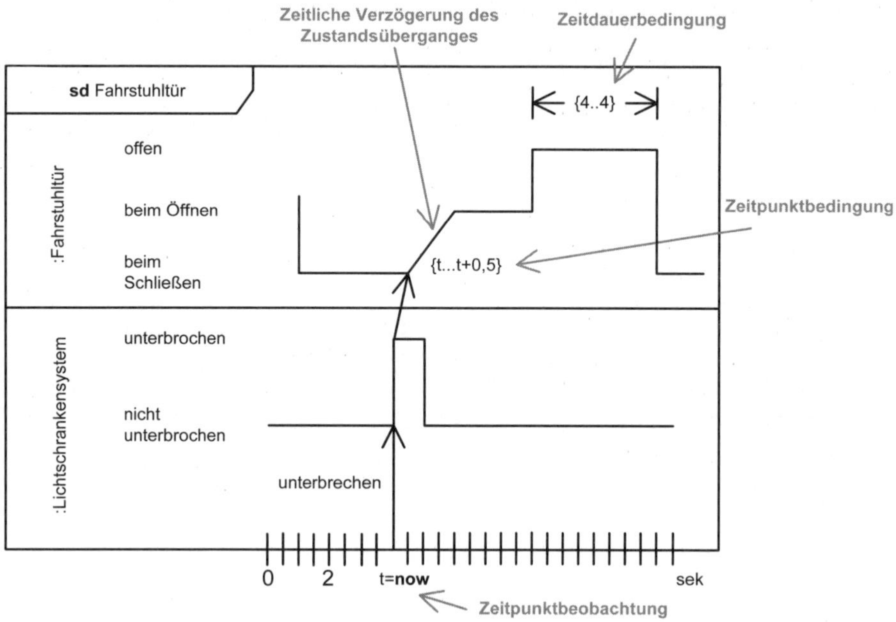

ABBILDUNG 17.10 Zeitbedingungen einer Fahrstuhltür

Zeitangaben ⇨ 15.4.3

Gerade in Timing-Diagrammen, bei denen der Fokus auf den zeitlichen Verhältnissen liegt, sind Zeitbedingungen natürlich sinnvoll, ja fast schon zwingend. Alle in Kapitel 15.4.3 beschriebenen Mittel für Ihre Darstellungen stehen Ihnen auch für Zeitverlaufslinien zur Verfügung. Sie dürfen Bedingungen für Zeitpunkte und Zeitdauern vergeben.

In Abbildung 17.10 wird der Zeitpunkt, zu dem die Nachricht bei dem `Lichtschranken-system` eintrifft, mit `t` definiert. Spätestens `0,5 Sekunden` nachdem die Lichtschranke unterbrochen wurde, muss die `Fahrstuhltür` die Nachricht erhalten. Dadurch wird die `Fahrstuhltür` wieder geöffnet. Zusätzlich wird die Dauer, für welche die `Fahrstuhltür` geöffnet bleiben soll, auf `4 Sekunden` festgesetzt. Der Übergang vom Schließen bis zum Öffnen der `Fahrstuhltür` findet mechanisch bedingt nur verzögert statt. Daher wird die Zeitverlaufslinie hier schräg gezeichnet.

Ende der Zeitverlaufslinie

Destruktion ... ⇨ 15.4.2

Das aus Kapitel 15.4.2 (Destruktion eines Kommunikationspartners) bekannte Stoppereignis (siehe Abbildung 17.11) dürfen Sie auch auf der Zeitverlaufslinie modellieren. Sie endet an dieser Stelle, da ja auch die zugehörige Lebenslinie endet.

Die Abbildung 17.12 verdeutlicht die Semantik des Stoppereignisses. Nachdem der `Schweinebraten` fertig zubereitet ist, wird er verzehrt und endet jäh.

ABBILDUNG 17.11 Stoppereignis einer Zeitverlaufslinie

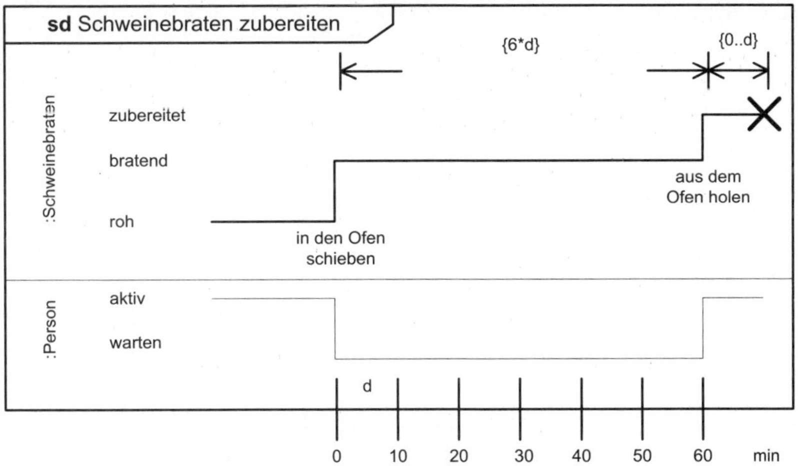

ABBILDUNG 17.12 Das kurze Leben eines `Schweinebratens`

Anwendung

Die Abbildung 17.13 beschreibt das Zeitverhalten einer `Ampelanlage`. Dafür werden die zwei Lebenslinien, die `Verkehrsampel` und die `Fußgängerampel`, benötigt. Beide Ampeln können jeweils die Zustände `rot` und `grün` einnehmen. Wann sich welche Ampel in welchem Zustand befindet, wird durch die Zeitverlaufslinie festgelegt. Zusätzlich ist es wünschenswert, dass die `Fußgängerampel` etwas verzögert auf `grün` schaltet, nachdem die Verkehrsampel auf `rot` umgeschaltet hat. Dies wird mittels der Zeitpunktbedingung festgelegt. In dem Diagramm wurde das Umschalten der `Verkehrsampel` auf `Rot` mit dem Zeitpunkt `t` gleichgesetzt (siehe Zeitskala). Der Umschaltzeitpunkt der `Fußgängerampel` wird aus Sicherheitsgründen auf den Zeitpunkt `t+5` festgesetzt. Zusätzlich wird die Dauer, in der die `Fußgängerampel Grün` anzeigt, durch das Intervall `{d...6*d}` eingeschränkt. Das Umschalten nach dieser Dauer erfolgt wiederum verzögert. Nebenbei bemerkt, handelt es sich bei der Angabe von `d` um eine Zeitdauerbeobachtungsaktion (siehe 15.4.2), die eigentlich exakt mit d = **duration** notiert werden müsste.

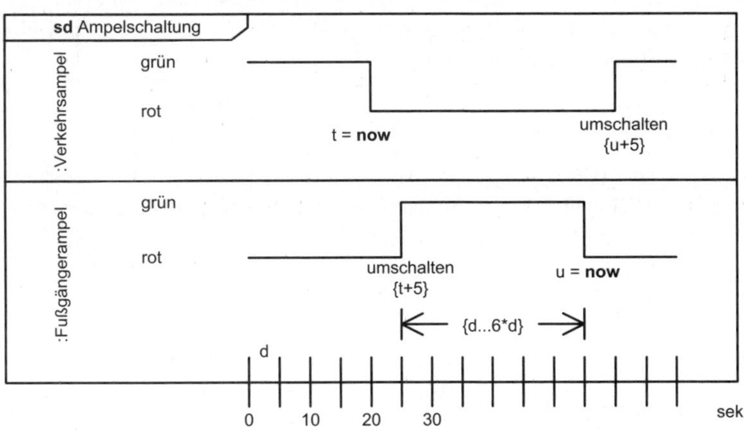

ABBILDUNG 17.13 Zeitverlauf einer `Ampelschaltung`

17.4.4 Nachricht

Notation

ABBILDUNG 17.14 Notation von Nachrichten

Beschreibung

Nachrichten ⇨ 15.4.3

Die Semantik und Syntax der Nachrichten (message) ist im Sequenzdiagrammkapitel 15.4.3 beschrieben. Wir gehen hier lediglich auf die Abweichungen bei der Anwendung in einem Timing-Diagramm ein.

In Timing-Diagrammen liegt der Fokus auf dem zeitlichen Verlauf der Zustands- bzw. Attributänderungen. Primär interessieren also die Nachrichten, die solche Änderungen bewirken. Die Nachrichten sind dabei zwischen den Verlaufslinien notiert.

Dauer einer Nachricht

Nachrichten, die einige Zeit in Anspruch nehmen und dadurch verzögert beim Empfänger eintreffen, werden schräg eingezeichnet. Mit der Verwendung einer Zeitskala können Sie die Dauer der Nachrichtenübermittlung noch genauer spezifizieren.

Anwendung

In Abbildung 17.15 sendet der `Verkehrsfunk` bei seiner Aktivierung eine Nachricht, die das `Radio` veranlasst, die Lautstärke des `Musiksenders` abzusenken. Sobald der `Verkehrsfunk` wieder `inaktiv` wird, sendet er erneut eine Nachricht an das Radio, um die Lautstärke des `Musiksenders` wieder anzuheben.

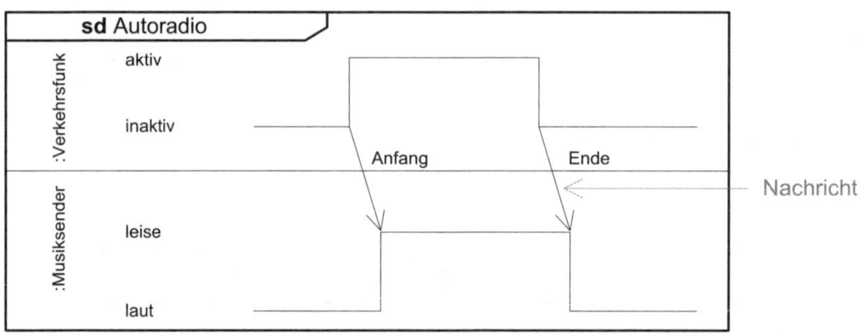

ABBILDUNG 17.15 Störende Verkehrsmeldungen mitten im Lieblingssong

17.4.5 Sprungmarke

Notation

ABBILDUNG 17.16 Sprungmarken an Nachrichten

Beschreibung

Übersichtlichkeit ist wichtig

Die Sprungmarken (message label) unterbrechen eine Nachrichtenlinie ohne Auswirkung auf die Semantik der Interaktion. Dadurch vermeiden Sie Überschneidungen und verbessern die Lesbarkeit. Sprungmarken sind besonders für Nachrichten zwischen weit entfernten Lebenslinien gedacht. Bei den Interaktionsdiagrammen gibt es derartige Sprungmarken nur für Timing-Diagramme.

Anwendung

Die Nachricht `aktivieren` wurde mittels Sprungmarken unterbrochen.

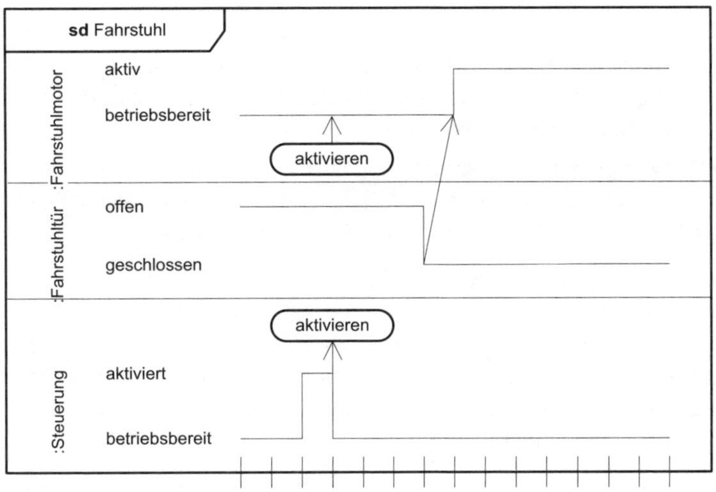

ABBILDUNG 17.17 Verwendung von Sprungmarken

17.4.6 Wertverlaufslinie

Notation

ABBILDUNG 17.18 Notation der Wertverlaufslinie

Beschreibung

⇨ 17.4.3

Bei der Wertverlaufslinie (general value lifeline) handelt es sich um eine Alternative zur Zeitverlaufslinie (17.4.3), die Sie nutzen sollten, wenn Sie

- sehr viele Lebenslinien,
- viele unterschiedliche Zustände, Attribute oder Bedingungen oder
- Folgen von Wertänderungen (z. B. Enumerationstypen, ganzzahlige Werte, ...)

darstellen möchten.

Alternativdarstellung

Diese Eigenschaften führen zu unübersichtlichen, in die Höhe wachsenden Timing-Diagrammen. Da eine Lebenslinie sich zu einem Zeitpunkt nur in einem Zustand befinden kann bzw. nur einen Wert besitzt, lassen sich diese auch horizontal anordnen.

Die Dauer, in der eine Lebenslinie in einem bestimmten Zustand verweilt oder einen bestimmten Wert annimmt, wird durch die Breite der Waben symbolisiert. Der Kreuzungspunkt beschreibt den Zeitpunkt, zu dem ein Ereignis eine Zustands- oder Wertänderung herbeiführt. Abbildung 17.19 zeigt eine typische Wertänderungsfolge einer Variablen, die die `Tageszahl` eines Monats in einem Nichtschaltjahr repräsentiert:

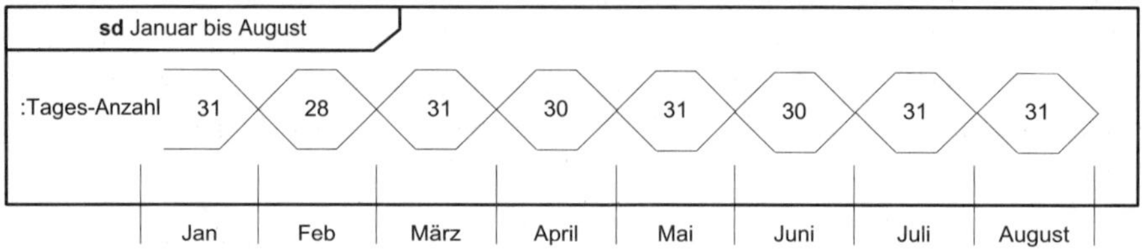

ABBILDUNG 17.19 Tageszahlen eines Monats

Anwendung

Das bereits in Abbildung 17.5 verwendete Timing-Diagramm einer `Waschstraße` wird hier mit der alternativen Notationsweise, der General Value Lifeline, erstellt.

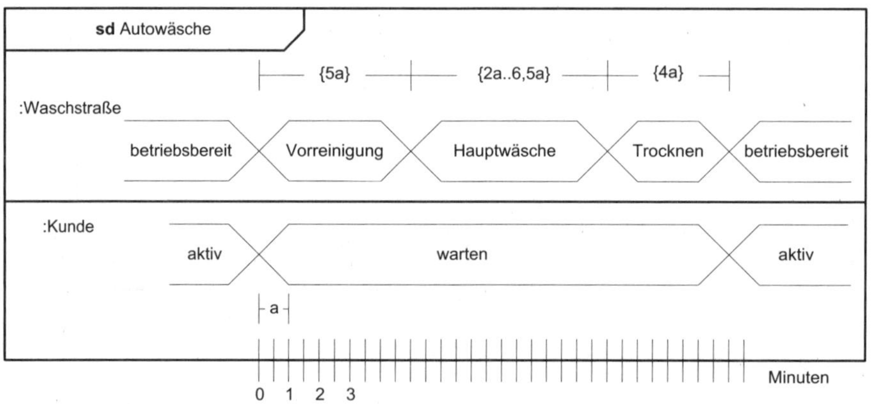

ABBILDUNG 17.20 Die Waschstraße mit einer Wertverlaufslinie

17.4.7 Ordnungsbeziehung

Notation

Die Ordnungsbeziehung wird als gepunktete Linie mit einem Pfeil in der Mitte notiert.

ABBILDUNG 17.21 Ordnungsbeziehung

Beschreibung

Die Semantik der Ordnungsbeziehung ist in Kapitel 15.4.6 beschrieben. Im Timing-Diagramm wird sie beispielsweise dann genutzt, wenn sich ein Classifier in einem Zustand befindet und mehrere Nachrichten gleichzeitig empfängt.

Ordnungsbeziehung ⇨ 15.4.6

Soll in diesem Fall die Reihenfolge, in der die Nachrichten eintreffen müssen, festgelegt werden (Nachricht B darf erst eintreffen, wenn Nachricht A eingetroffen ist), müssen Sie die Ordnungsbeziehung zu Hilfe nehmen und die Empfangs- bzw. Sendeereignisse sortieren.

Anwendung

Nachfolgendes Beispiel zeigt eine weitere Anwendung der Ordnungsbeziehung im Timing-Diagramm. Das `Steuerungssystem` sendet das Signal `öffne` erst dann an die `Fahrstuhltür`, nachdem ein Unterbrechungssignal von außerhalb, in diesem Beispiel von der Lichtschranke, eingetroffen ist.

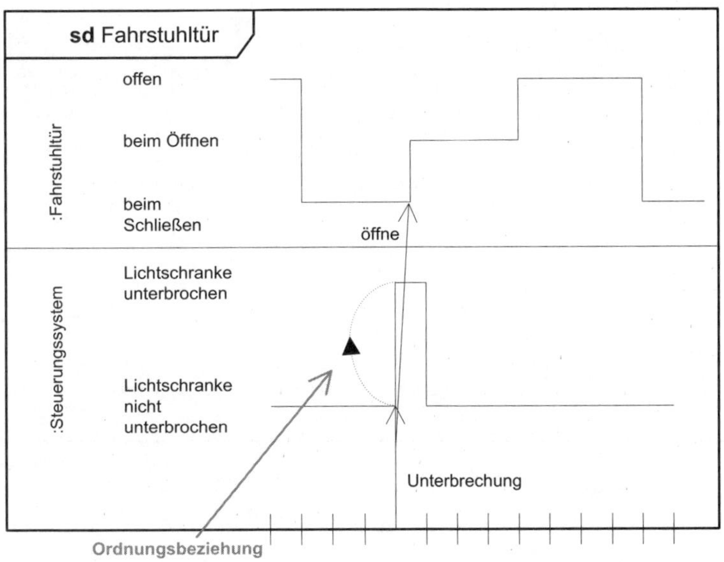

ABBILDUNG 17.22 Ordnungsbeziehung bei der `Fahrstuhltür`

18 Interaktionsübersichtsdiagramm

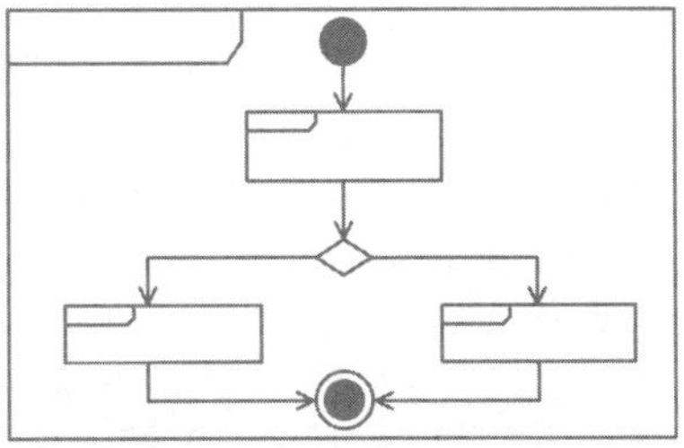

Ein Interaktionsübersichtsdiagramm zeigt das Zusammenspiel verschiedener Interaktionen, indem es Abfolgen von Interaktionen und Interaktionsreferenzen mittels einer Variante des Aktivitätsdiagramms darstellt. Das Interaktionsübersichtsdiagramm beantwortet Ihnen die Frage: **„In welcher Reihenfolge und unter welchen Bedingungen finden Interaktionen statt?“**

18.1 Überblick

Aktivitäts-modellierung
⇨ 13.1.1
Interaktion
⇨ 15.1.1, 15.1.2

In diesem Kapitel stellen wir Ihnen das Interaktionsübersichtsdiagramm vor. Da es sich dabei eigentlich um kein „echtes" Diagramm, sondern eher um eine Mischform aus einem Aktivitäts- und einem Interaktionsdiagramm handelt, empfehlen wir, zunächst die Einführungen in die Aktivitätsmodellierung in Abschnitt 13.1.1 und in die Interaktionsmodellierung in den Abschnitten 15.1.1 und 15.1.2 zu lesen. Wir werden die dort erläuterten Basiskonzepte hier nicht wiederholen, sondern nur die Unterschiede aufzeigen und das Anwendungsgebiet des Interaktionsübersichtsdiagramms erörtern.

18.1.1 Interaktionen in Interaktionsübersichtsdiagrammen

Um den Grundgedanken eines Interaktionsübersichtsdiagramms (engl. Interaction Overview Diagram) zu verstehen, stellen Sie sich am besten ein Modell mit *möglichst vielen* Interaktionen vor. Dies ist nicht untypisch für heutige komplexe Systemmodelle, in denen nach dem Teile-und-Herrsche-Ansatz in sich abgeschlossene Sequenzen und Teilszenarien als eigenständige Interaktionen modelliert sind. Auch die Auslagerung und Kapselung wieder verwendbarer Kommunikationsabläufe führen zu separaten Interaktionen. Dass dabei unweigerlich ein fast unüberschaubarer Satz von Interaktionsdiagrammen entsteht, liegt nahe. Selbst bei der Verfeinerung kleinerer und mittlerer Use-Cases (Abschnitt 12.4.1) ergeben sich mit allen Sonder- und Fehlerfällen leicht ein Dutzend Interaktionen. Diese sind lose gekoppelt und machen es besonders für Leser des Modells schwer, die Übersicht zu bewahren.

Use-Case
⇨ 12.4.1

Interaktion, Interaktionsreferenz
⇨ 15.4.1, 15.4.7

Genau an dieser Stelle setzt das Interaktionsübersichtsdiagramm an. Von seiner Art her ist es ein Aktivitätsdiagramm. Aber anstatt eine Menge von Aktionen darzustellen, zeigt es eine Abfolge von Interaktionen (Abschnitt 15.4.1) bzw. Interaktionsreferenzen (Abschnitt 15.4.7).

Kontrollelemente
⇨ 13.4.5

Betrachten Sie dazu die Abbildung 18.1, in der alle wesentlichen Elemente des Interaktionsübersichtsdiagramms dargestellt sind. Lesen Sie dieses Diagramm wie ein Aktivitätsdiagramm. Objektknoten und Aktionen werden nicht modelliert, wohl aber die gängigsten Kontrollelemente (Abschnitt 13.4.5) des Aktivitätsdiagramms wie Start- und Endknoten oder Elemente zur Parallelisierung und Synchronisation. Anstelle der Aktionen modellieren Sie Interaktionsrahmen, die eine Interaktion oder eine Interaktionsreferenz zum Inhalt haben dürfen.

Auch wenn es die UML-Spezifikation zulässt, sollten Sie auf einen übermäßigen Gebrauch der Kontrollelemente des Aktivitätsdiagramms (wie zum Beispiel der strukturierten Knoten) verzichten und immer die Klarheit, die durch dieses Diagramm vermittelt werden soll, im Auge behalten. Dabei spielt es keine Rolle, ob Sie das Interaktionsübersichtsdiagramm zunächst modellieren und anschließend die Interaktionen verfeinern (*Top-down-Ansatz*) oder eine Menge bestehender Interaktionen abstrahieren und zusammenfädeln wollen (*Bottom-up-Ansatz*).

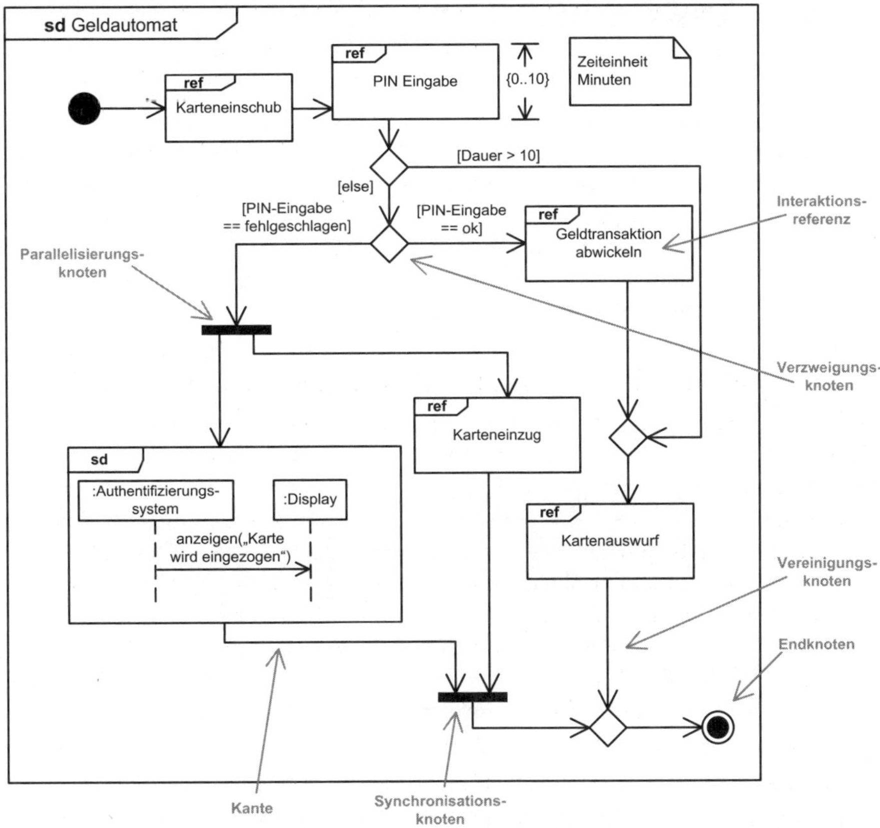

ABBILDUNG 18.1 Die wichtigsten Elemente des Interaktionsübersichtsdiagramms

> Das Interaktionsübersichtsdiagramm ist in der UML-Spezifikation bei den Interaktionsdiagrammen angesiedelt. Wenn Sie die Kapitel 13 und 15, Aktivitäts- und Sequenzdiagramme, aufmerksam studiert haben, ist Ihnen sicherlich aufgefallen, dass sich einige kombinierte Fragmente (Abschnitt 15.4.5) und Kontrollelemente (Abschnitt 13.4.5) gleichen und semantisch weitgehend austauschbar sind. Genau das nutzt man bei den Interaktionsübersichtsdiagrammen aus. Die leicht lesbare, dem natürlichen Ablauffluss entsprechende Abbildung der Aktivitätsdiagramme wird mit den eher kommunikationsorientierten Interaktionen kombiniert.

Kombinierte Fragmente ⇨ 15.4.5
Kontrollelemente ⇨ 13.4.5

Im Prinzip kann das Interaktionsübersichtsdiagramm komplett als Sequenzdiagramm dargestellt werden. Die Kontrollelemente lassen sich durch kombinierte Fragmente abbilden – dies fördert aber sicherlich nicht die Klarheit und Einfachheit des Diagramms. Genauso lässt sich das Interaktionsübersichtsdiagramm als reines Aktivitätsdiagramm interpretieren, bei dem spezielle Aktionen, nämlich Interaktionsaufrufaktionen, modelliert sind.

18.2 Anwendungsbeispiel

Abbildung 18.2 beschreibt den möglicherweise folgenreichen Interaktionsablauf einer Betriebsfeier. Zunächst wird ein Angestellter vom Chef angewiesen, die Feier zu organisieren. Danach wird parallel die Verpflegung beim Partyservice organisiert und dem Firmenpersonal das Datum der Feier mitgeteilt. Erst wenn beides abgeschlossen ist, kann die Feier beginnen. Der genaue Verlauf der Feier an sich ist in diesem Interaktionsübersichtsdiagramm nicht beschrieben. Hier interessiert lediglich, ob ein Mitarbeiter so viel getrunken hat, dass er dem Chef unangenehm auffällt. Deswegen wird nur auf die Interaktion Feier referenziert. Je nachdem, ob der Mitarbeiter seine Hemmschwelle überschritten hat oder nicht, bedankt sich der Chef beim Mitarbeiter oder veranlasst, ihn zu feuern.

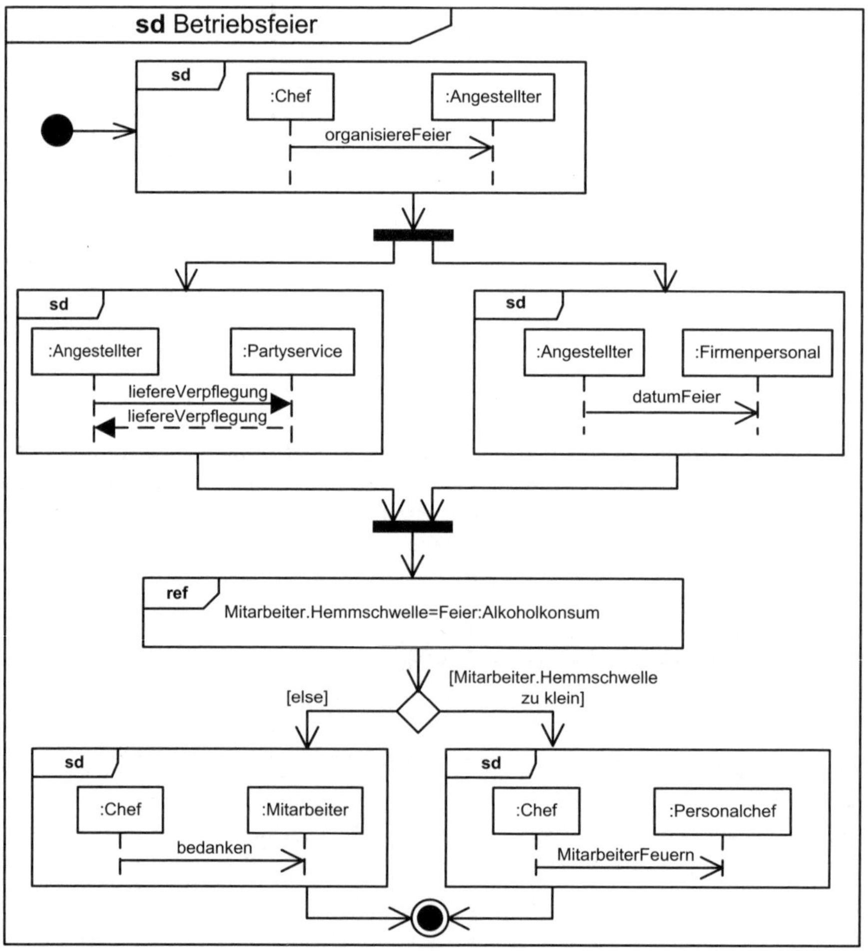

ABBILDUNG 18.2 Interaktionsübersichtsdiagramm einer Betriebsfeier

18.3 Anwendung im Projekt

Interaktionsübersichtsdiagramme bringen die Fülle von Interaktionsdiagrammen, die im Laufe eines Projekts anfallen, in einen logischen Zusammenhang. Für diese Anwendung eignen sich zwei Herangehensweisen in Ihrem Projekt:

Aktivitätsdiagramm ⇨ 13

- Haben Sie Ihr System (oder Teile des Systems) mit Hilfe eines Aktivitätsdiagramms beschrieben (siehe Kapitel 13), können Sie die Aktionen und dafür nötige Kommunikationen durch ein Interaktionsübersichtsdiagramm darstellen. Dadurch schaffen Sie eine Entscheidungsgrundlage, welche Aktion bzw. Kommunikation durch Interaktionsdiagramme beschrieben werden sollten.
- Haben Sie bereits die Kommunikation in mehreren Interaktionsdiagrammen beschrieben und stehen nun vor dem Problem, die Übersicht zu verlieren, hilft Ihnen das Interaktionsübersichtsdiagramm, die Diagramme zu vereinen.

Inline vs. Referenzen

Ein Interaktionsübersichtsdiagramm kann aufgrund seiner „sperrigen" Notationselemente sehr schnell sehr groß werden. Daher sollte Ihr Fokus bei der Modellierung auf der Darstellung der Zusammenhänge zwischen den Interaktionsdiagrammen liegen. Wir empfehlen Ihnen, fast ausschließlich Interaktionsreferenzen einzusetzen und auf „inline"-Interaktionen zu verzichten. Auch sind Lebenslinien und Nachrichten im Interaktionsübersichtsdiagramm unüblich und überflüssig.

18.4 Notationselemente

In diesem Unterkapitel listen wir die für Interaktionsübersichtsdiagramme wichtigen Notationselemente auf. Da es keine „neuen" Elemente gegenüber den Aktivitäts- und Interaktionsdiagrammen gibt, fassen wir uns bewusst kurz und verweisen auf die entsprechenden ausführlichen Erläuterungen in den jeweiligen anderen Kapiteln.

18.4.1 Interaktion/Interaktionsreferenz

Notation

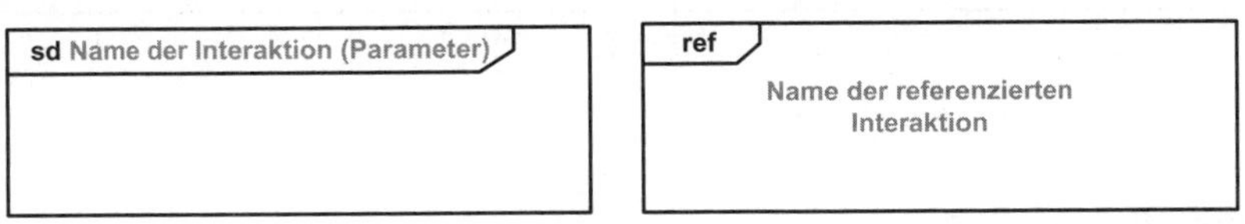

ABBILDUNG 18.3 Gewohnte Notation für Interaktion und Interaktionsreferenz

Beschreibung

Die wesentlichen Bestandteile eines Interaktionsübersichtsdiagramms sind Interaktionen und Interaktionsreferenzen.

Interaktionen
⇨ 15, 16, 17

Interaktionen (interaction) werden mit ihren Interaktionsrahmen zwischen den Aktivitätskanten eingebettet und stellen Sequenz-, Kommunikations- und Timing- oder (geschachtelte) Interaktionsübersichtsdiagramme dar. Diese so genannten „inline"-Interaktionen sind semantisch gleichbedeutend mit den Interaktionen der Kapitel 15, 16 und 17 und werden dort ausführlich beschrieben. Sie werden direkt im Interaktionsübersichtsdiagramm gezeichnet. Die Vergabe des Interaktionsnamens ist zwar optional, wir empfehlen Ihnen aber, einen zu vergeben.

Interaktions-referenzen
⇨ 15.4.7

Die dargestellten *Interaktionsreferenzen* (interaction uses) entsprechen den in Kapitel 15.4.7 erläuterten Referenzen. Semantik und Syntax der Namensgebung finden Sie dort.

Die Interaktionen und Interaktionsreferenzen stellen im Grunde Aktionen oder Interaktionsaufrufe dar. Gelangt der Kontrollfluss an die Aufrufstelle, wird die (referenzierte) Interaktion abgearbeitet und nach ihrer Beendigung am Ende der ausgehenden Aktivitätskante fortgefahren. Dabei sind alle Kontrollelemente und Einschränkungen zu berücksichtigen.

weak sequencing
⇨ 15.4.5

Bei der Reihenfolge der Interaktionen gilt – sofern nichts anderes angegeben ist – das Prinzip der losen Ordnung (weak sequencing). Dieses ist in Kapitel 15.4.5 beschrieben.

Angabe von Zeitbedingungen

Für den Fall, dass eine Interaktion oder eine Interaktionsreferenz einer Zeitdauerbedingung unterliegt, dürfen Sie dies so darstellen, wie Abbildung 18.4 zeigt. Dadurch lässt sich das Diagramm mit Informationen über die (Minimal-/Maximal-)Dauer einer Interaktion anreichern. Die Einheiten der Zeitbedingungen (ms, µs, Stunden, ...) sind per Notizzettel zu notieren.

Zeitbedingungen
⇨ 15.4.3

Weiterführendes über Zeitangaben in Interaktionsdiagrammen finden Sie in Kapitel 15.4.3.

Das Beispiel von Abbildung 18.4 zeigt, dass die Dauer der Interaktion zwischen `Server` und `Client` zwischen 1 und 8 Zeiteinheiten betragen darf.

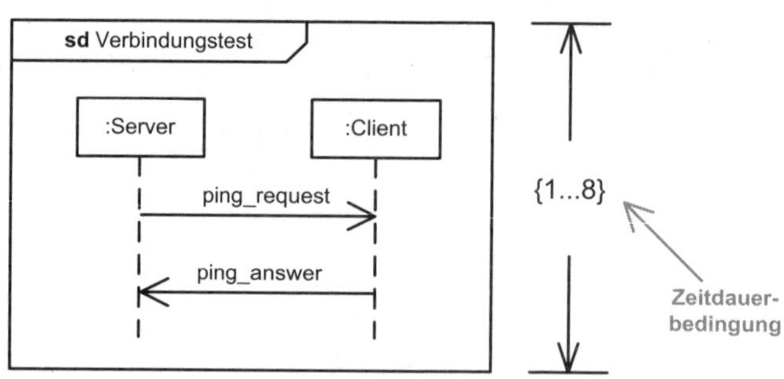

ABBILDUNG 18.4 Zeitliche Beschränkungen einer Interaktion

Anwendung

Betrachten wir das Interaktionsübersichtsdiagramm der `Verlobung`. Zuerst steht natürlich der `Antrag` an. Der genaue Ablauf der Interaktionen während des `Antrags` wird in einem externen Interaktionsdiagramm beschrieben. Hier wird dieses Diagramm lediglich referenziert.

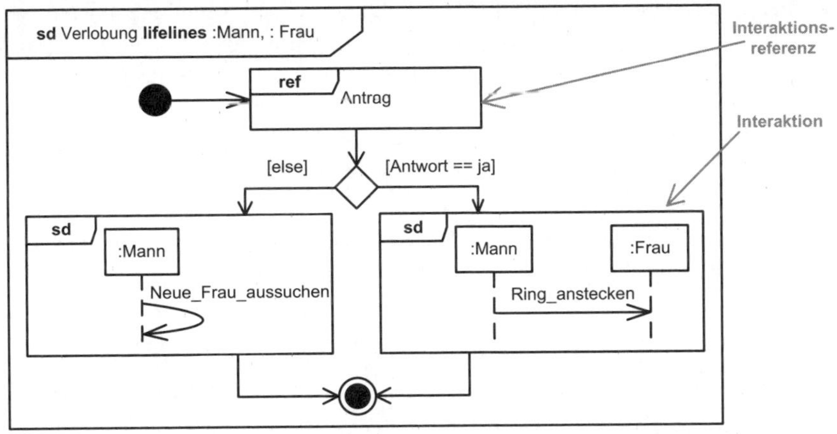

ABBILDUNG 18.5 Man sollte sich wirklich sicher sein ...

Welcher Art (Sequenz-, Kommunikationsdiagramm usw.) dieses Diagramm ist, ist an dieser Stelle irrelevant. Der weitere Ablauf nach dem Antrag wird mit inline („ausmodellierten") Interaktionen beschrieben. Dazu wurden hier zwei kleine Sequenzdiagramme gewählt.

18.4.2 Kontrollelemente

Kontrollelemente im Überblick

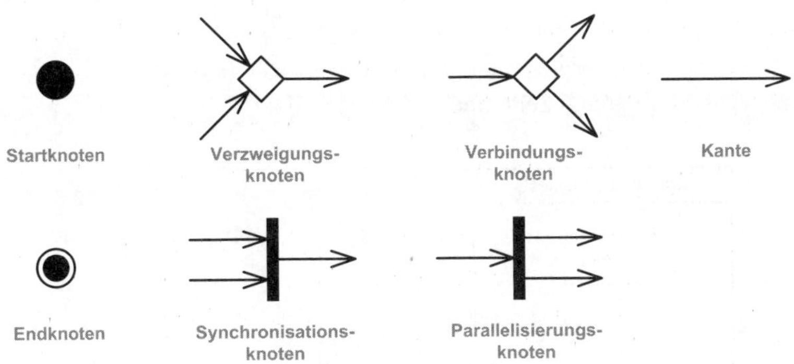

ABBILDUNG 18.6 Kontrollelemente im Überblick

Beschreibung

Die Kontrollelemente steuern den Ablauf der Interaktionen. Hierbei handelt es sich um einige Notationselemente des Aktivitätsdiagramms (siehe Kapitel 13.4.5).

Ablaufsteuerung
⇨ 13.4.4–13.4.9

Anfang und Ende eines einzelnen Ablaufs in einem Interaktionsübersichtsdiagramm werden mit Start- und Endknoten dargestellt. Lesen Sie hierzu ab Kapitel 13.4.6. Der Ablauf an sich wird mit Hilfe von Kanten beschrieben. Die Kanten werden beim Aktivitätsdiagramm (Kapitel 13.4.4) erklärt. *Alternative Ablaufmöglichkeiten* werden durch Verzweigungsknoten beschrieben. Die genaue Semantik der Verzweigungs- und Verbindungsknoten wird im Kapitel 13.4.8 beschrieben. *Parallele Abläufe* in einem Interaktionsübersichtsdiagramm werden mittels Parallelisierungs- und Synchronisationsknoten dargestellt. Die genaue Semantik finden Sie im Kapitel 13.4.9. Um *Schleifen* im Ablauf darzustellen, werden die Kanten wieder auf die Interaktion oder die Interaktionsreferenzen, aus denen sie stammen, zurückgeführt. Um keine Endlosschleifen zu erzeugen, müssen Sie hier Bedingungen für den Durchlauf angeben.

Kontrollelemente vs. kombinierte Fragmente

Um Ihnen die beschriebene Äquivalenz der Kontrollelemente mit den kombinierten Fragmenten zu zeigen, zeigt die Abbildung 18.7 zweimal die gleiche Interaktion.

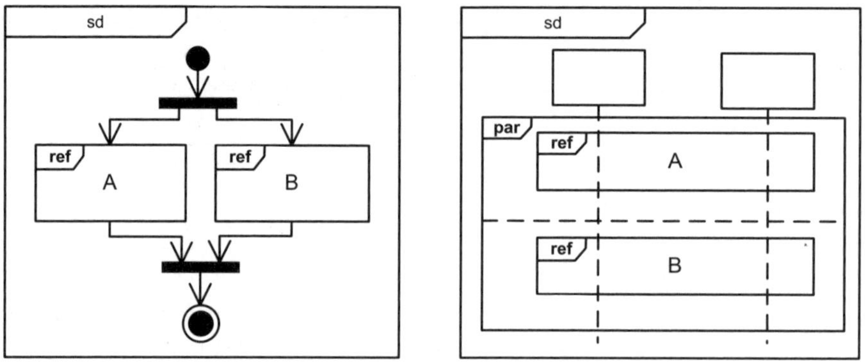

ABBILDUNG 18.7 Interaktionsübersichtsdiagramm vs. Sequenzdiagramm

Die folgende Tabelle vergleicht die Alternativen.

TABELLE 18.1 Vergleich Kontrollelemente – kombiniertes Fragment

Kontrollelement	Kombiniertes Fragment
Kante	Schleife
Verzweigungs- und Verbindungsknoten	Alternativ kombinierte Fragmente
Parallelisierungs- und Synchronisationsknoten	Parallel kombinierte Fragmente

Angabe von Zeitbedingungen

In den Interaktionsübersichtsdiagrammen werden häufig auch Zeiten an den Kanten, die verschiedene Interaktionsreferenzen verbinden, angegeben. Damit wird die Zeit zwischen der letzten Nachricht der ersten Interaktion und der ersten Nachricht der zweiten Interaktion festgelegt.

Diese Angaben werden zwingend notwendig, wenn Sie ein Interaktionsdiagramm (mit Zeiten zwischen zwei Nachrichten) in zwei kleinere Diagramme an einer zeitbehafteten Stelle aufspalten.

Abbildung 18.8 zeigt diese Situation an einem kleinen Beispiel. Links ist ein Sequenzdiagramm dargestellt, das im rechten Teil der Abbildung in zwei kleinere Diagramme aufgespalten und in einem Interaktionsübersichtsdiagramm zusammengesetzt ist.

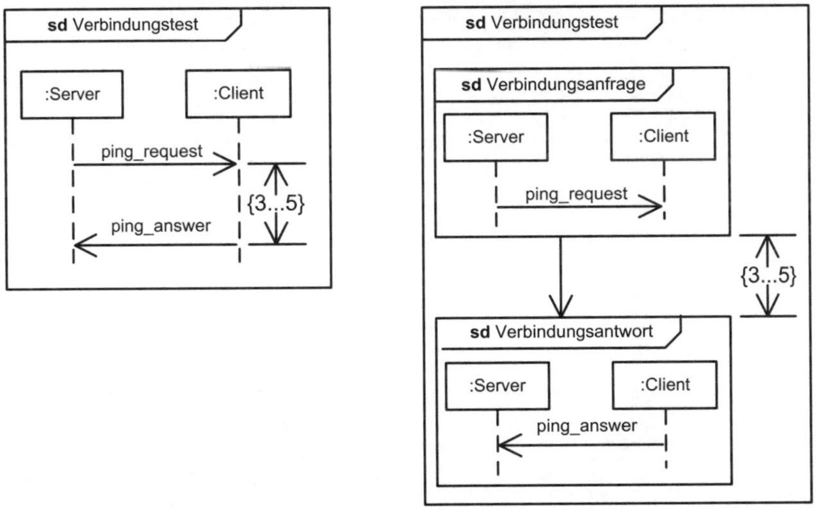

ABBILDUNG 18.8 Zeitbedingung zwischen Interaktionsreferenzen

Anwendung

Abbildung 18.9 beschreibt den gekürzten Ablauf einer `Fahrstuhlfahrt`, vorwiegend durch Interaktionsreferenzen. Nach dem `Fahrstuhlruf` verlaufen die `Etagenwahl` und das Schließen der Tür parallel. Wird die `Lichtschranke` an der `Tür` unterbrochen, soll sich die Tür wieder öffnen. Die dabei auftretenden zeitlichen Einschränkungen werden in einem kleinen Timing-Diagramm beschrieben. Ist die Tür geschlossen und die Zieletage gewählt, kann die Fahrstuhlfahrt starten.

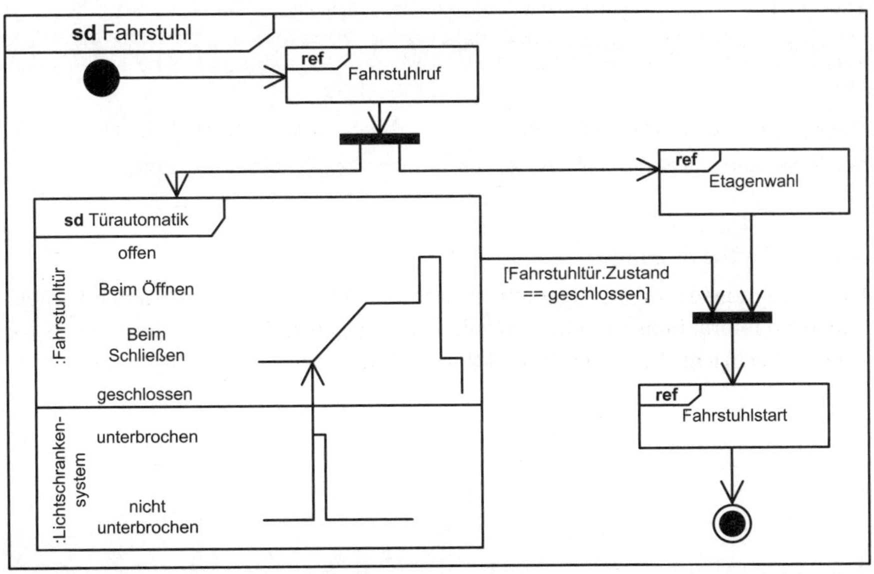

ABBILDUNG 18.9 Verwendung der Kontrollelemente

IV Teil IV: Weiterführendes

Nachdem Sie im ersten Teil unseres Buches eine Einführung in die Historie, die Grundkonzepte und die Anwendung der UML erhalten und wir Ihnen in Teil II und Teil III die Notationselemente bzw. die Diagrammtypen der UML vorgestellt haben, wollen wir in diesem Teil zwei weiterführende Ansätze vorstellen.

Wie Sie nach einer vollständigen Lektüre der vorhergehenden Teile gesehen haben, ist die UML ein mächtiges und komplexes Werkzeug, um eine Vielzahl von Problemstellungen in verschiedenen Aufgabenfeldern zu beschreiben. Sie werden sich in Ihrem Unternehmen nur mit einem kleinen Teil davon beschäftigen. Dabei stellt sich die Frage, ob Sie für Ihren Ausschnitt wirklich die gesamte UML mit all ihren Möglichkeiten benötigen.

Diese Frage lässt sich mit Sicherheit verneinen. Sie werden aufgrund Ihres Anwendungsfeldes oder Ihres speziellen Entwicklungsprozesses eine Vielzahl von Notationselementen oder Diagrammtypen gar nicht benötigen. Andererseits werden Sie auch den Wunsch haben, Notationselemente speziell Ihren Projekten anzupassen oder neu zu definieren. Die UML ermöglicht beide Arten von Anpassungen durch das Bilden von Profilen. Sie erfahren in Kapitel 19, wie Sie diese Anpassungen UML-konform definieren, damit die geänderte oder neue Syntax und Semantik der verwendeten Notationsmittel nachvollziehbar und korrekt definiert wird.

In Kapitel 20 stellen wie Ihnen ein bekanntes Profil vor, die SysML, die es Ihnen erlaubt, Ihre Systementwicklung weitestgehend in einem Modell zu beschreiben. Dort können Sie sehen, wie das Ergebnis derartiger Anpassungen aussehen kann und welche Möglichkeiten dadurch geboten werden.

19 Tailoring – UML 2 Profile

Profile ermöglichen das Zuschneiden (Tailoring) der UML auf Ihre Projektumgebung durch Anpassung von UML-Standardmodellelementen. Die Erweiterungen bzw. Einschränkungen einzelner Elemente des UML-Metamodells lassen sich in Paketen als Profile bündeln und beliebig auf Modelle anwenden, austauschen und wieder entfernen.

19.1 Motivation

Anpassung der UML ans Projekt!

Obwohl die UML vielfältige Möglichkeiten für einen breiten Einsatz in der Systemmodellierung bietet, liegt es in der Natur der Sache, dass auch sie nicht alle Wünsche ihrer Anwender erfüllen kann. Gleichwohl erfordern der Umfang der Notation auf der einen und die anwenderspezifischen Eigenheiten eines Systems oder auch des Vorgehens in der Entwicklung auf der anderen Seite eine gewisse Anpassung der UML an das eigene Projekt. Daneben finden neue Technologien in der Regel nur mit einer gewissen zeitlichen Verzögerung ihren Niederschlag im Standard. Aus diesen Gründen wird die UML immer etwas „unvollkommen" sein.

Allerdings bietet die UML Mittel und Wege, dieser Unvollkommenheit zu begegnen, indem sie dem Anwender die Möglichkeit bietet, sie nach seinen Bedürfnissen zu erweitern. Hierfür existieren prinzipiell zwei Vorgehensweisen:

- Leichtgewichtige Erweiterung (lightweight extension) durch Profile
- Schwergewichtige Erweiterung (heavyweight extension oder auch first-class extension) durch Metamodellveränderung

Leichtgewichtige Erweiterungen

Keine Umformung des Metamodells

Ein Profil definiert eine Menge von Erweiterungen, die das UML-Metamodell für eine spezielle Umgebung, einen Anwendungsbereich oder eine Methodik anpassen. Der Unterschied dieser als „leichtgewichtig" bezeichneten Erweiterung zum „schwergewichtigen" Vorgehen liegt darin, dass das Metamodell (die UML-Sprache) hier nur um bestimmte Elemente erweitert bzw. durch Regeln eingeschränkt wird. Die Änderung bestehender Metaklassen oder das Hinzufügen von Metaklassen, Assoziationen bzw. Generalisierungen ist hingegen nicht erlaubt. Die Sprache UML bleibt als solche erhalten.

Vorteile von Profilen

Ein UML-Profil darf daher zu den UML-Konzepten, die es erweitert, nicht in Widerspruch stehen. Verglichen mit dem schwergewichtigen Vorgehen bieten Profile eine Reihe von Vorteilen:

- Viele UML-Basiskonzepte bleiben unangetastet und müssen nicht neu erlernt werden.
- Die Basis-UML-Notation kann genutzt werden.
- Durch Beschränkung der Metamodellanpassung auf die Profile ist die Wiederverwendung höher, da das Metamodell unangetastet bleibt.
- Das verwendete Modellierungstool muss keine Funktionalität zur Veränderung des Metamodells anbieten.
- Die Erstellung eines Profils ist einfacher als die Anpassung oder die Neuerstellung eines Metamodells.
- Modelle und Profile können per XMI einfach ausgetauscht werden.
- Profil-Anwendung ist einfacher als ein Modell-Merge.

Schwergewichtige Anpassung

Verzweigungsknoten ⇨ 13.4.8

Bei einer „schwergewichtigen" Erweiterung wird das Metamodell der UML direkt geändert, also beispielsweise neue Elemente *hinzugefügt* oder vorhandene *entfernt*. Die Abbildungen 19.1 und 19.2 illustrieren dies anhand eines Aktivitätsdiagramms. Abbildung 19.1 zeigt die

Ausgangsbasis: In einer Aktion wird x berechnet. Der weitere Verlauf des Kontrollflusses wird von einem Verzweigungsknoten in Abhängigkeit von x gesteuert. In den Abbildungen wurden zur besseren Verständlichkeit über den einzelnen UML-Elementen auf der Anwenderebene die entsprechenden Klassen des Metamodells (Metaebene) annotiert.

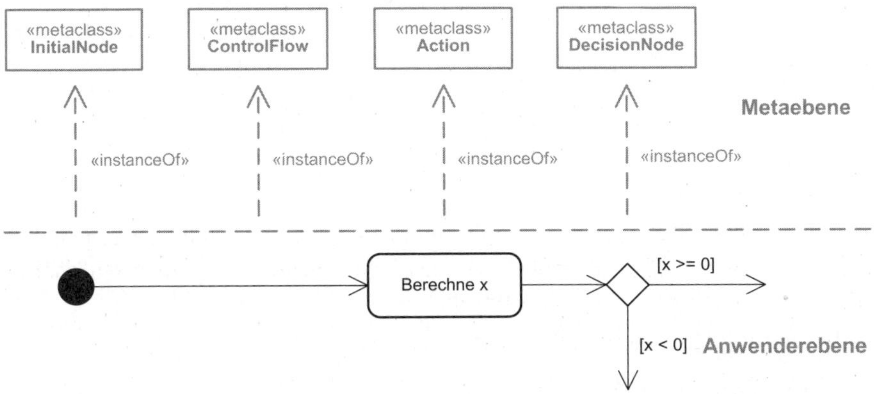

ABBILDUNG 19.1 Notation nach UML-Standard

Nehmen wir nun an, wir benötigten in einem ähnlichen Modell einen Verzweigungknoten, der den Ablauf mittels einer Modulo-Operation steuert: Abhängig von der Durchlaufanzahl wird die Ausgangskante gewählt (siehe Abbildung 19.2). Im ersten Durchlauf von Aktion A eben die Kante a, im zweiten dann b, im dritten c, dann wieder a, usw.

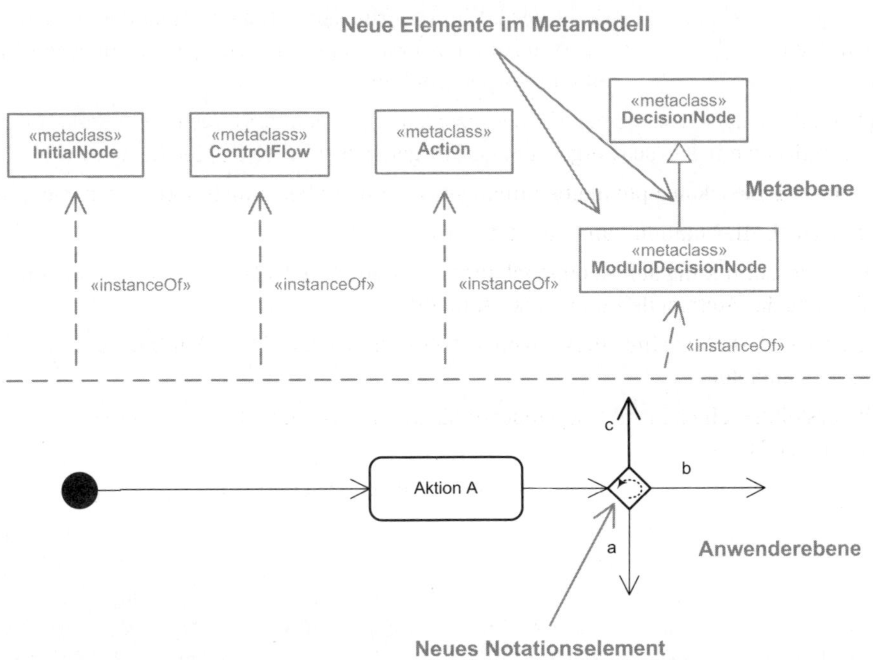

ABBILDUNG 19.2 Notation mit verändertem Metamodell

Eine Möglichkeit, dies zu realisieren, wäre die Definition eines Verzweigungsknotens im Metamodell, der die gewünschte Eigenschaft besitzt. In Abbildung 19.2 wird dies durch Einfügen einer neuen Metaklasse `ModuloDecisionNode` als Spezialisierung der Klasse `DecisionNode` erreicht.

Schwergewichtige Eweiterungen bedeuten Aufwand!

Die Vorteile dieses Vorgehens sind bestechend, da sich die UML flexibel auch den ungewöhnlichsten Projektbedingungen anpassen lässt. Diese Flexibilität wird aber teuer erkauft. Zunächst bedingen solche Eingriffe in das Metamodell tief gehende Kenntnisse dieses Modells. Sie sollten sich der Auswirkungen an den verschiedenen Stellen des Metamodells immer bewusst sein. Dies dürfte bei einem Standard, der im Original einen Umfang von über 1000 Seiten besitzt, nicht immer leicht fallen.

Wenn Sie Ihre eigene UML definieren, müssen Sie diese Änderungen darüber hinaus auch den anderen Projektbeteiligten kommunizieren. Diese werden damit – bei entsprechend vielen Änderungen – quasi gezwungen, eine „neue" UML bzw. eine neue domänenspezifische Sprache (DSL) zu erlernen. Schließlich muss auch das Modellierungstool, das Sie verwenden, eine solche Änderung des Metamodells unterstützen. Sie benötigen ein Metamodellierungstool.

Daher wird man in der Praxis häufig feststellen, dass der Aufwand für solche Eingriffe in das Metamodell den Nutzen übersteigt, zumal die UML 2 mit der Möglichkeit, Profile zu definieren, über eine erheblich „stressfreiere" Erweiterungsmöglichkeit verfügt.

19.2 Einführung in Profile

Paket

⇨ 7

Was genau ist aber nun ein Profil? Aus Modellierungssicht ist ein Profil zunächst ein Paket, wie Sie es in Kapitel 7 „Paketdiagramm" kennen gelernt haben. Im Gegensatz zu einem „normalen" Paket gruppiert ein Profil in aller Regel keine allgemeinen Modellelemente (wie Klassen oder Komponenten), sondern so genannte Stereotype und Randbedingungen (Constraints).

Artefakt

⇨ 10.4.2

Unter einem Stereotyp können Sie sich, einfach ausgedrückt, einen Bezeichner vorstellen, den Sie auf ein Modellelement anwenden dürfen. So ist es möglich, die Stereotype *executable* oder *library* auf ein Artefaktelement anzuwenden. Dadurch bringen Sie zum Ausdruck, dass es sich hier nicht bloß um ein allgemeines, sondern um ein ausführbares Artefakt (zum Beispiel eine exe-Datei) oder eine Bibliothek (z. B. eine dll-Datei) handelt. Sie präzisieren bzw. regulieren mit dem Stereotyp das Artefakt in seiner Bedeutung, ohne den Grundcharakter des Artefakts zu verlieren. Das heißt, Sie schränken im *Rahmen des UML-Standards* die gegebenen Elemente ein oder ändern sie, verändern aber nicht die UML-Sprache an sich.

Ein Profil kann bis zu mehreren Dutzend von Stereotypen definieren, d. h. zusammensammeln. Durch die Sammlung in einem Profil werden Stereotype gruppiert. Zum Beispiel benötigen Sie als Anwender bei der Modellierung von Datenbanken Stereotype, mit denen Sie Attribute einer Klasse als Primär- oder Sekundärschlüssel auszeichnen können oder vielleicht eine ganze Klasse als JoinTable. Ein anderes Profil ist vielleicht im Umfeld von Programmiersprachen nötig. Häufig bzw. sogar bewusst bietet die UML keine direkte

Unterstützung von Programmiersprachenkonstrukten. So gibt es keine 1:1-Abbildung für das friend-Konstrukt aus C++ oder für properties aus C#. Für derartige Fälle bieten sich Stereotype zur Kennzeichnung an. Warum also nicht gleich alle Stereotype für nicht unterstützte C++-Konstrukte in einem C++-Profil zusammenfassen? Wie Sie im Verlauf des Kapitels sehen werden, gibt es solche Profile bereits am Markt.

Neben den Stereotypen können Sie in das Profilpaket auch Randbedingungen, die bei der Nutzung des Profils gelten müssen, hinzufügen. Derartige Bedingungen werden meist als Text formuliert und können beliebigen Inhalts sein, von „Alle Attribute müssen als privat deklariert sein" bis zu „Die maximale Vererbungshierarchie darf höchstens 5 Klassen umfassen".

Zusammenfassend ist ein Profil also ein Paket, das zusammengehörige Stereotype und Randbedingungen gruppiert. Durch die Einbindung eines Profilpakets in Ihr Modell dürfen Sie die Stereotype verwenden bzw. müssen den definierten Bedingungen nachkommen. Damit lassen sich Ihre Modellelemente in Hinblick auf eine spezielle Anwendungsdomäne oder Zielarchitektur kennzeichnen, präzisieren bzw. auswertbar formalisieren.

Profildiagramm

Für die Profilerstellung, also die Definition von Stereotypen, gibt die UML einige Notationselemente vor, die im weiteren Verlauf des Kapitels vorgestellt werden. Seit Neuestem geschieht diese Modellierung der Profile in einem eigenen Diagrammtyp, dem Profildiagramm (Profile Diagram). Dieses kann entsprechend mit einem Diagrammrahmen versehen werden, muss aber nicht.

19.3 Anwendungsbeispiel

Abbildung 19.3 zeigt ein beispielhaftes Profildiagramm mit Stereotypen und Randbedingungen. In Abbildung 19.4 sehen Sie eine Anwendung der definierten Stereotypen. Das Profilpaket sagt zudem aus, auf welche Elemente Sie Stereotypen anwenden dürfen.

Abbildung 19.3 zeigt den Test-Architecture-Abschnitt aus dem UML 2.0 Testing Profile der OMG. Neben Stereotypen werden hier auch Schnittstellen (interfaces) definiert. Der Stereotyp `TestComponent` charakterisiert am Test beteiligte Elemente, wie z. B. Testskripte.

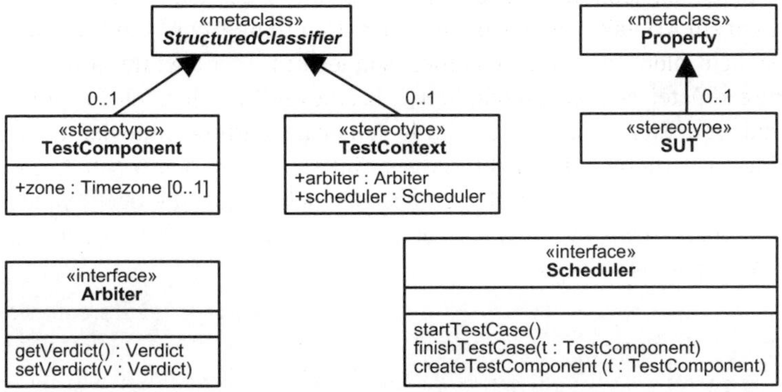

ABBILDUNG 19.3 Ausschnitt aus der Definition des Testing Profiles (Test Architecture)

Der Stereotyp `TestContext` dient zur Gruppierung von Testfällen, während der Stereotyp `SUT` (System Under Test) das zu testende System repräsentiert. Die Schnittstellen `Arbiter` und `Scheduler` dienen zur Beurteilung des Tests (Arbiter) bzw. zur Steuerung der Ausführung von Testkomponenten (Scheduler).

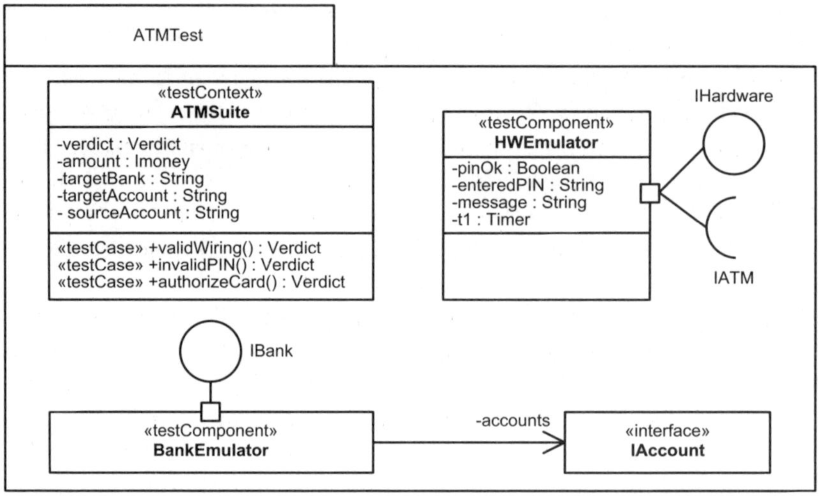

ABBILDUNG 19.4 Das Profil in seiner Anwendung

Abbildung 19.4 zeigt die Anwendung des Testing-Profils auf einen Bankautomaten (`ATM`) zur Geldüberweisung von einem Konto (`sourceAccount`) auf ein anderes (`targetAccount`). Der TestContext `ATMSuite` enthält drei Testfälle (`validWiring()`, `invalidPIN()`, `authorizeCard()`). Die Testkomponenten `HWEmulator` und `BankEmulator` implementieren die Schnittstellen `IHardware` und `IBank`.

19.4 Notationselemente

19.4.1 Stereotyp

Definition

A **stereotype** defines how an existing metaclass may be extended, and enables the use of platform or domain specific terminology or notation in place of or in addition to the ones used for the extended metaclass.

Notation

Abbildung 19.5 zeigt beispielhaft den Stereotyp `persistent`, der auf die Klasse `Rechnung` bzw. auf das Artefakt `Konfiguration` angewendet wird.

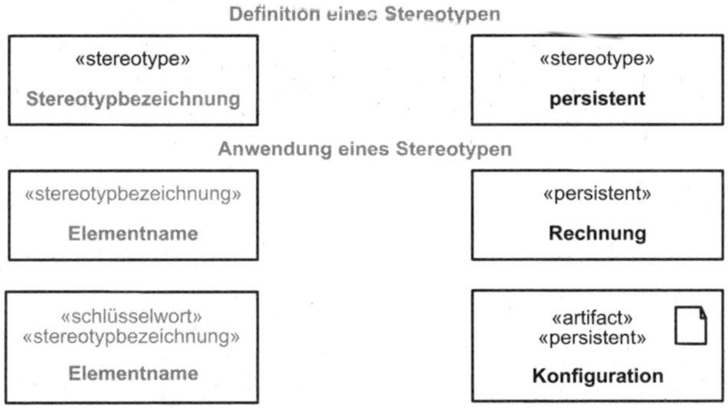

ABBILDUNG 19.5 Darstellung eines Stereotyps

Ein Stereotyp wird *bei seiner Definition* durch ein Rechteck dargestellt. Vor oder oberhalb des Klassennamens steht das Schlüsselwort `stereotype`, eingeschlossen in französische Guillemets. Der Name eines Stereotyps wird, um den Regeln der Benennung von Klassen zu folgen, üblicherweise mit einem Großbuchstaben beginnend notiert. Aber auch die mit einem Kleinbuchstaben beginnende Schreibweise ist erlaubt.

«Guillemets»

Wird der Stereotyp *auf ein Modellelement angewendet*, wird die Stereotypbezeichnung in Guillemets eingeschlossen über (z. B. bei Klassen) oder vor (z. B. bei Attributen) den Elementnamen notiert. Die Stereotypbezeichung in der Anwendung kann in der Schreibweise (mit Groß- bzw. Kleinbuchstaben beginnend) von der Schreibweise in der Definition abweichen. Allerdings raten wir dazu, dass sich die Schreibweisen entsprechen.

Neben der Textbeschreibung des Stereotyps können Sie auch spezifische, individuell gewählte grafische Symbole mit einem Stereotyp verknüpfen. Diese können Sie dann statt der Notation des Modellelements, welches das Stereotyp erweitert, verwenden.

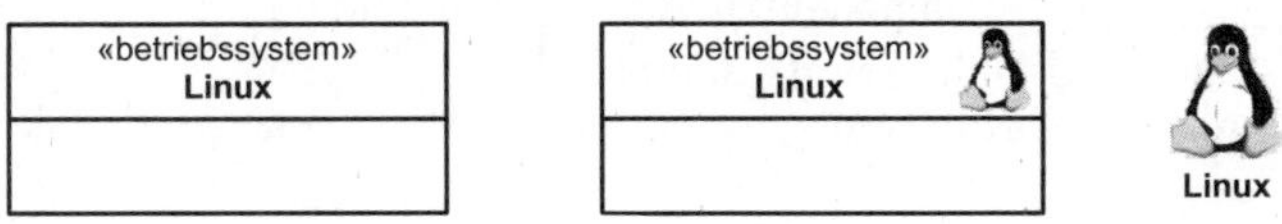

Stereotype als dekorierendes Icon

ABBILDUNG 19.6 Alternativnotationen für ein Stereotyp

In Abbildung 19.6 sind die drei möglichen Darstellungsoptionen für die Anwendung von Stereotypen zusammengestellt. Zunächst ganz links die rein textuelle Darstellungsvariante, bei der der Stereotyp in Guillemets oberhalb des Elementnamens notiert wird. Ist einem Stereotyp zusätzlich ein grafisches Symbol zugeordnet, so kann dies neben der Textangabe des Stereotyps aufgeführt werden (Mitte). Werden mehrere Stereotype auf ein Element angewendet, können hier auch mehrere Icons dargestellt werden. Es ist sogar möglich, wie in Abbildung rechts, das Modellelement vollständig durch das grafische Symbol zu ersetzen. Hier entfällt die textuelle Wiedergabe des Stereotyps. Diese Variante ist aber nur erlaubt, wenn genau ein Stereotyp auf das Element angewendet wird.

Bei Anwendung mehrerer Stereotypen werden diese bei der textuellen Notation durch Kommas voneinander getrennt (vgl. Abbildung 19.7). Beachten Sie bitte den Unterschied zum Anwendungsbeispiel Artefakt `Konfiguration` in Abbildung 19.5. Bei Elementen mit Schlüsselworten (beispielsweise «artifact», «datatype», «device», «interface» usw.) wird die Stereotypbezeichnung in eigenen Guillemets notiert.

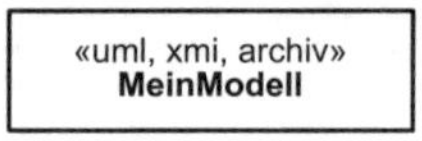

ABBILDUNG 19.7 Notation bei Anwendung mehrerer Stereotype

Beschreibung

Ein Stereotyp ist ein Element, das sich auf ein Modellelement anwenden lässt, um diesem besondere Charakteristika hinzuzufügen.

Damit ermöglichen Stereotype die Verwendung von plattform- oder domänenspezifischer Terminologie oder Notation durch „Anpassung“ oder Auszeichnung von Standard-UML-Elementen. Dabei lassen sich nicht nur Klassen, sondern alle Notationselemente durch Stereotype „stereotypisieren“, beispielsweise auch Use-Cases, Assoziationen, Aktionen oder Lebenslinien. Abbildung 19.8 zeigt ein Beispiel einer stereotypisierten Aktion.

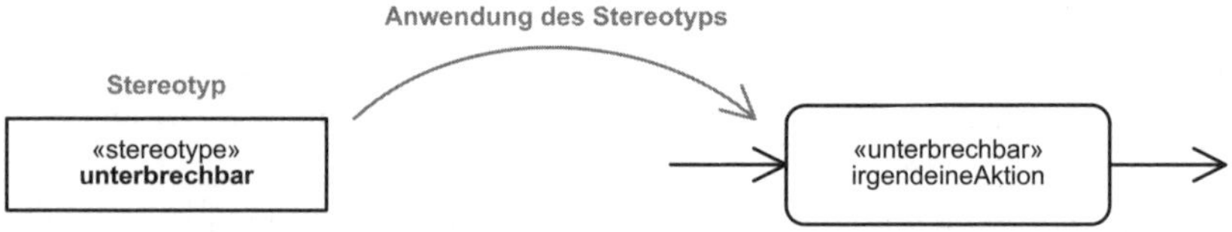

ABBILDUNG 19.8 Stereotyp einer Aktion

Vordefinierte Stereotype

Neben eigendefinierten Stereotypen können Sie aber auch vordefinierte verwenden. Die UML-Spezifikation gibt bereits eine Reihe so genannter „Standard-Stereotypen“ vor, die Ihnen für Ihre Modellierung zur Verfügung stehen. Diese Stereotype sind in zwei Profilen (wie bereits beschrieben, im Prinzip „Pakete“) definiert:

- Standardprofil L2: «document», «entity», «executable», «file», «auxiliary», ...
- Standardprofil L3: «buildComponent», «metamodel», «systemModel».

Eine Auflistung aller Standardstereotypen mit einer Erläuterung finden Sie auf *www.uml-glasklar.com* unter [19-1].

Verwendungs-beziehung
⇨ 6.4.11

Abbildung 19.9 zeigt einen Ausschnitt von Profil L2 und beispielhaft zwei der für die Usage-Beziehung (vgl. Abschnitt 6.4.11) definierten Stereotype, «call» und «instantiate». Die Verbindung von Stereotyp und Element mit dem Pfeil erläutern wir weiter unten in diesem Kapitel. Das Profil L2 enthält 19 Stereotype. L2 und L3 richten sich an den Compliance Levels aus (siehe Abschnitt 4.3.2).

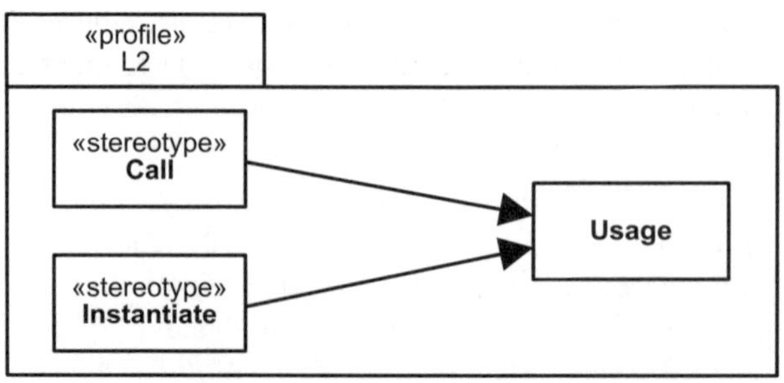

ABBILDUNG 19.9 Erweiterung von Metamodellklassen durch Stereotype

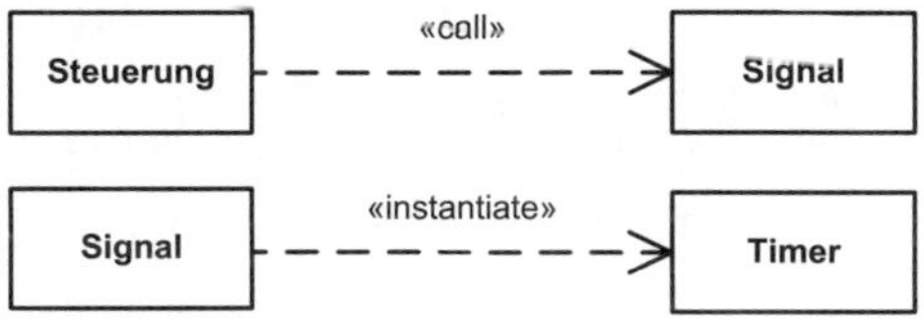

ABBILDUNG 19.10 Stereotypen im Modell

Abbildung 19.10 zeigt den Einsatz dieser „L2" Stereotype «call» und «instantiate» im Modell auf die Usage-Beziehung (gestrichelter Pfeil) angewendet.

Jeder Stereotyp wird zusätzlich per Text im Profil erläutert:

«call»: Der Stereotyp «call» wird für Usage-Beziehungen verwendet und sagt aus, dass die Anbieter-Operation (supplier) die Verbraucher-Operation (client) aufruft. Wird sie zwischen Klassen modelliert, bedeutet das, dass eine Operation der Anbieterklasse eine Operation der Verbraucherklasse aufruft.

«instantiate»: Eine Usage-Beziehung mit dem Stereotyp «instantiate» wird zwischen Classifiern modelliert und repräsentiert das Erzeugen von Instanzen des Anbieters durch Operationen auf dem Client.

Aus Sicht des Metamodells ist ein Stereotyp eine Klasse innerhalb des Metamodells (Metaklasse), die in der Lage ist, andere Metaklassen zu erweitern. Auf das Beispiel von Abbildung 19.9 bezogen bedeutet das, dass die Stereotyp-Klassen `Call` und `Instantiate` die Metamodell-Klasse `Usage` erweitern. Wenn Sie diese Erweiterungen in Ihrem Modell einsetzen, spricht man von Anwendung des Stereotyps auf ein Modellelement. Beachten Sie, dass ein Stereotyp im Wesentlichen eine Klasse darstellt. Stereotype sind generalisier- und spezialisierbar. Allerdings müssen die Generalisierungen und Spezialisierungen eines Stereotyps selbst wieder Stereotype sein. Wie jede Klasse kann auch ein Stereotyp über Attribute verfügen. Abbildung 19.11 zeigt das Stereotyp `EncryptedInformation` mit vier Attributen.

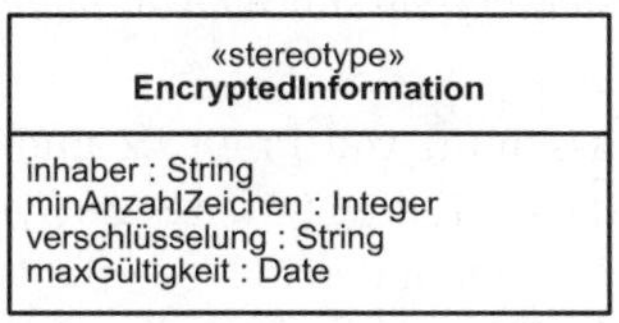

ABBILDUNG 19.11 Ein Stereotyp mit Attributen

Attribut ⇨ 6.4.2

Wird ein Stereotyp auf ein Element im Modell angewendet, wird dieses Element um diese Attribute erweitert. Die Wertbelegungen der Attribute werden mit einem Kommentar (siehe Abbildung 19.12) notiert.

Kommentar ⇨ 4.2.2

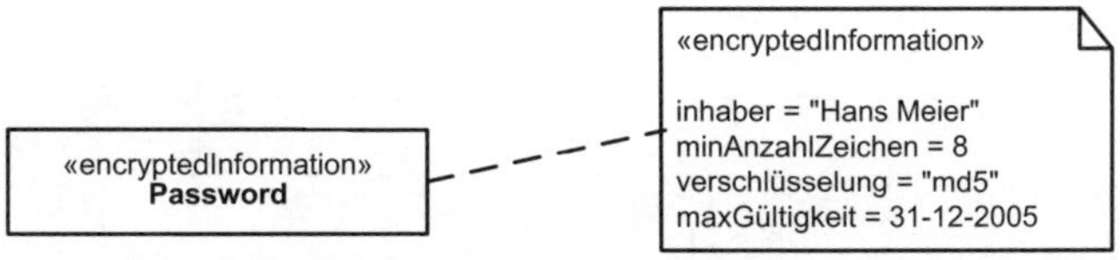

ABBILDUNG 19.12 Notation für Tagged Values

Tagged Values

Die Attribute bzw. die Werte dieser Attribute werden ab und an als Tagged Values bezeichnet. In den UML 1.x -Versionen dienten Tagged Values dazu, direkt (das heißt losgelöst von einem Stereotypen) ein Modellelement durch ein Attribut („Metaattribut") zu erweitern. In der UML 2 ist dies nicht mehr möglich! Tagged Values treten immer nur in Verbindung mit einem Stereotyp, als dessen Attribute, auf.

Wenden Sie mehrere Stereotype auf ein Element an, empfiehlt es sich, die Bezeichnung des Stereotyps (im Beispiel «encryptedInformation») im Kommentar über seinen Tagged Values zu notieren.

Instanzmodell

Auf Instanzebenen könnte man sich Folgendes dazu vorstellen: Zur Laufzeit werden zwei miteinander verbundene Objekte instanziiert. Zum einen ein Objekt der Klasse Password, zum anderen ein Objekt des Stereotyps, das die Stereotyp-spezifischen Attribute/Werte enthält. Die beiden Objekte sind fest miteinander verbunden, wie das Objektdiagramm in Abbildung 19.13 zeigt:

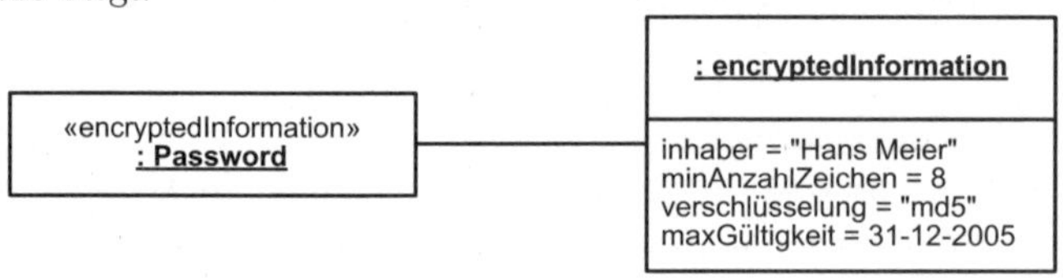

ABBILDUNG 19.13 Stereotyp und erweitertes Modellelement zur Laufzeit

Anwendung

Nähere Kategorisierung eines Modellelements

Verwenden Sie Stereotype immer dann, wenn Sie ein Modellelement näher kategorisieren möchten. In einigen Werkzeugen können Sie damit die automatische Generierung von Quellcode steuern. Achten Sie zudem bei eigendefinierten Stereotypen darauf, dass der Name des Stereotyps nicht mit Bezeichnungen des erweiterten Elements kollidiert. Dokumentieren Sie einen Stereotyp immer mit Text!

19.4.2 Erweiterungsbeziehung

Definition

An **extension** is used to indicate that the properties of a metaclass are extended through a stereotype, and gives the ability to flexibly add (and later remove) stereotypes to classes.

Notation

Eine Erweiterungsbeziehung wird als Pfeil mit ausgefüllter Spitze dargestellt. Die Pfeilspitze zeigt vom Stereotyp auf das erweiterte Element (bzw. seine Metaklasse).

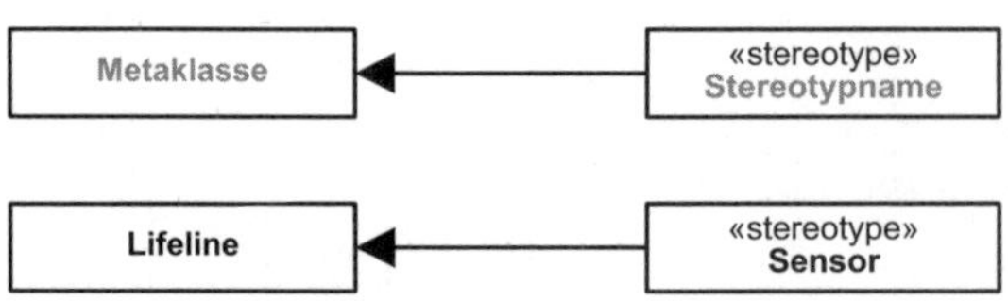

ABBILDUNG 19.14 Notation einer Erweiterung

Beschreibung

Die *Erweiterungsbeziehung* (extension) ist eine spezielle *binäre* Assoziation und zeigt an, dass die Eigenschaften einer Klasse des UML-Metamodells durch einen Stereotyp erweitert werden. Dabei kann die Klasse durch beliebig viele Stereotype erweitert werden. Das Notationsbeispiel in Abbildung 19.14 zeigt beispielsweise die Erweiterung der im Metamodell definierten Klasse `Lifeline` (vgl. Abschnitt 15.4.2) durch den Stereotyp `Sensor`.

Assoziation ⇨ 6.4.8

Lebenslinie ⇨ 15.4.2

Beachten Sie! Hier handelt es sich um die Definition des Stereotyps, nicht um die Anwendung. Sie kommen mit der Erweiterungsbeziehung nur in Berührung, wenn Sie selber Stereotype definieren bzw. prüfen möchten, auf welche Elemente Stereotype potenziell anwendbar sind. Mit der Erweiterungsbeziehung beschreiben Sie nicht die Anwendung des Stereotyps! Durch die Erweiterungsbeziehung schlagen Sie die Brücke zwischen Meta- und Anwendermodell.

Das Ende der Erweiterungsbeziehung, welches näher am Stereotypen liegt, wird als Ende der Erweiterungsbeziehung (extension end) bezeichnet (Abb. 19.15).

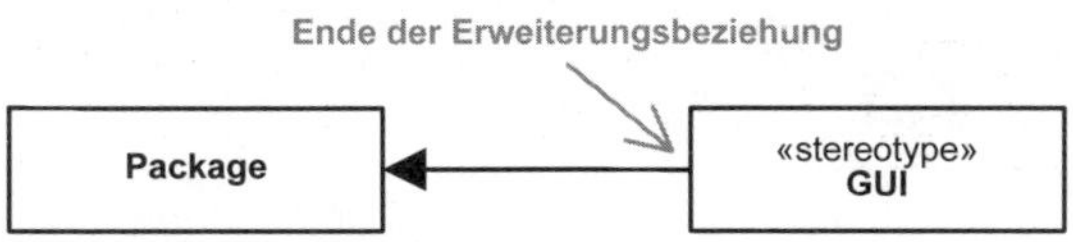

ABBILDUNG 19.15 Ende einer Erweiterungsbeziehung

Wie ein Assoziationsende kann es mit einem Namen versehen werden. Dieser darf anstelle des Stereotypnamens verwendet werden und wird dann ebenfalls in Guillemets eingeschlossen. Anders als ein Assoziationsende ist das Ende einer Erweiterungsbeziehung allerdings nicht navigierbar, besitzt außerdem die Einschränkung composite (vgl. Abschnitt 6.4.8) und hat als Multiplizität entweder 0..1 oder 1. Der Typ eines Erweiterungsendes muss ein Stereotyp sein.

Assoziation ⇨ 6.4.8

Bei der Definition des Stereotyps können Sie festlegen, ob dessen Anwendung im Modell optional oder verpflichtend ist. Letzteres wird durch die Eigenschaft `{required}` an der Erweiterungsbeziehung notiert oder durch die Multiplizität „1“.

In Abbildung 19.16 sind die beiden gleichwertigen Notationsvarianten dargestellt. In diesem Fall müsste also jeder Akteur im Modell (Use-Case-Diagramm) durch den Stereotyp `ZeitgesteuertesEreignis` erweitert werden.

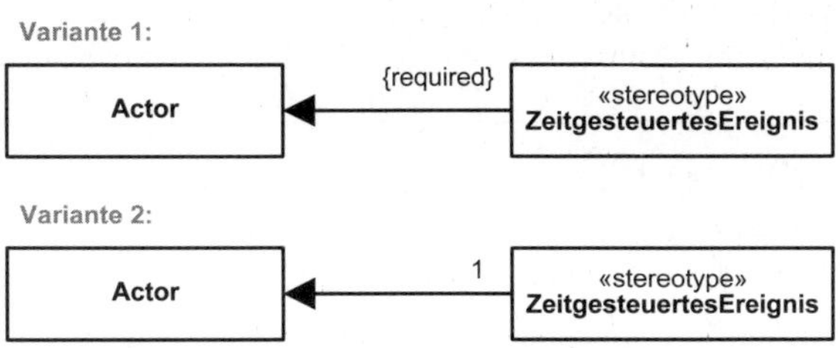

ABBILDUNG 19.16 Die `isRequired`-Eigenschaft bei Erweiterungen

Anwendung

In Abbildung 19.17 wird die Erweiterung der Metamodell-Klasse `UseCase` durch zwei Stereotype `BusinessUC` und `SystemUC` dargestellt. Daneben gibt es einen Substereotyp von

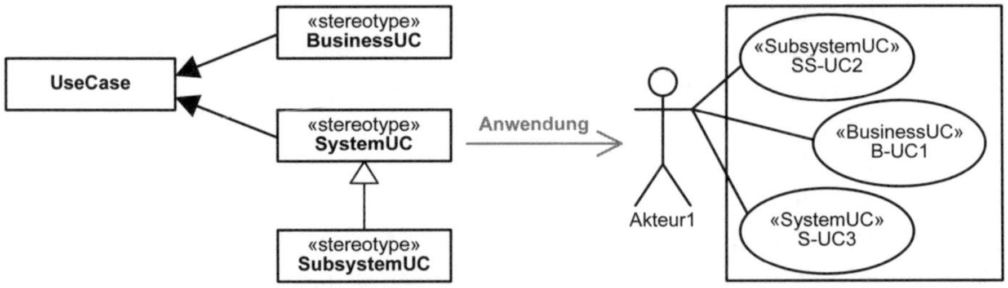

ABBILDUNG 19.17 Erweiterung der Klasse `UseCase` und ihre Anwendung

⇨ 12

SystemUC, den Stereotyp `SubsystemUC`. Die Anwendung der Stereotype sehen Sie rechts im Use-Case-Diagramm (siehe auch Kapitel 12).

19.4.3 Profil

Definition

A **profile** defines limited extensions to a reference metamodel with the purpose of adapting the metamodel to a specific platform or domain.

Notation

Ein Profil wird wie ein Paket modelliert. Über oder vor dem Paketnamen wird das Schlüsselwort «profile» notiert, um das Paket als Profil zu kennzeichnen. Je nach Detaillierungsgrad dürfen die Inhalte des Pakets angezeigt oder weggelassen werden.

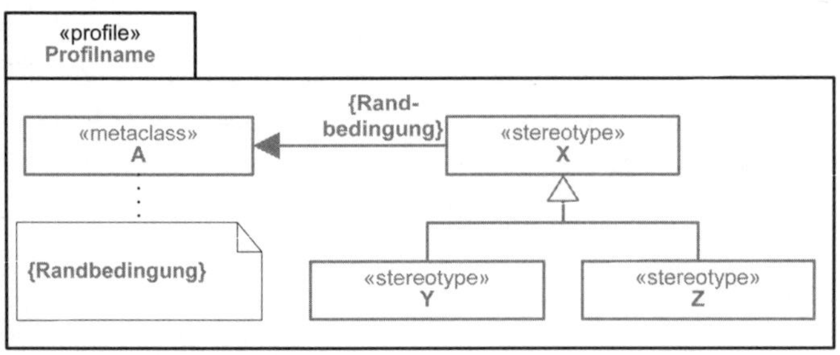

ABBILDUNG 19.18 Notation eines Profils

Beschreibung

Paket ⇨ 7.4.1

Ein Profil versammelt verschiedene Mechanismen, um das UML-Metamodell zu erweitern. Im Grunde ist ein Profil nichts anderes als Erweiterungen des UML-Standards, die in einem Paket gruppiert sind. Die UML 2 bietet im Wesentlichen zwei solcher Erweiterungsmöglichkeiten zur Erstellung eines UML-Profils:

- Stereotype, siehe Abschnitt 19.4.1
- Randbedingungen (Constraints), siehe Abschnitt 4.2.4

Randbedingungen ⇨ 4.2.4

Ein Profil muss sich immer auf ein Referenz-Metamodell beziehen (in unserem Fall das der UML 2). Beachten Sie jedoch, dass in den momentan veröffentlichten Profilen sich doch etwas mehr versteckt. Die umfangreichen Textdokumente enthalten neben der visuellen Darstellung (wie hier beschrieben) ausführliche Anwendungsbeispiele, Vorgehensempfehlungen, Hintergründe und weiterführende Erklärungen zu den Stereotypen und möglichen Randbedingungen. Häufig wird sogar zusätzlich ein eigenes (domänenspezifisches) Metamodell definiert, so dass Sie auch eine schwergewichtige Anpassung zur Auswahl haben. Zudem wird meist nur die notwendige Auswahl der gesamten UML-Elemente fokussiert – was dem Anwender bei über 3000 Elementen eine enorme Hilfe sein kann.

Die UML 2 definiert nur den Notationsrahmen zur Definition von Profilen, Stereotypen und Constraints. Dies ist im Vergleich zu älteren UML-Versionen ein enormer Fortschritt, da dort die Definitionen in der Praxis meist in Textform und proprietär für jedes Tool gelöst wurden.

Anwendung

In Abbildung 19.19 haben wir ein Beispiel für ein Microsoft .NET-Profil skizziert. Das Beispiel erhebt keinerlei Anspruch auf Vollständigkeit, zeigt aber die mögliche Form der grafischen Darstellung eines Profils. Sie sehen darin neben zahlreichen Stereotypen auch eine Randbedingung, die die Mehrfachspezialisierung (-vererbung) einer Klasse (Classifier) verbietet.

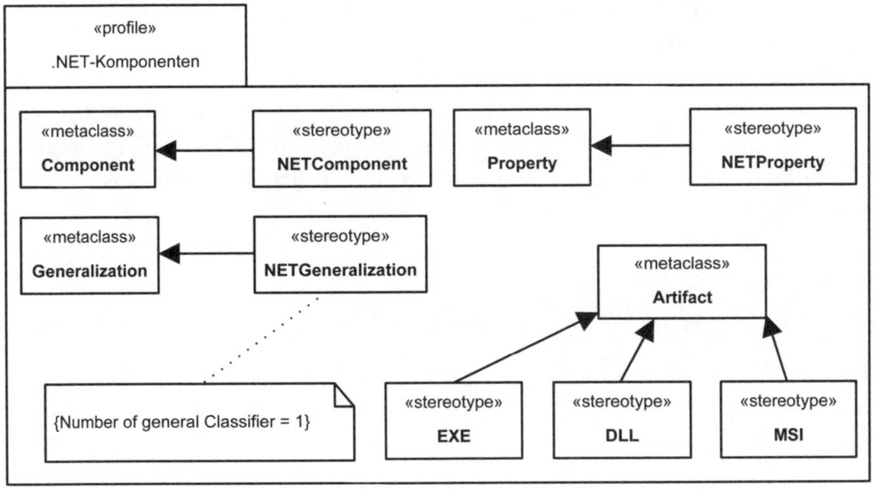

ABBILDUNG 19.19 Ein Profil für .NET

19.4.4 Profilanwendung

Definition

A **profile application** is used to show which profiles have been applied to a package.

Notation

Die Anwendung eines Profils auf ein Modell wird durch eine spezielle Abhängigkeits-Beziehung mit dem Schlüsselwort «apply» gekennzeichnet.

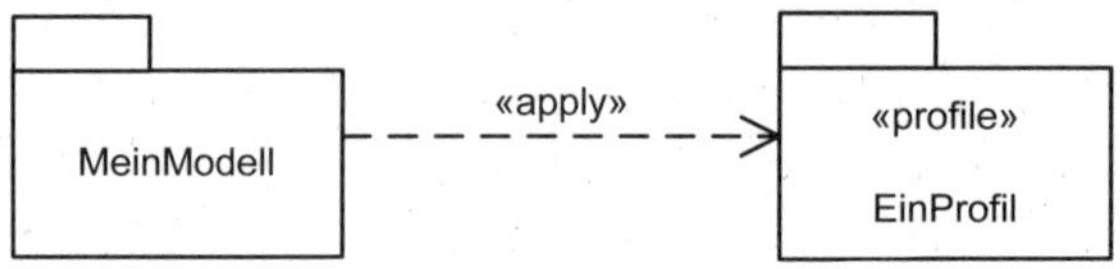

ABBILDUNG 19.20 Notation der Profilanwendung

Beschreibung

Ein spezieller Paketimport

⇨ 7.4.2

Eine Profilanwendung (profile application) stellt die Verwendung eines Profils für ein Modell dar. Die in diesem Profil enthaltenen Stereotype und Constraints werden damit für dieses Modell zur Verfügung gestellt (Paket-Import, siehe Abschnitt 7.4.2). Die Stereotype *können*[1] Sie danach anwenden. Die in dem angewandten Profil definierten Randbedingungen *müssen* jedoch angewendet werden, das heißt, das Modell darf diesen Constraints nicht widersprechen.

Beispiele für Randbedingungen

So wäre beispielsweise eine sinnvolle Einschränkung in einem Java-Profil das Verbot von Mehrfachvererbung, da Java dies nicht unterstützt. Obwohl die Modellierung von Mehrfachvererbung im UML-Standard definiert ist, dürfte in einem Modell, auf das dieses Java-Profil angewandt wird, keine Mehrfachvererbung modelliert sein, um den Einschränkungen des Profils zu entsprechen. Eine weitere Randbedingung kann fachlicher Natur sein, z. B. dass auch immer ein Primärschlüssel angegeben sein muss, wenn Sie eine Klasse als Datenbanktabelle auszeichnen.

Ein Profil darf aber nicht nur auf ein Modell, sondern auch auf ein anderes Profil angewandt werden. Zudem ist die Anwendung von mehreren Profilen gleichzeitig auf ein Modell oder Profil erlaubt, solange sich die in den Profilen definierten Bedingungen nicht widersprechen. Darüber hinaus können Sie natürlich ein Profil in unterschiedlichen Modellen bzw. Profilen nutzen („Define once use everywhere.“).

Anwendung

Abbildung 19.21 zeigt die Notation der Anwendung eines Profils .NET-Komponenten auf ein Modell `MeinModell`.

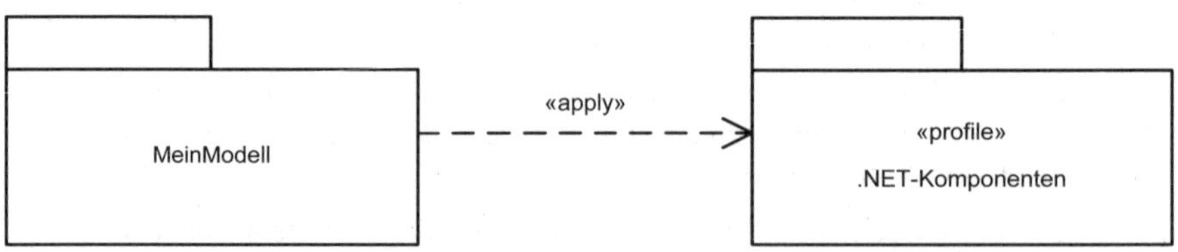

ABBILDUNG 19.21 Anwendung von Profilen

[1] Sofern die Randbedingung {required} nicht gilt, vgl. Abschnitt 19.4.2.

Systems Modeling in UML 2.0

Von Morgan Björkander, Telelogic

One of the main criticisms of UML 1.x was that modeling was done at a very low level from a systems perspective. The object-oriented nature of the language made it fairly well adapted to current programming languages such as Java and C++, but also meant that the language was mostly suitable for modeling only software. A large effort went into turning UML 2.0 into a language that was more suitable for modeling both systems and software. One of the major themes was that of scalability. It should be possible to model arbitrarily large and complex models while still being able to maintain an overview of the system.

Realizing use cases

Interactions, in particular sequence diagrams, were quite inadequate to model larger systems in UML 1.x, and because of their importance when it comes to how use cases should be realized they received special attention when creating UML 2.0. This means that they are now much more suitable to express requirements, both from a user perspective and a systems perspective, but also the subsequent test cases that are required to verify that all the requirements are satisfied. The primary additions deal with being able to express references to other interactions, thereby making it possible to put together new requirements or test cases based on existing ones. Furthermore, being able to show variations within a sequence diagram allow you to reduce the number of diagrams you need to express similar behavior, whether from a requirements or a test point of view.

Activity diagrams have also been significantly upgraded to better be able to describe various kinds of flows, such as data flows, process flows, and work flows.

Systems and subsystems

When modeling systems, it is natural to think about them in terms of subsystems, which in turn may consist of yet other subsystems. The capabilities to do this in UML 1.x were fairly limited, despite the presence of built-in constructs such as *component* and *subsystem*. The terminology was there, but the constructs did not quite match expectations.

The idea of hierarchical decomposition, while not exactly new, was employed in UML 2.0 to great effect, and also implied the addition of a new kind of diagram: the composite structure diagram.

The primary idea is to be able to develop each subsystem as a standalone entity (virtually as a system in its own right). For each subsystem, UML allows you to specify its requirements on its surroundings in terms of interfaces. From a usage perspective, the subsystem is viewed as a black box, with any number of interfaces specifying the services it provides to others. Similarly, there may be a number of interfaces specifying the services it requires from other subsystems.

Each subsystem can additionally have ports, which serve multiple purposes: a port is used to group interfaces that are logically related, but it also provides a view of the susbsystem. The interfaces are typically derived from sequence diagrams, where the messages leading into our out of a lifeline make up the contents of the interfaces. Similarly, the ports often correspond with the other parts that are involved in a sequence diagram, as each such actor commonly has specific requirements on the subsystem.

The composite structure diagram comes into play when you want to specify the design or implementation of the subsystem. It shows the internal structure of the subsystem, in terms of parts that are connected to each other. Here, the port comes into play again, as a connection point that tells you how you are allowed to wire subsystems together. This is determined entirely based on the required and provided interfaces of its ports. For a connection to be allowed, at least one set of required and provided interfaces must match, which means that it is possible to statically check whether a system you are putting together is correct. The pieces of the puzzle must fit together. The subsystems are typically realized in UML 2.0 through *classes*, *components*, or *nodes*.

SysML

One proof that UML 2.0 is right on the money is the Systems Modeling Language (SysML), which is defined by systems engineers. SysML is a profile of UML 2.0 that relies heavily on the new concepts of the langauge, and in particular on the ability to model hierarchical decomposition. The profile as such does two things: it limits the number of concepts and diagrams that you have access to in the language to make it more accessible to users, but also adds a few capabilities that are more specific to systems engineers, such as the ability to visualize the more important requirements and being able to express mathematical relationships such as equations. This enables you to visualize the relationships between for example a class and the requirements that it implements, or between a test and the requirement that it verifies.

Morgan Björkander is a consultant at Telelogic (www.telelogic.com), where he is working with development of real-time systems for over ten years. During that time, he was also deeply involved within the OMG, in particular with the creation of UML 2.0.

■

19.5 Varianten und Beispiele

Profile für Domänen und Technologien

Mit den nötigen Kenntnissen kann jeder Anwender ein Profil definieren und die UML anpassen. Für die Anwendung von UML-Profilen sind verschiedene Bereiche geeignet. Denkbar ist etwa die Definition von Profilen für:

- spezielle Typen von Systemen, beispielsweise Profile für embedded oder für Hardware-Systeme;
- spezielle Technologien und Implementierungssprachen, wie zum Beispiel Profile für die .NET-Technologie oder Programmiersprachen (C++, Java);
- spezielle Anwendungsbereiche, wie etwa Profile für den Automobilbereich oder den Telekommunikationssektor;
- spezielle Methoden und Vorgehensmodelle, beispielsweise zur Unterstützung der Model Driven Architecture (MDA) oder zur Abbildung von Vorgehensmodellen (RUP, V-Modell o. ä.).

OMG Profile

In den letzten Jahren ist bereits eine Reihe von anwenderdefinierten Profilen entstanden. Aber auch die Object Management Group hat einige Standardprofile definiert:

- UML Profile for CORBA® / CORBA Component Model (CCM)
- UML Profile for Enterprise Application Integration (EAI)
- UML Profile for Enterprise Distributed Object Computing (EDOC)
- UML Profile for QoS and Fault Tolerance
- UML Profile for Schedulability, Performance, and Time
- UML Testing Profile

Eine bewertete Profilliste finden Sie auf unserer Webseite www.uml-glasklar.com unter [19-2].

19.6 Profile: Für & Wider

Profile sind unzweifelhaft ein hilfreiches Mittel, wenn es darum geht, die UML fit für neue Anwendungsbereiche jenseits der Standard-Systemmodellierung zu machen. Trotzdem erfordert dies einen gewissen Mehraufwand durch das Erstellen, Anwenden und Verstehen des Profils – für Sie und alle anderen Projektbeteiligten. Daher sollten Sie im Einzelfall sorgfältig prüfen, ob die Standard-UML nicht doch alle nötigen Mittel für Ihre Modellierungszwecke bereitstellt. Auch der Einsatz von Stereotyp-Icons ist mit Vorsicht zu genießen. Ein UML-Modell, das als solches nicht erkennbar ist, verliert seinen Sinn als gemeinsame Notationssprache.

Sind Sie aber auf die Verwendung von UML-Profilen angewiesen, sollten Sie darauf achten, dass die einzelnen Profile untereinander kompatibel sind. Um die benötigten Aufwände gering zu halten, sollten Sie je nach Anwendungsgebiet und benötigten Ressourcen Profilkombinationen verwenden, beispielsweise eine Kombination von Erweiterungen für C++, Echtzeitanwendungen und verteilte Systeme.

19.7 Erstellen von Profilen

Bei der Erstellung eines Profils müssen einige Regeln eingehalten werden, um die Integrität des UML-Standards zu wahren: Ein UML-2-Profil

- darf der semantischen Bedeutung der UML-Elemente nicht widersprechen;
- darf nur die Erweiterungsmechanismen Stereotype und Constraints nutzen;
- muss selbst ein austauschbares UML-Modell sein (Organisation der Stereotypen in Pakete und vollständige Definition von Profilabhängigkeiten, usw.);
- muss das verwendete Subset des UML-Metamodells definieren;
- soll bestehende, relevante Elemente auflisten (wie z. B. Bibliotheken, Typdefinitionen, bestehende Modelle, ...);
- soll die Verknüpfung von Profilen zu einem neuen Profil berücksichtigen;
- soll formal definierte Tagged Values (Attribute der Stereotypen) enthalten (Typ, Wert, Beschreibung, evtl. mathematische Operationen, ...);
- muss mit einer Bibliothek zu einer logischen Einheit zusammenfassbar sein;
- sollte Regelungen zur grafischen Darstellung von Stereotypen enthalten;
- soll unabhängig von dem Modell sein, auf das es angewandt wird, d. h.: es soll dynamisch austauschbar und mehrfach wiederverwendbar sein.

19.8 Tools

Wenn Sie Profile einsetzen möchten, benötigen Sie ein Tool, das mit diesen Profilen umgehen kann. Die Möglichkeiten der automatischen Unterstützung reichen dabei von der Erstellung über die Anwendung eines Profils bis hin zur Arbeit mit profilgesteuerten Modellen. Die folgende Aufstellung zeigt Ihnen eine Reihe von potenziellen Anforderungen an ein Modellierungstool:

- Definition des Profils: Dies umfasst die Definition der Erweiterungsmechanismen für das Profil (Stereotype, Constraints), die Definition des Profils selbst und seiner Abhängigkeiten vom UML-Metamodell.
- Import und Export des Profils: Das Tool soll den Import und Export von UML-Profilen auf der Basis des XMI-Formats unterstützen.
- Profilanwendung: Die Anwendung des Profils auf ein UML-Modell muss nachvollziehbar sein.
- Entfernung des Profils: Das Tool sollte ein angewandtes Profil so vom Modell entfernen können, dass das Modell erhalten bleibt.
- Filterfunktion: Es soll möglich sein, in der Ansicht des UML-Modells diejenigen (Standard-) Elemente auszublenden, die nicht durch das Profil definiert werden.

- Testfunktion: Eine solche Funktion würde prüfen, inwieweit ein Modellelement den Regeln eines Profils folgt.
- Modellintegration: Das Verbinden von Modellen mit unterschiedlichen Profilen.
- Profilintegration: Das Verbinden unterschiedlicher Profile.

Aktuelle UML-Tools implementieren bereits einige dieser Funktionen (insbesondere Definition, Im- und Export bzw. die Anwendung eines Profils).

20 SysML

Im letzten Kapitel haben Sie etwas über die Anpassungsmöglichkeiten der UML mittels Profilen erfahren. In diesem Kapitel wollen wir Ihnen einen Überblick über ein sehr bekanntes Profil der UML geben – die SysML.

Mit der SysML soll der Benutzer eine Modellierungssprache an die Hand bekommen, mit deren Hilfe alle in der Systementwicklung anfallenden Entwicklungsprodukte mit nur einem Tool und einer Modellierungssprache beschrieben werden können.

20.1 Was ist SysML?

Wofür SysML?

Für die verschiedenen Arten von Produkten, die im Laufe einer Entwicklung erzeugt werden, existieren bereits zahlreiche Arten von Beschreibungstechniken. Für Anforderungen wird häufig die natürliche Sprache verwendet, in der Analyse, dem Design und der Architektur setzt sich immer mehr die UML durch. Für den Test gibt es wiederum weitere, sehr spezialisierte Beschreibungsarten. Dies führt zwangsläufig dazu, dass für die komplette Systementwicklung auch mehrere Werkzeuge wie Textverarbeitungsprogramme, Anforderungsverwaltungsprogramme oder UML-Modellierungsprogramme verwendet werden. Neben dem größeren Aufwand, den die Verwendung mehrerer Werkzeuge mit sich bringt, sind die Beteiligten in der Systementwicklung häufig auch vor das Problem gestellt, eine lückenlose Nachvollziehbarkeit zwischen den verschiedenen Beschreibungen herzustellen. Die Idee, die daraus entstanden ist, ist eine Modellierungssprache zu entwickeln, die alle Bereiche der Systementwicklung unterstützen kann. Das heißt, mit dieser Sprache sollen Systemanforderungen modelliert, die Systeme analysiert und geprüft werden, die Designer und Architekten unterstützt und vor allem eine unmissverständliche Kommunikation zwischen allen Beteiligten ermöglicht werden. Im Gegensatz zur UML sollte diese Modellierungssprache möglichst fern der Objektorientierung bleiben, da sie an sich selbst den Anspruch erhebt, auch andere Prozesse und Methoden als die Objektorientierung abzudecken. Dadurch wird unter anderem gewährleistet, dass diejenigen Entwicklungsbeteiligten, die keinen Informatik-Hintergrund haben, diese Sprache auch einsetzen können, ohne vorher die Objektorientierung erlernen zu müssen.

SysML 1.2

Das Ergebnis ist die System Modeling Language, kurz SysML. Die SysML wird wie die UML von der Object Management Group (OMG) herausgegeben und ist so wie diese auch frei verfügbar. Die Version 1.0 ist im April 2006 von der OMG als Standard angenommen worden und wurde 2007 als offizieller Standard verabschiedet. Seit dem hat es mittlerweile mehrere Aktualisierungen des Standards gegeben und seit 2010 liegt die SysML in der Version 1.2 vor [SysML10].

Tailoring – UML 2 Profile

⇨ 19

Die SysML basiert insofern auf der UML, als sie als Profil der UML (vgl. Kapitel 19) definiert ist, das heißt, sie verwendet einen Teil der Sprache und erweitert sie gleichzeitig um eigene Modellierungsprimitive. Das hat für die UML-Kenner unter den Lesern den Vorteil, dass viele Konzepte und Notationen bereits bekannt sind. Auch für die Toolentwicklung bringt dies den großen Vorteil, dass für die SysML keine von Grund auf neuen Werkzeuge entwickelt werden müssen.

20.1.1 Die SysML in diesem Buch

Nur ein Überblick

In diesem Kapitel möchten wir Ihnen lediglich einen kurzen Einblick in die SysML geben. Wir wollen Ihnen damit helfen, die vielfältigen Einsatzmöglichkeiten der SysML zu erkennen und das Für und Wider eines SysML-Einsatzes in Ihren Projekten zu beurteilen.

Wir möchten ausdrücklich darauf hinweisen, dass dieses Kapitel die SysML nicht vollständig und in der Ausführlichkeit beschreibt, wie die UML-Diagramme in diesem Buch dargestellt sind.

20.2 SysML - UML

Oberstes Ziel beim Design der SysML war es, möglichst viele Konzepte und Notationsmittel der UML wieder zu verwenden. Dies werden Sie auch an den Beispielen in diesem Kapitel erkennen.

Die SysML umfasst sehr viele Elemente, die eins zu eins von der UML übernommen worden sind. Sogar komplette Diagrammtypen (z. B. das Use-Case Diagramm) finden sich in der SysML wieder. Von den neun Diagrammtypen der SysML sind nur zwei komplett neu und drei weisen einige Modifikationen gegenüber UML auf. Einige der neuen Elemente der SysML stellen wir in diesem Kapitel vor.

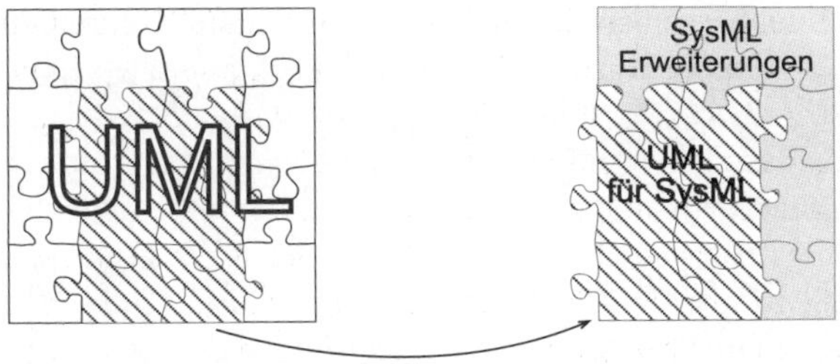

ABBILDUNG 20.1 Das Zustandekommen der SysML

20.3 Diagramme der SysML

Wie bereits erwähnt, dient die SysML der Beschreibung von Anforderungen, der Analyse, dem Design, der Architektur und der Testfälle. Um all das zu ermöglichen, werden in der SysML neun Diagramme angeboten, die in der folgenden Übersicht dargestellt sind. Dabei sind die Diagramme, die nicht direkter Bestandteil der UML sind, grau hinterlegt dargestellt.

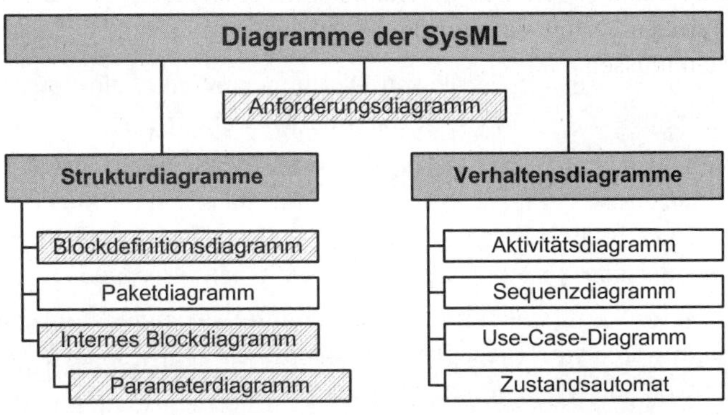

ABBILDUNG 20.2 Diagramme der SysML

Protokollzustandsautomat ⇨ 14.4.16
Paket-Merge ⇨ 7.4.3

Vier dieser Diagramme werden ohne Änderungen von der UML übernommen. Dabei handelt es sich um das Sequenzdiagramm, den Zustandsautomaten, das Use-Case-Diagramm und das Paketdiagramm. Allerdings gibt es auch hier ein paar kleine Einschränkungen. Zum Beispiel hat die SysML bei den Zustandsautomaten bewusst die Protokollzustandautomaten ausgeschlossen und das Paketdiagramm kommt ohne Merge-Beziehung aus.

Das Aktivitätsdiagramm der SysML führt Änderungen gegenüber dem UML-Aktivitätsdiagramm ein, die in Abschnitt 20.5.1 erläutert werden. Aber auch hier werden die meisten Elemente ohne Änderungen aus der UML direkt übernommen.

Die Blockdiagramme (block definition diagram und internal block diagram) ersetzen das Klassen- und Kompositionsstrukturdiagramm der UML. Um die Objektorientierung möglichst zu vermeiden (vgl. Abschnitt 20.1), wurde hier der Begriff Klasse bewusst nicht verwendet. Außer den Begrifflichkeiten haben diese Diagramme aber nicht viel Neues zu bieten. Ein paar Änderungen bzw. Erweiterungen werden im Abschnitt 20.4 vorgestellt.

Neu sind das Anforderungsdiagramm (Abschnitt 20.6) und das Parameterdiagramm (Ende von Abschnitt 20.4.3).

20.3.1 Rahmen für Diagramme

Rahmen sind ein Muss in der SysML!

Ein Rahmen um Diagramme ist bereits in der UML definiert worden und somit keine Besonderheit der SysML. Ist in der UML der Rahmen noch ein optional verwendbares Notationselement, so schreibt die SysML hingegen die Verwendung des Rahmens explizit vor. Die Kürzel zur Identifikation des Diagrammtyps sind für alle Diagramme, die auch in der UML vorkommen, mit den dort definierten Kürzeln identisch (z. B. *uc* für Use-Case Diagramme) – schließlich handelt es sich dabei um dieselben Diagrammtypen. Die Kürzel für die neuen Diagrammtypen werden in den jeweiligen Abschnitten genannt. Weitere Erläuterungen zur Bedeutung des Diagrammrahmens finden Sie in Kapitel 4.1.2.

Diagrammrahmen ⇨ 4.1.2

20.4 Strukturmodellierung

Strukturen werden in der SysML mit Paketdiagrammen und den Blockdiagrammen (Block Definition Diagramm und Internal Block Diagramm/Parametric Diagramm) dargestellt.

Paketdiagramm der SysML
Paketdiagramm ⇨ 7

Das Paketdiagramm ist bereits aus der UML bekannt, Details zu diesem Diagramm können Sie in Kapitel 7 nachlesen. Beim Paketdiagramm führt die SysML keine Erweiterungen ein, formuliert aber eine Einschränkung: Die Merge-Beziehung existiert nicht. Aufgrund dieser geringen Änderung gehen wir auf das Paketdiagramm an dieser Stelle nicht weiter ein.

Die weiteren Strukturdiagramme inklusive der dahinter stehenden Konzepte möchten wir Ihnen hier in aller Kürze vorstellen. Das Parameterdiagramm werden wir nicht in einem eigenen Abschnitt, sondern beim internen Blockdiagramm ansprechen.

20.4.1 Block

Bevor wir uns mit den einzelnen Strukturdiagrammen beschäftigen können, müssen wir uns zunächst den Begriff *Block* klären, da dieser bei den Blockdiagrammen schließlich eine zentrale Rolle spielt.

Was ist ein Block?

Ein Block in der SysML übernimmt die Rolle der Komponente aus der UML. Er kann somit ein ganzes System oder dessen Nachbarsysteme darstellen. Aber auch das Innenleben des Systems kann mit Blocks dargestellt, wobei die Blocks Einheiten verschiedenster Art darstellen können, wie zum Beispiel Softwarekomponenten, Subsysteme, Hardwarekomponenten usw., in die das System aufgeteilt werden kann. Die SysML macht keine Einschränkungen, was durch einen Block abgebildet werden kann.

An dieser Vielzahl von Möglichkeiten kann man bereits erahnen, wofür Blocks hauptsächlich verwendet werden - zur Beschreibung von Architekturen oder des Designs. Mittels Blöcken und ihrer Beziehungen untereinander können Hierarchien im System dargestellt werden.

Blöcke werden wie Klassen notiert

Blöcke werden wie Klassen mit einem Rechteck notiert. In dem Rechteck steht der Name des Blocks. Ein Block kann mit dem Schlüsselwort «block» versehen werden. Dies ist bei einem Blockdefinitionsdiagramm allerdings nicht zwingend, da dort automatisch jedes Rechteck, auch ohne dieses Schlüsselwort, ein Block ist.

In der SysML werden Blöcke in zwei Diagrammtypen eingesetzt, im Blockdefinitionsdiagram und im internen Blockdiagramm (inklusive dessen Spezialisierung, dem Parameterdiagramm).

ABBILDUNG 20.3 Die Notation und die Verwendung eines Blocks

20.4.2 Blockdefinitionsdiagramm

Blockdefinitionsdiagramm ≙ Klassendiagramm

Wie der Name bereits verrät, dient das Blockdefinitionsdiagramm (Kürzel **bdd**) dazu, die für das System relevanten Blöcke zu definieren. Die Definition kann dabei recht einfach ausfallen, indem lediglich die Blöcke benannt werden. Es ist aber auch möglich, eine Vielzahl von Informationen über die Blöcke, deren Merkmale und Beziehungen zwischen den Blöcken zu beschreiben. Bei der Modellierung von Blockdefinitionsdiagrammen kann man sich an der Modellierung von Klassendiagrammen orientieren.

Die Merkmale werden wie bei den Klassen in verschiedenen Abschnitten (engl. Compartments) notiert. Die SysML setzt Ihnen keine Grenzen, was Sie dort alles notieren können. Es gibt lediglich ein paar vordefinierte Abschnitte (values, parts, constraints, operations und references), die Sie, falls benötigt, verwenden können.

Da das Blockdefinitionsdiagramm auf dem Klassendiagramm basiert, können Sie die Beziehungen zwischen den Blocks mit den Assoziationen, wie sie im Klassendiagramm definiert worden sind, darstellen. Da Kompositionen und Aggregationen auch Assoziationen sind und dabei lediglich bestimmte Eigenschaften besitzen, können diese natürlich genauso verwendet werden. Auch Vererbungen können mittels Generalisierungsbeziehungen dargestellt werden. Die SysML hat allerdings die n-ären Assoziationen und die qualifizierten Assoziationen explizit ausgeschlossen.

Das Blockdefinitionsdiagramm kann ähnlich wie das Komponentendiagramm der UML eingesetzt werden, um die Architektur eines Systems zu modellieren. Durch Assoziationen können die Zusammenhänge zwischen den Teilen des Systems anschaulich beschrieben werden und die Verwendung von Kompositionen erlaubt es, das System hierarchisch zu zerlegen.

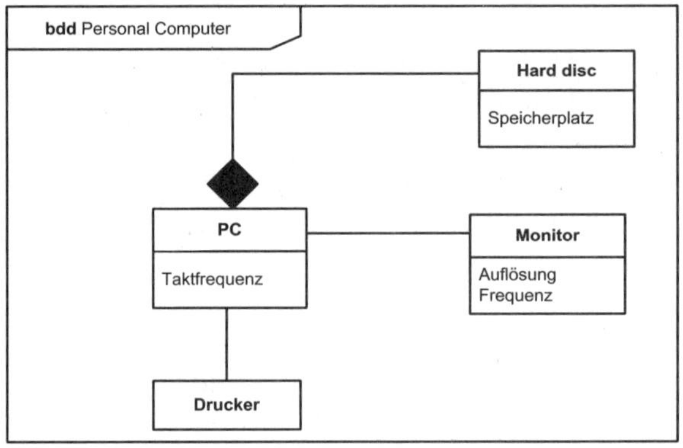

ABBILDUNG 20.4 Ein einfaches Blockdefinitionsdiagramm eines PCs

Blöcke zur Kontextabgrenzung

Auch als Kontextdiagramm lässt sich das Blockdefinitionsdiagramm verwenden. So kann der Modellierer in der SysML Akteure, wie wir sie aus dem Use-Case-Diagramm kennen, in ein Blockdefinitionsdiagramm einbauen. Dadurch lassen sich die Beziehungen des Systems zu seiner Umgebung darstellen.

20.4.3 Internes Blockdiagramm

Internes Block-Diagramm ≙ Kompositionsstrukturdiagramm

Das Interne Blockdiagramm (Kürzel **ibd**) basiert auf dem UML-Kompositionsstrukturdiagramm, vor allem auf dem Bereich der strukturell-statischen Kompositionsstrukturen (vgl. Abschnitt 9.1). Mit diesem Diagrammtyp wird die interne Struktur eines Blocks beschrieben. Er ähnelt rein äußerlich stark dem Kompositionsstrukturdiagramm. Man sieht Parts, Ports und die Konnektoren, welche die Parts verbinden.

Parts in der SysML

Part und Konnektor

Um den internen Aufbau eines Blocks zu beschreiben, verwendet die SysML Parts. Für die Kenner des UML-Kompositionsstrukturdiagramms ist das nichts Neues. Parts stellen die Bestandteile eine Blocks dar, so wie in der UML die Parts die Bestandteile von Klassen oder Komponenten darstellen. Beziehungen zwischen den Parts werden durch Konnektoren dargestellt.

Ports in der SysML

FlowPort

Neu in der SysML sind die so genannten FlowPorts. Ein FlowPort beschreibt die Schnittstelle eines Blocks zu seiner Umgebung. Dies trifft zunächst auch für die Standardports zu, wie

Ports
⇨ 9.4.3

wir sie bereits aus der UML (vgl. Abschnitt 9.4.3) kennen. Neu ist, dass zwischen FlowPorts nicht nur Dienstleistungsaufrufe ausgetauscht, sondern auch materielle Dinge hin und her geschickt werden können. So ist es beispielsweise vorstellbar, den Stromfluss zwischen einer Energiequelle und einem Verbraucher mit den FlowPorts zu modellieren. Was durch so einen Port „hindurchfließen" kann, muss dementsprechend definiert werden. Hierzu werden wiederum Blöcke mit dem Stereotyp «flowSpecification» in einem Blockdefinitionsdiagramm verwendet. In diesen Blöcken werden in einem Abschnitt die Flussrichtung (In, Out oder Inout) und der Typ der Dinge, die durch den Port geschleust werden, definiert.

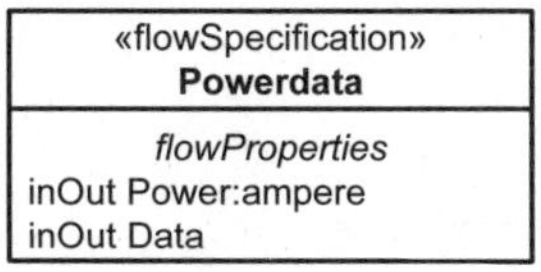

ABBILDUNG 20.5 Spezifikation eines FlowPorts

Notation der Flowports

Ports werden wie in der UML mit einem kleinen Rechteck notiert, welches auf dem Rand des Elements, zu dem der Port gehört (in unserem Fall der Block), platziert ist. Ein FlowPort wird dadurch gekennzeichnet, dass in dem Rechteck zwei Pfeilspitzen (< >) oder ein kleiner Pfeil (→) notiert wird. Im ersten Fall können verschiedenartige Dinge in beiden Richtungen durch den Port fließen, während der kleine Pfeil einen Typ nur in genau einer Richtung durchlässt.

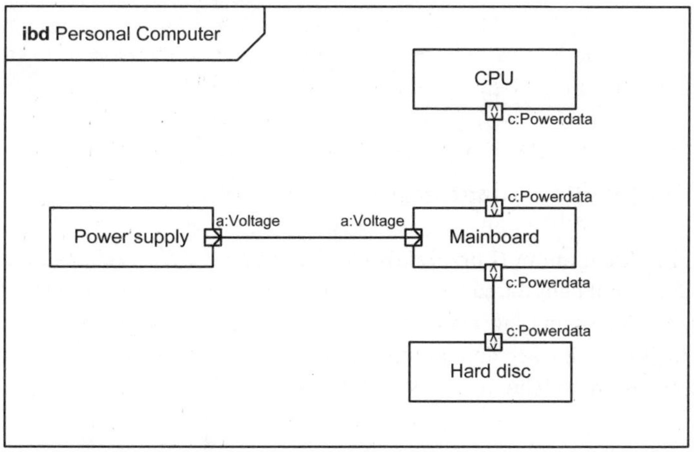

ABBILDUNG 20.6 FlowPorts in einem PC

Der Block, dessen Innenleben in diesem Beispiel beschrieben wird, hat den Namen `Personal Computer`. Dieser wird im Header des Rahmens angezeigt. Somit gehören alle Elemente, die in diesem Diagramm gezeigt werden, zu dem Block Personal Computer. Der interne Aufbau des PCs ist hier sehr vereinfacht auf `CPU`, `Mainboard`, `Hard disc` und `Power supply` aufgeteilt. Zwischen der Stromversorgung und dem Mainboard wird nur Energie geliefert und zwar nur in eine Richtung. Zwischen dem Mainboard und den restlichen Bestandteilen werden neben der Energie auch Daten hin und her geschickt. Für diese Ports gilt die Spezifikation aus Abbildung 20.5.

Parameterdiagramm

Eine Spezialisierung des internen Blockdiagramms ist das Parameterdiagramm (parametric diagram) mit dem Kürzel **par**. Er dient dazu, die Beziehungen zwischen verschiedenen Eigenschaften von Blöcken zu beschreiben. Was ist darunter zu verstehen? Stellen Sie sich zum Beispiel vor, dass in einem Fahrzeug der durchschnittliche Treibstoffverbrauch angezeigt werden soll. Hierzu benötigt man von einem Kilometerzähler die zurückgelegte Strecke des Fahrzeugs und von der Motorsteuerung die Menge an verbrauchtem Treibstoff. Dieses wird dann miteinander verrechnet und daraus der durchschnittliche Verbrauch ermittelt und an eine Displaysteuerung weitergegeben. Wir haben hier also ein Zusammenspiel verschiedener Eigenschaften unterschiedlicher Blöcke. Zunächst definieren wir die Parameter. Hierfür wird wiederum die Klassennotation verwendet. Diesmal mit dem Stereotyp «constraint».

Abbildung 20.7 zeigt die Definition des `durchschnittlichen Verbrauchs`. Im Abschnitt `contraints` wird die Formel für den durchschnittlichen Verbrauch definiert. In unserem Fall wäre das der `durchschnittliche Verbrauch` (`dVer`), der sich aus der verbrauchten `Benzinmenge (Ver)` multipliziert mit 100 und geteilt durch die zurückgelegte `Strecke (a)` ergibt. Im Abschnitt `parameters` werden die einzelnen Parameter aus der Formel definiert.

Nach der Definition der Parameter wird im Parameterdiagramm das Zusammenspiel der Eigenschaften verschiedener Blöcke veranschaulicht. Die Anwendung der definierten Parameter wird durch ein Rechteck mit abgerundeten Ecken dargestellt. Die Parameter selbst werden durch kleine Quadrate an der Innenseite dieses Rechtecks dargestellt.

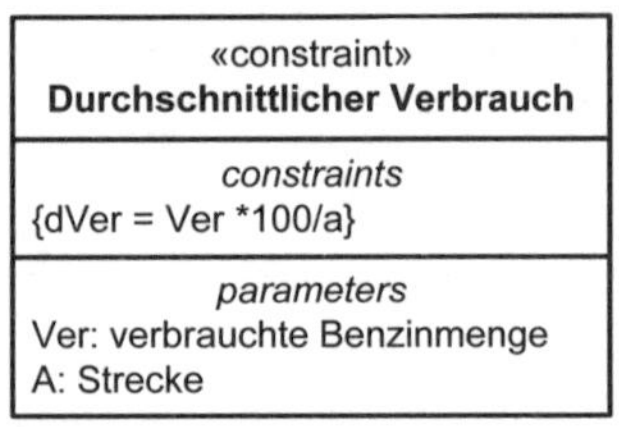

ABBILDUNG 20.7 Definition des durchschnittlichen Verbrauchs

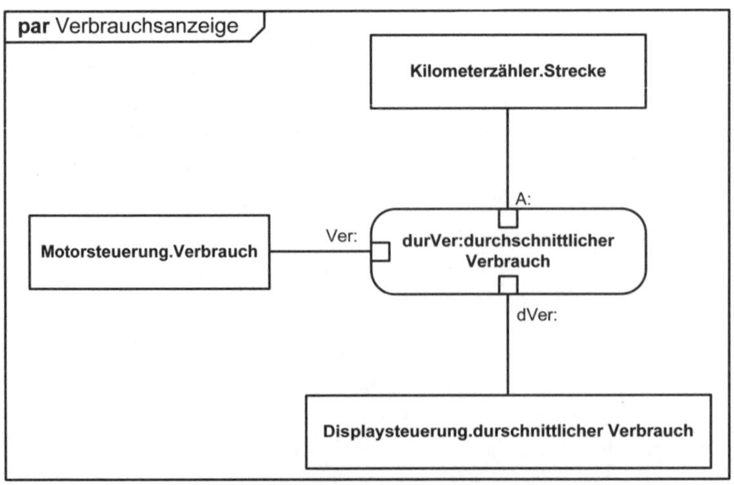

ABBILDUNG 20.8 Zusammenspiel verschiedener Blockeigenschaften

In Abbildung 20.8 wird gezeigt, wie die Eigenschaften der `Motorsteuerung`, des `Kilometerzählers` und der `Displaysteuerung` zusammenarbeiten müssen, damit der Fahrer sehen kann, wie viel Treibstoff verbraucht wurde. Zum Beispiel wird der Wert der Eigenschaft `Strecke` vom `Kilometerzähler` bei der Berechnung des durchschnittlichen Verbrauchs als Parameter A in die Berechnung eingebracht.

20.5 Verhaltensmodellierung

Das Verhalten von Systemen wird in der SysML mit Aktivitätsdiagrammen, Zustandsautomaten, Use-Case-Diagrammen und Sequenzdiagrammen modelliert. Während das Use-Case-Diagramm und das Sequenzdiagramm ohne Änderungen von der UML 2 in die SysML eingeflossen sind, gibt es beim Zustandsautomaten eine Einschränkung: In der SysML werden keine Protokollzustandsautomaten verwendet. Aus diesem Grund gehen wir an dieser Stelle auf diese drei Diagramme nicht mehr ein, sondern verweisen auf die Kapitel 12 (Use-Case Diagramm), Kapitel 14 (Zustandsautomat) und Kapitel 15 (Sequenzdiagramm) dieses Buches, in denen diese Diagramme für die UML beschrieben werden.

Anders verhält es sich beim Aktivitätsdiagramm. Dieses wurde für die SysML an einigen Stellen erweitert.

20.5.1 Aktivitätsdiagramm der SysML

In diesem Abschnitt stellen wir Ihnen die Erweiterungen des Aktivitätsdiagramms vor, die in der SysML gemacht werden, vor. Um Redundanzen in diesem Buch zu vermeiden, haben wir absichtlich davon abgesehen, diejenigen Elemente, die unverändert von der UML übernommen worden sind, hier nochmals vorzustellen und zu erklären. Auch setzen wir bewusst grundlegende Kenntnisse in der Aktivitätsmodellierung voraus. Falls Aktivitätsdiagramme für Sie unbekannt sind oder nur minimale Kenntnisse vorhanden sind, legen wir Ihnen als Ausgangsbasis für diesen Abschnitt nahe, zuerst das Kapitel 13, Aktivitätsdiagramm, zu lesen.

Aktivitäts-diagramm ⇨ 13

Erweiterungen in der SysML

Kontrolloperator

Die SysML bietet die Möglichkeit, Aktionen zu modellieren, die andere Aktionen ein- oder ausschalten. Diese Aktionen werden Kontrolloperatoren genannt und erhalten den Stereotyp «controlOperator». Kontrolloperatoren senden Daten an andere Aktionen, die diese dazu ermuntern zu starten oder zu stoppen. Allerdings werden die Pins, die diesen Datenfluss kennzeichnen würden, nicht mit modelliert, sondern sind nur implizit im Diagramm vorhanden.

«controlOperator»

Optionale Parameter

Durch die Verwendung des Schlüsselwortes «optional» an einem Eingangs- oder Ausgangs-Pin ist es möglich, einer Aktion oder Aktivität optionale Ein- und Ausgabeparameter zuzuweisen.

«optional»

Das bedeutet, dass die Aktion auch dann starten kann, wenn keine der optionalen Parameter vorhanden sind. Gekennzeichnet werden die Parameter mit dem Schlüsselwort «optional».

Frequenz

rate

Bei der Modellierung von Aktivitäten wird immer wieder der Fall vorkommen, dass bestimmte Aktionen Daten in einer vorgegebenen Frequenz aufnehmen oder abgeben können. Zum Beispiel wird in einem Automobil das Steuergerät für das Antiblockiersystem in einer vorgegebenen Taktrate Daten über das Bussystem des Automobils erhalten, um seine Berechnungen durchzuführen. Die Frequenz, in der diese Daten fließen, wird im Aktivitätsdiagramm der SysML an der Kante in folgender Form notiert: {rate=<Wert>}. Als Werte können diskrete Werte wie 1 pro Sekunde, aber auch kontinuierliche Werte wie Liter pro Minute angegeben werden.

Wahrscheinlichkeit

probability

Immer dann, wenn in einer Aktivität eine Entscheidung ansteht, also zwischen mehreren alternativen Abläufen gewählt werden kann, hat der Modellierer nun die Möglichkeit, die Wahrscheinlichkeit, mit der einer der Abläufe durchlaufen wird, anzugeben. Hierzu werden an den jeweiligen Kanten die Wahrscheinlichkeiten in folgender Form notiert: {probability=<Wert>}. Als Wert wird eine natürliche Zahl zwischen 0 und 1 notiert.

Eigenschaften von Objektknoten

«nobuffer» und «overwrite»
Objektknoten
⇨ 13.4.3

Aus der UML sind bereits die Eigenschaften «datastore» und «centralbuffer» von Objektknoten bekannt. Mit der SysML wurden weitere Eigenschaften eingeführt. Diese sind «nobuffer» und «overwrite». Wenn ein Objektknoten die Eigenschaft «nobuffer» hat, dann werden die Daten nicht in dem Knoten aufbewahrt, bis sie benötigt werden, sondern sofort gelöscht, wenn die Daten von keiner Aktion benötigt werden. Mit der Eigenschaft «overwrite» kann dafür gesorgt werden, dass immer aktuelle Daten im Objektknoten vorhanden sind. Diese Eigenschaft eines Objektknotens ersetzt im Knoten vorhandene durch neu ankommende Daten. Dies gilt natürlich nur, wenn die Anzahl der im Knoten vorhandenen Daten nach oben hin begrenzt wurde, da sonst die neuen Daten einfach hinzugefügt werden.

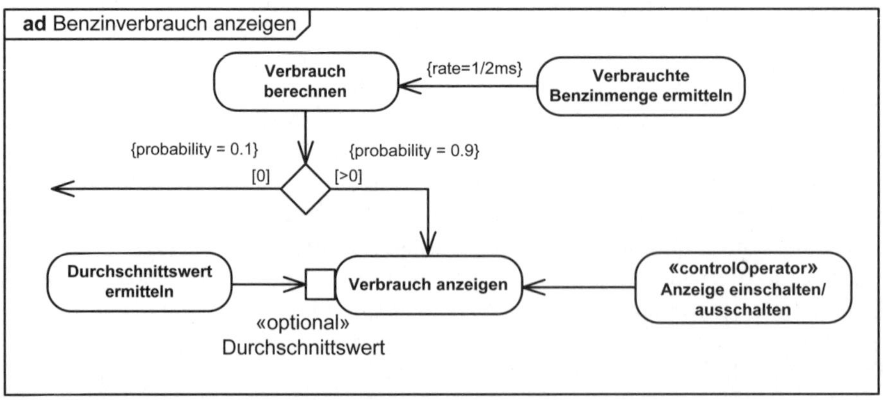

ABBILDUNG 20.9 Beispiel mit SysML-Neuerungen im Aktivitätsdiagramm

20.6 Anforderungen und Traceability mit der SysML

20.6.1 Anforderungsdiagramm

Das Anforderungsdiagramm (Kürzel **req**) ist ein neues Diagramm der SysML. Mit diesem Diagrammtyp wird dem Ziel der SysML entsprochen, dass auch Anforderungen mit dieser Modellierungssprache dargestellt werden können.

Anforderungen und Testfälle

Anforderungen

Die wichtigsten Elemente in einem Anforderungsdiagramm sind natürlich die Anforderungen. Anforderungen werden mit der Klassennotation dargestellt und erhalten den Stereotyp «requirement». Zusätzlich zu dem Namen der Anforderung besteht auch die Möglichkeit, Eigenschaften der Anforderung zu notieren. Hierfür werden wiederum die von den Klassen bekannten Abschnitte verwendet, um die Eigenschaften zu strukturieren. In der SysML sind bereits ein paar Eigenschaften vordefiniert, wobei die wichtigsten wohl der Anforderungstext und eine eindeutige Identifikationsnummer sind.

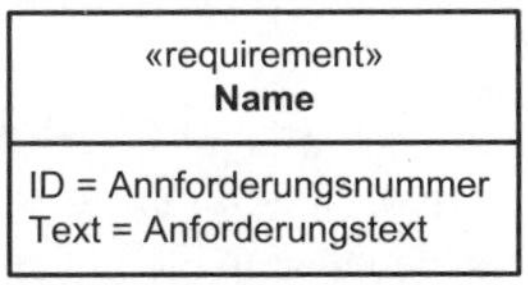

ABBILDUNG 20.10 Notation einer Anforderung

Unterschiedliche Anforderungsarten

Die SysML ermöglicht eine feine Unterscheidung zwischen verschiedenen Arten von Anforderungen. So kann man zum Beispiel zwischen funktionalen und nichtfunktionalen Anforderungen unterscheiden. Hierfür wird einfach der Stereotyp entsprechend angepasst. In unserem Beispiel wäre das «functionalRequirement» und «nonfunctionalRequirement».

Testfälle

Neben den Anforderungen können in einem Anforderungsdiagramm auch die Testfälle modelliert werden. Die Testfälle dienen dazu zu prüfen, ob das System den gestellten Anforderungen genügt. Hierzu muss jede Anforderung durch mindestens einen Testfall abgedeckt werden. Es ist nicht zwingend erforderlich, dass ein Testfall nur genau eine Anforderung abdeckt, sondern natürlich auch denkbar, dass ein Testfall mehrere Anforderungen prüfen kann. Auch Testfälle werden mit der Klassennotation modelliert und erhalten den Stereotyp «testcase». Für die genaue Beschreibung der Testfälle selbst können wiederum Verhaltensdiagramme herangezogen werden. So stellt dann der Name des jeweiligen Verhaltensdiagramms, das den Testablauf beschreibt, den Namen des Testfalls im Anforderungsdiagramm dar.

ABBILDUNG 20.11 Notation eines Testfalls

Beziehungen zwischen Anforderungen und zwischen Anforderungen und anderen Elementen

Zwischen den Elementen eines Anforderungsdiagramms kann es unterschiedliche Beziehungen geben. Im Folgenden werden diese kurz erläutert und danach an einem Beispiel nochmals anschaulich dargestellt. Beziehungen, die von oder zu Anforderungen existieren, werden mit Abhängigkeitsbeziehungen modelliert.

«copy»

Mit einer Kopiebeziehung können Anforderungen an mehreren Stellen verwendet werden. Hierbei wird eine Kopie einer Anforderung erstellt. Bei dieser Kopie gilt, dass der Anforderungstext nicht editiert werden kann. Die Kopiebeziehung wird durch den Stereotyp «copy» ausgezeichnet.

«refine»

Wie aus Kapitel 4 zu ersehen ist, können Anforderungen mittels verschiedener Diagrammarten detaillierter beschrieben werden. Der Zusammenhang zwischen der Anforderung und dem beschreibenden Element wird mit einer Verfeinerungsbeziehung (Stereotyp «refine») hergestellt. Aber nicht nur zwischen Anforderungen und anderen Elementen, sondern auch zwischen mehreren Anforderungen kann diese Beziehung verwendet werden. Schließlich lassen sich Anforderungen auch durch detailliertere Anforderungen verfeinern.

«deriveReqt»

Es kann vorkommen, dass Anforderungen aus anderen Anforderungen abgeleitet werden. Hierbei handelt es sich allerdings nicht um eine Verfeinerung, sondern eine Anforderung ergibt sich aus der anderen (z. B. eine Systemanforderung wird von einer Geschäftsprozessanforderung abgeleitet). Dieser Zusammenhang wird in der SysML mit einer Beziehung und dem Stereotyp «deriveReqt» dargestellt.

«verify»

Zur Systementwicklung gehört es auch, dass geprüft wird, ob die Anforderungen mit dem System erfüllt werden. Hierzu dienen die Testfälle. Um zu zeigen, welcher Testfall welche Anforderung prüft, können zwischen den beiden Elementen Beziehungen mit dem Stereotyp «verify» modelliert werden.

Keine Assoziationen und Generalisierungen

Obwohl die Anforderungen mit der Klassennotation modelliert werden, sieht die SysML nicht vor, dass zwischen Anforderungen jegliche Arten von Assoziationen oder Generalisierungen modelliert werden können.

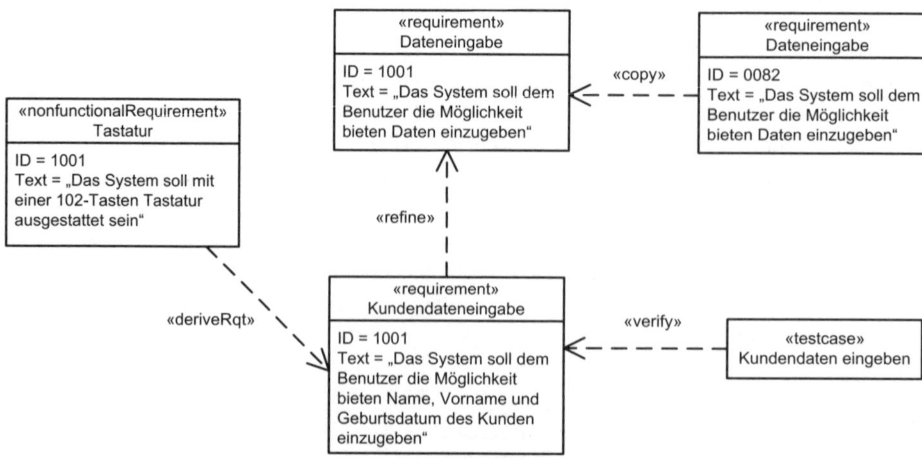

ABBILDUNG 20.12 Beziehungen in einem Anforderungsdiagramm

20.6.2 Nachvollziehbarkeit

Das Interessante bei der Modellierung von Anforderungen ist, dass die Nachvollziehbarkeit (traceability) von Anforderungen bezüglich der Analyse, der Architektur oder des Designs sehr leicht dargestellt werden kann. Anforderungen können nicht nur im Anforderungsdiagramm, sondern auch in anderen Diagrammen der SysML modelliert werden. So können zum Beispiel in einem Blockdefinitionsdiagramm Anforderungen auftauchen und mit anderen Elementen in Beziehung gesetzt werden.

«satisfy»

Um eine Beziehung zwischen den Anforderungen und anderen Elementen dieser Diagramme herzustellen, bedient man sich einer Abhängigkeitsbeziehung mit dem Stereotyp «satisfy». So kann beispielsweise in dem Diagramm, mit dem die Architektur unseres PCs beschrieben wird, mit dieser Beziehung auch gleich festgelegt werden, welches Architekturelement die oben beschriebenen Anforderungen erfüllen soll.

«trace»

Falls die Beziehung allerdings nicht ausdrücken soll, dass eine Anforderung durch ein anderes Element realisiert wird, sondern lediglich ein nicht weiter definierter Zusammenhang zwischen der Anforderung und dem Element besteht, dann wird der Stereotyp «trace» verwendet.

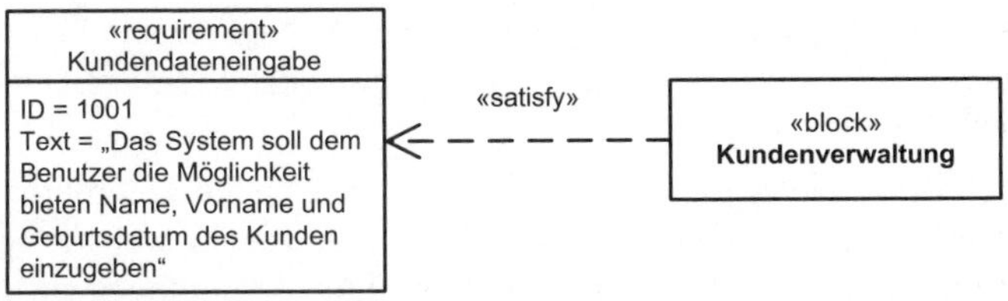

ABBILDUNG 20.13 Die «satisfy»-Beziehung zu einer Anforderung

Literaturverzeichnis

[Arm00] *Armour, F.:* Advanced Use Case Modelling. Addison-Wesley, 2000.

[BKn02] *Bunse, C., von Knethen, A.:* Vorgehensmodelle kompakt. Spektrum Akademischer Verlag, Heidelberg 2002.

[Boo91] *Booch, G.:* Object-Oriented Analysis and Design with Applications. Benjamin/Cummings, Redwood City, CA, USA, 1991.

[Bre98] *Breymann, U.:* Komponenten entwerfen mit der C++ STL. Addison-Wesley, 1998.

[Coa94] *Coad, P:* Objektorientierte Analyse. Prentice-Hall, 1994.

[Coc98] *Cockburn, A.:* Writing Effective Use Cases. Addison-Wesley, 1998.

[CYo91] *Coad, P., Yourdon, E.:* Object-Oriented Analysis. Yourdon Press, Englewood Cliffs, NJ, USA, 1991^{2nd}.

[DPl79] *DeMarco T., Plauger P. J.:* Structured Analysis and System Specification. Prentice-Hall, 1979.

[Dou99] *Douglass, B. P.:* Doing Hard Time. Developing Real-Time Systems with UML, Objects, Frameworks and Patterns. Addison-Wesley Longman, Wokingham, GB, 1999.

[GMW97] *Garlan, D., Monroe, R., and Wile, D.:* „Acme: an architecture description interchange language", in: Proceedings of the 1997 Conference of the Centre for Advanced Studies on Collaborative Research, Association For Computing Machinery (ACM), 1997.

[Gom99] *Gomaa, H.:* Software Design Methods for Concurrent and Real-Time Systems. Addison-Wesley. 1999.

[GOF01] *Gamma, E., et al.:* Entwurfsmuster: Elemente wiederverwendbarer objektorientierter Software. München, Boston et al., Addison-Wesley, 2001.

[Har87] *Harel, D.:* Statecharts: A Visual Formalism for Complex Systems. Science of Computer Programming (8). Elsevier. 1987.

[HDH06] *Hörmann, K., Dittmann, L., Hindel, B.:* SPICE in der Praxis. Dpunkt, 2006.

[HKa03] *M. Hitz, G. Kappel:* UML@Work, dpunkt, 2003.

[HRu02] *Hruschka, P., Rupp, C.:* Agile Softwareentwicklung für Embedded Real-Time Systems mit der UML. Hanser, München, Wien 2002. Online verfügbar im Download-Bereich unter *www.sophist.de*.

[ITU02] *International Telecommunications Union, ITU Recommendation Z.100:* Specification and Description Language (SDL), (08/02), ITU-T, 2002.

[ITU04] *International Telecommunications Union, ITU Recommendation Z.120:* Message Sequence Chart (MSC), (04/04), ITU-T, 2004.

[Jac92] *Jacobson, I.:* Object-Oriented Software Engineering – A Use Case Driven Approach. Addison-Wesley Longman, 1992.

[JCG] *Java Coding Guidelines:* java.sun.com/docs/codeconv

[JCJ92] *Jacobson, I., Christerson, M., Jonsson, P., Övergaard, G.:* Object-Oriented Software Engineering: A Use Case Driven Approach. Addison-Wesley, Wokingham, GB, 1992.

[Kneu03] *Kneuper, W.:* CMMI. dpunkt, 2003.

[Kob02] *Kobryn, C.:* Designing a More Agile UML 2.0. Telelogic, 2002.

[Kru00] *Kruchten, P.:* The Rational Unified Process – An Introduction. Addison-Wesley Longman, Wokingham, GB, 2000^2.

[Lar02] *Larman, C.:* Applying UML and Patterns. Prentice-Hall, Englewood Cliffs, NJ, USA, 2002.

[Mey97] *Meyer, B.:* Object-Oriented Software Construction. Prentice-Hall 1997.

[MPa84] *McMenamin, S. M., Palmer, J. F.:* Essential System Analysis. Prentice-Hall, Englewood Cliffs 1984.

[NGT92] *Nierstrasz, O., Gibbs, S., Tsichritzis, D. C.:* Component-oriented software development. Communications of the ACM 35/9 (1992).

[Oes05] *Oestereich, B.:* Die UML-Kurzreferenz 2.3 für die Praxis. Oldenbourg, 2005

[Oes04] *Oestereich, B.:* Objektorientierte Softwareentwicklung. Analyse und Design mit der UML 2. Oldenbourg, München, Wien, 2004

[OMG03] *Object Management Group:* UML 2.0 OCL Specification, Framingham, MA, USA, Oktober 2003. OMG Dokument: ptc/03-10-14

[OMG04] *Object Management Group:* Human-Usable Textual Notation (HUTN) Specification, Framingham, MA, USA, August 2004. OMG Dokument: formal/04-08-01

[OWS03] *Oestereich, B., Weiss, Ch., Schröder, C., Weilkiens, T., Lenhard, A.:* Objektorientierte Geschäftsprozessmodellierung mit der UML. dpunkt 2003.

[PRu11] *Pohl, K., Rupp, C.:* Basiswissen Requirements Engineering. dpunkt 2011.

[Raa93] *Raasch, J.:* Systementwicklung mit strukturierten Methoden. Hanser, München, Wien 1993.

[RQu03] *Rupp, C., Queins, S.:* Vom Use-Case zum Test-Case. OBJEKTspektrum. 07/08 2003

[Rum93] *Rumbaugh, J., et al.:* Objektorientiertes Modellieren und Entwerfen. Hanser, München, Wien; London: Prentice-Hall International, 1993

[Rup09] *Rupp, C., SOPHIST GmbH* Requirements-Engineering und -Management. Hanser, München, Wien 2009

[SGW94] *Selic, B., Gullekson, G., Ward, P. T.:* Real-Time Object-Oriented Modeling. John Wiley & Sons, Inc., New York, USA, 1994.

[Sel03] *Selic, B.:* Brass Bubbles: An Overview of UML 2.0 (and MDA). IBM, 2003.

[SR98] *Selic, B., and Rumbaugh, J.:* „Using UML for Modeling Complex Real-Time Systems“, IBM Rational white paper, Apr. 4, 1998, http://www-128.ibm.com/developerworks/rational/library/139.html

[Str97] *Stritzinger, A.:* Komponentenbasierte Softwareentwicklung. Addison-Wesley, Bonn, 1997

[SVÖ05] *Stahl, Völter:* Modellgetriebene Softwareentwicklung – Techniken, Engineering, Management, dPunkt, 2005

[SysML] *Object Management Group:* Systems Modeling Language (SysML) Specification. Version 1.2. OMG Document: formal/2010-06-02. Needham, Massachusetts.

[Uni98] *Unisys Corporation, IBM, Cooperative Research Centre for Distributed Systems Technology, Oracle Corporation, Platinum Technology, Inc., Fujitsu, Softeam, Recerca Informatica und DaimlerChrysler:* XML Metadata Interchange (XMI). Proposal to the OMG OA&DTF. OMG – Object Management Group, Framingham, MA, USA, 1998. OMG Dokument ad/98-10-05.

[UML07] *UML Partners:* UML 2.1 Superstructure. OMG Final Adopted Specification. ptc/2007-02-03., Framingham, MA, USA, Februar 2007.

[UML10] *UML Partners:* UML 2.4 Superstructure, Beta-Version. OMG Final Adopted Specification. ptc/10-12-16., Framingham, MA, USA, Dezember 2010.

[UML97] *UML Partners:* UML Summary. OMG – Object Management Group, Framingham, MA, USA, September 1997. Version 1.1.

[UML99] *UML Partners:* OMG Unified Modeling Language Specification. Framingham, MA, USA, Juni 1999. Version 1.3, OMG Dokument: ad/99-06-06.

[URI98] Internet Engineering Task Force: Uniform Resource Identifiers (URI): Generic Syntax. August 1998. www.ietf.org

[Ver00] *Versteegen, G.:* Projektmanagement mit dem Rational Unified Process. Springer, Berlin, Heidelberg, 2000

[Wat02] *Watson, A.:* Policies and Procedures of the OMG Technical Process. OMG – Object Management Group, Framingham, MA, USA, Oktober 2002. Version 2.1, OMG Dokument pp/02-10-02

[WWW90] *Wirfs-Brock, R., Wilkerson, B., Wiener, L.:* Designing Object-Oriented Software. Prentice-Hall, 1990.

Register

A

Abhängigkeitsbeziehung 159, 544
- extend 258
- include 256
- zur Einsatzspezifikation 236

abstraction 162
Abstraction
→ Abstraktionsbeziehung 162
Abstraktionsbeziehung 162
access 177
Action
→ Aktion 274
Activity
→ Aktivität 278
Activity Edge
→ Kanten 287
Activity Final Node
→ Endknoten 293
Activity Partition
→ Aktivitätsbereich 308
actor 254
Actor
→ Akteur 251
Aggregation 153
Akteur 251
- alternative Notationen 254
- erlaubte Assoziationen 254
- Generalisierung von 254

Aktion 274, 425
- Abarbeitung 266
- Objektfluss zwischen 283
- parametrisiert 275
- Vor- und Nachbedingungen 276

Aktionssequenz 426
Aktivität 278
- parametrisiert 275, 280
- Schachtelung 279

Aktivitätsbereich 290, 308
Aktivitätsdiagramm 263, 407, 502
- in der Analyse 50
- Anwendung im Projekt 271
- Elemente 264
- im Feindesign 103
- Präzisierung von Use-Cases 272
- in der Softwareanalyse 92
- in der SysML 541

Aktivitätsdiagramm
→ Activity Diagram 263
alt 444
Analyse 39
- Aufgaben 44
- Detaillierungstiefe 72

Anforderungsdiagramm 57, 543
apply 525
Architekturdiagramm
→ Kompositionsstrukturdiagramm 193
Artefakt 223, 232, 235
artifact 221, 223
Artifact
→ Artefakt 223
assert 459
Association
→ Assoziation 142
Association Class
→ Assoziationsklasse 157
Assoziation 142
- abgeleitete 147
- zu Akteuren 252
- Einschränkung 143
- Instanziierung 144
- als Kommunikationspfad 234
- Leserichtung 144
- Link als Instanz 192
- Multiplizität 145
- Name 144
- n-äre 155
- Navigationsrichtung 143, 150
- Navigierbarkeit 145
- qualifizierte 154
- Rollenname 145
- zirkuläre 149

Assoziationsklasse 157
Attribut 118
- abgeleitet 119

- Datentyp 120
- Deklaration 119
- Eigenschaftswert 120
- Klassen- 121
- Multiplizität 120
- Name 120
- im Sequenzdiagramm 420
- Sichtbarkeit 119
- eines Signals 434
- Vorgabewert 120

Auftrittsspezifikation
→ Ereignis 404
Aufzählungstyp 29
Ausdruck 23
Ausführungssequenz 425, 462
Ausführungsumgebung 233, 237
Ausschnittsbildung 40
Austrittspunkt 369, 372

B

bag 148
Bean *siehe auch* JavaBean
Begriffsmodell 55, 92
- Inhalte 74

benennbares Element 422
bind 132
Black-Box 45, 85, 95
Black-Box-Anforderungen 59
Black-Box-Sicht
- auf das System 245, 415

Block 537
Block Definition Diagram
→ Blockdefinitionsdiagramm 537
Blockdefinitionsdiagramm 537
break 448

C

central-buffer 286
Choice
→ Entscheidung 353
Class Diagram
→ Klassendiagramm 107
Class
→ Klasse 115
Collaboration
→ Kollaboration 212
Collaboration Use
→ Kollaborationsanwendung 214
Combined Fragment
→ Kombiniertes Fragment 442
Comment
→ Kommentar 22
Communication Diagram
→ Kommunikationsdiagramm 473
Communication Path
→ Kommunikationspfad 233
Compartments 537
complete 141
Compliance Level 32
component 221
Component
→ Komponente 220
Component Diagram
→ Komponentendiagramm 215
Composite State
→ zusammengesetzter Zustand 357
Composite Structure Diagram
→ Kompositionsstrukturdiagramm 193
Condition Timeline
→ Zeitverlaufslinie 493
Conditional Node
→ Entscheidungsknoten 322
Connectable Element 209, 422
Connection Point Reference 369
Connector
→ Konnektor 209
consider 459
constraint 540
Constraint
- Randbedingung 24

controlOperator
→ Kontrolloperator 541
copy 544
critical 457

D

datastore 286
Data Type
→ Datentyp 26
Datentransferobjekt
- Modellierung in der Analyse 72

Datentyp 26
Decision Node
→ Parallelisierungsknoten 299
Deep History
→ Historie 374
Default Entry 359, 366, 372
Defer 337, 359
Dekorierer 519
Dependency
→ Abhängigkeitsbeziehung 159
deploy 235
Deployment
→ Verteilungsbeziehung 235

Deployment Diagram
→ Verteilungsdiagramm 227
Deployment Specification
→ Einsatzspezifikation 236
derive 162
deriveReqt 544
Design Pattern 205
Detaillierungstiefe
- in der Analyse 72
- in der Softwareanalyse 92
- in der Systemarchitektur 87
device
→ Gerät 231
Diagramm 15
- Austausch 19
- Notation 16
- Verbindungen 74
Diagrammrahmen 536
Diagrammtyp 15
disjoint 141
document 224
duration 438

E
Einsatzspezifikation 236
Eintrittspunkt 369, 372
Element-Import 176
else 352, 444
Endknoten 293
Endzustand 348, 367
Entity-Relationship-Modell 109
Entry Point
→ Eintrittspunkt 369
Entscheidung 353
- Unterschied zur Kreuzung 354
Entscheidungsknoten 322
Enumeration
→ Aufzählungstyp 29
Ereignis 276, 342, 404
- Zeitereignis 277
Ereignisempfänger 277
Erweiterungsbeziehung 522
Erweiterungspunkt 259
Erzeugungsnachricht 435
Event
→ Ereignis 404
Exception Handler 306, 448
Exception-Objekte 285
executable 224
execution environment
→ Ausführungsumgebung 231
Execution Specification
→ Ausführungssequenz 425
Exit Point
→ Austrittspunkt 369
Expansion Region
→ Mengenverarbeitungsbereich 312
Explicit Entry 360, 367, 372
Expression
→ Ausdruck 23
extend 258
Extend-Beziehung 47
- Bedingung 259
extended 378
Extension
→ Erweiterungsbeziehung 523
Extension-Point
→ Erweiterungspunkt 259
external 309

F
Feindesign
- Aufgaben 99
file 224
final 378
Final State
→ Endzustand 348
flow 166, 167
Flow Final Node
→ Endknoten 293
flow specification 539
Flusskontrolle 402
Fork
→ Gabelung 363
Fork Node
→ Parallelisierungsknoten 300
Found Message
→ Nachricht, gefundene 434
Frequenz 542

G
Gabelung 363
Gate
→ Verknüpfungspunkt 465
General Ordering
→ Ordnungsbeziehung 461
General Value Lifeline
→ Wertverlaufslinie 497
Generalisierung 135
- in Paketen 179
- Mehrfachgeneralisierung 138
Generalisierungsmenge 140
generalization
→ Generalisierung 135
Generalization Set
→ Generalisierungsmenge 140

Gerät 232
Geschäftsprozess
- mit Aktivitätsdiagramm 271
Guard 340, 344
Guillemets 519

H
Historie 374
- flache 374
- tiefe 376
History
→ Historie 374

I
Icon 519
ignore 458
Implementierungsbeziehung 129, 130
import 177
include 256
Include-Beziehung 47, 256
incomplete 141
Information Flow
- Informationsfluss 166
Information Item
→ Informationseinheit 167
Informationseinheit 167
Informationsfluss 166, 255
Initial Node
→ Startknoten 292
Initital Pseudostate
→ Startzustand 346
Instanz
→ Instanzbeschreibung 188
Instanzbeschreibung 188
Interaction
→ Interaktion 419
Interaction Overview Diagram
→ Interaktionsübersichtsdiagramm 501
Interaction Use
→ Interaktionsreferenz 462
Interaktion 402, 419, 466
- im Interaktionsübersichtsdiagramm 502, 505
- im Kommunikationsdiagramm 478
- im Sequenzdiagramm 408, 419
- im Timing-Diagramm 486, 490
- Modellierung in der Analyse 65
Interaktionsbedingung 444
Interaktionsdiagramm
- Interaktionsübersichtsdiagramm 501
- Kommunikationsdiagramm 473
- Sequenzdiagramm 401
- Timing-Diagramm 485
Interaktionsmodellierung 403
- Grundkonzepte 402
Interaktionsoperand 443
Interaktionsoperator 443
- Abbruchfragment 448
- Alternative Fragmente 444
- Coregion 453
- Irrelevante Nachricht 458
- Kritischer Bereich 457
- Lose Ordnung 454, 456, 506
- Negation 449
- Optionales Fragment 447
- Parallele Fragmente 452, 457
- Relevante Nachricht 459
- Schleife 450
- Sicherstellung 459
- Strenge Ordnung 456
Interaktionsrahmen
→ Interaktion 419
Interaktionsreferenz 462, 506
Interaktionsübersichtsdiagramm 415, 501
- Anwendung im Projekt 505
Interface
→ Schnittstelle 129
Internal Block Diagram
→ Internes Block Diagramm 538
Internes Block Diagramm 538
Interruptible Activity Region
→ Unterbrechungsbereich 304
iterative 315

J
Join
→ Vereinigung 363
Join Node
→ Synchronisationsknoten 300
Junction
→ Kreuzung 351

K
Kanten 287
- Bedingungen 288
- gewichtete 289
Kapselung
- von Aktionen 242
- durch Komponenten 221
- im Kompositionsstrukturdiagramm 194
- durch Ports 202
Keywords
→ Schlüsselwörter 31
Klasse 115, 334
- abstrakte 115
- aktive 116

Klassendiagramm 107, 196
- in der Analyse 55
- Anwendung im Projekt 113
- als Begriffsmodell 92
- im Feindesign 99
- Grundgedanke 109
- Klassen und Attribute 110
- Klassen und Objekte 110
Knoten 231
- Ausführungsumgebung 233
- Gerät 232
- Instanz 232
Kollaboration 195, 212, 465, 470
Kollaborationsanwendung 214
- Verwendung eines Musters 205, 214
Kollaborationsdiagramm
→ Kommunikationsdiagramm 473
Kombiniertes Fragment 442, 503
Kommentar 22
- in Diagrammen 56
Kommunikationsdiagramm 473
- Anwendung im Projekt 476
Kommunikationspartner 402, 422, 478
Kommunikationspfad 233
Kommunkationspartner
- im Timing-Diagramm 486
Komponente 220
- Black-Box-Sicht 221
- eingebettete 222
- Substitution 222
- in der SysML 537
- White-Box-Sicht 221
Komponentendiagramm 215
- Anwendung im Projekt 218
- in der Softwarearchitektur 93
- in der Systemanalyse 45
- in der Systemarchitektur 79
Komposition 153, 196
Kompositionsstrukturdiagramm 193
- Anwendung im Projekt 203
Konnektor 199, 209
- Delegationskonnektor 222
- Kompositionskonnektor 222
- Multiplizitäten 210
Kontextabgrenzung 230, 255, 415
Kontextdiagramm 255
Kontrollelement 291, 503
- Endknoten 293
- Interaktionsübersichtsdiagramm 507
- Parallelisierungsknoten 299
- Startknoten 292
- Synchronisationsknoten 299
- Verbindungsknoten 295
- Verzweigungsknoten 295
Kontrollfluss 288
Kontrolloperator 541
Kreuzung 351
- Unterschied zur Entscheidung 354

L

Language Units 32
Layer
→ Schicht 93
Lebenslinie 402, 422
- Destruktion 427
- Erzeugung 435
- im Kommunikationsdiagramm 478
- im Sequenzdiagramm 422
- im Timing-Diagramm 491
- Zerlegung 468
library 224
Lifeline
→ Lebenslinie 422
Link 144, 159, 188, 191
Literal 30
Literal Specification
→ Literal 30
loop 450
Loop Node
→ Schleifenknoten 317
Lose Ordnung 462
Lost Message
→ Nachricht, verlorene 434

M

manifest 225
Mengenverarbeitungsbereich 312
- Regeln 315
merge 179
Merge Node
→ Verbindungsknoten 297
Message
→ Nachricht 428
Message Label
→ Sprungmarke 496
Message Sequence Charts 412
Metaklasse
- Erweiterung 520, 522
Metamodell
- Attribute 521
Methode 124
Model
→ Modell 21
Modell 21
Multiplizität
- von Assoziationen 145

- eines Attributs 120
- von Konnektoren 210
- von Parametern 126
- von Parts 199, 208

N

Nachbarsystem 255, 415
Nachricht 402, 403, 428, 480
- Antwortnachricht 432
- asynchrone 429
- bedingte 483
- Erzeugungsnachricht 435
- gefundene 434
- generische 433
- geschachtelte 481
- iterative 483
- im Kommunikationsdiagramm 480
- nebenläufige 482
- Parameter 431
- im Sequenzdiagramm 428
- sequenzielle 481
- synchrone 429
- im Timing-Diagramm 496
- verlorene 434
- im Verteilungsdiagramm 234
Nachvollziehbarkeit 58, 545
→ Verfolgbarkeit 41
Namensraum
- einer Klasse 118
- eines Pakets 175
neg 449
nobuffer 542
Node
→ Knoten 231
Notationselemente
- auswählen 41
now 437

O

Object Diagram
→ Objektdiagramm 183
Object Node
→ Objektknoten 280
Object
→ Objekt 188
Objekt 281
Objekt
→ Instanzbeschreibung 188
Objektdiagramm 183
- Anwendung im Projekt 187
Objektfluss 268, 288
- in einer Mengenverarbeitung 316
- Streaming 284, 303
- zwischen Aktionen 283
Objektknoten 280
- in Entscheidungsknoten 324
- als Mengenknoten 316
- Pin-Notation 283
- als Puffer und Datenspeicher 285
- in Schleifenknoten 319, 321
- in der SysML 542
- Zustände 282
Occurrence Specification
→ Ereignis 404
Operation 123, 430
- Deklaration 124
- Detaillierung 273
- Klassen- 126
- Name 125
- Parameter 126
- Rückgabetyp 126
- im Sequenzdiagramm 425
opt 447
optional 541
Optionale Parameter 541
ordered 148
Ordnungsbeziehung 461
- im Timing-Diagramm 498
overlapping 141
overwrite 542

P

package
- Attribut 119
- Operation 125
Package
→ Paket 175
Package Diagram
→ Paketdiagramm 171
Package Import
→ Paket-Import 176
Package Merge
→ Paket-Merge 179
Paket 175, 223, 516, 524
- Sichtbarkeit 177
Paketdiagramm 171
- Anwendung im Projekt 173
- in der SysML 536
Paket-Import 176, 526
Paket-Merge 179
par 452, 457
parallel 315
Parallelisierungsknoten 300
- Abarbeitung 267
Parameter
- einer Interaktionsreferenz 464

- einer Nachricht 431
Parameterbindung 133
Parameterdiagramm 540
Parametersatz 302
Parameter Set
→ Parametersatz 302
Parametrisierte Klasse 132
Part 197, 208, 422, 468
- Multiplizität 208
- in der SysML 538
Part Decomposition
→ Lebenslinie, Zerlegung 468
Pin-Notation 283
Port 211, 335, 422
- Kapselung durch 202
- in der SysML 538
- in der Systemarchitektur 83
Presentation Options 34
Primitiver Typ 28
Primitive Type
→ Primitiver Typ 28
private
- Attribut 119
- Operation 125
- Paket 176
probability
→ Wahrscheinlichkeit 542
Profil 513, 524, 534
- Anwendungsbeispiel 517, 529
- für COM Component Profile 224
- für Enterprise Java Beans 224
- Erstellung von 530
- Standardprofil 529
- für Test (Testing Profile) 517
- Tools für 530
- Vor-/Nachteile 529
Profilanwendung 525
Profildiagramm 517
Profile
→ Profil 524
Profile Application
→ Profilanwendung 525
Profile Diagram
→ Profildiagramm 517
Property
→ Attribut 118
protected
- Attribut 119
- Operation 125
Protocol State Machine
→ Protokollzustandsautomat 381
Protokolltransition 381
Protokollzustandsautomat 211, 381
provided interface 221
provides parameter-Beziehung 47
Pseudostate
→ Pseudozustand 349
Pseudozustand 349
- Ein- und Austrittspunkt 369
- Entscheidung 353
- Gabelung und Vereinigung 363
- Historie 374
- Kreuzung 351
- Startzustand 346
- Terminator 356
public
- Attribut 119
- Operation 125
- Paket 176

R

Randbedingung 24
rate
→ Frequenz 542
Realisierungsbeziehung 164, 225
realization 221
Realization
→ Realisierungsbeziehung 164
redefined 148
refine 57, 162, 544
Region 365, 370, 440
- in Spezialisierungen 379
representation 168
required 523
required interface 221
requirement
→ Anforderung 543
Requirement Diagram
→ Anforderungsdiagramm 543

S

satisfy 545
Schicht 93
Schleifenknoten 317
Schlüsselwörter 31
Schnittstelle 129, 189, 211, 221
- Modellierung in der Analyse 60
- Präzisierung von 417
- in der Systemarchitektur 83
Semantic Variation Point 34
seq 454, 457
sequence 148
Sequence Diagram
→ Sequenzdiagramm 401
Sequenzdiagramm 401
- Anwendung im Projekt 414

- im Feindesign 100
- Präzisierung von Use-Cases 416
- in der SysML 536
- in der Systemarchitektur 81
Service
- Modellierung in der Analyse 69
Serviceoperationen
- Modellierung in der Analyse 70
Sicht
- Dekompositionssicht 93
- funktionale 89, 98
- Hardware 89
- Kompositionssicht 97
- logische 87
- Software-Sicht 89
- Überblickssicht 88, 98
Sichtbarkeit
- einer Operation 125
Sichten auf Notationselemente 17
Signal 212, 276, 430, 433
Signal Empfänger 340
Signalsender 276
Signal Sender 341
Slot
→ Werteangaben 190
SOA 68
Softwareanalyse
- Aufgaben 89
Softwarearchitektur
- Aufgaben 93
source 224
Spezialisierung 378
Sprungmarke 290
- im Aktivitätsdiagramm 290
Startknoten 292
Startzustand 346, 360, 366
State
→ Zustand 337
State Invariant
→ Zustandsinvariante 439
State Machine
→ Zustandsautomat 329
State Machine Extension
→ Spezialisierung eines Zustands 378
State Timeline
→ Zeitverlaufslinie 493
static 121
- Operation 128
Stereotyp 516, 518
- anwenden 40
- Standardstereotyp 520
- in der Systemarchitektur 80
stream 284
streaming 315
strict 456, 457
structured 311
Structured Activity Node
→ Strukturierter Knoten 311
Strukturdiagramm 105
- Klassendiagramm 107
- Komponentendiagramm 215
- Kompositionsstrukturdiagramm 193
- Objektdiagramm 183
- Paketdiagramm 171
- Profildiagramm 517
- Verteilungsdiagramm 227
Strukturierter Knoten 311
Subject
→ System 249
Submachine State
→ Unterzustandsautomatenzustand 371
subsets 149
substitute 165
Substitution
- von Aktionen 306
- bei Generalisierung 138
Substitutionsbeziehung 165
subsystem 221
Subsystem 250
Swallow History
→ Historie 374
Swimlanes
→ Aktivitätsbereich 308
Synchronisationsknoten 299, 300
- Abarbeitung 267
SysML 57, 533
System 249
Systemanalyse
→ Analyse 39
Systemarchitektur
- Aufgaben 78
- Beschreiben der Schnittstellen 82
- Verteilen der Verantwortlichkeiten 81
- Zerlegung 79
Systemgrenze 45
Systemkontext 230, 415
Szenario
- als Instanz einer Interaktion 188

T

Tabellennotation 18
Tagged Value 522
Tailoring 513
- leichtgewichtig 514
- schwergewichtig 514

Templateable Element
→ Parametrisierte Klasse 132
Terminate Pseudostate
- Terminator 356
Terminator 356
Testfall 543
Timing-Diagramm 485
- Anwendung im Projekt 489
Token 265
- Daten-Token 281
- Konzept 265
- Lebenszyklus 269
- Verweildauer 268
trace 163, 545
Trace 404
Traceability
→ Nachvollziehbarkeit 545
→ Verfolgbarkeit 41
Transition 340
- Abarbeitung 345
- interne 337, 357
- in Protokollzustandsautomaten 382
- Selbsttransition 341
- in Spezialisierungen 378
Trigger 342
- CallTrigger 342, 383
- ChangeTrigger 342
- SignalTrigger 342
- TimeTrigger 342
- bei Transitionen 340
- in Zuständen 337, 359

U
UML 2
- Grundkonzepte 13
- Historie 5
union 149
Unterbrechungsbereich 304
Unterbrechungskante 304
Unterzustandsautomatenzustand 371
Usage
→ Verwendungsbeziehung 161
use 161, 225
Use-Case 246
- Ablauf 242
- Ausführung 247
- Detaillierung 272
- Generalisierung 247
- Identifikation 47
- mehrfache Instanziierung 247
- Modellierung der Auslöser 63
- Präzisierung 245, 333, 416
- realisierende Classifier 250
- Realisierung 204
- Ursprung 243
- Verfeinerung 48
Use-Case-Analyse 47, 242
Use-Case-Beschreibung 49
Use-Case-Diagramm 241
- in der Analyse 47
- Anwendung im Projekt 245
- in der Softwareanalyse 91
- in der SysML 536
- als Verfeinerung 53

V
Verbindungsknoten 295, 297
Vereinigung 363, 368
Vererbung 137
Verfolgbarkeit 41
Verfolgbarkeit
→ Nachvollziehbarkeit 545
Verhalten
- an Transitionen 344
- bei Transitionen 340
- in Zuständen 337
Verhaltensaufruf 274
Verhaltensdiagramm 239
- Aktivitätsdiagramm 263
- Interaktionsübersichtsdiagramm 501
- Kommunikationsdiagramm 473
- Sequenzdiagramm 401
- Timing-Diagramm 485
- Use-Case-Diagramm 241
- Zustandsautomat 329
Verhaltensspezifikation 239
verify 544
Verknüpfungspunkt 465
Verteilungsbeziehung 234
Verteilungsdiagramm 227
- Anwendung im Projekt 229
Verwendungsbeziehung 161
Verzweigungsknoten 295, 296, 318, 323
Vollständigkeit 73
Vorgehensempfehlung 9
Vorgehensmodell 9

W
Wahrscheinlichkeit 542
Wartbarkeit 58
Werteangaben 190
Wertverlaufslinie 497
White-Box 85, 95

X
xor 146

Z

Zeitbedingung 436, 438, 506
Zeitdauer 437
Zeitdauerintervall 437
Zeitdiagramm
→ Timing-Diagramm 485
Zeitpunkt 436
Zeitpunktintervall 436
Zeitverlaufsdiagramm
→ Timing-Diagramm 485
Zeitverlaufslinie 493
- Ende 494
zusammengesetzter Zustand 357
Zustand 337
- aktiv 338
- Austrittsverhalten 337, 357, 362
- Default Entry 359
- einfacher 337
- Eintrittsverhalten 337, 357, 359
- Explicit Entry 360
- Hierarchisierung 358
- inaktiv 338
- orthogonale 366
- in Protokollzustandsautomaten 381
- in Spezialisierungen 379
- Spezialisierung von 378
- im Timing-Diagramm 492
- Unterzustand 358
- verlassen 341, 361
- versteckter 357
- zusammengesetzter 357
Zustandsautomat 329, 430, 440
- in der Analyse 54
- Anwendung im Projekt 333
- Codeabbildung 384
- im Feindesign 101
- Präzisierung von Use-Cases 333
- in der Softwareanalyse 92
- Spezialisierung von 378
- in der SysML 536
Zustandsinvariante 381, 439
Zustandsverhalten 337, 357